Publikationen
der Gesellschaft für interkulturelle Germanistik 3

Perspektiven und Verfahren interkultureller Germanistik

Akten des I. Kongresses der Gesellschaft für Interkulturelle Germanistik

Herausgegeben
von
Alois Wierlacher

iudicium verlag
München

CIP-Kurztitelaufnahme der Deutschen Bibliothek

Perspektiven und Verfahren interkultureller Germanistik / Ges. für Interkulturelle Germanistik. Hrsg. von Alois Wierlacher. – München : Iudicium-Verl., 1987.
  (Publikationen der Gesellschaft für Interkulturelle Germanistik ; Bd. 3)
  ISBN 3-89129-020-9
NE: Wierlacher, Alois [Hrsg.]: Gesellschaft für Interkulturelle Germanistik: Publikationen der Gesellschaft ...

© iudicium verlag GmbH
München 1987
Alle Rechte vorbehalten
Umschlaggestaltung: Satoru Niitsu
Druck- und Bindearbeiten:
difodruck Bamberg
Printed in Germany

Vorwort

Der vorliegende Band enthält die zur Veröffentlichung freigegebenen Beiträge des ersten Kongresses der Gesellschaft für Interkulturelle Germanistik (GIG), der vom 1. – 4. Juli 1987 an der Universität Bayreuth abgehalten wurde.

Den Plenarvorträgen war die gleiche Zeit wie ihren Diskussionen, den Gesprächen in den Sektionen war sogar mehr Zeit als den Referaten eingeräumt worden. Leider können die Diskussionen und Gespräche in den vorliegenden Akten nicht dokumentiert werden. Der Band vermag darum, trotz seines Umfangs, nur unvollkommen festzuhalten, was der Kongreß den hundertfünfzig Teilnehmern und Gästen aus aller Welt an Eindrücken, Lernerlebnissen und Bekanntschaften vermittelt hat, was er bewirkte und was versäumt wurde.

Ich danke allen, die bei der Vorbereitung und Durchführung der Tagung geholfen haben. Insbesondere gilt mein Dank der Deutschen Forschungsgemeinschaft, ohne deren finanzielle Förderung der Kongreß nicht möglich gewesen wäre. Ich danke ferner dem DAAD, namentlich seinem Stellvertretenden Generalsekretär, Herrn Dr. Friedrich Wilhelm Hellmann, für mannigfache Unterstützung; ich danke dem Präsidenten meiner Universität, meinen Bayreuther Mitarbeitern, den Vorstandskollegen der GIG, den Referenten, den Gesprächsleitern und Herrn Dr. Peter Kapitza, der die Akten des Kongresses in seine bewährte verlegerische Obhut genommen hat.

Bayreuth, im September 1987   Alois Wierlacher

Inhalt

ALOIS WIERLACHER: Einführung 13
PROF. DR. WOLFGANG WILD: Grußwort 19
PROF. DR. JANOS RIESZ: Rede zur Eröffnung des Kongresses der Gesellschaft für Interkulturelle Germanistik (GIG) 21

PLENARVORTRÄGE

Bildungs-, wissenschafts- und kulturpolitische Perspektiven interkultureller Germanistik

KLAUS BOHNEN: Interkulturalität als Lernziel. Studienkonzepte einer Reformuniversität 29
ROBERT PICHT: Interkulturelle Ausbildung für die internationale Zusammenarbeit 43
WOLFGANG FRÜHWALD: Germanistische Studiengänge aus der Sicht des Wissenschaftsrates 55
HELMUT WEGNER: Die deutsche Sprache in der Welt und die Auswärtige Kulturpolitik der Bundesrepublik Deutschland 69

Interkulturelle Germanistik als fremdheitskundliche Disziplin

RAINER WIMMER: Der fremde Stil. Zur kulturellen Vielfalt wissenschaftlicher Textproduktion als Problem interkultureller Germanistik 81
DIETRICH KRUSCHE: Warum gerade Deutsch? Zur Typik fremdkultureller Rezeptionsinteressen 99

Interkulturelle Germanistik als außenbetrachtende Erforschung eigenkultureller Praxis

HUBERT ORLOWSKI: Die doppelte Nabelschnur fremdsprachlicher Germanistik 113

HIKARU TSUJI: Wieweit kann das Forschungssubjekt das Forschungsobjekt sein? 125

EDITH IHEKWEAZU: Wieweit muß das Forschungssubjekt das Forschungsobjekt sein? 141

HORST DENKLER: Deutsche Literaturgeschichte für chinesische Leser. Ein Erfahrungsbericht über Schwierigkeiten bei der Literaturgeschichtsschreibung für eine europaferne Kultur 157

Studienprogramme und Arbeitsprojekte

ALOIS WIERLACHER: ‚Deutsch als Fremdsprache' als Interkulturelle Germanistik. Das Beispiel Bayreuth 167

NIGEL REEVES: Eine Germanistik für die Wirtschaft? Das Beispiel Surrey 181

GÖTZ GROSSKLAUS / BERND THUM: Interkulturelle Germanistik als Aufgabe an Technischen Hochschulen. Das Beispiel Karlsruhe 187

OSKAR REICHMANN: Kulturwortschatz der deutschen Gegenwartssprache. Ein enzyklopädisches deutsch-chinesisches Wörterbuch zu wichtigen Kulturbereichen der deutschsprachigen Länder 219

DIETER GUTZEN: Vorläufige Überlegungen zur Entwicklung von Fernstudien–Programmen interkulturell orientierter Germanistik 243

NAOJI KIMURA: Über das Generalthema des IVG-Kongresses in Tokyo 1990 oder: Zur Wirkungsgeschichte der GIG 251

SEKTIONSBEITRÄGE

SEKTION 1

Interkulturelle Germanistik als Sprach- und Literaturunterricht

ERHARD HEXELSCHNEIDER: Das Fremde und das Eigene als Grundkomponenten von Interkulturalität. Was bedeutet das für den Lehrenden? 259

HANS-JÜRGEN KRUMM: Brauchen wir eine fremdkulturelle Perspektive in der Methodik des Deutsch als Fremdsprache-Unterrichts? 267

IVAR SAGMO: Was kann der Auslandsgermanist in seinen Literaturkursen von deutscher Wirklichkeit eigentlich vermitteln? Zum Kanonproblem interkultureller Germanistik 283

MICHAEL S. BATTS: Die Einstellung französischer, englischer und amerikanischer Literaturhistoriker zur deutschen Literatur 289

GERHARD BECHTOLD / BERND M. SCHERER: Fremdes und Eigenes – oder wie man einander mißverstehen kann. Annäherungsversuche an zentrale Begriffe interkultureller Kommunikation 303

ALBRECHT HOLSCHUH: Von der ‚typisch amerikanischen' alltäglichen Bestimmungsnot des Faches 325

SEKTION 2

Interkulturelle Germanistik als interkulturelle Praxis:
Vom Miteinander und Gegeneinander der Kulturen

FRANZ HEBEL: Zum Verhältnis von intrakultureller und interkultureller Praxis 333

MICHAEL BÖHLER: Interkulturalität in der literarischen Sozialisation im binnensprachlichen Ländervergleich. Eine Problemskizze 351

PRAMOD TALGERI: Vom Verständnis der Andersheit der Fremdkultur 367

GÖTZ GROSSKLAUS: Symbolische Raumorientierung als Denkfigur des Selbst- und Fremdverstehens 377

PETER HORN: Fremdheitskonstruktionen weißer Kolonisten 405

INGE WILD: Beobachtungen zum Kulturkonflikt schwarzafrikanischer Germanistik-Studenten in der Bundesrepublik 419

NORBERT HONSZA/WOJCIECH KUNICKI: Zur Interkulturalität Karl Mays: die Rezeption Karl Mays in Polen 437

SEKTION 3

Interkulturelle Germanistik als kulturwissenschaftliche und kulturdidaktische Disziplin

KLAUS J. MATTHEIER: Die Rolle der Sprachsoziologie in der interkulturellen Germanistik 447

NIGEL REEVES: Einige Thesen zu wirtschaftskundlichen Aufgaben der Germanistik im Ausland 455

CHRISTIAN GRAWE: Die kulturanthropologische Dimension der Landeskunde: Zu Verständnis und Kritik des Landeskundebegriffs 459

BURKHARDT KRAUSE: Mentalitätengeschichte als vergleichende Kulturforschung 475

HARRO SEGEBERG: Technik als Kultur. Zur interkulturellen Erforschung literarischer Technikdarstellungen 489

RAINER KUSSLER: Das Wörterbuch als (inter)kultureller Mittler? Einige Überlegungen aus der Sicht des Anfängerunterrichts 501

SEKTION 4

Übersetzen und Übersetzungsforschung als Komponenten interkultureller Germanistik

PHILIPPE FORGET: Aneignung oder Annexion. Übersetzen als Modellfall textbezogener Interkulturalität 511

FRED LÖNKER / HORST TURK: Das Fremde in und zwischen den Literaturen 527

HANS J. VERMEER: Literarische Übersetzung als Versuch interkultureller Kommunikation 541

ANDREAS GARDT: Literarisches Übersetzen in den Fremdsprachenphilologien 551

KARL HEINZ DELILLE / RENATO CORREIA: Übersetzungskritik im Dienst einer interkulturellen Germanistik 557

SEKTION 5

Hermeneutik und literaturwissenschaftliche Methodologie

NORBERT MECKLENBURG: Über kulturelle und poetische Alterität. Kultur- und literaturtheoretische Grundprobleme einer interkulturellen Germanistik 563

HANS-HARALD MÜLLER: Lichtvolle Erkennung der Verschiedenheit. Zur Konzeption einer interkulturellen Hermeneutik 585

DIETER W. ADOLPHS: Zur Neubestimmung des Begriffs der Erzählsituation im Rahmen interkultureller Hermeneutik 595

FRITZ HERMANNS: Begriffe partiellen Verstehens. Zugleich der Versuch einer Antwort auf die Frage nach der Relevanz einer linguistischen Hermeneutik für die interkulturelle Germanistik 611

HORST TURK: Intertextualität als Form der Aneignung des Fremden 629

SEKTION 6

Interdisziplinäre Anschlüsse

KENICHI MISHIMA: Lernen Sie Deutsch mit Marx, Nietzsche oder Freud! Möglichkeiten eines philosophischen Beitrags zur interkulturellen Germanistik 643

DORIS BACHMANN-MEDICK: Kulturelle Texte und interkulturelles (Miß-)Verstehen. Kulturanthropologische Herausforderungen für die interkulturelle Literaturwissenschaft 653

MANFRED BELLER: Vorurteils- und Stereotypenforschung – Interferenzen zwischen Literaturwissenschaft und Sozialpsychologie 665

PAUL MICHAEL LÜTZELER: German Studies in den USA. Zur Theorie und Praxis eines interdisziplinären Studienganges 679

S. SIMO: Germanistik und Selbstfindung. Zur Dialektik Fremdverstehen–Selbstverstehen 693

VERZEICHNIS DER MITARBEITER DIESES BANDES 701

Alois Wierlacher, Bayreuth

Einführung

1. Germanistik wird in deutschsprachigen Ländern in der Regel im sogenannten Dreiermodell (Literaturwissenschaft, Linguistik, Mediävistik) organisiert, als Wissenschaft von Deutscher Sprache und Literatur definiert und als Philologie der Grundsprache Deutsch gelehrt und studiert. Von dieser Philologie ist die nicht-deutschsprachige Germanistik, wie 1970 auch die *Empfehlungen* des Wissenschaftsrats *zur Struktur und zum Ausbau des Bildungswesens im Hochschulbereich nach 1970* feststellen, zunächst dadurch zu unterscheiden, daß sie die Funktion einer Philologie der Fremdsprache hat. Sie unterscheidet sich ferner durch ihre kulturräumlichen Abstände von einem kulturell und politisch differenziert zu sehenden deutschen Sprachraum, die es unvermeidlich machen, Sprach- und Literaturwissenschaft um eine länderkundliche Dimension zu einer regionalen Kultur(en)-Wissenschaft zu erweitern. Germanistik als Fremdsprachen- und Fremdliteraturphilologie wird insofern zu einer regionalen *Fremd*kulturwissenschaft (vgl. *Fremdsprache Deutsch*, 1980). Da Fremdheit eine relationale Größe ist (vgl. *Das Fremde und das Eigene,* 1985), wird aus der germanistischen Kulturwissenschaft als Fremdheitswissenschaft, wissenschaftstheoretisch gesprochen, eine dialogische, also immer auch rückbezügliche, interkulturelle Disziplin. Sie zu fördern und zu einem möglichen Prinzip germanistischer Arbeit überhaupt zu machen, ist das Ziel der Gesellschaft für Interkulturelle Germanistik.

Die Gesellschaft für Interkulturelle Germanistik (GIG) wurde 1984 auf der 4. Internationalen Sommerkonferenz Deutsch als Fremdsprache in Karlsruhe gegründet. Sie versteht sich, wie in *Das Fremde und das Eigene* bereits gesagt, als internationale Forschergemeinschaft. Die Zusammenarbeit ihrer Mitglieder wird geprägt von der Absicht, die wissenschaftliche und pädagogische Tätigkeit mit der Praxis des Kulturaustausches zu verknüpfen und die Erkenntnischancen ernstzunehmen, die in der Unterschiedlichkeit unserer kulturellen Ausgangspositionen liegen. Wir nennen, bündig zusammengefaßt, eine Wissenschaft ‚Interkulturelle Germanistik', die
- von der Kulturengebundenheit aller germanistischen Arbeit in Forschung und Lehre ausgeht,
- sich als Teil eines interkulturellen Dialogs begreift

– und die hermeneutischen Unterschiede zwischen der Germanistik im fremdsprachigen Ausland (‚Auslandsgermanistik'), der muttersprachigen Germanistik deutschsprachiger Länder (‚Inlandsgermanistik') und dem zwischen beiden Varianten angesiedelten Fach Deutsch als Fremdsprache zureichend berücksichtigt.

Dabei sind wir uns im Klaren darüber, daß eine interkulturell ausgerichtete Kulturwissenschaft auch die Multi-Kulturalität des binnendeutschen Sprach- und Literaturraums zu erfassen hat[1], »daß zwischen Sprachgesellschaft (sich in gemeinsamer Sprache identifizierenden und nach außen abgrenzenden Gruppen) und Kulturgesellschaft (sich in gemeinsamen Kulturkomponenten identifizierenden und nach außen abgrenzenden Gruppen) trotz möglicher Überlagerungen deshalb ein prinzipieller Unterschied besteht, weil die Einzelgruppen einer Kulturgesellschaft mehrere Sprachen verwenden können und umgekehrt die Gruppen einer Sprachgesellschaft sich über den kulturellen Wechsel hinweg als Einheit definieren können«[2].

Zum Kulturbegriff, der diesem Konzept zugrundeliegt, haben Hermann Bausinger und Heinz Göhring in *Fremdsprache Deutsch* (1980) Nötiges gesagt; im vorliegenden Band schreiben insbesondere Norbert Mecklenburg (S. 563ff.) und die Beiträge der Sektion 2 die Festigung dieses Leitbegriffes fort.

2. Die Präsidentschaft der Gesellschaft für Interkulturelle Germanistik habe ich übernommen, weil dem Fach Deutsch als Fremdsprache, das ich selbst vertrete, beim Aufbau einer interkulturell orientierten Germanistik eine besondere Bedeutung zukommt. Versteht man das Fach nicht nur als Ausländerpädagogik, Fremdsprachenlinguistik oder Zweitsprachenforschung, sondern als germanistische Disziplin, dann ist sein wissenschaftslogischer Ort der erwähnte Platz zwischen der grundsprachigen und der fremdsprachigen Germanistik. Es überschneidet sich mit beiden, steht auf ähnliche Weise auch zwischen den Kulturen und arbeitet an ihrer Verständigung mit: Sein Schwerpunkt liegt auf der Erforschung und Vermittlung deutscher Kultur, ihrer Literatur, Sprache und gesellschaftlichen Wirklichkeit, unter der Bedingung (und in der Perspektive) ihrer Fremdheit. Es ist eine im wörtlichen Sinne interkulturelle Germanistik.

Die Ausgangsvorstellung unserer Gesellschaft war nun, es sei wünschenswert und möglich, die für das Fach Deutsch als Fremdsprache konstitutive Idee zu einem ‚regulativen Prinzip' (Mecklenburg) interessierter Teile auch der Fremdsprachen- und Muttersprachengermanistik

Einführung

zu machen. In der Tat lassen schon die Zusammenhänge von Fremd- und Selbstverstehen die Entwicklung einer interkulturellen Varainte globaler Germanistik sinnvoll erscheinen. Auch als Zeitgenossen, die in einer Welt leben, die sich technologisch gesehen von Jahr zu Jahr verkleinert und vereinheitlicht, während das Bedürfnis nach Wahrung kultureller Eigenständigkeit und Vielfalt immer größer wird, benötigen wir nicht nur eine je binnenkulturelle und binnensprachliche, geistes- oder sozialwissenschaftlich orientierte Germanistik, sondern auch eine, die so interkulturell ausgerichtet ist, daß die im Dialog der Kulturen praktisch werden kann, dieser nicht nur den Geschäftsleuten und Diplomaten überlassen bleibt. Die beiden wichtigsten Vorbedingungen unserer Befähigung zum Dialog sind wohl
- das Ernstnehmen der hermeneutischen Vielfalt globaler Germanistik bei komplementärer Anerkennung transkultureller Universalien und
- die Bereitschaft, die Erkenntnischancen, die in der Besonderheit der unterschiedlichen Ausgangspositionen liegen, nicht bloß zu sehen, sondern auch aktiv zur Geltung zu bringen.

Die wichtigsten Wege – Perspektiven und Verfahren – sind wohl
- die erwähnte Erweiterung der Sprach- und Textphilologie Deutsch zu einer regionalen und vergleichenden Kulturwissenschaft;
- deren Einbettung in eine Philologie der Kulturenverständigung, das heißt einer immer auch rückbezüglichen und sich der real erlebbaren Fremdheitsproblematik stellenden Wissenschaft;
- die Orientierung der eigenen Arbeit in Forschung und Lehre an einem Bildungsbegriff, der unsere wissenschaftliche Tätigkeit als Beitrag zur interkulturellen Ausbildung für die internationale Zusammenarbeit deutlich macht;
- der Aufbau eines Miteinanderverstehens im Sinne eines Gemeinschaftshandelns über sprachliche und kulturelle Grenzen hinweg, das Max Weber als fundamentale Kategorie aller Soziologie des Verstehens kennzeichnet[3] und
- die Entwicklung einer Wissenschaftssprache, die Dominanzen muttersprachiger Germanistik abbaut und zugleich mißverständliche Asymmetrien zwischen Muttersprachen- und Fremdsprachensprechern des Deutschen vermindert.

Die letzte Aufgabe erscheint mir zukünftig umso wichtiger, als die Praxisorientierung Interkultureller Germanistik verlangt, den fremdsprachlichen und, in zweiter Linie, auch den muttersprachlichen Deutschunterricht intensiv und extensiv in unsere Forschungs- und Lehrarbeit einzubeziehen. Das Verhältnis der drei Einheiten zueinander läßt sich in einem Variantendreieck abbilden, das zugleich die Realität und Notwendigkeit direkter Beziehungen zwischen ihnen einschließt:

3. Der Akzent des Kongresses lag auf den beiden fremdkulturellen Einheiten des Variantendreiecks. Was muttersprachliche Germanistik zum Aufbau einer interkulturell orientierten Disziplin beitragen kann, war in kleinerem Kreise 1986 in Salzburg diskutiert worden;[4] im vorliegenden Band setzen Michael Böhler und Götz Großklaus/Bernd Thum diese Überlegungen fort.

Abgesehen von dem Wunsch, die Mitglieder der Gesellschaft zum ersten Mal zusammenzuführen, ihr Sichkennenlernen zu fördern und das erwähnte Miteinanderverstehen einzuüben, verfolgte der Kongreß das Ziel,
- die Interessen der Mitglieder am ausgeschriebenen Tagungsthema zu sammeln und
- die mit zahlreichen Beiträgen im *Jahrbuch Deutsch als Fremdsprache, Fremdsprache Deutsch* (1980), *Das Fremde und das Eigene* (1985) und *Gegenwart als kulturelles Erbe* (1985) eingeleitete Grundlegung einer Interkulturellen Germanistik zu vertiefen.

Entsprechend bunt ist die Palette, entsprechend weit ist das Spektrum der Beiträge ausgefallen. Sie spiegeln die Interessenvielfalt und die Vorläufigkeit mancher Annäherung; sie enthalten aber auch, wie ich meine, die erhoffte Vertiefung der Theoriebildung und die Verstärkung des Praxisbezugs wissenschaftlicher Arbeit. Den Plenarvorträgen der Mitglieder und Gäste kam im Rahmen der Kongreßplanung die eher allgemein anregende Aufgabe zu, bildungs-, wissenschafts- und kulturpolitische Perspektiven und Implikationen des Vorhabens zu verdeutlichen, Entwicklungslinien aufzuzeigen und Möglichkeiten konkreter Arbeit vorzustellen. Die Sektionsbeiträge der Mitglieder und Gäste sollten vornehmlich praxisnahe Fragen des Verfahrens, also der Methodologie, der Begriffsbildung usw. thematisieren. Diese Gliederung ist natürlich nicht chemisch rein aufgegangen. Ich habe sie dennoch im Titel und im

Einführung

Aufbau des vorliegenden Bandes beibehalten, statt sie durch eine (zweifellos mögliche) thematische Neugliederung zu ersetzen. Mit Rücksicht auf den dokumentarischen Charakter des Bandes habe ich ferner auf Abstimmungen der Beiträge verzichtet; das Wandern zwischen den Sektionen ist nicht nur eine Möglichkeit des Kongreßteilnehmers, sondern auch eine Freiheit des Lesers – er möge von ihr reichen Gebrauch machen.

Anmerkungen

[1] Vgl. den Beitrag von Michael Böhler im vorliegenden Band, S. 351.
[2] Oskar Reichmann: *Sprachgeschichte als Kulturgeschichte. Historische Wortschatzforschung unter gegenwartsbezogenem Aspekt.* In: Alois Wierlacher (Hrsg.): *Das Fremde und das Eigene. Prolegomena zu einer interkulturellen Germanistik.* München 1985, S. 111.
[3] Vgl. Alois Wierlacher: a.a.O., Einleitung, S. XIf.
[4] Jahresbericht der Fritz Thyssen Stiftung, 1985/86. Köln 1986, S. 68f.

Prof. Dr. Wolfgang Wild
Bayerischer Staatsminister für Wissenschaft und Kunst

Grußwort

Meine Damen und Herren,
Verehrte Kolleginnen und Kollegen,

im Namen des Freistaates Bayern heiße ich Sie an der Universität Bayreuth zum ersten Kongreß, den die Gesellschaft für Interkulturelle Germanistik veranstaltet, herzlich willkommen. Sie wollen an vier Tagen Perspektiven und Verfahren Interkultureller Germanistik erörtern. Ziel Ihrer Konferenz ist, die Theoriebildung zu vertiefen und den Praxisbezug der wissenschaftlichen Arbeit in Forschung und Lehre zu verstärken. Diese Aufgabenstellung hat in meinen Augen eine ganz besondere Bedeutung. Denn für mich als Naturwissenschaftler und Bildungspolitiker liegt eine der entscheidenden Aufgaben jedes Wissenschaftlers darin, sich zu prüfen, wieweit seine Kenntnisse für die menschliche Praxis fruchtbar sind oder doch fruchtbar gemacht werden können. Ich bin der Überzeugung, daß diese Prüfung uns heutzutage nötigt, unserem wissenschaftlichen Tun einen Bildungsbegriff zugrundezulegen, der das geisteswissenschaftliche Konzept der Bildung einerseits um Kernelemente naturwissenschaftlichen Denkens, andererseits aber auch um das Wissen von der Andersartigkeit fremder Kulturen und ihrer Lebenswelt erweitert. In einer Zeit, in der die Welt technologisch gesehen immer kleiner, das Bedürfnis nach Wahrung kultureller Eigenständigkeit und Vielfalt immer größer wird, brauchen wir Philosophen, Philologen und Historiker, die mit naturwissenschaftlichen Problemen vertraut sind; wir brauchen ebenso sehr Philosophen, Philologen und Historiker, die imstande sind, ihre eigenkulturellen Begriffe im interkulturellen Dialog zu überdenken. Daß Sie hier vorangehen, ist eine Pioniertat, zu der ich Sie ausdrücklich beglückwünsche.

Ich freue mich, daß die Interkulturelle Germanistik an der Universität Bayreuth, die ihren Schwerpunkt nicht in der Lehrerbildung hat, so erfolgversprechend aufgebaut wird. Ziel der Interkulturellen Germanistik in Bayreuth ist die Erforschung und Vermittlung deutscher Kultur unter der Bedingung der Fremdheit sowie die Ausbildung deutscher und ausländischer Studierender zu verschiedenen Berufen, in denen sie als kulturelle Mittler tätig werden können.

Grußwort

In unserer technologischen Kultur setzen uns nicht mehr geschlossene Weltbilder, sondern Hypothesensysteme über die Welt ins Bild. Derartige Hypothesensysteme sind bis zu einem gewissen Grade auch die verschiedenen Kulturen: sie sind unterschiedliche und sich wandelnde Entwürfe von Möglichkeiten des Menschseins. Über sie hat neben der Wissenschaft immer schon die poetische Literatur nachgedacht. Besonders dem Naturwissenschaftler muß daher auch die zentrale Stellung gefallen, die Sie der poetischen Literatur bei Ihrem Versuch einräumen, die Germanistik in all ihren Varianten als Fremdsprachenphilologie, Deutsch als Fremdsprache und Muttersprachenphilologie zum Dialog zwischen den Kulturen zu befähigen.

Ich wünsche Ihnen bei diesem Vorhaben Glück und Erfolg und begleite Ihre Konferenz, Ihre Beratungen und Ihre Gespräche mit meinen Wünschen und Hoffnungen.

gez. Prof. W. Wild

Prof. Dr. János Riesz
Vizepräsident der Universität Bayreuth

Rede zur Eröffnung des Kongresses der Gesellschaft für Interkulturelle Germanistik (GIG)

Meine sehr verehrten Damen und Herren,

ich freue mich, diesen Kongreß über »Perspektiven und Verfahren Interkultureller Germanistik« eröffnen zu dürfen. Persönlich, weil ich auf dem Programm die Namen einer großen Zahl alter Freunde und Bekannter gefunden habe, die ich gerne wiedersehe; andere Namen auf dem Programm kenne ich von Publikationen und freue mich, die zugehörige Person kennenzulernen.

Als Vizepräsident dieser Universität freue ich mich besonders darüber, daß es Herrn Wierlacher gelungen ist, in sehr kurzer Zeit sein Fach »Deutsch als Fremdsprache (Interkulturelle Germanistik)« an der Universität Bayreuth einzuführen und jetzt mit diesem Kongreß sein Profil und seine Perspektiven im internationalen Kontext zu verdeutlichen. Die Universität ist Herrn Wierlacher dankbar, daß es ihm mit viel Energie und großem Arbeitsaufwand gelungen ist, diesen Kongreß vorzubereiten und auch die Deutsche Forschungsgemeinschaft von seiner Unterstützungswürdigkeit zu überzeugen. Ich heiße Sie deshalb alle zu diesem Kongreß willkommen und wünsche Ihrer Arbeit ein gutes Gelingen.

Da ich selbst einmal zwei Jahre Lektor des DAAD in Frankreich war und auch in den vergangenen Jahren gelegentlich zu Kurzzeitdozenturen mich im Ausland aufhielt, und mich außerdem als Romanist und Vergleichender Literaturwissenschaftler in einer gewissen Affinität zu Ihrem Fach sehe, gestatten Sie mir, einige grundsätzliche Überlegungen anzustellen, die mir bei der hochschulpolitischen Fundierung Ihres Faches von Bedeutung scheinen.

Bei der Lektüre des Kongreß-Programms ist mir aufgefallen, daß zu Ihrer Gesellschaft einerseits »ausländische« Germanisten gehören, welche die deutsche Sprache und Literatur als Fremdsprachen-Philologie studiert haben und als solche (in der Regel in ihrem Heimatland) lehren, andererseits Germanisten deutscher Muttersprache, die im nicht deutschsprachigen Ausland deutsche Sprache und Kultur vermitteln

János Riesz

oder die für die Vermittlung notwendigen Kenntnisse und Techniken bei uns im deutschsprachigen »Inland« vermitteln. Ich glaube, es lohnt sich, über die oft beklagte Asymmetrie zwischen beiden Gruppen nachzudenken und zu überlegen, was sie für die praktische Zusammenarbeit in Ihrem Fach und in Ihrer Gesellschaft bedeutet, will man verhindern, daß sich aus der Asymmetrie Mißverständnisse entwickeln. Ich möchte meine Überlegungen dazu in drei Punkten vortragen:

(1) Der deutschsprachige Germanist, der im fremdkulturellen Ausland oder mit Studenten aus einer fremden Kultur arbeitet, kann (vielleicht *darf*) dies nur tun, wenn er selbst sich der Mühsal des Erlernens einer anderen Kultur unterzogen hat oder zu unterziehen bereit ist. Wer die eigene Sprache und Literatur als fremde vermittelt, muß auch selbst wissen, gewissermaßen am eigenen Leib erfahren haben, was es bedeutet, sich in einer fremden Sprache und Kultur zurechtzufinden, sprachlich gegenüber den Muttersprachlern benachteiligt zu sein, manchmal belächelt oder belacht zu werden, Texte nur mit Hilfe von »Krücken« (Grammatiken und Wörterbüchern) zu verfassen und doch nie die Flüssigkeit und Eleganz zu erreichen, die einem in der eigenen Sprache zu Gebote stehen, schmerzhafte »Lehrjahre« zu durchlaufen, die ja – wie das Sprichwort sagt – keine Herrenjahre sind. Wer dazu nicht bereit ist, wer nie aus der eigenen Sprache und Kultur herausgefunden hat, wird kaum fähig sein, sich in die Haut dessen zu versetzen, der die deutsche Sprache und Kultur als »fremde« erlernen muß.

(2) Eine zweite praktische Forderung scheint sich mir auf der Ebene der Institutionen zu stellen. Um der (notwendigen) Forderung der Interkulturalität Genüge zu tun, reicht es nicht aus, Studenten aus fremden Ländern Stipendien in einem deutschsprachigen Land anzubieten und sie in Lehr- und Studienprogramme zu integrieren. Soll das Studium der deutschen Sprache und Kultur – in dem von Ihnen intendierten interkulturellen Sinne – gelingen, muß den Studenten auch am deutschsprachigen Studienort die Möglichkeit geboten werden, sich in Ihrer eigenen (Herkunfts-)Kultur fortzubilden, darüber Neues zu lernen und das früher Gelernte und vielleicht auch unbewußt Aufgenommene zu vertiefen und zu verarbeiten. Wie viele Studenten haben nicht erst während ihres Auslandsstudiums die eigene Kultur, die eigene Literatur entdeckt und bewußt wahrgenommen. Für unsere Universitäten bedeutet dies konkret, daß wir eigentlich nur dann berechtigt und in der Lage sind, ausländische Studenten aufzunehmen, wenn wir selbst uns für ihre Kultur

Rede zur Eröffnung des Kongresses

interessieren, sie achten und in unseren akademischen Programmen aufgenommen haben. Dies wird nicht an allen Universitäten für alle Herkunfts-Kulturen ausländischer Deutsch-Studenten möglich sein; deshalb sind gewiß Schwerpunktsetzungen nötig. Wir haben hier in Bayreuth eine solche für die Afrika-Studien angestrebt und zu einem guten Teil realisiert. Und wir haben dabei die Erfahrung gemacht, daß die Voraussetzungen für afrikanische Studenten ganz andere sind, wenn an der Universität, an die sie zum Deutsch-Studium gekommen sind, auch afrikanische Sprache und Literaturen gelehrt und erforscht werden, wenn auch ihre Herkunft-Kultur geachtet wird (wiederum nicht in bloß unverbindlichen Sonntagsreden, sondern in der täglichen Mühsal akademischer Arbeit). Die praktische Konsequenz daraus ist womöglich nicht leicht zu realisieren, sie scheint mir nichtsdestoweniger unerläßlich: wie auf der individuellen Ebene der um Interkulturalität bemühte Germanist und Deutschlehrer nicht ohne das Lernen und die Erfahrung fremder Kultur denkbar ist, so sind auf der Ebene der Institution Universität die Interkulturelle Germanistik und die Anwesenheit fremder Studenten nur um den Preis der Reziprozität zu haben.

(3) Die Entfernung von ihrem Gegenstand (deutsche Sprache und Kultur) und die Schwierigkeiten der Teilhabe an der wissenschaftlichen Diskussion in den deutschsprachigen Ländern (oder Ländern mit einer institutionell und personell überdurchschnittlich ausgestatteten Germanistik wie den USA) führt leicht dazu, daß die wissenschaftlichen Arbeiten, die aus anderen Weltgegenden kommen, oft als von minderer Qualität angesehen und darum geringer geschätzt werden. Wenn man aber die Arbeitsbedingungen (z.B. die Bibliotheken) an den afrikanischen Universitäten kennt, dann weiß man, unter welchen eingeschränkten Bedingungen die dortigen Kollegen wissenschaftlich arbeiten und publizieren und welche Mühe auch nur ein einziger Aufsatz oder eine Rezension kostet.

Hier liegen meiner Auffassung nach vor allem praktische Probleme der Organisation und der gegenseitigen Hilfe: die bestehenden Partnerschaften zwischen den Universitäten müßten in diesem Sinne aktiviert werden, die Erstellung von wissenschaftlichen Handapparaten, das Kopieren neuerer wissenschaftlicher Literatur u.ä. müßten von deutschen Paten-Instituten übernommen werden. Wenn dann, über DAAD oder andere Stipendiengeber, den afrikanischen oder anderen ausländischen Kollegen noch in regelmäßigen Abständen Forschungsaufenthalte an Universitäten oder Bibliotheken in deutschsprachigen Ländern ermöglicht werden, dann müßte auf diesem Wege eine kontinuierliche respektable Fort- und Weiterqualifikation möglich sein, welche verhindert, daß die ausländischen Kollegen in ihrer je besonderen Germanistik eingeschlossen werden und ihnen die Teilnahme an dem Diskurs der Gesamt-Germanistik, zu der sowohl die inländische wie die ausländische Germanistik gehören, verwehrt wird.

Hier liegt mit Recht eine der wichtigsten Aufgaben der »Interkulturellen Germanistik«, wie sie auf diesem Kongreß vorgestellt wird: die Verbindung und den Dialog zwischen all jenen aufrechtzuerhalten, die sich auf der Welt für deutsche Sprache und Kultur interessieren und zum anderen uns allen über diese Verbindungen und diesen Dialog einen Zugang zu ermöglichen zu den vielen anderen Kulturen und ihrer faszinierenden Fremdheit und Andersartigkeit.

Lassen Sie mich noch auf eine weitere praktische Konsequenz aus dem Gesagten hinweisen: vor kurzem war der Generalsekretär der Alexander von Humboldt-Stiftung hier in Bayreuth, und wir haben Gespräche geführt über eine bessere Nutzung der durch die Humboldt-Stiftung gebotenen Möglichkeiten. Dabei haben wir u.a. erfahren, daß von den 400 bis 500 jährlich von der Stiftung geförderten jüngeren Wissenschaftlern nur ein verschwindend geringer Teil ausländische Germanisten sind, und daß manche Regionen – wie etwa Afrika südlich der Sahara (außer Südafrika) – bisher so gut wie gar nicht mit germanistischen Stipendiaten vertreten waren. Allein dieser (fast unglaublich zu nennende) Tatbestand rechtfertigt die Neuorientierung des globalen Faches Germanistik in dem hier vertretenen Sinne einer interkulturellen Germanistik. Das Versagen, das man für das muttersprachige Fach Germanistik im Hinblick auf seine Interkulturalität und fremdkulturelle Öffnung konstatieren muß, trifft nicht den einzelnen Wissenschaftler: ihm ist kein Vorwurf zu machen, wenn er zunächst – als Literatur- oder Sprachwissenschaftler – innerhalb der Grenzen des tradierten Fachverständnisses bleibt. Aber er muß, falls er eine Auslandstätigkeit anstrebt oder mit Ausländern arbeiten will, bereit sein zu lernen und sich mit den praktischen Arbeitsbedingungen im Ausland vertraut machen. Dies gilt ebenso für alle anderen kulturellen Mittler (oder Kulturpersonal, wie man heute zu sagen pflegt) im Ausland. Dieser Tatsache trägt auch das von Herrn Wierlacher initiierte Vorhaben mehrerer Wissenschaftler aus verschiedenen Fächern Rechnung, ein interdisziplinäres »Institut für Internationale Kulturbeziehungen und auswärtige Kulturarbeit« zu gründen, damit dort das notwendige praktische und theoretische Wissen vermit-

Rede zur Eröffnung des Kongresses

telt wird, damit die Interkulturalität nicht ein bloßer Begriff bleibt, sondern noch besser als bisher in die Tat umgesetzt wird.

Und in diesem Sinne hat Herr Wierlacher auch breite Unterstützung an dieser Universität gefunden und ich wünsche ihm und Ihnen, daß der jetzt beginnende Kongreß reiche Früchte trägt, Ihnen gut bekommt und Sie viel Freude daran haben.

PLENARVORTRÄGE

Bildungs-, wissenschafts- und kulturpolitische Perspektiven interkultureller Germanistik

Klaus Bohnen, Aalborg

Interkulturalität als Lernziel
Studienkonzepte einer Reformuniversität

Ein gewichtiger Zeuge und Anreger der deutschen Universitätsgeschichte soll auch am Anfang dieser Tagung das erste Wort erhalten. Als Wilhelm von Humboldt im Juni 1810 sein Amt als Direktor der Berlinischen »Sektion des Cultus und öffentlichen Unterrichts« im preußischen Innenministerium aufgab, zieht er – »im Augenblicke meines Abganges« – gegenüber seinem Minister Hardenberg Bilanz. »Man kann mit Recht behaupten« – heißt es in seinem Responsum »Über Reformen im Unterrichtswesen« –, »daß an vielen Orten wenigstens sich ein neuer und besserer Geist gebildet hat, und daß diese ganze Angelegenheit gerade jetzt zu dem Punkte gekommen ist, wo sie leichten Fortgang und glückliches Gedeihen verspricht.« Er registriert mit Genugtuung, das Ausland habe »mit dem unzweideutigsten Tone wahrer Achtung« anerkannt, »daß er [der preußische Staat] durch innere Regeneration sich für den Verlust an äußerer Macht zu entschädigen mit Glück bemüht sei« und daß man diesen Staat »in einem Augenblicke, wo der deutschen Literatur und selbst der deutschen Sprache sehr viel Gefahr droht, als einen Erhalter von beiden betrachtet«. Aber – und darauf zielt seine ‚Erinnerung' an den verantwortlichen Politiker dieses Staates: »Es ist gewiß Ew. Excellenz Meinung und Willen durchaus zuwider, daß hierin ein Rückschritt geschehen solle. Allein Ew. Excellenz fühlen auch, daß hierin jeder Stillstand schon Rückschritt ist, und ich muß noch einmal wiederholen, daß Alles erst begonnen ist und sorgfältiger Pflege, auch kräftiger Unterstützung bedarf, um auf der angefangenen Bahn fortzufahren.«[1] Seine Pläne haben bekanntlich Gehör gefunden, und auch an »kräftiger Unterstützung« hat es seinem ‚Kind', der Berliner Universität, nicht gemangelt. In Berlin vom »Rückschritt« durch »Stillstand« zu sprechen, ist offenbar – wie unlängst bemerkt wurde[2] – erst ein Phänomen allerjüngsten Datums. Auch aus der Sicht des Auslands sind Humboldts Bemerkungen ebenso hellsichtig wie aktuell. Daß »der deutschen Literatur und selbst der deutschen Sprache sehr viel Gefahr droht«, können die dort tätigen Germanisten und Kulturpolitiker mit einiger Kümmernis bestätigen. Sich »durch innere Regeneration ... für den Verlust an äußerer Macht zu entschädigen«, gehört jedenfalls in Dänemark seit der Niederlage von 1864 gegenüber ebendiesem Preußen Humboldts zum offiziellen (kultur-) politischen Programm. Und daß »jeder Stillstand schon Rückschritt ist« und »daß Alles erst begonnen ist und sorgfältiger Pflege, auch kräftiger Unterstützung bedarf, um auf der angefangenen Bahn fortzufahren«, kommt dem Selbsterhaltungstrieb einer beinahe 15 Jahre jungen Universität wie der Aalborgs, die sich mit einigem Stolz eine ‚Reformuniversität' nennt, so sehr entgegen, daß Humboldts Wort in Eingaben ans Ministerium auch heute noch Verwendung finden könnte. Ob sich mit dem Zauberwort von »Reformen«, das die Universitätsgeschichte seit Humboldt mit wechselndem Erfolg und zuweilen auch wohl allzu großen Abständen begleitet hat, allerdings auch »ein neuer und besserer Geist« heraufbeschwören läßt, wird wohl erst die Zukunft entscheiden können. Zunächst geht es darum, diesen »Geist« in technokratisch anmutende Studienprogramme und Ausbildungsbestimmungen einzubringen und dabei die Hoffnung nicht zu verlieren, daß das junge Pflänzchen eines reformierten Lernziels der Fremdsprachenpädagogik nicht unter dem Gewicht der Umstände und der drängenden Berufssorgen seine frischen Blütensprossen einbüßt.

Auch Humboldt sprach von »Reformen«. Aber für ihn mußten Behauptung und Weiterentwicklung der deutschen Nationalkultur angesichts der sich aufdrängenden französischen Bedrohung (Napoleon) der Weg sein, Selbstverständigung durch Ausgrenzung einer fremdkulturellen Übermacht zum bildungspolitischen Kanon zu erheben. Wie sehr er damit dem Geist der Zeit einer Nationalstaatsbewegung entgegenkam, wissen wir. Daß die andderssprachigen Nationalkulturen einen ähnlichen Weg einschlugen, hat nicht unwesentlich zu den politischen Reibungen, kulturellen Auseinandersetzungen und stereotypen Mentalitätswertungen beigetragen, die zu den beklagenswertesten Folgeerscheinungen der nationalistischen Einigelungsprogramme gehören. Die Fremdsprachenphilologie insbesondere im Ausland – wo sie überhaupt mit Ernst betrieben wurde – hatte unter diesen Vorzeichen ein eigentümliches Zwitterdasein zu fristen: kultureller Anpassungswille in der Sprachaneignung wäre einer Selbstaufgabe gleichgekommen, ausdrückliche Distanzierung hingegen drohte das Fach zu einer rein handwerklichen Disziplin mit geringer Motivationskraft und begrenztem Einsichtsgewinn zu degradieren. Dem ausländischen Interessenten an deutscher Sprache und Kultur stellten sich überdies zuweilen gewichtige politische Hindernisse in den Weg, die zu überwinden Zivlcourage erfordern konnte: so galt es in Dänemark etwa in den ersten Jahren nach dem letzten Krieg als eine Art Verrat an der eigenen Sache, Germanistik zu studieren, und der Deutschlehrer hatte nicht gerade den besten Stand. Für »Reformen« war da nur wenig Platz.

Wie anderswo auch, setzte der Umschwung in Dänemark Ende der sechziger Jahre ein. Ausbildungsbedarf und ökonomische Möglichkeiten trafen sich glücklich mit Neuorientierungen im Bereich des Hochschulwesens – besonders der philosphischen und gesellschaftswissenschaftlichen Fakultäten – und führten zu Universitätsneugründungen, von denen Aalborg die letzte ist.[3] Ich möchte Sie nun nicht mit einer Universitätsgeschichte langweilen – sie verlief übrigens dem Berliner Modell ähnlich durch Zusammenlegung verschiedener existierender Institutionen, wenn auch hier zunächst noch begrenzt auf drei Fakultäten, die technisch-naturwissenschaftliche, gesellschaftswissenschaftliche und die philosophische mit heute insgesamt nahezu 5000 Studenten –,[4] sondern nur einen für Aalborg charakteristischen Aspekt erwähnen: den der Regionalisierung. Was bildungspolitisch als Erfassung einer Ausbildungsperipherie gedacht war, setzte einerseits ein unvergleichliches Engagement der verschiedenen sozialen Gruppen an ‚ihrer' Universität frei und zwang andererseits die Universität zu einer – sonst ungewohnten – Öffnung auf die gesellschaftlichen Interessenlagen dieser Region hin, mit der Konsequenz, daß elfenbeinturmartige Selbstgenügsamkeit von vornherein ausgeschlossen war. Der Praxisbezug des gesellschaftlichen Umfelds war so als Kontrollinstanz immer gegenwärtig und begünstigte ausbildungs- und forschungsmäßige Entwicklungen, die den Reformgedanken nicht von der Abstraktheit gesellschaftspolitischer Alternativmodelle überwuchern ließ. Diese – wie es heißt – ‚Erdnähe' prägt auch das, was ich Ihnen in kurzen Umrissen darstellen will: Linien eines übergreifenden Bildungskonzepts dieser Universität (soweit diese sich überhaupt bei der Heterogenität der einzelnen Fächer vermitteln lassen), Arbeitsformen und Organisation des Studiums und Lernziele der Fremdsprachenphilologie – hier am Beispiel des Deutschen –. Es sind einzelne Schichten eines zusammenhängenden Komplexes, dessen Konzept zu einer Diskussion ‚über Nutzen und Nachteile' einladen soll.

1. Bildungspolitisches Konzept

Ich nenne das Epitheton ‚politisch' mit Bedacht, denn auch Aalborg war unter dem Vorzeichen angetreten, daß Ausbildungsgänge und Bildungsziele nicht in einem ‚politikfreien' Raum diskutiert werden können. Die Gedanken der Studentenbewegung – in Dänemark weniger radikal als sonstwo – waren auch in die Universitätsstrukturen eingedrungen, und sie hatten sich in den Neugründungen entschiedener als in den bestehenden Universitäten, die sich mit einiger Flexibilität den neuen Gegebenheiten anzupassen suchten, in ihrer Tragbarkeit zu erweisen. Kritik an einem als bildungsbürgerlich abgetanen kulturellen Autonomiegedanken verband sich mit einem Sozialbezug, der alle Kulturprodukte einem gesellschaftspolitischen Funktionstest unterwarf. Kritikfähigkeit angesichts tradierter Wertesysteme und Problembewußtsein im Hinblick auf kulturbestimmende Sozialzusammenhänge zu schärfen, wurde zum Leitziel ausbildungspolitischer Bestrebungen und gab der Universität in ihren Anfängen – trotz ihrer Peripherielage und trotz ihrer empirisch fundierten Praxisnähe – den Ruf einer ‚roten Universität'.

Fächerübergreifende Institutsbildungen und interfakultäre Zusammenarbeit prägten denn auch die interne Struktur der philosophischen Fakultät, auf die ich mich hier beschränke. So umfaßte die größte organisatorische Einheit, das »Institut für Sprache, Kommunikation und Kulturgeschichte« alle Fremdsprachen, Dänisch, Psychologie, Informationswissenschaft, Musik und Musiktherapie und drohte dabei in einem programmatischen Integrationswillen in wachsendem Maße an der Heterogenität verschiedener Fächerinteressen zu ersticken. Ein »Institut für Sozialisation« suchte die Brücke zwischen geistes- und sozialwissenschaftlichen Fragestellungen zu schlagen und damit auch organisatorisch die bildungspolitischen Intentionen zu verwirklichen. Inzwischen allerdings sind die Strukturen übersichtlicher geworden: eine Dreiteilung der Fakultät in ein »Institut für Sprache und internationale Kulturstudien« (Fremdsprachenphilologie), ein »Institut für Musik und Musiktherapie« und ein »Institut für Kommunikation« (die restlichen Fächer) stellt die fächerübergreifende Zusammenarbeit in einen organisatorisch funktionsfähigeren Rahmen.

Dennoch hat die Strukturänderung eine Art Signalcharakter für ein Umdenken. Für das auf die Fremdsprachenphilologie und den Ausbildungsgang der – später zu erläuternden – »Internationalen Studien« eingegrenzten »Institut für Sprache und internationale Kulturstudien« (um das es hier vordringlich geht) hat die organisatorische Lösung aus den anderen, vorrangig auf die dänischen Gesellschaftsverhältnisse bezogenen Fächern eine Schärfung und Ausweitung des Blickfeldes bedeutet: Kulturforschung wird nun entschiedener als zuvor als Analyse internationaler Kulturdependenzen begriffen. Kritikfähigkeit und Problembewußtsein in diesem Rahmen angewandt, stellt die zuvor als übernational angenommenen Sozialklassifikationen in den Zusammenhang der jeweils erklärungsbedürftigen nationalen Voraussetzungslagen zurück und erlaubt damit überhaupt erst eine differenzierte Sicht auf fremdkulturelle Entwicklungslinien. Soziale Gefährdung von Selbstbestimmung – so die ideologiekritische Ausgangslage der Reformer – wird so nicht mehr eingliedrig von einer Klassenkonstellation her gedacht, sondern auch als ein Phänomen der Dissonanz zwischen kulturzentralistischen Einebnungstendenzen in der gesamten westlichen Welt und dem regionalistischen Behauptungswillen der einzelnen Nationalkulturen. Die Fremdsprachenphilologien sehen daher in wachsendem Maße ihre Aufgabe darin, fremdkulturelle Entwicklungslinien – vor dem Hintergrund der Zentrum-Peripherie-Problematik – mit der eigenkulturellen Lage zu konfrontieren und in deren Bezug aufeinander die Maßstäbe für eine Kulturanalyse zu entwickeln. Interessant ist, daß diese interkulturelle Sicht sich mit einiger Gradlinigkeit aus einem ideologiekritischen Ansatz entwickelt hat. Bezeichnend auch, daß die Universitäten, die den Reformweg nicht mitvollzogen haben, nur in geringem Maße – und wenn, dann nur in eigens dafür eingerichteten »Zentren« – diese kulturkontrastive Sicht nachvollziehen können.

2. *Studienorganisation und Arbeitsformen*

Daß der Reformgedanke einschneidende Änderungen in der Studienorganisation mit sich führen mußte, war Ausgangspunkt aller Überlegungen, in der Einsicht, daß Kritikfähigkeit und Problembewußtsein nur bedingt durch lehrergesteuerte Unterrichtsformen zu fördern sind. Für Aalborg heißt das Lösungswort ‚gruppengebundene Projektarbeit', verbunden mit individueller und praxisnaher Problemorientierung und einem fächerübergreifenden Einfallswinkel.

Letzteres – die fächerübergreifende Perspektive –ist der Ausgangspunkt für jeden Studenten. In einem ‚Gemeinschaftssemester' aller Fächer der philosophischen Fakultät (mit Ausnahme von Musik und Musiktherapie, die einen separaten Verlauf anbieten) werden die Studenten – unter dem Rahmenthema »Die Geisteswissenschaft in der modernen Gesellschaft« – in Arbeitsformen und wissenschaftliche Methoden eingeführt, dabei von vornherein in einzelne Gruppen mit eigenen Arbeitsräumen eingeteilt und zur selbständigen Beschäftigung mit einem relevanten und die Motivation fördernden Thema angeleitet. Parallel zu dieser intensiven und häufig auch individuellen fachlichen (und durch Tutoren auch sozialen) Betreuung werden obligatorische Kurse in Wissenschaftstheorie und Textanalysemethoden abgehalten, daneben kürzere Verläufe in EDV und praktischer Medienkunde. Nach bestandenem ‚Gemeinschaftssemester' verteilen sich die Studenten auf die von ihnen gewählten Fächer, deren Länge und Struktur in den Fremdsprachenphilologien einheitlich sind: für das Studium eines Fachs die Aufteilung in eine insgesamt vier-semestrige Grund- und eine ebenfalls viersemestrige Fortgeschrittenenstufe, die mit einer Staatsarbeit abschließt. Auf Prüfungsregelungen verzichte ich hier, ebenso wie die inhaltlichen Dimensionen der Fächer, die später am Beispiel der Germanistik erläutert werden.

Wichtiger sind hier die Arbeitsformen. Grundsätzlich gilt als Arbeitsverteilung, daß der Student 50% seiner Arbeitszeit der ‚Projektarbeit', 40% Kursus- und Vorlesungsaktivitäten und 10% seinem ‚Eigenstudium' widmet. Charakteristisch und entscheidend für den Studienverlauf ist das Ausmaß der selbständigen und (in Abstimmung mit einem Lehrer und zugeordnet der jeweiligen Fachdimension) selbstgewählten Arbeit mit einem Thema, die sich über ein Semester erstreckt und mit einem schriftlichen, als Prüfungsgrundlage dienenden »Rapport« abschließt. Dabei sind die Studenten zu Gruppen (nach eigener Wahl) zusammengeschlossen, die ihren eigenen Arbeitsraum zur Verfügung haben und daher ein permanentes Diskussionsforum etablieren, in das der Lehrer als mehr oder weniger lenkender Ratgeber eingreift. Der Grundgedanke einer solchen Ordnung besteht darin, die Selbständigkeit der Problemformulierung zu fördern und in der Gruppendiskussion Ausweitung des Blickwinkels und die Überprüfung unterschiedlicher Argumentationsgrundlagen zu stimulieren. Informationsbeschaffung und research-Arbeit (auch im jeweiligen Ausland) sollen den Studenten überdies zu einer Arbeitshaltung animieren, die in Einzelfällen wissenschaftlichen Untersuchungen innerhalb eines bisher unbearbeiteten Bereichs nahekommt.

Idealiter ist dies gewiß eine Arbeitsform, die den bestgeeigneten Studenten favorisiert, durch eine geeignete Mischung der jeweiligen Gruppen ist allerdings auch ein wechselseitiger Beeinflussungseffekt zu erzielen, der allen Studenten zugute kommt. In der Fremdsprachenphilologie jedenfalls scheint mir diese Form eine günstige Basis für eine motivierte und engagierte Kulturauseinandersetzung zu bieten, die in der Gruppe eigenkulturelles Gespräch ‚in nuce' vorbereitet.

3. Lernziele der Fremdsprachenphilologie

Das Fach Deutsch ordnet sich strukturell in die generellen Ausbildungsbestimmungen der philosophischen Fakultät ein, d.h. es wendet dieselben Arbeitsformen an, hat die gleichen Studienzeiten und bietet ähnliche Spezialisierungslinien an. Dennoch unterscheidet es sich durch charakteristische Schwerpunktsetzungen. Seiner Zielsetzung gemäß – Germanisten »auf wissenschaftlicher Grundlage« dazu auszubilden, »ein breites Spektrum von Funktionen im Unterrichtsbereich wie in der sprachlichen und kulturellen Vermittlungs- und Entwicklungsarbeit im Rahmen öffentlicher Institutionen und privater Unternehmen ausfüllen zu können«[5] – zentriert es den Ausbildungsverlauf auf eine interkulturelle Kompetenz hin, die – als ausdrückliches Studienobjekt thematisiert – das Fach auf eine praxisorientierte Kulturauseinandersetzung hin disponiert. Konkret vollzieht sich das auf der Grundausbildungsstufe so, daß das fachliche Spektrum in drei Schwerpunktbereiche aufgegliedert wird, die jeweils – mit Ausgangspunkt in einer Fallstudie – zu bearbeiten und deren Ergebnisse in einer umfangreichen schriftlichen Arbeit – dem sogenannten ‚Projektrapport' – zu kommentieren sind: es sind dies die Bereiche »Kultur und Gesellschaft«, »Sprache und Bewußtsein« sowie »Text und Kommunikation«. Der erste – gewissermaßen als Studienbasis zu verstehen – sucht »vor dem Hintergrund der neueren Sozial- und Kulturgeschichte der deutschsprachigen Länder (seit 1750)« eine »gründliche Kenntnis der ökonomischen, politischen und sozialen Verhältnisse« dieser Länder seit 1945 zu vermitteln, wobei er in »fächerübergreifender und problemorientierter« Perspektive »vergleichende Aspekte im Verhältnis zwischen Dänemark und den deutschsprachigen Ländern« einbezieht. Der zweite Bereich widmet sich der Sprachwissenschaft »mit besonderem Gewicht auf den bewußtseinsbildenden und gesellschaftsgeprägten Aspekten der deutschen Sprache. Und der dritte schließlich, der literaturwissenschaftliche Studienbereich, legt – vor dem Hintergrund einer »Kenntnis der deutschen Literaturgeschichte seit 1750 und einer Einsicht in die textanalytischen Begriffe zum Verständnis von Texten verschiedener Ausdrucksformen (Schrift, Rede, Bild, Film etc.)« – das Schwergewicht auf ein »Verständnis von historischen und gegenwärtigen Texten als Teil eines Kommunikationszusammenhangs in unterschiedlichen Stadien der Gesellschaftsentwicklung«. Hier allerdings – zum Abschluß der Grundausbildung – zielt das Studium ausdrücklich auf eine »Anwendung fächerübergreifender Aspekte auf ein interkulturelles Problemfeld, das die Voraussetzungen, Interessen und Bedingungen des dänischen Rezipienten in die Analyse deutschsprachiger Texte einbezieht«.

Soweit der Wortlaut der Studienordnung. Absicht und Zielsetzung sind bereits auf dieser Stufe unverkennbar: es geht in dieser Fremdsprachenpädagogik von Anfang an darum, das Bewußtsein der Studenten für eine Wechselwirkung zwischen den fremdkulturellen und den eigenkulturellen Gegenstandsbereichen zu schärfen. Ein übergreifender Anschluß an das Fach Dänisch – im ersten ‚Gemeinschaftssemester' vorbereitet – wird ebenso angestrebt wie die Bindung an dänische Nachbardisziplinen wie Informationswissenschaft oder Psychologie. Kontrastiv zu sehen und komparativ zu arbeiten erscheint als integraler Teil der Fachdisziplin. Eine solche interkulturelle ‚Öffnung' des Fachs kommt gewiß dem veränderten Berufsprofil von Germanisten im Ausland entgegen, zugleich aber prägt es auch die wissenschaftsmethodische Optik des Deutschstudierenden im Umgang mit seinem Gegenstand.

Im Fortgeschrittenenverlauf wird diese Tendenz ausgeweitet und vertieft, strukturell wie inhaltlich. Wahl- und Kombinationsmöglichkeiten legen es dem Studenten nahe, innerhalb gewisser Grenzen, die von einem dafür zuständigen Organ abgesteckt werden, einen individuellen Ausbildungsweg zurechtzulegen – allerdings unter der Voraussetzung, daß er nicht die – berufsmäßig nicht sehr erfolgversprechende – Unterrichtskompetenz fürs Gymnasium anstrebt (denn hierfür gelten weiterhin festere Regeln). Konkret bedeutet dies, daß der Studierende sich in den drei Bereichen des Fachs, der »Literatur-, Sozial- und Kulturgeschichte« einerseits, von »Sprachwissenschaft und neuen Medien« andererseits und schließlich im Bereich »interkulturelle Kommunikation« auf einem der drei Studienfelder spezialisieren kann. Wer eine Beschäftigung außerhalb des Gymnasiums anstrebt – etwa in Aufgabenbereichen international orientierter Kulturvermittlung – erhält auf diese Weise die Möglichkeit, die notwendige Kompetenz in den Dimensionen der Spezialisierungslinie »interkulturelle Kommunikation« zu erwerben. Das

Ausbildungssystem erlaubt so Parallelstränge mit breiten Studiengängen, die die traditionellen germanistischen Fachdimensionen vermitteln, und spezialisierten Verläufen mit dem Schwerpunkt auf der Interkulturalität als Lernziel. In der Praxis liegt der Unterschied allerdings nur in der verschiedenen Gewichtung des interkulturellen Aspekts, denn inhaltlich zieht sich der Gedanke der Kulturkontrastivität mit deren Konsequenzen für eine Erarbeitung des Studienobjekts durch alle Fachdimensionen. Bei dieser Zielsetzung sind in der Zukunft eine Umorientierung des Fachs wie eine Neuorientierung in den Erwartungen potentieller studentischer Interessenten an einem Fach zu gewinnen, das in der Konkurrenz zu anderen Fremdsprachen einen schweren Stand hat.

In eine Erläuterung zur rechtsverbindlichen Studienordnung wird das Ziel dieser interkulturellen Zugangsweise näher eingekreist und den Studenten so eine Wegweisung geboten. Die Reflexion über die Kontrastivität fremd- und eigenkultureller Verhältnisse – so heißt es dort[6] – diene dazu

1. »durch Einbezug der sozialen und kulturellen Erfahrungen des Rezipienten zu einem nuancierten und persönlich relevanteren Verständnis der deutschen Kulturprodukte zu gelangen«,
2. »die deutschen Verstehenstraditionen durch andere, ‚fremde' Perspektiven zu erweitern«,
3. »die deutschen Kulturprodukte besser einem dänischen Publikum (in Schulen, Vereinigungen und Organisationen) vermitteln zu können«,
4. »eine Basis zu schaffen für eine fundierte Arbeit in dänischen Institutionen, deren Aufgabe es ist, zu einer Kommunikation zwischen beiden Kulturbereichen beizutragen«.

Wie ersichtlich, sind die Intentionen dieser Fachbeschreibung auch an einer kulturpolitischen Praxis orientiert, die ihre Funktion in einem konkreten gesellschaftlichen Zusammenhang zu erfüllen sucht. Entsprechend breitgestreut, aber auch praxisnah formuliert ist der Katalog der Empfehlungen für Arbeitsfelder, denen sich die Studenten in ihren – jeweils ein Semester umfassenden – Projektstudien annehmen können (aber nicht müssen): Sie reichen von Themen wie etwa einer »Analyse von Verstehensprämissen in deutschen und dänischen Interpretationen desselben Texts« oder zur »Rezeption deutscher Literatur in Dänemark in verschiedenen Perioden: ihr sozialer, kultureller und politischer Hintergrund« über Themenfelder wie »Deutsche Kulturarbeit im Ausland im Vergleich zu dänischen Kulturexport-Bestrebungen« und »Der Mythos vom ‚Nordischen' in deutscher Kulturtradition, deren Hintergrund und deren Pendant in dänischer Kultur« bis zu einer »Analyse nationaler

Klaus Bohnen

Vorurteile in Deutschland und Dänemark« und der Auswertung von Übersetzungen als interkulturellen Schnittflächen. Wie gesagt, Empfehlungen (relativ unverpflichtender Art), die indes punktuell die Richtung des Wegs andeuten. An Interesse seitens der Studenten mangelt es nicht, trotz oder wegen der – angesichts der gymnasialen Fachauffassung – noch etwas ungewohnten Fragestellungen. Ähnliche Themenkreise sind begierig aufgegriffen und – allerdings mit unterschiedlichen Resultaten – bearbeitet worden.

Die praxisnahe Arbeit im interkulturellen Zwischenfeld, die jeweils auch mit – teilweise universitär finanzierten – Studienaufenthalten oder Arbeiten in den entsprechenden (meist) ausländischen Institutionen verbunden ist, hat sich in einer bei einer solchen Öffnung des Fachs naheliegenden Aktivitätsausweitung der Universität (in Zusammenarbeit mit der Universität Århus) bewährt: bei der Schaffung einer ‚offenen Universität' nach englischem Vorbild, also einem universitären Fernunterricht, verbunden mit mehreren intensiven Seminarverläufen per Semester. Die zumeist erfahrenen Interessenten dieser ‚open university', die aus unterschiedlichen Gründen nicht am täglichen Lehrbetrieb an der Universität teilnehmen können, haben ihre – nicht immer erfreulichen – Schulerfahrungen lange genug hinter sich, um den Nutzen einer kulturkonfrontierenden und praxisbezogenen Sichtweise schätzen zu können. Es ist nicht auszuschließen, daß von einer solchen Universitätsöffnung pädagogisch inspirierende Anstöße für den engeren Universitätsbereich ausgehen werden.

Jedenfalls was die Praxisseite betrifft, hat die Universität Aalborg neuerdings den Gedanken einer ausgeweiteten und durchweg kontrastiv arbeitenden Internationalisierung des Fremdsprachenbereichs durch das Angebot des Ausbildungswegs »Internationale Studien« aufgegriffen. Er ist gedacht für Kandidaten der Fremdsprachenphilologien mit abgeschlossenem Staatsexamen in einer Sprache, die die Dimensionen dieses Fachs – statt ein zum Gymnasialunterricht berechtigendes Nebenfach zu wählen – mit juristischen, politischen, ökonomischen und kulturellen Fragenkreisen vertiefen können. Ziel dieses Ausbildungsangebots ist es, »den Studenten Einsicht und Methoden zu vermitteln, um internationale Verhältnisse und Entwicklungsprozesse zu verstehen, zu analysieren und zu bewerten sowie ihnen ein anwendungsorientiertes Wissen über die Bedeutung internationaler Beziehungen für die Länder innerhalb ihres Sprachgebiets wie für das Verhältnis zwischen Dänemark und diesen Ländern zu geben«.[7] Es dreht sich um einen intensiven Studienverlauf über drei Semester, wobei das zweite gänzlich dem – teilweise durch öffentliche Mittel finanzierten – Aufenthalt in einer internationalen Organisation (möglichst im jeweiligen Ausland) vorbehalten bleibt, auf den das erste Semester theoretisch vorbereitet und den das dritte Semester (nach Abschluß eines Erfahrungsberichts) in Theorie und Praxis auswertet. Für den ausgebildeten Germanisten ergibt sich durch dies Studium die Möglichkeit, seine interkulturelle Kompetenz im lebendigen Bezug zu den Rahmenfaktoren seines Sprachgebiets zu erproben und gegebenenfalls in der konkreten Kulturauseinandersetzung zu korrigieren. Zentral ist dabei die Einbeziehung und Thematisierung des eigenkulturellen Blickpunkts in der Aneignung und Vermittlung des fremdkulturellen Gegenstandsbereichs. Auf diese Weise erhält die Interkulturalität ein stärker pointiertes landeskundlich-kommunikatives Gewicht.[8] Einsicht wird mit Erfahrung konfrontiert, wichtig gleichermaßen für die wissenschaftliche Optik des ausländischen Germanisten wie für seine Eingliederung in die Berufswelt.

4. Vom Nutzen und Nachteil

Die hier skizzierten Linien einer Umorientierung der Germanistik an einer ausländischen Universität mit den Stichworten ‚Interkulturalität' und ‚praxisnahe Projektarbeit' stellen notgedrungen noch einzelne unkonturierte Striche dar, die weder ein Bild von der Mühe des Alltags (der es bekanntlich mit sehr viel prosaischeren Spracherlernfragen zu hat) geben noch eine Zukunftsprognose über Erfolg oder Mißerfolg bieten können. Der eingeschlagene Weg verdankt sich gleichermaßen einer Einsicht wie einer Notwendigkeit: einer Einsicht darin, daß die Prämissen eines Studiums von deutscher Sprache und Literatur im Ausland prinzipiell andere sind als für den Germanistikstudenten im deutschen Kulturbereich. Das Dazwischen- (und zuweilen Entgegen-) Stehen des Auslandsgermanisten *fordert* nicht nur eine andere Optik, sondern *ist* dies bereits von Anfang an; sie bewußt zu machen und in der Auseinandersetzung mit dem Gegenstand auszuwerten, bringt einen Gewinn an interkultureller Kompetenz, die vielleicht auch für den deutschen Germanisten nicht zu unterschätzen ist. Notwendig ist diese Sicht einerseits im Sinne einer kulturellen Selbstbehauptung in einer Zeit sich ausbreitender und Individualkulturen nivellierender Internationalkulturen und andererseits aus sehr pragmatischen Gründen von Berufschancen in einer Gesellschaft, die keine Gymnasiallehrer mehr braucht und daher von der Fremdsprachenphilologie ein alternatives Ausbildungsprofil erwartet. Letzteres als Opportunismus zu verdächtigen, geht wohl doch an den Nöten der Studenten vorbei.

Für jeden Germanisten mit Einsicht in sein Fach sind die Mängel einer solchen mit der methodischen Ausweitung verbundenen sachlichen Begrenzung – und das bei kürzer werdenden Studienzeiten – nicht nur offenkundig, sondern auch bedrängend. Vieles von dem, was zu deutscher Kulturtradition gehört, muß ausgeklammert bleiben, und auch der Verweis auf das ‚Selbststudium' motivierter Studenten ist unbefriedigend. Aber – so wäre dem entgegenzuhalten – : Galt das Prinzip der Ausklammerung in der Praxis nicht immer schon und wird es in dieser Weise – wenn auch in verschärfter Form – nur bewußt anerkannt? Wissensanhäufung ist gewiß heute kein gangbarer Weg mehr; und wenn dies gilt: Bietet dann die punktuelle Erarbeitung interkultureller Zusammenhänge nicht ein brauchbares Werkzeug, um außerhalb des Studiums auftauchende Fragen zu deutscher Kultur angemessener anzugehen und mit größerem Verständnis zu lösen? Vorläufig müssen dies Vermutungen bleiben, aber – um wieder mit Humboldt zu sprechen – : »ich muß noch einmal wiederholen, daß Alles erst begonnen ist und sorgfältiger Pflege, auch kräftiger Unterstützung bedarf, um auf der angefangenen Bahn fortzugehen«.

Anmerkungen

[1] Wilhelm von Humboldt: *Über Reformen im Unterrichtswesen. 22. Juni 1810.* In: W.v.H's *Gesammelte Schriften* Bd. X, Zweite Abt.: Politische Denkschriften I, hrsg. v. Bruno Gebhardt, Berlin 1903 (Photomech. Nachdr. Berlin 1968), S. 299 f.

[2] So Uwe Wesel: *Einmal Thielplatz und zurück.* In: Die Zeit Nr. 24 v. 5. Juni 1987, S. 45 f.

[3] Eine Dokumentation der öffentlichen Debatte in der Entstehungs- und Entwicklungsphase der Universität Aalborg gibt: Sven Caspersen und Ernst-Ullrich Pinkert (red.): *AUC i debat. 50 kronikker fra Aalborg Stiftstidende 1972–1983.* Aalborg 1983.

[4] Zur Information über die Universität Aalborg verweise ich besonders auf die Informationsmaterialien: *The University of Aalborg* (1986), *The Governing Bodies of The University of Aalborg* (1986), *AUC i tal* (1986); zur Zukunftsplanung der philosophischen Fakultät auf: *Redegørelse for den langsigtede faglige planlægning ved det humanistiske fakultet* (1986); für die Fremdsprachenphilologie auf: *Engelsk, Tysk,*

Fransk, Internationale Studier (1986). – Die neuerdings erfolgte Integration der wirtschaftssprachlichen Abteilung der Handelshochschule (Wirtschaftsuniversität) in die Universität Aalborg ist bei dieser Darstellung unberücksichtigt geblieben; über Struktur und Zukunftspläne dieser Ausbildung informiert: *Kandidatuddannelse for korrespondenter. Cand. mag i sprog og internationale forhold* (1986).

5   In Übersetzung hier und in der Folge zitiert nach: *Studieordning for Tysk ved Aalborg Universitetscenter* (1985).

6   In Übersetzung zitiert nach: *Vejledning for Tysk ved Aalborg Universitetscenter* (erscheint in Kürze).

7   *Engelsk, Tysk, Fransk, Internationale Studier* (1986), S. 16.

8   Vgl. dazu Näheres in Verf.: *Literaturstudium und kontrastive Länderkunde. Chancen einer interkulturellen Perspektive.* Vortrag auf einem an der Universität Odense abgehaltenen Symposion (6.4.–8.4.1987) zum Thema »Landeskunde im universitären Bereich«. – Hinzuweisen ist auch auf den dort gehaltenen Vortrag von Gisela Baumgratz-Gangl (*Universitäre Landeskunde als kulturvergleichende Sozialisationsforschung*), in dem aus sehr praxisnaher Sicht ähnliche Interkulturalitätskonzepte entwickelt werden.

Robert Picht, Ludwigsburg

Interkulturelle Ausbildung für die internationale Zusammenarbeit

In der Universität Bayreuth das allgemeine Prinzip der Interkulturalität wiederholen, hieße Eulen nach Athen tragen. In der Gesellschaft für Interkulturelle Germanistik allein aus dem Fach heraus einen Aufbruch der deutschen Philologie zu neuen Ufern fordern, hieße, sich auf einen monodisziplinären Standpunkt beschränken, den viele der hier Versammelten längst verlassen haben. Nicht von Germanistik will ich deshalb zunächst sprechen, auch nicht von »Fremdheit« als solcher, die – viel besprochen und viel zitiert – schon fast zum »Corpus mysticum« verdinglicht wird.

Ich verlasse vielmehr in einem ersten Schritt den akademischen Bereich und versuche thesenhaft darzustellen, wo heute in der Praxis internationaler Zusammenarbeit vordringliche Verständigungsbedürfnisse bestehen. Hierzu müssen wir ein deutlicheres Bild von der Entwicklung der internationalen Kommunikationsstrukturen gewinnen und genauer die Qualifikationen für erfolgreiches internationales Handeln bestimmen. In einem zweiten Schritt werden wir uns fragen müssen, was interkulturelle Germanistik zu internationaler Verständigung und ihrer Vorbereitung durch eine angemessene Qualifikation beitragen kann.

I.

Die wachsende grenzüberschreitende Verflechtung unserer Welt ist vor allem Werk und Risiko der Wirtschaft: Kaufleute, Marktforscher, Ingenieure und Monteure müssen sich täglich in der Auseinandersetzung mit anderen Kulturen bewähren. Export- und Importabhängigkeit sind zur Überlebensfrage für Firmen und ganze Volkswirtschaften geworden. Mit wachsender Multinationalisierung ist auch das Management so gefordert, daß die nationalen Verhaltensmuster traditioneller Firmenkultur auf den Prüfstand geraten. Wirtschaftlicher und kultureller Protektionismus wären ruinös. Vielfältige, also nicht auf ein Partnerland be-

Robert Picht

schränkte internationale Kommunikation ist zur Voraussetzung wirtschaftlichen Erfolgs geworden. Sie erfordert ein genaueres Eingehen auf die Verhältnisse, Arbeitsmethoden, Denk- und Lebensgewohnheiten der Partner und das gegenseitige Aushandeln gemeinsamer Vorgehensweisen, also den ständigen Vergleich zwischen zwei oder mehreren Kulturen, die jeweils zu einer immer krisenanfälligen ad-hoc-Kultur praktischer Kooperation verknüpft werden müssen, Kultur hier verstanden in zugleich kulturanthropologischem und soziologischem Sinn, oder, wie Bausinger formuliert: »Kultur ist ja nicht nur Vorgegebenheit, sondern auch das Ergebnis von gesellschaftlichen Akten eines jeden Einzelnen, die ihrerseits kulturbedingt sind.«[1]

II.

Dramatisch werden internationale Abhängigkeiten dort, wo Politik gefordert ist: in der Sicherheitspolitik, der staatlichen Währungs- und Wirtschaftspolitik und im Umweltschutz. Selbst innerhalb Europas bleiben die entscheidenden politischen Mechanismen und ihre Träger weiterhin national befangen. Interessenlage, Denkweise und Verhaltensmuster der Partner werden unzureichend begriffen, und kaum gegeneinander vermittelt. Je größer die noch kaum wahrgenommene internationale Interdependenz wird, desto bedrohlicher werden die krassen Mängel an Information, Kommunikation und Kooperation zwischen den meinungsbildenden Kräften unserer Gesellschaften. Internationalität ist nicht mehr nur Sache der Diplomaten und der Spezialabteilungen für Außenbeziehungen. In Parteien, Ministerien, Verbänden und Medien sind Personenkreise gefordert, die bisher kaum eine ausreichende fremdsprachliche oder interkulturelle Schulung erhalten haben. Mit bloßer Information ist ihnen nicht gedient. Sie brauchen Anleitung zum Vergleich, um internationale Verflechtungsprobleme sinnvoll anzugehen.[2]

III.

Zugleich hat der internationale Handel mit Kultur- und Freizeitgütern ein nie erlebtes Ausmaß angenommen: Medien, Tourismus, Ausstellungen und Gastspiele machen massenhaft zugänglich, was früher kaum erreichbar war – auch in diesem Gewerbe sind allerdings die Germanisten, anders als Historiker, Kunstwissenschaftler, Ethnologen und Philosophen, als Kulturmittler seltsam abwesend.

Leben wir also im von Mac Luhan optimistisch verhießenen »planetarischen Dorf« einer internationalen Kommunikationsgesellschaft? Bildet sich die »one world« einer zumindest ökonomisch und technologisch grenzübergreifenden Rationalität heraus? Ist dann auch die Verschmelzung der Kulturen nur noch eine Frage der Zeit?

IV.

Die Erfahrung der siebziger und achtziger Jahre hat gelehrt, daß nichts zweifelhafter ist als eine derartige Annahme geradliniger Geschichtsentwicklung zu einer immer größeren Vereinheitlichung, welche naiv als wachsende Harmonie gedeutet wird. Zwar sind die Kräfte internationaler Verflechtung unerbittlich. Nach dem Gesetz des Stärkeren durchbrechen sie alle Systemgrenzen und Schutzmaßnahmen. Sie wirken damit aktivierend, aber auch zerstörerisch. Oft vernichten sie die Grundlagen für die weitere Ausbeutung der zunächst erschlossenen Potentiale. Sie wecken aber Gegenkräfte. Das Ergebnis sind Absonderungen und Fundamentalismen aller Art. Anomie droht in den Ländern der dritten Welt und ihren Außenbeziehungen. Ein neuer Provinzialismus gefährdet selbst die hochgradig institutionalisierte Zusammenarbeit in der Europäischen Gemeinschaft. Es ist kein Zufall, daß ein oft regressives, sogar künstliches Streben nach Identität nicht nur in Deutschland hohe Konjunktur hat.

Es gilt also zu verstehen, wo die Widerstände gegen den Eindringling liegen, und wo berechtigterweise Bedenken gegen den wirtschaftlich-technischen Umwälzungsprozeß bestehen. Tragfähige Zusammenarbeit kann erst entstehen, wenn beiderseitiges Vertrauen hergestellt ist. Die Würde des Partners muß gewahrt bleiben. Diese zentrale Frage der Würde betrifft sowohl die Form der Kommunikation, also Sprache, Themen und Interaktion, wie ihr erwartetes Ergebnis.

V.

Das alltägliche Hindernis jeder internationalen Zusammenarbeit ist gegenseitiges Unverständnis. Es ist umso größer, je weniger sein Ausmaß überhaupt wahrgenommen und reflektiert wird. Die »Kulturmauer« ist dort am undurchdringlichsten, wo einer oder beide Partner so sehr in der eigenen Logik, sowohl der nationalen, gruppenspezifischen als auch der individuellen Logik befangen bleiben, daß Andersartigkeit nur als folkloristische Kuriosität, höchstens als befremdliche sogenannte »Mentalität« wahrgenommen wird.

Gefährlich sind aber auch die Auswirkungen von Überanpassung: eine mechanische Übernahme unzureichend verstandener fremder Logik macht dumm. In der Gegenreaktion kann sie zu jenen Reibungsverlusten und gruppendynamischen Prozessen führen, die das Funktionieren aller internationalen Organisationen und Kooperationsbeziehungen erschweren. Mehr und mehr sind es deshalb gerade nachdenkliche Spitzenleute der Wirtschaft, die ein Umdenken hinsichtlich der internationalen Kommunikation und ihrer Vorbereitung durch Aus- und Fortbildung fordern.[3]

VI.

Das Mißverhältnis zwischen Kommunikationsbedarf und Kommunikationsfähigkeit ist also eklatant. Weshalb geschieht dennoch immer noch so wenig und meist so Unzureichendes für die Erschließung fremder Sprachen und Kulturen? Die institutionellen und individuellen Einstellungen und Verhaltensweisen zu dieser Frage orientieren sich an einer wenig durchdachten Einschätzung des Bedarfs. Die bei empirischen Bedarfsfeststellungen ermittelten Angaben beruhen auf Aussagen, die dem Bewußtsein der Befragten von Fremdsprachennutzung und Lernbedarf entspringen. Dieses Bewußtsein ist seinerseits das Ergebnis von Lehr- und Lerntraditionen, die den heutigen Bedürfnissen internationaler Kommunikation nicht mehr entsprechen.[4]

Falsches Bewußtsein ist, auch wenn es empirisch erhoben wird, ein schlechter Ratgeber für Fremdsprachenpolitik und Bildungsplanung. Angemessene Strategien sollten sich an den realen Defiziten internationaler Kommunikation orientieren, auch wenn dies zu höheren Ansprüchen an internationales Lernen über bloßen Fremdsprachenunterricht hinaus führt.

Interkulturelle Ausbildung für die internationale Zusammenarbeit

VII.

Diese Orientierung wird dadurch erschwert, daß es nicht mehr um einzelne Sprachen und Länder geht, sondern wir uns auf eine multikulturelle Welt vorbereiten müssen. Wer die international standardisierte Ebene der »one world« mit ihren kommunikativen und technischen Anforderungen nicht beherrscht, hat beruflich kaum eine Chance. Englisch und Informatik sind die »koine« unserer Welt, die wir nicht donquichotesk bekämpfen, sondern verbessern und differenzieren sollten.

Bloße Sprach- und Kulturkenntnisse haben für die internationale Zusammenarbeit solange wenig Wert, wie sie nicht mit einer präzisen professionellen Schulung in Recht, Wirtschaft, Technik oder anderen Berufsfeldern verbunden sind. Erfolg oder Mißerfolg neuer aus den Philologien hervorgegangener Studiengänge vom Typus »Langues étrangères appliquées« bzw. »Applied modern languages« hängen meist von diesen außerphilologischen Elementen ab.[5]

Umfragen in Wirtschaft und Verwaltung haben ergeben, daß die spezialisierte Begrenzung auf ein Land und seine Kultur zumindest für Führungskräfte nicht attraktiv ist.[6] Bei der heutigen Mobilität und Gefährdung der Arbeitsplätze muß internationale Ausbildung als wichtige Dimension beruflicher Qualifikation umso erfolgreicher und attraktiver sein, je mehr sie Anpassung an neue Anforderungen, also an neue Aufgaben, Länder und Sprachen ermöglicht.

VIII.

Vor aller Einzelplanung für Schule, Hochschule und berufliche Aus- und Fortbildung, die heute meist in verbindungsloser Isolierung der einzelnen Bereiche erfolgt, muß deshalb nach der Qualifikation gefragt werden, die für erfolgreiche internationale Tätigkeit erforderlich ist. Gute Englischkenntnisse und eine hochgradige professionelle Schulung sind unerläßlich. Aber sie reichen allein nachweislich nicht aus, wenn es nicht nur um leichten Kauf und Verkauf, sondern um Zusammenarbeit, also um das Zusammenwirken unterschiedlicher Kulturen geht. Im Herbst 1986 veröffentlichte das Basler Prognoseinstitut im Auftrag des Bonner Wirtschaftsministeriums ein Gutachten zur Weiterentwicklung des besonders privilegierten Bereichs der deutsch-französischen Wirtschaftsbeziehungen. Dieses liest sich streckenweise wie ein kulturpolitisches Manifest: »Dem Mangel an einer ausreichenden Zahl qualifizierter Mitarbeiter mit Deutsch- bzw. Französischkenntnissen begegnen multinationale Unternehmen teilweise durch Benutzung der englischen Sprache. Da Englisch für beide Seiten eine Fremdsprache ist, kann dies nur eine unzureichende Lösung sein [...] Die Ursache für Klagen über Schwierigkeiten aufgrund von Mentalitätsdifferenzen scheint überwiegend darin zu liegen, daß entweder die Kenntnisse über die unterschiedlichen Voraussetzungen in den einzelnen Ländern unzureichend sind, oder daß bei den Partnern die Bereitschaft nur gering ist, sich um gegenseitiges Verständnis zu bemühen«.[7]

IX.

Es geht bei dieser internationalen Qualifikation also um sehr viel mehr als um Fremdsprachen und Landeskunde im üblichen Sinne. Ein Konsortium von fünf europäischen Stiftungen führt seit 1982 ein gemeinsames, vom Deutsch-Französischen Institut koordiniertes Projekt durch, das den Zusammenhang zwischen internationaler Kommunikation und Fremdsprachen zu erfassen sucht. Beim Kolloquium über die Aus- und Fortbildung von Führungskräften in Wirtschaft und Verwaltung formulierte der Vizepräsident des erfolgreichen französischen Glasmultis Saint-Gobain Xavier de Villepain diese Qualifikation folgendermaßen: »Ich messe der Kultur [im Französischen synonym mit Bildung] entscheidende Bedeutung bei. Es geht um eine gründlichere Vorbereitung auf internationale Aufgaben. Wir müssen uns in die Kultur des Gastlandes vertiefen. Meinem eigenen Werdegang fehlte es an einer gewissen Grundlegung im Feld der internationalen Beziehungen. Sie sollte zugleich Elemente kultureller Bildung, Einführung in Geschichte und in die internationale Verflechtung enthalten. Lernen Sie vor allem zuhören. Wer verkaufen will, muß zunächst zuhören können. Zuhören um zu verstehen, um Freunde zu gewinnen, um zu begreifen, ja fast um das Land zu lieben, in dem er gerade tätig ist. Selbstverständlich glaube ich an Informatik, selbstverständlich glaube ich an audiovisuelle Medien, aber glauben Sie mir, wir brauchen gar nicht so viel: wir sollten viel lesen, Geschichte lernen, die Kulturen erschließen. Was zählt, ist nicht nur Technik. Dahinter stehen die Menschen.«[8]

Interkulturelle Ausbildung für die internationale Zusammenarbeit

X.

Das als Abschluß des Stiftungsprojekts im Juni 1987 verabschiedete »Madrider Manifest« formuliert diese Qualifikation systematischer: »Die sprachliche Vorbereitung auf internationale Aufgaben sollte nicht auf einem zu oberflächlichen Niveau stehen bleiben. Es hat in der Tat wenig Sinn, über standardisiertes Englisch hinaus andere Fremdsprachen zu lernen, wenn es nur darum gehen soll, in ihnen die gleichen Kommunikationsformen zu bewältigen, die bereits auf Englisch praktiziert werden. Ihr Wert steigt in dem Maße, wie sie ein tieferes Verständnis für die kulturellen Besonderheiten der Partner ermöglichen. Das Erlernen moderner Fremdsprachen wird also umso effizienter, je mehr es kulturelles Lernen ist. Eine internationale Bildung, die den Bedürfnissen unserer Zeit entsprechen soll, darf aber nicht beim Fremdsprachenlernen stehen bleiben. Sie beginnt mit einer besseren Beherrschung der Muttersprache, Grundlage nationaler Identität und jeder Fähigkeit zu verstehen und sich verständlich zu machen. Diese Bildung muß Geschichtsverständnis und insbesondere die genauere Befähigung mit der Geschichte jener Länder umfassen, mit denen engere Zusammenarbeit gesucht wird. Diese historische Schulung sollte vor allem eine Schulung der Lernfähigkeit sein: sie sollte dazu führen, daß ethnozentrische Einstellungen überwunden werden und die Fähigkeit entsteht, sich in das Verhalten eines fremden Partners und in dessen eigene Logik hineinzudenken. Internationale Verständigung ist – ebenso wie die häufigen Mißverständnisse – Ergebnis bewußten und unbewußten Vergleichens. Politische und wirtschaftliche Zusammenarbeit sind deshalb auf den präzisen Vergleich gesellschaftlicher, politischer und kultureller Entwicklungen in beiden oder mehreren Partnerländern angewiesen. Auch die wissenschaftliche und technische Kooperation muß lernen, die fortbestehenden kulturellen Unterschiede in Denk- und Vorgehensweisen zu berücksichtigen.«[9]

XI.

Aus Qualifikationsanforderungen für die Praxis internationaler Beziehungen entsteht also ein neuer Bildungsbegriff. Die Fähigkeit, sich an wechselnde internationale Situationen anzupassen und diese aktiv mitzugestalten, erfordert ein hohes Maß an Sensibilität, Lernfähigkeit und präzisen Kenntnissen. Sensibilität erfordert Beobachtungsgabe, Eingehen auf den Partner und die Fähigkeit zur Selbstkritik, also eine Verbindung affektiver, intellektueller und moralischer Fähigkeiten. Lernfähigkeit entwickelt sich aus einer soliden, insbesondere sprachlichen und historischen Schulung, die Kategorien und Instrumente bereitstellt, um neue Situationen und Anforderungen zu erschließen. Dies verlangt präzise und durchdachte Kenntnisse zum Vergleich zwischen National- wie Institutionenkulturen.

XII.

Eines ist sicher: Die Kenntnisse und Einstellungen, die internationale Qualifikation ausmachen, lassen sich nicht in raschen Intensivkursen kurz vor der Ausreise vermitteln, sofern nicht erhebliche Vorkenntnisse und eben jene Bildung bereits da sind, die es erlauben, Informationen, Eindrücke und Erfahrungen in ein Bezugssystem interkultureller Orientierungsfähigkeit einzuordnen. Diese neue Form von Bildung, auf die unsere internationalisierte Welt angewiesen ist, ist nicht mit einem verstaubten gymnasialen Bildungsbegriff gleichzusetzen. Sie stellt aber unabweisbare Gebote eines neuen Humanismus auf. Diese Bildung ist das Ergebnis eines heute noch kaum reflektierten Prozesses des lebenslangen Lernens. Bereits die Schule sollte nicht nur im Fremdsprachenunterricht, sondern auch in der Muttersprache und in den sozialkundlichen Fächern auf die Fragen internationaler Verflechtung und Verständigung vorbereiten. Eine Orientierung der Schule an solchen Erfordernissen lebenslangen Lernens hätte einschneidende Umorientierungen der schulischen Lernziele und Curricula zur Folge.

Ungenügend ist meist auch die an den Hochschulen vermittelte internationale Ausbildung für die Akteure der internationalen Zusammenarbeit, also für Wirtschaftswissenschaftler, Ingenieure, Juristen etc. – wenn man von Ausnahmen wie den französischen Grandes Ecoles oder international integrierten Studiengängen wie beispielsweise an der Fachhochschule Reutlingen absieht.

Auf einem soliden schulischen und akademischen Fundament könnte dann ein System der beruflichen Fortbildung und Personalpolitik aufbauen, das langfristig auf Auslandsaufgaben vorbereitet und diese im weiteren Karriereverlauf honoriert.

Interkulturelle Ausbildung für die internationale Zusammenarbeit

Lebenslanges Lernen ist aber umso erforderlicher, wo dieses vielleicht utopische Idealbild ineinandergreifender Bildungs- und Ausbildungsstufen nicht verwirklicht ist. Dieses Ziel bildet den Maßstab, an dem jeder einzelne Sprachkurs, jede Lehrveranstaltung und Publikation zu messen ist.

XIII.

Interkulturelle Germanistik hat in diesem Prozeß lebenslangen Lernens, der individuelle und institutionelle Bereitschaft erfordert, einen Platz, den sie noch nicht überall gefunden hat. Es wäre kurzsichtig, sie als paraphilologische Managerausbildung anlegen zu wollen. Mit den harten Berufsbildungsgängen kann derartiges nicht konkurrieren. Neue Studiengänge zur Ausbildung interkultureller Mittler, wie sie die Not der geisteswissenschaftlichen Fakultäten allenthalben hervortreibt, haben nur dann Aussicht auf Erfolg, wenn sie den Studenten einen breiten Spielraum zu individuellen Fächerkombinationen und Qualifikationen lassen. Das »Madrider Manifest« spricht offen aus, was man bisher kaum wahrhaben will: »Die wichtigste Aufgabe der Geisteswissenschaften ist die Vermittlung einer allgemeinen (und deshalb umso nützlicheren) Bildung. Diese führt weiter als eine zu eng verstandene Ausbildung. Mit größerer Flexibilität öffnet sich ein Weg zur alten Tradition der *artes liberales*. Nach den ersten Studienjahren können sie die Grundlage für Berufsausbildungen in den verschiedensten Bereichen bilden.«[10] Hier spielen Lehreraus- und -fortbildung weiterhin eine unverzichtbare Rolle.

XIV.

Als Beitrag zu den Bildungsgrundlagen internationaler Qualifikation ist interkulturelle Germanistik umso sinnvoller, je mehr sie ihre Funktion der Vermittlung zwischen deutscher und fremder Kultur wahrnimmt und sich auf die Multikulturalität unserer Welt einstellt. Die Perspektive anderer Länder auf den deutschsprachigen Raum ist für ihre Mittlerfunktion konstituierend. Diese Perspektiven sind so vielfältig wie die Regionen, Länder, gesellschaftlichen Gruppen und Individuen, die sich auf ihre Beziehungen zu ebenfalls ganz unterschiedlichen Aspekten deutscher und europäischer Geschichte, Tradition und Gegenwart besinnen. Gemeinsam ist ihnen die Verknüpfung von Eigenem und Fremdem, so daß interkulturelle Germanistik – wie wir beispielsweise an den Beiträgen zum thematischen Teil des Jahrbuchs Deutsch als Fremdsprache »Deutsch in der Dritten Welt« gesehen haben[11] – oft Teil der Selbstfindung der Betrachter, also vor allem ein Element nichtdeutscher Kultur werden kann. Interkulturelle Germanistik ist mit diesem Perspektivenwechsel deshalb schon vom Ansatz her etwas anderes als die überkommene Muttersprachengermanistik. Sie kann von dieser vieles lernen, darf sie aber nicht imitieren wollen.

XV.

Die Erfordernisse internationaler Zusammenarbeit und die Anforderungen auf sie vorbereitender interkultureller Bildung stellen eine Fülle neuer Forschungs- und Entwicklungsaufgaben, die noch kaum in Angriff genommen sind. Aufgrund empirischer Forschung wären die Qualifikationen noch genauer zu bestimmen, die erfolgreiches internationales Handeln ausmachen. Es wäre zu prüfen, inwieweit Ansätze, wie sie von der Weltbank und in der Wirtschaft zur Vorbereitung auf die Zusammenarbeit mit außereuropäischen Kulturen entwickelt werden, auf Europa übertragbar sind. Ungeklärt ist auch das Verhältnis zwischen Qualifikation und Vorbildung. Es mag durchaus sein, daß Literaturstudien eine gute Vorbereitung auf die internationale Zusammenarbeit in Wirtschaft und Politik darstellen, ich bin persönlich davon überzeugt. Wie müssen sie dann beschaffen sein? Unterentwickelt ist der ganze Bereich internationalen Vergleichens vor allem dort, wo interdisziplinäre Fragen ins Spiel kommen. Hierbei wäre die rasche Veränderung und spannungsreiche Internationalisierung unserer Kulturen zu berücksichtigen. Nicht in einem abgeschirmten Raum »Deutsch als Fremdsprache« hat interkulturelle Germanistik ihr wichtigstes Wirkungsfeld, sondern dort, wo sie einen Beitrag zur gemeinsamen Weltkultur mit all ihren Widersprüchen leistet. Dazu sollte sie sich auch selbst noch weiter öffnen.

Anmerkungen

[1] Hermann Bausinger: *Zur Problematik des Kulturbegriffs*. In: Jahrbuch Deutsch als Fremdsprache 1, Heidelberg 1975, S. 9.
[2] Siehe dazu Robert Bosch Stiftung/Fondation Européenne de la Culture: *The role of intercultural mediators in Europe*. Gerlingen 1987 und Robert Picht: Die »*Kulturmauer*« *durchbrechen*. In: Europa-Archiv 10, 25.5.1987, S. 279ff.
[3] Siehe dazu Robert Bosch Stiftung/Fondation de France: *La formation internationale des cadre supérieurs*. Gerlingen 1987.
[4] Die aufschlußreichsten Analysen zur Bedarfsforschung sind aus der holländischen Bildungsplanung hervorgegangen. Siehe dazu Theo van Els (Hrsg.): *Applied Linguistics and the Learning and Teaching of Foreign Languages*. London 1984. Siehe auch Herbert Christ: *Fremdsprachenunterricht und Sprachenpolitik*. Stuttgart 1980.
[5] Siehe dazu Robert Bosch Stiftung/Fundaçao Calouste Gulbenkian: *L'avenir des lettres étrangères à l'université*. Gerlingen 1987.
[6] Siehe dazu Stephen J. Kobrin: *International Expertise in American Business*. New York 1984. Inge Weidig/Gotthold Zubeil/Heimfried Wolff: *Die Kooperation zwischen deutschen und französischen Industrieunternehmen*. Basel 1986.
[7] Robert Bosch Stiftung/Fondation de France, (Anm. 3), S. 21f.
[8] Robert Bosch Stiftung/Fondation Européenne de la Culture: *Langues étrangères et communication internationale*. Gerlingen 1987, S. 10.
[9] a.a.O., S. 12.
[10] *Deutsch in der Dritten Welt*. In: Jahrbuch Deutsch als Fremdsprache 10, München 1985, S. 61ff.

Wolfgang Frühwald

Germanistische Studiengänge aus der Sicht des Wissenschaftsrates

Nach dem *Abkommen zwischen Bund und Ländern über die Errichtung eines Wissenschaftsrates vom 5. September 1957* (in der Fassung des Verwaltungsabkommens vom 27. Mai 1975) hat dieser Rat die Aufgabe, »im Rahmen von Arbeitsprogrammen Empfehlungen zur inhaltlichen und strukturellen Entwicklung der Hochschulen, der Wissenschaft und der Forschung zu erarbeiten, die den Erfordernissen des sozialen, kulturellen und wirtschaftlichen Lebens entsprechen. Die Empfehlungen sollen mit Überlegungen zu den quantitativen und finanziellen Auswirkungen und ihrer Verwirklichung verbunden sein«. So äußert sich der Wissenschaftsrat seither insbesondere zu allen von Bund und Ländern gemeinsam finanzierten Baumaßnahmen an den Hochschulen, das heißt, er hat – da es auch um Hochschulkliniken geht – über sehr hohe Beträge zu beraten. Er hat auch die Aufgabe, auf Anforderung eines Landes, des Bundes oder anderer übergeordneter Gremien (der Bund-Länder-Kommission für Bildungsplanung oder der Ständigen Konferenz der Kultusminister der Länder) gutachtlich zu Fragen der Entwicklung der Hochschulen, der Wissenschaft und der Forschung Stellung zu nehmen. Der Wissenschaftsrat hat 39 Mitglieder, wobei die 16 wissenschaftlichen Mitglieder vom Bundespräsidenten (auf Vorschlag der Deutschen Forschungsgemeinschaft, der Max Planck-Gesellschaft, der Westdeutschen Rektorenkonferenz und der Großforschungseinrichtungen) berufen werden; ihre Amtszeit ist streng auf zweimal drei Jahre begrenzt. 17 Mitglieder werden von den Regierungen des Bundes und der Länder entsandt, 6 Mitglieder sind ebenfalls vom Bundespräsidenten berufene Repräsentanten von Wirtschaft, Gewerkschaft, öffentlichem Leben. Alle Empfehlungen des Wissenschaftsrates haben theoretisch den Charakter eines Ratschlages, de facto sind diese Empfehlungen Beschlüsse, da Bund und Länder ja in einem formellen Abstimmungsverfahren an diesen Empfehlungen mitgewirkt, sich also selbst gebunden haben.

Solange der Wissenschaftsrat empfehlend und beratend den raschen Ausbau der Hochschulen begleitete, eine Neugründung nach der anderen, ein Klinikum der Maximalversorgung nach dem anderen empfohlen hat, wurde er von der Öffentlichkeit kaum wahrgenommen. Die Wissenschafts-Gemeinschaft fühlte sich geborgen im Wohlwollen ihrer Vertreter in diesem Rat, und selbst problematische Empfehlungen (wie etwa die zum Klinikum Aachen) wurden letztlich gebilligt und akzeptiert. Zündstoff sammelt sich erst an, seit es der Wissenschaftsrat wagt, bewährte Elemente des ausländischen Hochschulsystems, insbesondere aus dem angelsächsischen Raum, für die Reformierung des deutschen Hochschul- und Wissenschaftssystems zu empfehlen. Zum öffentlich ausgetragenen Streit ist es deshalb insbesondere um Empfehlungen gekommen, welche das Wettbewerbssystem amerikanischen Zuschnitts modifiziert auf die deutschen Hochschulen angewendet haben wollen, welche das in den großen Bibliotheken der Welt übliche Verfahren des »resource sharing« und schließlich das in den amerikanischen Universitäten bewährte System eines konsekutiven Studienaufbaus vorschlagen. Die *Empfehlungen* zu einem den deutschen Universitäten anscheinend ganz unvorstellbaren, aber de facto längst praktizierten *Wettbewerb im deutschen Hochschulsystem* erschienen 1985, die *Empfehlungen zur Struktur des Studiums* und die *Empfehlungen zum Magazinbedarf wissenschaftlicher Bibliotheken* 1986.

Die Basis dieser drei umstrittenen *Empfehlungen* bildet eine im Grunde simple Erkenntnis, deren gravierende Auswirkungen aber noch keineswegs in das Bewußtsein der akademischen Welt eingedrungen sind: daß nämlich der grundlegende Impuls aller Lebensvorgänge der Moderne der der Beschleunigung ist, und ein rohstoffarmes Land wie die Bundesrepublik Deutschland alle Anstrengungen unternehmen muß, um in einem Konkurrenzkampf globalen Ausmaßes bei der Bewältigung dieses Problems Schritt halten zu können.

Die Frage, ob es in unserer Welt überhaupt eine Wachstumskrise gibt, mit keineswegs nur mittelbaren, sondern unmittelbaren Auswirkungen für die Hochschulen, die Wissenschaft, die Produktion wissenschaftlicher Information und alle damit zusammenhängenden Probleme, ist längst keine Frage mehr, sondern ein weithin anerkanntes Faktum, auch wenn die Unterschiede zwischen dem exponentiellen und dem weiterhin nötigen linearen Wachstum nicht geleugnet werden sollen. Die Universitäten sind längst keine ruhigen Inselburgen mehr in einem Ozean der explodierenden Entwicklung, sondern sie sind selbst Mitverursacher dieser Explosion an Wissen, Information und Erkenntnis. In meiner Schulzeit – vor rund vierzig Jahren – habe ich noch gelernt, daß die gesamte Weltbevölkerung von etwa 2 Milliarden Menschen, nebeneinander gestellt, auf dem Bodensee Platz hätte. Inzwischen würde die doppelte Fläche des ohnehin schrumpfenden Sees für die auf 5 Milliarden angewachsene Weltbevölkerung nicht mehr ausreichen. Anders ausgedrückt: die Verdopplungszeiten der Weltbevölkerung sind innerhalb von 300 Jahren von 230 auf 40 Jahre gesunken; in einzelnen Entwicklungsländern gibt es bereits Verdopplungszeiten von 18 Jahren. Die ungeahnte Beschleunigung dieses Basisprozesses ist das Phänomen, welches die moderne Welt in Atem hält, und alle unsere Anstrengungen müssen einer Erhaltung der Biosphäre gelten, welche durch diesen Prozeß bedroht ist. Die von Hubert Markl so genannte »Vermüllung« der globalen Biosphäre ist ja nichts anderes als eine Funktion des im Verhältnis zum Bevölkerungswachstum nochmals beschleunigt zunehmenden Verbrauchs an Primärenergie. Er darf nicht gebremst werden, wenn die Lebensbedingungen der Menschen in den Entwicklungsländern verbessert werden sollen; seine Verdopplungszeit beträgt derzeit weniger als 20 Jahre. Joachim Treusch hat eine Reihe von eindrucksvollen Beispielen vorgestellt, an denen die sich krisenhaft zuspitzende Situation der Biosphäre unter dem Einfluß der Beschleunigung aller Entwicklungsprozesse schlaglichtartig deutlich wird: So beträgt die Verdopplungszeit der heute in den USA arbeitenden Naturwissenschaftler rund 13 Jahre. Weltweit extrapoliert bedeutet dies, daß neun von zehn Naturwissenschaftlern, die jemals auf der Erde geforscht und gewirkt haben, dies heute tun. »Man kann diese verblüffende Tatsache auch anders formulieren: In den nächsten fünfzehn Jahren wird genausoviel geforscht und mehr publiziert als in den fast zweieinhalbtausend Jahren seit Demokrit und Aristoteles.« (Treusch) Das unseren Fächern in dieser Entwicklung gestellte Problem der Bewertung und Einordnung einer nie dagewesenen Wissensproduktion reicht alleine aus, um überkommene Fachstrukturen infragezustellen. Beschleunigungen und Verdopplungszeiten wie die geschilderten rufen nicht nur quantitative, sondern qualitative Veränderungen in unserer Lebens- und Denkwelt hervor, und die Verdrängung dieses Zustandes eines zentralen Traditions-, und vielleicht sogar eines Kontinuitätsbruches wird nur kurze Zeit von den gewaltigen Folgeerscheinungen ablenken können. Mehr als 90% aller Naturwissenschaftler, welche die Geschichte je gekannt hat, leben heute; die Verdopplungszeiten von Publikationen in der Chemie betragen derzeit 10 Jahre. Etwa 60 000 Neuerscheinungen zählen wir heute weltweit im Bereich der Germanistik, die Zeitschrift *Chemical Abstracts* aber berichtet über 700 000 Neuerscheinungen pro Jahr. Wiederum hochgerechnet bedeutet dies, daß in den nächsten 10 Jahren (also bis knapp zur Jahrtausendgrenze) genau so viel publiziert werden wird, wie seit der Erfindung des Buchdrucks. Wie die Entwicklungskurven verlaufen werden, wissen wir nicht. Ob sie in eine Sättigung einmünden, jäh absinken oder nochmals explodieren, hängt von nicht bekannten Randbedingungen ab. Sicher scheint, daß wir in einer Zeit leben, in der die Wachstumskurven zu kippen beginnen. In Fünfzehnjahresschritten hat sich die Weltbuchproduktion seit dem 18. Jahrhundert verdoppelt; bei rund 765 000 Titeln lag diese Weltbuchproduktion im Jahre 1982. Die großen wissenschaftlichen Bibliotheken der Bundesrepublik wachsen pro Jahr um etwa 1,5 Regalkilometer, und die mit 80 Millionen Bänden wohl größte Bibliothek der Welt, die Library of Congress (in Washington D.C.), vergrößert ihre Bestände um 10 Neuzugänge pro Minute.

Wir alle wissen, daß die zweite industrielle Revolution in der Bundesrepublik von einer Bildungsexpansion ohne gleichen begleitet war. Die Hochschulen sproßten wie Pilze aus dem Boden, und wir alle haben von diesem »goldenen Zeitalter« der deutschen Hochschulen profitiert oder auch darunter gelitten. 1970/71 studierten an den deutschen Hochschulen rund 525 000 Studenten, im Wintersemester 1986/87 waren es rund 1 336 000, wobei die Zahl der ausländischen Studierenden (m.E. zu niedrig) konstant bei 5% (gerechnet auf die genannten Zahlen) gehalten wurde. 1960 betrug die Gesamtzahl des wissenschaftlichen Personals an den Hochschulen (ohne Fachhochschulen) 14 629 Stellen, 1984 betrug sie 69 856; sie hatte sich also verfünffacht. Genauer: 1984 waren an den Universitäten der Bundesrepublik 72 600 Wissenschaftler beschäftigt, an den Gesamthochschulen 5 200 und an den Fachhochschulen rund 9 000. Von diesen insgesamt 91 400 Wissenschaftlern wurden rund 13% (nämlich 12 900) aus Drittmitteln und sonstigen Haushaltsmitteln (außerhalb des Normaletats) beschäftigt. Die Germanistik hatte und hat an diesem Stellenwachstum einen entsprechenden Anteil, und es ist selbstverständlich, daß ein Quantitätssprung dieses Ausmaßes auch inhaltliche Änderungen nach sich zog. 161 Stellen für Professoren hatte unser Fach in der Bundesrepublik im Jahre 1960, 653 waren es im Jahre 1984. Die Gesamtzahl der Stellen im wissenschaftlichen Bereich betrug 1960 289, im Jahre 1984 aber bereits 1 432. Wiederum beträgt die Steigerungsrate rund 500%, sie nimmt derzeit nicht ab, sondern durch die Wachstumsprogramme aller Art nochmals zu. Interessant (für die Chancen unseres wissenschaftlichen Nachwuchses) ist dabei die Zahl der jährlichen Habilitationen im Verhältnis zu den voraussichtlich frei werdenden

Germanistische Studiengänge aus der Sicht des Wissenschaftsrates

Professorenstellen. In der Germanistik wurden im Durchschnitt zwischen 1981 und 1985 jährlich 28 Nachwuchswissenschaftler habilitiert. Diesem Durchschnitt stehen folgende (voraussichtlich) frei werdenden Professorenstellen gegenüber:
1986 – 1990: 12; – 1991 – 1995: 21; – 1996 – 2000: 19.
Bedenkt man, daß sich unter den rund 1 500 wissenschaftlich tätigen Personen der Germanistik zahlreiche Akademische Räte mit hohen Lehrdeputaten befinden, so wird deutlich, daß das Fach – rein quantitativ – zur Ausbildung sehr vieler Studierender und zugleich zu einer hochwertigen Forschung fähig sein müßte.

Nun ging der Zunahme der Studentenzahlen und der (zunächst) im Verhältnis dazu überproportional wachsenden Stellenetats eine andere Entwicklung parallel, deren Ursachen noch nicht voll erkannt sind: eine deutliche Überalterung unserer Studierenden, unserer Doktoranden und insbesondere unserer Habilitanden. 1978 noch betrug das Durchschnittsalter aller Studierenden der Sprach- und Kulturwissenschaften 28,2 Jahre, 1984 betrug es schon 28,7 Jahre (mit steigender Tendenz), und ich wage zu behaupten, daß es 1960 um rund 3–4 Jahre unter diesen Werten lag. Ein Durchschnittsalter von fast 29 Jahren bei Studienabschluß entspricht einer durchschnittlichen Studienzeit von 7,4 Jahren (im grundständigen Studium). Man sollte nicht versuchen, diese Entwicklung nur den Wehr- und Zivildienstzeiten oder den überlangen Schulzeiten anzulasten, denn zwischen den weiblichen und männlichen Absolventen unserer Universitäten besteht kaum eine Altersdifferenz. Das durchschnittliche Promotionsalter im Bereich der Sprach- und Kulturwissenschaften betrug 1984 33,9 Jahre, was einer Studienzeit von 12,7 Jahren entspricht; das durchschnittliche Habilitationsalter in den Sprach- und Kulturwissenschaften aber stieg von 37,6 Jahren im Jahre 1970 auf 40,6 Jahre im Jahre 1985. Ältere Zahlen für die Germanistik (Stichjahr: 1983) weisen auf ein durchschnittliches Promotionsalter von 32,8 Jahren (männliche Absolventen: 32,9; weibliche: 32,6 Jahre). Dies alles bedeutet, daß unsere Studierenden an der Schwelle des vierten Lebensjahrzehntes stehen, wenn sie einen ersten berufsqualifizierenden Abschluß erreicht haben, sie haben diese Schwelle bei Abschluß der Promotion schon um 3 Jahre überschritten, und sie haben im Augenblick der Habilitation, also der Möglichkeit, berufen zu werden, das fünfte (!) Lebensjahrzehnt bereits begonnen. Das durchschnittliche Berufungsalter aller Professoren (aller Fächer) betrug immerhin (1984) noch 39,6 Jahre (C4: 39,0; C3: 40,0; C2: 40,4). Lassen wir die Frage des optimalen Berufungsalters (das vielleicht zwischen 33 und 35 Jahren liegt) einmal beiseite:

entwicklungspsychologisch, bezogen auf Kreativität und Produktivität, und (vor allem) bezogen auf die Mechanismen des Arbeitsmarktes sind dies erschreckende Zahlen, welche doch wohl einen Krankheitszustand des gesamten Systems indizieren.

Der Wissenschaftsrat schlägt vor, zunächst an zwei Stellen anzusetzen, wenn diese Krankheit eines jährlich mehrere -zig Milliarden teueren Systems überwunden werden soll: an den überlangen Studienzeiten und an der schlechten Betreuung der Postgraduierten (also der Doktoranden). Er empfiehlt die Teilung der Studien in ein grundständiges Studium von 4 Jahren (plus 3 Monaten Prüfungszeit) und ein eventuell anschließendes Graduiertenstudium, das wiederum zu unterteilen ist in (berufsqualifizierende) Spezialstudien und in Doktorandenstudien. Die Doktorandenstudien können sich in Graduiertenkollegs oder in Graduiertenkursen vollziehen, doch soll dieses System die Einzelbetreuung der Doktoranden nicht ersetzen, sondern wirksam ergänzen. Die alten Kompakt- oder Schwerpunktmodelle unserer Studiengänge also werden durch ein Konsekutivmodell ersetzt, in welchem den post-graduate-studies endlich Aufmerksamkeit geschenkt wird.

Zur Diagnose des in einigen wenigen Symptomen geschilderten Zustandes unseres akademischen Ausbildungssystems gehört die Erkenntnis, daß wir uns durch Zwänge von außen verleiten ließen, die stofflichen Anforderungen an die Studierenden so auszudehnen, daß schließlich nicht mehr zu bewältigende Stoffmengen aufgehäuft wurden, sich Lehre und Forschung fast scherenartig auseinanderentwickelten. Ich führe einige wenige, unschwer zu vermehrende Kriterien an, welche die Germanistik m.E. derzeit charakterisieren, ohne aber den Anspruch zu erheben, ein Gesamtprofil des Faches zu bezeichnen.

1) Wir haben uns dazu verleiten lassen, die neuen Fachdisziplinen und Stoffgebiete den alten Disziplinen und Stoffbereichen hinzuzuaddieren, so daß in vielen Studienplänen Wissensballast vielfältiger Art den Blick auf ein klares Ausbildungsziel verstellt. Wir haben uns durch die unselige Kapazitätsverordnung, welche die Stellen des wissenschaftlichen Personals an die Entwicklung der Studentenzahlen bindet, dazu verleiten lassen, Unterrichtstypen zu erfinden, welche nur dazu da sind, die Kapazität zu erhalten, ohne einer auf das Nötige und das Mögliche beschränkten Ausbildung zu dienen. Das heißt: der durch die Stellenvermehrung in Gang gekommene Ausdifferenzierungsprozeß des Faches, seine Spezialisierungseinrichtungen, seine Methodenfächerung etc., haben sich in unseren Regelstudiengängen und Curricula kaum niederge-

schlagen; wir haben neuen Wein in alte Schläuche gegossen und sind nun höchst erstaunt, daß diese Schläuche zu platzen beginnen.

2) Wir sind noch nicht in der Lage, die mit dem enormen Rückgang der Lehramtsstudierenden aufgetretenen Probleme zu bewältigen.

Seit dem Ende der 70er Jahr gibt es für Studierende der Lehramtsstudiengänge ernsthafte Beschäftigungsprobleme beim Eintritt in das Berufsleben. Die qualifikationsspezifische Arbeitslosigkeit der Universitätsabsolventen (das heißt die Zahl der Arbeitslosen bezogen auf die Gesamtzahl der Erwerbspersonen mit entsprechendem Ausbildungsabschluß) hat sich von 1980 bis 1984 mehr als verdoppelt (1980: 2,1%; 1984: 4,8%). Damit liegt diese Arbeitslosenquote zwar immer noch deutlich unter der durchschnittlichen Arbeitslosigkeit aller Erwerbspersonen (1984: 8,6% mit steigender Tendenz), aber in etwa der gleichen Größenordnung wie die von Inhabern anderer Ausbildungs-Abschlüsse. Besonders gravierend erscheint das Problem bei Absolventen der Lehramtsstudiengänge, gravierend wohl auch deshalb, weil über die qualifikationsspezifische Arbeitslosigkeit von Absolventen des Magisterstudienganges kein Material vorhanden ist. Jedenfalls hat die massive Warnung aller Kultusministerien der Länder vor dem Lehramtsstudium Erfolg gehabt, da zwischen dem Wintersemester 1981/82 und dem Wintersemester 1984/85 die Zahl der Lehramtsstudenten um 41,5% zurückgegangen ist; im gleichen Zeitraum hat die Zahl der Diplom-, Magister- und Staatsexamens-Studiengänge (außerhalb des Lehramtes) um 17,4% zugenommen; in Sprach- und Kulturwissenschaften sogar um 28,9%; in Mathematik und Naturwissenschaften um 31,2%.

Das Verhältnis von Magisterprüfungen zu Prüfungen für das Lehramt an Gymnasien betrug (bezogen auf deutsche Studierende) 1973 1 : 8,7 (698 : 6 095), im Prüfungsjahr 1981 1 : 4,8 (1 940 : 9 256) und 1983 nur noch 1 : 2,4 (2 859 : 6 759). Dabei ist deutlich, daß die Studenten, wenn sie die Lehramtsstudiengänge meiden, nicht gleichzeitig auch das entsprechende Studienfach wechseln, sondern meist nur innerhalb des angestrebten Hauptfaches den Studiengang wechseln.

Unsere bisher vor allem auf Lehramtsstudenten ausgerichteten Fächer haben sich auf die neue Entwicklung noch kaum eingestellt. Noch immer behandeln wir den Magisterstudiengang so, als sei er die Ausnahme und nicht (wie bereits weithin erkennbar) die Regel; noch immer halten wir an der Fiktion der Einzelbetreuung von Magisterkandidaten fest, und geben vor, der Magisterabschluß führe auch in der Regel zur Promotion. Die Prüfungsergebnisse sind entsprechend sonderbar und Außenstehenden kaum noch zu erklären. Während in den Staatsexamina die Quote nicht bestandener Examina zwischen 10 und 20% liegt, die Durchschnittsnoten sich zwischen den Noten 3 und 4 bewegen, geht die Quote nicht bestandener Examina im Magisterstudiengang gegen 0; die Durchschnittsnoten bewegen sich zwischen 1 und 2. Es kommt hinzu, daß die Schwierigkeit der Magisterprüfung sich mit der der Lehramtsexamina nicht vergleichen läßt. An der Universität München etwa fällt ein Vergleich wie folgt aus:

	Lehramt Realschule	Lehramt Gymnasium	Magister
Zahl der Prüfungen	18	17	4
schriftlich	10	7	1
mündlich	8	10	3
Gesamtprüfungszeit:	etwa 32 h	etwa 28 h	6 h

Der unterschiedliche Schwierigkeitsgrad der in jeder Abschlußprüfung geforderten wissenschaftlichen Hausarbeit kann den enormen Unterschied zwischen den Prüfungsschwierigkeiten in der hier angenommenen Fächerverbindung Deutsch/Englisch nicht ausgleichen.

Anders ausgedrückt: Das Lehramtsexamen, einst angesehene und multifunktionale Regelprüfung unserer Studiengänge, wurde durch die vielfältigen Praxis- und Didaktikanteile zu einer Einbahnstraße in Richtung auf den Lehrerberuf, an deren Ende ein großes Schild steht mit der Aufschrift: Sackgasse, Einstellungssperre bis Ende der 90er Jahre!

Die Didaktik aber hat sich in praxi nicht als eine Anwendungswissenschaft erwiesen, sondern sich, von den Studienseminaren an den höheren Schulen bedrängt, als eine eigene Grundlagendisziplin definiert, deren Inhalte und Methoden nun den fachwissenschaftlichen Studienanteilen hinzuaddiert werden. Die Magisterexamina, einst Qualifikationsexamina zur Promotion, sind zur Regelprüfung geworden, überlaufen von Studierenden ohne den Willen und ohne die Fähigkeit zur Promotion, – wir züchten durch Überforderung den wissenschaftlichen Dilettantismus.

3) Wir haben, auch gerade in der Germanistik, seit etwa 1945 einen neuen Arbeitsstil entwickelt, der unsere Forschungsarbeiten prägt und unsere Lehre oft in ein Dilemma führt. Dieser Arbeitsstil ist geprägt von der Einbettung des Faches in internationale Kommunikationsnetze. Unsere Gesprächspartner sind Kanadier und Togolesen, Japaner und Australier; die wissenschaftliche Gemeinschaft, an die wir uns mit unseren Arbeiten, unseren Zeitschriften und Kongressen wenden, ist nicht mehr die nationale Fachgesellschaft, sondern eine die Fachgrenzen und die

Germanistische Studiengänge aus der Sicht des Wissenschaftsrates

Landesgrenzen weit überschreitende Öffentlichkeit; – und wir unterrichten dabei unsere Fächer, orientiert an Prüfungsordnungen, welche im Kern aus dem kaiserlichen Deutschland stammen. Wo sind unsere Erfahrungen im Ausland, die Erkenntnisse und die Methoden unserer Gäste aus allen Ländern der Welt in den Studienplänen fruchtbar geworden? Mir scheint, daß wir im Denken und Forschen viel weiter sind als in der institutionellen Verankerung, so daß der Versuch einer interkulturellen, die Fremdheitserfahrung mit einbeziehenden Germanistik zu institutionalisieren strebt, was in den Forschungsrichtungen des Faches längst angelegt ist.

Ich versuche in einigen Thesen zu belegen, daß die Germanistik, vielfach als ein Modell für die Strukturkrise der Geisteswissenschaften benannt, zwar Anteil hat an den Zersplitterungs- und Spezialisierungstendenzen einer häufig zu Unrecht sich Universität nennenden Wissenschaftsgemeinschaft, daß sie aber auch integrativ wirken könnte, und dies wohl müßte, wenn sie ihre Aufgabe innerhalb der »universitas« der Wissenschaften erfüllen wollte.

1) In den Geisteswissenschaften gibt es eine Wanderanekdote, die lautet: »Wann immer ich heute einen Kollegen treffe und ihn frage, woran er arbeitet und was ihn derzeit vor allem interessiert, erhalte ich die Antwort: Er organisiere einen Kongreß oder gründe soeben eine Zeitschrift.« Die Anekdote enthält einen wahren Kern, da die Zahl der Kolloquien und Kongresse, die jährlich abgehalten werden, Legion ist, die Zahl der neu gegründeten und ebenso rasch wieder vom Markt verschwindenden Zeitschriften ebenfalls groß ist. Dies alles aber bedeutet, daß Dialoginstrumente gefragt sind, wobei zunehmend dem Dialog zwischen den Fächern der Vorrang gegeben wird vor reinen Fachgesprächen, obwohl Interdisziplinarität und Internationalität häufig nur noch als Schlag- und Reizworte verwendet werden. Der in den Wissenschaften tief empfundene Mangel an Dialog wird häufig auf die Zerschlagung der Fakultätsstrukturen zurückgeführt, auf die Einführung repräsentativer Gruppenvertretungen, so daß das Gespräch über die Fächergrenzen hinweg in der Universität gestört worden sei. Die vereinzelten und auf sehr enge Kommunikationsgruppen zurückgeworfenen Forscher suchen daher das für die Existenz von Wissenschaft notwendige Gespräch außerhalb der eigenen Universität, in den Gremien der nationalen und internationalen Wissenschaftsorganisationen, auf Kongressen und Symposien, – der Typus des Reiseprofessors entsteht. Die These also lautet: Wissenschaft ist auf Kommunikation und Publizität angewiesen. Sie ent-

steht im Wechselspiel von Kritik und Affirmation und ist auf die Aufmerksamkeit einer weltweiten scientific community angewiesen.

2) Die moderne Universitätsorganisation und die Zerschlagung der Fakultäten, die das wissenschaftliche Gespräch zumindest erschwert haben, sind aber wohl nicht der Grund, sondern nur Symptom für einen viel tiefer liegenden Mangel: den der Sprachlosigkeit der Wissenschaften untereinander. Das Verständigungsproblem, das sowohl ein quantitatives, wie ein qualitatives Problem der Wissenschaften ist, scheint längst in die Disziplinen selbst eingedrungen zu sein. Spezialisierung und Überspezialisierung sind die Folgen der grassierenden Expertengespräche, die auch auf Studienpläne und Curricula durchzuschlagen beginnen.

Ein ungemein schwieriges und die muttersprachliche Philologie provozierendes Problem liegt hier darin, daß die täglich produzierte Fülle der Informationen sprachlich zu verarbeiten ist, und die Anstrengungen, noch leistungsfähigere Computersprachen zu entwickeln, das Denken in Sprache immer weiter zu reduzieren droht. Wissenschaft hat hier nur teil an einer Entwicklung, in welcher Bilder, Signale, Formeln und formalisierte Sprachen die Rolle der differenzierten Sprache übernommen haben, in welcher konkurrierende Gruppensprachen das gemeinsprachliche Bewußtsein bedrohen. Als unvermeidliche Folge dieser Entwicklung ist die Wucherung der von Harald Weinrich so genannten »Expertokratie« festzustellen, der unausrottbare Glaube an die Leistungsfähigkeit der Spezialisten.

3) Insgesamt ist das Vordringen der Anwendungsbezüge in den Wissenschaften zu bemerken, auch und gerade in den Geisteswissenschaften, die für einen angeblich dringenden Bedarf rascher und fundierter Politik-Beratung reklamiert werden. Die jüngste Debatte um die Aufgaben der Geisteswissenschaften fügt sich dieser Entwicklung nahtlos ein, da sie die Konkurrenzfähigkeit dieser Wissenschaften mit den fraglos als forschungs-intensiv anerkannten Technik- und Naturwissenschaften zu erweisen strebt. Die bisher erzeugten Rechtfertigungen weisen alle in Richtung auf Zweckrationalität und Nützlichkeitsdenken, denn, ob Informations-, Orientierungs-, Kompensations- oder Akzeptanzwissenschaften –, immer enthalten die Definitionen den unmittelbaren Anwendungsbezug und vernachlässigen die für eine Grundlagen-Wissenschaft konstitutive Erkenntnisfrage. Auch die neue Konjunktur von Ethik und Philosophie ist doch unter dem Druck biotechnischer und gentechnologischer Entdeckungen zustandegekommen, und meint nicht die Entwicklung dieser Wissenschaften als Grundlagenfächer, sondern ihre Brauchbarkeit für die Bewertung wirtschaftlich verwendbarer Erkennt-

nisse. Immerhin ist in Ethikkommissionen und überörtlichen Wissenschaftsgremien ein Dialog in Gang gekommen, der Ansätze dafür bietet, daß die Wissenschaften ihre Sprachlosigkeit untereinander überwinden. Auch wenn die Geisteswissenschaften eine Standortbestimmung noch weitgehend ablehnen, so ist der Ruf nach einem Dialog mit ihnen aus den ihr fernstehenden Fächern doch sehr laut geworden. Diese Fächer aber reklamieren eine – in ihrer Sicht – genuine Aufgabe der Geisteswissenschaften: die Stimulierung der Phantasiekräfte, ihre integrative Kompetenz; sie betonen, daß Erkenntnis an sich wertsetzend sein kann. Damit ist nicht gesagt, daß wir uns den neuen, von einer sich rasch wandelnden Welt geforderten Ausbildungsaufgaben für flexibel reagierende Absolventen unserer Studiengänge entziehen dürfen. Gesagt ist damit aber, daß eine interkulturelle Fremdheitsforschung sich nicht gleichsam innerfachlich konzentrieren dürfte, daß der Fremdheitsbegriff nicht allein geographisch und sprachlich, sondern auch systematisch für den Dialog der Wissenschaften miteinander angewendet werden müßte.

Thesenhaft zugespitzt ist zu formulieren: Der Dialog der Fakultäten erst konstituiert »Universität« und Wissenschaft, da Wissenschaft ein Prozeß ist, der durch wechselseitige Stimulation in Gang gehalten wird. Die Dynamik dieses Prozesses aber wird bedroht durch die »Sprachlosigkeit« der Fakultäten, die gemein- und fachsprachlich das enge und immer enger werdende Expertengespräch pflegen und so zu jener Expertokratie beitragen, welche unser öffentliches Leben derzeit prägt. Wir brauchen keinen »ganzheitlichen« Wissenschaftsbegriff, der durch Vereinfachung immer in Ideologieverdacht gerät, aber wir brauchen eine Sprache, oder besser: viele Sprachen für diesen Dialog, der dann auch über den engen Kreis der Fakultäten hinausdringen und sich weiterer Kritik stellen kann. Die Denkkultur unseres Landes also ist eine Funktion seiner Sprachkultur, und hier liegt die große Aufgabe eines sich »interkulturell« verstehenden Faches, das sich der »Fremdheitsforschung« verschreibt.

4) Eine Lösung des beschriebenen Dialogproblems hat ungemein komplexe Verhältnisse zu berücksichtigen, die in Thesen wiederum so vereinfacht werden müssen, daß die Lösungsvorschläge ihrerseits in Ideologieverdacht geraten könnten. Trotzdem können zumindest Fragen formuliert werden: Es versteht sich von selbst, daß sich das Fachgespräch in einer anderen Sprache vollzieht als der überfachliche Dialog, daß das schriftliche Gespräch ausschließender gestaltet ist als das mündliche. Doch die große Frage, mit welcher Sprache sich Natur- und Geisteswissenschaften begegnen können, ist damit nicht gelöst. Sind ge-

meinsprachliche (und gemeinverständliche) Anteile im formalisierten Ausdruck der Naturwissenschaften überhaupt möglich? Müssen nicht auch die Geisteswissenschaften die sprachliche Leistung von Formeln und Tabellen anerkennen und akzeptieren? An welchen Stellen der auseinanderdriftenden Wissenschaften konvergieren die Erkenntnisbemühungen, wo gibt es mögliche Kontaktstellen? Wenn der Dialog in Gang kommen soll, so müßte das wissenschaftliche Gespräch gesucht werden und nicht das gleichsam außerwissenschaftliche Gespräch um die Bewertung von Forschungsergebnissen für die an den Fächern wenig interessierte Öffentlichkeit. Durch die Themensuche schon, wenn sie gemeinsam erfolgt, werden die Sprachebenen einander angenähert, so daß Kommunikation zustandekommt, die über die Wissenschaftsbeilagen der Tagespresse hinausgehen könnte. So einfach das klingt, – eine erste Forderung an die Forscher lautet, sich für eine solche Themensuche Zeit zu nehmen, sie als eine legitime, wissenschaftliche Fragestellung zu akzeptieren, sie nicht weiterhin nur als ein Desiderat zu beklagen und im Drang der Fachaufgaben zu vergessen.

5) Auch wenn die englische Sprache die neue Weltsprache geworden ist und die Verbreitung des Englischen als internationale Wissenschafts- und Kongreßsprache die Kommunikation über die Ländergrenzen hinweg erleichtert, müßte überlegt werden, ob nicht die völlige Verdrängung des Deutschen aus bestimmten Wissenschaftsbereichen eine Verarmung dieser Bereiche bedeutet. Schon die späte Antike hat den Sprachen Akzente zugeschrieben. Augustinus etwa hat die drei Heilssprachen Hebräisch, Griechisch und Lateinisch (die Sprachen der Kreuzesinschrift Jesu) als die der Frömmigkeit, der Philosophie und der Staatsmacht unterschieden. »Um etwa die gleiche Zeit unterscheidet der Talmud die Sprachen Griechisch, Latein, Syrisch und Hebräisch als die Sprachen, die jeweils für den Gesang, für Rechtsgeschäfte ..., für das Schreiben ... und für die Rede (auch das Gebet) besonders tauglich sind.« (Harald Weinrich) Und schließlich gibt es Theorien, die besagen, daß ein weiblich strukturierter Dialog besser für eine Therapiesprache tauglich ist als männlich strukturierte Explorationen (falls Dialogsprachen überhaupt geschlechtsspezifisch trennscharf zu differenzieren sind). Die Zeiten jedenfalls, in denen das Deutsche nur als Befehlssprache, als ein Knechts- und Mägdeidiom konkurrenzfähig schien, sind seit dem späten 18. Jahrhundert (in der Literatursprache viel länger) vorüber. Noch immer gilt das Deutsche als die Sprache der Philosophie und der Psychotherapie, in deren Fächern es sich auch international am

Germanistische Studiengänge aus der Sicht des Wissenschaftsrates

stärksten behauptet hat. Ob also eine globale Denkkultur nicht auch auf die Pflege der deutschen Sprache angewiesen ist?
6) Man könnte nach institutionellen Möglichkeiten zur Überwindung der Sprachlosigkeit suchen. Die Einübung der Dialogfähigkeit nämlich müßte schon in der Schule beginnen, sich im Studium fortsetzen und insbesondere in die Ausbildung des wissenschaftlichen Nachwuchses einbezogen werden. Die inzwischen von vielen Universitäten bereitwillig ergriffene Idee der »Graduierten-Kollegs« ist ein großer Schritt in die Richtung auf einen Dialog zwischen den Fächern, da in multidisziplinär zusammengesetzten Arbeitsgruppen dort Lehre und Forschung interdisziplinär organisiert werden kann. Der wissenschaftliche Nachwuchs lernt in solchen Gruppen, sich fachfremder Kritik auszusetzen, sich Fragen zu stellen, die nicht aus dem eigenen Arbeitsbereich erwachsen. Vielleicht sollte man – auf begrenzte Zeit – sogar eine geringfügige Senkung des eigenen Fachniveaus in Kauf nehmen, um der breiteren und dialogfähigen Fragestellungen willen, weil nur so auch das eigene Fach überleben kann.

Als Clemens Brentano 1809 in Nürnberg den Philosophen Hegel besuchte, fand er, daß Hegel das Heldenbuch und die Nibelungen las und sich beides unter dem Lesen ins Griechische übersetzte, um diese Texte überhaupt »genießen« zu können. Hegel schienen Kriemhild, Siegfried und Hagen einem Volke, dessen vorzügliche Bildungs- und Humanisierungsquellen die Bibel und die antike Literatur gewesen sind, weitaus fremder als Achill, Odysseus und Priamos. »Die Geschichte Christi«, schrieb Hegel in seiner *Ästhetik*, »Jerusalem, Bethlehem, das römische Recht, selbst der Trojanische Krieg haben viel mehr Gegenwart für uns als die Begebenheiten der Nibelungen, die für das nationale Bewußtsein nur eine vergangene, wie mit dem Besen rein weggekehrte Geschichte sind.« Er roch an der forcierten Beschäftigung mit den die Mitleidspoetik eliminierenden Quellen angeblich germanischer Vergangenheit den Schwefelatem des Chauvinismus, dem dann auch eine nationalistisch eingegrenzte Germanistik erlegen ist. Unsere Hoffnung könnte also sein, daß eine unter der Perspektive der Fremdheitsforschung stehende, interkulturelle, sich interdisziplinär und international öffnende Germanistik nicht nur die Basis Hegels wiedergewinnen, sondern auf einer anderen Ebene der Entwicklung, im Bewußtsein aller Irr- und Abwege, die unser Fach gegangen ist, eine damals auf Europa, heute auf eine Weltkultur sich hin orientierende Entwicklung einleiten könnte, die im 19.

Wolfgang Frühwald

Jahrhundert – zum Schaden des gesamten Faches – vorzeitig abgebrochen worden ist.

Anmerkung: Der vorliegenden Dokumentation habe ich den Stil des Vortrages belassen. Mit Nachdruck verweise ich darauf, daß lediglich die Vorschläge zur Strukturierung des Studiums allgemein Positionen *des* Wissenschaftrates sind, alle anderen Thesen des Vortrages meine eigenen Vorstellungen von der Entwicklung unseres Faches wiedergeben.

Helmut Wegner, Bonn

Die deutsche Sprache in der Welt und die Auswärtige Kulturpolitik der Bundesrepublik Deutschland

»Interkulturell« – meine Damen und Herren – ist das Stichwort, das die Gesellschaft für Interkulturelle Germanistik mit dem Auswärtigen Amt verbindet. Ich habe die von Alois Wierlacher, Bernd Thum und ihren in- und ausländischen Germanistikkollegen begründete neue Sichtweise der Germanistik sehr begrüßt, weil ich sie für außerordentlich fruchtbar für unsere Auswärtige Kulturpolitik halte, die auf Dialog und nicht auf Zur-Schau-Stellung ausgerichtet ist.

Vor deutschen und ausländischen *Germanisten*, die sich der *interkulturellen* Sichtweise verpflichtet fühlen, liegt es nahe, aus der Sicht des Auswärtigen Amtes zwei Themen zu behandeln. »Die Förderung der deutschen Sprache in der Welt als Teil der Auswärtigen Kulturpolitik« und zweitens »Welchen Wert hat der interkulturelle Ansatz für diese Auswärtige Kulturpolitik?« Dies möchte ich jetzt tun und danke Herrn Professor Wierlacher, daß er mir hierzu heute abend Gelegenheit gegeben hat.

Ich möchte meinen Ausführungen vorausschicken, daß ich keinen wissenschaftlichen Vortrag halten werde, sondern aus der Praxis der Auswärtigen Kulturpolitik berichten möchte.

I.

Ein Plädoyer für die deutsche Sprache brauche ich vor diesem Kreis nicht zu halten.

Sie haben durch Ihre oft langjährige wissenschaftliche Arbeit und nicht zuletzt durch Ihr Hiersein bereits selber deutlich gemacht, daß es sich lohnt, die deutsche Sprache zu erlernen und/oder ihre Literatur zu studieren. Ich könnte mir jedoch vorstellen, daß Sie sich fragen werden: Was hat die Regierung der Bundesrepublik Deutschland bewogen, die Förderung der deutschen Sprache auf die Fahne ihrer Auswärtigen Kulturpolitik zu schreiben, und was tut sie eigentlich konkret dafür?

Helmut Wegner

Die Förderung unserer Sprache im Ausland ist ja nichts Neues. Sie hat stets im Zentrum der Auswärtigen Kulturpolitik der Bundesrepublik Deutschland gestanden, und auch das 1951 gegründete Goethe-Institut, das ja der Hauptträger unserer operativen Kulturarbeit im Ausland ist, heißt mit vollem Namen – was viele gar nicht wissen, da dieser meistens kleingedruckt wird – »Goethe-Institut zur *Pflege der deutschen Sprache* im Ausland und zur Förderung der internationalen Zusammenarbeit e.V.«. Hiermit wurde gleichzeitig eine Tradition des Unterrichts in Deutsch als Fremdsprache weitergeführt, die über viele Jahre hinweg *dem* Sprach-Lehrbuch des Deutschen als Fremdsprache verbunden war, dem *Schulz-Griesbach* – ein Buch, das auch heute noch in der ich weiß nicht wievielten Auflage seine Anhänger hat und das letztes Jahr von seinem Verlag als bibliophiler Nachdruck herausgebracht wurde: eine seltene Ehre für ein Deutschlehrwerk!

Die Förderung der deutschen Sprache als Ziel Auswärtiger Kulturpolitik ist jedoch älter als die Auswärtige Kulturpolitik der Bundesrepublik Deutschland. Sie markierte bereits den Beginn der Auswärtigen Kulturpolitik des Deutschen Reiches, das 1878 in seinem Etat erstmals einen kleinen »Schulfonds« einrichtete, der für die Förderung der von den Auswanderern gegründeten deutschen Schulen im Ausland bestimmt war. Nicht anders begannen unsere Nachbarn und Mitbewerber; die »Alliance Française« und der »British Council« verdanken ihre Entstehung weitgehend der Absicht, die französische und die englische Sprache in der Welt zu verbreiten. Ganz sicher waren dabei auch kulturelle Beweggründe mit im Spiel; aber dennoch diente solche Sprachförderung stets zugleich auch den politischen und wirtschaftlichen Interessen des eigenen Landes.

Es wäre jedoch nur die halbe Wahrheit zu behaupten, »das war schon immer so«, haben doch die beiden letzten Regierungserklärungen – 1983 und 1987 – die Notwendigkeit betont, die deutsche Sprache im Ausland stärker zu fördern. Auch hat sich der Deutsche Bundestag in den vergangenen beiden Jahren mit diesem Thema beschäftigt; vor etwas über einem Jahr sogar in einer öffentlichen Anhörung, auf der auch Alois Wierlacher vortrug. Schließlich hat die Bundesregierung vor fast zwei Jahren einen Bericht über die deutsche Sprache in der Welt vorgelegt, den wir in der Kulturabteilung des Auswärtigen Amtes erarbeitet hatten. Zuletzt hatte sich die Bundesregierung 1967 umfassend zu diesem Thema geäußert.

Wer mit der Geschichte der Bundesrepublik Deutschland vertraut ist und mit dem, was wir gemeinhin als »unsere jüngste Vergangenheit« bezeichnen, der weiß, daß es den Deutschen in der jungen Bundesrepublik Deutschland vor allem darauf ankam, gute Europäer zu sein, als tüchtige und zuverlässige Einzelne und als wirtschaftlich erfolgreicher Staat anerkannt zu werden, der für den steigenden Wohlstand seiner Bürger und die Festigkeit seiner Währung bekannt war. Daran, daß wir auch *Deutsche* waren, wollten wir im Ausland nicht unbedingt erinnern. Was in deutschem Namen nur wenige Jahre zuvor an menschen- und kulturverachtenden Verbrechen geschehen waren, gab uns allen Anlaß hierzu. Diese Scheu vor der eigenen Nationalität konnte bei aller Einmaligkeit der nationalsozialistischen Verbrechen nur eine vorübergehende sein. Zumindest seit dem Bestehen von Nationalstaaten haben sich ihre Bürger stets auch zu ihrer Nation, ihrer Sprache und ihrer Kultur bekannt. Politisch mißbrauchter Patriotismus ist kein Grund, einem Volk die Liebe zur eigenen Sprache und Kultur abzusprechen. Wenn wir heute ein wiedererwachtes Interesse an deutscher Geschichte, an deutscher Sprache und Kultur in unserer Bevölkerung entdecken und sich unsere Regierung zu einer stärkeren Förderung der deutschen Sprache im Ausland bekennt, so hat dies nichts mit wiedererwachtem deutschen Nationalismus zu tun, sondern ist die Herausbildung eines Nationalbewußtseins, das bei anderen Völkern zum selbstverständlichen politischen Erscheinungsbild nach innen wie nach außen zählt – der »Historikerstreit« ist ein gutes Beispiel hierfür.

Der Rückkehr der Deutschen zu ihrer Nation war vorausgegangen, zunächst die internationale Anerkennung als potenter Wirtschaftspartner, sodann als politischer Partner, der sich nicht nur im Westen, sondern auch im Osten und Süden ein Vertrauenskapital erworben hatte. Doch während die Deutschen – gerechterweise muß man wohl sagen, nicht nur die Bundesrepublik Deutschland, sondern auch die DDR – im Ausland mehr und mehr gefragt wurden, ließ das Interesse am Erlernen ihrer Sprache zunehmend nach. Ich weiß, hier gilt es zu differenzieren.

Die fortschreitende Anglisierung der internationalen Kommunikation einerseits und von uns selbst verschuldete historisch-politische Zäsuren andererseits haben dazu geführt, daß Deutsch seine Stellung als internationale Verkehrs- und Wissenschaftssprache weitgehend verloren hat. Ein durch Schulreformen verbreitertes Fächerangebot, verbunden mit vergrößerter Wahlfreiheit, ließ Deutschlehrer vor allem in Europa und Nordamerika die erschreckende Erfahrung sammeln, daß sich vor ihnen die Reihen lichteten, je mehr sie sich bemühten, an der Wandtafel Interesse für die Verästelungen der deutschen Grammatik zu wecken.

Helmut Wegner

Es gibt natürlich auch andere Entwicklungen: so der Deutschunterricht an den Schulen im frankophonen Afrika etwa oder in Indonesien, das starke Interesse am berufsorientierten Deutschunterricht für Erwachsene, gerade auch in Ländern der Dritten Welt wie etwa in China, und nicht zuletzt die wiedererwachte Erkenntnis in einigen unserer Nachbarländern – wie in den Niederlanden und in Belgien, aber auch in Finnland –, daß offenbar zwischen Exportziffern und Deutschschülerzahlen ein irgendwie gearteter Zusammenhang bestehen muß.

Der Rückgang des Deutschunterrichts kann der deutschen Auswärtigen Kulturpolitik nicht gleichgültig sein!

Unsere Kultur, die wir dem Ausland zum Dialog anbieten möchten, weil wir der Überzeugung sind, daß sie Teil der Weltkultur ist und nicht nur uns allein gehört, ist in vielen Bereichen unmittelbar mit der deutschen Sprache verknüpft. Jeder, der eine Fremdsprache gut beherrscht, bemerkt, wenn er deutsche Übersetzungen aus dieser Sprache liest, daß zwar die Information »überkommt«, die Stimmung, der Aussagewert jedoch verloren gehen. Mit einer Sprache erwirbt man daher nicht nur ein Kommunikationsmittel, sondern man taucht gleichsam ein in die Kultur und die Lebenswirklichkeit eines anderen Landes. Ein japanisches Gedicht beispielsweise kann ich ohne Kenntnis der japanischen Sprache nicht nur sprachlich nicht verstehen – hier kann eine Übersetzung zwar helfen – ich kann es auch sonst nicht verstehen oder zumindest nur zu einem Teil verstehen. Um dies an einem praktischen Beispiel zu verdeutlichen: Die Japaner haben zwar unendlich viel Humor, aber einen anderen als wir! Ein literarischer Text ist anders zu übersetzen als etwa ein wissenschaftlicher Text. Die Dichter Schlegel und Tieck oder der Experte Carlo Schmidt übersetzten mehr als nur Worte: sie schrieben Shakespeare, Cervantes und Montesquieu auf Deutsch!

Die Bundesregierung hat ein politisches Interesse daran, Führungskräfte aus aller Welt, besonders aber aus Entwicklungsländern, mit deutscher Wissenschaft und Technik vertraut zu machen. Die deutschen Hochschulen brauchen, wie erfolgreiche Hochschulen überall in der Welt, den Dialog mit dem Ausland. Beides setzt gute Deutschkenntnisse unserer ausländischen Partner voraus.

Die deutsche Wirtschaft möchte mit ausländischen Partnern Handel treiben oder gemeinsam produzieren. Der Ausländer, der Deutsch spricht, ist meist ein aufgeschlossenerer Ansprechpartner als der, der sprachlich anders orientiert ist.

Die deutsche Außenpolitik ist darauf gerichtet, das friedliche Zusammenleben der Völker zu fördern. Dazu gehört auch, auf den Abbau

Auswärtige Kulturpolitik der Bundesrepublik

gegenseitiger Vorurteile und kultureller Mißverständnisse hinzuwirken. Deutschkenntnisse von Ausländern und Fremdsprachenkenntnisse von Deutschen schaffen gegenseitiges Verständnis und wirken Vorurteilen entgegen.

Für unsere Außenpolitik ist es darüber hinaus wichtig, daß unsere Verbündeten und unsere übrigen politischen Partner in der Welt unsere Politik und ihre Beweggründe richtig einschätzen können. Dies ist jedoch nur jemandem möglich, der Kenntnisse der deutschen Geschichte und der deutschen Gesellschaft besitzt und aktuelle Information unmittelbar aufnehmen und bewerten kann. Deutschkenntnisse erleichtern dies sehr. Hans-Dietrich Genscher hat wiederholt darauf hingewiesen, daß der kulturellen Verständigung zwischen den Völkern friedenswahrende Funktion zukommt, weil sie helfen kann, Mißverständnisse abzubauen und gegenseitige Sympathien zu begründen.

Mit der Kenntnis einer Fremdsprache ist in der Regel auch ein Interesse für das Land verbunden, in dem diese Sprache gesprochen wird, oft auch eine Wertschätzung. Für Staaten gilt, was auch für Menschen gilt: Man möchte geschätzt und für interessant befunden werden.

Schließlich will ich nicht bestreiten, daß Sprache auch ein nationales Symbol ist. Es ist daher ganz natürlich, daß die Bundesregierung in internationalen Organisationen und auf internationalen Konferenzen, wo deutschsprachige Länder eine wichtige Rolle spielen, bestrebt ist, daß Deutsch wenigstens Vertrags-, möglichst aber auch Arbeitssprache wird.

Wie Sie sehen, hat die Bundesregierung gute Gründe, sich für die deutsche Sprache in der Welt einzusetzen. Doch ich möchte nicht mißverstanden werden. Bei unserem Bemühen, die deutsche Sprache im Ausland wieder stärker zu verbreiten, sind wir auf das Interesse und das Wohlwollen Anderssprachiger angewiesen. Dies setzt eine Sprachpolitik mit Augenmaß voraus. Sprachimperialismus liegt uns fern. Wir müssen uns stets bewußt sein, daß die gleichen Gründe, die wir für das Erlernen der deutschen Sprache im Ausland geltend machen, in gleicher Weise für das Erlernen von Fremdsprachen in der Bundesrepublik Deutschland gelten. Hans-Dietrich Genscher hat auf diesen Grundsatz in seinem Vorwort zum Bericht der Bundesregierung über die deutsche Sprache nachdrücklich hingewiesen.

Was tun wir nun konkret?

Helmut Wegner

II.

Die Bundesregierung fördert die deutsche Sprache im Ausland in sechs Bereichen:
- in Schulen als Unterrichtsfach
- an Hochschulen als Germanistik und Deutschlandkunde
- an Hochschulen als Wissenschaftssprache
- in der Erwachsenenbildung
- als Amts- und Konferenzsprache internationaler Organisationen und Konferenzen
- als Volksgruppensprache deutscher oder deutschstämmiger Minderheiten.

Zuständig für die Förderung der deutschen Sprache im Ausland ist die Kulturabteilung des Auswärtigen Amtes. Sie setzt die regionalen und sachlichen Prioritäten. Sie stellt die Mittel bereit. Die operative Spracharbeit obliegt jedoch den Mittlerorganisationen – hier vor allem dem Goethe-Institut und dem DAAD – und der Zentralstelle für das Auslandsschulwesen, einer Abteilung des Bundesverwaltungsamtes in Köln.

Bevor ich auf die einzelnen Fördermaßnahmen zu sprechen komme, sollte ich daran erinnern, daß der Einfluß der Bundesregierung auf die Zahl der Deutschlernenden im Ausland und auf die Qualität ihrer Deutschkenntnisse nur sehr begrenzt ist. Sie kann stets nur unterstützend tätig werden. Denn, ob Deutsch an ausländischen Schulen und Hochschulen obligatorisch oder fakultativ gelernt wird, bestimmen *ausländische* Regierungen. Ob schließlich von einem bestehenden Lehrangebot Gebrauch gemacht wird, ist die Entscheidung eines jeden einzelnen.

Es gibt – systematisch betrachtet – drei Strategien, mittels derer wir den fremdsprachigen Deutschunterricht fördern:

1. Wir stellen Deutschunterricht unmittelbar bereit durch deutsche Schulen oder vermittelte Lehrer, durch DAAD-Lektoren an Hochschulen, durch die Sprachkurse der Goethe-Institute im Ausland, durch Inlandssprachkurse für Stipendiaten, schließlich über Rundfunk und Fernsehen – auch ein Fernlehrkurs ist in der Planung.
2. Wir helfen mit, bestehenden Deutschunterricht zu verbessern, damit von ihm selbst Werbewirkung ausgeht und er adressatengerechte Kenntnisse vermittelt. Dies geschieht durch die Bereitstellung von Aus- und Fortbildungsangeboten für Deutschlehrer, so durch die Pädagogische Verbindungsarbeit des Goethe-Instituts, die Fachberater für den Deutschunterricht (die von der Zentralstelle für das

Auslandsschulwesen entsandt werden) und die DAAD-Lektoren, die in der Deutschlehrerausbildung tätig sind. Zur Verbesserung des Deutschunterrichts zählt auch die Bereitstellung von ergänzendem Unterrichtsmaterial – wie die Schülerzeitschrift »Jugendscala« oder landeskundliches audiovisuelles Material – und die Mitwirkung bei der Erstellung regionaler Lehrwerke (dazu später).
3. Wir werben in Zusammenarbeit mit ausländischen Deutschlehrern und Germanisten für den Deutschunterricht.

Ich komme nun zu den sechs bereits erwähnten Förderbereichen zurück.

Im *Schulbereich* stellen wir mit unseren 242 Auslandsschulen Deutschunterricht für 19 400 Schüler unmittelbar bereit, vor allem in Ländern, in denen Deutsch im öffentlichen Schulwesen nicht oder nur vereinzelt angeboten wird. Wo Deutsch als Schulfach etabliert ist, sind unsere Fördermaßnahmen darauf gerichtet, ihn wie beschrieben zu verbessern und mitzuhelfen, für ihn zu werben.

Über die konkreten Fördermaßnahmen hinaus setzt sich die Bundesregierung auch auf politischer Ebene für eine Stellung des Deutschunterrichts ein, die den bilateralen Beziehungen gerecht wird.

Die *Germanistik* fördern wir in erster Linie durch die Vermittlung von Deutschlektoren, durch Kurzzeitdozenturen, Stipendien für ausländische Germanisten und durch Buchspenden.

Deutsch als *Wissenschaftssprache* fördern wir einerseits durch den Deutschunterricht, den Lektoren erteilen, andererseits durch die Förderung des Wissenschaftsaustausches, der bei längeren Deutschlandaufenthalten fremdsprachiger Wissenschaftler stets auch Sprachausbildung beinhaltet. Auch Spenden wissenschaftlicher Bücher und Zeitschriften fördern die Verbreitung von Deutsch als Wissenschaftssprache.

In der *Erwachsenenbildung* stellen wir Deutschunterricht durch die 137 Goethe-Institute in 67 Ländern unmittelbar bereit. Oft auch arbeiten Goethe-Institute mit deutsch-ausländischen Handelskammern oder anderen örtlichen Partnern zusammen, um berufsbezogenen Deutschunterricht anzubieten. So hat das Goethe-Institut unlängst in Zusammenarbeit mit dem Deutschen Industrie- und Handelstag und der Carl Duisberg Gesellschaft Kurse und ein Diplom für Wirtschaftsdeutsch entwickelt.

Für Deutsch als internationale *Amts- und Konferenzsprache* setzt sich die Bundesregierung auf politischer Ebene ein und beteiligt sich an Dolmetscher- und Übersetzungskosten.

Deutsche und deutschstämmige Bevölkerungsgruppen, für die Deutsch teils noch Muttersprache, zunehmend jedoch Fremdsprache ist, werden in Lateinamerika und Südafrika durch die deutschen Schulen, in Nordamerika und Australien durch Zuschüsse und fachpädagogische Beratung für ihre Sonnabendschulen gefördert. In Osteuropa, wo diese Form der Betreuung nicht möglich ist, setzt sich die Bundesregierung auf politischer Ebene beharrlich für die sprachlichen und kulturellen Rechte der deutschen Minderheiten ein, die auch den Kontakt zum Sprachraum Bundesrepublik Deutschland beinhalten.

Lehrmittel- und Literaturspenden an Einzelne und kleinere Gruppen sind hier ein wichtiges Element, um die Verbindung zur deutschen Sprache zu wahren und zu festigen. Wo immer dies möglich ist, werden auch örtliche kulturelle Initiativen der deutschen Minderheiten gefördert. Die deutschsprachigen Sendungen der Deutschen Welle und des Deutschlandfunks schließlich sind für viele Deutsche – aber auch für deutschsprechende Ausländer – die wichtigste unmittelbare Verbindung zur deutschen Sprache und zum aktuellen Geschehen in der Bundesrepublik Deutschland.

Soviel zur Förderung der deutschen Sprache als Aufgabe Auswärtiger Kulturpolitik – *warum* wir sie wahrnehmen und *wie* wir sie wahrnehmen.

Ich möchte nun zum zweiten Teil meiner Ausführungen kommen: Welchen Wert hat die interkulturelle Sichtweise für unsere Auswärtige Kulturpolitik?

III.

Auswärtige Kulturpolitik ist zu einem guten Teil auch Sympathiewerbung. Sie ist es in dem Maße, wie auch ein Dialog unter Freunden über ein Thema von gemeinsamem Interesse ein Stück gegenseitiger Sympathiepflege ist. Auswärtige Kulturpolitik ist jedoch keine Öffentlichkeitsarbeit; ihr liegt keine in amtlichem Auftrag zu verkündende Botschaft zugrunde. Die Kultur eines freien Landes läßt sich nicht dazu manipulieren oder instrumentalisieren, das Land im Ausland so darzustellen, wie es die Regierung selbst sieht oder wie sie es gern von Ausländern gesehen hätte.

Jeder, der sich ernsthaft mit den verschiedenen künstlerischen Ausdrucksformen beschäftigt, weiß, daß ein Bild oder ein literarisches Werk nicht den Anspruch erhebt, ein naturgetreues Abbild der Wirklichkeit zu sein, vergleichbar etwa einer technischen Fotografie. Ein Kunstwerk ist stets Ausdruck der individuellen Persönlichkeit des Künstlers. Es ist nicht Abbild der Wirklichkeit, sondern seine Sicht der Wirklichkeit, die wir teilen mögen oder auch nicht. Literaten haben stets dazu geneigt, ihren Zeitgenossen einen kritischen Spiegel vorzuhalten. Besonders augenfällig wird uns dieser gesellschaftskritische Ansatz in der Gegenwartsliteratur. Doch waren etwa Schillers »Räuber«, Goethes »Werther«, Lessings »Nathan der Weise« nicht auch Gesellschaftskritik? – Nur sehen wir uns heute nicht mehr kritisiert, denn die Gesellschaft, die diese Schriftsteller kritisch beleuchteten, ist nicht mehr die unsrige. Doch in anderen Gesellschaften könnten diese Dichter auch heute noch als Gesellschaftskritiker verstanden werden ... »Nathan der Weise« in einem fundamentalistischen islamischen Land ...? Wir werden sicherlich auch noch andere Beispiele finden ...

Aufgabe unserer Auswärtigen Kulturpolitik ist, deutsche Kultur im Ausland darzustellen, zu vermitteln, und sie damit zum Dialog anzubieten. Wenn ich Kultur sage, so meine ich selbstverständlich nicht nur Kultur im klassischen Sinne, sondern die ganze Breite des künstlerischen, gesellschaftlichen, geistigen und wissenschaftlichen Lebens in der Bundesrepublik Deutschland. Die bunte Vielfalt unserer Kultur, die in unserem Land geltende Freiheit von Kunst und Wissenschaft, die staatliche Förderung, die sie genießen, ihre Relevanz für unsere ausländischen Partner – das sind die Dinge, die das positive Bild bestimmen, das das Ausland von uns Deutschen hat.

Ich sprach eben von der Relevanz für unsere Partner. Wir können es nicht damit genug sein lassen, uns zu bemühen, in jeder Hauptstadt der Erde und in möglichst jeder bedeutenderen Stadt in der Provinz die *Breite* unseres Kulturangebots darzustellen, in der naiven Hoffnung, die ausländischen Partner werden sich schon das heraussuchen, was sie interessiert. Nicht weniger unangemessen wäre es, Glanzlichter unserer Kultur, die für *uns* Glanzlichter sind, vor unseren ausländischen Partnern als Objekte der Huldigung aufzubauen.

Ein Kongreß der Gesellschaft für Interkulturelle Germanistik scheint mir der geeignete Ort, um ein Plädoyer zu halten für eine interkulturell verstandene Auswärtige Kulturpolitik.

Für einen »guten« Kulturreferenten einer Auslandsvertretung oder einen »guten« Leiter eines deutschen Kulturinstituts reicht es nicht aus, in deutscher Kultur- und Geistesgeschichte bewandert zu sein und vielleicht selbst eine künstlerische Ader zu verspüren. Entscheidender oft ist ein waches Interesse für die Kultur des Gastlandes, Verständnis dafür, was das Gastland geistig-kulturell bewegt, und Phantasie, die erkennen hilft, was aus unserem kulturellen Angebot den Bedürfnissen unserer Partner entspricht – was sie wirklich interessieren und vielleicht sogar bereichern könnte – nicht, was höflich zur Kenntnis genommen wird, weil offenbar *wir* es schätzen. Diese Aufgabe ist nicht leicht, doch sie ist die eigentliche Herausforderung der Kulturarbeit im Ausland.

Der Stoff, aus dem die Auswärtige Kulturpolitik besteht, wurde nur in den wenigsten Fällen für das Ausland geschaffen. Deutschsprachige internationale Stars der Unterhaltungsbranche produzieren gleich für den Weltmarkt mit – wenn ich das so sagen darf. Sie sind kommerzielle »Selbstläufer« und bedürfen nicht der Förderung durch die Auswärtige Kulturpolitik. Ähnliches gilt für die großen Stars der klassischen Muse. Doch in der Regel wendet sich ein deutscher Künstler an ein deutsches Publikum. Mit ihm verbindet ihn nicht nur die gemeinsame Sprache, sondern vor allem auch ein gemeinsamer Erfahrungshorizont. Er weiß, was sein Publikum bewegt, wie er es ansprechen muß, um verstanden zu werden. Er weiß vor allem, was er als bekannt voraussetzen kann. Er hat gelernt, was ankommt und was nicht.

Auswärtige Kulturpolitik kann nur in den allerwenigsten Fällen »Kultur für das Ausland erschaffen«, ihre Aufgabe ist vielmehr, dem deutschen Künstler die Rückkopplung zu ersetzen, die ihm zu seinem ausländischen Publikum fehlt und dem ausländischen Publikum die Information zu vermitteln oder die Sichtweise vertraut zu machen, die der Künstler bei einem deutschen Publikum voraussetzt.

Mit der geographischen Entfernung von der Bundesrepublik Deutschland verringert sich die Kenntnis über unsere Lebensumstände. Mit dem Übergang in einen anderen Kulturkreis wechselt oft die Problemsicht, ändern sich Darstellungsweisen und somit häufig auch die Akzeptanz und Relevanz unseres kulturellen Beitrags. Auswärtige Kulturpolitik kann daher kein in Bonn oder München zusammengestellter Wanderzirkus sein.

Lassen Sie mich zwei praktische Beispiele nennen: Wir hatten vor einigen Jahren den Plan, im Rahmen der Auswärtigen Kulturpolitik eine Kulturzeitschrift herauszugeben, die sich an ein weltweites Publikum richten sollte, das an deutscher Kultur interessiert ist. Damals sind wir nicht an den Kosten gescheitert oder weil es nicht gelungen wäre, eine ansprechende Nullnummer zu produzieren – die hatten wir –, sondern weil das Konzept falsch war. Auswärtige Kulturpolitik muß *adressatenspezifisch* sein. Eine anspruchsvolle Kulturzeitschrift – denn das sollte es ja sein – kann nicht die Internationalität von Coca-Cola erreichen; sonst wäre sie nicht mehr anspruchsvoll.

Ein vielleicht noch besseres Beispiel sind Lehrbücher für den Sprachunterricht. Da deutsche Vokabeln und deutsche Grammatik für amerikanische und indonesische Deutschschüler gleich sind, liegt es nahe, ein

Lehrbuch für den *weltweiten* Gebrauch zu erstellen – als »master copy« sozusagen – und es in die jeweils benötigte Unterrichtssprache übersetzen zu lassen. Die andere Möglichkeit ist, dieses »Weltlehrwerk« vollständig auf Deutsch mit entsprechender sprachlicher Progression zu schreiben und fremdsprachige Glossare beizufügen. Der Beirat Deutsch als Fremdsprache des Goethe-Instituts hat kürzlich die am häufigsten verwendeten bei deutschen Verlagen erschienenen deutschsprachigen Lehrwerke für Deutsch als Fremdsprache daraufhin untersucht, wie Informationen über das Leben in der Bundesrepublik Deutschland vermittelt werden. Dabei fiel auf, daß alle diese Bücher natürlich die unterschiedlichsten Deutschkenntnisse der Schüler – je nach Kurstyp – berücksichtigen; sie waren auch in etwa altersgerecht und wendeten sich an jüngere Erwachsene, häufig Studenten. Was jedoch unberücksichtigt blieb, war der vorgesehene Einsatzort. Die Lehrbücher waren gleichermaßen für Unterricht in der Bundesrepublik Deutschland geschrieben wir für Deutschunterricht *irgendwo* im Ausland. Ihnen lag durchweg eine deutsche Sichtweise zugrunde. Je nachdem, in welches Land sich der kritische Betrachter versetzte, stieß er auf unterschiedlich Unpassendes. Teils wurde zuviel Vorwissen vorausgesetzt, häufig waren Themen von Übungsbeispielen oder Texten ungeeignet. Oft war auch die Darstellungsweise für bestimmte Kulturkreise unpassend.

Lassen Sie mich dies an einigen Beispielen erläutern: Ein Sachtext über eine Hamburger Einkaufspassage, in deren Boutiquen der Grundsatz gilt: »es war schon immer etwas teurer, einen besonderen Geschmack zu haben«, war landeskundlich korrekt und in einem Industrieland unproblematisch, für ein armes Entwicklungsland jedoch – wie die Reaktion einer lateinamerikanischen Deutschlehrerin zeigte – unangebracht. Mit niederländischen Schülern läßt sich auf Deutsch gut über die Vorteile eines eigenen Zimmers oder über die Höhe des Taschengeldes diskutieren, weil dies Themen sind, die sie unmittelbar berühren. In Indonesien jedoch ist ein eigenes Zimmer nur etwas für Kinder der wenigen Reichen. Auch das Infragestellen staatlicher Autorität oder überkommener Sozialstrukturen und Geschlechtsrollen sind nicht Themen, die sich überall auf der Welt für den Deutschunterricht eignen. Gleiches gilt für Ironie, Witz oder gar Sarkasmus als Darstellungsformen. Sie sind nicht in jedem Kulturkreis gleichermaßen angemessen. Der Wunsch von Lehrbuchautoren, aktuelle und relevante Themen zu behandeln, verleitet leicht dazu, anzunehmen, daß, was *unsere* Gesellschaft *heute* bewegt, auch andere bewegen müßte. Es zeugt von wenig Interesse für den ausländischen Partner, wenn sich Deutsche in Lehrbüchern für *Ausländer* vornehmlich mit sich selbst und ihren eigenen Problemen beschäftigen. Lehrbücher für Deutsch als Fremdsprache sind kein geeigneter Ort für Frustexport!

Ich möchte hier kein Verdammungsurteil über deutsche Lehrwerke für Deutsch als Fremdsprache fällen – was angesichts der durchweg guten Qualität der meisten Bücher unangemessen wäre – ich möchte nur – zumal in diesem Kreis von Germanisten, die sich einer interkulturellen Sichtweise verschrieben haben – auf einige Problemfelder hinweisen, die deutlich machen, daß auch Deutschunterricht aus *interkultureller* Perspektive gelehrt werden muß. Diese Erkenntnis ist jedoch nicht neu, und sowohl Verlage als auch die Mittlerorganisationen der Auswärtigen Kulturpolitik haben hieraus die notwendigen Konsequenzen gezogen.

In einigen Ländern der Dritten Welt haben das Goethe-Institut und die Zentralstelle für das Auslandsschulwesen zusammen mit ausländischen Deutschlehrern Lehrwerke für den Deutschunterricht an öffentlichen Schulen entwickelt. Diese Lehrwerke sind interkulturell konzipiert. Sie sind auf die Interessen der Schüler zugeschnitten und berücksichtigen deren Lerngewohnheiten. Gegenwärtig entwickeln Mitarbeiter des Goethe-Instituts und der Zentralstelle für das Auslandsschulwesen in enger Zusammenarbeit mit westafrikanischen Deutschlehrern ein neues Deutschlehrbuch für Gymnasien in Absprache mit den Erziehungsministerien von acht frankophonen Staaten.

Die Entwicklung regionaler Deutschlehrwerke durch Goethe-Institut und ZfA wird auch weiterhin ein wichtiges Instrument unserer Auswärtigen Kulturpolitik sein, um unsere Partner, vor allem in der Dritten Welt, bei der Förderung des Deutschunterrichts an ihren eigenen Schulen wirksam zu unterstützen. Entscheidend hierbei ist, daß diese Lehrwerke keine Münchener oder Kölner Exportprodukte für bestimmte Länder oder Regionen sind, sondern *gemeinsam* mit ausländischen Partnern erstellte interkulturelle Lehrwerke.

Ich überlasse es Ihnen, ob man auch diese Arbeit als interkulturelle *Germanistik* versteht oder einen neuen Begriff wie etwa »Deutsch als Fremdsprache – interkulturell« prägt. Doch mir geht es nicht um Namen wissenschaftlicher Disziplinen, sondern um eine besondere Sichtweite der auswärtigen Kulturarbeit und die sollte stets *interkulturell* sein.

Ich danke Ihnen.

Interkulturelle Germanistik als fremdheitskundliche Disziplin

Rainer Wimmer, Mannheim

Der fremde Stil

Zur kulturellen Vielfalt wissenschaftlicher Textproduktion als Problem interkultureller Germanistik

0. Einleitende Bemerkungen

Die Stilistik wissenschaftlicher Texte – betrachtet unter dem Gesichtspunkt, welche sprachlichen Vermittlungsprobleme durch die zum Teil extremen Besonderheiten wissenschaftlicher Praxen bzw. Umgangsformen aufgebaut werden – ist wenig erforscht. Das hängt u.a. damit zusammen, daß »wissenschaftliches« Handeln und Reden in den westlichen Zivilisationen heutzutage einen derartig hohen Prestigewert haben, daß wissenschaftliche Eigentümlichkeiten, Spezialitäten und auch Auswüchse normalerweise ohne weitere Nachfrage hingenommen und akzeptiert werden, und zwar auch in Lebensbereichen, die mit der Wissenschaft direkt gar nichts zu tun haben. Natürlich hat sich auch die Konsumwerbung längst der sprachlichen Stereotypen wissenschaftlicher Texte bemächtigt; das Gütesiegel »Wissenschaftlichkeit« birgt nach wie vor kaum Gefahr, falsch und zu ungunsten des Produzenten gedeutet zu werden; daran haben alle kritischen Analysen manipulierender Werbesprache einerseits und selbstreflexive Kritik von Wissenschaftlern an Wissenschaftsjargonismen, d.h. an vorgetäuschter Wissenschaftlichkeit, in den letzten Jahren nichts ändern können. Natürlich nicht, könnte man dem »Zeitgeist« folgend, sagen. Denn nach einer irgendwann nach dem zweiten Weltkrieg fälligen tiefergehenden Selbstreflexion der Wissenschaft, insbesondere der »deutschen« Wissenschaft (Markstein war für die Germanistik der Germanistentag in München 1966; die Verzögerung von mindestens 15 Jahren ist historisch die Regel), haben die Meinungsmacher in Politik und Öffentlichkeit seit der Mitte der 70er Jahre die Wissenschaften aller Richtungen (auch die sog. Geisteswissenschaften) wieder in den Dienst des »Fortschritts« genommen. Die Karriere des Wortes »Kritik«, das zwischen 1967 und 1972 in keinem Antrag für die Unterstützung wissenschaftlicher Vorhaben durch öffentliche Geldgeber fehlen durfte, ist spätestens seit 1975 beendet. Der stillschweigende und nicht ausformulierte »Staatsvertrag« zwischen der politischen Führung und der »sakralen« Wissenschaft wird restauriert.[1] Davon ist auch die Sprache betroffen: Wissenschaftliches Sprachhandeln gilt weiterhin als ausgezeichnete und nur schwer angreifbare Objektivation unserer Zivilisation. Es ist der ganz hervorragende Ausdruck der Leistungen unserer Fortschrittsgesellschaft. Über dieser berechtigten Hochschätzung wissenschaftlichen Tuns und Schreibens geraten meist alle Zweifel und daran anknüpfenden Überlegungen ins Hintertreffen, die bemüht sind, a) die mikrokulturelle Esoterik wissenschaftlichen Handelns zu analysieren, zu beschreiben und nach außen hin darzustellen und b) die Spezifika wissenschaftlicher Kommunikation und Textproduktion mit anderen »Lebensformen« zu vergleichen und interkulturell zu vermitteln. Wissenschaftlicher Stil wird aufgrund der ihn stützenden Leistungen und aufgrund des mit ihm verbundenen Prestiges oft einfach fraglos hingenommen. Fraglos: Das soll hier vor allem heißen: Ohne Frage nach der Vermittelbarkeit der Inhalte über den Kreis der Eingeweihten hinaus oder auch ohne Frage nach dem Interesse, das bei anderen als Vorstufe zur Annäherung an die Inhalte erst einmal geweckt werden könnte.

Die Aspekte wissenschaftlichen Handelns und wissenschaftlicher Textproduktion, die ich hier anspreche, ergeben sich in dieser Deutlichkeit natürlich aus einer absichtlich einseitigen Sicht und Akzentuierung der Dinge. Ich verkenne nicht, daß die innerwissenschaftliche Kommunikation beispielsweise in vielen Bereichen reibungslos funktioniert und daß das gerade aufgrund theorieorientierter Normierungen und Terminologiestrukturen sowie aufgrund anderer syntaktischer und semantisch-lexikalischer Besonderheiten so ist, die aus der Außenperspektive eben als Verstehens- und Verständnisbarrieren erscheinen. Vielleicht ist es gewagt, verschiedene Charakteristika wissenschaftlicher Texte pauschal zusammenzufassen und mit dem Prädikat des »fremden Stils« zu belegen. Eine solche Sichtweise ist aber m.E. durchaus gerechtfertigt, wenn man hinreichend Abstand nimmt von den vielfältigen Ausprägungen der wissenschaftlichen »Lebensform« in unseren westlich-zivilisatorisch bestimmten Gesellschaften. Bei angemessener Distanz von der verwirrenden Vielfalt der Erscheinungsformen wissenschaftlicher und wissenschaftsorientierter Textsorten ergeben sich doch für wissenschaftliches Schreiben charakteristische und gemeinsame Stilmerkmale, die man a) funktionalistisch (in der Nachfolge entsprechender Ansätze der Prager Schule) erfassen und darstellen[2] kann, b) auch wissenschaftssoziologisch erklären kann.[3] Der Begriff ‚Stil' wird seit dem 16./17. Jahrhundert u.a. auch verwendet, um berufsbezogene, professionalisierte Schreibarten zu benennen[4], und in dieser Tradition rechtfertigt sich auch der Gebrauch eines Ausdrucks wie »Wissenschaftsstil«, »wissenschaftlicher Stil«.

Je mehr sich wissenschaftliche Lebensformen profiliert gegenüber anderen gesellschaftlichen Bereichen abheben – und eine solche Entwicklung charakterisiert die westlichen Zivilisationen – um so mehr müssen Objektivationen dieser Lebensformen (z.B. Verhaltensweisen, Äußerungsformen, Texte) denen, die an der Wissenschaft nicht unmittelbar teilhaben, als unzugänglich und fremd erscheinen. Wissenschaftssprachlich objektivierte Verstehens- und Verständnisbarrieren zu analysieren, darzustellen und bewußt zu machen, ist immer auch anerkannte Aufgabe der Fachsprachenforschung innerhalb der Germanistik gewesen.[5] Es ist aber sicher das Verdienst der »interkulturellen Germanistik«[6], unter Betonung des Fremdheitsphänomens die Außenperspektive auf die Textsorten der Wissenschaften neu eröffnet zu haben. Nach meinem Verständnis müßte jede Germanistik in der heutigen Zeit in dem Sinne interkulturell ausgerichtet sein, daß sie sich auch um fremdkulturelle Standpunkte für die eigene hermeneutische Arbeit bemüht. Das ist aber leider nicht der Fall, und so findet die »interkulturelle Germanistik« ihr legitimes Arbeitsfeld in Bereichen, die von der traditionellen Germanistik sträflich vernachlässigt werden.

Die folgenden Bemerkungen zum fremden Wissenschaftsstil leiden unter einer ganzen Reihe von Defekten, darunter: a) Ich muß in der Kürze sehr pauschal über den Wissenschaftsstil handeln, obwohl ich mit dem vorzuführenden Schema über wissenschaftliche Kommunikationsformen einige Aspekte der Vielfalt der Äußerungsformen anzusprechen versuche. b) Ich muß mich in meinen Beispielen auf einige »geisteswissenschaftliche« Extremformen beschränken, ohne damit andeuten zu wollen, daß das Phänomen des hier behandelten fremden wissenschaftlichen Stils eine Spezialität der Geisteswissenschaften ist. Ganz im Gegenteil: Gerade was den Transfer von Jargonismen in den nicht-wissenschaftlichen Bereich anbetrifft, sind die naturwissenschaftlichen Grundlagenwissenschaften für die Technologie heute besonders produktiv (ausweislich der öffentlichen Medien). c) Ich kann keine Einzelanalyse aus einer tatsächlichen Fremdperspektive vorführen. Das entspricht dem »State of the Art«. d) Vor dem Hinweis auf Analysen und Beschreibungsmöglichkeiten rangiert die Formulierung von Fragen und von Vorschlägen für das, was zu tun ist.

1. Zur Schwerverständlichkeit von wissenschaftlichen Texten

Zu Beginn möchte ich einige mehr oder weniger extreme Textbeispiele zitieren. Der erste Text wird von dem amerikanischen Historiker Gordon Craig, der 1987 mit der Goethe-Medaille ausgezeichnet wurde, in seinem Buch »Über die Deutschen« als Negativbeispiel für die Stilistik der sog. Neuen Linken in der Bundesrepublik angeführt.

Text 1
Autoritäre Bewußtseinsstruktur verschleiert repressiv die Frustration, die in der kapitalistischen Gesellschaft dank dem ökonomischen Interesse der herrschenden Klasse revolutionäre Veränderungen als dialektischen Prozeß nicht aus der Theorie in kollektive Praxis umschlagen läßt, sondern permanent Entfremdung reproduziert. (Aus: Craig 1982, S. 366).

Der zweite Text stammt aus einer Rede von Ulrike Meinhof.

Text 2
... aber das sind wir, da kommen wir her: die brut aus den vernichtungs- und zerstörungsprozessen der metropolengesellschaft, aus dem krieg aller gegen alle, der konkurrenz jeder gegen jeden, des systems, in dem das gesetz der angst, des leistungsdrucks herrscht, des einer-auf-die-kosten-des-andern, der spaltung des volks in männer und frauen, junge und alte, gesunde und kranke, ausländer und deutsche und der prestigekämpfe, und da kommen wir her: aus der isolation im reihenhaus, in den betonsilos der vorstädte, den zellengefängnissen, asylen und trakts, aus der gehirnwäsche durch die medien, den konsum, die prügelstrafen, die ideologie der gewaltlosigkeit; aus der depression, der krankheit, der deklassierung, aus der beleidigung und erniedrigung des menschen, aller ausgebeuteten menschen im imperialismus. (Rede von Ulrike Meinhof, 13.9.1974)

Der fremde Stil

Den dritten Text entnehme ich dem sprachkritischen Buch von E.A. Rauter mit dem Titel »Vom Umgang mit Wörtern«. Rauter zitiert hier einen Satz, den der frühere Pressesprecher der Bundesregierung, Klaus Bölling, während einer Pressekonferenz vorgelesen hat. Es geht um die Richtigstellung einer Feststellung des damaligen Bundesministers Georg Leber im Zusammenhang mit einer Abhörangelegenheit.

Text 3
Bundesminister Leber hat heute dem Kabinett vorgetragen, die von ihm im Verlauf der Debatte über den Verteidigungshaushalt am 26. Januar 1978 vor dem Deutschen Bundestag abgegebene Erklärung, der Lauschmitteleinsatz des Militärischen Abschirmdienstes (MAD) in der Privatwohnung einer Mitarbeiterin sei der einzige dieser Art gewesen, nach seinem nunmehrigen tatsächlichen Kenntnisstand und aufgrund einer erneuten rechtlichen Beurteilung der Frage, ob unter bestimmten Umständen auch nicht zu Wohnzwecken dienende Räume im rechtlichen Sinne als Wohnung anzusehen seien, nicht aufrechtzuerhalten. (Rauter 1978, S. 75).

Ich möchte nicht vorenthalten, wie Rauter den hier zitierten Satz in »klares Deutsch« umgearbeitet hat:

Minister Leber hat am 26. Januar 78 vor dem Bundestag gesagt, bisher habe der Militärische Abschirmdienst erst eine Mitarbeiterin in ihrer Privatwohnung heimlich abgehört. Das ist falsch. Es kann sein, daß noch andere Personen in ihrer Privatwohnung belauscht wurden. Minister Leber sagt, er weiß das nicht genau. Es könnte sein, sagt er, daß ein Richter Räume zur Wohnung erklärt, die er, der Minister, nicht für eine Wohnung hält. (Rauter 1978, S. 75f.).

Das vierte Textbeispiel ist der erste Satz aus dem Vorwort von Jürgen Habermas' bekanntem Buch »Erkenntnis und Interesse«.

Text 4
Ich unternehme den historisch gerichteten Versuch einer Rekonstruktion der Vorgeschichte des neueren Positivismus in der systematischen Absicht einer Analyse des Zusammenhangs von Erkenntnis und Interesse. (Habermas 1973, S. 9).

Selbstverständlich möchte ich diese mehr oder weniger zufällig ausgewählten Textstücke nicht in einen inhaltlichen Zusammenhang bringen, und ich möchte selbstverständlich auch nicht sagen, daß es sich hier in jedem Fall um wissenschaftliche Texte handelt. Aber ich möchte behaupten, daß es sich um Beispiele handelt, die Stileigentümlichkeiten von wissenschaftlichen Texten zeigen, die in der oben angedeuteten Weise für bestimmte Verstehens- und Verständnisschwierigkeiten verantwortlich gemacht werden können. Hervorheben möchte ich hier vor allem syntaktische Eigentümlichkeiten: Da sind die überlangen Sätze mit komplizierten, hypotaktischem Bau und Klammerformen, Sätze, die sowohl beim Hörverstehen, aber auch beim Lesen sehr schwer zu überschauen sind. Besonders deutlich hier der Satz von Bölling im Beispiel 3. Da sind weiter die stark inhaltskomprimierenden, komplexen nominalen Ausdrücke mit schwer verständlichen Attributen und Attributshäufungen bis hin zu schwierigen Formen von Kompositabildungen. Beispiele dafür sind *autoritäre Bewußtseinsstruktur* (Text 1), *brut aus den vernichtungs- und zerstörungsprozessen der metropolengesellschaft* (Text 2) oder *historisch gerichtete(r) Versuch einer Rekonstruktion der Vorgeschichte des neueren Positivismus in der systematischen Absicht einer Analyse des Zusammenhangs von Erkenntnis und Interesse* (Text 4). Neben den syntaktischen Schwierigkeiten fallen Eigentümlichkeiten in der Wortwahl und Terminologisierungen auf, die teils wissenschafts-, fach- und verwaltungssprachlicher Natur sind, zum Teil aber auch jargonhafte Ausprägungen zeigen. Beispiele dafür sind *herrschende Klasse, dialektischer Prozeß, kollektive Praxis, Metropolengesellschaft, Zellengefängnis, Lauschmitteleinsatz, Rekonstruktion, Positivismus* . All diese lexikalischen und syntaktischen Formen distanzieren die Texte von der Umgangs- und Alltagssprache, aber auch von der Standardsprache. Sie schaffen Verstehensbarrieren innerhalt einer Sprachgesellschaft wie der der Deutschsprechenden, und sie trennen mit den speziellen Sprachvarietäten und den Jargons, denen sie zuzurechnen sind, zugleich Sprecher- und Sprechergruppen, Klassen und Schichten. Wenn derartige Verstehens- und Verständnisbarrieren bereits innerhalb einer Sprachgesellschaft zu Konflikten führen, die man mit besonderen Vermittlungs-, Bildungs-, Beratungs- und Übersetzungsprogrammen zu behandeln sucht, um wieviel mehr muß der gekennzeichnete Sprachstil in der Kommunikation mit Ausländern und Deutschlernenden Nicht-Verstehen, Falsch-Verstehen, Mißverstehen, Distanz und Fremdheit sowie dann auch Ablehnung provozieren! Gordon Craig schreibt in seinem bereits erwähnten Buch über die deutsche Sprache – und er hat dabei wohl durchaus auch die von mir markierten Stileigentümlichkeiten im Sinn:

> Zu verschiedenen Zeiten in ihrer jüngeren Geschichte hat sich die deutsche Sprache als bestürzend anfällig erwiesen für abstrakte und schwerfällige Formulierungen, für übermäßige Ausschmückung, lin-

Der fremde Stil

guistische (sic!) Fremdenfeindlichkeit und ideologische Manipulation. An diesen Wunden einer Sprache, die am Ende des 18. Jahrhunderts ein Muster der *claritas et elegantia* war, hatten Philosophen, Professoren, romantische Intellektuelle, Militärs und Bürokraten, Zeitungsredakteure, Moralhüter und Vertreter des Totalitarismus ihren Anteil, und der Gesamteffekt ihres Einflusses ist noch immer offenkundig und behindert noch immer eine effektive Verständigung mit der Außenwelt. (Craig 1982, S. 343).

Nun zielt Craig mit dieser Aussage zweifellos nicht nur auf die Wissenschafts- und Fachsprache, obwohl er den gelehrt-professoralen Ausdrucksmustern besonders in den sog. Geisteswissenschaften der vergangenen einhundertfünfzig Jahre eine beträchtliche Schuld an der Kompliziertheit, Verschrobenheit und Unzugänglichkeit der sprachlichen Produkte zuschreibt, die bei uns hergestellt werden und die von besonderem öffentlichen, politischen, nationalen und internationalen Interesse sind. Man muß bei seinem Urteil natürlich auch berücksichtigen, daß er aus der Außenperspektive heraus verständlicherweise gerade die kommunikationshinderlichen und deshalb negativen Phänomene hervorhebt. Er würde sicher nicht bestreiten, daß viele satz- und wortkomplizierenden Ausdrucksformen in wissenschaftlicher Rede ihren Sinn und ihre Berechtigung haben. Das ändert aber nichts an der Gültigkeit seines Gesamturteils, das von Geisteswissenschaftlern hierzulande sicher nicht gern gehört wird.

Man darf die von Craig angesprochenen Stileigentümlichkeiten und vor allem die von mir benannten syntaktischen und lexikalischen Muster nicht in jedem Fall einseitig negativ bewerten. Ausladende hypotaktische Konstruktionen, Attributhäufungen, Nominalisierungen, komplexe und inhaltlich komprimierte Nominalgruppen, besondere Kompositabildungen und Terminologisierungen haben als solche ihren guten Sinn und ihre Funktion in der wissenschaftlichen Rede, wenn es auch richtig ist, daß sie stets Verstehensbarrieren darstellen. Man muß die funktionale Angemessenheit in der Verwendung berücksichtigen, wenn man die Muster gerecht bewerten will. Ich möchte deshalb die aufgeführten Textbeispiele nicht so verstanden wissen, daß sie unter allen Umständen als Beispiele für unangemessenen oder schlechten Stil zu gelten hätten. Stil ist ja seit alters her nicht nur eine bestimmte Schreibart, die für sich allein als Form genommen schon hinreichend gerechtfertigt wäre. Stil ist vielmehr als Schreibart, als Formulierungsverfahren Ausdruck einer bestimmten Haltung, Einstellung zu den Sachen und durch die Gegenstände, um die es geht, wesentlich mitbestimmt. Er ist Ausdruck einer bestimmten Lebensform und der Stilbegriff wird seit langem schon angewandt, um die spezifischen Schreibarten und Formulierungsverfahren zu charakterisieren – wie oben bereits hervorgehoben.[7] Diese letztere Gebrauchsweise des Stilbegriffs muß in unserem thematisierten Zusammenhang besonders berücksichtigt werden. Zu fragen ist: Was zeichnet einen professionell wissenschaftlichen bzw. geisteswissenschaftlichen Text aus? Welche syntaktischen und sonstigen Formulierungsverfahren sind typisch? In welchem Zusammenhang stehen Formulierungsverfahren[8] bzw. stilistische Merkmale mit Einstellungen, Orientierungen, Interessen, Zielen, Zwecken und Aufgaben im wissenschaftlichen bzw. fachsprachlichen Kommunikationsbereich? In welcher Weise prägt der wissenschaftliche bzw. fachsprachliche Stil bestimmte Texttypen und Textsorten? Was bedeuten diese stilistischen Ausprägungen für das Verstehen der Texte und für den Umgang mit ihnen? Inwieweit produziert eine wissenschaftsspezifische Stilistik Verstehensbarrieren, kommunikative Distanz und kulturelle Fremdheit?

2. Wissenschafts- und fachsprachliche Differenzierungen

Diesen Fragen möchte ich mich nähern, indem ich einige Erläuterungen zu dem auf der folgenden Seite abgedruckten Schema gebe, das ich mit »Wissenschafts-/fachsprachliche Differenzierungen« überschrieben habe. Ich möchte vorausschicken, daß dieses Schema – wie wahrscheinlich alle dieser Art – die dargestellten Zusammenhänge grob vereinfacht. Es gibt zahlreiche Unsicherheiten und Überschneidungen; beispielsweise könnten einige Charakterisierungen in mehreren Kästchen gleichzeitig stehen, was ich aber nicht so ausgeführt habe. Weiter täuschen die Kästchen und Linien oft eine Trennschärfe vor, wo es sich in Wirklichkeit um fließende Übergänge und Grenzzonen handelt. Ich denke aber, daß das Schema insgesamt einige Hinweise geben kann auf Kommunikationsformen und -bedingungen im wissenschaftlichen Bereich. Alle Charakterisierungen sind unter der Gesamtüberschrift »Wissenschaft« zu lesen: Das heißt, wenn beispielsweise im Kästchen 8 die Begriffe ‚Aufsatz', ‚Bericht' erscheinen, so sind darunter wissenschaftliche Aufsätze bzw. Berichte zu verstehen.

Ich möchte mit den Erläuterungen ansetzen in der Spalte III, die mit »Dominierende Stilorientierungen« überschrieben ist. Hier ist eine ganze Reihe von Ausdrücken aufgeführt, die in gängigen Darstellungen und Handbüchern normalerweise zur Charakterisierung der wissen-

Der fremde Stil

WISSENSCHAFTS-/FACHSPRACHLICHE DIFFERENZIERUNGEN

I Kommunikationsbereiche in der Gesellschaft	II Kommunikationsformen und Textsorten	III Dominierende Stilorientierungen	IV Sprachliche Merkmale
1 Kommunikationssphäre Wissenschaft	5 Alle Medien, vorzugsweise aber schriftliche Medien	9 Effizienz Sachlichkeit Intersubjektivität Einfachheit usw.	13 Unpersönlicher Stil Dezidierte Ausdrucksweise Parataxe usw.
2 Wissenschaftsinstitutionen (z.B. Universität, Institute, Wissenschaftsredaktionen)	6 Wissenschaftliche Schriftenreihen Zeitschriften Broschüren Presseberichte Interviews Kongreßakten usw.	10 Ökonomie Standardisierung Explizitheit Klarheit Verständlichkeit usw.	14 Knappheit Formelhaftigkeit Paraphrasierungen Attributive Angaben Bildhafte Erläuterungen usw.
3 Wissenschaftler/innen-Gruppen	7 Sammelschriften Diskussionen Programme Briefe usw.	11 Argumentativität Plausibilität Generalisierung Abstraktion Kritik Eleganz usw.	15 Hypotaxe Passivische Konstruktionen Schlüsselbegriffe Formalisierungsverfahren Hypothetische Ausdrucksformen Abkürzungen usw.
4 Wissenschaftsarbeiter/in	8 Monographie Aufsatz Bericht Vortrag Referat Notiz usw.	12 Präzision Stringenz Textkohärenz Terminologisierung Individualstil usw.	16 Termini Komprimierte Nominalgruppen Individuelle Wortwahl Syntaktische Vorlieben Zitierverfahren usw.

schaftlichen Formulierungsweise verwendet werden, zum Beispiel *Effizienz* (in Kästchen 9), *Ökonomie* (in Kästchen 10), *Argumentativität* (in Kästchen 11), *Präzision* oder *Stringenz* (in Kästchen 12). Die Präzision eines wissenschaftlichen Textes zeigt sich etwa in der komprimierten Syntax und in der stringenten Terminologiebildung und Anwendung von Termini – so ist die gängige Auffassung. Im Hinblick auf eine konsistente Theorie durchkonstruierte und durchformulierte Texte gelten als präzise und dadurch des Ehrenprädikats »wissenschaftlich« würdig. So wird auch der Zusammenhang zwischen den Spalten III und IV in dem Schema deutlich. Ich habe versucht, den stilorientierenden Charakterisierungen in Spalte III in der Spalte IV sprachliche Merkmale zuzuordnen, die sich auf konkrete Ausdrucksformen beziehen, und zwar solche Ausdrucksformen, deren angemessene Anwendung als Erfüllung der wissenschaftlichen Stilorientierungen gelten. Wer ökonomischen wissenschaftlichen Stil schreibt, schreibt knapp. Wer die Standardisierungen einer wissenschaftlichen Theorie befolgt, verwendet die Formeln dieser Theorie. Wer argumentiert, bedient sich in der Argumentation vorzugsweise hypotaktischer Konstruktionen. Klar ist, daß diese Konstruktionen nicht immer eindeutig sind und daß das Schema gerade in diesem Punkt idealisiert, vielleicht auch deutlich Unstimmigkeiten zeigt.

In den meisten Darstellungen zur Wissenschafts- und Fachsprache werden die Prädikate aus der Spalte III einfach mehr oder weniger pauschal dem Texttyp »Wissenschaftlicher Text« oder »Fachtext« zugeordnet. Dabei tritt dann regelmäßig die Komplikation auf, daß sowohl die Stilmarkierungen als auch entsprechend die sprachlichen Formulierungen zum Teil gegenläufig sind. Einige stilistische Orientierungen und Formulierungsverfahren liegen sogar im Wettstreit. Sie setzen den Produzenten von wissenschaftlichen Texten auf unterschiedliche Fährten; sie erzeugen Spannung, die sich produktiv auswirken kann, die aber auch geeignet ist, Konflikte zu erzeugen bis hin zum Infragestellen des wissenschaftlichen Tuns und Treibens. Wenn beispielsweise ein Autor ganz und gar auf Präzision, Stringenz sowie Abstraktion setzt und sich extremer Formalisierungsverfahren bedient, so wird er vielleicht bei sich selbst höchste Befriedigung erreichen und der Wissenschaftlergruppe, in der er arbeitet, plausibel machen können, daß er seinen Gegenstand in bestmöglicher Weise erfaßt, beschrieben und erklärt hat. Dieser Autor wird aber möglicherweise bezüglich der Effizienz dessen, was er zu sagen hat, über die Grenzen seiner In-Group hinaus total scheitern.[9] Die intersubjektiven Verständigungsmöglichkeiten reichen kaum über einen

Der fremde Stil

kleinen Kreis von Wissenschaftlern hinaus. Die Darstellung ist nicht klar und nicht einfach genug, um auch nur die eine Kulturgesellschaft zu erreichen, in der der Autor lebt. Wissenschaft kann auf diese Weise ineffektiv und wirkungslos werden.

Ich habe in meinem Schema versucht, den gegenläufigen Tendenzen in den Charakterisierungen von wissenschaftlichen Texten dadurch gerecht zu werden, daß ich die Mengen von Charakterisierungsausdrücken auseinandergezogen habe und versucht habe, sie auf verschiedene Textsorten zu verteilen, die in der wissenschaftlichen Kommunikation insgesamt eine Rolle spielen. So mögen manche harten Textkohärenz-Kriterien in einem wissenschaftlichen Aufsatz, den der Wissenschaftler für sich und eine kleine Gemeinde schreibt, angemessen und in jeder Hinsicht gerechtfertigt sein. Wenn es aber darum geht, wissenschaftliche Ergebnisse – möglicherweise unter Federführung von wissenschaftlichen Institutionen – über Textsorten wie Interviews und Presseberichte einer größeren Öffentlichkeit vorzustellen, so sind vor allem Explizitheit, Verständlichkeit, Klarheit und Einfachheit gefragt. Dem entsprechen eher alltagssprachliche Darstellungen; Paraphrasierungen sind erwünscht; bildhafte Erläuterungen sind hilfreich. Solche Stilistika gelten in unserer deutschen, teutonischen Wissenschaftler- und Intellektuellen-Gemeinde[10] oft noch als abweichend, zu wenig standesgemäß, während sie im angelsächsischen Bereich eine Selbstverständlichkeit sind. Man kann also verallgemeinernd sagen, daß die normalerweise pauschal für *die* Wissenschaftssprache geltend gemachten Stilorientierungen nur textsortenspezifisch zu fassen sind. Gegenläufige Tendenzen erklären sich daraus, daß unterschiedliche Textsorten auf verschiedene, zum Teil stark divergierende Kommunikationsbedürfnisse, -ziele und -interessen hin ausgerichtet sind. Die Textsorten wiederum entsprechen verschiedenen wissenschaftlichen Kommunikationsbereichen, die in der Spalte I meines Schemas grob charakterisiert sind.

Für mich ist es nicht ganz sicher – ich habe die Problematik zu Beginn angedeutet – ob man die ganze Kommunikationssphäre Wissenschaft durch typische Textsorten, Stilorientierungen und sprachliche Merkmale überhaupt als eine in irgendeiner Weise einheitliche oder homogene charakterisieren soll. Trotzdem habe ich die Zeile 1 einmal so in die Tabelle aufgenommen. Man muß eben auf dieser Ebene zu sehr allgemeinen Charakterisierungen greifen wie etwa *Objektivität, Sachlichkeit* usw., wobei jedermann klar ist, wie problematisch es ist, dies und ähnliche Prädikate generell den Produkten eines ganzen Kommunikationsbereichs zuzusprechen. Mir geht es mit dem Schema ja in der Tat auch nicht darum, die »Kommunikationssphäre Wissenschaft« als eine einheitliche auszuweisen. Im Gegenteil, es soll deutlich werden, daß sich die wissenschaftlichen Kommunikationsformen und Textsorten unter je dominierenden Stilorientierungen in vielfältiger Weise ausdifferenzieren. Diese Ausdifferenzierungen werden getragen durch bestimmte Rollen im Wissenschaftsbereich, durch Gruppen, Institutionen und Organisationen von Wissenschaftlern, die je spezifische Aufgaben wahrnehmen und ebensolche Ziele und Zwecke verfolgen, zum guten und erheblichen Teil auch divergiernde und gegenläufige Ziele und Zwecke. Man kann hier auch von einer kulturellen oder teilkulturellen Vielfalt und Divergenz sprechen, wenn man den Kulturbegriff nicht allzu hoch hängt und ihn nicht mit dem allzeit Positiv-Elitären in Verbindung bringt, sondern darunter im wesentlichen die lebensförmlichen Gewohnheiten, Umgangsformen und Bräuche versteht.[11]

Es besteht bei vielen Sprechern in unserer Kommunikationsgesellschaft das positive Vorurteil oder auch Fehlurteil, daß all die Charakterisierungen wissenschaftlichen Redens und Schreibens, die ich in meiner Tabelle aufgeführt habe, zur Verbesserung der Kommunikation zwischen Wissenschaftlern ausschlagen und letztlich auch immer der Verständigung zwischen den Menschen dienen. Dieses Vorurteil wird von der Idee mitgetragen, es gebe tatsächlich eine Reihe von nur positiven Charakteristika *der* Wissenschaftssprache und ihrer verschiedenen Ausprägungen, was ich eben in Frage zu stellen versucht habe. Wissenschaft gilt als die Non-plus-ultra-Lebensform, die kommunikatives Handeln nur optimiert, niemals aber schwächt. Viele Wissenschaftler tun selbst ihr Bestes, um dieses Vorurteil zu bestärken. Das Extremste, was ich von einem Wissenschaftler in diesem Zusammenhang je gehört habe, war die ernst gemeinte Feststellung, die Wissenschaft brauche keine Didaktik, denn das wissenschaftliche Handeln sei selbst die beste Didaktik und beinhalte selbst schon die bestmögliche Vermittlung von Erkenntnis.

Alle diejenigen, die in wissenschaftlichen Bereichen arbeiten und die im Laufe ihrer beruflichen Sozialisation tiefere Einblicke in die Lebensform von Wissenschaftlern in unserer Gesellschaft haben durften, wissen, daß dieses harmonische, durch und durch auf positive Merkmale hin getrimmte Bild der wissenschaftlichen Kommunikation unzutreffend ist. Wie sollte es eigentlich auch anders sein? Jede forcierte Kommunikationsoptimierung innerhalb einer bestimmten Gruppe, die zum Ziel hat, die interne Verständigung so ökonomisch, effizient und präzise wie möglich zu machen, muß notwendigerweise starke In-Group-Out-Group-Barrieren aufbauen. Die Abschottung nach außen ist der Preis

Der fremde Stil

für die Effektivierung der wissenschaftlichen Kommunikation in den vielfältigen Formen und Ausprägungen, die ich anzudeuten versucht habe. Wissenschaftliche Stile sind ambivalent: Für die Eingeweihten sind sie ungeheuer hilfreich. Aber für die anderen sind sie Ausdruck des Nicht-Gewußten, des Nicht-Erreichten, des Scheiterns, des Ausgeschlossen-Seins, des Fremden und des letztlich auch Abzulehnenden. Wohlgemerkt rede ich hier nicht von den wissenschaftssprachlichen Jargonismen und von Entgleisungen. Es geht darum, festzustellen, daß die von der wissenschaftlichen Intention her ganz positiv zu bewertenden Stilorientierungen mikrokulturelle Barrieren aufbauen, mit denen man umgehen und fertigwerden muß. Natürlich können Wissenschaftsübersetzer wie etwa Wissenschaftsjournalisten hilfreich sein; Wissenschaftler selbst können und sollten sich auch noch mehr darin üben, populärwissenschaftliche Texte im positiven Sinne dieser Charakterisierung zu machen. Aber damit werden die mikrokulturellen Grenzen natürlich nicht abgeschafft, was wohl auch gar nicht wünschenswert wäre. Ich könnte an dieser Stelle noch einmal auf meine Textbeispiele vom Anfang zurückkommen und den Versuch machen, die Texte in ein anderes, vielleicht besseres Deutsch ohne die syntaktischen und lexikalischen Komplizierungen zu übersetzen. Solche Versuche sind in der Tat gemacht worden. Mir scheint jedoch klar, daß bei solchen Übersetzungsversuchen immer etwas verloren geht, was der Autor mitgemeint hat. Wir müssen die wissenschaftssprachlichen Stilistika letztlich so nehmen, wie sie sind.

Peter von Polenz analysiert in seiner »Deutschen Satzsemantik«, die den programmatischen Untertitel hat: »Grundbegriffe des Zwischen-den-Zeilen-Lesens«, den ersten Satz des Vorworts von Jürgen Habermas' »Erkenntnis und Interesse« (vgl. Textbeispiel 4 oben). Eine seiner Paraphrasen lautet:

Ich versuche die Vorgeschichte des neueren Positivismus zu rekonstruieren, wobei ich mich mit einer historischen Methode (?) auf sie richte. Diesen Versuch unternehme ich, weil ich die systematische Absicht habe, zu analysieren, auf welche Weise Erkenntnis und Interesse zusammenhängen. (v. Polenz 1985, S. 93f.).

Das Charakteristische dieser Paraphrase ist, daß die Nominalisierungen des Originaltextes in Prädikate aufgelöst werden. Dadurch wird der Handlungscharakter des Textes verstärkt, vor allem aber werden die zwischen den Teilen von Nominalgruppen bestehenden Relationen explizit gemacht und ergänzend interpretiert. Dadurch kommt es zu Zusätzen, etwa zum Einsatz der Konjunktionen *wobei* und *weil*. Deutlich scheint mir, daß der Originaltext auf diese Weise in einer bestimmten Richtung gedeutet und erweitert wird, was aber bei jeder Explizierung in Kauf genommen werden muß. Es entsteht ein neuer Text, der mit dem Original nicht völlig bedeutungsgleich sein kann. Das Verfahren der Paraphrasierung, das von Polenz hier anwendet, ist im wesentlichen syntaktisch fundiert und deshalb gut kontrollierbar. Die Syntax, insbesondere die Valenzsyntax, bietet eine gute Grundlage und Richtschnur für Explizierungsverfahren, und genau in dem Maße, wie syntaktische Methoden im Spiel sind, können die Explizierungsverfahren auch relativ leicht nachvollziehbar, lehr- und lernbar gemacht werden. Mir scheint klar, daß hier gute Möglichkeiten liegen, bestimmte typische Komplizierungen in wissenschaftlichen Aufsätzen oder Monographien (vgl. die in den Kästchen 7, 8 im Schema aufgeführten Textsorten) aufzulösen und damit die verständnishemmenden Effekte abzubauen.

Es ist sicher schwieriger, mit Explizierungen umzugehen, für die es keine syntaktische Leitlinie gibt. Theoriefundierte Terminologisierungen und Spezialbedeutungen von Ausdrücken können nur durch historische Studien [12], durch Aufarbeitung der Theoriezusammenhänge und der mit ihnen verbundenen kulturellen Hintergründe aufgeschlossen werden. Einfache Übersetzungen von Texten können hier nicht helfen, Verstehensbarrieren zu überbrücken. Wegen der Theoriegebundenheit des Ausdrucks *historische Methode* hat von Polenz an dieser Stelle seiner Habermas-Paraphrase mit Recht ein Fragezeichen eingesetzt.

3. Aufgaben für eine interkulturelle Germanistik

Was kann eine interkulturell orientierte Germanistik in Anbetracht der dargestellten Lage tun? Wir haben auf der einen Seite die in sich legitimierte und auch sonst rechtfertigbare kulturelle Vielfalt wissenschaftlicher Stile. Und wir haben andererseits die immensen Verstehens- und Verständigungsbarrieren, die durch eben diese Stile produziert werden. Welche Aufgaben ergeben sich aus dieser Darstellung der Dinge? Ich möchte zu dieser Frage abschließend noch einige Thesen formulieren.
1. Mir scheint klar, daß die wissenschaftlichen Stile besser erforscht und beschrieben werden müssen, als es bisher geschehen ist. Dabei müssen auch makrokulturelle Unterschiede einbezogen werden wie etwa die zwischen deutschem und angelsächsischem Wissenschaftsstil. Galtung 1985 macht zahlreiche interessante Beobachtungen zum saxonischen, teutonischen, gallischen und nipponischen Wissen-

schaftsstil. Solche Stile zu erforschen ist m.E. von größter Bedeutung für die interkulturelle Germanistik.
2. Es muß versucht werden, die selbstreflektierende und kritische Komponente des wissenschaftlichen Redens und Schreibens zu stärken. Dies ist vor allem eine sprachkritische Aufgabe, die das Ziel hätte, die wissenschaftskulturellen Perspektiven nach außen hin zu erweitern, den Blick zu öffnen für das Andere und damit auch für die Eigentümlichkeiten des Eigenen.
3. Die Rezeption wissenschaftlichen Tuns und Schreibens, sowohl die Rezeption im Inland wie auch die Rezeption im Ausland, müßte erforscht, beschrieben, erfaßt werden. Dazu gibt es auch schon erste Ansätze, aber es gibt noch keine Forschungen, geschweige denn Ergebnisse, die sich in fruchtbare Rückwirkungen auf die wissenschaftliche Arbeit hierzulande umsetzen ließen.
4. Sicher ist es auch notwendig, die vor allem zu Anfang von mir benannten syntaktisch-semantischen Eigenheiten wissenschaftlicher Texte noch besser zu analysieren und zu beschreiben, um sie lehr-, lernbar und beherrschbar zu machen. Dies ist gewiß eine der praktischen und vielleicht auch am leichtesten zu bewältigenden Aufgaben. Ihre Erfüllung würde dem wissenschaftlichen Stil wohl noch manches Fremde nehmen können, ihn hoffentlich auch noch etwas mehr entzaubern.
5. Wissenschaftliche Terminologisierungen können der interkulturellen Verständigung in bestimmten Fällen sicher auch förderlich sein. Viele unter wissenschaftlichen Gesichtspunkten normierte Texte enthalten Internationalismen, die von Wissenschaftlern mit verschiedenen kulturellen Hintergründen benutzt und verstanden werden. Die Wechselwirkungen zwischen solchen positiv zu bewertenden Normierungen einerseits und verständnishemmenden Bedeutungsfestlegungen andererseits müßten näher untersucht werden. Darin läge auch ein Beitrag zum reflektierten Umgang mit der Ambivalenz wissenschaftsorientierter Sprachprofilierung.

Anmerkungen

[1] Vgl. Feyerabend 1975, z.B. S. 154.
[2] Vgl. z.B. Fleischer/Michel 1977, S. 260ff. und Michel 1985.
[3] Vgl. Galtung 1978, besonders S. 332ff. Galtung bringt hier die Merkmale ‚Vertikalität' und ‚Uniformität' nicht nur für die Gesellschaft im

allgemeinen, sondern gerade auch im Bezug auf die Wissenschaft ins Spiel.
4 Vgl. das *Grimmsche Wörterbuch*, Bd. 18, Sp. 2915.
5 Vgl. Fluck 1980 und Möhn/Pelka 1984, Möhn und Pelka definieren die Fachsprache sogar im wesentlichen durch außersprachliche, gruppensoziologische Merkmale, vgl. ebda., S. 26ff.
6 Vgl. Wierlacher 1987.
7 Vgl. auch Püschel 1980.
8 Daß die Begriffe ‚Formulierung' und ‚Formulierungsmuster' für den Stilbegriff zentral sind, hat Sandig 1978, bes. S. 26, dargelegt.
9 Über den Widerstreit von Präzision und Effizienz vgl. Öhlschläger 1986.
10 Vgl. Galtung 1985.
11 Vgl. Bausinger 1980 zur Problematik des Kulturbegriffs. Einen unprätentiösen Kulturbegriff, der eher auf jegliche Art von Gewohnheiten und Bräuchen zielt, als auf elitäre Verhaltensformen, vertritt auch Fritz Mauthner in seinen Beiträgen zu einer Kritik der Sprache.
12 Vgl. z.B. Haß 1986 und Wimmer 1979.

Literatur

Baum, Richard: *Hochsprache, Literatursprache, Schriftsprache. Materialien zur Charakteristik von Kultursprachen.* Darmstadt 1987 (= Impulse der Forschung 49).
Bausinger, Hermann: *Zur Problematik des Kulturbegriffs.* In: Wierlacher (Hrsg.) 1980, Bd. 1, S. 57–69.
Bourdieu, Pierre: *Die feinen Unterschiede.* Frankfurt a.M. 1987.
Bungarten, Theo (Hrsg.): *Wissenschaftssprache.* München 1981.
Craig, Gordon A.: *Über die Deutschen.* München 1982.
Feyerabend, Paul: *Against Method.* London 1975.
Fleischer, Wolfgang/Michel, Georg: *Stilistik der deutschen Gegenwartssprache.* 2. Aufl. Leipzig 1977.
Fluck, Hans-Rüdiger: *Fachsprachen. Einführung und Bibliographie.* 2. Aufl. München 1980 (= Uni-Taschenbücher 483).
Galtung, Johan: *Struktur, Kultur und intellektueller Stil. Ein vergleichender Essay über sachsonische, teutonische, gallische und nipponische Wissenschaft.* In: Wierlacher (Hrsg.) 1985, S. 151–193.
Habermas, Jürgen: *Erkenntnis und Interesse.* Frankfurt a.M. 1973.

Haß, Ulrike: *Textsorten als Wirkungssystem*. In: Deutsche Sprache 14 (1986), S. 224–234.

Heringer, Hans Jürgen (Hrsg.): *Holzfeuer im hölzernen Ofen. Aufsätze zur politischen Sprachkritik*. Tübingen 1982.

Hess-Lüttich, Ernest W.B.: *Expertendeutsch für Initiierte und Immigrierte: Gruppensprachen – Berufssprachen – Fachsprachen*. In: A. Wierlacher u.a. (Hrsg.): Jahrbuch Deutsch als Fremdsprache 1986. Bd. 12, München 1986, S. 134–150.

Kalverkämper, Hartwig/Weinrich, Harald (Hrsg.): *Deutsch als Wissenschaftssprache*. Tübingen 1986.

Mauthner, Fritz: *Beiträge zu einer Kritik der Sprache*. 3 Bde. 3. Aufl. Leipzig 1923.

Michel, Georg: *Positionen und Entwicklungstendenzen der Sprachstilistik in der DDR*. In: Sprache und Literatur in Wissenschaft und Unterricht (SuL) 55, 16. Jg. (1985), S. 42–53.

Möhn, Dieter/Pelka, Roland: *Fachsprachen. Eine Einführung*. Tübingen 1984 (= Germanistische Arbeitshefte 30).

Öhlschläger, Günther: *Ästhetik, Präzision und Effizienz in der Sprache*. In: *Sprache als Medium und Verständigungsmittel zwischen Wissenschaft, Wirtschaft, Verwaltung und Öffentlichkeit* (= Schriften der Akademie des Deutschen Beamtenbundes, hrsg. von A. Krause, Gesellschaftspol. Grundlagen Reihe A, Band 2, Bonn 1986), S. 30–33.

Polenz, Peter von: *Deutsche Satzsemantik. Grundbegriffe des Zwischen-den-Zeilen-Lesens*. Berlin 1985.

Püschel, Ulrich: *Linguistische Stilistik*. In: Althaus, H.P./Henne, H./Wiegand, H.E. (Hrsg.): *Lexikon der Germanistischen Linguistik*. 2. Aufl. Tübingen 1980, S. 304–313.

Rauter, E.A.: *Vom Umgang mit Wörtern*. München 1978.

Sandig, Barbara: *Stilistik. Sprachpragmatische Grundlegung der Stilbeschreibung*. Berlin, New York 1978.

Stickel, Gerhard: *Zur Kultur der Rechtssprache*. In: Aspekte der Sprachkultur. Mitteilungen des Instituts für deutsche Sprache. Mannheim 1984, S. 29–60.

Stötzel, Gerhard (Hrsg.): *Germanistik – Forschungsstand und Perspektiven. Vorträge des Deutschen Germanistentages 1984*. Teil 1. Berlin/New York 1985.

Strauß, Gerhard: *Der politische Wortschatz*. Tübingen 1986.

Sturm, Dietrich (Hrsg.): *Deutsch als Fremdsprache weltweit. Situation und Tendenzen*. München 1987.

Wierlacher, Alois (Hrsg.): *Fremdsprache Deutsch*. 2 Bde. München 1980.

Wierlacher, Alois (Hrsg.): Jahrbuch Deutsch als Fremdsprache 1983. Bd. 9, München 1983.
Wierlacher, Alois (Hrsg.): *Das Fremde und das Eigene*. München 1985.
Wierlacher, Alois: *Deutsch als Fremdsprache als interkulturelle Germanistik*. In: Sturm (Hrsg.) 1987, S. 145–156.
Wimmer, Rainer: *Das Verhältnis von Fachsprache und Gemeinsprache in Lehrtexten*. In: Mentrup, W. (Hrsg.): *Fachsprachen und Gemeinsprache*. Jahrbuch 1978 des Instituts für deutsche Sprache. Düsseldorf 1979, S. 246–275.
Wimmer, Rainer (Hrsg.): *Sprachkultur*. Jahrbuch 1984 des Instituts für deutsche Sprache. Düsseldorf 1985.
Wolff, Gerhart: *Deutsche Sprachgeschichte. Ein Studienbuch*. Frankfurt a.M. 1986.

Dietrich Krusche, München

Warum gerade Deutsch?

Zur Typik fremdkultureller Rezeptionsinteressen

1.

Ich möchte mit einer Beobachtung beginnen, die, wenn ich sie vorsichtig genug formuliere, vielleicht von Ihnen bestätigt werden kann. Während einer Reihe dicht aufeinanderfolgender Auslandsaufenthalte, bei denen ich als Mit-Lehrender an Universitäten außerhalb Europas Erfahrungen sammeln konnte, habe ich den Eindruck gewonnen, als seien Inhalte und Methoden des Faches Deutsch als Fremdsprache in einem raschen Wandel begriffen. Rasch? Nun, bei Kulturprozessen, ist Langsamkeit selbstverständlich. Geht etwas weniger langsam, als man nach den Erfahrungen der Vergangenheit erwarten konnte, geht es eben rasch! Die Veränderungen, die ich meine, betreffen die Praxis der Forschung und Lehre. Sie beziehen sich auf die Art und Weise der Selektion von Inhalten ebenso wie auf die Methoden von deren Bearbeitung und Vermittlung. Sie werden am deutlichsten beim Umgang mit Texten, zumal literarischen Texten; und auf diesen Bereich will ich mich hier auch konzentrieren. Es sieht so aus, als würden die Arbeitsinhalte stärker als bisher nach regionalen und lokalen Relevanzschwerpunkten gewählt und als würden die Methodenformen sich stärker an dialogischen Verfahrensweisen orientieren. Und – sehe ich das richtig? – die jeweiligen Rezipienten, d.h. die jüngere Generation der Dozenten und die Studenten selbst, werden zunehmend in die Verantwortung für die Frage miteinbezogen, welche Funktion denn in ihrem Bildungsgang und Berufsbildungsgang die Beschäftigung mit deutscher Sprache und den darin verfaßten Texten haben soll. Die Zulassung dieser Frage »Warum gerade Deutsch?« gehört selbst zum Prozeß der Differenzierung im Umgang mit dieser Fremdkultur dazu.

Die Anstöße zu dieser – wie ich es im weiteren nennen will – Spezifizierung der Funktion des Deutschen im Ausland ergeben sich aus verschiedenen, teils globalen, teils kulturraumspezifischen Entwicklungen: An so gut wie allen Universitäten der Welt wird gegenwärtig das Geld, das für die Humanwissenschaften zur Verfügung steht, knapp; die Folge davon ist, daß der Verteilungskampf zwischen den rivalisierenden Fremdsprachendisziplinen an Härte zunimmt. Fragen wie die folgenden werden in Fakultätsgremien in Brasilien ebenso wie in Thailand oder Indonesien gestellt: Werden wir nicht künftig im Angebot kultureller Studienfächer noch mehr als bisher Schwerpunkte bilden, also die Breite des Angebots verringern müssen? Mit welchem unterscheidbaren Bildungsgewinn gegenüber dem Englischen, Französischen, Spanischen, Chinesischen usf. sind gerade Deutschstudien zu betreiben? Muß europäische Kultur wirklich in Gestalt von mehreren europäischen Kulturen gleichermaßen präsent sein? Ein anderes Ausgangsfaktum: Die Bedeutung des Deutschen als Wissenschaftssprache ist weltweit dramatisch zurückgegangen; die Frage, die sich daraus ergibt, lautet: Lohnt es sich, das Deutsche über die Erfordernisse des Tourismus hier (sagen wir: in Thailand), über die Erfordernisse des Handels und der Technik hier (sagen wir in Brasilien) hinaus zu lehren? Und wenn wir an ein Land denken, in dem der Fremdentourismus kaum eine Rolle spielt, wo aber auch ökonomisch-technologische Nachhilfe nicht mehr gefragt ist, weil es darin längst erfolgreich geworden ist, wie zum Beispiel Japan, dann heißt die Frage dort: Wie breit muß denn das Angebot an europäischer Fremdkultur sein, wenn unsere eigene Kultur ihre Konkurrenzfähigkeit mit Europa/Amerika längst erwiesen, wenn sie die technologische Kompetenz des Westens längst in sich aufgenommen hat? Genügt es da nicht, sich auch im Bildungsangebot auf diejenige Fremdkultur zu beschränken, deren Sprache zugleich die wichtigste Welt-Wissenschaftssprache ist? So heißt denn auch der erste Satz in einem Thesenpapier japanischer Kollegen zur Situation der Germanistik dort: »Eine zur Routine gewordene Verschwendung – mit welcher Zielsetzung lehrt und lernt man in Japan Deutsch?«[1]

Ich vermute, daß die Intensität dieses skeptischen Rückfragens in den nächsten Jahren noch zunehmen wird.

Aber wie steht es eigentlich mit der Funktion von Fremdkultur in den *europäischen* Bildungsinstitutionen? Anglistik, Romanistik, Skandinavistik usf. werden bei uns im großen und ganzen immer noch so gelehrt – und das gilt insbesondere für den forschenden und lehrenden Umgang mit den jeweiligen Fremd*literaturen* –, als wären auch alle anderen europäischen Kulturen eigene, als gehörten sie, was ihre Verfügbarkeit angeht, ins eigene Haus. Die Vermittlung dagegen außereuropäischer Kulturen in Europa ist durchweg Sache von wenigen – als das begriffenen – Spezialisten geblieben. Arabistik, Indologie, Sinologie und Japanologie, um nur die größten Kulturen zu nennen, sind sogenannte Orchideenfächer. Eine Besonderheit europäischer Kulturtradition kommt zu Bewußtsein: eine unglaublich dichte Traditionsverflechtung zwischen mehreren weltgeschichtlich erfolgreich gewordenen Kulturen läßt eine thematisch-methodische Differenzierung zwischen eigener und nichteigener Kultur bzw. Literatur überflüssig erscheinen. Dabei wirkt zeitliche Distanz entlastend: Ein deutscher Shakespeare-Forscher glaubt, Shakespeare so relevant und kompetent bearbeiten zu können, wie ein Engländer, mindestens, kann wohl manchmal hinzugefügt werden.

Außerhalb Europas hat die Beschäftigung mit dem Deutschen nur in Japan eine vergleichbare Selbstverständlichkeit gewonnen. Und gerade dort ergeben sich jetzt besonders markante Zweifel. Ich komme noch einmal auf das Thesenpapier zur Situation der japanischen Germanistik zurück, das 1986 in Tokyo (von Dozenten an drei verschiedenen Universitäten) formuliert wurde. Dort heißt es:»Deutschunterricht ist für (...) (einen japanischen Akademiker, D. K.) ein unentbehrlicher Bestandteil des Universitätsbetriebs, eine conditio sine qua non; Deutsch gehört einfach zu einem Campus wie Luft und Wasser zu einem Lebewesen.« Trotzdem kommen die Verfasser des Positionspapiers zu der kritischen Ergebnisformulierung:»Die erdrückende Mehrheit bilden jedoch die Studenten, die sich nach Ablauf zweijähriger, qualvoller Zwangsbeschäftigung endlich entlastet fühlen und nachher nie wieder etwas von Deutschland und vom Deutschen wissen wollen.«[2] Aber wie soll es denn weitergehen?

Die japanischen Kollegen – wie sehr viele andere Kollegen in Süd- und Nordamerika, in Südasien und Fernost – sprechen von der Notwendigkeit von »Reformen«, von »Sich-Gesundschrumpfen« der Deutschabteilungen und von notwendiger »Differenzierung«. Um aber einen hinreichend breiten Konsens für eine solche Differenzierung bilden zu können, muß eine überzeugende Richtungsangabe erfolgen: Woraufhin soll die Differenzierung geschehen? Um aus dem globalen Angebot einer Fremdkultur selektieren zu können, um bestimmte Lehrinhalte akzentuieren und bestimmte Methoden spezifizieren zu können, müssen Lernziele vorgegeben sein. Diese wiederum können nur in einem dialektischen Spannungsfeld entwickelt werden: Bedürfnisse der Eigenkultur und die – sicher hypothetische – Annahme einer spezifischen Funktion des Deutschen als Fremdkultur sind miteinander zu vermitteln. Uns braucht hier nur die mögliche Funktion des Deutschen für die je verschiedenen Bedürfnisse ausländischer *Bildungssysteme* zu interessieren. Aber auch diese läßt sich nicht formulieren, ohne mit möglichen Relevanzen, mit potentiellen Interessen *der Lernenden* zu rechnen.

Dietrich Krusche

Worin könnten »lohnende« Angebote bestehen, die die deutsche Kultur in interdisziplinäres Forschen und Lernen einbetten und sie *zugleich* mit einer individuellen Bildungsfunktion ausstatten?

Gestatten Sie mir an dieser Stelle eine Anmerkung in eigener Sache: Mir selbst und vielleicht auch Ihnen liegt die skeptische Rückfrage nahe: Aber wie kommst du denn dazu, über diese Zusammenhänge zu reden? Geht dich das als deutschen Philologen etwas an? Woher denn in aller Welt stammt deine Kompetenz in der Sache? Ich antworte mir (und Ihnen) halb als Person, halb als Berufsrollenträger: Vom Anfang meiner Berufstätigkeit (Anfang der sechziger Jahre) an habe ich mich als Vertreter einer Disziplin, die es damals noch gar nicht gab und die heute summarisch »Deutsch als Fremdsprache« genannt wird, durch die schiere Praxis, die von mir verlangt wurde, zu einem ständigen Hin- und Herblicken aufgefordert gesehen, einem Hin- und Herblicken nämlich zwischen dem Deutschen als Vermittlungsinhalt und dem Nicht-Deutschen als Vermittlungsort (also meinen Dialogpartnern als Nicht-Deutschen). Dieses Hin- und Her (eine alte Chiffre für Hermeneutik) ist durchaus unsymmetrisch: trifft der eine Blick auf das zu vermittelnde Eigene, trifft der andere auf die entfernte (fremde) Position, auf die hin es zu vermitteln gilt. (Für einen »einheimischen« Vermittler von Fremdkultur lägen die Verhältnisse umgekehrt.) Eine – oft heikle – Stellung des *Zwischen!* Da mußte ich mich dann nach methodischem Rüstzeug umsehen, und ich verdanke es der Entwicklung eben dieses Faches, das jetzt so pauschal »Deutsch als Fremdsprache« genannt wird, daß ich mich zunehmend in bereits erarbeitete oder auch während meiner Lebenszeit erst ausgebildete Methodenzusammenhänge der Philologien rückordnen konnte: in all die Methodenkomplexe nämlich, die (a) die Annahme einer historisch bedingten Varianz der Rezeptionsposition auch innerhalb der eigenen Texttradition zulassen, (b) die Rezeptionsposition als solche in den Begriff der Erzeugung von »Textbedeutung« mithineinnehmen, (c) der Empirie der Geschichte literarischer Wirkung Aufmerksamkeit schenken und (d) Reflexion der Anwendung (Funktion) bis hin zur Didaxe von tradierter Kultur nicht von deren Theorie (Text-Theorie, Kulturtheorie) abtrennen. Als entscheidendes Kriterium zur Bewertung des vermittelnd Geleisteten gilt es mir immer, ob die Schwierigkeiten der Lehre selbst zum Gegenstand der Forschung gemacht werden – Nagelprobe für jeden Fortschritt in einer Humanwissenschaft.

Ich möchte nun in meiner Argumentation so fortfahren, daß ich die geschichtlich gewachsenen Bedingungen skizziere, in welche das Deutsche als Bildungsgegenstand im Ausland eingerückt ist, und die dabei hervortretende »Problemlage« nach bereits darin enthaltenen Tendenzen einer »Lösung« abtaste.

2.

Ich erspare Ihnen und mir eine weitergehende Erörterung des – ohnehin schon arg strapazierten – Begriffs der Fremde. Ich werde ihn, soweit ich kann, vermeiden und durch andere Begriffe ersetzen, stattdessen etwa Differenzrelation oder Kontrastfunktion sagen. Ich benutze diese abstrakten und sperrigen Worte, um ‚Fremde' selbst zu verfremden und im übrigen um anzudeuten, daß ‚Fremde' für mich keine eindeutige, schon gar keine ontologische oder gar mythische Kategorie ist, sondern der Sammelbegriff für eine bestimmte relationale Erfahrung. Ich setze etwas als ‚fremd', wenn ich mein Verhältnis zu jemandem oder etwas als ein solches deklarieren will, das (noch) nicht rational definiert und damit von meinem Bewußtsein »geklärt« ist. Wahrgenommene Andersheit am Gegenüber in diesem Zustand summarischer Nicht-Definiertheit kann sehr verschiedene emotionale Valenzen in sich bergen: Neugier, Angst, Faszination, Bedrohtsein, Abgestoßensein und – in einer Balancierung von positivem und negativem Affiziertsein – natürlich: Ambivalenz. Die letzte ist wohl die häufigste Form von emotionaler Bewertung von Andersheit, soweit es sich um eine kulturell markierte und (noch?) »unbegriffene« Andersheit handelt. Geschlechterfremde, Es-Fremde (dem eigenen Unbewußten gegenüber), wären andere Dimensionen des so wahrgenommenen Anderen.

Die Typisierung nun der Funktionen des Deutschen als Fremdkultur bietet ebenfalls einige begriffliche Probleme. Ich möchte vier solcher Funktionen unterscheiden, wobei der erste der vier von mir verwendeten Begriffe nicht ganz in die Reihe paßt: er ist stärker phänomenologisch akzentuiert, während die anderen die Kontingenz geschichtlicher Entwicklungsprozesse andeuten. Aber das kümmert mich nicht allzusehr. Der von mir hier vorgeschlagene Unterscheidungsraster soll nur heuristischen Wert haben: Er soll die graue Einförmigkeit aufhellen, die über einem einheitlich-undifferenzierten Begriff der Fremdkulturalität liegt – die Grauheit der Nacht, in der alle fremde Kultur immer nur dasselbe sagt: Ich komme von woanders, aber ich bin ein Bildungswert wie jeder hier, das heißt, ich bin – zu lernen!

Dietrich Krusche

3.1. Fremde der Nachbarschaft

Eine – wie angekündigt – allgemein phänomenologische Kategorie ist es, wenn ich von der Funktion der *Fremde der Nachbarschaft* spreche. Bei faktisch geringer Kulturdifferenz und einer beträchtlichen Gemeinsamkeit an Kulturtradition (im Ganzen des christlichen Abendlands) wird natürlich auch das Deutsche von den Nachbarkulturen als Kontrastmittel zur Bestimmung des Eigenen benutzt. Unterschiede werden, meistens in bipolaren Begriffsmustern, herausgearbeitet. Ein Paradebeispiel von Kontrastrelation: Frankreich und Deutschland. Mit Hilfe von Begriffspaaren wie »rational« vs. »emotional«, »sozial« vs. »individuell«, »politisch-äußerlich« vs. »verinnerlicht«, »rhetorisch-praktisch« vs. »philosophisch-spekulativ« usf. haben diese beiden Kulturen sich gegenseitig zu immer neuer Formulierung ihrer Identität verholfen. Nun, diese Einsichten sind längst allgemeines Bildungsgut, hüben wie drüben. Aber was hat das für Konsequenzen für die Funktionalisierung der jeweils anderen Kultur in den Bildungsinstitutionen – zumal (was auch hier weiterhin als Leitfaden dienen soll) in der Auswahl der vorzüglich rezipierten literarischen Texte? Es wurde und wird, so behaupte ich einmal thesenhaft und (fast) unbegründet, *kontrasthaft* gewählt, das Andere des Deutschen gegenüber Frankreich und das dem Eigenen nahe wird gleichermaßen gewählt – das Schema der Bipolarität jedenfalls schimmert durch. Deutsche »Romantik« in all ihrer Spielarten, auch der »klassischen«, hat dort seit jeher attraktiv gewirkt und *zugleich*, wo es einmal auftritt, auch wache Rationalität, etwa in Form von Selbstironie und Gesellschaftskritik. Hölderlin *und* Heine! Wenn es sich dann noch trifft, daß ein ironisch-kritischer Geist, wie Heine, in der eigenen, also der deutschen Kulturtradition stiefmütterlich behandelt wird, ist ein Grund gegeben, diesen markant *gegen*zuwerten, also aufzuwerten. Hier deutet sich wohl auch das Motiv an, warum die nahe, die nachbarschaftliche Germanistik (man denke an das Hölderlinbild Bertaux's!) sich methodisch wie inhaltlich besonders kühn mit der deutschen Germanistik konfrontiert. Ähnliches gilt – und ich folge hier der Ansicht meines Kollegen Bohnen[3] – für die Germanistik in Dänemark. In Parenthese sei noch angefügt, daß offenbar die Betonung der Gleichheit/Ähnlichkeit und die Betonung des Gegensatzes, also der »totalen Andersheit«, in ihrer Funktion ganz dicht beieinander liegen. Für die Didaktik heißt das, daß es ziemlich gleichgültig ist, ob man durch die anfängliche Betonung des einen oder des anderen um Interesse wirbt. Ich kann sagen: Schaut her, die Deutschen – sind sie nicht auch Menschen wie wir?! Oder ich kann sagen: Schaut her, die Deutschen – wie anders unsere nächsten Nachbarn doch sind! Etwas ungleich Schwierigeres ist es, eine Differenzrelation zu formulieren, die nicht in dieser abstraktesten aller Relationsbestimmungen steckenbleibt, wo Nichtgleichheit nur als »Gegensatz« und Gleichheit nur als universale, also als Aufhebung aller Unterschiede im »Allgemeinmenschlichen« begriffen werden kann.

3.2. *Fremde als Modell für sozialen Wandel*

Mein zweiter Begriffsvorschlag für einen Typus der Interessenlage dem Deutschen als Fremdkultur gegenüber: (er leitet die Reihe von drei stärker historisierenden Begriffen ein): *Fremde als Modell für sozialen Wandel*. Dieser Typus der Anwendung deutscher Kultur läßt sich vor allem in solchen Ländern Außereuropas beobachten, die über längere Zeit unter der Herrschaft einer europäischen Kolonialmacht gestanden haben, die nicht Deutschland war. (Damit soll nicht von der Tatsache abgelenkt werden, daß auch Deutschland, wenn auch glücklicherweise nicht sehr lange, Kolonialmacht war.) In Absetzung von dieser, aus dem Interesse also an einer *alternativen* europäischen Kultur heraus, wird Deutsches aufgegriffen. Als Beispielländer können etwa Indien, Indonesien, aber auch einige Länder Nordafrikas und Südamerikas genannt werden. Bemerkenswert ist für unseren Zusammenhang, woraufhin deutsche Kultur – auch hier richte ich mein Augenmerk besonders auf literarische Texte – ausgewählt und eingesetzt wird. Solche Texte werden offenbar bevorzugt und für brauchbar, d. h. als in Bildungsprozessen potentiell interessebildend, angesehen, die geeignet sind, unmittelbar auf eigene Lebenspraxis bezogen zu werden . Die aus den Texten herausgelesenen Programme, Konzepte, Ideologien werden von der Kultur, in der sie eingeführt werden, gleichsam aufgesogen. Ob die Texte dabei »verstanden« oder »mißverstanden« werden, ist eine Frage, die hier nicht zu erörtern ist. Auch oder gerade Mißverständnisse sind oft Anlässe für folgenreiche Kommunikation. Wichtig ist nur, daß die aus den Texten herausgelesenen Handlungsanweisungen für übertragbar (anwendbar) gehalten werden. Hier deutet sich eine sehr allgemeine Funktion von Fremdkultur an, wie sie von Pramod Talgeri beschrieben worden ist: die Bilanzierung von Geltungs-Defiziten im Eigenen.[4] Inhaltlich handelt es sich dabei um Texte, die Bezug nehmen auf Rollenzwänge, etwa die Rolle der »Hausfrau«, auf Minderheitendiffamierung, auf Traditionsenge, auf Fragen der national-kulturellen Autonomie, des Menschen-

und Völkerrechts, des Bürgerprotests, der Durchsetzung von mehr Gerechtigkeit bei der Verteilung materieller Güter.[5] In einem Referat des Kollegen *Bhatti* von der Nehru-Universität in Neu Delhi, gehalten kürzlich in der Zentrale des Goethe-Institutes München[6], kam zum Ausdruck, daß sich – ich rekapituliere vorsichtig – Vorlieben bei der Selektion deutscher Literatur abzeichnen, die in Richtung auf so etwas wie Überzeugungsliteratur verweisen, auf eine Literatur, die gesellschaftlich anwendbare Programme und Konzepte vertritt – gedeckt übrigens oft durch die entsprechende »Haltung« der Autoren, die dann über das Autorenbild selbst mit-wirkt. Eine Reihe, beginnend bei Lessing und fortgesetzt durch Autoren wie Büchner, Heine, Heinrich Mann, Brecht, Borchert, Böll bis hin zu Kroetz deutet sich an. Durch mehrere Schriften des Thailänder Germanisten *Chetana Nagavajara* ist die Brecht-Rezeption in Thailand gut dokumentiert und einleuchtend analysiert. Hier läßt sich ein Zusammenhang zwischen einer aktuellen politischen Tendenz und einem Rezeptionsprozeß beobachten, wobei eine literarisch-kulturelle Übernahme aus Europa ein spezifisches Rezeptionsinteresse greifbar macht. Ich zitiere (in meiner eigenen Übersetzung) eine Passage aus »Die Rezeption von Bertolt Brecht in Thailand: Der Fall von ‚Die Ausnahme und die Regel'«: »Brecht betrat die literarische und theatralische Szene in Thailand im Jahre 1976 sozusagen mit einem Knall. Das kulturelle, um nicht zu sagen, das politische Klima, war empfänglich für das Brechtsche Theater. Seit Oktober 1973 hatte das Land einen neuen »demokratischen Boom« erlebt, als die Stimmen der Jungen und der Progressiven gehört wurden und als das »Volk« als eine rechtmäßige Einheit auftauchte. Kurzlebig, wie sie gewesen sein mag, sah die Periode zwischen Oktober 1973 und Oktober 1976 einen lebendigen Auschwung von künstlerischen und literarischen Aktivitäten, der bis heute in der thailändischen Kultur untilgbare Spuren hinterlassen hat. (...) In dieser Situation eines geistigen und intellektuellen Erwachens zu einer ‚neuen literarischen Bildung' war es selbstverständlich, daß Brecht willkommen und ein Verbündeter war, und das Instrument dieser Verbindung war »Die Ausnahme und die Regel«, ein »Lehrstück«, entstanden bereits im Jahre 1930.«[7] Auf dem Brecht-Symposium, das zwischen dem 8. und dem 13. Dezember 1986 stattfand, trafen sich Theatergruppen aus Indien, China, Japan, den Philippinen und Hongkong. Zum Teil in Mehrfachinszenierungen wurden folgende Stücke gespielt: »Der gute Mensch von Sezuan«, »Der aufhaltsame Aufstieg des Arturo Ui«, »Die Visonen der Simone Marchard«, »Der kaukasische Kreidekreis«, »Herr Puntila und sein Knecht Matti«. Als Gast war auch Jürgen Flimm

Warum gerade Deutsch?

vom Thalia-Theater Hamburg anwesend. Von ihm stammt die Bemerkung – er reagierte damit auf die überwältigende Dynamik dieser Dokumentation Brechtscher Wirkung in Süd- und Südostasien – die Zukunft Brechts liege außerhalb von Deutschland. Und ein französischer Kritiker äußerte das, was ich zur Charakterisierung dieses Typus von Rezeptionsinteresse gegenüber einem bestimmten Segment deutscher Literatur festhalten möchte: »If you don't believe that society can change, why play Brecht at all?«[8] Beispiele für die Attraktivität von Texten, die die traditionelle Frauenrolle problematisieren, in Thailand und Indonesien könnte ich selbst anführen – eine Attraktivität, die sich auch daraus ergibt, daß Deutsch als Fremdsprache in vielen Ländern weitgehend ein ‚Frauenfach' ist. Mit Blick auf derartige potentielle Interessen ist an unserem Institut in München kürzlich ein Hauptseminar über deutsche Frauenliteratur abgehalten worden, das – gerade infolge besonders zahlreicher Teilnahme ausländischer weiblicher Studierender – die höchsten Teilnehmerzahlen von allen bisherigen literaturwissenschaftlichen Seminaren hatte. Es deutet sich, scheint mir, innerhalb des so beschriebenen Typus des Interesses deutscher Kultur gegenüber, der Umriß eines Kanons literarischer Lektüre an, die nach folgenden Leitbegriffen möglicher Praxisveränderung ausgewählt ist: Emanzipation von Traditionszwang, Programmatik sozialer Gerechtigkeit, Reflexionsangebot für Rollenkonflikte, Akzentuierung des Teils der Menschenrechte, der das Individuum gegenüber Gesellschaft und Staat aufwertet und stärkt. Ich betone, um Mißverständnisse wenigstens hier zu vermeiden, noch einmal: Ich selbst muß mich hier jeder Bewertung einer so vollzogenen Schwerpunktwahl der Lektüre enthalten; daß gerade ausgeprägt programmatische Texte Schwierigkeiten bei interkulturellen Transfer-Versuchen bereiten können, habe ich anderweitig erläutert.[9]

3.3. Traditionsfremde

Der dritte Typus von Interesse dem Deutschen gegenüber, den ich unterscheiden möchte, verknüpft die Begriffe Fremde und Tradition. Er wirkt in Ländern, in denen Einwanderer aus Deutschland eine beträchtliche Minderheit darstellen. Merkmale dieses Typus sind ein ausgeprägtes Interesse an deutscher Kultur*tradition*, also vor allem an den Epochen der deutschen Literatur, deren Menschenbild und Textmuster für lange Zeit normative Geltung gewonnen hatten: Klassik und Romantik. In den Bildungsinstitutionen dieser Länder spielen Nachfahren deutscher Einwanderer eine besondere Rolle, und es liegt auf der Hand, daß hier ein Interesse an einem »guten Deutschlandbild« vorherrschen muß. Dem entspricht übrigens – als Beispielländer möchte ich Argentinien, Brasilien, Chile und Kanada nennen – eine in diesen Kulturen geringe Neigung dazu, deutsche Selbstkritik und Vergangenheitsbearbeitung aufzugreifen. Man will den eigenen Nachkommen, aber auch den anderen Minderheiten, mit denen man zu konkurrieren hat, ein möglichst heiles Bild der vom eigenen Fach vertretenen Kultur geben, die oft auch die eigene Herkunftskultur ist. Bezeichnenderweise sind die Länder, die zu dem hier angedeuteten Typus gehören, auch diejenigen, wo eine gegenüber dem eigenen Land kritische und Selbstkritik in Deutschland dokumentierende Arbeit der Goethe-Institute auf den größten Widerstand stößt. Ich selbst habe während meiner Tätigkeit an einer südamerikanischen Universität – mit viel Begreifen und auch Verständnis bei mir – mehrfach Kontroversen um Texte von Enzensberger, Fried und vor allem um Peter Weiß' »Ermittlung« miterlebt. Hier entwickeln sich leicht Spannungen zwischen deutschen und einheimischen Vermittlern deutscher Kultur bzw. Literatur. Ein solch affirmatives, gelegentlich auch bereits epigonales und restauratives Interesse am Deutschen läßt sich übrigens in Dokumenten aufgreifen und sichten, wenn man Anthologien der jeweiligen deutschen Minderheitenliteraturen in diesen Gesellschaften untersucht, und ich verweise pauschal auf die von Alexander Ritter herausgegebene Reihe solcher Anthologien in der Olms Presse.[10] Eine kürzlich an unserem Insttut angefertigte Magisterarbeit über deutsche Minderheitenliteratur in Israel und im Elsaß weist übrigens aus, daß diese Literaturen immer dann eine Chance der »Wirkung« haben (wobei ‚Wirkung' der Komplementärbegriff zu ‚Interesse' wird), wenn in einer Minderheitensprache solche Probleme aufgegriffen werden, die in der Staatssprache chancenlos scheinen: etwa das Araberproblem in Israel, die Krise der Natur-Ökologie im Elsaß.[11]

3.4. Kompensatorische Fremde

Als vierten und letzten Typus potentiellen Interesses deutscher Kultur gegenüber möchte ich die Funktion der *kompensatorischen Fremde* nennen, wirkend in Kulturen, die in ihrer Bildungstradition dem Deutschen als einer bestimmten Variante der europäischen Kultur eine spezielle, die eigene Kulturkompetenz ergänzende Funktion zugewiesen haben. Merkmale solcher Rezeptionsinteressen sind: Aufnahme deutscher Lite-

Warum gerade Deutsch?

ratur als Beispiel für »Weltliteratur«, deren Bearbeitung eine Bezugnahme auf Modernität, Fortschritt, Menschentum der Zukunft überhaupt bedeutet. Als Beispiel für eine solche Funktionalisierung des Deutschen kann Japan gelten, das seit seiner Öffnung zur Welt seit 1860 vor allem folgende Sektoren von »Weltkultur« gerade aus Deutschland bezogen hat: (u. a.) Medizin, Rechtswissenschaft, Heereskunde, Musik und Musikwissenschaft, Geschichtswissenschaft. Die japanische Germanistik hat im Universitätsleben Japans deshalb – immer noch – eine so starke Stellung, weil sie den Zugang zu so vielen anderen – immer noch? – von Deutschland her beeinflußten Wissenschaften offenhält. Über dreitausend Deutschlehrer an den Universitäten in Japan und über 200 000 Deutschlernende pro Jahrgang sind zu zählen! Es ist verständlich, daß gerade hier der Zwang, die Funktion des Deutschen zu ändern – auf die schwindende Geltung des Deutschen als Wissenschaftssprache habe ich eingangs hingewiesen – besonders große Binnenspannungen in der Germanistik erzeugt. Freilich, so meine ich, läßt sich angesichts der unvermeidlich werdenden Transformationsprozesse in einer Gesellschaft wie Japan die mögliche Chance von je individueller Fremdkultur besonders ergiebig analysieren.

Ein Fallbeispiel als Anknüpfung: Bei dem Besuch einer Gruppe japanischer Kollegen in München erzählte ein Teilnehmer an der Gesprächsrunde von einem Moment besonderer Ratlosigkeit seinerseits, besonderer Fruchtbarkeit des Lehrgesprächs aber insgesamt. Bei der Lektüre von Thomas Manns »Tonio Kröger« entstand eine beträchtliche Verunsicherung der Studenten angesichts folgenden textlichen Details: Die Angaben, daß die Figuren des »Hans« und der »Inge« blaue Augen und blonde Haare hätten, konnten, obwohl sie bekanntlich gegenüber den braunen Augen und Haaren des »Tonio« eine beträchtliche semantische Feldkraft haben, von den Studenten nicht »verarbeitet« werden. Unterschiede der Haar- und Augenfarbe sind in Japan – dortiger kultursemantischer Tradition nach – nicht bedeutungsfix, d. h. nicht geeignet, im Felde von Konstitutionstypen oder Psycho-Typen Gegensätze zu markieren. Rassische Unterschiede sind ungewohnt. Aufgabe des Lehrers, der das Verstehensdefizit der Studenten bemerkt hatte, war es dann, das bipolare Feld »germanisch-romanisch« in Deutschland zu erläutern. Nur ein Stück kontrastiver Landeskunde: Rassenmischung hier, Einheitlichkeit der Rasse dort? Ich glaube der Gewinn, der sich aus dem Nichtverstehen des genannten Textdetails ergeben hat, war bedeutend größer: Es konnte deutlich werden, daß fremdkulturelle Texte, zumal literarische Texte, eine besondere Chance bieten, *Verstehensprozesse selbst* zu problematisieren. Eine Reihe von Fragen zwischenmenschliches Verstehen betreffend tauchte auf, in einer Deutlichkeit, Anschaulichkeit, möchte ich sagen, wie es charakteristisch sein dürfte gerade für den Prozeß der Auseinandersetzung mit fremdkultureller Literatur. Ich versuche einige dieser Fragen zu formulieren. Was für eine Rolle spielen bei markanten Code-Übergängen die in je eigener Kulturtradition in uns gespeicherten *Vorverständnisse* Menschen und Menschenwelt betreffend?[12] Wie reagieren wir darauf, wenn uns, womöglich ruckartig (aus Anlaß z.B. einer Situation des Nicht-Verstehens wie der oben beschriebenen) zu Bewußtsein kommt, daß ein nicht zuzuordnendes, sperriges (»fremdes«) semantisches Detail einen ganzen Sektor des Feldes unserer Vorverständnisse zur Interferenzzone gemacht hat? Sind wir dann nur rational-begrifflich oder auch emotional verwirrt? Also: Waren die Studenten der besagten Lerngruppe in Japan nur »verständnislos« oder auch »irritiert«, womöglich »erschrocken«? (Hier müßte man wohl auf Einsichten von Ethnologen zurückgreifen, etwa die von Clifford Geertz, der mit seiner »Dichten Beschreibung« die Befremdlichkeit des kulturell sehr Anderen meint aufheben zu können.)[13]

Freilich geht es, meiner Erfahrung nach, im fremdkulturellen Unterricht gar nicht so sehr um positive Füllungen von Verständnislücken. Ihr Zur-Erfahrung-Kommen selbst kann ein Ziel sein.

Abgesehen von diesen allgemeinen Verständnisproblemen tauchen auch einige Probleme literarischer Textwissenschaft auf: Wie trennen sich individuelle von kultur-typischen Rezeptionsreaktionen? Wie lassen sich im Lesergespräch zwei charakteristische Formen von Leserreaktionen voneinander trennen: Mißverstehen infolge von fehlendem Vorwissen und unwahrscheinliche, aber mögliche Füllungen offener Anschlußstellen im Text? Inwieweit lassen sich divergierende Füllungen von solchen Anschlußstellen kommunikativ aufeinander beziehen? Usf.

Auch aus Anlaß von muttersprachlicher Lektüre literarischer Texte kann man auf diese Probleme stoßen; aber die kulturelle Differenzrelation läßt Rezeptionsvarianten schärfer hervortreten. Und wenn ich es richtig sehe, ist die deutsche Literatur des 20. Jahrhunderts besonders reich an Texten, die all die genannten Abenteuer sprachlicher Kommunikation direkt thematisieren. Ich nenne dazu die Namen: Franz Kafka, Robert Walser, Bertolt Brecht, Wolfgang Borchert, Günter Eich, Johannes Bobrowsky, Peter Handke, Peter Bichsel, Reinhard Lettau – Namen, die, wie eine kürzlich veranstaltete Umfrage von Inter Nationes es ausweist, in den Curricula der ausländischen Bildungsinstitutionen immer häufiger auftauchen.

4.

Die zuletzt aufgeführten möglichen Lernziele waren die abstraktesten. Sie ergaben sich angesichts der Veränderung der Funktion des Deutschen in einer Kultur wie der japanischen, die unserer Sprache weder als einer Weltumgangssprache noch als einer Wissenschaftssprache mehr bedarf. In anderen Weltregionen deuten sich, wie ich zu zeigen versucht habe, Interessen gerade an deutscher Kultur an, die sich inhaltlich, gleichsam als *Kulturthemen*, formulieren lassen.

Nicht eingegangen bin ich auf den gesamten Bereich des Interesses am Deutschen als der Sprache eines wichtigen Geschäftspartnerlandes. Schon jetzt kann in den meisten deutschen Firmen im Ausland und mit den meisten deutschen Firmen in Deutschland auf englisch korrespondiert werden. Und es wird sich, meine ich, sehr rasch zeigen, daß eine so allgemeine Sprachkompetenz, wie Handel und Technik sie verlangen, sich auch in einer »dritten« Sprache abwickeln läßt.

Ich resümiere:

Es sieht so aus, als werde eine bestimmte Kultur, etwa die deutsche, als Fremdkultur sich auf die Dauer nur dann wirksam, also Interesse weckend vermitteln lassen, wenn zwei Bedingungen erfüllt sind: Wenn *erstens* bestimmte inhaltliche Momente relevant thematisierbar sind (sei es um Eigenes zu verdeutlichen, um Eigenes zu kontrastieren oder Eigenes voranzutreiben) und wenn *zweitens* die im Transfer mitvollzogenen Probleme zwischenkultureller Verständigung auftauchen und ihrerseits als spezielle Kommunikationsprobleme Interesse auf sich ziehen können. Was wollen wir eigentlich sein: Vermittler von Lösungsangeboten oder von Problemen? Wohl beides.

Anmerkungen

[1] Kutsuwada, Osamu / Mishima, Kenichi / Ueda, Konji: *Zur Situation des Deutschunterrichts in Japan* (xerogr. Thesenpapier). Tokyo 1986. (Jetzt in Dietrich Sturm (Hrsg.): *Deutsch als Fremdsprache weltweit. Situation und Tendenzen.* München 1987, S. 75–82)

[2] ebd., S. 26.

[3] Bohnen, Klaus: *Im Spannungsfeld von Adaption und Abgrenzung. Über die Schwierigkeiten der Aneignung von Fremdem in einem nichtdeutsch-

⁴ *sprachigen Nachbarland (Dänemark)*, in: A. Wierlacher (Hrsg.): *Das Eigene und das Fremde*. München 1985, S. 262–271.
⁴ Talgeri, Pramod: *Die Darstellung fremder Kulturen in der Literatur. Die Suche nach einer erweiterten Identität der eigenen Kultur*. In: R. Kloepfer/G. Janetzke-Diller (Hrsg.): *Erzählung und Erzählforschung im 20. Jahrhundert*, Stuttgart (u.a.O.) 1981, S. 123–128. – Vgl. auch: Kison Kim: *Theater und Ferner Osten*. Frankfurt a.M. 1982, S. 11 ff.
⁵ Vgl. z.B. Merkel, Ulrich: *Erfahrungen und Beobachtungen zur Rezeption deutscher Gegenwartsliteratur in Ländern der Dritten Welt*, in: K. Stocker (Hg.): *Literatur der Moderne im Deutschunterricht*. Königstein/ Taunus 1982.
⁶ Dieser Vortrag fand statt innerhalb des Kolloquiums Deutsch als Fremdsprache, veranstaltet vom Institut für Deutsch als Fremdsprache der Universität München in Zusammenarbeit mit dem Goethe-Institut, am 3. November 1986.
⁷ Nachdruck der englischen Originalfassung in deutscher Übersetzung, in: Monatshefte 75, 1 (1983).
⁸ Chetana, Nagavajara: *Brecht in Hongkong: No Sign of Brecht-Fatigue*. In: Goethe-Institut Bangkok, Monatsprogramm März 1987.
⁹ Vgl. Krusche, Dietrich: *Literatur und Fremde*, München 1985, S. 155.
¹⁰ *Auslandsdeutsche Literatur der Gegenwart:* Hauptherausgeber Alexander Ritter. Hildesheim/Zürich/New York 1974 ff. (Anthologien sind erschienen (u.a.) aus: Kasachstan, Rumänien, den USA, Kanada. Eine Bibliographie zur deutschsprachigen Literatur im Ausland bietet der Band 15 der Reihe, hg. von H. Fröschle.
¹¹ Brust, Christiane: *Zur deutschen Minderheitenliteratur im Ausland. Am Beispiel Israels und des Elsaß*. Mag.-Diss. München 1987.
¹² Vgl. dazu den von Umberto Eco benutzten Begriff vom Signifikat als »kultureller Einheit« und die von Peirce übernommene Hypothese, daß die Realisation von Signifikaten bzw.»Repräsentamen« im Bewußtsein eines Partizipanten an kultursprachlicher Kommunikation nur durch ein (immerfort) je weiteres Zeichen benannt werden kann. Eco resümiert: »Die Sprache wäre also ein System, das sich aus sich selbst heraus durch aufeinanderfolgende Systeme von Konventionen klärt, die sich gegenseitig erklären,« (Eco, Umberto: *Einführung in die Semiotik*. München 1972, S. 74 ff., Zitat von Seite 77).
¹³ Geertz, Clifford: *Dichte Beschreibung. Beiträge zum Verstehen kultureller Systeme*. Frankfurt a.M. 1983.

Interkulturelle Germanistik als außenbetrachtende Erforschung eigenkultureller Praxis

Hubert Orlowski, Poznan

Die doppelte Nabelschnur fremdsprachlicher Germanistik

Vor fünfzig Jahren erschien in der »La Nouvelle Revue Français« Vladimir Nabokovs Essay »Puschkin oder wahrhaftig und wahrscheinlich«. Der russische Emigrant beklagt sich dort u.a., wie schwer es ihm falle, Puschkins Bedeutung gerecht zu werden: einerseits liege es ihm daran, dessen Bewunderung und Liebe für sein Land zu zeigen, andererseits jedoch möchte er Puschkins Auseinandersetzung mit seinen Landsleuten und deren Vorurteilen ebenfalls entsprechenden Raum schenken. In einer zwar ähnlichen, zugleich jedoch *weit* schwierigeren Lage befindet sich ein jeder Auslandsgermanist, der als Vermittler, als literarischer bzw. kultureller Brückenbauer funktionieren möchte. Muß doch auch er die von Nabokov entworfene Aufgabe realisieren; vor allem jedoch, und das verleiht meines Erachtens dem potentiellen Aufgabenbereich eines jeden Fremdsprachengermanisten einen besonderen Charakter, sollte er sich verpflichtet fühlen, der eigenen Nation die andere, die fremde Literatur verständlich *und* plausibel zu machen. Eine derartige Aufgabenstellung setzt – zumindest und zunächst – ein paritätisch bzw. komplementär strukturiertes *Wissen* über die Literatur und Kultur der deutschsprachigen Länder *und* des eigenen Landes voraus. Fundiertes und verstehendes Wissen – müßte noch hinzugefügt werden. Die Erkenntnisse, um die es sich hier handeln müßte, sollten also kontrastiv vorgelegt werden, im Hinblick auf das besondere, auf das einmalige Anderssein der anderen, der fremden Literatur, der intellektuellen Aura des anderen Landes bzw. Länder. Eine zweite Voraussetzung für eine jede verantwortungsbewußte Vermittlung, von Nabokov ebenfalls angedeutet, verleiht der Arbeit eines Fremdsprachengermanisten die ebenso reizvolle wie zugleich auch schwierige Aufgabe, nämlich über das Informative hinaus eine emotionelle, eine empathische Haltung bei den Rezipienten hervorzurufen. Mit anderen Worten: das fremdsprachliche germanistische Vermittlertum ist gleichbedeutend – selbstverständlich idealtypisch gesehen – sowohl mit epistemologischer Souveränität in beiden (im eigenen als auch im fremden, nämlich deutschsprachigen) Kulturbereichen als auch mit axiologischer (ästhetischer, moralischer, weltanschaulicher) Anteilnahme für Phänomene in den eben genannten Räumen, nämlich also der eigenen und der fremden Kultur. Sollte es also legitim sein, auf metaphorisch schillernder Konnotationsebene von »doppelter Nabelschnur« fremdsprachlicher Germanistik zu sprechen, so dürfte damit zweifelsohne nicht nur die informativ-bildungsartige Einbindung in *zwei* unterschiedliche intellektuelle »Blutkreisläufe« gemeint sein, sondern auch die – zumindest vom Ansatz her realisierbare – empathisch-axiologische Anteilnahme an fremder Literatur/Kultur. Das Verstehenkönnen und -wollen, wenn nicht Verstehenmüssen von zwei bzw. mehr Literaturen ist also mitbedingt durch das Beherrschen von Schlüsseltraditionen jeweils spezifischer methodologischer Reflexionen und jeweils spezifischen Literaturverständnisses. In diesem Sinne also, im epistemologischen als auch axiologisch-empathischen, wäre von der notwendigen und schwierig zustandekommenden »doppelten Nabelschnur« zu reden.

Die drei Unterschiedlichkeiten

Auf solch einer Abstraktionsebene angelegt hat jedoch eine derartige Reflexion geringen Sinn; ruft sie nämlich lediglich – so hoffe ich es wenigstens – eine allgemeine Zustimmung hervor. Die heuristische Ergiebigkeit solch einer Problematisierung verbindender und unterscheidender Momente dagegen ist wohl gleich Null. Daher die differenzierende und nuancierende Formulierung des Untertitels im Tagungsprogramm: »Das europäische Beispiel: Polen«. Ist jedoch solch eine anmaßende Formulierung, nämlich »*das* europäische Beispiel«, schon als Fragestellung, nicht falsch?! – Im Laufe der Ausarbeitung dieser Ausführungen bin ich wiederholt zur Überzeugung gekommen, daß in diesem konkreten Fall ausschließlich nur von *einem* europäischen Beispiel die Rede sein darf, und dazu noch von einem Sonderbeispiel.

Drei Gründe wären zu nennen, die die spezifische Situation eines polnischen Literaturwissenschaftlers als fremdsprachlichen Germanisten

Die doppelte Nabelschnur fremdsprachlicher Germanistik

maßgebend bestimmen sowie dessen Ziele in Forschung und Lehre festlegen:
1. die unterschiedliche Bedeutung und Funktion der in Frage kommenden Nationalliteraturen in der (selbst politischen) Öffentlichkeit der jeweiligen Länder;
2. die gemeinsame deutsch-polnische Geschichte, die zumindest einige Jahre lang gleichbedeutend war mit dem zum Glück nicht realisierten Holocaust polnischer Kultur und nationaler Identität;
3. die unterschiedliche und ungleichzeitige Absorbtion methodologischer bzw. literaturtheoretischer Traditionen in Polen und in den deutschsprachigen Ländern.

Mit dieser Aufzählung soll keineswegs behauptet werden, daß die eine oder andere kontrastiv aufgebaute Aufgabenstellung nicht auch für einige andere europäische Fremdsprachengermanistiken in Betracht genommen werden kann. In unserem Fall jedoch gewinnt die Kombination dieser drei genannten Unterschiedlichkeiten einen fast syndromatischen Charakter.

Im Einzelnen sollen nun die drei genannten Unterschiedlichkeiten skizziert werden, wobei die dritte Auseinandersetzungsebene eines polnischen Literaturwissenschaftlers, nämlich die der zwei methodologischen »Nabelschnüre«, in Form von anschaulicher Angewandtheit demonstriert werden soll.

Das Literaturverständnis der Polen; der romantische Diskurs

Für die Herausbildung polnischer nationalstaatlicher Identität spielt die Literatur – neben Religion und Sprache – eine kaum zu überschätzende Rolle. Als sich das 19. Jahrhundert, das Jahrhundert vehementer Entwicklung von Nationalstaaten in Europa durchsetzte, war das dreigeteilte Polen solch einer nationalstaatlichen Entwicklung beraubt worden. Die einstige Großmacht, der Piasten- und der Jagiellonenstaat, die allzu stolze Adelsrepublik (mit ca. 5% aller Bewohner als Landadel, also Nicht-Leibeigene!) erlag Preußen, Rußland und Österreich auf die kläglichste Art und Weise. In diese erste Phase des Bewußtseins eines totalen Zusammenbruchs, also in die ersten Jahrzehnte des 19. Jahrhunderts, fällt die Blütezeit der polnischen Nationalliteratur, präziser formuliert: die Geburtsstunde der Schlüsseltradition der polnischen Literatur, nämlich die der Romantik. Drei Topoi werden von den polnischen Romantikern (vor allem vom »Dreigestirn« der großen polnischen Romantiker: Adam Mickiewicz, Juliusz Słowacki, Cyprian Kamil Norwid) zu einer Art romantischer Schlüsseltradition zusammengeschweißt, die bis auf den heutigen Tag einen jeden polnischen, von der Tradition (selbst)bewußten Schriftsteller herausfordern kann und auch effektvoll herausfordert. Sowohl im Sinne einer bejahenden Kontinuation (Beispiel: Stanisław Wyspiański) als auch ironisch-grotesknegierend (Beispiel: Witkacy, Sławomir Mrożek). So oder so: beide Haltungen beweisen die Vitalität des polnischen Romantik-Diskurses; eine Art von Kettenreaktion belebt immer wieder und wieder – insbesondere in Situationen nationaler Niederlagen, besser gesagt: in Situationen von Kollektivvorstellungen von solchen Niederlagen – das syndromatische Gebilde der drei romantischen Topoi: den der nationalen Freiheit, den der sozialen Gerechtigkeit sowie den der individuellen Selbstbehauptung und Selbstverwirklichung. Geboren in der Stunde totaler nationaler Niederlage wurde die – nicht nur romantische – polnische Literatur zu einer Art von legitimierendem Substitut nationaler Identität und Qualität, Unabhängigkeit und Souveränität. Der polnischen Literatur wurde ein wohl kaum zu ertragende Bürde »aufgezwungen«; sie sollte vom Fortbestehen der polnischen Nation zeugen und zugleich die schwindende Rolle des Landadels, der einst die polnische Adelsrepublik tragenden Gesellschaftsschicht, nobilitieren. Was das letztere anbetrifft, so ist zu bemerken, daß der Zusammenbruch des polnischen Staates zeitlich mit dem beginnenden Prozeß der (nicht nur wirtschaftlichen) Pauperisierung des polnischen Landadels zusammenfiel. Die Herausbildung der polnischen Intelligenz im 19. Jahrhundert – und die Folgen dieser Prozesse sind bis auf den heutigen Tag noch nicht überwunden – war nicht, wie das in den protestantisch-bürgerlichen Ländern Europas der Fall gewesen ist, ein – zumindest dem kollektiven Selbstverständnis nach – sozial-gesellschaftlicher Aufstieg, sondern – um mit den Denkbildern der »Buddenbrooks« zu sprechen – ein »Zerfall«. In keinem anderen Lande Europas spielte zu dieser Zeit und selbst heute noch, die Vorstellungswelt sowie die Werthierarchie der »freischwebenden Intelligenz«, um den sehr griffigen Terminus von Karl Mannheim zu gebrauchen, solch eine überwältigende und totalitäre Rolle wie in Polen. Nicht das Reich von »dieser Welt«, sondern das des Geistes sei der Aufgabenbereich der (freischwebenden) Intelligenz: schöne Künste also und Journalistik, vor allem jedoch Literatur – damit habe sich die Intelligenz, sowohl im passiven als auch aktiven Sinne, zu befassen. Der letztgenannte Topos des romantischen Diskurses, nämlich der der individuellen Selbstverwirklichung und Selbstbehauptung, fand

Die doppelte Nabelschnur fremdsprachlicher Germanistik

dabei einen besonderen Platz in dem konstant evoluierenden Literaturverständnis der polnischen Intelligenz. Er manifestierte sich vor allem im Ideologem von der Sendungsfunktion des Dichters (sowie messianischen Funktion der polnischen Nation) und der nationbildenden und -erhaltenden sowie zukunftsweisenden Rolle der (nationalen) Literatur. Je trister die politisch-gesellschaftliche Realität war, umso stärker wuchs der Stellenwert des Schriftstellers in der polnischen Öffentlichkeit. Der Schriftsteller als vox populi, als Gewissen der Nation (ohne Staat) und als Verkünder von fundamentalistisch angelegten moralischen Wahrheiten funktionierte (und funktioniert bis auf den heutigen Tag) im kollektiven Bewußtsein, als Selbstverständnis der freischwebenden polnischen Intelligenz, die sich teilweise wohl auch heute noch im Sinne der Verpflichtungen als legitime Nachfolgerin des deklassierten Landadels verstehen möchte. Dementsprechend wird auch der Literatur im Ensemble anderer Elemente des Überbaus eine Funktion zugesprochen, die kaum zu erfüllen ist. Demiurgische Kräfte nationaler Wiedergeburt werden ihr wiederholt zugeteilt. Als letztes signifikantes Beispiel sei die simple Danziger Werftarbeiterpoesie Anno 1980 erwähnt, die sogar von namhaften Polonisten in die Tradition des romantischen Diskurses eingefädelt worden ist.

Was hat dies alles – wird man fragen – mit der Situation eines Fremdsprachengermanisten in Polen zu tun? – Nun, recht viel. Das berufliche Selbstverständnis der Schriftsteller und dessen fortdauernde Resonanz in der intelligenzlerischen Öffentlichkeit haben zweifelsohne auch die kulturanthropologischen Reflexionen der muttersprachlichen Polonisten stark beeinflußt, die ja für jegliche Literaturgeschichtsschreibung bzw. literarische Essayistik ausschlaggebend ist. Die polonistische Literaturwissenschaft in Polen ist in ihrer Masse – Ausnahmen bestätigen auch in diesem Fall die Regel – am romantischen Diskurs orientiert, an einem Literaturverständnis also, welches ohne fundamentalistische Ansprüche an den Autor und dessen Werk kaum vorstellbar ist. Ein lehrreiches Beispiel liefert u.a. die äußerst hektische und politisch brisante Auseinandersetzung aus der Solidarność-Zeit (1980–81) um Lehr- und Lesebücher für den Polnischunterricht sowie um Leselisten (Pflichtlektüre und empfohlene Literatur). Das Austauschen von Werken u.a. sozrealistischer Autoren gegen die politischen Schriften von Piłsudski und die Bibel, bedeutete weniger den Versuch einer Bildungswende, als den Versuch, auch mit administrativen Mitteln (u.a. über die neue Lehrergewerkschaft) derjenigen Literatur zur öffentlichen Wirkung zu verhelfen, die vor allem jenen schon mehrmals angesprochenen fundamentalistischen Anspruch zu realisieren versprach, zumindest in den Vorstellungen ihrer Befürworter. Dazu habe ich u.a. in einem Referat auf der XIX. Konferenz der UNESCO-Schulbuchkommission der Historiker der BRD und der VRP in Saarbrücken (1986) einiges sagen können. Differenziertere Informationen zum Thema Schulbuch, Pflichtlektüre usw. in Polen findet man in der Studie von Edmund Rosner über Lehr- und Lesebücher für den Polnischunterricht, die in dem von mir edierten Sammelband »Deutschsprachige Literatur in Polen nach 1945« (Deutsches Poleninstitut Darmstadt 1987) in wenigen Wochen erscheinen wird.

Selbstverständlich hat diese interpolonistische Diskussion, vor allem aber die kulturanthropologisch und zeithistorisch bedingte Vorstellung der Polonisten von den Möglichkeiten und Grenzen der Literatur einen eher mehr als weniger unmittelbaren Einfluß auf die Lehre und Forschung polnischer Germanisten. Zum wiederholten Mal sind wir bei der »doppelten Nabelschnur« angelangt. In diesem konkreten Fall bedeutet das nichts anderes, als daß die polnische germanistische Literaturwissenschaft den polnischen intellektuellen »Blutkreislauf« (sowohl in informativer als auch – wenn nicht vor allem – in axiologischer Hinsicht) nicht unberücksichtigt lassen kann. Mit anderen Worten: Beginnend mit der Aufstellung eines Kanons von Pflichtlektüren für Germanistikstudenten – und einen solchen Kanon gibt es an allen polnischen Universitäten und für alle Germanistikstudierende in Polen –, über das Aufbauen des germanistischen Curriculums, das verständlicherweise auch am polonistischen Lehrgang orientiert ist, bis zum (fundamentalistischen) Literaturverständnis, welches die Handhabung der germanistischen Literaturgeschichtsschreibung maßgebend mitbestimmt, – alles in allem: die akademische literaturwissenschaftliche Germanistik ist also verständlicherweise recht stark von der Reflexion der Muttersprachenpolonistik inkorporiert worden.

Deutsche und Polen über das Fremde oder Bedrohende

In allen grundsätzlichen Diskussionen zwischen Muttersprachengermanisten und polnischen Fremdsprachengermanisten wird also die aus unterschiedlichen gesellschaftlich-historischen Bedingungen gewachsene Diskurs-Optik eine gravierende Rolle spielen. Zu demonstrieren ist das besonders deutlich an der ständigen Befragung der deutschen Literatur (wie auch der österreichischen Literatur) nach deren Funktion in puncto

Die doppelte Nabelschnur fremdsprachlicher Germanistik

eines »Gewissens der Nation«. Und das betrifft nicht nur die deutschsprachige Literatur unseres Jahrhunderts, insbesondere die der Weimarer Republik sowie der (auch inneren) Emigration wie auch der Literaturen der beiden deutschen Staaten (und Österreichs), sondern auch die des 19. Jahrhunderts. Immer wieder und wieder wird die deutsche Literatur des bürgerlichen Realismus mit den Errungenschaften der russischen bzw. französischen Literatur verglichen. Befragt in puncto »Gewissen der Nation« läßt sich in den Augen polnischer Literaturwissenschaftler das Schaffen eines Theodor Storm mit dem eines Dostojewski oder Flaubert, bzw. das eines Adalbert Stifter mit dem von Tschechow oder Balzac nur stark relativiert vergleichen.

Doch mit diesen Bemerkungen sind wir schon bei dem zweiten der drei Gründe angelangt, die meines Erachtens die Spezifik eines polnischen Germanisten prägen, nämlich bei der gemeinsamen Geschichte zumindest beträchtlicher Teile der deutschen und polnischen Bevölkerung. Diese gemeinsame Geschichte war gleichbedeutend sowohl mit einem Nebeneinander-, Miteinander- und – leider auch – (manipulierten) Gegeneinanderleben von Deutschen und Polen. Beginnend mit den Teilungen Polens, über die nach der mißlungenen bürgerlichen Revolution 1848 steigenden antipolnischen Tendenzen (erinnert sei u.a. an den Bismarckschen Kulturkampf und an die realisierte Politik des Ostmarkenvereins) bis zur biologischen Ausrottungspolitik und dem Versuch eines Holocausts polnischer Kultur des Dritten Reiches reicht die Skala potentiellen *und* realisierten Gegeneinanderlebens. Man sieht sich gezwungen, den Begriff eines polnischen Fremdsprachengermanisten (ich betone: *Fremd*sprachengermanisten) anders zu definieren als den eines japanischen, chinesischen oder selbst holländischen oder französischen. Ist z.B. für einen japanischen Germanisten die Kultur deutschsprachiger Länder »nur« eine fremde, so kann davon in unserem Falle nicht die Rede sein. Alle Grenzländer des deutschsprachigen Kulturraumes verbindet – bei allen Unterschieden – eine unmittelbare Erfahrung von Zivilisation und Kultur deutschsprachiger Länder. Insofern müßte man also von einer Fremde ersten oder zweiten Grades sprechen. Für die Situation der polnischen Fremdsprachengermanistik nach 1945 dagegen – und auf die Situation nach 1945 bezieht sich doch unsere gesamte Diskussion – trifft nämlich zu, was man formelhaft als »Thematisierung und Problematisierung des Fremden und/oder Feindlichen« bezeichnen könnte. Vielleicht wäre es sogar adäquater, nicht vom Feindlichen, sondern vom Bedrohenden zu sprechen. Darin sah ich, und sehe ich auch heute noch, die spezifische Schwierigkeit und die spezifische Aufgabe der polnischen Fremdsprachengermanistik, (1.) nicht so sehr die Fremd-, als die Feindbilder zu reflektieren und zu rationalisieren sowie (2.) immer wieder und wieder die Frage zu problematisieren, wie die großen zivilisatorischen und kulturellen Leistungen der deutschsprachigen Länder mit realer Bedrohung und realisierter Vernichtung anderer Kulturen (in diesem Fall: der polnischen) heuristisch zu verbinden sind. Und das sowohl in Forschung als auch Lehre. Um diese Schwierigkeit augenscheinlicher werden zu lassen, sei mir erlaubt, zwei zwar punktuelle, dennoch paradigmatisch angelegte Vergleiche durchzuführen, die die spezifischen Schwierigkeiten z.B. eines französischen und eines polnischen Literaturwissenschaftlers kontrastiv thematisieren. Beide Länder wurden militärisch, politisch und kulturell im Zweiten Weltkrieg okkupiert, und dennoch gab es einen gravierenden Unterschied in der Behandlung der französischen Nationalkultur, verglichen mit der Behandlung der polnischen Nationalkultur im sogenannten Warthegau sowie im Generalgouvernement. Arno Breker brüstete sich sein Leben lang mit seiner Pariser Bekanntschaft, wenn nicht sogar Freundschaft mit Aristide Maillol, und Ernst Jünger durfte in seinen Okkupationsjahren in Pariser Restaurants nicht nur besten französischen Wein schlürfen, sondern auch mit französischen Intellektuellen geistig hochkarätige Gespräche führen, selbst über französische Literatur. Zygmunt Łempicki dagegen von der Warschauer Universität, einer der wohl bedeutendsten Literaturwissenschaftler seiner Zeit, u.a. Autor der »Geschichte der deutschen Literaturwissenschaft« (Göttingen 1920), kam 1943 in Auschwitz um. Witold Hulewicz wiederum, Rainer Maria Rilkes Briefpartner und Übersetzer ins Polnische seiner Werke, wurde schon 1941 exekutiert. Weder Łempicki noch Hulewicz, ähnlich wie Dutzende bedeutender polnischer Intellektuellen, waren politische Gegner des Naziregimes im primären Sinne des Wortes. Deren »Schuld« beruhte nur darauf, daß sie die polnische Kultur in der Öffentlichkeit repräsentierten.

Ein zweites und letztes Beispiel noch: Sowohl für französische Literatur als auch für polnische Literatur wurden – abgesehen von den fürs gesamte Dritte Reich bestimmte Listen – gesonderte »schwarze Listen« zusammengestellt, die das für die jeweilige Bevölkerung »unerwünschte« und »schädliche« Schrifttum beinhalteten. Die für die französische Bevölkerung bestimmte Liste (die sogenannte Liste Otto I–III) enthielt Autoren und Titel, deren Inhalte politisch gegen den Nationalsozialismus und den deutschen Nationalismus gerichtet waren. Diejenige Liste dagegen, die die polnische Literatur indizieren sollte (»Liste des

Die doppelte Nabelschnur fremdsprachlicher Germanistik

deutschfeindlichen, schädlichen und unerwünschten polnischen Schrifttums«), umfaßte auf über 230 Seiten eigentlich das bedeutendste Schrifttum der polnischen Nationalliteratur, u.a. das gesamte Werk von Adam Mickiewicz und Juliusz Słowacki. Nun, vor Ort, polnischen Studenten und Lesern also, müssen die zivilisatorisch-kulturellen Leistungen, nicht zuletzt in Form eines (nicht nur von Polonisten) so erwünschten und erforderten Lesekanons (sowohl der Weltliteratur als auch) der deutschsprachigen Literatur im Kontext, vor dem Hintergrund bzw. im Kontrast zu den eben avisierten chauvinistischen *und* nationalsozialistischen Tendenzen der deutschen Literatur reflektiert werden. Ist solch ein Verfahren für chinesische oder brasilianische Germanistikstudenten erwünscht, so ist es fürs Curriculum polnischer Studenten eine zeithistorisch bittere Notwendigkeit.

Man könnte sogar noch einen Schritt weitergehen in diesem Verfahren differenzierender und nuancierender Lehre, nämlich je nach der Region Polens. Die Krakauer Germanisten an der Jagiellonen-Universität haben es einfacher; können sie doch auf die ziemlich respektable Hochschulpolitik der Donaumonarchie zurückblicken, die eine Germanisierungspolitik nicht miteinbeschloß. Unterrichtet man an der Adam-Mickiewicz-Universität in Poznań (Posen), so ist zu berücksichtigen, daß sich diese Stadt 150 Jahre lang unter preußisch-wilhelminischer Herrschaft befand (als Zentrum der Provinz Posen), und dann, nach zwanzigjähriger Freiheit, welche auch der polnischen Universität eine Entwicklung ermöglichte, wurde sie unter der Herrschaft des berüchtigten Gauleiters Arthur Greiser, die Hauptstadt des sogenannten Warthegaus. In Posen wurde unter der Schirmherrschaft von Joseph Goebbels die sogenannte Reichsuniversität Posen ins Leben gerufen, die – ähnlich wie im Westen Straßburg und im Nordosten Riga – eine nazistische Modelluniversität bilden sollte, eine Art »Bollwerk« gegen den slawischen Osten. Sichtet man heute die über zwei Millionen Bände zählenden Bestände der Universitätsbibliothek, so findet man darunter knapp eine Million deutschsprachiger Schriften, selbstverständlich auch die obskursten, nämlich aus der Kaiser-Wilhelm-Bibliothek (vor 1918) und aus der Bibliothek der Reichsuniversität Posen (1941–45). Mutatis mutandis ließe sich das auch über die 70 000 Bände zählende Bibliothek des Instituts für Germanistik sagen. An dieser zeithistorisch bedingten Sachlage kann bzw. sollte der Lehrplan für Germanisten in Polen (speziell aber in Poznań) nicht vorbeigehen.

Heute ist diese kontrastierende Sicht, Gott sei Dank, notwendig als eine lediglich historische zu verstehen. Nicht nur die politischen Akte der Regierung der DDR und dann, viel später, die der Brandt-Scheel-Regierung haben dazu geführt, daß heute in Polen immer weniger meiner Mitbürger *den* bösen Deutschen an die Wand gemalt gesehen haben möchten; auch die deutschsprachige Literatur – abgesehen von den vielfältigen zwischenmenschlichen Beziehungen und Kontakten (insbesondere) der letzten 10–15 Jahre – hat dazu beigetragen, daß die soeben erwähnten Fremd-, Feind- bzw. Bedrohungsbilder nicht so sehr verblaßten als interpretierbarer und verständlicher wurden. Nach einer (zwar kurzen) Phase eines bewußten Desinteresses für deutsche Literatur (etwa bis 1949) kam es zu einer erstaunlichen Rezeption der Literatur des – mit Thomas Mann zu sprechen – »anderen Deutschland«, also der deutschen Emigration. Die deutsche Literatur der Emigranten nach 1933 (später auch die etlicher »innerer Emigranten«) wurde in den »Zeugenstand« gerufen, um die Literatur als »Gewissen der Nation« zu befragen. Die Entsendung Friedrich Wolfs als ersten Botschafters der DDR nach Polen darf wohl als ein beiderseitiger Vertrauenskredit für die deutsche (Exil)Literatur gewertet werden.

In den vierzig Nachkriegsjahren sind immer wieder und wieder deutsche Schriftsteller in den »Zeugenstand« gerufen worden, in zunehmendem Maße waren es Autoren aus beiden deutschen Staaten: Johannes Bobrowski und Günter Grass, Christa Wolf und Heinrich Böll, Hermann Kant und Siegfried Lenz, und viele viele andere. Sie wurden übersetzt, gelesen und gewertet. Eben (auch) nach den Kriterien des romantischen Diskurses, mit fundamentalistischer Elle. In den allermeisten Fällen fiel das Endergebnis positiv aus.

Die unterschiedliche Absorption methodologischer Orientierungen und literaturtheoretischer Schulen

Als dritter und letzter der Gründe, die die spezifische Situation eines germanistischen Literaturwissenschaftlers in Polen bestimmen, wurde die unterschiedliche und ungleichzeitige Absorption methodologischer und literaturtheoretischer Schulen sowie Traditionen genannt. In der Tat: Bis auf den heutigen Tag, und wohl auch noch etliche Jahre länger, ist (und wird) der polnische Fremdsprachengermanist eben in dieser Hinsicht dem Prinzip der »doppelten Nabelschnur« insbesonders unterlegen sein. Er verfolgt zwar, mit verständlichem Eifer, die Evolution von Paradigmen bzw. methodologischen Schulen in den deutschsprachigen Ländern, kann jedoch nicht die Diskurskette im eigenen Land unbe-

Die doppelte Nabelschnur fremdsprachlicher Germanistik

rücksichtigt lassen, insbesondere dann, wenn sie – wie in diesem Fall – der in den deutschsprachigen Ländern vorauseilt! Um konkret zu bleiben, sei wenigstens andeutungsweise an das Dilemma der methodologischen »Nabelschnur« vor dem Hintergrund der spezifischen (Unter)Entwicklung der deutschen Humanistik erinnert. Muttersprachengermanistik profitiert zwar einerseits von der gründlich tradierten Verankerung im eigenen intellektuellen »Blutkreislauf«, andererseits jedoch wird ihr Horizont wesentlich eingeschränkt durch die methodologische »Inzucht« hinsichtlich literaturwissenschaftlicher Reflexion. Eben die keineswegs unproblematische Entwicklung der Muttersprachengermanistik in den letzten 100–150 Jahren hat leider überdeutlich gezeigt, wie erforderlich, wie unentbehrlich die methodologische Beziehung nicht nur zur eigenen Fremdphilologie (insbesondere zur Romanistik, Anglistik und Slawistik), sondern auch zur Fremdsprachengermanistik geworden ist. (Es ist keineswegs ein Zufall, daß weniger die deutsche Romanistik oder Anglistik als leider vor allem die Muttersprachengermanistik den konservativen, völkischen und nationalsozialistischen »Versuchungen« unterliegen mußte bzw. wollte.) Die Provinzialität des deutschen literaturwissenschaftlichen Positivismus oder geisteswissenschaftlicher Orientierung zeigt sich selbst – oder gerade – in der Nachkriegszeit auf jeden Fall im »Nachhinken« gegenüber führenden europäischen methodologischen Trends. Die späte, verspätete und (wohl gerade deswegen) schulmeisterhaft eifrige Rezeption der russischen Formalisten und Prager Strukturalisten, der amerikanischen und französischen literaturtheoretischen Schulen sowie (eigener und ausländischer) marxistischer Schulen verrät ein tiefes Defizit methodologischen Selbstvertrauens.

Von der polnischen Literaturwissenschaft wurden die genannten Schulen und Orientierungen eher rezipiert. Und das bedeutet für die absorbierende Praxis eines Fremdsprachengermanisten erhebliche Schwierigkeiten. Um konkret zu bleiben, sei auf eigene vermittelnde Praxis hingewiesen. Unter den inzwischen von mir für den polnischen Leser edierten, kommentierten Anthologien, Sammelbänden sowie Dokumentationen zur deutschsprachigen Literatur, Literaturtheorie und Ideologiegeschichte (inzwischen ist deren Zahl auf weit über 15 gestiegen), befindet sich eine umfangreiche Dokumentation zur Literaturtheorie aus der Bundesrepublik Deutschland (»Współczesna myśl literaturoznawcza w Republice Federalnej Niemiec«, Warszawa 1986). Dreißig übersetzte und kommentierte Beiträge westdeutscher Literaturwissenschaftler, gruppiert in drei Abteilungen (1. »Hermeneutik, Texttheorie«, 2. »Rezeptionstheorie«, 3. »Materialistische Literaturtheorie«) sollen die theoretische Entwicklung der 60er und 70er Jahre wiedergeben. Schon in der Bearbeitungsphase, also im Kontakt mit Lektoren des Warschauer Verlages, wurde die fehlende essayistische »Leichtigkeit« der zu berücksichtigenden Texte bemängelt. (Den Hintergrund für eine derartige Kritik bildet zweifelsohne die weiterhin noch funktionierende Bindung an die Kultur Frankreichs.) Nicht viel anders klingt es auch in der polnischen Literaturkritik sowie in so manchen brieflichen Stellungnahmen, die mich erreichen. Nicht ohne Ironie wird auch die Rückständigkeit in puncto marxistischer Auseinandersetzung bemängelt, wie sie sich Ende der 60er Jahre und zu Beginn der 70er Jahre in der Bundesrepublik Deutschland artikulierten. Am besten schneidet die rezeptionstheoretische Orientierung ab.

Diese aber wird wiederum recht kritisch beurteilt aus Anlaß des Erscheinens eines Auswahlbandes mit Robert Weimanns Texten zur Theorie der Literaturgeschichtsschreibung (»Literatura: Produkcja i recepcja«, Warszawa 1978). Mein kommentierender Versuch, Weimanns – wie es mir scheint – kreative und weiterführende Auseinandersetzung mit Jauß' und anderer Gedanken zu würdigen, stieß auf kein allzu großes Verständnis. Zurückzuführen ist das – wie schon mehrmals betont wurde – auf die spezifisch aufgebaute methodologische Tradition in unserem Lande.

Und mit derartigen Schwierigkeiten wird man auch weiterhin als Fremdsprachengermanist (nicht nur) in unserem Lande leben müssen. Dennoch aber, ja, eben deswegen, sollten die unterschiedlichen Diskursketten reflektiert werden.

Hikaru Tsuji, Tokyo

Wieweit kann das Forschungssubjekt das Forschungsobjekt sein?

> Die Deutschen, und sie nicht allein, besitzen die Gabe, die Wissenschaften unzugänglich zu machen.[1]
> – Goethe –

Meine sehr verehrten Damen und Herren!

Als ich von dem verehrten Präsidenten unserer Gesellschaft nach dem Titel meines Referats gefragt wurde, habe ich durch einen Tippfehler ein Wort zu schreiben vergessen, so daß mein Titel lautete: »Wieweit das Forschungssubjekt das Forschungsobjekt sein?« Nun, als ich das gedruckte Programm des Symposiums in der Hand hatte, habe ich das fehlende Modalverb durch »können« richtig ersetzt gefunden, aber zu meinem erfreuten Erstaunen auch gleich darunter den Titel meiner afrikanischen Kollegin: »Wieweit *muß* das Forschungssubjekt das Forschungsobjekt sein?« Es läßt sich beinahe vermuten, daß meine verehrte Frau Kollegin auch ein Modalverb versehentlich weggetippt und der freundliche Präsident diesmal mit »müssen« ergänzt hatte; besonders ließen die damals absichtlich unterstrichenen *kann* und *muß* diesen teilweise dankenswerten Verdacht aufkommen.

Können und müssen, sollen und dürfen, mögen und wollen, diese Modalverben, die an sich sehr real sind, weil sie sich nicht nur auf die Beziehung zwischen Subjekt und Objekt, sondern auch auf die bedingenden Situationen beziehen, diese Modalverben bei ihrer Verwendung richtig zu kennen und richtig voneinander zu unterscheiden, ist für mich, einen Ostasiaten, der als solcher ein Situationsmensch ist, schon der Anfang der Schwierigkeiten der schwierigen deutschen Sprache innerhalb ihrer Sachlichkeit. Wieweit *kann* das Forschungssubjekt das Forschungsobjekt sein? Das klingt für mein unzuverlässiges Ohr einerseits artiger, anderseits objektiver als die Frage: Wieweit *muß* das forschungssubjekt das Forschungsobjekt sein? Die Frage klingt durch das

Müssen viel intensiver. Allerdings bräuchte meine verehrte Frau Kollegin eben nach meine Rede nur eine sehr kurze Antwort zu geben: »Ja, eben, so weit, wie nämlich das Forschungssubjekt das Forschungsobjekt sein kann, so weit muß es das sein!« Ich muß also mit meinem Referat sehr vorsichtig sein, damit meine Kollegin noch genügend zu sagen hat. Das heißt, für mich wenigstens, daß ich gar nicht objektiv, sondern ganz und gar auf japanische Weise subjektiv, oder besser, im Sinne von Johann Galtung[2], *im nipponischen Stil*, spreche. Denn, meine Damen und Herren, ich muß, wie abrupt es auch klingen mag, hier, das heißt, bevor es zu spät geworden ist, bei Ihnen allen schlicht und offen ein Geständnis ablegen. Ich bin nämlich meinem von mir selber angebotenen Thema gar nicht gewachsen. Die Titelfrage zu lösen, ist eher die Idee meines Lebens, der auszuweichen aber ständig das Ziel meines Lebens ist. So darf ich Ihnen nur Drum und Dran, oder besser darüber erzählen, wie ich dem Titel auszuweichen versuche. Kurz: Sehen Sie bitte einen Jagdhund, einen deutschen, in der Titelfrage und erwarten Sie von mir bitte keine Erkenntnistheorie. Auch der internationale Helfer und Ratgeber Goethe sagt: »Man tut immer besser, daß man sich grad ausspricht, wie man denkt, ohne viel beweisen zu wollen; denn alle Beweise, die wir vorbringen, sind doch nur Variationen unserer Meinungen, und die Widriggesinnten hören weder auf das eine noch auf das andere.«[3] Mir scheinen die Geisteswissenschaften in meinem Land zum Glück und Unglück immer noch in diesem Stadium gemütlich zu weilen und zu weiden.

1.

Nun zur Sache, aber zur Sache in der nipponischen Ambiguität (nach Galtung): Wieweit kann das Forschungssubjekt das Forschungsobjekt sein? Für mich gibt es da zunächst einen einzigen Weg, wie ich meine Frage am kürzesten, aber voll beantworten könnte. »Lesen sie die Literatur, d.h. die dichterischen Werke, und zwar die von den Deutschen!« Auch wenn ein Germanist diese kurze Antwort nicht versteht, begreift sie sofort, so hoffe ich, ein interkultureller Germanist. Denn, denken wir einfach an die Klassik, Romantik, an Stifter, an Keller, Hesse, Kafka, usw. usw., sie haben nur dafür gekämpft, um es zu wissen oder zu zeigen, wie weit und wie gut das Subjekt sich selbst zum Objekt machen kann. Haben die Deutschen sonst noch was geleistet in der Weltgeschichte und Weltliteraturgeschichte? Schicke Erzähltechnik, den Humor, Komödien, exakte Milieudarstellungen, Psychologie der Dichtung und dazu

Wieweit kann das Forschungssubjekt das Forschungsobjekt sein?

noch elegante Urbanität? Um Gottes Willen! Und wenn Sie noch nicht mit dem kurzen Hinweis zufrieden sind, sehen Sie bitte einen Moment lang von der Dichtung ab und wenden Sie sich an Kant, d.h. an das einzigartige universale Werk in der Philosophie, das die kopernikanische Wendung ermöglichte: »Kritik der reinen Vernunft«. Da wissen Sie schon, was ich meine, d.h. worum es sich überhaupt bei der teutonischen Reflexion handelte und immer noch handelt. Diejenigen, denen die Kantischen Sätze zu kantig sind, sollten vielleicht das Buch aufmachen, das subjektiv objektiv und objektiv subjektiv ist: »Dichtung und Wahrheit«. Und dort ist auch die Grenze der Objektivierung des Subjekts fröhlich mit dem Epigramm ausgesprochen: »Es ist dafür gesorgt, daß die Bäume nicht in den Himmel wachsen.«[4]

Wenn ich Sie weiter Goethe bei den Reflexionen zuzuhören bitten darf:

»Es ist etwas unbekanntes Gesetzliches im Objekt, welches dem unbekannten Gesetzlichen im Subjekt entspricht.«[5] Dann anschließend:

»Alles, was im Subjekt ist, ist im Objekt und noch etwas mehr. Alles, was im Objekt ist, ist im Subjekt und noch etwas mehr.

Wir sind auf doppelte Weise verloren oder geborgen:

Gestehen wir dem Objekt sein Mehr zu,

pochen wir auf unser Subjekt.«[6]

»... Es ist daher das beste, wenn wir bei Beobachtungen so viel als möglich uns der Gegenstände und beim Denken darüber so viel als möglich uns unser selbst bewußt sind.«[7]

Weiter anschließend: »Mit den Ansichten, wenn sie aus der Welt verschwinden, gehen oft die Gegenstände selbst verloren. Kann man doch im höheren Sinne sagen, daß die Ansicht der Gegenstand sei.«[8]

»Da die Gegenstände durch die Ansichten der Menschen erst aus dem Nichts hervor gehoben werden, so kehren sie, wenn sich die Ansichten verlieren, auch wieder ins Nichts zurück: Rundung der Erde, Platos bläue.«[9]

Diese freudige Korrespondenz zwischen Subjekt und Objekt, und wenn das Subjekt beziehungsweise die Ansichten der Menschen dem Objekt beziehungsweise den Gegenständen gegenüber gewissermaßen den Vorrang zu behalten scheinen, erinnert dieses Subjekt doch wenigstens teilweise an das Zugrundeliegende, subjektum im Mittelalter und das neben der radikalen Subjektivierung Kants und dann Fichtes. Ist das Subjekt, wenn ein Ostasiat wenigstens lexikalisch die okzidentale Geschichte der Philosophie zurückschreiten darf, doch bis vor kurzem, d.h. bis kurz vor Goethe fast im Sinne des Objekts aufgefaßt worden. Eben dieser unheimliche Salto mortale von Subjekt und Objekt, den Kant vollendet hat, beschäftigt uns bis heute noch mit der Frage: Wie weit das Subjekt das Objekt sein kann, und besonders wenn wir mit der deutschen Literatur zu tun haben. Schon schrieb Lichtenberg: »Eine Art von Gang, als wenn er in seinen Kopf kriechen wollte.«[10]

Was sagt nun z.B. Franz Kafka nach hundert Jahren über Subjekt und Objekt beziehungsweise über die Selbstbeobachtung? In einem Aphorismus schreibt er: »Es gibt im gleichen Menschen Erkenntnisse, die bei völliger Verschiedenheit doch das gleiche Objekt haben, so daß wieder nur auf verschiedene Subjekte im gleichen Menschen rückgeschlossen werden muß.«[11] Hier ist es klar ausgesprochen, daß das Subjekt nicht mehr in der Korrespondenz mit dem Objekt steht, wie bei Goethe, sondern in die zahlreichen Subjekte gespalten ist, die alle als solche unantastbares Recht beanspruchen. Es gibt in diesem Kafkaschen Subjekt einfach viele Menschen, die alle für sich Menschenrechte verlangen. Erst so können wir bei vielen Aussprüchen Kafkas eine richtige Vorstellung bekommen: z.B. »Im Kampf zwischen dir und der Welt sekundiere der Welt.«[12] Wenn man dabei weiß, daß Kafka fast immer sich selbst duzt und in sich selbst einen monologisierten Dialog führt, dann sind hier mindestens drei Personen zu erkennen: Der Befehlende, der Befohlene und Kämpfende, und der, welcher der Welt sekundieren sollte, all diese Drei sind in einer Person.

Oder Kafka spricht neben sehr vielen anderen Beispielen z.B. so: »A. konnte weder mit G. einträchtig leben, noch sich (scheiden) lassen, deshalb erschoß er sich, er glaubte, auf diese Weise das Unvereinbare vereinigen zu können, nämlich mit sich selbst in die Laube gehen.«[13]

Daß man sein Ich in solcher Spaltung bei sich behält, setzt notwendigerweise seine verhängnisvolle Selbstbeobachtung vor. In seinem Tagebuch vom 7. November 1921 notiert Kafka ausdrücklich: »Unentrinnbare Verpflichtung zur Selbstbeobachtung: Werde ich von jemandem andern beobachtet, muß ich mich natürlich auch beobachten, werde ich von niemandem sonst beobachtet, muß ich mich um so genauer beobachten.« Wieder am 16. Januar 1922: »... Die Uhren stimmen nicht überein, die innere jagt in einer teuflischen oder dämonischen oder jedenfalls unmenschlichen Art, die äußere geht stockend ihren gewöhnlichen Gang. Was kann anderes geschehen, als daß sich die zwei verschiedenen Welten trennen, und sie trennen sich oder reißen zumindest aneinander in einer fürchterlichen Art. Die Wildheit des inneren Ganges mag verschiedene Gründe haben, der sichtbarste ist die Selbstbeobachtung, die keine Vorstellung zur Ruhe kommen läßt, jede emporjagt, um dann

Wieweit kann das Forschungssubjekt das Forschungsobjekt sein?

selbst wieder als Vorstellung von neuer Selbstbeobachtung weitergejagt zu werden.« Und weiter am 10. April 1922: »Ewige Jugend ist unmöglich; selbst wenn kein anderes Hindernis wäre, die Selbstbeobachtung machte sie unmöglich.«

Die Subjekte leben in dem Weltraum eines einzigen Subjekts und reden und zanken miteinander. Die Außenwelt ist nur noch da, um manchmal für diese Betätigungen die Bühne anzubieten. Die innere Uhr jagt teuflich, das heißt, die Selbstbeobachtungen jagen sich schichtenweise nach- und übereinander. Erst dann finden wir plötzlich ein richtig abgeschlossenes Fragment, das das Unheimliche in das Schöne verwandelt, um uns fast im ewigen Lächeln bleiben zu lassen.

»Niemals ziehst du das Wasser aus der Tiefe dieses Brunnens.«
»Was für Wasser? Was für Brunnen?«
»Wer fragt denn?«
Stille.
»Was für eine Stille?«[14]

Es ist zwar kein Beweis dafür da, daß dieses Fragment ein literarisches Werk sei, aber es ist nur bei Kafka und bei seinen vielen Subjekten im Subjekt möglich, hier eine lange nachklingende Abgeschlossenheit herauszuhören.

Man müßte zuerst ganz formell daran denken, daß es in diesem kleinsten Stück eklatant einen auktorialen Erzähler gibt, weil nur das Wort »Stille« eben ohne Anführungszeichen als Feststellung der Situation angegeben ist. Man bräuchte und wahrscheinlich dürfte man es als Ostasiat nicht, danach zu fragen, was das Wasser und was die Tiefe des Brunnens bedeutet, auf alle Fälle gesondert nicht. Am besten sollte man die Interpretation der metaphorischen Frage den okzidentalen Wissenschaftlern überlassen, die immer in einem solchen Fall viel zu viel zu sagen und zu wissen glauben. Ich stelle es mir einfach so vor: Ein Subjekt klagt in der Form des Dialogs bei sich selbst, daß es »niemals das Wasser aus der Tiefe dieses Brunnens zieht«; es könnte selbstverständlich dieses Wasser etwas Sexuelles bedeuten, aber wie gesagt, ein Ostasiat fragt danach nicht, man müßte sich wahrscheinlich nur vorstellen, daß das Wasser aus der Tiefe dieses Brunnens als Ganzes irgend etwas bedeutet, was in dem Leben nicht zur Geltung gekommen ist oder womöglich kommen soll, und eben darüber klagt oder befiehlt eine Figur, denn sonst stünde der Satz nicht in Gänsefüßchen.

Hikaru Tsuji

Das Ausgesprochene oder Ausgesagte besteht aber aus Wörtern, die sich sofort in die Gegenstände unseres analysierenden Geistes verwandeln; außerdem war der Ausdruck, eben »das Wasser aus der Tiefe dieses Brunnens«, auch für sich selbst metaphorisch zu vage gewesen. Dazu kommt noch, daß die benutzte zweite Person »Du« eben als ausgesprochene Sprache das Dasein der zweiten Person zwingt, obwohl der Erste, weil es eigentlich Monolog war, niemanden außer sich in der Umgebung erwartet hatte. »Was für Wasser? Was für Brunnen?« – die Stimme hebt sich so auf, ohne daß die Gestalt des Sprechenden zum Vorschein kommt. Der Erste, verwundert von dem unerwarteten Sprachzwang, fragt zurück: Wer denn fragt. Daraufhin keine Antwort, nichts rührt sich – eben Stille. Das ist, wie gesagt, die einzige direkte Aussage des auktorialen Erzählers. Was uns da überrascht und zum Lächeln bringt, was uns da genug unheimlich erscheint, ist das, daß wahrscheinlich die ungesehene und nicht zu sehende Gestalt, die aber als etwas Sprechendes und Sagendes noch die von dem auktorialen Erzähler ins Leben gebrachte Figur ist, jetzt nach der Art der Stille, d.h. nach der Art der Beschreibung des Erzählers wieder fragt, und eben dadurch das Dasein des Erzählers übersteigt, um selbständig zu werden. Darauf kann es selbstverständlich keine Antwort mehr geben, weil diese Selbständigkeit der Figur nur sprachlich ermöglicht und vollzogen worden ist.

Meine sehr verehrten Damen und Herren, ich wollte Sie keineswegs auf den labyrinthischen Pfad der Interpretation der Sprüche Kafkas führen, sondern ich wollte Ihnen doch mit einigen Beweiskräften erklären, daß wir uns, veranlaßt von dieser Literatur, die Frage stellen wollen, wieweit das Forschungssubjekt das Forschungsobjekt sein kann. Vielleicht so weit, wie es Kafka möglich war, d.h. ihm die Objektivierung des Subjekts durch Subjekt sprachlich möglich war. Ich weiß, meine Damen und Herren, daß sie ungeduldig geworden sind wegen meiner ungeschickten Mystifikation, die ich aber eigentlich mit vollem Recht hier verwendet habe. Was könnte uns sonst zu solcher unnützen kognitiven Frage hetzen außer deutscher Literatur oder überhaupt der selbstzerfleischenden deutschen Reflexion? Mir scheint, daß Kafka in seinen sämtlichen Werken die Grenze der Objektivierung seines forschenden Subjekts namens Ich gezeigt hat. Das Grenzgebiet, in dem er immer wohnte, war eben das zerstörerischste und zugleich fruchtbarste Niemandsland, in dem er am 19. Oktober 1921 in seinem Tagebuch eintrug: »Derjenige, der mit dem Leben nicht lebendig fertig wird, braucht die eine Hand, um die Verzweiflung über sein Schicksal ein wenig abzuwehren – es geschieht sehr unvollkommen –, mit der anderen Hand aber

Wieweit kann das Forschungssubjekt das Forschungsobjekt sein?

kann er eintragen, was er unter den Trümmern sieht, denn er sieht anderes und mehr als die anderen, er ist doch tot zu Lebzeiten und der eigentlich Überlebende ...« Meine Damen und Herren, soweit kann das Forschungssubjekt Forschungsobjekt sein.

2.

Ich spüre aber, meine Damen und Herren, immer noch Ihre Ungeduld wegen meines Ausweichens. Denn unser Präsident hatte nicht nur den Titel meines Referats ergänzt, sondern auch noch dazu einen Nebentitel hinzugefügt: Nämlich: »Das asiatische Beispiel: Japan«, und zwar ohne mein Einverständnis. Das ist ja allerhand, meinte ich heimlich in Japan, als ich das Programm bekam, aber das Verschweigen ist ja unsere japanische Kultur, wie Sie alle wissen. Meine sehr verehrten Damen und Herren, so muß ich jetzt zu meinem Fall kommen. Zu meinem eigenen Fall? Jawohl, zu dem Fall eines Japaners, meine ich selber.

Nur weiß ich selber nicht genau, ob mein Subjekt, ob mein Ich dem Lande Japan gehört oder mir selber. Wenn mein Ich doch wenigstens teilweise dem Lande Japan gehört, und wenn ich in diesem Sinne ein japanisches Beispiel hier anbieten soll, dann muß ich Sie alle, meine Damen und Herren, notwendigerweise sehr anstrengen, weil ich hier in erster Linie doch über die japanische Sprache sprechen muß. Japanisch, ich schmunzele, japanische Sprache, ich grinse, das Japanische, mir graut, weil es auch gewissermaßen ein Niemandsland ist, das dicht und voll bewohnt ist.

Ich habe in der Sprache dieses Landes mehrere literarische Werke aus dem Lande der Selbstzerfleischung übersetzt. »Iphigenie auf Tauris«, »Effi Briest«, »Steppenwolf«, »Das Schloß«, »Der Prozeß«, »Die Verwandlung« und mehrere Erzählungen Kafkas, die »Briefe an Milena«, usw. usw... Das war mühsame Arbeit, bei der ich immer wieder auf die Besonderheiten meiner eigenen Muttersprache zurückgeworfen wurde.

Was ganz heiter ist[15]: Als ich »Iphigenie« ins Japanische zu übersetzen anfing, wußte ich schon bei dem ersten Auftritt des ersten Aufzugs nicht mehr, wie ich mit der Arbeit weiter kommen soll. Denn ich merkte plötzlich, daß ich nicht darüber Bescheid weiß, ob die Japanerinnen überhaupt bei ihrem Monolog weiblich oder neutral sprechen. Eine Japanerin spricht, wenigstens wenn sie weiß, daß jemand dabei ist und sie hört, auf alle Fälle eine Frauensprache, die mit bestimmten

Endungen rund und weich, eben für das japanische Ohr weiblich und – zu unserem Glück und Unglück – fatal weiblich klingt. Ob sie aber auch alleine beim Monolog oder bei einem Gedankengang noch richtig oder einigermaßen weiblich spräche, d.h. ob ihr Ich und ihr Subjekt noch weiblich ist, das konnte ich so wenig wissen, wie wir es nie zu wissen kriegen, ob eine Dame auch im Stockdunkeln erröten wird (nach Lichtenberg). Ich habe viele intelligente Japanerinnen danach ausgefragt, aber sie alle wußten es selber nicht. Ich mußte sehr lange auf meine Arbeit verzichten, um auf den Termin zu warten, an dem ich mich endlich durch die Wut des Verlegers vergewaltigen lassen mußte. So entstand schließlich meine Iphigenie, die sich im Kimono mit dem Weimaraner »Gemüt« in Tauris bewegt, und deren Ich manchmal japanische weibliche Endungen piepst, fast schon zum Kichern bereit. Eine Gestalt, die praktisch in der Luft schwebt als Mißgeburt eines leidenden Engels, um den Japanern, d.h. den Lesern in allen Beziehungen Anlaß zum Mißverstehen zu geben. Es stimmt allerdings, wenn Sie, meine Damen und Herren, fies behaupten, ich hätte Iphigenie beim Umziehen, das heißt, bevor ich sie mit dem Kimono umhüllte, nackt und bloß gesehen. Denn die Übersetzungsarbeit heißt ja nicht, die einzelnen Wörter umtauschen, sondern die sprachliche Zugehörigkeit der Figuren ändern, ohne den Tatort zu wechseln. Dabei geschieht unvermeidlich, daß sich eine entsetzliche Verjüngung der Figuren ergibt, weil das betreffende Werk immer wieder in die moderne Sprache übertragen wird. So kann z.B. ein deutscher Leser den jungen Werther in seinem geschichtlichen Leid und Alter sehr erkenntnisvoll genießen, während da die japanischen Leser bei immer wieder erneuten Übersetzungen auf ewig einen ewigen Liebesroman erleben.

Man muß notwendigerweise zu der Erkenntnis, oder wenigstens zu der Vermutung gebracht werden, daß die Übersetzungen überhaupt dem ohnehin schwachen Geschichtsbewußtsein des Japaners auf diese Weise auch noch schaden können. So wird er für den alten deutschen Wortschatz immer noch anfällig bleiben: Die Höhe, das Große, das Schöne, das Wahre, die Echtheit, sich selbst vollenden, die Bildung, kurz: Das Ideengut der bürgerlichen Welt. Es ist paradox, daß die Übersetzungen eine ewige Verjüngung der Figuren beabsichtigen – übrigens, den »Werther« oder die »Iphigenie« in die japanische Sprache vom Ende des 18. Jahrhunderts zu übersetzen, ist eine rein unmögliche Sache. Das Japanische von damals gehört ja nur noch einigen Japanologen, gesunde Japaner bräuchten für diese Sprache bestimmt wieder eine

Wieweit kann das Forschungssubjekt das Forschungsobjekt sein?

mühsame Übersetzung – und eben dadurch würden die Leser anachronistisch verbildet.

Aber paradox zu wirken, ist überhaupt das Schicksal der Übersetzungsarbeit. Als ich das »Schloß« ins Japanische übersetzte[16], kam ich im Zusammenhang mit dem auktorialen Erzähler, d.h. mit der sogenannten Einsinnigkeit beziehungsweise Kongruenz von Helden und Erzähler, in große Schwierigkeiten. Die japanische Sprache kennt eigentlich keine grammatischen Personalpronomen, das heißt, keine Personen; die Verben werden zwar flektiert, aber nicht nach der Person konjugiert. Die Personalpronomen, die wir heute als solche verwenden, sind eigentlich eine Art von Rollenbezeichnungen in der Gesellschaft, so daß es viele Bezeichnungen auch für das eine Wort »Ich« gibt, das je nach der Situation sich verwandelt. Wie könnte man dann das reine Ich abstrahieren aus diesen reichlich vorhandenen situationsgebundenen Ichs? Und wie weit läßt die japanische Sprache die Objektivierung des Forschungssubjekts überhaupt zu? Rollen sind da, aber keine Menschen, Menschen sind da, aber keine Individuen, Beziehungen sind da, aber kein Ich.

Dabei haben die Japaner in den letzten hundert Jahren nicht nur für wissenschaftliche Texte, sondern auch für die dichterischen Werke einen gewissen Übersetzungsstil geschaffen, indem man für alle grammatikalischen Personen möglichst neutrale Pronomina verwendet und dadurch im europäischen Sinne logische Aussagen ermöglicht, besonders aber durch die Hervorbringung des Bewußtseins des Subjekt-Objekt-Gegensatzes. Und diese mehr oder weniger gekünstelte Hervorhebung der Personen und des Bewußtseins des Subjekt-Objekt-Gegensatzes wirkt sich, wie man während der Übersetzungsarbeit allmählich merkt, sehr ungünstig aus, auf die Übertragung erstens der indirekten Rede im Konjunktiv, zweitens bei der sogenannten erlebten Rede. Den Konjunktiv kennen die Japaner sowieso nicht, so daß man bei jeder indirekten Rede das Subjekt ändern muß, um sie den Japanern verständlich, d.h. um sie zu einer direkten Rede ohne Gänsefüßchen zu machen. Die Neutralität der indirekten Rede wird dadurch vollkommen zerstört. Die sogenannte erlebte Rede, die den inneren derzeitigen Vorgang der Figur bzw. des Helden gewöhnlich im Präteritum des Erzählerberichtes darstellt, muß im Japanischen auch ganz anders wiedergegeben werden, zumal wieder meistens das Tempus ins Präsens und das Subjekt in die erste Person gewechselt werden muß. Diese Qualarbeit, die dem Übersetzer auferlegt wird, muß ihn notwendigerweise zur genauen Prüfung der Theorie der Kongruenz bringen, und der Übersetzer könnte es womöglich früher als deutsche Wissenschaftler spüren, daß bei Kafka eigentlich nicht einsinnig erzählt wird, daß die Kongruenz des Erzählers mit dem Helden nicht als einfache Einheit aufzufassen ist, sondern die Maße des Prozentsatzes des Erzählers und die Maße der Prozentsatzes des Helden einen grenzenlos freien Übergang ineinander haben, was uns vielleicht an die allgemeine Fähigkeit eines Menschen erinnert, welche die Narration selbst ermöglicht.

Aber was geschieht da mit den armen japanischen Lesern, die von diesem stilistischen Abenteuer vollkommen verlassen sind? Die Übersetzung muß ja verständlichkeitshalber ohne indirekte Rede, fast ohne erlebte Rede angeboten werden, so daß die japanischen Leser noch bei Kafka von dem nicht mehr vorhandenen allwissenden Erzähler des vorigen Jahrhunderts samt seinen Figuren mitbeherrscht werden; und das nicht nur, weil die japanisierten Figuren je nach den sozialen Rollen anders sprechen, die Frauen weiblich, die Männer männlich, der Vorgesetzte wie ein Vorgesetzter, der Fremde meistens höflich, unter Familienmitgliedern intimer usw., sondern auch eben deshalb, weil die Japaner gekünstelte Personalpronomina extra für die Übersetzung mehr als sonst benützen und dadurch den natürlichen Übergang der Erzählerperspektive zwischen Erzähler und Figuren sehr stören, den Übergang, den die Japaner eigentlich besser als die Europäer kannten. So bleiben die japanischen Leser schon wieder beim kafkaschen Stilabenteuer meilenweit zurück, während sie in der Übersetzung nur noch das allgemeine Kafkaeske ins Auge fassen und davon beeinflußt werden.

Ich fürchte, ich fühle selber, ich fange an zu taumeln, ohne auf den Steinen der Beispiele[17] stampfen zu können, denn solche Behauptungen von mir sind ohne Beispiele schwer verständlich; nur kann ich nicht verlangen, daß alle interkulturellen Germanisten Japanisch beherrschen. Also, meine Behauptung soll darauf beschränkt sein, erstens, daß ein Übersetzer nicht umhin kann, ab und zu pingeliger als ein Germanist zu überlegen; zweitens, daß er trotzdem meistens gewalttätig was Waagrechtes zum Senkrechten (vom Deutschen ins Japanische) aufstellen muß, ohne seine Überlegungen richtig in seiner Arbeit zur Geltung bringen zu können; drittens, daß er durch seine mühsame Arbeit die steife Perspektive des auktorialen Erzählers wiederherstellt, um die japanischen Leser, was das stilistische Problem angeht, im Unzeitgemäßen zu belassen.

Diese unübersehbare Entfernung, dieses unüberspringbare Tal zwischen dem Deutschen und dem Japanischen, wo die Überlegungen und Reflexionen einfach gesammelt werden, ohne in der eigentlichen Arbeit zur Geltung zu kommen, das ist eben der unheimliche Ort, wo es den

Wieweit kann das Forschungssubjekt das Forschungsobjekt sein?

Gang geben kann, durch den man in seinen eigenen Kopf kriecht, oder wenigstens hinter dem Rücken in seine eignen Sozialisationsprozesse prüfend zurückblicken kann. Ist es wundersam, wenn aus diesem Nachdenken, aus diesen Reflexionen im Tal zwischen beiden Kulturen ein kleiner Kobold der Japanologie oder sogar der Soziologie zustandekommt, der vielleicht recht laienhaft, aber manchmal gerade deswegen neue Ansichten, ja sogar neue Erkenntnisse mit sich bringt?

Nun aber den größten Schock, einen richtigen Kulturschock mit mir selbst habe ich in Freiburg erlebt, als ich kurze Zeit Japanisch lehrte; ich hatte eben einen deutschen Studenten den einfachsten Satz »Das ist ein Buch« ins Japanische übersetzen lassen. Ich wußte plötzlich, daß der Student auf alle Fälle mit seinem entsprechenden japanischen Satz lügen mußte, d.h., daß die Japaner umgekehrt den Satz »Das ist ein Buch« im Japanischen nie mit der Sachlichkeit des Deutschen oder des Englischen zum Ausdruck bringen können.

Vielleicht darf ich hier mich selbst zitieren, weil ich seit über zehn Jahren immer wieder darüber staune, daß die Japaner selber immer noch nicht genug darüber staunen, den Satz »Das ist ein Buch« nicht sagen zu können. »Im Japanischen kann man überhaupt nicht sagen: Das ist ein Buch, ohne daß dabei die soziale oder subjektiv gefühlsmäßige oder auch situationsbedingte Beziehung des Sprechers zum Hörer beziehungsweise zu den Hörern hier in der Kopula zum Ausdruck kommt. Das heißt, das Japanische hat keine richtige Kopula, die die Aussage objektiv neutralisieren kann, das Japanische hat vielmehr kopulaartige Hilfsverben, die meist der Beziehung zwischen Sprecher und Hörer gemäß vier bis fünf Höflichkeitsstufen zum Ausdruck bringen. Man kann also ungefähr vermuten, wenn man die Aussage eines Sprechers: Das ist ein Buch, hört, ob die Aussage von einem Mann stammt oder von einer Frau, ob diese Aussage vor einem Publikum gemacht wird oder ganz privat, ob sich der Sprecher hier sehr höflich benehmen will, intim, schlampig, oder wie auch immer, aber das alles nicht durch Mimik oder Intonation, sondern eben durch das kopulaartige, d.h. durch das unbedingt benötigte Element in dem eben erwähnten Satz: Das ist ein Buch, so, wie im Deutschen die Kopula *ist* auch notwendig ist.«[18] Wieweit kann die Rede über das Subjekt bei dieser Sprache objektiv werden?

Kulturschock wegen seiner selbst, Kulturschock mit sich selbst, das ist nichts anderes als der erste entscheidende Schritt zur Selbstentfremdung.

Wenn man so noch weiter in der Richtung , d.h. ohne es zu vergessen, daß wir die Kopula in ihrer Sachlichkeit nie haben, japanische Höflichkeitswendungen in Betracht zieht, die zu beherrschen die deutschen Japanologen von Anfang an mit Recht als hoffnungsloses Unterfangen betrachten, die aber bei Ihrem Besuch in Japan als Salute endlos geschossen werden, und wenn man selber in Japan fast den Eindruck bekommt, wir sprächen im Japanischen zugleich zwei Sprachen, einmal sachliche, einmal höfliche, aber immer beide gemischt, um nie richtig sachlich genug sein zu können, und unsere Sachlichkeit der Sache liege eher auf den Beziehungen zwischen den Gesprächspartnern, das heißt zwischen den Menschen als auf dem sachlichen Inhalt der Aussage, und wenn man dann eines Tages ein einziges Wort »Soziale Kontrolle« in den Zusammenhang mit diesen vielen Schichten der Höflichkeitswendungen bringt, dann ist man nahe daran, zu empfinden, was die japanische Gesellschaft, die den europäischen Augen manchmal so rätselhaft erscheint, in Wirklichkeit ist. So ist die mögliche Entfremdung gewissermaßen vollendet, so daß man nicht umhin kann, seine eigne Gesellschaft, seine eigne Sozialisation immer mehr zum Thema seiner Forschung zu machen, zumal man die Abgründe zwischen dem Deutschen und dem Japanischen nicht scheinbar so kindlich unbefangen überspringen kann, wie es ein japanischer Germanist gewöhnlich tut.

3.

Meine Damen und Herren, ich spüre wieder deutlich, daß Sie alle ungeduldig sind: Ich habe noch keine Theorie aufgestellt, keine Hypothese aufgeworfen. Sie wollten ja keinen Ich-Roman von meiner Wenigkeit. Wenn ich so auf diese Weise meinem von mir selbst angebotenen Referattitel ausweichen will, dann verlangen Sie bestimmt meine Ortsbestimmung, und zwar selbstzerfleischende Ortsbestimmung! Ich weiß, meine Damen und Herren, daß es die Art und Weise deutscher Grausamkeit ist.

Ich habe im letzten Jahr, als ich noch in Deutschland war, in einem Plädoyer für meinen Freund meinen Standort so formuliert: »Ein ehemaliger begabter deutscher Lektor – übrigens, ein Lektor in Japan ist ein verehrter Gastprofessor – klagt heute sehr darüber, daß er bei seinem langjährigen Dienst für die Germanistik drüben nichts leisten konnte, daß er umsonst dort gewesen war, da sich die fernöstlichen Literaturforscher im Inselreich im schon wegzublätternden zwanzigsten Jahrhundert immer noch mit solchen orchideenduftenden Themen be-

Wieweit kann das Forschungssubjekt das Forschungsobjekt sein?

schäftigen: Rilke und Japan, Mein Heinrich von Kleist, Ich und Novalis, und nicht zuletzt, Goethe und Ich.

Und diejenigen, die als Stipendiaten längere Zeit in Deutschland studieren durften, lächeln oder lachen sogar über solche Themen, arbeiten weiter in Japan als Schüler der Herren Professoren Doktoren NN und NN, die alle natürlich deutsche Professoren sind, finden aber ein Echo weder drüben noch hier und geben alles sehr rasch auf – leider mit Recht: Wer kann noch auf ewig im Niemandsland wohnen, wo überhaupt keine Rückkoppelung zwischen Menschen und Gesellschaft stattfindet?

Die Ich-und Goethe-Atmosphäre verseucht einen so rasch, daß man einerseits zu seiner Genugtuung extrem positivistisch, andererseits zur Genugtuung der Masse extrem subjektiv forscht oder besser vorgeht, damit schließlich die europäische Geisteswissenschaft im großen und ganzen doch noch als ein einigermaßen stabiles Paradigma erscheint, obwohl sie sich im Vergleich zu der mächtigen Mafia namens Naturwissenschaft und Technik im Verschwinden befindet.

Was sage ich dazu als Japaner, als japanischer Germanist? Nichts; ich habe schon alles gesagt, was ich meine.

Ein recht begabter deutscher Lektor für Philosophie in Japan klagt sehr darüber, daß drüben überhaupt nichts zur geistigen Konfrontation kommt: Die Regierung regiert ohne jeglichen Logismus, während die Intellektuellen ohne jegliches Soziobewußtsein arbeiten. Alle Fragen, die den Geist international aktuell in Anspruch nehmen, begegnen drüben einem unwahrscheinlich geschickt formulierten Desinteresse, das vorzuwerfen niemand sich trauen kann.

Auch eine philosophische Debatte ist ausnahmslos eine kleine Vorspeise für das zierliche Essen, zu dem ein bekannter deutscher Professor, ja einmal auch Habermas, eingeladen wurde. Alles zerfließt in einer undurchsichtig emsigen Zeremonie, bei der man nie weiß, was wozu geschieht, sondern bis zum Heulen und Erbrechen explizit ausgedrückt spürt, daß nur die Zeit vergeht. Geisteswissenschaftler genießen nur falsch und heimlich die wirtschaftliche Gipfelposition Japans und verhalten sich genau so wie ihr Premierminister, den nicht zu mögen sie alle vorgeben.

Kritik, also realer Geist, der einen gesund hält, womöglich heiter kritisierender Geist, der die Wissenschaft ermöglicht, den gibt es drüben nicht, es gibt nur noch Vergeisterungen zu Ritualen. Ich werde in Japan verrückt!

Hikaru Tsuji

Was sage ich dazu als Japaner, als eine Intelligenz, zu der ich mich zu rechnen wage? Nichts. Ich habe schon alles gesagt, was ich meine – sonst hätte ich die Tragik der deutschen Kollegen in Japan hier nicht angeführt. Nur füge ich klagend hinzu, daß die japanischen Kollegen von dieser ewigen Wiederkehr der tragischen Deutsch-Japanischen Begegnung kein bißchen Ahnung haben und Sie, meine Damen und Herren, wissen natürlich alle, daß ich nur angeblich speziell über Japan erzählt habe.«[19]

So war die Standortbestimmung von mir im letzten Jahr. Und wenn ich in diesem Jahr wieder in Japan eine solche Bestimmung unternähme, müßte ich dazu ein ganz klein bißchen hinzufügen: Und wenn ich überhaupt nach der Relevanz des Deutschen, d.h. der deutschen Sprache in der japanischen Gesellschaft gefragt würde, würde ich zuerst an die deutschen Geschäftsleute denken, die in Japan außer in ihrer Kolonie eher stotternd Englisch sprechen wollen als ihre Muttersprache, und dann an die japanischen Germanisten beziehungsweise Deutschlehrer, meine ehemaligen verehrten Kollegen, die in dem universitär institutionalisierten Zwang des Deutschunterrichts innerhalb der stagnierenden Studium-Generale-Stufe der wirklichkeitsfernen Hochschulen ihre geborgene ökologische Nische gefunden haben und sie nie mehr verlassen wollen, und schließlich an die unnötig steif freudlosen Verwissenschaftlichungen innerhalb der deutschen Gesellschaft, und fühle mich so einsam wie Hikaru Tsuji in seiner wehmütigen Alleinheiligkeit. Um mein bescheidenes Referat zu schließen, möchte ich jetzt nur noch zwei Sprüche aufsagen dürfen, damit ich unserer Gesellschaft, d.h. der Gesellschaft, zu der ich sehr gerne gehöre, Glück wünschen kann:

»Man frage nicht, ob man durchaus übereinstimmt, sondern ob man in einem Sinn verfährt.«[20] – Goethe.

»Man muß etwas Neues machen, um etwas Neues zu sehen.«[21] – Lichtenberg.

Danke schön.

Anmerkungen

[1] Johann Wolfgang von Goethe: *Maximen und Reflexionen*. Hamburger Ausgabe Band 12, S. 448.
[2] Johann Galtung: *Struktur, Kultur und intellektueller Stil: Ein vergleichender Essay über sachsonische, teutonische, gallische und nipponische Wissenschaft.* In: *Das Fremde und das Eigene, Prolegomena zu ei-

Wieweit kann das Forschungssubjekt das Forschungsobjekt sein?

ner interkulturellen Germanistik. Hrsg. von Alois Wierlacher. iudicium verlag, München 1985.
[3] Johann Wolfgang von Goethe: *Maximen und Reflexionen*. Hamburger Ausgabe, Band 12, S. 700.
[4] Johann Wolfgang von Goethe: *Dichtung und Wahrheit*. Hamburger Ausgabe, Band 9, S. 449.
[5] Johann Wolfgang von Goethe: *Maximen und Reflexionen*. Hamburger Ausgabe, Bd. 12, S. 514.
[6] Ebd., S. 515.
[7] Ebd., S. 516.
[8] Ebd., S. 517.
[9] Ebd., S. 519.
[10] Georg Christoph Lichtenberg: *Aphorismen in einer Auswahl*. Hrsg. von Kurt Batt. insel taschenbuch 165, S. 188.
[11] Franz Kafka: *(Betrachtungen über Sünde, Leid, Hoffnung und den wahren Weg. 72*) Hochzeitsvorbereitungen auf dem Lande*. Schocken Ausgabe, S. 47.
[12] Ebd., 52*, S. 44.
[13] Franz Kafka: *(Die acht Oktavhefte) Hochzeitsvorbereitungen auf dem Lande*. Schocken Ausgabe, S. 105.
[14] Franz Kafka: *(Fragmente) Hochzeitsvorbereitungen auf dem Lande*. Schocken Ausgabe, S. 337–8.
[15] Vgl. H. Tsuji: *Ansprache in Weimar*. In: *Goethe heute. Über Stellung von Werk und Gedankenwelt Johann Wolfgang von Goethes im geschichtlichen Selbstverständnis unserer Zeit*. Vorgetragen aus Anlaß einer festlichen Vorstandssitzung der Goethe-Gesellschaft am 13. Februar 1982.
[16] Vgl. H. Tsuji: *Übersetzungsprobleme vom Deutschen ins Japanische bei Franz Kafka*. In: *Rezeption der deutschen Gegenwartsliteratur im Ausland*. Hrsg. von Dietrich Papenfuss und Jürgen Söring. Kohlhammer Verlag, Stuttgart 1976.
[17] Beispiele: Anfang vom »Prozeß« und vom »Schloß«. Pepis Plaudereien und Bürgels Andeutungen im »Schloß«. Für den freien Übergang der Perspektive zwischen dem Erzähler und seinen Figuren in Japan womöglich auch »Genjimonogatari« oder »Bonsai-rojin« von Shichiro Fukazawa usw.
[18] H. Tsuji: *Übersetzungsprobleme vom Deutschen ins Japanische bei Franz Kafka*. In: *Rezeption der deutschen Gegenwartsliteratur im Ausland*. S. 93–4.

[19] H. Tsuji: *Plädoyer für Heinrich Pfeiffer*. In: *Verstand zur Verständigung*. Festschrift für Heinrich Pfeiffer. Hrsg. von Thomas Berberich und Jan Clauss. Springer-Verlag, 1987.

[20] Johann Wolfgang von Goethe: *Maximen und Reflexionen*. Hamburger Ausgabe Bd. 12, S. 1201.

[21] Georg Christoph Lichtenberg: *Aphorismen in einer Auswahl*. Hrsg. von Kurt Batt. insel taschenbuch 165, S. 204.

Edith Ihekweazu, Nsukka

Wieweit muß das Forschungssubjekt das Forschungsobjekt sein?

> Das Fernrohr nach Afrika wurde von den Weißen aufgestellt, aber es zeigt auch durch Afrika wieder auf die kannibalisch heißen Wünsche der Weißen. (Ernst Bloch)[1]
> Die schwarze Rasse kennt sich selbst und ist damit zufrieden. Es ist Europa, dem nichts wichtiger ist, als sich in diesen Begegnungen immer wieder selbst zu definieren. (Wole Soyinka)[2]

1. Frageperspektiven

Wenden wir die Frage nach dem Müssen des Forschungssubjekts ein wenig am Spieß: Ist fremde Kultur überhaupt erforschbar? In welcher Weite und in welcher Tiefe ist sie dem Forscher aus einer anderen Kultur zugänglich? Wo entzieht sie sich, vernebelt ihm den Blick und streut ihm Sand ins fremde Auge? Wann gleicht der fremde Blick dem Teufelsspiegel in Andersens Märchen, in dem »die herrlichsten Landschaften aussahen wie gekochter Spinat«?[3] Wann produziert er Irrtümer und Fälschungen? Wann ist er so stark, daß er zur Hypnose wird, zur Überwältigung, zum bösen Blick, der das Objekt verzaubert? Wann, dagegen, ist er so schwach, daß ihn die Autorität der Selbstdarstellung des Anderen so blendet, daß die eigene Sicht verschwimmt?

Wann also ist es nötig und unvermeidlich, daß das Forschungsobjekt die eigenen Augen öffnet, sich zum Subjekt macht, seinen Claim absteckt und sich seiner selbst vergewissert, bevor es von fremden Augen vermessen ist, mit fremden Federn auf fremden Landkarten verzeichnet und sich in diesem Bild selbst kaum wiedererkennt. Wieweit muß es sich selbst erforschen, nicht nur um fremden Definitionen Widerstand zu leisten, sondern um aus der nun befestigten Bastion des Eigenen Fremde anzuvisieren und mit ihr ins Gespräch zu kommen?

Die Richtung, in der unser Spieß sich dreht, indiziert ein spezifisches Vorverständnis der Frage; sie resultiert daraus, daß Afrika zum Objekt fremder Forschungssubjekte geworden war, die es entdeckten, durchquerten, entschleierten und seine Kulturschätze in ihren Museen sicherstellten, bevor es sich fassen und ein Selbstverstehen formulieren konnte, als bekanntlich notwendige Grundlage des Fremdverstehens.[4] Während Europa die fremde Kultur in der Ferne aufsuchte, zum selbst gewählten Zeitpunkt, erlebte Afrika die Fremde im eigenen Land, überfallartig und unfreiwillig. Das Fremde wurde deshalb in ganz anderem Ausmaß zur Bedrohung der eigenen Identität. Nicht daß man in Afrika nichts von sich selbst wußte, nur war dieses Wissen nicht in Begriffen europäischer wissenschaftlicher Forschung organisiert. Als man sich schließlich dieser Aufgabe annahm, waren die Weichen bereits gestellt. Seitdem sieht das afrikanische Forschungssubjekt seine eigene Kultur im kategorialen Rahmen europäischer Wissenschaft, es hat sich ab initio auf ein fremdes Sprachspiel eingelassen. Ein extremes Beispiel finden wir in Eric O. Aysisi's Buch *An Introduction to the Story of African Culture*. Dort lesen wir:

If the reader finds that my writings reflect British orientations, I would plead with him to be patient with me and read this book with the idea that this impression is deliberate; I hold it as an inconvertible truth, that no African writer can depart from the corpus of knowledge which Western writers have gathered together and organized in the conceptual frame of the reference, and produce any work that will command any intellectual respectability.[5]

Nicht alle afrikanischen Forscher sind dergestalt gläubig; afrikanische Kulturanthropologen haben sich zum Beispiel entschieden gegen den Funktionalismus der klassischen Anthropologie gewehrt.[6] Sie sind jedoch trotzdem gezwungen, sich mit fremdkulturellen Perspektiven auf das Eigene auseinanderzusetzen, um erst dann zur Erforschung der eigenen Kultur durchzubrechen. Sie versagen es sich immer seltener, die angeblich wissenschaftlichen Forschungen kolonialer Amateuranthropologen mit Spott und Hohn zu bedenken.[7] Die »kulturvariante Perspektive« war in diesem Fall in der Tat ein »Handicap«.[8]

In der Erforschung der afrikanischen Kultur ist die Begegnung mit der Fremdperspektive nichts Neues. Im Gegenteil, sie war überwältigend, und nun gilt es, sich allzu großer »Bereicherung« durch dieselbe zu erwehren, sich der eigenen Perspektive und der eigenen Sprache zu versichern. »Decolonisation of the Mind« ist das Programm, mit dem die afrikanischen Schriftsteller und Intellektuelle dem Trauma der Entfremdung entgegentreten. Afrikanische Kulturen teilen nicht den »Vereinnahmungszwang europäischen Erfahrens und Erkennens«[9], sie sind weder ausgreifend noch missionierend. Sie werden sich vielleicht nur

Wie weit muß das Forschungssubjekt das Forschungsobjekt sein?

zögernd erneut dem Fremden zuwenden, bevor sie sich von dessen Übermaß erholt haben. Die vorläufige Antwort auf die Frage, wie weit das Forschungssubjekt das Forschungsobjekt sein *müsse*, ist deshalb: Soweit es die historische Situation erfordert. Das Bedürfnis der einen Kultur, sich dem fremden Blick zur Verfügung zu stellen, nach einer langen Zeit des fraglosen Verlassens auf die ausschließliche Kompetenz der eigenen Augen entschlossen, sich von seiner kulturimperialistischen und ethnozentrischen Vergangenheit zu trennen, kann nicht ohne weiteres bei allen anderen gleichermaßen vorausgesetzt werden. Es bedarf der vorsichtigen Exploration, in welchem Verhältnis zum Fremden und zur je spezifischen fremden Kultur sich der Partner befindet, den man zum Gespräch einlädt. Kulturen der »Dritten Welt« haben möglicherweise Prioritäten, die der Erforschung des Eigenen den Vorrang geben, und man neigt zudem, aufgrund der eigenen Erfahrung mit dem Fremden, leicht dazu, auch dem Angebot zu interkulturellen und multiperspektivischem Literaturgespräch mit Mißtrauen zu begegnen. Der afrikanische Traditionszusammenhang diktiert mehr Vorsicht dem Fremden gegenüber als der europäische.

2. Überlegungen zur fremdkulturellen Kompetenz

Die Erforschung fremder Kulturen war in Europa seit der Renaissance eine Selbstverständlichkeit; die Praxis wartete nicht auf den Segen der Hermeneutik. Zweifel an der eigenen Kompetenz dem Fremden gegenüber stellten sich dabei kaum ein, das Fremdverstehen wurde nicht problematisiert und ohne viel Aufhebens dem historischen Verstehen gleichgesetzt. Noch bei Habermas können wir zum Beispiel lesen:

Das hermeneutische Verständnis ist seiner Struktur nach darauf angelegt, aus Traditionen ein mögliches handlungsorientierendes Selbstverständnis sozialer Gruppen zu klären. Es ermöglicht eine Form des Konsensus, von dem kommunikatives Handeln abhängt. Es bannt die Gefahren des Kommunikationsabbruchs in beiden Richtungen: in der Vertikale der eigenen Überlieferung und in der Horizontale der Vermittlung zwischen Überlieferungen verschiedener Kulturen und Gruppen. Wenn diese Kommunikationsströme abreißen und in der Intersubjektivität der Verständigung entweder erstarrt oder zerfällt, wird eine elementare Bedingung des Überlebens zerstört: die Möglichkeit zwangloser Einigung und gewaltloser Anerkennung.[10]

Die Horizontale schleicht sich da ganz unversehens ein. Dem Gewicht ihrer überlebenswichtigen Aufgabe entspricht keine theoretische Begründung. Bei einem anderen Autor lesen wir von der »Doppelaufgabe« der Geisteswissenschaften, »sowohl die eigene, wie alle fremden Kulturen zu verstehen«[11] – ein hermeneutisches Mirakel oder eine unerfüllbare Forderung?

Die Anthropologie hat sich zunächst damit beholfen, fremde Kulturen als Stufen eines universellen Entwicklungsprozesses zu sehen, damit als Bestandteil der eigenen Tradition, um später den naturwissenschaftlichen Blick des Beobachters zu verwenden, der die fremde Kultur zum Objekt macht.[12] Sie ist sich inzwischen der Krise ihres Objektivitätsbegriffs bewußt geworden.[13] Ein Buch wie Eleonore Smith-Bowens (Laura Bohannans) *Rückkehr zum Lachen*, illustriert die eminent hermeneutische Struktur ethnologischer »Feldarbeit«. Die Autorin kommentiert:

> Die Annahme ist irrig, daß Wissen gleichbedeutend ist mit Verstehen und Verstehen mit Gernhaben. Je intensiver man in einer wirklich fremden Kultur gelebt und an ihr teilgenommen und sie verstanden hat, desto deutlicher begreift man, daß man ihr nicht angehören kann, ohne seiner persönlichen Integrität Gewalt anzutun. Die Bedeutsamkeit dieser Treue zur eigenen Kultur und zu den eigenen Maßstäben ist wechselseitig. Das ist es, was Toleranz bedeutet: jedem Menschen seine eigene Integrität zuzugestehen.[14]

In Anerkennung der Distanz ist Laura Bohannan jedoch von der Möglichkeit fremdkulturellen Verstehens vom Standpunkt der eigenen Kultur aus und von der Richtigkeit ihrer Befunde überzeugt. Ist ihre Kompetenz nachprüfbar?

Die Hermeneutik hat das Verstehen der eigenen Kultur legitimiert, als Reflexion auf die eigene Geschichte, im Rückgriff auf den eigenen Traditionszusammenhang. Selbst dieses Verstehen bleibt vorläufig, überholbar und in seiner »Richtigkeit« schwer einzuschätzen, nicht einmal immer durch den Konsens aller Teilnehmer einer Kommunikationsgemeinschaft:

> Ein »Beweis« für Interpolationen ließe sich nur dann erbringen, wenn wir einen überlieferten Text jeweils in die zeitgenössische Lebenspraxis, welche die Schrift und Rede einmal faktisch ergänzt haben, zurückversetzen könnten.[15]

Bei Aussagen über die eigene Kultur und ihre historischen Dokumente gibt es, nach Wahrung aller methodischen Vorsicht und Kontrolle, keine höhere Instanz, die korrigiert, zurückweist oder bestätigt. Sie werden allenfalls selbst wieder Objekte hermeneutischen Verstehens späterer

Wie weit muß das Forschungssubjekt das Forschungsobjekt sein?

Forschergenerationen. Anders bei Aussagen über fremdkulturelle Objekte, vorausgesetzt, man hat der fremden Kultur nicht die Stimme verschlagen und die Augen verbunden. Laura Bohannan berichtet, wie sie in ihren Verständnisversuchen von den »Objekten« ihrer Forschung immer wieder korrigiert und belehrt wird. Sie muß sich sagen lassen:

> Du mußt mehr über diese Dinge lernen, Rotfrau, sonst wirst du wie ein Kind unter uns sein, ein Kind, das nichts vom Leben, vom Tod oder von der Geburt weiß.[16]

Trotzdem, wer sagt uns, wieviel die Forscherin mit ihren spärlichen Sprachkenntnissen und ihrem eigenen kulturellen Vorverständnis wirklich versteht? Wer sagt uns, wieviele Bären der Zauberer Yabo und der Häuptling Kako ihr aufbinden, um sie zufriedenzustellen, zumal sie unter dem Schutz der englischen Kolonialverwaltung steht. Ein einheimischer Forscher der eigenen Kultur könnte diese Antwort geben. Der Interpret und seine zeitlich fernen Dokumente der eigenen Kultur können nicht wirklich ins Gespräch kommen. Der fremdkulturelle Partner jedoch existiert in Fleisch und Blut und im Bewußtsein seines eigenen Traditionszusammenhangs. Er kann reagieren auf das, was die fremden Augen in ihm sehen, und er kann das Recht in Anspruch nehmen, über seine eigene Kultur und Tradition umfassendere und gültigere Aussagen zu machen als ein Fremder.

Afrikanische Autoren sind in der Regel von tiefem Mißtrauen erfüllt gegenüber der Kompetenz europäischer Urteile über das eigene Land, die eigene Kultur und Literatur. Romane von Joyce Cary, Joseph Conrad und Karen Blixen, um nur einige Beispiele zu nennen, finden wenig Gnade in ihren Augen und waren ein wesentlicher Anstoß dazu, das verzerrte Bild ihrer selbst durch eigenhändiges Schreiben zu korrigieren. Wole Soyinka bemerkte in seiner Rede bei der Entgegennahme des Nobelpreises für Literatur:

> Gobineau is a notorious name, but how many students of European thought today, even among us Africans, recall that several of the most revered names in European philosophy – Hegel, Locke, Montesquieu, Hume, Voltaire – an endless list – were unabashed theorists of radical superiority and denigrators of the African history and being.[17]

Wo, in europäischer Literatur, gibt es Darstellungen Afrikas, an deren Fremdperspektive sich die Eigentümer der afrikanischen Kulturen unbeschadet erfreuen können?[18]

Leo Frobenius genießt den Ruf eines Vaters der deutschen Afrikanistik und einer Quelle der Inspiration für Léopold Sédar Senghor: »Wie wäre es zum Gedanken der négritude gekommen, ohne Leo Frobenius?«, fragt ein deutscher Historiker.[19] Es kam vermutlich nur deshalb dazu, weil nicht alle Werke Frobenius' ins Französische übersetzt waren und deshalb die kolonialistische Grundeinstellung des Autors verborgen blieb. Nur ein Beispiel:

> Wir wollen die Kolonien nicht nur ihrer Naturreichtümer wegen, sondern wir wollen auch Arbeitskräfte aus den sie bewohnenden Menschenmassen gewinnen, wollen, – und es ist nicht zu vergessen – müssen auch diese Menschen erziehen zu kräftigen Mitarbeitern am Kulturwerke, das wohl unserem Wohlergehen zunächst gewidmet ist, das aber nach den Anschauungen unseres veredelten Zeitalters nicht durchgeführt werden kann ohne Erfüllung der Verpflichtungen gegen an Kulturhöhe niedriger stehende Völker ... Und das rasende Tempo unserer Kulturausdehnung verlangt es, daß diese niedrigen Menschengeister rasch emporschnellen aus dem Bereiche einer primitiven Anschauungsweise zu unserem gesitteten Zustande.[19a]

Frobenius hatte in der Tat nie im Sinn, seine Entdeckung der alten afrikanischen Kultur anzuwenden zur Ermutigung neuen afrikanischen Selbstbewußtseins und zur Bildung unabhängiger afrikanischer Nationen.[20] Das leistete Senghor gegen Frobenius, der die zeitgenössischen Erben der alten Hochkultur gründlich verachtete. Doch auch Frobenius' Verständnis afrikanischer Kultur ist nicht von allen afrikanischen Autoren mit gleicher Begeisterung aufgenommen worden wie von Senghor. In Yambo Ouologuems Roman *Bound to Violence* finden wir eine satirische Darstellung der absichtlichen Mystifikation eines reisenden Forschers namens Fritz Shrobenius, dem erfundene Mythen und Symbole zusammen mit frisch hergestellten Antiquitäten aufgebunden werden:

> Shrobenius' head teemed with ideas. Reeling off spirituality by the yard, the men paced the courtyard with knit brows ... Saif made up stories and the interpreter translated; Madoubo repeated in French, refining on the subtleness to the delight of Shrobenius, that human crayfish with a groping mania for resuscitating an African universe – cultural autonomy he called it – which had lost all living reality.[21]

Frobenius' eigene Schriften bestätigen die Zweifel an der Kompetenz seiner Fremdperspektive. Er ergeht sich genüßlich und humorvoll in Berichten angeblicher Menschenfresserei, über Mästung, Schlachtung und Räuchern der Opfer, einschließlich ihrer Zubereitung mit Bananen und Maniok, die, seinem Zeugnis nach, von einem »angenehmen, dem Schweinefleisch ähnlichen Geschmack« sein sollen. Woher hat der große

Wie weit muß das Forschungssubjekt das Forschungsobjekt sein?

Afrikaforscher sein Wissen? Er ist ehrlich genug, gelegentlich das Wörtchen »soll« zu benutzen und faßt zusammen:
Nach allen meinen Erfahrungen und nach all den vielen Mitteilungen dieser Art, die mir abends beim Feuer und bei kreisender Tabakspfeife zuteil wurden, gewann ich doch stets den Eindruck, daß alle innerafrikanischen Kannibalen eine ganz ausgeprägte Stimmung mit dem Menschenmahle verbinden, und ich muß es für mein Reisegebiet jedenfalls als eine Entstellung der Tatsachen ansehen, wenn ein Reisender von den Innenafrikanern schreibt, »sie essen Menschenfleisch mit demselben Gefühl wie wir ein gutes Beefsteak«. Das ist unwahr; denn wenn ein Neger auch wöchentlich mehrfach Menschenbraten auf seiner Tafel stehen hat, so wird der Genuß für ihn in diesen Ländern doch stets mit einem bestimmten Gefühle verbunden sein.[22]

Senghor wird diese Ausführungen nicht vor Augen gehabt haben, als er bemerkte, daß niemand mehr als Frobenius Afrika der Welt und den Afrikanern selbst offenbart habe.[23] Auch in anderer Hinsicht offenbart Frobenius offenbar seinen Respekt vor der afrikanischen Kultur. Es geht darum, vom Kaiser der Mossi in Wagadugu »ein altes Heiligtum des großen Mossivolkes aufzusuchen und einige Schätze, die es barg, für die deutschen Museen zu retten«.[24] Nach langem Handeln und Schachern darf er die Masken, Holzstäbe und Gewänder aus dem Heiligtum entwenden. Er berichtet, wie er in die Grabstelle selbst hineinklettert. Die vom Opferblut schlüpfrigen Stellen beweisen, daß das Heiligtum eine lebendige Kultstelle ist, kein Hünengrab der Vorzeit. Ist solche Leichenfledderei vereinbar mit fremdkulturellem Verstehen? Stellen wir uns nur einmal den Vorgang in umgekehrter Richtung vor, als afrikanischen Versuch, Europa der Welt und den Europäern zu offenbaren. Orest hatte zwingendere Gründe zum Diebstahl des taurischen Götterbilds und nimmt davon Abstand. Frobenius wurde damit zum Stolz der deutschen Afrikanistik.

Es fehlt nicht an weiteren Stimmen afrikanischer Autoren, die an der Kompetenz »westlicher« Kritiker und Forscher Zweifel anmelden, sich mißverstanden, absichtlich oder fahrlässig falsch verstanden und gedeutet finden. Sagt Chinua Achebe:
We are getting a little weary of all the special types of criticism which have been designed for us by people, whose knowledge of us is very limited ... Only the other day I wrote in an unworthy access of anger that Europeans can never understand us and that they ought to shut their traps.[25]

Er erwähnt Beispiele von peinlichen Irrtümern selbsterklärter Afrikaexperten und schließt:
> I am not saying that the picture of Nigeria and Nigerians painted by a conscientious European must be invalid. I think it could be terrible valid, just as a picture of the visible tenth of an iceberg is valid.[26]

Der Vorwurf Achebes ist, daß sich Europäer nicht einmal die Zeit nehmen, die Sprache, und er meint dies im umfassenden Sinn von Weltauffassung, zu lernen, bevor sie Urteile fällen:
> I would not dream of constructing Theories to explain the European mind, with the same bold face that some Europeans assume in explaining ours. But perhaps I am too different and ought to have a go at it. After all a novel is only a story and could be as tall as an iroko tree; in any case one couldn't do worse than the author of *Bribe Scorners* who invented an Ibo hero with a Yoruba name.[27]

Achebe macht vor allem Leichtfertigkeit und Arroganz dafür verantwortlich, daß europäische Kritiker falsch verstehen. Der Literaturwissenschaftler Abiola Irele geht einen Schritt weiter. Selbst bei gründlicher Aufarbeitung des gesamten kulturellen Referenzsystems eines Werkes als »Vorwissen«, ist seiner Meinung nach das Verstehen nicht gewährleistet. Irele nennt dies das Problem der Identifikation:
> I mean by this that the extent to which a critic can respond fully to a work which not only contains references outside his own realm of experience, but which, in the structure which makes up its mode of existence, appeals to a kind of sensibility with which he is not familiar. For I do not believe that it is enough to track down the origns of these references. There needs, I believe, to be a measure of identification and belief in them in order to feel in one's bones, as it were, their place in the work of a writer ... The work of art is an invitation to a dialogue of sensibilities and nothing can replace the immediate response to this invitation if one is to arrive at a satisfactory apprehension of the essential coherence of the work, at an intuitive and real awareness of its profound truth.[28]

Das bringt uns zurück zu der Möglichkeit fremdkultureller Kompetenz. Folgen wir Ireles Gedankengang, so fehlen dem fremdkulturellen Leser und Forscher Identifikation und Glaube, ohne die er nicht ins Zentrum des zu verstehenden Werks vordringen kann, nachdem er sich rational mit dem nötigen Vorwissen versehen hat. Das entspricht in etwa Wierlachers »Vertrautwerden in der Distanz«, das bewußt davon absieht, in einen fremden Überlieferungszusammenhang »einzurücken« und »das Andere als Anderes und Fremdes zugleich sehen und gelten läßt«.[29]

Wie weit muß das Forschungssubjekt das Forschungsobjekt sein?

Zeichnet sich damit nicht doch eine Hierarchie von Selbstverstehen und Fremdverstehen ab? Wer auf Identifikation verzichtet (verzichten muß), wer auf Distanz besteht, sich nicht in vollem Ernst einläßt, kann der mit gleichem Recht die Wahrheit seines Verstehens in Anspruch nehmen? Ist es schließlich der Mühe wert, wenn man sich auf einen unverbindlichen Verstehensbegriff für fremdkulturelle Leser einigt? Welches Gespräch findet statt über einen Text, der von einem Teilnehmer aus der Binnenperspektive voll erschlossen und von einem anderen, der aus der Distanz, mit fremden Augen dazu Stellung nimmt? Ähnelt das nicht einem folgenlosen Gespräch zwischen dem Einheimischen und dem Touristen? Gibt es der fremden Kultur gegenüber nicht doch eine verbindlichere Position? Ein Ansatz, der über die bereichernde Fremdperspektive hinausgeht, findet sich in Georg M. Gugelbergers Aufsatz »Them in Our Literature and We in Theirs«. Dort ist die Rede von einem solidarischen Dialog derer, die in unterschiedlichen Kulturen erkannt haben, daß Klassenbewußtsein an die Stelle von Ethnizität getreten ist. Er betont, daß es durch Literatur möglich sei, die Probleme der »Dritten Welt« als die Europas zugleich zu erkennen und zur Solidarität der »Verdammten dieser Erde« beizutragen![30] Gugelbergers Beispiele sind der afrikanischen und der deutschen Literatur entnommen (Peter Weiß, *Gesang vom Lusitanischen Popanz*; Uwe Timm, *Morenga*). Sie erinnern daran, daß Afrika und Europa einander nicht in der Distanz vertrautgeworden sind, sondern mit dem Blick ins Weiße im Auge des Gegners. Die wechselseitige fremdkulturelle Kompetenz ist deshalb heute besonderer Art.

3. Von der Geschichtlichkeit des Fremdverstehens

Eine Hermeneutik fremder Kulturen läßt sich nur mit der Hypothese universalistischer Konzepte begründen, wenn man sich auf den Begriff der »echten Fremde« versteift[31], als einer »Kultur, die nicht in kommunikativer Vermittlung mit der eigenen sich entwickelt hat.«[32] Man müßte dann auf Voraussetzungen zurückgreifen wie der »des tranzendentalen Sprachspiels der unbegrenzten kritischen Kommunikationsgemeinschaft in jedem faktischen, kontingenten Situationsbezügen unterliegenden Sprachspiel.«[33] In unserem Fall, dem Verstehensprozeß zwischen Europa und Afrika, ist dies nicht nötig. Es wird schwer sein, in der modernen Welt überhaupt solche »echte Fremde« zu finden. (»The whole world is covered with the hell of Europe«, heißt es in Ayi Kwei Armahs Roman *Why we are so Blest.*)

Die gegenwärtige wechselseitige Verstehensmöglichkeit zwischen Afrika und Europa ist der Endpunkt einer Geschichte von Begegnungen, die es in der Tat fast unmöglich gemacht hat, die Geschichte der einen Kultur ohne Erinnerung an den Kontakt mit der anderen zu erzählen. Auf welcher Seite auch immer man den eigenen Traditionszusammenhang aufklärt, stößt man unweigerlich auf den anderen. Damit ist nicht gesagt, daß afrikanische Geschichte erst mit dem Einbruch Europas begann. Im Gegenteil: die Geschichte Afrikas begann früher:

> Dark Africa?
> Who nursed the doubtful child
> of civilisaton
> On the wand'ring banks
> Of life-giving Nile,
> And gave the teeming nations
> Of the West
> A Grecian gift?[34]

Ostafrika, durch das Niltal und durch den Nahen Osten mit der klassischen Antike des Mittelmeerraums näher verbunden als Nordeuropa zu der entsprechenden Zeit, erhebt immer entschiedener den Anspruch, nicht nur die Wiege der Menschheit, sondern auch zumindest ein Zubringer der antiken Zivilisation zu sein. Bereits in den fünfziger Jahren kamen Historiker auf den Gedanken, den Ursprung der ägyptischen und damit auch der mittelmeerischen Kultur im Bereich der Nilquellen zu suchen. Afrikanischer Kulturnationalismus reklamiert das alte Ägypten als afrikanische und möglicherweise schwarzafrikanische Kultur und schreitet dann dazu, die Ursprünge griechischer Kultur in Ägypten zu verankern.[35] Diese Kulturbrücke von Ostafrika über Ägypten nach Griechenland bricht, wie der Kenyanische Politologe Ali Mazrui bemerkt, das abendländische Monopol der Identifikation mit dem klassischen Griechenland und begründet einen anderen Traditionszusammenhang, an dem Afrika teilhat und in den einzurücken ihm nicht zu nehmen ist.

Auch wenn dieser frühe Kulturkontakt weniger folgenreich war und sich nicht in gleicher Weise ausbreitete wie in Europa, so etablierte er doch eine Verbindung zum Mittelmeerraum, die nie völlig abriß, bis Sklavenhandel und Kolonialismus über vier Jahrhunderte eine ganz andere und tiefer greifende Gelegenheit boten, in den westlichen Tradi-

Wie weit muß das Forschungssubjekt das Forschungsobjekt sein?

tionszusammenhang einzurücken – »unsere Ahnen, die Gallier«, lernten die Schulkinder in den französischen Kolonien. Afrika wurde zum Objekt der Erforschung und der Plünderung. Doch damit veränderte sich auch das Gesicht Europas. Europa wurde ein Kontinent von Kolonisatoren.[36] Mit Aimé Césaire:
> Man müßte zunächst untersuchen, wie die Kolonisation daran arbeitete, den Kolonisator zu entzivilisieren, ihn im wahren Sinne des Wortes zu verrohen, ihn zu degradieren ...[37]

Europäische, auch deutsche Geschichte nimmt hier eine Wende, die sie noch immer nicht voll verarbeitet hat. Sie zeigte ein Gesicht, das sie heute noch gern verbirgt, das Afrika jedoch genau studiert hat und in seiner Literatur zur Sprache bringt. Der europäische Leser kann dort sein Gedächtnis auffrischen, was gelegentlich auch in der eigenkulturellen Literatur möglich ist, in einem Buch wie Uwe Timms *Morenga*, »Roman um ein verdrängtes Kapitel deutscher Geschichte«. Bei dieser notwendigen Reflexion kann der afrikanische Partner behilflich sein. In seiner Literatur und Literaturwissenschaft findet sich eine beträchtliche Quellensammlung, die das Selbstverständnis des europäischen Lesers bereichern kann. Europa kommt von Afrika, nachdem es einmal seine Nägel in diesen Kontinent geschlagen hat, nicht mehr los. Ein Teil seiner Geschichte und Identität ist dort eingegraben, nicht der beste.

Afrika hat, zunächst widerstrebend, dann in zunehmendem Tempo, Europa in sich aufgenommen und sich so gründlich verwestlicht wie keine zweite Kultur der »Dritten Welt«.[38] »Most of us educated Africans possess a mind largely trained away from our cultural background«, gesteht Abiola Irele. Die Schule Europas hat ihre Macht bewiesen. In Cheik Hamidou Kanes Roman *Ambiguous Adventure* soll Samba Diallo in der europäischen Schule lernen, wie man erobert, ohne im Recht zu sein:
> The new school shows at the same time the characteristics of a cannon and of magnet. From the cannon it draws its efficacy as an arm of combat. Better than the cannon it makes conquest permanent. The cannon compels the body, the school bewitches the soul.[40]

Wenn Europa und Afrika ihre eigene Geschichte und Kultur zum Forschungsobjekt machen, nicht im schlichten Einrücken, sondern in kritischer Reflexion[41], so werden sie dort soviel voneinander finden, daß sie nicht behaupten können, einander in der Gegenwart als Fremde zu begegnen, als echte Fremde, ohne frühere kommunikative Vermittlung. Sie haben in der Geschichte ihrer Begegnungen Rollen übernommen, die sie nicht einfach ablegen können, um einander im Spiel und in sicherer Distanz zu begegnen. Sie müssen sich im Ernst darauf einlassen, einander zu verstehen, indem sie sich zu ihrer langjährigen Bekanntschaft bekennen. Sie können dies nur, wenn sie dabei ihr wechselseitiges Verhältnis in den Blick nehmen. Wenn sie dann die Rollen tauschen und die andere, nicht die fremde Kultur studieren, besteht die Möglichkeit zu einer gründlichen Korrektur des Selbstverständnisses und des wechselseitigen Verständnisses.

Es geht also nicht darum, mit einem eigenkulturellen Selbstverständnis eine völlig fremde Kultur zu verstehen, sondern um die Aufklärung und Aufhebung von historisch entstandenen Vorurteilen. Sollten diese tatsächlich im Lichte kritischer Reflexion verdorren und besserer Einsicht Raum geben, kann der eigentliche Dialog beginnen, als Fortsetzung der dialektischen wechselseitigen Korrektur von Selbstverständnis und Verständnis des Anderen, die nicht aufeinander aufruhen, sondern sich ständig weiterentwickeln. Zwei Kulturen, die sich so zueinander verhalten, wenn das möglich ist, tun Besseres, als die fremde Perspektive als eine unter anderen beliebig vielen gelten zu lassen. Sie prüfen sie in jeder Phase des Dialogs an ihrem Selbstverständnis, lassen sie zu oder weisen sie ab. Sie zwingen damit den Partner, sich auf seine Vorurteile zu besinnen und zu prüfen, ob sie seiner Kultur intrinsisch sind oder, von anderen Interessen geboren, ideologisch.

Soweit *muß* das Forschungssubjekt Forschungsobjekt sein, daß es die Urteile des anderen auf ihre Substanz prüfen und entsprechend behandeln kann. Es liefert sich sonst der Beliebigkeit fremdkultureller Interpretationen aus, die es am Ende nicht bereichern, sondern in seiner Identität aufweichen oder ihm eine Identität anhängen, die es gar nicht haben will:

> Viele Nichtafrikaner werfen sich heute, mehr noch als die Afrikaner selbst, zu Verteidigern einer »authentisch« genannten afrikanischen Kultur auf ... Kurz gesagt, allein die Afrikaner wissen heute nicht mehr, was man tun muß, um Afrikaner zu sein oder afrikanisch zu wirken, so sehr ist die »Authentizität« ihrer Kultur von den von draußen kommenden Experten in die Hand genommen worden.[42]

Francis Bebey, aus dessen Roman *King Albert* dieser Kommentar stammt, kommt zu dem Schluß, daß einer »Mischlingskultur« nicht mehr abzuhelfen, vielmehr das Beste daraus zu machen sei. Zwischen dem Kind zweier Welten und seinen, wenn auch nicht immer gleichermaßen fürsorglichen Elternteilen, hat sich das hermeneutische Problem gelöst, auch das der Kompetenz, trotz der oben zitierten Vorbehalte. Traditionszusammenhänge, streckenweise Zusammenhänge der Herrschaft

Wie weit muß das Forschungssubjekt das Forschungsobjekt sein?

und Gewalt, sind Grundlage und Aufgabe wechselseitigen Verstehens zwischen Europa und Afrika, in dem schließlich beide gleichermaßen Forschungssubjekt und Forschungsobjekt sind und sein müssen.

Anmerkungen

1. Ernst Bloch: *Trader Horn in Afrika*. In: *Verfremdungen II*, Frankfurt a.M. 1964, S. 117.
2. In der Rede bei der Entgegennahme des Nobelpreises für Literatur, Stockholm 1986. Zitiert nach *National Concord* (Nigeria), 17.12.86.
3. Hans Christian Andersen: *Die Schneekönigin in sieben Geschichten. Erste Geschichte, welche von dem Spiegel und den Scherben handelt.* In: *Märchen*, hrsg. mit einem Nachwort von Hans-Jürgen Witte. Potsdam 1950, S.271.
4. Darauf weist Wierlacher, unter Berufung auf Albert Schütz, mehrfach hin. Vgl. Alois Wierlacher: *Mit fremden Augen oder: Fremdheit als Ferment. Überlegungen zur Begründung einer interkulturellen Hermeneutik deutscher Literatur.* In: *Das Fremde und das Eigene. Prolegomena zu einer Interkulturellen Germanistik*, hrsg. von Alois Wierlacher. München 1985, S. 3.
5. Eric O. Ayisi: *An Introduction to the Study of African Culture*. London 1972, S. XXV.
6. Vgl. Gérard Leclerc: *Anthropologie und Kolonialismus*, übers. von Hans Zischler. Frankfurt a.M., Berlin, Wien 1976, S. 128ff.
7. Vgl. O.U. Kalu: *The Formulation of Colonial Policy in Colonial Nigeria*. In: *Readings in African Humanities. Traditional and Modern Culture*, ed. by Edith Ihekweazu. Enugu 1985, S. 25–138.
8. Vgl. A. Wierlacher, a.a.O. S. X: »Unter interkultureller Germanistik verstehen wir eine Wissenschaft, die die hermeneutische Vielfalt des globalen Interesses an deutschsprachigen Kulturen ernst nimmt und kulturvariante Perspektiven auf die deutsche Literatur weder hierarchisch ordnet noch als ein Handicap einschätzt, sondern als Quelle zu besserem, weil multiperspektivischem Textverstehen erkennt und anerkennt.«
9. Dietrich Krusche: *Literatur und Fremde*. München 1985, S. 15.
10. Jürgen Habermas: *Zur Logik der Sozialwissenschaften. Materialien.* Frankfurt a.M. 1973, S. 278. Vgl. *Erkenntnis und Interesse*. Frankfurt a.M. 1968, S. 221.

[11] Friedrich H. Tenbruck: *Was sind und was sollen die Geisteswissenschaften.* In: Universitas 2, 1987, S. 128.
[12] Vgl. Gérard Leclerc, a.a.O. S. 122ff.
[13] Justin Stagl: Einleitung des Herausgebers zu Eleonore Smith-Bowen: *Rückkehr zum Lachen.* Berlin 1984, S. 17: »Die Krise der Ethnologie – sie dauert bis heute an – ist im wesentlichen die Krise ihres Objektivitätsbegriffes.«
[14] Eleonore Smith-Bowen, a.a.O. S. 338.
[15] Jürgen Habermas: *Erkenntnis und Interesse.* Frankfurt a.M. 1968, S.214.
[16] Eleonore Smith-Bowen, a.a.O, S. 166.
[17] *National Concord* (Nigeria), 15.12.1986.
[18] Auf dem neuesten Stand vgl. *Blacks and German Culture*, Essays edited by Reinhold Grimm and Jost Hermand. University of Wisconsin 1986.
[19] F.H. Tenbruck, a.a.O. S. 129
[19a] Leo Frobenius: *Das Gute und Böse der Naturvölker.* In: *Vom Schreibtisch zum Äquator* (= Erlebte Erdteile III). Frankfurt a.M. 1925, S. 43.
[20] Vgl. Jean Ita: *Frobenius, Senghor and the Image of Africa.* In: Robin Horton & Ruth Finnegan (Hrsg.): *Modes of Thought. Essays on Thinking in Western and Non-Western Societies.* London 1973, S. 306–336. Idem: *Frobenius in West-African History.* In: Journal of African History, XII,4 (1972), S. 672–688.
[21] Yambo Ouologuem: *Bound to Violence*, transl. from French by Ralph Manheim. London 1971, S. 87.
[22] Leo Frobenius: *Nach der Atlantisfahrt,* a.a.O. S. 376.
[23] Léopold Sédar Senghor: *Lessons of Leo Frobenius.* In: *Leo Frobenius 1873–1973. An Anthology,* ed. by Eike Haberland. Wiesbaden 1973, S. VII.
[24] Leo Frobenius: *Nach der Atlantisfahrt,* a.a.O. S. 382.
[25] Chinua Achebe: *Where Angels Fear to Tread.* In: *Morning Yet – on creation Day.* London 1975, S. 46.
[26] Ibid. S. 8.
[27] Ibid. S. 48.
[28] Abiola Irele: *The African Experience in Literature and Ideology.* London 1981, S. 37.
[29] Alois Wierlacher, a.a.O. S. 20.
[30] Georg M. Gugelberger: *Them in Our Literatur and We in Theirs.* In: *Blacks and German Culture,* a.a.O. S. 87–112.

[31] Alois Wierlacher, a.a.O. S. 13.
[32] Dietrich Krusche, a.a.O. S. 14.
[33] Hilmar Kallweit: *Transformation des Textverständnisses*. Heidelberg 1978, S. 102 unter Berufung auf Otto Apel: *Transformation der Philosophie*, Bd. II, S. 247.
[34] Michael Dei-Anang: *Africa Speaks*, zitiert nach Ali Mazrui: *Political Values and the Educated Class in Africa*. London 1978, S. 87.
[35] Ali Mazrui: *Ancient Greece in African Thought*, a.a.O. S. 81–102, Vgl. auch I.C. Onyewuenyi: *The African Origin of Greek Philosophy*. Owerri 1986.
[36] Janos Riesz: *Zehn Thesen zum Verhältnis von Kolonisation und Literatur*. In: *Literatur und Kolonialismus I*, hrsg. von Wolfgang Bader und Janos Riesz. Frankfurt a.M., Bern 1983, S. 9: »Die Literatur Europas ist die eines Kontinents von Kolonisatoren.«
[37] Aimé Césaire: *Über den Kolonialismus*, aus dem Französischen übersetzt von Monika Kind. Berlin 1968, S. 10.
[38] Ali Mazrui: *The African Condition*. The Reith Lectures. London 1980, S. XVI.
[39] Abiola Irele, a.a.O. S. 39.
[40] Cheik Hamidou Kane: *Ambiguous Adventure*, transl. from French by Catherine Woods. London 1972, S. 49.
[41] Jürgen Habermas: *Zur Logik der Sozialwissenschaften*, S. 284.
[42] Francis Bebey: *King Albert*, aus dem Französischen von Gerd Meuer. Wuppertal 1980, S. 51.

Horst Denkler, Berlin

Deutsche Literaturgeschichte für chinesische Leser
Ein Erfahrungsbericht über Schwierigkeiten bei der Literaturgeschichtsschreibung für eine europaferne Kultur

Obwohl mir keine »goldenen Legenden« vorgeschwebt haben und mich deren »bitteres Ende« folglich nicht zu kümmern brauchte, fühlte ich mich bei der Niederschrift meines Vortrages an den Dialogsprecher in Bertolt Brechts Parabelstück *Der gute Mensch von Sezuan* erinnert.[1] Wie dieser am Schluß des Dramas feststellen muß, daß der Vorhang zugezogen ist und alle Fragen offen geblieben sind,[2] bin ich genötigt, von einer Arbeit zu berichten, die abgeschlossen wurde und doch erst begonnen hat. Damit meine ich ein Gemeinschaftsprojekt, das im Rahmen des seit 1981 bestehenden Partnerschaftsvertrages zwischen der Peking-Universität und der Freien Universität Berlin entwickelt und durchgeführt werden konnte: nämlich eine 560seitige Geschichte der in der Bundesrepublik Deutschland gelesenen deutschsprachigen Nachkriegsliteratur, die meine Kollegen Bernd Balzer, Hartmut Eggert, Günter Holtz und ich geschrieben haben und die eine chinesische Germanistengruppe unter der Leitung von Professor Fan Dacan ins Chinesische übertragen wird, um den Buchmarkt der Volksrepublik China mit einem Informationsbuch für interessierte Literaturfreunde ohne deutsche Sprachkenntnisse zu beliefern.[3]

Aus Anlaß der Übergabe des Manuskriptes an die chinesischen Partner im Mai dieses Jahres faßte ich die Ergebnisse unserer Bemühungen für den Pressedienst der Freien Universität mit den folgenden Sätzen zusammen: »Da die Literaturgeschichte in Parallele zu einer Darstellung der DDR-Literatur, an der Germanisten aus der DDR noch arbeiten, entworfen und niedergeschrieben werden mußte, konzentriert sie sich auf die in den deutschen Westzonen und in der Bundesrepublik Deutschland sowie in Österreich und in der Schweiz seit 1945 entstandene und gelesene Literatur. DDR-Literatur ist allerdings insoweit berücksichtigt worden, als sie die Literaturverhältnisse in den genannten Ländern mitbeeinflußt, mitbestimmt und mitgeprägt hat. Sprachstil und Darstellungsweise, Aufbau und Aussagetendenz wurden auf die Bedürf-

nisse chinesischer Leser abgestimmt, die die ihnen unbekannt gebliebene und fremde neuere deutsche Literatur kennenlernen wollen. Deshalb haben die Verfasser von vornherein darauf verzichtet, ein enzyklopädisches Handbuch oder eine Reihe von Autorenporträts und Einzeltextinterpretationen vorzulegen. Sie versuchen stattdessen, die chinesischen Leser an das Unbekannte und Fremde heranzuführen und es ihnen zu erklären, indem sie die historischen Entstehungs-, Rahmen- und Wirkungsbedingungen der deutschen Nachkriegsliteratur beschreiben und deren Entwicklung als Geschichte des Wandels literarischer Formen, Inhalte und Wirkungen darstellen. Nicht an informierte Kenner moderner Literatur in den deutschsprachigen Staaten gerichtet, sondern für informationsbegierige und -bedürftige Literaturfreunde in einem ostasiatischen Land mit anderer Gesellschaftsordnung geschrieben, entfaltet die Literaturgeschichte ihr eigenes, leserorientiertes Vermittlungsverfahren:
- Sie liefert politisches, kulturelles, literarisches Informationsmaterial, um Wissenslücken zu schließen;
- sie läßt Erkenntnisschritte nach Lehrbuchmanier aufeinander folgen, um systematisch in europäische Denk- und Empfindungstraditionen einzuführen;
- sie stellt in Quer- und Längsschnitten literarische Formen, Werke und Tendenzen vor, um zur Übersetzung lesenswerter Texte anzuregen und Lesewünsche zu erzeugen;
- sie bemüht sich, Auskunft über den Methodenpluralismus neuerer deutscher Literaturgeschichtsschreibung, die literarische Vielsträngigkeit auf dem freien Literaturmarkt, die politische Meinungsvielfalt im demokratischen Staat zu geben und zugleich dafür zu zeugen.«[4]

Diese Angaben sind nicht falsch; doch sie enthalten nur die halbe Wahrheit, weil sie als presseamtliche Verlautbarungen unterdrücken müssen, was die Erfolgsmeldung schmälern könnte. Um der verschwiegenen anderen Hälfte der Wahrheit willen lohnt es sich jedoch, hier und heute über das Projekt zu reden. Denn seine Geschichte wie seine Resultate bilden ein ‚Lehrstück', das die einleitende Reminiszenz an Brecht ebenso rechtfertigt wie es die bekannte Lehrstücktendenz bestätigt, bei der Schlußbilanz mehr auf der Soll-Seite als auf der Haben-Seite zu verbuchen.

In der Planungsphase ließen wir vier uns von guten Einsichten, Überlegungen und Vorsätzen bestimmen. Nachdem ich das Projekt während meiner Gasttätigkeit an der Peking-Universität im Wintersemester 1981/82 angeregt und mit den chinesischen Partnern abgesprochen hatte,

Deutsche Literaturgeschichte für chinesische Leser

wartete ich, bis drei weitere Berliner Kollegen als Austauschdozenten China-Erfahrungen sammeln konnten. Denn in Anbetracht anderer Forschungsverpflichtungen und unter Berücksichtigung der Belastungen durch den Lehrbetrieb an einer Massenuniversität stellte ich mich von Anfang an darauf ein, daß die Literaturgeschichte von mehreren in gemeinschaftlicher Anstrengung zu schreiben war. Und angesichts der traditionsgeheiligten und ideologiegestützten hierarchisch-autoritativen Grundstrukturen des chinesischen Gesellschaftssystems, Bildungswesens und Alltagslebens ging ich von vornherein davon aus, daß sich die deutschen Literarhistoriker mit der Empfindungsweise, dem Denkverhalten, den Lesegewohnheiten der Chinesen vertraut machen mußten, um deren Verständnisfähigkeit, Einfühlungsvermögen, Erwartungshorizont einschätzen und potentielle Rezeptionshindernisse, Auffassungsbarrieren, Irrtumsquellen bedenken zu können.

Da aber keiner von uns über chinesische Sprachkenntnisse verfügt und sich jeder mit einem fünfmonatigen Erkundungsaufenthalt zu begnügen hatte, in dessen Verlauf er lernte, seinen offenen Augen mehr zu trauen als den widersprüchlichen Auskünften der chinesischen Gastgeber, blieben wir auf Oberflächeneindrücke angewiesen, die durch Buchinformationen vertieft werden mußten:

- Ob wir nun bei Richard Wilhelm vom gesellschaftlichen Ordnungsstreben der Chinesen lasen[5] oder bei Lin Yutang von der ästhetischen Harmonieleistung chinesischer Kunst erfuhren[6] und bei Erwin Wickert bestätigt fanden, daß in China Integrationsbereitschaft, Ausgleichswille, Traditionsbewußtsein über die europäischen Zielvorstellungen von persönlicher Freiheit, subjektiver Selbstverwirklichung, individueller Originalität und künstlerischer Innovation gestellt werden;[7]
- ob wir uns auf unsere eigenen Beobachtungen verließen, die unter dünner marxistisch-leninistischer Haut einen konfuzianisch oder daoistisch funktionierenden Organismus mit feudalistischen, kapitalistischen und anderen (schwer oder gar nicht identifizierbaren) Antriebskräften entdeckten;
- ob wir also die Langzeiterfahrung der China-Kenner oder unsere Augenblickswahrnehmung beherzigen wollten, stets sahen wir uns auf das Abweichende, Andersartige und Fremde verwiesen, das uns veranlaßte, oberflächliche Parallelisierungen mit dem Eigenen zu vermeiden, selbst wenn Verwandtes, Verbindendes und Gleiches sie nahezulegen schienen.[8]

Kurzum: Erlebnisse vor Ort und Buchwissen forderten uns gewissenhafte konzeptionelle Planung ab. Weil aber unser Erfahrungshorizont ebenso wie das verfügbare Lesespektrum begrenzt waren, stellte sich rasch Einvernehmen her. Wir beschlossen, einen leicht lesbaren Leitfaden für chinesische Deutsch-Studenten zu verfassen und damit zugleich ein Einführungsbuch für Literaturfreunde bereitzustellen, das sozialhistorisch begründet, kultursoziologisch erklärt, kunsttheoretisch erhellt, geistesgeschichtlich erläutert, formenästhetisch ausbreitet, bewußtseinsanalytisch deutet und entwicklungsperspektivisch argumentiert. Dieses universalistisch ausgerichtete Vorhaben suchten wir auf das von uns Machbare und in China Verwendbare zurückzuschneiden, indem wir uns vornahmen, die Darstellung auf die ‚großen Bögen', die ‚repräsentativen Strukturen', die ‚bezeichnenden Verhältnisse' und die ‚bestimmenden Fakten' zu beschränken: Scharf konturierend, ohne zu vergröbern, deutlich profilierend, ohne zu übertreiben, klar beurteilend, ohne zu vereinseitigen, einfach beschreibend, ohne zu simplifizieren, sollte sich unser Manuskript als Übersetzungsvorlage bewähren, die sich ebenso leicht übertragen wie lesen und verstehen läßt.

Nachdem die Universitätsleitung jedem von uns ein Freisemester gewährt hatte, das wir mit Rücksicht auf den institutsinternen Lehrbedarf nicht gleichzeitig (und d.h. im Team), sondern nur nacheinander (und d.h. im Alleingang) wahrnehmen durften, machte sich der erste 1984/85 an die Arbeit, 1985 und 1986 gefolgt von den anderen: Auf jeden entfiel die Darstellung eines Epochenabschnittes, die ihm abverlangte, in den unterrichtsfreien sechs Monaten bis zu 15000 Seiten Primärliteratur zu überfliegen und zwischen 120 und 150 Schreibmaschinenseiten übersetzungsreifen Text herunterzuschreiben – ein risikoreiches Unterfangen, weil die knappe Zeit keine Umwege oder Abschweifungen, Neuansätze oder Richtungsänderungen gestattete. Was dabei herausgekommen ist und nunmehr in Reinschrift vorliegt, zeigt nicht nur die Spuren dieses ‚Husarenrittes'; es sieht auch anders aus, als wir es uns vorgestellt hatten. Doch eben darin gründet der Lerneffekt, der zum Berichten motiviert. Denn obgleich die konzeptionellen Vorgaben von allen beachtet und die prinzipiellen Vorsätze von allen eingehalten worden sind, beweist das fertige Manuskript, daß unsere Vorabsprachen nicht ausgereicht haben: Entstanden ist ein in sich widersprüchlicher Text, an dem sich bezeichnenderweise auch die Meinungen der Verfasser scheiden, die von uneingeschränkter Zustimmung über leisen Zweifel bis zu der Wunschvorstellung reichen, noch einmal von vorn anzufangen. Da ich mich zu der letzten Einschätzung bekenne und mir zugleich eingestehen muß, daß mir

Zeit und Muße, aber auch Methodengewißheit und Richtungszuversicht für den Neuanlauf fehlen, möchte ich im folgenden zusammenfassen, worauf sich mein Unbehagen bezieht und wie Abhilfe zu schaffen wäre. Daß die Unterschiedlichkeit des Charakters, des Standpunktes und des Stils der vier Autoren zu unterschiedlichen Schreibergebnissen führen mußte und daß die Verschiedenheit der vierziger, fünfziger, sechziger, siebziger und achtziger Jahre zu verschiedenen Präsentations- und Demonstrationsverfahren zwingen würde, war vorauszusehen, ließ sich rechtfertigen und konnte redaktionell aufgefangen werden. Unerwartet trafen mich jedoch und unentschuldbar, unauflösbar und unkorrigierbar fand ich Divergenzen in Geschichtsbild, Argumentationsrichtung, Darstellungsweise und Wirkungsziel, die sich aus fehlender Reflexion und Theoriebildung über Sinn, Form und Zweck der Literaturgeschichtsschreibung für Ausländer ergeben haben und die auf den Mangel einschlägiger Versuchsreihen, Probeläufe, Modellentwürfe und Mustervorlagen zurückzuführen sind.

Meine Ratlosigkeit, die alle redaktionellen Angleichungsbemühungen behinderte und lähmte, verstärkte sich noch, als ich feststellen mußte, daß jede Divergenz neue Divergenzen nach sich zog. Es begann mit der Geschichtsauffassung, die sich nicht vereinheitlichen ließ, weil bisher ungeklärt ist oder umstritten blieb, welches Geschichtsbild den Angehörigen eines fremden Kulturkreises vermittelt werden sollte. So entschloß sich einer von uns, die jüngste deutsche Geschichte auf seine Schultern zu laden und als eigene anzunehmen und vorzustellen, während ein anderer von ihr abrückte und sich gegen sie zu behaupten suchte: Auf Identifikation folgte Distanzierung. Der dritte orientierte sich bei der Beschreibung des Geschichtsverlaufs an der großen Politik der Regierenden, der vierte an den Basisbewegungen der Regierten: Die ‚Geschichte von oben' wurde durch die ‚Geschichte von unten' abgelöst. Diese Gegenläufigkeiten setzten sich in der Argumentationsrichtung und in der Darstellungsweise fort, womit nicht behauptet werden soll, daß sich das eine immer kausallogisch aus dem anderen ergeben hätte. Gewisse Affinitäten sind jedoch unverkennbar. Wer die Literaturgeschichtsschreibung zur politischen Sympathiewerbung nutzen wollte, mußte dazu neigen, zu polemisieren, zu plädieren, zu bekennen, zu fordern, zu beschwören; wer mit ihr Verständnis für die moderne Kunst und Dichtung zu wecken wünschte, sah sich veranlaßt, zu ihnen hinzuführen, mit ihnen vertraut zu machen, sie selbst sprechen zu lassen. Wer Literaturgeschichte in das Faktengeschehen der Regierungspolitik einbetten und den literarischen Strömungen als Reflexen konkreter Geschichtlichkeit mehr Aufmerksamkeit widmen wollte als dem literarischen Einzelwerk, mußte Sachverhalte und Zusammenhänge beschreiben, indem er ‚über' sie schrieb; wer den einzelnen Text als poetische Kunstschöpfung gegen die Vergänglichkeit der geschichtlichen Abläufe zu stellen suchte, fand sich eher bewogen, ihn herauszuheben, für sich zu betrachten und sub specie aeternitatis zu beurteilen und zu bewerten.

Bei solchen Differenzen, die ich hier allerdings typologisierend überzeichnet habe, verwundert es nicht, daß auch die Wirkungsabsichten auseinanderdrifteten. Wir waren uns zwar einig gewesen, die chinesischen Leser zu hindern, verwandt Anmutendes vorschnell mit eigenem gleichzusetzen und andersartig Erscheinendes eilfertig gegen Eigenes auszuspielen. Und wir hatten uns deshalb vorgenommen, ihnen die Fremdheit der deutschen Geschichte, Wirklichkeit, Literatur vorzuführen, sie zum Verstehen des Andersartigen anzuleiten und sie gleichzeitig zu befähigen, selbst herauszufinden und zu entscheiden, ob und wie sie sich das Andere und Fremde aneignen wollen. In der Umsetzung dieser Wirkungskonzepte zu Wirkungsstrategien schieden sich erneut die Geister: Der eine Bearbeiter trat für das Fremde bürgend ein, der zweite brachte es behutsam nahe, der dritte strich es warnend heraus, der vierte schätzte es fürsorglich ab – und jeder hatte seine Gründe dafür.

Daß die unerwartet und ungeplant entstandene, vielfältig gefächerte Polyperspektivik Erkenntnisse vermitteln mag, von denen der ausländische Leser profitieren könnte, soll hier nicht angezweifelt werden. In der Einleitung machen wir deshalb gute Miene zum bösen Spiel, treten aus der Defensive in die Offensive und versichern, in den geschilderten Meinungs- und Ausdrucksverschiedenheiten spiegele sich die Richtungsvielfalt der Literaturwissenschaft in der Bundesrepublik Deutschland: »Davon«, so heißt es dann wörtlich, »sollen die Leser unserer Literaturgeschichte einen Einblick bekommen.« Abseits von solchen Schutzbehauptungen hält unser Manuskript in seinem derzeitigen Zustand aber unvorgeschobene Lehren bereit, die für uns selbst gelten und alle angehen, denen gleiche oder ähnliche Aufgaben gestellt werden.

Zum einen ist aus unserem Beispiel zu lernen, daß mehr Zeit investiert und folglich auch beansprucht und bewilligt werden muß, um die literaturhistorisch relevanten Literaturmassen zu sichten, zu ordnen, zu beschreiben und zu beurteilen. Das uns zugestandene unterrichtsfreie Semester reichte zwar zum Lesen und zum ersten Schreibanlauf, ließ aber keine Kurskorrekturen zu und war verstrichen, bevor die pädagogisch-didaktische Aufbereitung geleistet war.

Zum zweiten läßt sich aus unserem Beispiel schließen, daß diese pädagogisch-didaktische Aufbereitung nur gelingen kann, wenn mehr Praxiserfahrung gesammelt und das Theoriedefizit abgebaut wird, das für die Vermittlung von Literaturgeschichte im fremdkulturellen Ausland besteht. Vorarbeiten dazu sind zwar von Alois Wierlacher, Dietrich Krusche, Robert Picht, Bernd Thum u.a.[9] erbracht worden; sie beschränken sich aber, soweit ich sehe, im wesentlichen auf die Bestimmung der Rahmenbedingungen: Orientierung auf den Adressaten; Beachtung der Fremdkultur, in der dieser lebt; Respektierung und Verdeutlichung der kulturellen Unterschiede als Voraussetzung für besseres Verstehen und leichteres Verständlichmachen des Fremden und Eigenen; Förderung der Selbstfindung durch die Herausforderung, sich am Fremden abzuarbeiten, um es zu durchschauen, zu begreifen, zu verwerten und damit für die Auseinandersetzung mit dem Eigenen zu nutzen. Wie die Umschau in den *Jahrbüchern Deutsch als Fremdsprache* und in Einzelpublikationen zeigt, wurden diese Absichtserklärungen aber kaum in Hinsicht auf die Literatur*geschichts*schreibung auf die Probe gestellt. Ob sich Literaturgeschichtsschreibung für den ausländischen Leser lohnt, welchen Verfahren sie folgen soll und was sie anzustreben hat, ist wissenschaftlich ungeklärt.

Aus diesen Ungewißheiten ergibt sich jedoch meiner langen Rede kurzer Sinn. Bevor man sich auf die Abfassung einer Literaturgeschichte für den Gebrauch von Fremdkulturen einläßt, ist ihre Funktion wissenschaftlich zu prüfen; bevor man mit der Niederschrift beginnt, müssen die anstehenden Vermittlungsschwierigkeiten wissenschaftlich erfaßt und die erforderlichen Vermittlungsperspektiven wissenschaftlich erschlossen werden. Literaturgeschichtliche Schreiberfahrungen, die im eigenen Kulturkreis gewonnen und erprobt sind, genügen nicht. Interkulturelle Grundlagenforschung tut not, auch und gerade im Bereich der Literaturgeschichtsschreibung. Im Alleingang ist das nicht zu bewältigen; die notwendigen Untersuchungsreihen und Rezeptionskontrollen müssen auf breiter Front und in koordinierter Aktion durchgeführt werden. Denn es gibt – so möchte ich mit dem einleitend zitierten Brecht schließen – nur einen »Ausweg« aus dem »Ungemach«: »Sie selber dächten auf der Stelle nach«.[10]

Horst Denkler

Nachbemerkung

Als mir ein Konferenzteilnehmer nach dem Anhören meines Referats vorwarf, meine Ausführungen hätten ihn auf empörende Weise provoziert, antwortete ich ihm, das sei beabsichtigt gewesen. Denn ‚Provokation' heißt ja laut *Duden* nicht nur ‚Aufreizung', sondern auch ‚Herausforderung'. So mag es aufreizend wirken, wenn unbeschönigt eingestanden wird, daß vier Fachwissenschaftler das Gleiche wollten und es trotz sorgfältigster konzeptioneller Absprache und gewissenhaftester Koordination der Schreibprozesse nicht erreichten. Andererseits ist in diesem unbeabsichtigten Arbeitsergebnis der Autorengruppe eine weiterführende Erkenntnis enthalten, die im Alleingang nicht erlangt worden wäre und nur gewonnen werden konnte, weil der gemeinsame Anlauf einvernehmlich planender und verfahrender Autoren unversehens auf abweichende Bahnen und zu divergierenden Zielen geführt hatte: Die entstandenen Richtungsunterschiede sind nicht individuellem Versagen oder Verschulden anzulasten; sie resultieren vielmehr aus wissenschaftstheoretischen und -praktischen Defiziten interkultureller Grundlagenforschung. Daraus ergibt sich jedoch die wissenschaftliche Herausforderung für die interkulturelle Germanistik, die durchaus als Provokation verstanden werden darf.

Daß sich diese Provokation nur an Literaturtheoretiker, -didaktiker, -historiker usw. richtet und nicht auf die chinesischen Leser erstrecken und ihnen die Lektüre erschweren soll, versteht sich allerdings von selbst: Wenn ich in meinem Vortrag die divergierenden Tendenzen unserer Literaturgeschichte zu Demonstrationszwecken verdeutlichend und unterstreichend herausgearbeitet habe, so mußte ich mich bei der Schlußredaktion der Übersetzungsvorlage bemühen, sie abzuschwächen und in vertretbaren (und d.h. motivierbaren) Grenzen zu halten. Denn es wäre keine Lösung gewesen, das Manuskript zurückzuziehen und das chinesische Publikum auf bessere Zeiten zu vertrösten, die im Gefolge interkultureller Wissenschaftsfortschritte heraufdämmern mögen. Ging es doch darum, aktuellen Lesebedürfnissen mit dem vorläufig Möglichen entgegenzukommen, das durch Besseres ersetzt werden sollte, sowie der Stand der interkulturellen Grundlagenforschung es erlaubt.

Anmerkungen

1. Bertolt Brecht: *Der gute Mensch von Sezuan. Parabelstück*. In: *Stücke*. Bd. 8. Berlin 1957, S. 397.
2. Ebd.
3. Bernd Balzer, Horst Denkler, Hartmut Eggert, Günter Holtz: *Die deutschsprachige Literatur in der Bundesrepublik Deutschland. Vorgeschichte und Entwicklungstendenzen*. Manuskript für eine Übersetzung ins Chinesische. Gemeinschaftsprojekt im Fachbereich Germanistik der Freien Universität Berlin im Rahmen des Partnerschaftsvertrages mit der Peking-Universität in Peking (Volksrepublik China). Typoskript in einer Auflage von 20 Stück (Berlin 1957). Die deutschsprachige Fassung für Unterrichtszwecke erscheint im Dezember 1987 im iudicium verlag München.
4. *Delegation der Peking-Universität zu Gast an der Freien Universität Berlin*. In: Pressedienst FU Berlin (22. 5. 1987) Nr. 98/87. Außerdem: *Deutsche Literaturgeschichte für China*. In: FU-Info. Das Magazin der Freien Universität Berlin (29. 5. 1987) Nr. 5, S. 1 und 32.
5. Richard Wilhelm: *Die Seele Chinas*. Mit einem Vorwort von Wolfgang Bauer. Frankfurt am Main 1980, S. 429 und passim.
6. Lin Yutang: *Mein Land und mein Volk*. 7.–8. T. Stuttgart und Berlin o.J., S. 348 und passim.
7. Erwin Wickert: *China von innen gesehen*. Stuttgart 1982, S.11, 503 und passim.
8. Vgl. Horst Denkler: *Von chinesischen Pferden und deutschen Missionaren. China in der deutschen Literatur – deutsche Literatur für China*. In: The German Quarterly 60 (1987) Nr. 3.
9. Alois Wierlacher: Einführung zu: *Literaturforschung als Fremdheitsforschung*. In: Jahrbuch Deutsch als Fremdsprache 1985. Bd. 11. München 1986. S. 83–86; ders.: *Mit anderen Augen oder: Fremdheit als Ferment. Überlegungen zur Begründung einer interkulturellen Hermeneutik deutscher Literatur*. In: ders.: *Das Fremde und das Eigene. Prolegomena zu einer interkulturellen Germanistik*. München 1985, S. 3–28; u.a. – Robert Picht: *Internationale Beziehungen. Zukunftsperspektiven einer interkulturellen Germanistik*. Ebd., S. 140–150. – Dietrich Krusche: *Literatur und Fremde*. München 1985, S. 129 und passim. – Bernd Thum: *Historische deutsche Literatur in interkultureller Textvermittlung*. In: Jahrbuch Deutsch als Fremdsprache 1984. Bd. 10. München 1985, S. 182–197.
10. Brecht (Anm. 1), S. 398.

Studienprogramme und Arbeitsprojekte

Alois Wierlacher, Bayreuth

‚Deutsch als Fremdsprache' als Interkulturelle Germanistik
Das Beispiel Bayreuth

I. Zur Kontur des Faches

1. Als ‚Interkulturelle Germanistik' bezeichne ich eine Wissenschaft vom Deutschen und von deutschsprachigen Kulturen, die von der Kulturgebundenheit aller germanistischen Arbeit in Forschung und Lehre ausgeht und sich als Teil eines interkulturellen Dialogs versteht.[1] Als Variante und Beispiel einer solchen Interkulturellen Germanistik wird das Fach Deutsch als Fremdsprache an der Universität Bayreuth vertreten und aufgebaut. Sein Studienangebot ist freilich noch sehr jung, ich vermag genau genommen nur eine Geburtsanzeige aufzugeben: mit Erlaß vom 10. April 1987 hat das Bayerische Staatsministerium für Wissenschaft und Kunst die Einrichtung des grundständigen Studienfachs *Deutsch als Fremdsprache (Interkulturelle Germanistik)* an der Universität Bayreuth genehmigt. Das Fach kann als Hauptfach oder Nebenfach studiert werden. Es wendet sich an deutsche und ausländische Studierende, die Interesse sowohl an Fragen internationaler Kulturbeziehungen als auch an der Stellung des Deutschen in der Welt haben und Auslandserfahrung suchen, um sie systematisch in die Beschäftigung mit Deutschem und deutschsprachigen Kulturen, ihren künstlerischen Ausdrucksformen besonders in der Literatur, ihrer Sprache und gesellschaftlichen Wirklichkeit einzubringen. Den Doppelnamen habe ich dem neuen Fach gegeben, um es vor Mißverständnissen zu schützen (der Ausdruck ‚Deutsch als Fremdsprache' bereitet uns bekanntlich immer dann besondere Schwierigkeiten, wenn er als Bezeichnung eines mehrdimensionalen Faches herhalten soll, dessen Programm er nicht deckt), und weil

Alois Wierlacher

es in der Tat darum geht, das Fach nicht als Fremdsprachenlinguistik, Ausländerpädagogik oder Zweitsprachenforschung, sondern als Interkulturelle Germanistik aufzubauen; der Klammerzusatz soll die Spezifikation des Faches angeben.

Deren wichtigste Besonderheiten liegen darin, daß sich das Fach zu seinen Gegenständen wie eine Fremdsprachenphilologie verhält, sie also in der Außenperspektive sieht oder wenigstens zu sehen versucht, und daß es in der Folge dieser Außenbetrachtung den sprach- und textphilologischen Kanon muttersprachlicher Germanistik um fremdheitswissenschaftliche (xenologische), landeskundliche und vergleichende Aufgaben und deren Verknüpfung mit der Praxis des Kulturaustauschs erweitert. Im Sinne der Theorie der Auslandsausbildung und der interkulturellen Hermeneutik versucht das Fach, sowohl den Bildungswert fremdkultureller Erfahrung für das Studium fruchtbar zu machen als auch die Unterschiedlichkeit der kulturellen Ausgangsposition seiner Interessenten ernst zu nehmen und zu Wort kommen zu lassen. Die beiden Hauptziele des Faches sind:
- Erforschung und Vermittlung deutschsprachiger Kulturen unter der Bedingung und in der Perspektive ihrer Fremdheit;
- Ausbildung deutscher und ausländischer Studierender zu verschiedenen Berufen der internationalen Zusammenarbeit, in denen sie als kulturelle Mittler tätig werden können.

Diese Ziele sollen erreicht werden
- durch Verknüpfung des Deutschstudiums mit interkulturellem Lernen im Rahmen eines breit angelegten Hauptfachstudiums, das mit dem Magistergrad abgeschlossen wird;
- mit Hilfe eines projektierten Graduiertenstudiums, das sich als Spezialisierungsphase an das Fachstudium anschließt und mit dem Doktorgrad abgeschlossen werden kann;
- mit Hilfe interdisziplinärer Fächerkombinationen, z.B. der außenbezogenen Wirtschaftswissenschaft, der Fremdsprachenphilologien, der Geschichte, des Sports, der Philosophie, der Musik oder der Ethnologie mit Interkultureller Germanistik;
- durch Praktika und gegebenenfalls den Erwerb einer (zweiten) Fremdsprache während des Studiums;
- im Rahmen des Fachgesprächs der Gesellschaft für Interkulturelle Germanistik (GIG).

2. Wissenschaftslogischer Ort des solchermaßen konturierten Faches ist der schwierige, aber auch interessante Platz zwischen der Grundsprachengermanistik (Inlandsgermanistik) und der Fremdsprachengermani-

stik (Auslandsgermanistik). An beiden hat es Anteil: mit der Muttersprachengermanistik hat es außer seinen deutschsprachigen Studierenden die deutschsprachigen Lehrkräfte, den deutschsprachigen Kulturraum und dessen Lebens- und Arbeitsmilieus, mit der Auslandsgermanistik die fremdsprachlichen und fremdkulturellen Rezipienten und die Außensicht gemeinsam. In der Multikulturalität, der Sprachenvielfalt und dem gesellschaftlichen (rechtlichen) Status seiner ausländischen Studenten weist es Eigentümlichkeiten auf, die es von den beiden anderen Varianten globaler Germanistik unterscheidet.[2]

Der Abstand zwischen Inlands- und Auslandsgermanistik ist naturgemäß von Fall zu Fall verschieden. Diese Verschiedenheit und seine konstant überlappende Zwischenstellung bereiten dem Fach wohl erhebliche Schwierigkeiten, sie eröffnen ihm aber auch besondere Chancen wie die Beteiligung an der Erforschung kultureller Abstände vom Deutschen, kulturspezifischen Rezeptionen (Kafka in Japan, Goethe in Australien) oder der Identifikation von *differentiae specificae* der Muttersprachen- und Fremdsprachengermanistik. Es geht also von vornherein nicht um ein Weniger an deutscher Germanistik, sondern um ein Mehr – und das mit allen Konsequenzen. Dabei spielt die kulturelle Distanz des ausländischen Deutschstudenten dem Fach ein besonderes Innovations-Potential zu: neue Sehweisen und Perspektiven auf die deutsche Kultur werden durch den Außenstandpunkt geradezu provoziert. Umgekehrt wird die Fremderfahrung für den ausländischen Studenten zur Möglichkeit von Selbsterfahrung, die auch die doppelte Nabelschnur (Orłowski) aller auslandsphilologischen Germanistik entdecken läßt. Anders gesagt: keine Beschäftigung mit Fremdem ohne eigene Position; aber auch: am Fremden (etwa dem deutschen Text) kann sich die eigene Position konkret formieren.

Es versteht sich, daß das solchermaßen situierte Fach Deutsch als Fremdsprache die Kooperation mit seinen Nachbarwissenschaften einschließlich der Rechts- und Wirtschaftswissenschaften sucht und sich auf diese Weise interdisziplinärer Arbeit im Sinne von *german studies* und *area studies* annähert. Allen seinen Teilen und den möglichen Praxisorientierungen des Studiums ist dabei ebenfalls gemeinsam, daß sie sich als Teile einer fremdheitskundlichen Disziplin am Nachdenken über Bedingungsfelder ihres Tuns wie der auswärtigen Kulturpolitik beteiligen und sich nicht den weltpolitisch drängenden Fragen nach Verbesserungsmöglichkeiten des Fremdverstehens verweigern, nachdem unser aller Überleben immer mehr davon abhängt, wie weit wir die Andersheit fremder Partner begreifen, so daß wir uns ihnen verständlich machen können und sie uns verstehen lernen. Interkulturelle Bildung ist eine Forderung unserer Zeit, die nicht zuletzt im Interesse aller *dialogisch* orientierten Wissenschafts- und Kulturpolitik liegt, die gelernt hat, daß unsere Welt, technologisch gesehen, immer einheitlicher und auch kleiner, das Bedürfnis nach kultureller Eigenständigkeit und Vielfalt dagegen immer größer wird. Gehörige Rücksichtnahme auf die Eigenart benachbarter und fremder Lebensgewohnheiten ist heute mehr denn je Vorbedingung eigenkultureller Freiheit, die das Nebeneinander von immer mehr Menschen auf dem immer enger werdenden Erdball erträglich oder auch nur denkbar macht.

In nuce kann diese Rücksicht gut im xenologischen Fach Deutsch als Fremdsprache geübt werden; denn zu seinen Besonderheiten gehört eine einzigartige hermeneutische Situation, die als solche eine hervorragende Lernsituation ist: Die ausländischen Studenten leben, soziologisch gesprochen, als marginale Personen im für sie fremden Land und bringen ihre Fremdheit mit; umgekehrt begegnet ihnen Fremdheit in mindestens dreifacher Gestalt: als Fremdsprachlichkeit, als fremdkulturelle (dargestellte)Wirklichkeit und als die Hermetik poetischer Texte. Die deutschsprachigen Lehrkräfte und Kommilitonen sehen sich ihrerseits mit multikulturell geprägten Perspektiven auf die Texte, die gesellschaftliche Wirklichkeit und auf sie selber konfrontiert. Insofern diese besondere Verstehenssituation als (reziproke) Normenüberlagerung beschreibbar ist, läßt sie sich mit einem Begriff der Austauschforschung als »kulturelle Überschneidungssituation« kennzeichnen. Ihr kommunikativer Charakter wird sichtbar, wenn man ein Auslandsstudium bzw. ein auslandsphilologisch orientiertes Germanistikstudium als intentionale Kulturbegegnung auffaßt. Tut man das, gibt sich auch das germanistische Fach Deutsch als Fremdsprache in seiner supponierten Eigenart zu erkennen. Es steht ja nicht nur zwischen Inlands- und Auslandsgermanistik, Muttersprachen- und Fremdsprachenphilologie Deutsch, sondern auch zwischen den Kulturen und arbeitet an ihrer Verständigung mit. Es ist im Maß, in dem es unter Berücksichtigung fremdkultureller Perspektiven und Verfahren auf die deutsche Kultur und ihre Literatur und Sprache praktisch werden will, weder eine bloß geistesgeschichtliche noch sozialwissenschaftliche, sondern eine im wörtlichen Sinne interkulturelle Germanistik.

Die Konsequenz dieser Bestimmung für das Fach liegt auf der Hand: es muß den meist auf Sprache und Literatur begrenzten Kanon germanistischer Arbeit erweitern und sich in Lehre und Forschung als akademisches Fach etablieren, das versucht, kulturwissenschaftliche, fremdheits-

wissenschaftliche und komparatistische Perspektiven auf Deutsches und die deutschsprachigen Länder mit kulturhermeneutischen Distanzuntersuchungen zu verbinden. Demgemäß ist das Fach in Bayreuth in die folgenden fünf Teilgebiete gegliedert:
- Deutsche als fremdkulturelle Literatur;
- Deutsche Gegenwartssprache und fremdsprachlicher Deutschunterricht;
- Deutsche Landeskunde;
- Fremdheitslehre (Xenologie);
- Vergleichende Kultur- und Literaturforschung.

Als Vorfachstudium werden – in Zusammenarbeit mit dem Sprachenzentrum der Universität Bayreuth – deutsche Sprachkurse für ausländische Studienbewerber angeboten. Die Kurse werden mit der Prüfung zum Nachweis deutscher Sprachkenntnisse (PNdS) abgeschlossen.

II. Der Magister-Studiengang

1. Die fünf Teilgebiete werden als Komponenten verstanden, ihre Grenzen sind fließend. In partieller Kooperation miteinander und mit anderen Fächern bieten sie das folgende vorläufige Spektrum von Studieninhalten an. Übergeordnet ist ihren Veranstaltungen eine »Einführung in die Theorie und Geschichte des Faches Deutsch als Fremdsprache (Interkulturelle Germanistik)« sowie ein »Fachkolloquium«.

Deutsche als fremdkulturelle Literatur (Literaturforschung und Literaturlehrforschung)
(Es sind im Hauptfach 6 Kurse = 12 SWS, im Nebenfach 3 Kurse zu belegen)
- intensive und extensive Lektüre der deutschen bzw. deutschsprachigen Literatur: Literaturgeschichte
- Literaturtheorie/interkulturelle Hermeneutik
- thematische und thematisch vergleichende Literaturwissenschaft
- deutsche Literatur in der Vielfalt der Kulturen; Probleme der Funktion, Rezeption und Vermittlung deutscher Literatur im Ausland
- Literatur und Medien / Literaturlehrforschung (Literaturdidaktik; Kritik und Entwicklung von Lehrmaterialien).

Deutsche Gegenwartssprache und fremdsprachlicher Deutschunterricht
(Es sind im Hauptfach 6 Kurse = 12 SWS, im Nebenfach 3 Kurse zu belegen)

- gründliches Studium bzw. Erlernen der deutschen Gegenwartssprache: Grammatik / Semantik / Phonologie / Pragmatik
- kulturbezogene Sprachforschung (Deutscher Kulturwortschatz / wissenschaftliche Rede)
- Sprache und fremdkulturelle Erfahrung (interkulturelle Kommunikation)
- Methodologie der Vermittlung der deutschen Sprache als Fremdsprache im universitären Deutschunterricht und in der Erwachsenenbildung
- einführende Beschäftigung mit Spezifika einiger wichtiger Fachsprachen.

Deutsche Landeskunde: Deutschland als fremdes Land
(Es sind im Hauptfach 6 Kurse = 12 SWS, im Nebenfach 3 Kurse zu belegen)
- Sprachbezogene Landeskunde/Selbst- und Fremdbilder der Deutschen
- Kulturformen der Grundbedürfnisse (Leiblichkeit) menschlicher Existenz, die in der Alltagskultur ihre kulturspezifische Ausprägung finden (Wohnen, Essen, Umgangsformen etc.) und in der interkulturellen Fremdheitserfahrung eine bedeutende Rolle spielen
- Sozial- und Kulturgeographie der deutschsprachigen Länder oder Kulturregionen
- Deutsche Kulturgeschichte im europäischen Kontext
- die politische Kontur der Bundesrepublik (Parteien-, Rechts-, Wirtschafts-, Bildungs-, Freizeitsysteme und Auswärtige Kulturpolitik)
- Didaktik der Landeskunde mit besonderer Berücksichtigung der Frage, wie eine deutsche Landeskunde mit den anderen Komponenten des Faches verknüpft werden kann.

Fremdheitslehre (Xenologie)
(Es sind im Hauptfach 4 Kurse = 8 SWS, im Nebenfach 2 Kurse zu belegen)
- Interkulturelle Germanistik als Fremdheitswissenschaft / Fremdheitsbegriffe der Wissenschaften
- Theorie der Kulturenbegegnung / Stereotypentheorie
- die Rolle Fremder im Kulturwandel
- kulturelle Lernvoraussetzung und interkulturelle Kompetenz / Fremdheitspädagogik

- europäische Xenologie von der Missionsgeschichte über den Kolonialismus bis zum modernen Völkerrecht.

Vergleichende Kultur- und Literaturwissenschaft
(Es sind im Hauptfach 3 Kurse = 6 SWS, im Nebenfach 2 Kurse zu belegen)
- Vergleichende Kulturthemen-Forschung / kulturmodifikable Konzepte von Raum, Zeit, Distanz, Arbeit, Kunst etc.
- Ziele, Inhalte und Formen der Germanistiken im Ausland
- Thematisch vergleichende Literaturwissenschaft.

2. Für den Magister-Studiengang gelten die Rahmenbedingungen der Sprach- und Literaturwissenschaftlichen Fakultät. Der Studium dauert acht Semester und hat einen Regelumfang von als Hauptfach 80, als Nebenfach 40 Semesterwochenstunden. Es ist wie üblich in ein zweijähriges Grundstudium und ein zweijähriges Hauptstudium gegliedert; das Grundstudium wird mit der Zwischenprüfung, das Hauptstudium mit der Magisterprüfung abgeschlossen. Voraussetzung für die Zulassung zur Zwischenprüfung ist die Wahl eines Teilgebiets als Schwerpunktgebiet und der Nachweis der qualifizierten Teilnahme an mindestens fünf Lehrveranstaltungen:
- Einführung in Theorie und Geschichte des Faches Deutsch als Fremdsprache (Interkulturelle Germanistik);
- je ein Proseminar aus drei der vier Teilgebiete des Faches: Literaturwissenschaft, Sprachwissenschaft, Landeskunde und Xenologie;
- eine zweite Veranstaltung im gewählten Schwerpunktgebiet.

Die näheren Bestimmungen für die Zulassung zur Magisterprüfung regeln die erwähnten Rahmenordnungen der Fakultät.

Die Studieninhalte sind an solche Kenntnisse und Fertigkeiten gebunden, die sowohl im Sinne der skizzierten Fachkontur unerläßlich sind und auch von den meisten Studierenden in der vorgesehenen Zeit absolviert werden können. Ein wissenschaftlicher Lektürekanon des Faches soll das Selbststudium straffen und erleichtern.

Alle Studenten sind gehalten, auch im Hauptstudium ein Teilgebiet als ihr Schwerpunktgebiet zu wählen. In ihm ist zuzüglich zu den üblichen Arbeitsformen (Vorlesung, Seminar, Übung) die in angelsächsischen Ländern bekannte Veranstaltungsform der »Unabhängige Studien« vorgesehen. Dieses Angebot dient sowohl der Entfaltung individuellen Arbeitens als auch der Einübung in interdisziplinäres Denken. Die Studierenden legen die Aufgabenstellung nach Konsultation ihres Beraters und in Rücksicht auf ihre Kombinationsfächer selber fest und können aus diesen »Studien« auch ein Spezialthema für ihre Abschlußprüfung wählen.

3. Zum Fachstudium gehört ein didaktisch begleitetes Praktikum von mindestens zweimonatiger Dauer. Es kann abgeleistet werden durch
a) Hospitation an einer Lehrstätte des In- und Auslands, an der Deutsch als Fremdsprache / Fremdkultur gelehrt wird;
b) ein integriertes Auslandsstudium, möglichst an einer Partneruniversität;
c) eine Werkstudententätigkeit in einer Firma oder einer Einrichtung des öffentlichen Dienstes (für deutsche Studierende: des nichtdeutschsprachigen Auslands; für ausländische Studierende: der deutschsprachigen Länder oder deutschsprachiger Einrichtungen in nicht deutsch-sprachigen Ländern);
d) durch die Tätigkeit im Bereich der Kulturarbeit mit Ausländern im In- und Ausland.

4. Das Fach ist grundsätzlich mit allen Fächern kombinierbar, deren Aufgabenstellung als sinnvolle Ergänzung oder Vertiefung des Fachprogramms gelten kann. Sowohl für den Magister- als auch den Promotionsstudiengang Deutsch als Fremdsprache (Interkulturelle Germanistik) gilt aber die folgende Einschränkung der Kombinierbarkeit: wenn das Fach als Haupt- oder als Nebenfach gewählt wird, dann kann von den Teilfächern der Germanistik oder der allgemeinen/vergleichenden Literaturwissenschaft bzw Sprachwissenschaft höchstens eines mit dem Fach Deutsch als Fremdsprache (Interkulturelle Germanistik) kombiniert werden.

5. Nachdem ich mich in der Forschung mehrfach zu grundsätzlichen Fragen der Inhaltsplanung des Faches geäußert habe[3], darf ich mich bei der Kommentierung dieses vorläufigen Studienplanes kurz fassen. Ungeachtet ihrer verschiedenen Gewichtung tragen alle fünf Komponenten gleichermaßen zum Aufbau des gemeinsamen Lehr- und Forschungsinteresses einer regionalen Fremdkulturwissenschaft bei: die landeskundliche Komponente beteiligt sich insbesondere an der Erarbeitung solider Grundkenntnisse der neueren Geistes- und Sozialgeschichte deutschsprachiger Länder für die Absolventen; mit fremdsprachendidaktischer Akzentsetzung widmet sich die sprachwissenschaftliche Komponente der Erläuterung der deutschen Gegenwartssprache unter besonderer Berücksichtigung ihres Kulturwortschatzes, und sie verbindet dessen Ana-

lyse mit Fragestellungen interkulturellen Lernens; die xenologische Komponente steuert unter anderem Grundlagenkenntnisse über Alteritätstheorien, die Rolle Fremder im Kulturwandel und Aspekte einer Fremdheitspädagogik bei. Darüber hinaus hat sie eine sehr wichtige integrierende Funktion: Es gibt viele Wissenschaften, die es als ihre ausdrückliche Aufgabe ansehen, Fremdes zu erforschen; mit Recht hat man z.B. die Ethnologie eine Fremdheitswissenschaft genannt, auch die juristische und die historische Disziplin besitzen ebenso wie die Philosophie oder die Theologie eine fremdheitskundliche Komponente. Das für unsere Studien erforderliche Wissen kann also auch von diesen Wissenschaften eingebracht oder in diesen Wissenschaften von unseren Studenten erworben werden. Mit der xenologischen Fundierung interkultureller Germanistik wird mithin ein Focus der immer dringlicher und immer unausweichlicher werdenden Interdisziplinarität und zugleich eine Fülle realitätsgesättigter Fremdheitsbegriffe gewonnen. Fremdheit bedeutet ja für den Islamwissenschaftler etwas anderes als für den Anthropologen oder den Juristen, der vom Ausländerrecht handelt, dem ein wesentlicher Teil unserer Studenten unterworfen ist. Der xenologische Ansatz ist im übrigen ein guter Zugang zur Verfremdungspraxis der modernen (Ästhetik und) Literatur, von der gleich noch zu handeln sein wird. Schließlich führt er uns via Literatur auch zur Erkenntnis der Interrelation von ‚Fremdem' und ‚Eigenem'[4] und baut somit ebenso Brücken in die reale Welt wie die Vergleichende Kulturforschung, von der wir schon deshalb hoffen, daß sie sowohl Entwicklungen der Weltkultur als auch Aspekte wenigstens einiger Ausgangskulturen unserer ausländischen Studierenden thematisiert, weil wir alle lernen müssen, die kulturelle Vielfalt wissenschaftlicher Reden und Methoden zu bedenken und zur Geltung zu bringen.[5]

Eine noch wichtigere Rolle als der Xenologie kommt im vorläufigen Bayreuther Konzept der Literatur zu. Soll das Fach von seinem ‚Zwischenplatz' aus im weltweiten Orchester der deutschen Philologie produktiv mitspielen, dann sind Offenheit und Sensibilität sowohl für die kulturelle Vielfalt als auch für das Zusammenspiel ebenso erforderlich wie Originalität; Zuhörenkönnen und Rücksicht auf die anderen werden zu unerläßlichen Voraussetzungen und Tugenden interkultureller Germanistik. Sie können am besten, scheint mir, von der literarischen Komponente des Faches eingeübt und gefördert werden. Denn Literatur als Kunst ist immer schon auf Universitäten angelegt[6], sie ist infolge ihrer besonderen Alterität das eigentlich weltoffene Element des Faches. Als geeignetes Verfahren ihrer Analyse habe ich an anderem Ort bereits die Thematologie der Kulturthemen empfohlen.[7] Während sich die Sprachvermittlung vor allem die Erläuterung der Standardsprache Deutsch zur Aufgabe machen und stillschweigend mit einer Einheitsthese von der deutschen Sprache arbeiten muß, kommt es im Umgang mit poetischer Literatur gerade nicht aufs Befolgen und Lernen standardisierter Regeln, sondern auf das Erkennen und Ermöglichen individueller Darstellungen, Reaktionen und Bedeutungssetzungen an. Sicherlich wirkt die Pluralität der Literatur auch verwirrend; aber ebenso sicher ist ihre Individualität eine kräftige Ermutigung auch für die fremdsprachlichen und fremdkulturellen Leser, ihr eigenes Urteil über die dargestellte Deutung der Wirklichkeit zu artikulieren, ihre Fremderfahrungen auf diese Weise zu einer sinnstiftenden Selbsterfahrung zu machen und das Erlebnis der Dialektik vom Fremd- und Selbstverstehen im Prozeß der Auseinandersetzung mit dem Text zur Erfahrung abzuklären. Wo eine Fremdsprache und Fremdkultur gelehrt oder gelernt wird, geht es der Sache nach immer um kulturelle Begegnung, interkulturelle Kommunikation und mit ihr auch um die Emanzipation von den Selbstverständlichkeiten der je eigenen Kultur; man wird sich bewußt, daß man Reiter und Tragender seiner Kultur zugleich ist. Das Studium der besonderen Alterität der Literatur ist gut geeignet, die Lernenden auf dem Weg zu ihrer Ausbildung als kulturelle Mittler mit sich selber ins Gespräch zu bringen, ihnen das Überprüfen der eigenkulturellen Konzepte und Begriffe im interkulturellen Dialog zu erleichtern, die eigenen Vorverständnisse entdecken zu lassen und ihnen also jenen Bildungsprozeß zu ermöglichen, der zu praxisrelevanter Selbstaufklärung führt. Herzstück des Fachspektrums ist darum im skizzierten Bayreuther Konzept nicht, wie an anderen deutschen Universitäten meistens üblich, die Linguistik, sondern die thematologisch orientierte Literaturwissenschaft und ihre Verknüpfung mit den skizzierten Teilgebieten des Faches zu einer regionalen Fremdkulturwissenschaft.

Vom Kultur- und Literaturbegriff, der diesem Fachkonzept zugrundeliegt, ist ausführlich bereits in *Fremdsprache Deutsch* (1980) gehandelt worden. Hier sei nur daran erinnert, daß literarische Texte, die in der einen Kultur als poetisch angesehen werden, in einer anderen, in Subkulturen oder interkulturellen Sinnsystemen neue Geltungen gewinnen können, so daß es nicht ratsam scheint, den Textbereich auf die in der Fremd- oder Eigenkultur des Lernenden für poetisch gehaltenen Texte zu beschränken. Es liegt vielmehr im wohlverstandenen Interesse des Faches und aller seiner Komponenten, sich die Freiheit zu wahren, Lehrbuchtexte, Reiseführer oder auch kommentierte Bildbände über

Deutschland zum Untersuchungsgegenstand zu machen. Die Geschichte des Deutschlandbildes wird durch solche Beiträge zweifellos stärker geprägt als wir gemeinhin anzunehmen geneigt sind. Wie die Lehrwerkkritik (vgl. *Mannheimer Gutachten* 1975) ein Teil der Sprach- und Literaturdidaktik geworden ist, sollte auch die Kritik von Texten und Textsorten, die die spezielle Aufgabe haben, Deutschlandbilder zu vermitteln, eine Forschungs- und Lehraufgabe sowohl des Sprach- als auch der Literaturdidaktik interkultureller Germanistik werden.[8]

Resümierend gesagt, stehen im Bayreuther Konzept diejenigen Sektoren und Probleme der pluralen deutschsprachigen Gegenwartskultur und ihrer Geschichte im Vordergrund des Interesses aller Komponenten, die in der interkulturellen Fremdheitserfahrung, der Kulturverständigung sowie der Interdependenz von Fremd- und Selbstverstehen besondere Rollen spielen. Zu ihnen gehören außer den kulturmodifizierenden Konzepten von Arbeit, Recht, Demokratie, Alltag, Höflichkeit, Distanz usw. auch die Kulturformen der Grundbedürfnisse menschlichen Lebens, die in den Alltagskulturen ihre universelle und zugleich kulturspezifische Ausprägung finden. Eines von ihnen ist das Wohnen, ein anderes das ‚soziale Totalphänomen' des Essens. Die unterschiedlichen Eßgewohnheiten hat man ‚Offenbarungen über Kulturen' genannt (Nietzsche); gemeinsames Essen war andererseits schon immer Ort des Gedankenaustausches und der Zusammenführung von Menschen. Das Prinzip der Interkulturalität hat viel mit Symposienkultur zu tun – eine Einsicht, die am besten wohl die Religionen, die Geschäftswelt, die Diplomatie und die Schriftsteller bewahrt haben. Von ihnen können und müssen wir Philologen lernen, was es heißt, sich immer wieder mit Anderen und Fremden an einen Tisch zu setzen; Texte wie Lessings *Ernst und Falk* und seine Darstellung der Tischgesellschaften sollten zu unseren Lehrbüchern gehören. Es stünde also insbesondere der hier skizzierten, literaturwissenschaftlich ausgerichteten Variante interkultureller Germanistik sehr gut an, die kulinarische Literaturgeschichte zu einem ihrer Schwerpunkte zu machen. Das soll denn auch, so hoffe ich, geschehen.

III. Die Spezialisierungsphase (Graduiertenstudium)

Zur Bayreuther Konzeption der ‚Interkulturellen Germanistik' gehört auch der Plan, für einen begrenzten Kreis von Absolventen verschiedener Disziplinen ein differenziertes Graduiertenstudium einzurichten, das

Alois Wierlacher

im Sinne der Empfehlungen des Wissenschaftsrats zur Struktur des Studiums (1986) als Bereichsspezialisierung gedacht ist. Es verfolgt den Zweck, die speziellen Grundlagen und Praxisprobleme des Tätigkeitsbereiches zum wissenschaftlichen Studiengegenstand zu machen, den die kulturellen Mittler verschiedener Disziplinen gemeinsam haben: Auswärtige Kulturarbeit.

Der Plan führt zwei Vorhaben zusammen:
1) Es sollen Studienangebote für deutsche und ausländische Graduierte erarbeitet werden, die
 a) als Doktoranden mit einschlägigen Forschungsarbeiten befaßt sind und das interdisziplinäre Gespräch suchen,
 b) sich auf eine Bewerbung oder Tätigkeit im Bereich Auswärtige Kulturarbeit vorbereiten wollen,
 c) bereits in einschlägigen Berufen stehen und Fortbildungsmöglichkeiten wünschen.

2) Es sollen sich kulturpolitisch relevante Wissenschaften stärker als bisher an der theoretischen Begründung und Planung auswärtiger Kultur*politik* beteiligen, die Rahmenbedingungen für alle Auswärtige Kulturarbeit setzt.

Zahlreiche Probleme des interkulturellen Dialogs sind in unserer komplexen Welt nicht mehr isoliert durch politische Instanzen und deren Mittlerorganisationen oder durch wissenschaftliche Einzeldisziplinen zu lösen. Das gilt auch für die Auswärtige Kultur-Politik der Bundesrepublik Deutschland. Von den Professoren Weinrich und Wierlacher wurde darum im Zusammenhang der Anhörung des Auswärtigen Ausschusses des Deutschen Bundestags zum Bericht der Bundesregierung über die Stellung der deutschen Sprache in der Welt (1986) die Einrichtung einer ‚dritten Instanz' des Nachdenkens über die Praxis der auswärtigen Kulturvermittlung vorgeschlagen. Zu einem Teil soll dieser Vorschlag an der Universität Bayreuth, in Zusammenarbeit mit dem Auswärtigen Amt und seinen Mittlerorganisationen, Institutionen des Öffentlichen Lebens, der Wirtschaft und verschiedenen in- und ausländischen Universitäten verwirklicht werden. Zu diesem Zweck haben sich an der Universität Bayreuth die Fächer
– Deutsch als Fremdsprache (Interkulturelle Germanistik)
– Komparatistik (Vergleichende Literaturwissenschaft)
– Soziologie (Kultursoziologie) und
– Sportwissenschaft (Entwicklungszusammenarbeit mit der Dritten Welt)

zusammengetan, um außerhalb der normalen Vertretung ihrer Lehr- und Forschungsaufgaben im Rahmen eines ‚Instituts für Internationale Kulturbeziehungen und Auswärtige Kulturarbeit' zu kooperieren.
Die genauere Konturierung des Projekts wird zur Zeit erarbeitet. Das Institut ist gedacht als interdisziplinäre Einrichtung der Forschung und der Lehre. Horizont des Forschungsprogramms ist die Theorie interkultureller Beziehungen, Forschungsschwerpunkt die auswärtige Kulturarbeit verschiedener Disziplinen in ihren je spezifischen Tätigkeitsfeldern. Das Lehrangebot des Instituts soll den o.a. Interessentengruppen entsprechend differenziert, zentrales Lehrangebot des Instituts soll ein Aufbaustudium (Spezialstudium) ‚Auswärtige Kulturarbeit' sein. Es soll praxisnah und deshalb in enger Zusammenarbeit mit Einrichtungen Auswärtiger Kulturarbeit im In- und Ausland angeboten werden. Neben Hochschullehrern der Universität Bayreuth wirken auch Vertreter anderer Universitäten und der Mittlerorganisationen mit; der technologische Aspekt des Gegenstandsbereichs wird in Kooperation mit der Technischen Hochschule Karlsruhe in das Studium eingebracht. Die Gesellschaft für Interkulturelle Germanistik (GIG) wird das Gesamtvorhaben als Einrichtung eines Zentrums für Graduiertenkurse unterstützen.

Zum näheren Inhalt der Forschungsziele und der Kursplanungen des Instituts ist hier noch nichts zu sagen. Die betreffenden Beratungen beginnen im Wintersemester 1987/88. Sie sollen gegebenenfalls bis zum Wintersemester 1988/89 abgeschlossen sein.

IV. Das Kurzstudium

Außer dem Magisterstudium als Langstudium soll im Rahmen der Aufbauplanungen des Faches Deutsch als Fremdsprache (Interkulturelle Germanistik) an der Universität Bayreuth ein Kurzstudium (Teilzeitstudium) eingerichtet werden. Ausländische Studierende der Universität Bayreuth können aufgrund dieses Kurzstudiums ein »Zertifikat über Grundstudien in der deutschen Sprache und Kultur« erwerben.
Das Angebot wendet sich an
a) ‚undergraduates', die z.B. im Rahmen von ‚junior-year-Programmen' einen Teil ihres Deutschstudiums an der Universität Bayreuth durchführen wollen,
b) an graduierte Studenten, die während ihres Fachstudiums, z.B. in den Sport- oder Naturwissenschaften, Grundstudien in der deutschen Sprache und Kultur betreiben wollen.

Alois Wierlacher

Das Studium dauert in der Regel zwei Semester (ein Studienjahr) und umfaßt 24 Wochenstunden. Sie bestehen zu einem Drittel aus Sprachkursen, zu einem zweiten Drittel aus kultur- und fremdheitskundlichen Kursen und zum dritten Drittel aus deutschlandorientierten Veranstaltungen der anderen Studienfächer der Studierenden. 16 der 24 Wochenstunden sind inhaltlich festgelegt; die verbleibenden 8 Stunden wählen die Studierenden selbst. Alle besuchten Kurse werden im Zeugnis aufgeführt. Auf Wunsch wird die Gesamtnote vermerkt, die sich aus dem Durchschnitt der erzielten Einzelnoten ergibt.

Anmerkungen

[1] Vgl. Alois Wierlacher: Einleitungen zum vorliegenden Band und zu *Das Fremde und das Eigene. Prolegomena zu einer interkulturellen Germanistik.* München 1985.

[2] Vgl. ebda. und Alois Wierlacher: *Deutsch als Fremdsprache als interkulturelle Germanistik.* In: Dietrich Sturm (Hrsg.): *Deutsch als Fremdsprache weltweit. Situation und Tendenzen.* München 1987, S. 145–156.

[3] Vgl. Anm. 2 sowie meine Beiträge vor allem in A. W. (Hrsg.): *Fremdsprache Deutsch. Grundlagen und Verfahren der Germanistik als Fremdsprachenphilologie.* 2 Bände. München 1980 (UTB 912/913).

[4] Vgl. Alois Wierlacher (Hrsg.): *Literaturforschung als Fremdheitsforschung.* In: Jahrbuch Deutsch als Fremdsprache 11, 1985 und ders. (Hrsg.): *Das Fremde und das Eigene.* (Anm. 1)

[5] Vgl. Johan Galtung: *Struktur, Kultur und interkultureller Stil. Ein vergleichender Essay über sachsonische, teutonische, gallische und nipponische Wissenschaft.* In: Alois Wierlacher (Hrsg.): *Das Fremde und das Eigene.* München 1985, S. 151–193, sowie im vorliegenden Band Rainer Wimmer: *Der fremde Stil. Zur kulturellen Vielfalt wissenschaftlicher Textproduktion als Problem interkultureller Germanistik,* S. 81.

[6] Vgl. den Beitrag von Norbert Mecklenburg: *Über kulturelle und poetische Alterität. Kultur- und literaturtheoretische Grundprobleme einer interkulturellen Germanistik* im vorliegenden Band, S. 563.

[7] Vgl. hierzu Alois Wierlacher (Anm. 2) und ders.: *Zum Kanon des Faches Deutsch als Fremdsprache.* In: Jahrbuch Deutsch als Fremdsprache 13, 1985.

[8] Vgl. zu diesen Empfehlungen Alois Wierlacher (Anm. 3) und den Beitrag von Klaus Mattheier im vorliegenden Band, S. 447: *Die Rolle der Sprachsoziologie in der interkulturellen Germanistik.*

Nigel Reeves, Surrey

Eine Germanistik für die Wirtschaft?

Das Beispiel Surrey

Der Titel meiner Ausführungen lautet »Eine Germanistik für die Wirtschaft«. Dahinter aber setze ich ein Fragezeichen, wodurch ich das gestellte Thema leicht, aber wesentlich abändere; denn eine Germanistik, die von wirtschaftlichen Bedürfnissen bedingt wäre, könnte im herkömmlichen Sinne des Wortes kaum mehr als Germanistik angesprochen werden. Der Begriff wäre, gemessen an seiner Herkunft, ein Unding oder bestenfalls eine Irreführung. Die Germanistik ist ein wissenschaftliches Unternehmen, das seine Ursprünge in den Bestrebungen der spätromantischen Gelehrten Deutschlands findet, in jenen etwa der Brüder Grimm und Karl Lachmanns, im bildungspolitischen Bereich jenen Wilhelm von Humboldts, und im philosophisch-historischen jenen Hegels. Die Germanistik bezieht sich in ihrer ursprünglichen Form also auf eine wissenschaftliche Erforschung der deutschen Kultur in ihren sprachlichen, philosophischen und literarischen Formen.

Einem nach solchem Ethos und mit solcher Zielsetzung ausgerichtetem Fach lassen sich wirtschaftliche Erwägungen oder Nutzanwendungen nur schwer beigesellen.

Um diesem Dilemma zu entgehen, erscheint es notwendig, den Horizont unseres Themas zu erweitern. Aus diesem Grunde befasse ich mich heute zunächst einmal mit der Germanistik im Ausland; es geht also in erster Linie um das Studium einer fremden, obgleich nicht befremdenden, aber doch fremdsprachigen Kultur. Es war Sache der deutschen Gründer unseres Faches, die Wurzeln, Eigenschaften und Entwicklungsstufen ihrer einheimischen Kultur darzulegen. Wir ausländischen Forscher und Hochschullehrer von heute haben ein weiteres Ziel, nämlich vor allem auch das Vermitteln der deutschen Sprache, um dadurch unsere Studenten in die Vielschichtigkeit eines für sie von Hause aus wenig vertrauten Denk- und Sprachsystems einzuführen.

Nach meiner Auffassung dürfte das Erlernen einer Fremdsprache kein leeres Wiedergeben von grammatischen Formen und sprachlichen Formeln und kulturellen Informationen bedeuten, wie wir alle früher Latein gelernt haben, sondern ein Praktizieren, ein Umsetzen in die Praxis der erworbenen Kenntnisse. Folge dieses Verfahrens ist es aber, daß das Studium der deutschen Sprache und der deutschen Kultur im Ausland auch ein operatives Können bedeuten soll. Ein Ziel der Germanistik im Ausland muß es sein, daß die Studenten in die Lage versetzt werden, in dem deutschsprachigen Raum effektiv zu handeln. Das ist, möchte ich behaupten, keine Verneinung des Bildungsideals eines Humboldt oder eines Goethe, sondern Wissenschaft im Dienste der Bildung, und Bildung im Dienst des Lebens. Man wird an die Argumentation von Nietzsche in seinem Aufsatz »Vom Nutzen und Nachteil der Historie« erinnert, wo er ein leeres, nichtengagiertes wissenschaftliches einem die Persönlichkeit erweiternden Geschichtsstudium gegenübersetzt. Die Zusammenhänge hat mein Kollege Rüdiger Görner neulich in einem Artikel für die *Frankfurter Allgemeine Zeitung* über Area Studies und die Germanistik an der Universität Surrey erörtert.

Nehmen wir also jetzt Surrey als Beispiel für eine ganze Reihe von neuen Anfängen in der britischen Germanistik. Surrey war als Technische Hochschule in den neunziger Jahren in Südlondon gegründet worden. Als sie Mitte der sechziger Jahre eine Royal Charter als Universität bekam, sah eine neue Fakultät das Tageslicht, die Fakultät der »Human Studies«, der ich jetzt als Dekan vorstehe. Als »The Department of Linguistic and International Studies« als fremdsprachliches Seminar der Universität begründet wurde, begann für uns eine Art »Stunde Null«. Es gab die Möglichkeit, unsere Auffassung der Germanistik und des fremdsprachlichen Unterrichts im universitären Bereich neu zu durchdenken. Unsere damaligen akademischen Väter hatten zwei Ziele vor sich – ein ernstes, wissenschaftliches Studium anzubieten, gleichzeitig aber auch einen Studiengang, der beruflich Nutzen erbringen sollte. Diese doppelte Zielsetzung bewirkte, daß der neue Studiengang eine Alternative zum bis dahin bestehenden Germanistikstudium in Großbritannien anbieten konnte. Es war damals ein fast rein von der Philologie und von der Literaturwissenschaft bedingtes Studium, also eine Nachahmung des seit Ende des neunzehnten Jahrhunderts in Deutschland existierenden Studienkonzeptes, das zum Teil von britischen Akademikern, die in den dreißiger Jahren in Deutschland studiert hatten, und zum Teil von Emigranten nach Großbritannien vermittelt wurde. Das sprachliche Können fiel dabei weniger ins Gewicht, ja, war mit einigen Ausnahmen wie Cambridge und Birmingham, sogar rein peripher. Die Erforschung von Deutschland als lebendem kulturellen Gesamtphänomen, freilich ein spätromantisches Vorhaben, aber trotzdem der Grundgedanke der ursprünglichen Germanistik etwa der Brüder Grimm, blieb überall außer

Eine Germanistik für die Wirtschaft?

acht. Wir waren also in der Lage, die philologisch-literarische Einseitigkeit der etablierten britischen Germanistik in bescheidenem Ausmaße zu korrigieren.

Was wir heute in Surrey als Studiengang anbieten, besteht aus vier Hauptkomponenten und drei Zwischenbereichen:

1. Der germanistische Hauptteil, der sich in die drei Zwischenbereiche aufteilt – nämlich die Linguistik der deutschen Sprache, die praktischen Sprachübungen als das eigentliche kommunikative Element, und Area Studies, d.h. das Studium der Geschichte, der Politik, der Gesellschaft und der Wirtschaft des deutschsprachigen Raums.
2. Eine Nebensprache, beispielsweise Französisch, Russisch oder eine der skandinavischen Sprachen, also eine kleinere Variante des oben Erwähnten.
3. Ein drittes Wahlfach, Jura, Wirtschaftswissenschaften oder Politikwissenschaft, das zunächst auf englisch, später aber auf deutsch mit Bezug auf Deutschland studiert wird.
4. Eine zweimal sechsmonatige Praktikantenzeit, etwa in der deutschen Industrie, im Handel, einem Fachinstitut, in der öffentlichen Verwaltung oder in spezialisierten Bereichen, wie einer Rechtsanwaltskanzlei oder einer Pressestelle.

Auf diese Weise versuchen wir, den Studenten nicht nur einen Einblick in die Totalität der deutschen Kultur zu geben, sondern auch, und damit komme ich auf ein früheres, von mir herangezogenes Argument zurück, die praktische Möglichkeit, in einer fremdkulturellen Gesellschaft zu handeln und zu wirken. Daß die Konzeption des Studiums schließlich auf die Erfassung der Gegenwartskultur des Landes zielt und nichts am Studienangebot fragmentarisch oder isoliert bleibt, erkennen die Absolventen vor allem, wenn sie ihre im dritten Studienjahr in Deutschland gesammelten Erfahrungen im letzten Studienjahr theoretisch auswerten.

Der Studiengang legt auf das praktische Sich-Behauptenkönnen des Studenten während seines Auslandsaufenthaltes großen Wert. Zu diesem Sich-Behauptenkönnen gehört vor allem die aktive Auseinandersetzung mit der neuen soziokulturellen Umwelt, ein Vorgang, der die Bereitschaft zu Umdenken, Infragestellen von Gewohntem und auch die Fähigkeit zur Anpassung verlangt.

Dies erscheint mir der Sinnkern eines Studienganges zu sein, der das Schwergewicht auf den Aufbau tragfähiger interkultureller Kommunikation legt.

Aber wie ist es um den Kern der *wissenschaftlichen* Ausbildung bestellt? Abgesehen davon, daß die ganze britische Universitätstradition auf einem Heranbilden der kritischen und expressiven Fähigkeiten des Einzelnen basiert, führen wir das wissenschaftliche Element des Studienganges zu seiner vollen Realisierung vor allem durch die Dissertation, die am Schluß in deutscher Sprache eingereicht werden muß und sich mit einem Spezialgebiet innerhalb des Studiums befaßt. Anhand der Dissertation wird von drei Examinatoren auf deutsch mündlich geprüft.

Unsere Auffassung der Germanistik ist also, möchte ich als These behaupten, keine illegitime und erst recht kein oberflächlicher oder rein deskriptiver Lehrgang, wie es leider so oft in der sogenannten Landeskunde der Fall sein kann. Sie ist eher eine freilich bescheidene, aber trotzdem getreue Verwirklichung der ursprünglichen Germanistik, die sich im Positivismus des späteren neunzehnten Jahrhunderts auf die Philologie und die Untersuchung der klassischen Literatur verengte und dadurch die ursprüngliche kulturwissenschaftliche Konzeption der deutschen Idealisten verzerrte.

Germanistik also schon. Aber für die Wirtschaft? Wie verträgt sich das?

Das Studium funktioniert zum Vorteil der Wirtschaft auf zweierlei Weise. Betrachten wir zunächst die Berufe, in die die Absolventen eintreten. 90% aller Absolventen nehmen später am wirtschaftlichen Leben teil oder sind in der öffentlichen Verwaltung tätig. 30 bis 40% gehen in die Finanzwelt. In Großbritannien gedeiht vor allem der Finanzsektor. Die City ist zweifelsohne das Finanzzentrum Europas, gleichzeitig eines der Weltzentren im globalen Aktien-, Eurobond- und Währungshandel. Mehr als 400 ausländische Banken sind in London vertreten. Der Eurobondmarkt ist äußerst aktiv, der Währungsmarkt bei weitem der größte in der Welt. London ist gleichzeitig die Hauptstadt der internationalen Versicherungen, in hohem Maße dank einer einmaligen Institution, Lloyds. Die britischen und in London angesiedelten amerikanischen Wirtschaftsprüfungsfirmen und Finanz- und Managementberatungsfirmen, z.B. Price Waterhouse, Peat Marwick, rekrutieren ihre künftigen Mitarbeiter vor allem in den Universitäten. Die internationale Erfahrung und Mentalität unserer Linguisten befähigt sie geradezu ideal für solche Tätigkeiten, nicht als Händler, sondern als zukünftige Führungskräfte.

Weitere 20 bis 30% der Absolventen erhalten eine Managementausbildung der produktiven Industrie, vor allem der großen britischen Multinationalen, aber auch deutscher Tochtergesellschaften in Großbritannien oder sogar in der Bundesrepublik selbst. Weitere 25%, besonders die angehenden Rechtsanwälte, schließen ihre beruflichen Qualifikationen ab und arbeiten öfters bei den international tätigen Kanzleien

Eine Germanistik für die Wirtschaft?

in London. Ihre Kenntnisse des deutschen Rechts (oder aber auch des französischen und sogar des sowjetischen Rechts) sind recht ungewöhnlich, und sie können, vor der Konkurrenz aus der Londoner Universität oder aus Oxford, bevorzugte Stellen bekommen. Andere wiederum treten in das Auswärtige Amt oder in das Innenministerium bzw. die Verwaltung im Inland ein, häufig als Linguisten. Der Tourismus bietet einen weiteren Bereich an. Kaum ein Zehntel unterrichtet Fremdsprachen oder Englisch als Fremdsprache. Kurz gesagt, unsere Studenten leisten in der britischen und zum Teil in der europäischen Wirtschaft einen spürbaren Beitrag.

Das Studium bietet vor allem deshalb Sinnvolles für die Wirtschaft, weil alle unsere Absolventen auf die eine oder andere Weise das gewerbliche Leben in der Bundesrepublik oder in Österreich während ihrer Praktikantenzeit erleben konnten. Wir im Department finden für diese Studenten die Stellen bei Banken, bei Versicherungsfirmen, bei den großen Automobil- und Ingenieurfirmen wie Daimler-Benz, Bosch und Siemens, aber auch in Landesverwaltungen. Das ist besonders der Fall bei den jungen Rechtsanwälten, die aber auch in Kanzleien tätig sind. Das Universitätsstudium im Ausland spielt für uns eine untergeordnete Rolle. Das besagt aber keineswegs, daß unsere Studenten während ihres Aufenthaltes in den Ländern ihrer Wahl nicht studieren. Wir verlangen, daß sie gleichzeitig Materialien für die Dissertation sammeln, was in der Form von Lektüre, aber auch im Rahmen von Interviews und Umfragen geschehen kann. Ihr Studium wird also direkt in den Kontext des gewerblichen und industriellen Lebens hineingestellt.

Andererseits ist es keine Germanistik für die Wirtschaft in dem Sinne, daß Surrey Absolventen »produziert«, die ohne weitere technische Ausbildung ins wirtschaftliche Leben überwechseln können. Wir sind keine Berufsschule, sondern eine Universität. Das Technisch-Berufliche muß zum größten Teil nachher erworben werden. Wie hoffentlich alle Absolventen aus den *artes liberales* besitzen sie ein entwickeltes kognitives Können. Sie vermögen zu analysieren und zusammenzufassen, d.h. komplexe Materien zu erfassen. Überdies können sie sich ausdrücken, auch im Deutschen. Drittens können sie argumentieren und Standpunkte vertreten und verteidigen – sich also diskursiv verhalten. Und schließlich – das ist wichtig für die Wirtschaftswissenschaftler unter ihnen – sie können rechnen.

Letzteres ist schon eher ungewöhnlich bei humanistisch ausgerichteten Studenten, aber der große Unterschied zwischen diesen Absolventen und den übrigen liegt in ihrer internationalen Erfahrung – in der Handlungsfähigkeit in einer anderen, fremden Kultur. Ihr Studium hat sich nicht bloß im historisch verankerten Kanon bewegt, sondern ist auf dem zeitgenössischen Geschehen und seiner ökonomisch-politischen Dimension gegründet; hinzu kommt, es kann nicht oft genug gesagt werden, der erarbeitete Praxisbezug des Studenten.

Zusammenfassend, meine Damen und Herren, muß ich mich entschuldigen, wenn meine Worte nur wie ein Lobgesang auf meine eigene Tätigkeit klingen. Unsere Auffassung der Germanistik in Surrey existierte schon zehn Jahre, bevor ich an diese kleine Universität in Südengland kam. Und sie kann oder soll nur als Beispiel für eine Reihe von Studiengängen an britischen Technischen Hochschulen wie Aston, Bradford, Salford oder Loughborough und vielen Polytechnics gelten.

Ich könnte auch nicht behaupten, daß alles reibungslos abliefe. Spannungen zwischen den eher traditionell ausgebildeten und ihren industrieorientierten Kollegen können entstehen. Manchmal wünschte man, daß die Studenten noch realistischer wären, manchmal aber auch, daß sie mehr Respekt für die Wissenschaft zeigten. Aber ich halte diese Spannungen für ein positives Moment, denn nach meiner Auffassung, soll die moderne Wissenschaft sich durch eine aktive Auseinandersetzung mit der bestehenden Welt rechtfertigen. Und nicht nur rechtfertigen, sondern sie soll aus dieser realen Welt ihre Impulse beziehen. Nur so kann Wissenschaft vital sein und vital bleiben. In unserem gemeinsamen Fach, der Germanistik, bedeutet das die Anregung zu einer weiterreichenden Auseinandersetzung, die Auseinandersetzung um die Wertvorstellungen und Strukturen, ob intellektuell, ob pragmatisch-kommerziell, der eigenen englischen Kultur im Vergleich mit der geistigen, sozialen und wirtschaftlichen Wirklichkeit der deutschsprachigen Kultur. Mit einem Wort – für den ausländischen Germanisten kann die interkulturelle Germanistik nicht nur eine Erweiterung der fremdsprachlichen Literaturwissenschaft bedeuten, sondern eher eine Verwirklichung der ursprünglichen Konzeption der Germanistik, die sich mit dem Geist und der Wirklichkeit der deutschen Sprache (und der deutschen Kultur im breitesten Sinne des Wortes) befaßt. Und erst durch den daraus folgenden interkulturellen Dialog entsteht der wirtschaftliche Wert und die wirtschaftliche Relevanz dieses Studiums.

Götz Großklaus/Bernd Thum, Karlsruhe

Interkulturelle Germanistik als Aufgabe an Technischen Hochschulen

Das Beispiel Karlsruhe

Die Universität Karlsruhe ist die älteste Technische Hochschule Deutschlands. Sie wurde 1825 nach dem Vorbild der Pariser Ecole Polytechnique gegründet. Schon relativ früh sind an dieser Hochschule geisteswissenschaftliche Professuren bzw. Lehrstühle eingerichtet worden (1865). Eine interdisziplinäre Tradition kontinuierlicher Zusammenarbeit von Geisteswissenschaften, Natur- und Technikwissenschaften hat sich dennoch lange nicht entwickelt.[1] Eine Ausnahme bilden die langjährigen Bemühungen des Instituts für Philosophie (Simon Moser, Günter Ropohl; Hans Lenk, Ernst Oldemeyer) und des Instituts für Soziologie (Hans Linde; Hans-Joachim Klein, Bernhard Schäfers) um einen Dialog zwischen Philosophie, Gesellschafts- und Technikwissenschaften über die Bedingungen und Entwicklungen der technisch-industriellen Welt. Diese Aktivitäten führten in jüngster Zeit zur Einrichtung einer Professur für Technik und Gesellschaft/Technikphilosophie (Helmut Spinner). Am Institut für Geschichte ist die Einrichtung einer Professur Technikgeschichte geplant.

Man würde die Aufgabenstellungen, die mit dem umrissenen Arbeitsfeld verbunden sind, gründlich mißverstehen, wenn man sie lediglich als Folge eines Legitimationsdrucks interpretiert, dem geistes- und sozialwissenschaftliche Fächer an einer Technischen Hochschule ausgesetzt sein können. In viel höherem Maße sind sie Ausdruck der historischen Notwendigkeit, angesichts einer fundamentalen und internationalen Veränderung der ökonomischen, ökologischen, technischen, politischen und gesellschaftlich-kulturellen Lebensbedingungen zu neuen »Wissensordnungen« (Helmut Spinner) zu kommen. Diese neuen Wissensordnungen sollen nicht nur zu einer besseren Erkenntnis der neuen Gefüge von Welt und Wirklichkeit beitragen. Sie sollen auch die Grundlagen aufzeigen, auf denen ein verantwortliches Handeln möglich ist, d.h., ein Handeln, das der strukturalen und kognitiven Komplexität der tatsächlichen, nicht nur einer ideologisch imaginierten Welt entspricht.

I. Angewandte Kulturwissenschaft – Interkulturelle Kommunikation – neue Bildungsaufgaben

Die Verbindung von wissenschaftlicher Erkenntnis und gesellschaftlich-kultureller Handlungsorientierung ist das elementare Prinzip angewandter Kulturwissenschaften.[2]

Auch Germanistik kann Verfahren und Aufgaben einer angewandten Kulturwissenschaft übernehmen, unter der Bedingung, daß sie sich »nicht nur mit der literarischen Kultur [befaßt], sondern mit der Kultur als nationalem Nexus von Wertvorstellungen, politischen und sozialen Haltungen, von geschichtlicher Erfahrung und vor allem von Institutionen, wie sie sich im nationalen Recht und in politischen Strukturen zeigen«. Ziel in Forschung und Lehre wäre ein »Sich-Behauptenkönnen«, »die aktive Auseinandersetzung mit der [...] soziokulturellen Umwelt, ein Vorgang, der die Bereitschaft zum Umdenken, Infragestellen von Gewohntem und auch die Fähigkeit zur Anpassung verlangt«. Diese Sätze stammen aus den Beiträgen von Nigel Reeves zu diesem Band. Sie sind also von einem Germanisten formuliert worden, der im fremdsprachigen Ausland, in Großbritannien lehrt. Wie noch den deutschen Gründervätern der Germanistik geht es ihm um das »lebende kulturelle Gesamtphänomen«. Die Kulturen der deutschsprachigen Länder sind für ihn und die Studierenden an seiner Universität zunächst einmal ‚fremde Kulturen'. Ihr Studium ist für sie ein fremdkulturwissenschaftliches. Es liegt nahe, die Handlungsfähigkeit in diesen fremden Kulturen als Hauptziel des Studiums zu formulieren: »die Möglichkeit, in einer fremdkulturellen Gesellschaft zu handeln und zu wirken«.

Der Erwerb kultureller Handlungs- und Kommunikationskompetenz stellt in der Außenperspektive der ‚Auslands'- oder Fremdsprachengermanistik ein mehr oder weniger reflektiertes Unternehmen dar. In der Binnenperspektive der muttersprachlich und eigenkulturell orientierten Germanistik, zumindest in der Bundesrepublik, ist dies bisher kaum ein Thema. Man verläßt sich hier vielleicht zu sehr auf das ‚stille' oder ‚implizite' Wissen (Michael Polanyi), das ‚tacit knowledge', das Franz Hebel in diesem Band problematisiert hat. Wenn es im Bedarfsfall explizit gemacht werden soll, erweist es sich gelegentlich als Scheinwissen, oder als gar nicht vorhanden.

Das Beispiel Karlsruhe

Kulturelle Handlungs- und Kommunikationskompetenz meint für die Germanisten des fremdsprachigen Auslands prinzipiell *interkulturelle* Handlungs- und Kommunikationskompetenz. Dies gilt auch für das Fach Deutsch als Fremdsprache, insbesondere seit seine ‚interkulturelle', d.h. kulturwissenschaftliche Komponente durch die Arbeiten Dietrich Krusches, Harald Weinrichs, Alois Wierlachers u.a. eine entscheidende Förderung erfahren hat.[3] Aber auch Muttersprachengermanisten in den deutschsprachigen Ländern haben die Befähigung zu interkultureller Kommunikation und Interaktion in den letzten Jahren als geradezu epochalen ‚Bedarfsfall' erkannt. (Beiträge von Muttersprachengermanisten in den Buchpublikationen der Gesellschaft für Interkulturelle Germanistik, im Jahrbuch Deutsch als Fremdsprache, in den Dokumentationen und Materialien des DAAD u.a. seien, pars pro toto, als Beleg genannt, wie auch die Teilnahme von Muttersprachengermanisten an den Tagungen der GIG, zuletzt der Arbeitstagung in Salzburg 1986, die speziell den Aufgaben einer interkulturell interessierten Muttersprachengermanistik gewidmet war; s. Abschnitt IV.)

Das Zusammenrücken der Weltkulturen, unter den Bedingungen der technisch-industriellen Welt, erfolgt heute unter politischen und sozialen (cf. die interkontinentalen Wanderungen), ökologischen und ökonomischen Zwängen. Dies stellt – jetzt – neue und hohe Anforderungen an unser Bildungssystem. Robert Picht weist in seinem Beitrag zu diesem Band auf die bestehenden Defizite der internationalen Kommunikation hin, in Politik, Wirtschaft, Technik, im Austausch von Gütern spiritueller und ästhetischer Kultur.

Oberstes Ziel Interkultureller Germanistik als angewandter Kulturwissenschaft, ob in den deutschsprachigen Ländern oder in anderen Kulturen, ist es u.E., in Forschung und Lehre, bei sich selbst und anderen, Interesse und Befähigung für interkulturelle Kommunikation und Verständigung zu entwickeln. Untrennbar damit verbunden ist das Interesse und die Befähigung, die eigene Kultur besser zu verstehen. Aus Pichts Auflistung der Mängel internationaler Kommunikation wird klar, daß auch ‚nationale' Philologien wie die Muttersprachengermanistik deutschsprachiger Länder, dazu beitragen können, wenn sie – in enger Verbindung mit dem Fach Deutsch als Fremdsprache und der Germanistik im Ausland – eine interkulturelle Variante entwickelt:

Eine internationale Bildung, die den Bedürfnissen unserer Zeit entsprechen soll, darf [...] nicht beim Fremdsprachenlernen stehen bleiben. Sie beginnt mit einer besseren Beherrschung der Mutter-

sprache, Grundlage nationaler Identität und jeder Fähigkeit zu verstehen und sich verständlich zu machen. Dies beinhaltet nach Picht »die Fähigkeit zur Selbstkritik« und »Lernfähigkeit«:
Lernfähigkeit entwickelt sich aus einer soliden, insbesondere sprachlichen und historischen Schulung, die Kategorien und Instrumente bereitstellt, um neue Situationen und Anforderungen zu erschließen. Dies verlangt präzise und durchdachte Kenntnisse zum Vergleich zwischen National- wie Institutionenkulturen.

Dabei darf ‚interkulturelle Kommunikation' auch für die Muttersprachengermanistik, z.B. in der Bundesrepublik, nicht einfach zu einem wissenschaftlichen ‚Paradigma' werden. Sie muß mit der kritischen Erfassung objektiver politischer, ökonomischer, sozialer Daten verbunden bleiben. Dann kann internationale Kommunikation, wie dies Erhard Hexelschneider im vorliegenden Band fordert, auch zur interkulturellen und internationalen Verständigung werden.

II. Interkulturelle Germanistik an einer Technischen Hochschule

Interkulturelle Germanistik an einer Technischen Hochschule – welche Folgerungen zieht man daraus in Karlsruhe?

Im Sommer d. J. haben die Verfasser dieses Beitrags ein interkulturelles Seminar durchgeführt, zusammen mit einem weiteren Kulturwissenschaftler der in Karlsruhe bestehenden Forschungsstelle für Angewandte Kulturwissenschaft, Vertretern des Studienkollegs der Universität und vierzig Studierenden und Dozenten aus der Volksrepublik China, die an der Universität Karlsruhe ihren Studien nachgehen. Das Thema lautete: »Industrielle Welt in Deutschland« (dazu a. im folgenden). Die Teilnehmer erhielten ein Programm, das über den besonderen Anlaß hinaus auch das Arbeitsfeld Interkultureller Germanistik an einer Technischen Hochschule wie Karlsruhe umreißt:
Natur- und Technikwissenschaften sind von ihren physikalischen und mathematischen Grundlagen her international. Sie entwickeln sich aber im Umfeld ganz unterschiedlicher Lebenswelten (Kulturen) und sind so von kulturellen Bedingungen abhängig. Auch der Prozeß der Modernisierung und Technologisierung der Kulturen selbst, der durch Natur- und Technikwissenschaften eingeleitet wird, findet in den einzelnen Ländern auf jeweils besondere Weise statt, das heißt, mit unterschiedlichen Schwerpunkten und in ver-

Das Beispiel Karlsruhe

schiedenem Entwicklungstempo. Ein wichtiger Faktor bei der weltweiten Modernisierung und Technologisierung ist – neben anderen – das unterschiedliche geschichtliche Erbe in den verschiedenen Kulturen. Man muß es erforschen, um technische Entwicklung und Modernität in ihrer unterschiedlichen kulturellen Dynamik zu begreifen.

Das Seminar unternimmt den Versuch, einige charakteristische kulturelle Momente des Modernisierungs- und Technologisierungsprozesses in *Deutschland* nachzuzeichnen. Dabei steht die Frage im Vordergrund, wie sich Bewußtsein, Sehen und Denken verändert haben. Es soll auch auf den Gewinn und die Kosten des technisch-industriellen Fortschritts in Deutschland aufmerksam gemacht werden. So können die Teilnehmer einen *Vergleich* mit der eigenen Kultur vornehmen.

Diese Thematik wird im weiteren noch etwas genauer beleuchtet; auch die Leistung, die Interkulturelle Germanistik als *Literaturwissenschaft* dabei erbringt (Abschnitte V und VII).

Entscheidend für das Ziel einer besseren Befähigung zur interkulturellen Kommunikation und internationalen Verständigung ist, daß die technisch-industrielle Zivilisation in der Bundesrepublik, ihre internationalen Verflechtungen, ihre historischen Wurzeln im deutschsprachigen Raum und in Europa, sowie insbesondere die Rolle, die literarische und andere *Texte* in diesem Funktionszusammenhang spielen, nach Gesichtspunkten Interkultureller Germanistik behandelt werden. Die wichtigste davon ist die Verbindung der ‚Binnenperspektive' der eigenen Vorstellungen und Evaluationen mit der ‚Außenperspektive' von Beobachtungen und Urteilen von Gesprächspartnern aus anderen Kulturen.

Die Universität Karlsruhe ist eine Technische Hochschule in der *Bundesrepublik Deutschland*. Im Sinne Interkultureller Germanistik ist die Erwähnung dieses Umstandes nicht trivial. Denn der interkulturelle Beitrag einer Germanistik geht von der Bestimmung ihrer kulturspezifischen Interessen und Bedingungen aus. In Karlsruhe gehört zu den Bedingungen Interkultureller Germanistik, daß sie sich nicht nur in einem interdisziplinären kulturwissenschaftlich-technologischen Fächergefüge entfaltet, sondern auch Teil einer institutionalisierten Literaturwissenschaft ist und dort, d.h. genau: im Rahmen einer muttersprachlich orientierten und/oder an allgemeiner Literaturwissenschaft interessierten Germanistik Funktionen übernimmt. Es ist im folgenden also über zwei Aspekte zu berichten:

(1) Interkulturelle Germanistik im Rahmen der Muttersprachengermanistik,
(2) Interkulturelle Germanistik im Rahmen interdisziplinärer Angewandter Kulturwissenschaft.

Der Bericht möge ergeben, daß sich die beiden Aspekte komplementär zueinander verhalten.

Mit allem Nachdruck sei darauf hingewiesen, daß es sich bei beidem um ein ‚work in progress' handelt. Dies betrifft sowohl die bislang erfolgten Institutionalisierungen als auch die Überlegungen und Begründungen, die hier vorgetragen werden.

III. Die institutionellen Grundlagen

Germanistik ist in Karlsruhe an der Fakultät für Geistes- und Sozialwissenschaften angesiedelt. Diese Fakultät ist nicht im Stil der sechziger Jahre in ‚Fachbereiche' (FBs) untergliedert, sondern eine Fakultät fast nach der alten, interdisziplinären Art einstiger ‚Philosophischer Fakultäten'. Sie umfaßt die Fächer Philosophie, Geschichte, Soziologie, Pädagogik/Berufspädagogik, Musikwissenschaft, Sportwissenschaft, Literaturwissenschaft und Mediävistik. Auch ein Institut für Rechtswissenschaft ist an der Fakultät vertreten. Kunstgeschichte und Baugeschichte sind durch Zweitmitgliedschaften der Fakultät verbunden. Germanistik wird durch die beiden Fächer Literaturwissenschaft/Literatur des Mittelalters repräsentiert. Etwas über 600 Studenten/innen studieren zur Zeit diese Fächer.

Man durfte erwarten, daß in einer multidisziplinären und z.T. kulturwissenschaftlich interessierten Fakultät[4] das Konzept Interkultureller Germanistik eine alles in allem nicht unfreundliche Aufnahme finden würde. Seit einigen Jahren besteht dazu noch, wie angedeutet, eine interfakultative Forschungsstelle für Angewandte Kulturwissenschaft, an der (Interkulturelle) Germanistik ebenfalls vertreten ist.

Es soll zuerst über das *Institut für Literaturwissenschaft* als institutionelle Basis Interkultureller Germanistik an der Universität Karlsruhe berichtet werden. Interkulturelle Germanistik hat dort eine zweifache Funktion: zum einen als Studienkomponente im Rahmen zweier literaturwissenschaftlicher Magister-Studiengänge; zum andern als fachspezifisches Ausgangsstudium für weiterführende interfakultative Ergänzungsstudien im Rahmen Angewandter Kulturwissenschaft.

Das Beispiel Karlsruhe

Am Institut für Literaturwissenschaft der Universität Karlsruhe waren und sind die Bedingungen für eine interkulturell-germanistische Forschungs- und Lehrpraxis nicht ungünstig. An diesem Institut werden traditionell, über germanistische Fragestellungen hinaus, auch Probleme allgemeiner und vergleichender Literaturwissenschaft behandelt. Einige der Professoren und Dozenten des Instituts sind als Germanisten bzw. Literaturwissenschaftler im Ausland tätig gewesen. Seit 1983 lehrt Alois Wierlacher als Honorarprofessor an diesem Institut (Lehrgebiet: ,Interkulturelle Germanistik').

Das Fach *Deutsch als Fremdsprache (DaF)* gibt es, als wissenschaftliche Institution, an der Universität Karlsruhe nicht. Wohl aber gibt es ein sprach- und kulturdidaktisches Lehrprogramm DaF, das vom Studienkolleg der Universität mit Studierenden aus vielen Ländern, an technisch-industriellen Kulturformen orientiert, verwirklicht wird (die Zusammenarbeit mit dem Studienkolleg wurde bereits angedeutet). Auf wissenschaftlichem Feld wird – entsprechend der spezifischen Interaktionsstruktur Interkultureller Germanistik im Dreieck von Fremdsprachengermanistik, Deutsch als Fremdsprache, Muttersprachengermanistik – eine Kooperation mit dem von Alois Wierlacher geleiteten Fach Deutsch als Fremdsprache (Interkulturelle Germanistik) an der Universität Bayreuth angestrebt.

Zweite institutionelle Grundlage Interkultureller Germanistik in Karlsruhe ist die (interfakultative) interdisziplinäre *Forschungsstelle für Angewandte Kulturwissenschaft.* Sie arbeitet seit Wintersemester 1983/84 an der Universität Karlsruhe. Folgende Disziplinen sind zum gegenwärtigen Zeitpunkt in dieser Forschergemeinschaft vertreten:

Soziologie – Architektur – Informatik – Kunstgeschichte – Philosophie – Technik und Gesellschaft/Technikphilosophie – Literaturwissenschaft – Mediävistik.

Mit einer Reihe interdisziplinärer Veranstaltungen ist die Forschungsstelle an die Öffentlichkeit getreten:
- mit einer Vortragsreihe: »Kulturpraxis in der Industriegesellschaft«, (SS 1985),
- mit Interdisziplinären Kollegs:
  »Grundzüge der Angewandten Kulturwissenschaft« (WS 1986/87)
  »Praxisfelder Angewandter Kulturwissenschaft« (SS 1987)
  In Vorbereitung für das WS 1987/88 ist das Kolleg: »Raumaneignung und Mobilität in der industriellen Welt«.

Zusammen mit dem Studienkolleg der Universität veranstaltet die Forschungsstelle regelmäßig, wie erwähnt, ein interkulturelles Seminar für ausländische Studierende und Dozenten der Universität Karlsruhe zum Thema »Industrielle Welt in Deutschland«. Das erste Seminar fand im SS 1987 mit Teilnehmern aus der Volksrepublik China statt. Es ist geplant, auch in Zukunft Gruppen jeweils entsprechend ihrer kulturräumlichen Herkunft einzuladen (z.B. Lateinamerika, Japan etc.).

Die Veröffentlichung der Kollegs »Grundzüge« bzw. »Praxisfelder Angewandter Kulturwissenschaft« ist in Form von ‚Proceedings' in Vorbereitung.

Es wird angestrebt, die Forschungsstelle für Angewandte Kulturwissenschaft in ein interfakultatives Institut für Angewandte Kulturwissenschaft an der Universität Karlsruhe (TH) zu überführen.

IV. Muttersprachengermanistik als Interkulturelle Germanistik: Probleme, Aufgaben, Anforderungen

Interkulturelle Germanistik ist eine angewandte Kulturwissenschaft. Sie ist freilich zugleich, in Beziehung auf Kulturen und Gesellschaften, ‚angewandte Philologie'.[5] Denn das Haupt-Medium kultureller bzw. interkultureller Erkenntnis ist für sie die Literatur, im dichterischen wie im erweiterten pragmatischen Sinne; wesentliche Erkenntnisinstrumente sind für sie, neben kulturanalytischen und kulturhistorischen Verfahren, die Methoden moderner Literaturwissenschaft.

Interkulturelle Germanistik ist in Karlsruhe, wie erwähnt, nicht in ein Fach Deutsch als Fremdsprache eingefügt, sondern wird zu einem wesentlichen Teil im Rahmen von Muttersprachengermanistik und Allgemeiner Literaturwissenschaft betrieben. Nimmt man diesen (Gründungs- oder experimentellen) Zustand als exemplarisch, so ist dies eine kulturspezifische Bedingung der interkulturellen Variante der Germanistik in einem deutschsprachigen Land, das seine eigenen wissenschaftlichen Traditionen hat. Diese Bedingung schafft spezifische Erkenntnischancen und begründet eigenständige legitime Interessen im weltweit geführten Dialog Interkultureller Germanistik. Dennoch ist diese Situation zur Zeit noch für alle Beteiligten ein Wagnis. Denn Muttersprachengermanistik, zumindest in der Bundesrepublik, ist gerade erst dabei, sich ihrer historischen interkulturellen Ansätze wieder bewußt zu werden. Seit dem ausgehenden 19. Jahrhundert haben werkanalytische, ästhetische, poetologisch-komparatistische, philosophische Interessen, ganz zu schweigen von den ideologischen, dieses Erbe verdrängt. Diese historische Tatsache, verbunden mit unterschiedlichen Auffassungen vom kulturellen

Das Beispiel Karlsruhe

Sinn der ‚Geisteswissenschaften', prägt die Situation. Sie wird als Spannung erfahren. Viele Germanisten in der Bundesrepublik haben den Diskurs nicht verfolgt, der seit Anfang der siebziger Jahre im Fach DaF und in der Germanistik des Auslandes über kulturbezogene Unterschiede germanistischer Arbeit in den verschiedenen Ländern und d.h.: mit kulturell unterschiedlichen Rezipienten geführt wird.[6] In der Diskussion mit diesen Germanisten wird die Verständigung dann besonders schwierig, wenn es in der Diskussion darum geht, was eine ‚interkulturelle' Germanistik eigentlich sei und was sie leiste. Soll man sich scheuen, die Situation noch schärfer zu umreißen? Mittels einiger Gegensatzpaare, die in Gesprächen immer wieder auftauchen und unterschiedliche Verstehensformen und Interessentypen im Umgang mit Literatur und Kultur wiederspiegeln, ist diese Verdeutlichung vielleicht zu erreichen:

– kulturwissenschaftlich orientierte Literaturwissenschaft	vs.	– Literaturwissenschaft, deren Fragestellungen im kulturellen Subsystem der Literaturen verbleiben
– Definition des eigenkulturellen Standpunktes und Bestimmung seiner Relativität in der Vielfalt der Kulturen, mit Öffnung für Interpretationsansätze aus der Germanistik des Auslandes	vs.	– Ausweitung des Arbeitsfeldes auch auf fremde Literaturen, bei Zugrundelegung der überkommenen Perspektive als prinzipiell universal gültiger
– vergleichende Analyse kultureller Programme / Diskurse / Denkformen (Topoi)	vs.	– komparatistische Analyse internationaler Stoff- und Motivverbreitungen
– strukturale, gegenwartsbezogene, interkulturell orientierte Kulturgeschichte	vs.	– vorwiegend an historischer Alterität oder ideologiekritischer Beurteilung einzelner Phänomene interessierte Sozialgeschichte

Gewiß, diese Gegensatzpaare sind selektiv und pointiert. Aber sie geben doch, nach den Erfahrungen der Verfasser dieses Berichts, einen Eindruck von der derzeitigen Lage und den sie prägenden unterschiedlichen Positionen. Diese Positionen brauchen hier nicht bewertet zu werden, dies umsomehr als sie, wenigstens zum Teil, durchaus nebeneinander bestehen und sich ergänzen können.

Am Institut für Literaturwissenschaft der Universität Karlsruhe hat man sich entschlossen, eine schwierige Situation in Bewegung zu bringen und so der pragmatischen Atmosphäre einer Technischen Hochschule zu entsprechen. Es kommt hier also darauf an, Interkulturelle Germanistik als angewandte Kulturwissenschaft von der Praxis her zu rechtfertigen und sie als spezifische, zweckgerichtete Variante der Muttersprachengermanistik zu definieren.

Was bedeutet die Notwendigkeit, die internationale und interkulturelle Verständigung zu verbessern, für die an solcher Praxis interessierten Germanisten in der Bundesrepublik, wie auch in anderen deutschsprachigen Ländern? Sie sind auf solche Aufgaben nicht von vornherein vorbereitet. Fachtradition und überkommene Institutsstrukturen weisen in eine andere Richtung. In einer engen Verbindung mit der Germanistik des fremdsprachigen Auslands und der anderen deutschsprachigen Länder, im wissenschaftlichen Austausch mit dem Fach Deutsch als Fremdsprache, kann sich eine spezielle Variante der Muttersprachengermanistik allerdings einen (fachspezifischen) Weg zur interkulturellen Verständigung erschließen. Die Gesellschaft für Interkulturelle Germanistik hat hier mit ihrer Salzburger Arbeitstagung (Workshop) »Aufgaben und Möglichkeiten der Germanistik in deutschsprachigen Ländern beim Aufbau einer Interkulturellen Germanistik« (Mai 1986) ein Forum gebildet, auf dem wesentliche Aufgaben, Verfahren, Probleme und Themenstellungen erstmals in einem größeren Kreis diskutiert werden konnten. Die Tagung wurde von drei Muttersprachengermanisten, aus der Bundesrepublik, aus Österreich und der Schweiz geplant und geleitet.[7] Auch Germanisten aus der DDR nahmen an der Veranstaltung teil. Von entscheidender Bedeutung war die Beteiligung von Fremdsprachengermanisten an der Diskussion.

Interkulturelle Germanistik erfordert einige Leistungen, die zwar im einzelnen hier und da schon erbracht wurden und werden, nicht aber in ihrer konsequenten Zusammenfügung und Realisierung. Als Interkulturelle Germanistik hält sich Muttersprachengermanistik, die sich am Austausch der Kulturen beteiligt und Studierende dafür ausbildet, an folgende Orientierungen:[8]

Das Beispiel Karlsruhe

(1) *im Bereich der Erkenntnisweisen und Verfahren (Interkulturelle Hermeneutik):*

(a) Eigene Fragestellungen, Interessen und Verfahren als kulturspezifische erkennbar machen, das heißt, in einen Zusammenhang zu bringen mit den jeweiligen wissenschaftsgeschichtlichen Traditionen des eigenen Landes, seiner kulturellen Verfassung und dem kulturellen Diskurs, der dort über Geschichte, Gegenwart und Zukunft geführt wird. Diesen Zusammenhang sichtbar zu machen, bedeutet nicht unkritische Affirmation.

(b) Klarstellen, daß man als Germanist in einem deutschsprachigen Land nur über einen Teil der vielen kulturell möglichen Seh- und Verfahrensweisen bei der Arbeit an Literaturen, Sprachen und Kulturen dieser Länder verfügt und daß man bereit ist, Interessen und Erkenntnisziele von Germanisten aus anderen Kulturen ernstzunehmen. Dies gilt insbesondere dann, wenn diese Interessen darauf zielen, auf dem Wege über die Beschäftigung mit deutschsprachigen Kulturen/Literaturen die Position der jeweiligen Eigenkultur in der Vielfalt der Kulturen zu definieren.[9]

(c) Sich in seiner eigenen Erkenntnisarbeit damit auseinandersetzen. Es ist damit keineswegs nur gemeint, sich den Reichtum einer interkulturellen Hermeneutik zu erschließen: also die eigene deutsche (österreichische etc.) Kultur aus einem ‚fremden' Blickwinkel sehen zu lernen und damit besser zu verstehen. Es geht auch um Erkenntnisse über die ‚fremde' Kultur des germanistischen Kommunikationspartners, die sich sozusagen repräsentativ durch die Analyse seiner Interessen und Erkenntnisformen erschließen lassen.[10]
Dies gilt auch für das Verhältnis zu germanistischer Forschung in den jeweils anderen deutschsprachigen Ländern, z.B. in der DDR (hier sind freilich in den letzten Jahren bereits große Fortschritte erzielt worden).

(d) Kulturspezifische (‚fremde') Verfahren, Themen und Zielsetzungen von Germanisten anderer Kulturen auch in den eigenen Veröffentlichungen weitervermitteln und dadurch eine interkulturelle Hermeneutik multiplizieren. Die auf diese Weise verbreiteten Informationen enthalten sowohl Anstöße für ein differenzierteres Verstehen von Kulturen, Sprachen und Literaturen des deutschen Sprachraums wie auch Wissen über fremde Kulturen und ihr Verhältnis zu den deutschsprachigen Ländern.

Ergänzend wäre hier zu bemerken, daß in anderen Kulturen nicht nur Germanisten (Literaturwissenschaftler) Partner einer interkulturell orientierten Germanistik in den deutschsprachigen Ländern sein können. Das Gleiche gilt auch von anderen Kulturwissenschaftlern (z.B. Historikern), die sich im Sinne von ‚Area Studies' mit den Kulturen des deutschsprachigen Raums befassen.

Von der »doppelten Nabelschnur fremdsprachlicher Germanistik« (Hubert Orłowski in diesem Band) wird man bei der Muttersprachengermanistik deutschsprachiger Länder (mit Ausnahme vielleicht der Germanisten in der viersprachigen Schweiz) nicht reden können. Aber eine Verbindung von Binnenperspektive und Außenperspektive, ein wechselseitiger Austausch kultureller (spiritueller, gesellschaftlicher, politischer, wirtschaftlicher) Informationen ist möglich.

(2) *im Bereich der Inhalte und Ziele von Forschung und Lehre:*

(a) Literatur und Literatur-Unterricht mit der gesellschaftlichen Wirklichkeit bzw. ihren kulturellen Leitthemen in ein Verhältnis setzen.[11] Diese Wirklichkeit in ihrer dauernden geschichtlichen Veränderung und Veränderbarkeit aufzeigen. Ihr Verhältnis zur Literatur ist spannungsvoll und fordert das kritische Potential der Germanistik als Kultur- und Literaturwissenschaft heraus. Ziel bleibt dabei jedoch, ein besseres Verständnis der deutschsprachigen Kulturen und Literaturen in ihrer Komplexität und historischen Dynamik zu vermitteln.

(b) Die vielen und vielschichtigen, von Unterschieden wie Gemeinsamkeiten getragenen Verbindungen vertraut machen, die zwischen Kulturen und Literaturen des deutschsprachigen Raums, wie mit anderen Kulturen[12], Literaturen – und Sprachen – bestehen. Hierbei eine (objektbezogene) Zusammenarbeit mit Germanisten des Auslands anstreben. Es gelangen so auch Kenntnisse über andere Kulturen (Denkformen, Wissenschaftsstile[13], Interessen) in unser Bewußtsein und das der Studierenden.

(c) Die Vieldeutigkeit und Vielwertigkeit der deutschsprachigen Kulturen/Literaturen, die sich aus den Perspektiven einer interkulturellen Germanistik ergibt, auch öffentlich bewußt machen. Sie beinhaltet ein beträchtliches Potential an kultureller Vorstellungskraft und Dynamik. Also grundsätzlich darauf achten, daß nicht nur in eigenen Veröffentlichungen, sondern auch in studentischen Arbeiten Fragen und Forschungsergebnisse von Germanisten aus an-

Das Beispiel Karlsruhe

deren Kulturen einbezogen werden.[14] Das bedeutet nicht unkritische Übernahme, sondern Analyse und Auseinandersetzung.

V. Die Karlsruher Studienkomponenten Interkulturelle Germanistik

sind gewiß keine grundstürzenden Veränderungen des Germanistikstudiums. Aber sie sind in der Muttersprachengermanistik ein Neuansatz, der als Exempel diskutiert werden mag.

Studienkomponente Interkulturelle Germanistik
(Inhaltsbeschreibung)

1) *Magisterstudiengang: Literaturwissenschaft*

Inhalte:
Grundstudium: *Proseminar* (Wahlpflicht): *Interkulturelle Germanistik I*

1. Grundbegriffe des kulturell/literarisch/medialen Zeichen- und Symbolgebrauchs
Grundbegriffe der kulturell/literarisch/medialen Kommunikation
2. Grundbegriffe einer kulturell/literarischen Topik (kulturelle Leitvorstellungen, Kulturthemen, ‚patterns', Codes)
3. exemplarische literarhistorische Textanalysen zu Kulturthemen (wie: Raum – Zeit – Krieg – Tod – Geschlechterverhältnis – Reise – Natur etc.)
4. Eigenkultur – Fremdkultur: Darstellung von Formen der Kulturbegegnung (Schock, ‚clash', Austausch, Berührung etc.), der Fremdkultur-Rezeption, des literarischen Fremdverstehens, der Kulturtechnik des Lesens
5. Auslandsgermanistik: Praxis und Rezeption

Hauptstudium: *Hauptseminar: Interkulturelle Germanistik II*
Historisch/textlich orientierte Analysen jeweils zu wissenschaftlichen Spezialfragestellungen der unter 1.–5. genannten thematischen Felder.

Götz Großklaus / Bernd Thum

2) *Magisterstudiengang: Literatur des Mittelalters*

Inhalte:
Grundstudium: *Seminar* (Wahlpflicht) *zur älteren deutschen Literatur im interkulturellen Kontext*
Das Seminar behandelt, als Themenseminar mit wechselnden Schwerpunkten, die Verbindung von Literatur, Literaturwissenschaft und Kulturgeschichte unter folgenden Aspekten:
– Kulturelles Erbe: Leistungen und Funktionen älterer Literatur in der Geschichte von Aufbau und Ausdifferenzierung der Gegenwartskulturen im deutschen Sprachraum
– Kulturthemen: Historisch-literaturwissenschaftliche Erforschung der Leitthemen gesellschaftlich-kultureller Diskurse
– Weltliteratur: Die Bedeutung interkultureller Literaturbeziehungen für den historisch-kulturellen Status deutschsprachiger wie auch (in exemplarischer Auswahl) anderer Länder
– Interkultureller Vergleich: Möglichkeiten der Deutung historischer deutscher Literatur mit Hilfe komparatistischer Forschungsergebnisse, wie auch moderner ethnographischer und ethnologischer Forschungsdaten
– Literaturgeschichtsschreibung: Probleme und Methoden der deutschen Literaturgeschichte im Kontext interkultureller Beziehungen zwischen Muttersprachen- und Fremdsprachengermanistik

Hauptstudium: *Hauptseminar: Interkulturelle Germanistik II*
Interpretatorisch und methodologisch orientierte Analyse jeweils zu den genannten Themenbereichen des einführenden Seminars

Im Rahmen des Gesamtstudiums: entsprechende *Vorlesungen* und *Arbeitsgemeinschaften*

Die Einführung eines Studienangebots Interkulturelle Germanistik am Institut für Literaturwissenschaft der Universität Karlsruhe wurde seit Winter 1984 in der Fakultät diskutiert. Die Diskussion, die von den Verfassern dieses Berichts im Zusammenwirken mit Alois Wierlacher angeregt worden war, betraf nicht nur die Reform der beiden in Karlsruhe bestehenden literaturwissenschaftlichen Magister-Studiengänge. Sie stand auch im Zusammenhang mit einem bereits länger geführten Dialog über eine Neubestimmung der Aufgaben der Fakultät an einer Technischen Hochschule und ein mögliches interdisziplinäres Zusammenwirken mehrerer kulturwissenschaftlicher Fächer. In beiden Diskussionszusammenhängen spielten Überlegungen eine Rolle, wie man die Verbindung kulturwissenschaftlicher Disziplinen zur gesellschaftlichen Praxis verstärken und wie man die Studierenden der entsprechenden Studiengänge besser auf diese Praxis vorbereiten könne.

Über die Einrichtung eines eigenen Magister-Studiengangs ‚Interkulturelle Germanistik' mit einem hohen Anteil interdisziplinärer anwendungsbezogener Kulturwissenschaft wurde eine Weile verhandelt. Die Idee wurde aber dann nicht weiterverfolgt. Einige Kollegen befürchteten eine »Aushöhlung« des vorhandenen literaturwissenschaftlichen Studienangebots und sahen Anwendungsbezogenheit und berufspraktisches Element im Gegebenen bereits grundsätzlich verwirklicht. Kollegen der kultur- und sozialwissenschaftlichen Nachbardisziplinen wiederum hatten Bedenken, Teile ihrer Lehrkapazität als bloße Dienstleistung für die Germanistik einzusetzen. Die Problematik scheint sich inzwischen auf dem Wege zu lösen, der im vorliegenden Bericht skizziert wird: Integration der Interkulturellen Germanistik sowohl in einen interdisziplinär-kulturwissenschaftlichen und anwendungsorientierten Zusammenhang als auch in einen fachwissenschaftlich-literaturwissenschaftlichen Kontext, jeweils als eigenständige Studienkomponente.

Die Studienkomponente Interkulturelle Germanistik am Institut für Literaturwissenschaft ist inzwischen sowohl in den Studiengang ‚Neuere Literaturwissenschaft' als auch in den Studiengang ‚Literatur des Mittelalters' aufgenommen worden. Die definitive Zustimmung des zuständigen Ministeriums für Wissenschaft und Kunst in Stuttgart (Bundesland Baden-Württemberg) ist, vorbehaltlich einiger Anpassungen im Wortlaut der Studienordnung, demnächst zu erwarten.

In beiden Studiengängen können die Studierenden nun wählen, ob sie einige der vorgeschriebenen Seminare (»Scheine«) im Bereich Interkultureller Germanistik oder im Bereich des traditionellen literaturwissenschaftlichen Studienangebots absolvieren wollen. Zur Wahl steht in beiden Studiengängen jeweils 1 Seminar im Grundstudium (bei insgesamt 5 vorgeschriebenen Seminaren) und 1 Seminar (Hauptseminar) im Hauptstudium (bei insgesamt 3 Hauptseminaren im Hauptfach).

1. Zwecksetzungen

Mit der Integration Interkultureller Germanistik in eine – vorwiegend – muttersprachlich und eigenkulturell orientierte Studienordnung verfolgt Karlsruhe einen dreifachen Zweck:

(1) Interkulturelle Germanistik ist hier (auch) in einer interdisziplinären, an der Kulturpraxis der technisch-industriellen Welt interessierten Institution vertreten. Es geht darum, sie zugleich in der Fachwissenschaft fest verankert zu halten und sie von dorther – in Rückkopplung mit den interdisziplinären Studien – weiterzuentwickeln.

Das klassische Fachstudium der Muttersprachengermanistik korreliert nach wie vor mit den Erwartungen vieler Studierender in der Bundesrepublik, die sich nicht zufällig ein geisteswissenschaftliches Fach (im überkommenen Sinn) ausgesucht haben. Es entspricht auch den Erwartungen mancher Einrichtungen und Firmen, die Absolventen geisteswissenschaftlicher Studiengänge (wenn auch leider in viel zu geringer Zahl) einstellen, wie Verlage, Presse, Rundfunk, neuerdings auch Banken. Schließlich scheint ein relativ frei angelegtes Bildungsstudium *vor* einer mehr anwendungs- und berufsbezogenen Ausbildung auch den Entwicklungen in neuen Berufsfeldern zu entsprechen.[15]

So sind in Karlsruhe z.B. im Grundstudium die einführenden Seminare zur Interkulturellen Germanistik in den beiden literaturwissenschaftlichen Studiengängen eng verbunden mit literatur- und kulturwissenschaftlichen Einführungsseminaren.

(2) Zweites Ziel der Wahl-Komponente Interkulturelle Germanistik im Rahmen muttersprachlich orientierter literaturwissenschaftlicher Studiengänge ist aber andererseits deren interkulturelle Öffnung und Weiterentwicklung. Es ist ein Angebot an diejenigen, die an dieser Entwicklung interessiert sind. Nicht nur Studierende, sondern auch Institutionen, denen eine solche Entwicklung eigentlich nicht gleichgültig sein dürfte, insbesondere Organisationen und Einrichtungen der Kulturvermittlung innerhalb und außerhalb der Bundesrepublik: Kulturdezernate, Erwachsenenbildung, Schule, Stiftungen, DAAD, Goethe-Institut u.a.

(3) Das germanistische Fachstudium kann so, mit seinen interkulturellen und kulturwissenschaftlichen Komponenten, zu einem geeigneten Ausgangsstudium für ein Ergänzungsstudium Angewandte Kulturwissenschaft werden (dazu später, Abschnitt VII).

Das Beispiel Karlsruhe

Oberstes Ziel ist, wie mehrfach hervorgehoben, die Fähigkeit zur interkulturellen/internationalen Kommunikation und Verständigung von einem geistes- bzw. kulturwissenschaftlichen Fach her, der Muttersprachengermanistik der Bundesrepublik, zu fördern. Die Studienkomponente allein kann die für die Interkulturelle Germanistik genannten Aufgaben freilich nicht erfüllen. Sie kann nur Basiswissen und einige exemplarische Anwendungen vermitteln. Aber sie wirkt ja im Kontext eines germanistischen Fachstudiums und/oder im Rahmen eines interdisziplinären Ergänzungsstudiums, das der inländischen wie auswärtigen Kulturarbeit unter den Bedingungen der technisch-industriellen Welt gewidmet ist. In dieser Doppelstruktur hat die Studienkomponente Interkulturelle Germanistik an der Universität Karlsruhe ihre Funktion. Sie behält allerdings auf längere Zeit zugleich einen Versuchs- und vielleicht Pilotcharakter, der sich auf den jeweiligen fachlichen und/oder interdisziplinären Rahmen auswirkt.

2. Struktur und Lernziele

Die Studienkomponenten ‚Interkulturelle Germanistik' in den beiden germanistischen Studiengängen ‚Literaturwissenschaft' und ‚Literatur des Mittelalter (Mediävistik)' *(Grundstudium)* ergänzen sich. Sie erlauben so, wenn auch nur in exemplarischer Auswahl, die interkulturelle Auseinandersetzung mit dem gesamten kulturellen und literarischen Erbe der Bundesrepublik und anderer deutschsprachiger Kulturen. Die *Strukturierung* ist daher analog. Sie stützt sich auf vier Hauptelemente:[16]

(1) Hermeneutische Grundbegriffe zur Analyse kultureller und literarischer Phänomene in Gegenwart und Geschichte (Semiologie, Topologie, Kulturthema, Kulturelles Erbe u.a.).
(2) Kulturwissenschaftlich/interkulturell orientierte Textpraxis (Kulturthemen, weltliterarische Beziehungen, Lesekultur[en]).
(3) Fremdheitskundliches Wissen/Interkulturelle Kommunikation (Kulturbegegnung, interkultureller Vergleich, das Fremde im Eigenen u.a.)
(4) Germanistik, Literatur- und Kulturdiskurs in anderen Kulturen (andere Praxis; Rezeption und Rezeptionsmöglichkeiten bei der Muttersprachengermanistik).

Im Hinblick auf die grundlegende Absicht, von der Muttersprachengermanistik her Grundlagen zu schaffen für eine bessere interkulturelle Verständigung, werden drei wesentliche *Lernziele* angestrebt:

(1) *Begriffe:*
Lernen, sich mit dem soeben in seinen Umrissen angedeuteten überschaubaren Repertoire ausgewählter kultur-/literaturwissenschaftlicher Begriffe über eigene und fremde Kultur(en) – auch über das ‚Fremde' im Eigenen und das ‚Eigene' im Fremden – zu verständigen. Dies als Grundlage für die praktische interkulturelle Kommunikation und Verständigung. – Wenn diese befriedigend verlaufen soll, bedarf es nicht nur einer positiven inneren Einstellung, einer Kultur des wechselseitigen Ernstnehmens und Zuhörens. Man muß auch über geeignete begriffliche ‚Hypothesen' verfügen, die durch Objektivierung Distanz und Entlastung schaffen, und die dabei helfen, die kommunikativen Vorgänge, sowie ihre kulturellen Bedingungen besser zu erkennen.
‚Begriffliche Hypothesen', d.h., daß die zu erlernenden Begriffe zunächst einmal eine heuristische und hermeneutische Funktion haben. Sie sollen beim Erkennen und geistigen Durchdringen eines kulturellen Vorgangs bzw. bei der Erschließung eines Textes und seiner kulturellen/interkulturellen Bezüge Dienste leisten. Der Wirklichkeit, zu der man mit Hilfe dieser begrifflichen Hypothesen gelangt, werden diese Begriffe nicht einfach übergestülpt. Zu lernen ist also auch ihre grundsätzliche Modifizierbarkeit, ja Reversibilität.
Wie stets bei der Modernisierung eines überkommenen Fachwissens (vgl. dazu den Bericht Paul Michael Lützelers über ‚German Studies' in diesem Band), wird wohl auch in diesem Zusammenhang zuverlässig der Vorwurf des ‚Dilettantismus' erfolgen. Er wird allerdings fragwürdig, wenn – wie in der Praxis Interkultureller Germanistik – die hermeneutischen Leitbegriffe angeblich fachfremder (Kultur-)Wissenschaften von vorneherein im Hinblick auf ein besseres Verständnis von Literatur bzw. von Texten erarbeitet werden. Damit ist bereits das zweite wesentliche Lernziel angesprochen:

(2) *Textarbeit:*
Lernen, mit Texten so zu arbeiten, daß sich deren Zeugenschaft und Wirkkraft in intra- und interkulturellen Prozessen erschließt und daß sie eine Quelle werden zum Besserverstehen von Kulturen. Poetische Texte und andere Werke der kommunikativen Kultur

Das Beispiel Karlsruhe

(Literatur im erweiterten Sinn, Filme etc.) sollen erkannt werden u.a. als:[17]
- kultursemiotische Botschaften
- Träger kulturspezifischer topischer Welterklärungsmuster
- Zeugen für die ‚kulturelle' Leistungsfähigkeit von Sprache (Sprache und Denken) und sprachlichen (argumentativen, ästhetischen etc.) Gestaltungsmitteln in der intra- und interkulturellen Kommunikation
- Funktion und schöpferisches Element von kulturellen Leitdiskursen und Gegendiskursen (Kulturthemen/Gegenthemen)
- Medium vielfältiger interkultureller Wirkungen und intertextueller Prozesse
- kulturelles Gedächtnis (Kulturelles Erbe).

Es geht also darum, mittels der Textarbeit kulturwissenschaftliche Kenntnisse zu vermitteln: über *kulturelle Vorgänge* (z.B. Formen der Kulturbegegnung), *Verfahren* von Wirklichkeitsaufbau und Wirklichkeitsbewältigung (z.B. Perspektivierung kulturell relevanter Information durch Kulturthemen) und gesellschaftlich-kulturelle *Bedingungen* (z.B. Kulturelles Erbe »in den Köpfen«). Gerade bei der gedanklichen Interpretation, der bildlich-erzählerischen Repräsentation und der schöpferischen Reproduktion lebendiger kultureller Gefüge erbringt Literatur, insbesondere poetische Literatur, eine bedeutende Leistung. Wenn diese Leistung auch im einzelnen noch zu reflektieren bleibt, so ist sie doch in ihren Grundlagen so oft und eindringlich beschrieben worden, daß dies hier nicht wiederholt zu werden braucht.[18]

(3) *Fach-Institutionelle Grundlagen im internationalen Vergleich:*
Lernen, eigene und fremde Formen des wissenschaftlichen Umgangs mit Kulturen/Literaturen zu bestimmen. – Lernziel ist, die eigene germanistische Arbeit (muttersprachlich oder/und interkulturell orientiert) in ihren historischen und philosophischen Grundlagen zu bestimmen und von der Vielfalt der Kulturen her neu zu verstehen, und damit auch die Rolle von Germanistik – in einer speziellen Variante – neu zu sehen:
- als Resultante dieser kulturellen Vielfalt (interkulturelle Fachgeschichte);
- als Partner von Germanisten in anderen Kulturen sowie im Fach Deutsch als Fremdsprache in der Bundesrepublik, in einer Kommunikation über deutschsprachige Kulturen und Literaturen, die

so – multiperspektivisch – differenzierter beurteilt werden können (Interkulturelle Hermeneutik);
- als (produktiver) Rezipient von Nachrichten über kulturspezifische Interessen, Welterfahrungsweisen, wissenschaftlicher Stile und Verfahren, die im Diskurs mit einer interkulturellen Germanistik aus fremden Kulturen vermittelt werden, direkt oder indirekt.

Hier ist noch ein Wort zur Interkulturellen Germanistik im *Hauptstudium* anzuschließen, bei dem das *exemplarische Lernen* im Vordergrund steht. Wie im Grundstudium geht es auch hier nicht darum, ein ‚landeskundliches' Tableau zu malen, sondern um interkulturelle Forschungsansätze, Werkanalysen und Kulturthemen. Zur Vorbereitung auf die Einführung der Studienkomponente Interkulturelle Germanistik in die beiden genannten Studiengänge haben die Verfasser dieses Beitrags in den letzten Semestern z.B. Hauptseminare angeboten (z.T. für beide Studiengänge gemeinsam) zu Themen wie: »Literarische Deutschlandbilder von außen«, »Kultursemiotik«, »Interkulturelle Germanistik: Frühformen kultureller Fremdwahrnehmung in der deutschen Literatur (Mittelalter/Frühe Neuzeit)«, »Raumparadigmen in der europäischen Literatur« u.a. Alois Wierlacher hielt ein Kolleg zur Interkulturellen Germanistik ab. Hinzutraten Hauptseminare zur Sprachwissenschaft wie »Die deutsche Sprache im Kontakt mit Fremdsprachen«, »Sprachgeschichte und historische Kulturwissenschaft«, u.a.

Alle genannten Lernziele sind, wie erwähnt, mit der für die Interkulturelle Germanistik an der Technischen Hochschule Karlsruhe entscheidenden pädagogischen Aufgabe verbunden: der Förderung interkultureller und internationaler Kommunikations- und Verständigungsfähigkeit auf der Grundlage eines kritisch-wissenschaftlichen und praxisbezogenen Denkens, sowohl im Rahmen der Germanistik als auch interdisziplinärer, angewandter Kulturwissenschaft.

VI. Die Ausschreibung einer Professur ‚Literaturwissenschaft/Interkulturelle Germanistik'

Im Frühjahr 1986 erfolgte durch die Fakultät für Geistes- und Sozialwissenschaften die Ausschreibung einer Professur für Literaturwissenschaft/Interkulturelle Germanistik. Die Bewerbungsvorträge haben inzwischen stattgefunden. Die Stelle ist jedoch noch nicht besetzt.

Das Beispiel Karlsruhe

*Fakultät für Geistes- und Sozialwissenschaften
der Universität Karlsruhe (TH)*

Merkblatt:

*C3 (Fiebiger)-Professur:
Literaturwissenschaft/ Interkulturelle Germanistik*

I

Unter INTERKULTURELLER GERMANISTIK wird eine kulturwissenschaftlich orientierte Literaturwissenschaft verstanden, die die eigene Literatur und Kultur wechselseitig im Kontext
a) der Literaturen und Kulturen der deutschsprachigen Länder;
b) der Literaturen und Kulturen nicht deutschsprachiger Länder thematisiert.

II

Forschungsziele und -interessen einer Interkulturellen Germanistik sind u.a.:
a) die Arbeit im Variantendreieck von Muttersprachen-Germanistik, Deutsch als Fremdsprache und Auslandsgermanistik;
b) die Verknüpfung von kultureller Binnenperspektive und kultureller Außenperspektive;
c) die Verankerung der eigenen Literatur und Kultur im interkulturellen Kontext;
d) die Bewußtmachung der eigenen kulturellen Programme und Inhalte als Voraussetzung für eine produktive Auseinandersetzung mit fremden Kulturen.

III

Im Rahmen einer Interkulturellen Germanistik an der Universität Karlsruhe wird von dem Bewerber/der Bewerberin erwartet:
a) im Bereich der Forschung:
Konzeptarbeit im Bereich der oben genannten Schwerpunkte I (a) und (b) aufgrund eigener, einschlägiger Forschung, wobei für die inlandsgermanistische Variante Interkultureller Germanistik in Karlsruhe die Thematisie-

rung der kulturell-literarischen Vielfalt des deutschsprachigen Raums im Vordergrund stehen soll;
b) im Bereich der Lehre:
Veranstaltungen im Rahmen der bereits genehmigten Studienkomponente Interkulturelle Germanistik (Vorlesungen, Pro- und Hauptseminare) innerhalb des MA-Studiengangs Literaturwissenschaft.
c) Von dem Bewerber/der Bewerberin wird weiterhin erwartet:
– Bereitschaft zur Mitarbeit an einem entstehenden interdisziplinären Forschungsschwerpunkt Kultur/Literatur in der technischen Welt;
– Pflege und Ausbau der Beziehungen zu in- und ausländischen Institutionen der Kulturvermittlung.

Die Fakultät hat den Interessenten dieses Merkblatt übersendet, das den Charakter der Tätigkeit und die Erwartungen der Fakultät recht präzise beschreibt. Es wird hier wiedergegeben, weil es sich bei der Professur u.W. um die erste im Bereich der Muttersprachengermanistik der Bundesrepublik (und wohl auch in den anderen deutschsprachigen Länder) handelt, bei deren Ausschreibung ‚Interkulturelle Germanistik' als Terminus für ein entsprechendes Tätigkeitsfeld genannt ist. Es braucht hoffentlich nicht eigens darauf hingewiesen zu werden, daß damit kein Alleinvertretungsanspruch erhoben ist. Interkulturelle Germanistik wird in der Bundesrepublik (und in anderen deutschsprachigen Ländern) von Wissenschaftlern im Fach Deutsch als Fremdsprache, wie auch in einer spezifischen Variante der Muttersprachengermanistik, schon seit einigen Jahren betrieben, auch in Karlsruhe. Doch möge die Karlsruher Ausschreibung und ihr Merkblatt Anlaß sein, wenigstens einige der Aufgaben – nämlich literaturtheoretische und didaktische – zu diskutieren, die der Interkulturellen Germanistik im Rahmen der Muttersprachengermanistik zum gegenwärtigen Zeitpunkt gestellt sind. Es geht also um ein Exempel, nicht darum, die Arbeitsperspektiven der Karlsruher Professur ohne Rücksicht auf persönliche Interessen und Fähigkeiten festlegen zu wollen.

Die Entscheidung für eine doppelte Ausrichtung auf Literaturwissenschaft/Interkulturelle Germanistik erfolgte aus unterschiedlichen Motiven. Die Professur hat auch Aufgaben im Bereich der klassischen Germanistik und allgemeinen Literaturwissenschaft wahrzunehmen. Für die Initiatoren stand jedoch eine etwas anders gewendete Überlegung im

Das Beispiel Karlsruhe

Vordergrund: daß nämlich gerade im gegenwärtigen Zeitpunkt für die Interkulturelle Germanistik im Rahmen der Muttersprachengermanistik eine speziell literaturwissenschaftliche Durchdringung des Konzepts geboten ist. Dies auf hohem theoretischen Niveau, was zugleich beinhaltet: in intensiver Auseinandersetzung mit der kulturellen und literarischen Praxis im In- und Ausland. Da in Karlsruhe Interkulturelle Germanistik auch in der Forschungsstelle für Angewandte Kulturwissenschaft vertreten ist und dort stark objektbezogen-anwendungsorientierte Aufgaben erbringt, gewinnt der literaturtheoretische Beitrag, den die genannte Professur leisten kann, besonderes Gewicht. Die meisten germanistischen (und u.E. auch komparatistischen) Literaturwissenschaftler (-theoretiker) in der Bundesrepublik haben ihre Tätigkeit doch in einen anderen Denkzusammenhang gestellt, betreiben ihn, wie bereits angedeutet (Abschnitt IV), mit anderen Fragestellungen. Wenn überdies Lützeler in diesem Band bemerkt, für die in Amerika in zahlreichen ‚Programmen' vertretenen ‚German Studies' werde es nach fünfzehn Jahren allmählich »Zeit, sich zu fragen, was die Methode [...] hergibt, was die Legitimation des Faches ausmacht, was die Schwächen struktureller Art sind, die ihm eignen«, so sollte die Interkulturelle Germanistik im Rahmen der Muttersprachengermanistik nicht gerade anderthalb Jahrzehnte vergehen lassen, um die notwendige reflektorisch-theoretische Arbeit zu tun. Sie darf sich auch nicht vormachen, daß diese Arbeit mit der Übernahme interkultureller hermeneutischer Anstöße aus dem Fach DaF und aus der Germanistik des Auslandes schon getan ist.

Als einzelner Forscher bzw. akademischer Lehrer wird man angesichts der anspruchsvollen Aufgabe Schwerpunkte setzen müssen. Dabei wird persönliche Neigung gewiß eine Rolle spielen. Doch auch wenn man Schwerpunkte setzt, kommt man um ein Mitdenken der jeweils anderen, von der Sache her gegebenen Forderungen nicht herum. Im Arbeitsfeld der von Karlsruhe ausgeschriebenen Professur kommt es (von den allgemeinen literaturwissenschaftlichen Aufgaben einmal abgesehen) zum gegenwärtigen Zeitpunkt u.E. insbesondere darauf an:
(1) in enger Verbindung mit der muttersprachlich-germanistischen und interdisziplinären Praxis an der Universität Karlsruhe, wie auch in einem weiteren multikulturellen Verständnis, für eine theoretische Differenzierung und *Weiterentwicklung der Leitkonzepte und Leitbegriffe* Interkultureller Germanistik, insbesondere im Kontext der Muttersprachengermanistik, zu sorgen. Dies betrifft Begriffe wie Interkulturelle Hermeneutik, interkultureller Vergleich, Kulturthema, Kultursemiotik, Kulturelles Erbe, Germanistik als (ange-

wandte) Kulturwissenschaft u.a. Es käme z.B. darauf an, diese Konzepte und Begriffe mit den kulturspezifischen philosophischen und ästhetischen Traditionen germanistischer (und komparatistischer) Literaturwissenschaft in deutschsprachigen Ländern in ein konstruktives Verhältnis zu setzen – und dabei möglicherweise deren ‚verdecktes' Erbe nutzbar zu machen;

(2) zusammen mit Germanisten anderer Kulturen im deutschsprachigen Raum wie in Ländern mit fremder Sprache *Formen interkultureller hermeneutischer Arbeit* und *praktischer objektbezogener Kooperation* zu entwickeln und in ihren Voraussetzungen, Methoden und Zielen zu durchdenken;

(3) im Hinblick auf diesen interkulturellen Austausch die genannten Leitkonzepte und Leitbegriffe so zu definieren und anzuwenden, daß sie die Interessen der interkulturellen Variante der Muttersprachengermanistik in der Bundesrepublik widerspiegeln. Daß sie also im Diskurs der Muttersprachengermanistik(en) in deutschsprachigen Ländern, im Austausch mit dem Fach Deutsch als Fremdsprache und im Gespräch mit Germanisten des fremdsprachigen Auslands als *kulturspezifischer Beitrag* deutscher Germanisten zur Dialektik Interkultureller Germanistik erkennbar werden und so zu einem wechselseitigen Besserverstehen dienen können.

(4) für die Vermittlung intrakultureller und interkultureller Verständigungsfähigkeit im Rahmen eines germanistischen Fachstudiums ein *didaktisches Konzept* (mit)entwickeln. Dies auch mit Blick auf interdisziplinäre kulturwissenschaftliche Ergänzungsstudien.

Zu den Schwerpunkten der Karlsruher Professur gehört auch – als Teil ihrer interkulturellen Aufgabenstellung – »die Thematisierung der kulturell-literarischen *Vielfalt des deutschsprachigen Raums*« (Merkblatt). Was diese Vielfalt für eine interkulturelle Hermeneutik bedeutet, darüber wurden schon an anderer Stelle einige vorläufige Überlegungen vorgetragen.[19] Über die kulturpolitische Bedeutung Interkultureller Germanistik für die deutschsprachigen Länder ist bei der bereits erwähnten GIG-Arbeitstagung in Salzburg gesprochen worden. Diese besonderen Aspekte Interkultureller Germanistik müssen weiter diskutiert werden: im Interesse jenes Mehr an Erkenntnis- und Verständigungsfähigkeit, das sie anstrebt. Zu reflektieren und zu erproben bleibt darüber hinaus die Bedeutung dieses Schwerpunkts für den Dialog mit der internationalen Germanistik außerhalb der deutschsprachigen Länder. Das Interesse daran ist dort nicht unbeträchtlich. Die Anmerkungen Paul Michael Lützelers (in diesem Band) zum Studienobjekt amerikanischer

,German Studies'-Programme mögen einen Ansatzpunkt darstellen. Die Aufmerksamkeit, die dort einem Studium der Vielfalt der Kulturen, Literaturen (und Sprachen) der deutschsprachigen Länder, in ihren Unterschieden und Gemeinsamkeiten, entgegengebracht wird, ist evident. Denn diese Vielfalt spiegelt, manchmal geradezu seismographisch, die dynamische Vielfalt Europas wieder – aufzuschließen mit nur einem »Sprachschlüssel«.

VII. Interkulturelle Germanistik im interdisziplinären Rahmen Angewandter Kulturwissenschaft: Kulturprobleme der ‚technischen' Welt

Über die möglichen Aufgaben Interkultureller Germanistik im interdisziplinären Gefüge einer *Forschungsstelle für Angewandte Kulturwissenschaft* wurde bereits berichtet (Abschnitt II). Diese Forschungsstelle befaßt sich mit den Kulturproblemen der technisch-industriellen Welt unter interkulturellen Gesichtspunkten (Abschnitt III). Entscheidend ist für ihre Arbeit, daß sie Forschungsgegenstände und Forschungskonzepte aus der Auseinandersetzung mit der gesellschaftlich-kulturellen Praxis gewinnt, und – im Sinne der oben angedeuteten Grundprinzipien angewandter Kulturwissenschaft – die Forschungskonzepte wieder in Anwendungskonzepte einmünden läßt. Als eine wesentliche Aufgabe begreift die Forschungsstelle die Entwicklung eines Studienkonzepts ‚Angewandte Kulturwissenschaft'. Es soll sowohl als Ergänzungsstudium für Absolventen geeigneter Ausgangsstudiengänge, wie auch in der Form von Studienbausteinen für einzelne (z.B. technologische) Fachstudiengänge verwirklicht werden.

Die Diskussion hierüber ist fortgeschritten, aber noch nicht abgeschlossen. Daher kann an dieser Stelle nur eine grobe Skizze des Konzepts der Forschungsstelle, und der Beteiligung Interkultureller Germanistik daran, vorgelegt werden. Allgemein wird von einem Kulturkonzept ausgegangen, in dem die traditionell dichotomischen Felder ‚materielle Kultur' (Technik, ‚Zivilisation') vs. ‚immaterielle' Kultur, Eigenkultur vs. Fremdkultur, historische Kultur vs. aktuelle Kultur etc. in einem weiteren Horizont bzw. Systemzusammenhang direkt aufeinanderbezogen werden. Interkulturelle Germanistik trägt auf ihre fachspezifische Weise zur Arbeit bei: Sie gewinnt ihr kulturwissenschaftliches Orientierungswissen aus der Analyse gegenwärtiger und historischer kultureller Diskurse, sowohl in den Literaturen der deutschsprachigen Länder wie im interkulturellen Dialog mit Germanisten und anderen Wissenschaftlern, die sich mit dem deutschsprachigen Raum befassen. Interkulturelle Germanistik kann so aktuelle gesellschaftlich-kulturelle Prozesse (Trends) aufzeigen, historische Programmierungen des Sehens, Verhaltens, Redens und Denkens erfassen und schließlich auch Material für eine kulturelle Prognostik.

Forschungsschwerpunkte der gemeinsamen interdisziplinären Arbeit sind:

- die sozial- und mentalitätsgeschichtlichen *Voraussetzungen* der technischen Kultur im Spannungsfeld von industrieller und präindustrieller Mentalität (kulturelles Erbe);
- soziale und mentale *Folgen* beschleunigter Industrialisierung bzw. Technologisierung der Lebenswelt (Technikfolgen, Wertwandel, die Rolle spirituell- und ästhetisch-kultureller ‚Kompensationen');
- der interkulturelle *Vergleich* von Voraussetzungen und Folgen technischer Entwicklung in europäischen und außereuropäischen Ländern; interkultureller Vergleich der unterschiedlichen Technik-Niveaus und des unterschiedlichen Technologisierungs-Tempos;
- *interkulturelle Kommunikation und Verständigung* im Kontext globaler Technisierung der Kommunikation durch neueste Medien, dies auch im Zusammenhang mit der Entstehung neuer multikultureller bzw. multiethnischer Räume.

Einen besonderen Schwerpunkt bildet zur Zeit (zugleich für die Lehre; s. Abschnitt III) die Frage der Raum-Aneignung in der industriellen Gesellschaft (Entwicklung von öffentlichen Räumen; Raum-Erschließung durch neue Kommunikationstechniken und -medien, durch Sehen und Fahren; Sozio-ökologische Raummuster; ethnisch/präindustriell geprägte Raumstrukturen).

Die Leitkategorien, die in diesem Forschungsprogramm erkennbar werden – Historizität, Interkulturalität, Kultur als Kommunikationsstruktur (Zeichen- und Symbolzusammenhang), Kultur aus gemeinschaftlichem Handeln (Partizipation) – entsprechen denen der Interkulturellen Germanistik.

Die *Anwendungsschwerpunkte* der Arbeit in der Forschungsstelle sind auf zwei Ebenen verteilt: die Ebene der fachspezifischen Aufgaben und Interessen, und die Ebene gemeinsamer Projekte. Auf beiden Ebenen kommen die Forschungsergebnisse unter interdisziplinärer Beteiligung zustande. Entscheidend für die Absicht, solche Forschungen jeweils auf die gesellschaftlich-kulturelle Praxis anzuwenden, ist, daß sie ihren Ursprung in eben dieser Praxis haben, genauer noch: daß sie auf *konkrete Objekte* bezogen sind und mit *Institutionen der Praxis* abgestimmt werden. Die Forschungsstelle bzw. die sie tragenden Einzeldisziplinen setzen sich dann zum Ziel, entsprechende Problemanalysen und Lösungsszenarien vorzulegen.

Anwendungsschwerpunkte der Arbeit der Forschungsstelle sind zur Zeit:
- Vermittlung von Kultur- und Techniktransfer im Informations-/Kulturaustausch europäischer Länder;
- Stadtkultur/Stadtarchitektur (öffentliche Räume, partizipatives Bauen, Dislozierung von Kultureinrichtungen);
- Museums- und Ausstellungskonzepte (insbes. Technikgeschichte).

Ein *fachspezifischer* Anwendungsschwerpunkt Interkultureller Germanistik im Rahmen der Forschungsstelle ergibt sich mit dem Thema »Germanistik an Technischen Hochschulen«. Dabei sind zunächst drei Aufgaben ins Auge gefaßt worden, die sich in einer Stufenfolge ordnen lassen:
- Dokumentation germanistischer/kulturwissenschaftlicher Praxis und Konzeptarbeit an Technischen Hochschulen des In- und Auslandes, sowie bei integrierten deutschlandkundlichen Studiengängen (z.B. ‚German Studies'/‚European Studies' mit Schwerpunkt Deutsch/ Technik o.a.) an Universitäten;
- Gemeinsame, auf interkulturellen Austausch hin orientierte Entwicklung entsprechender Studiengänge bzw. Studienkomponenten im Inland und Ausland;
- Entwicklung von interkulturell (nicht transkulturell) verwendbaren Lehrmaterialien.

Das Konzept des von der Forschungsstelle geplanten *Ergänzungs- (Aufbau- bzw. Kontakt-) Studiengangs* kann aus dem bereits genannten Grund ebenfalls nur angedeutet werden. Hier tritt hinzu, daß ein Studiengang auch von den Entscheidungen der Universitätsgremien und des zuständigen Ministeriums abhängig ist. Grundkonzept ist dabei jedoch in jedem Fall, im Sinne angewandter Kulturwissenschaft, kulturtheoretische Arbeit mit bestimmten Praxisfeldern zu vermitteln. Gemeint sind dabei spezifische Aufgabenstellungen in den Bereichen
- praktische Kulturarbeit im In- und Ausland;
- internationaler Kultur- und Techniktransfer.

Im Bereich praktischer Kulturarbeit speziell im *Ausland* wird eine Zusammenarbeit mit entsprechend orientierten Initiativen an der Universität Bayreuth angestrebt (vgl. den Beitrag von Alois Wierlacher in diesem Band).

Adressaten des Studienangebots sind:

- deutsche Studierende mit abgeschlossenem naturwissenschaftlich/ technischem oder geisteswissenschaftlich/sozialwissenschaftlichem Studium (Diplom, M.A., Staatsexamen), in deren späterem (oder bei einem Kontaktstudium: derzeitigen) Tätigkeitsfeld die Fähigkeit zu interkultureller Kommunikation und Verständigung im Vordergrund steht (Kulturarbeit, Technik, Wirtschaft, Sport u.a.);
- ausländische Studierende bzw. ‚postgraduates', die – mit Blick auf die deutschsprachigen Länder – ein interkulturelles Basiswissen erwerben wollen, bevor sie in ihre Heimatländer zurückkehren oder eine Tätigkeit in der Bundesrepublik aufnehmen.

Für die zuletzt genannten Adressaten käme eventuell auch einer der von der Forschungsstelle entwickelten *Studienbausteine* ‚Angewandte Kulturwissenschaft' in Betracht, über die hier nicht berichtet zu werden braucht, da sie kein spezifisches Studienelement Interkulturelle Germanistik enthalten.

Die Chancen, zu einer allseitig befriedigenden und insbesondere dauerhaften internationalen Kommunikation bzw. Verständigung zu kommen, erhöhen sich, wenn die jeweiligen kulturellen Bedingungen, Einstellungen und Kommunikationsformen erkannt und in ihrer Funktionsweise erfaßt werden. Dies betrifft nicht nur die fremde Kultur, sondern auch das eigene Verhalten, das in seiner kulturellen Bedingtheit richtig eingeschätzt werden muß.

Lernziele des Ergänzungsstudiums sind:
- der Erwerb von interkultureller Kompetenz. D.h., der Befähigung, spezifische Wahrnehmungs-, Erfahrungs- und Handlungsmuster in der eigenen und in der fremden Kultur zu bestimmen;
- damit verbunden: die Befähigung, die Wirkung von technologisch-ökonomischen Innovationen auf sozio-kulturelle Systeme abschätzen zu können, bzw. plausible Szenarien zu entwickeln;
- damit verbunden: die Befähigung zur erfolgreichen Kommunikation und Verständigung mit Partnern aus fremden Kulturen, unter Berücksichtigung der sozial-psychologischen Vorgänge bei interkulturellen Begegnungen.

Hohe Bedeutung hat in der Studienplan-Gestaltung die Vermittlung von Kenntnissen über Institutionen, die mit der Kulturarbeit im In- und Ausland und mit Technik-/Kulturvermittlung befaßt sind. Grundkenntnisse und entsprechende Erfahrungen in der Verwaltungspraxis, erworben durch Praktika, sollen hinzutreten. Die Vermittlung praxisorientierter Fertigkeiten (Fremdsprachen, Praxis DaF/Fachsprachen, EDV u.a.) ist ebenfalls in das Studium aufgenommen.

Das Beispiel Karlsruhe

Absolventen der in der Forschungsstelle vertretenen Einzelfächer sollen ihr fachwissenschaftliches Ausgangsstudium in einigen Ergänzungsveranstaltungen unter Gesichtspunkten Angewandter Kulturwissenschaft fortsetzen können. Diese Veranstaltungen stehen bei Interesse auch anderen Studierenden des Aufbaustudiums offen. Für die *Interkulturelle Germanistik* ergeben sich dabei in diesem speziellen, engeren Rahmen insbesondere die folgenden Lehraufgaben:
- exemplarische Textanalysen zu ‚kulturmodifikablen Konzepten' (wie Raum, Zeit, Natur etc.) im interkulturellen Vergleich, sowie zu kulturspezifischen Leitthemen/Kulturthemen deutschsprachiger Länder;
- Probleme der Rezeption und Vermittlung deutschsprachiger Literatur im Inland, und im fremdsprachigen wie deutschsprachigen Ausland;
- Sprach- und Literaturvermittlung im Spannungsfeld von ästhetischer und szientifischer Kultur;
- interkultureller Vergleich der Position von Kulturwissenschaften (Germanistik) im technologischen Kontext (Technische Hochschulen; Firmen etc.);
- Kulturvermittlung durch traditionelle und neue Medien.

Der *Gesamt-Aufbau-(Ergänzungs-/Kontakt-) Studiengang* gliedert sich inhaltlich also folgendermaßen:

I.   Kulturelle Grundlagen
     1. Kulturtheorie – 2. Kulturpraxis
II. Kultur- und Techniktransfer
     1. Kulturbegegnung/Kulturkonflikt – 2. Bedingungen der technisch industriellen Kultur
III. Fachspezifische Ergänzungsveranstaltungen zum jeweiligen Ausgangsstudium
IV. Praxisorientierte Fertigkeiten
V.   Praktika bzw. Volontariate im In- und Ausland.

VIII. Schluß

‚Interkulturelle Germanistik als Aufgabe an Technischen Hochschulen' – mit diesem Thema ist zweifach Neuland betreten. Die Möglichkeiten und Aufgaben dieser Germanistik an Technischen Hochschulen, überhaupt im Kontext der technisch-industriellen Entwicklung, werden erst in jüngster Zeit breiter diskutiert.[20] Noch isolierter ist vorläufig die Diskussion über die Probleme und Chancen Interkultureller Germanistik im

Götz Großklaus / Bernd Thum

Rahmen der Muttersprachengermanistik deutschsprachiger Länder. Die Salzburger Arbeitstagung der GIG hat allenfalls Hauptthemen einer solchen Diskussion erkennbar werden lassen. Was die Verfasser dieses Beitrags aufgrund ihrer Karlsruher Arbeitserfahrungen dazu beitragen können, um diese Situation zu ändern, ist gewiß vorläufig und unvollkommen. Dennoch glauben sie, an einer Entwicklung mitzuarbeiten, die hoffentlich nicht auf ‚das Beispiel Karlsruhe' beschränkt bleibt.

Anmerkungen

[1] Hans-Wolf Thümmel: *Fakultät für Geistes- und Sozialwissenschaften.* In: Fridericiana. Zeitschrift der Universität Karlsruhe 16 (Jubliäumsband), 1975, S. 69–73; Jürgen Kämmerer: *Technologie aus Tradition. Streiflichter zur 160jährigen Geschichte der Universität (TH) Karlsruhe.* In: Periodica Polytechnica. Electrical Engineering 29, Budapest 1985, S. 87–118. – Vgl. a. Burkhardt Krause/Bernd Thum: *Pragmatik der Kommunikation. Ein neuer Versuch zum Thema Technische und Geisteswissenschaftliche Intelligenz.* In: Fridericiana (s.o.) 14, 1974, S. 28–39.

[2] Dazu in Kürze: *Grundzüge Angewandter Kulturwissenschaft.* Hg. v. der Forschungsstelle für Angewandte Kulturwissenschaft (Universität Karlsruhe, TH).

[3] S. insbes. das Sammelwerk: Alois Wierlacher (Hg.): *Fremdsprache Deutsch. Grundlagen und Verfahren der Germanistik als Fremdsprachenphilologie.* Bd. 1, Wilhelm Fink Verlag: München 1980 (= UTB 912).

[4] S. die Broschüre *Forschung – Entwicklung – Planung. Universität Karlsruhe.* 6. Aufl., Karlsruhe 1987.

[5] *Ferment. Überlegungen zur Begründung einer interkulturellen Hermeneutik deutscher Literatur.* In: Ders. (Hg.): *Das Fremde und das Eigene. Prolegomena zu einer interkulturellen Germanistik.* iudicium Verlag: München 1985, S. 6ff. (= Publ. d. Gesellschaft für Interkulturelle Germanistik 1).

[6] Guter Überblick bei: Walter Veit: *The Foreign and the Familiar: ‚Deutsch als Fremdsprache' and ‚Interkulturelle Germanistik'.* In: AUMLA 67, 1987.

[7] Bernd Thum (Karlsruhe), Ulrich Müller (Salzburg), Michael Böhler (Zürich). S. dazu vorläufig: Jahresbericht der Fritz Thyssen Stiftung 1985/86, Köln 1986, S. 68f.

Das Beispiel Karlsruhe

[8] Die Formulierungen sind z.B. übernommen aus: Bernd Thum: *Auf dem Wege zu einer interkulturellen Germanistik.* In: Jahrbuch Deutsch als Fremdsprache 11, 1985, S. 340 f.

[9] Interessante Beispiele bietet hier z.b. die Zeitschrift Etudes Germano-Africaines, Université de Dakar (Senegal), hg. v. Amadou Booker Sadji. S. etwa: Claude Sanchez: *Mystique et politique chez Martin Luther, fondateur du protestantisme allemand, et Cheikh Ahmadou Bamba, fondateur du mouridisme sénégalais.* In: Ebd. 1, 1983, S. 46–56.

[10] Dazu Wierlacher (Anm. 5).

[11] Zur Gegenwartsanalyse über Kulturthemenforschung s. Bernd Thum: *Einleitung.* In: Ders. (Hg.): *Gegenwart als kulturelles Erbe. Ein Beitrag der Germanistik zur Kulturwissenschaft deutschsprachiger Länder.* iudicium Verlag: München 1985, S. XXXII ff., S. XLIVff. (= Publ. der Gesellschaft für Interkulturelle Germanistik 2).

[12] S. hierzu insbes. die Beiträge von Burkhardt Krause im vorliegenden wie im unter Anm. 11 genannten Band.

[13] Johan Galtung: *Struktur, Kultur und intellektueller Stil. Ein vergleichender Essay über sachsonische, teutonische, gallische und nipponische Wissenschaft.* In: Wierlacher (Anm. 5), S. 151–193.

[14] Aktuelle Hinweise gibt hier die Bibliographie im *Fachdienst Germanistik*, hg. v. Dr. Peter Kapitza in Verb. mit dem Beirat Germanistik beim Deutschen Akademischen Austauschdienst. iudicium Verlag: München (im 5. Jg.).

[15] Vgl. die Beiträge von Klaus Bohnen, Robert Picht und Nigel Reeves im vorliegenden Band. S.a. Gerhard Neuner: *Germanistikstudium an ausländischen Hochschulen zwischen Allgemeinbildung und beruflicher Spezialisierung. Welchen Beitrag können die Bezugsfächer an deutschen Hochschulen zur Reformdiskussion leisten?* In: Info DaF 13/4, 1986, S. 298.

[16] Bibliographische Angaben zu diesen Studienelementen werden an anderer Stelle vorgelegt. Sie würden hier den zur Verfügung stehenden Rahmen sprengen.

[17] S. Anm. 16.

[18] Aus der Fülle der Studien zu diesem Thema sei nur genannt das Buch von Reiner Wild: *Literatur im Prozeß der Zivilisation. Entwurf einer theoretischen Grundlegung der Literaturwissenschaft.* Stuttgart 1982; die Beiträge von Bd. 2 des in Anm. 1 genannten Sammelwerks; die Beiträge zum Abschnitt III des in Anm. 5 genannten Bandes; vgl. a. Gudrun Fischer: *Was können künstlerische Texte in Landeskunde-*

Lehrmaterialien leisten? In: Deutsch als Fremdsprache. Hg. v. Herder-Institut Leipzig, H. 5, 1986, S. 303–307 (didaktischer Aspekt); Jeffrey M. Peck: *Advanced Literary Study as Cultural Study: A redefinition of the discipline.* In: Modern Language Association of America. Profession 85, S.49–54 (programmatisch); Beachte in diesem Zusammenhang insbes. auch den Beitrag von Norbert Mecklenburg im vorliegenden Band.

[19] Thum (Anm. 11), S. XXI ff.

[20] Vgl. das Generalthema des Germanistentags in Berlin (Deutscher Germanistenverband), Oktober 1987 in Berlin: »Germanistik und Deutschunterricht im Zeitalter der Technologie. Selbstbestimmung und Anpassung«; vgl. auch: (1) Jahresaustellung 1987 des Schiller-Nationalmuseums und Deutschen Literaturarchivs Marbach zum Thema: *Literatur im Industriezeitalter* (inzwischen 2Bde., Marbacher Kataloge 42/1 und 2, Hrsg. U. Ott, Marbach 1987), (2) Symposion: *Literatur in einer industriellen Kultur,* Veranstalter: Deutsche Schillergesellschaft, E. Lämmert (FU Berlin), G. Großklaus (Universität [TH] Karlsruhe).

Oskar Reichmann, Heidelberg

Kulturwortschatz der deutschen Gegenwartssprache. Ein enzyklopädisches deutsch-chinesisches Wörterbuch zu wichtigen Kulturbereichen der deutschsprachigen Länder

1. Allgemeines: äußerer Rahmen, Zielsetzung, Adressaten, Gegenstand
2. Die Auswahl der Stichwörter: Kriterien, Probleme ihrer Handhabung, Begründung
3. Das Corpus
4. Der Aufbau der Artikel
5. Zum Stellenwert des Wörterbuches: wissenschaftliche und fremdkulturpädagogische Aspekte

1. Allgemeines: äußerer Rahmen, Zielsetzung, Adressaten, Gegenstand

1.1. Die Fremdsprachenuniversität Peking und die Universität Heidelberg planen im Rahmen ihrer Partnerschaft ein auf den deutschen Kulturwortschatz bezogenes mittelgroßes deutsch-chinesisches Wörterbuch. Mit der Ausführung des Planes sind zwei Arbeitsgruppen betraut.

Die chinesische (Pekinger) Arbeitsgruppe besteht aus sechs Mitarbeitern, nämlich den Damen und Herren Zhang Jiangi, Huang Guozhen, Chen Huiying, Zhuang Huili, Yuan Zengyou, Liu Xia, ferner aus einem für die Kontinuität und Homogenität des Wörterbuches zuständigen Koordinator, Xu Zhenmin, sowie dem Dekan der Deutschen Fakultät als offiziellem chinesischen Projektleiter. Alle genannten Mitarbeiter und der Koordinator haben an dem 1985 erschienenen chinesisch-deutschen Wörterbuch[1] in teilweise leitenden Funktionen mitgewirkt. Die chinesische Arbeitsgruppe ist deshalb mit dem Team, das dieses Wörterbuch fertiggestellt hat, großenteils identisch. Sie verfügt über langjährige lexikographische Erfahrungen.

Die noch aufzubauende deutschsprachige (Heidelberger) Arbeitsgruppe sollte aus vier wissenschaftlichen Mitarbeitern, einer Gruppe von Fachberatern für die betroffenen Kulturbereiche sowie einem engeren, für alle Fragen der Arbeitsorganisation wie der lexikographischen Konzeption zuständigen Leitungsgremium, nämlich Diether Raff und Oskar Reichmann, bestehen.

1.2. Das Projekt hat einen wissenschaftlich-linguistischen und einen fremdkulturpädagogischen Impetus.

Der wissenschaftliche Impetus ergibt sich aus dem Reiz wie aus dem erwarteten Nutzen einer kontrastiven Darstellung des kulturbezüglichen Wortschatzes einer Einzelsprache (hier: des Deutschen) außer mit Mitteln dieser Sprache selbst[2] zusätzlich mit Mitteln einer geschichtlich und strukturell vollkommen anders geprägten Sprache (hier: des Chinesischen). Entscheidend dabei ist, daß die in Betracht kommenden, soeben als »kulturbezüglich« charakterisierten Teile des Wortschatzes bereits in der Ausgangssprache außerordentlich schwer beschreibbar sind, und zwar insofern, als erstens nicht nur ihre Semantik, sondern auch ihre Pragmatik relativ zu anderen Wortschatzteilen, etwa des Konkretwortschatzes, von besonderem Gewicht ist und als zweitens ihre semantischen und pragmatischen Regeln teilweise für alle Sprecher des Deutschen, teilweise nur für bestimmte Sprechergruppen[3] Gültigkeit haben, also eine sehr ausgeprägte Variabilität aufweisen. Die Problematik bereits der ausgangssprachlich-einsprachigen Beschreibung eines so gekennzeichneten Gegenstandes[4] wird gleichsam mehrstufig potenziert, wenn man bedenkt, daß die Beschreibung in einem zweisprachigen Wörterbuch kontrastiv, also unter fortwährender Beachtung antizipierter Fragestellungen von Sprechern einer fremden Sprache bzw. Angehörigen einer fremden Kultur zu erfolgen hat, und erst recht, wenn man bedenkt, daß ihr eine Beschreibung in einer Zielsprache an die Seite gesetzt werden muß, die zu diesem Zweck ihrerseits stark pragmatisch geprägte und schlecht bestimmte Regeln[5] zur Verfügung stellt, Regeln außerdem, die im hier diskutierten Fall wegen der strukturellen und kulturgeschichtlichen Differenz zwischen beiden Sprachen von denen der Ausgangssprache weitgehend verschieden sein müssen.

Ebenso schwer wie das linguistische Anliegen des Projektes wiegt das fremdkulturpädagogische. Es ergibt sich aus der einfachen Beobachtung, daß sich die Beziehungen zwischen den deutschsprachigen Ländern einerseits und der Volksrepublik China andererseits auf nahezu allen Feldern der Kultur, der Politik, der Wirtschaft wie natürlich der Technik seit nunmehr mindestens zehn Jahren mit einer erstaunlichen Stetigkeit entwickeln. Wir meinen, die Entwicklung brauche nicht ausschließlich ungesteuert zu verlaufen. Es muß vielmehr möglich sein, den Kulturkontakt wissenschaftlich zu begleiten. Das soll hier heißen: Mit Hilfe des Instrumentariums kontrastiver Lexikologie und Lexikographie sowie unter Ausnutzung der lexikographischen Erfahrungen der Pekinger und von Teilen der Heidelberger Arbeitsgruppe[6] ist ein Wörterbuch zu schaffen, das seinem Benutzer begründet ausgewählte und gestaltete Informationen über zentrale Bereiche des deutschen Kulturwortschatzes liefert. Es müßte dadurch erstens zu einer Verbesserung des Verständnisses, der Übertragung und sonstigen Vermittlung von Texten aus diesen Bereichen beitragen können; und es müßte zweitens möglich sein, durch die Schaffung solcher Voraussetzungen auch die Befähigung zur Übertragung fachsprachlicher Texte zu fördern.

Exkurs: Hinter der hier vorgenommenen Trennung von Texten der allgemein-kulturellen von solchen der fachlichen Kommunikation steht die Auffassung, daß erstere die schwierigeren Verständnis-, Übertragungs- und Vermittlungsprobleme bieten, von den Fachtexten her formuliert: daß diese von demjenigen am besten verstanden und vermittelt werden können, der – außer über die notwendigen Fachkenntnisse – über die besten Kenntnisse der Allgemeinsprache verfügt. Den fachlichen Kontakt wesentlich oder gar ausschließlich durch eine bestimmte Menge von Fachvokabularien und vielleicht einzelner fachbezogener Wort-, Satz- und Textbildungsregeln verbessern zu wollen, würde zur Konzentration auf letztlich genau so viele Kommunikationsbereiche führen, wie es Fächer gibt. Dies liefe auf eine einzelsprachliche Fixierung hinaus, die der auch und gerade für die Fachkommunikation notwendigen Variations- und Veränderungskompetenz geradezu entgegengerichtet wäre.

1.3. Ein Wörterbuch mit den oben genannten Zielsetzungen richtet sich an diejenigen Chinesen, die in zentralen Kulturbereichen entweder selbst in Kontakt mit Angehörigen des deutschsprachigen Raumes stehen oder die für diesen Kontakt ausgebildet werden bzw. andere dafür ausbilden und sich dabei nicht mit einem bloßen Etikettenaustausch begnügen können, sondern über die Lösung der Probleme des Einzelkontaktes hinausgehende Voraussetzungen für das Verständnis und die Vermittlung der Kultur der deutschsprachigen Länder schaffen möchten. In gängigen Berufsbezeichnungen ausgedrückt: Es sind Lehrer des sekundären und tertiären Bildungsbereichs, Studenten, Übersetzer, Dolmetscher. Als übliche Benutzungssituation wird das Nachschlagen bei der Lektüre und bei der Translation deutscher Texte ins Chinesische angenommen; aber auch das lernende Lesen des Wörterbuches, vorwiegend durch Studenten des Faches Deutsch, ist nicht auszuschließen. – Ein gleichsam komplementäres und für einen symmetrischen Kulturkontakt unbedingt notwendiges chinesisch-deutsches Gegenstück liegt in der Konsequenz der Sache, ist zur Zeit aber nicht geplant.

1.4. Unter »Kulturwortschatz«, »kulturbezüglichem Wortschatz«, wie der Gegenstand des Wörterbuches oben zusammenfassend bezeichnet wurde, soll der Wortschatz zentraler Kulturbereiche der ganz oder vorwiegend deutschsprachigen Staaten Bundesrepublik Deutschland, Deutsche Demokratische Republik, Republik Österreich und Schweizer Eidgenossenschaft verstanden werden. Als zentrale Kulturbereiche[7] fassen wir vor allem auf: Gesellschaft, Recht, Politik, Wirtschaft, Bildungswesen, Literatur, Religion, Geschichte, Bereiche also, die wechselseitig aufs engste miteinander verflochten sind und in dieser Verflechtung den allgemeinkulturellen Hintergrund für alle von den deutschsprachigen Gesellschaften ausgehenden nationalen und internationalen Aktivitäten bilden. Beispiele für die gemeinten Wortschatzteile bilden: *Arbeit, Recht, Freiheit, Gleichheit, Demokratie, Sozialismus, Gewaltenteilung, soziale Marktwirtschaft, Sünde, Barmherzigkeit, Erlösung, Intellekt, Geist, Verstand, Vernunft, Bildung, Motivation, Intellektueller, Linker, Progressiver, Konservativer, Umwelt.*

2. Die Auswahl der Stichwörter: Kriterien, Probleme ihrer Handhabung, Begründung

2.1. Es stellt sich die Frage, nach welchen Kriterien Wörter des soeben genannten Typs ausgewählt werden. Ich mache folgenden Versuch der Kriterienformulierung; er beruht auf intuitiven Vorentscheidungen der Art, daß bestimmte Wörter mit Sicherheit, andere mit ebensolcher Sicherheit nicht in das Wörterbuch aufzunehmen sind.

K(riterium) 1: *Das Wort mit der offensichtlicheren Prägung seiner Bedeutung durch Geschichte und Sozialität rangiert vor dem Wort, mit dem man auf direkte, nicht ernsthaft bestreitbare und im Laufe der Geschichte auch von niemandem bestrittene Gegebenheiten – sie sind meist sachlicher Art – Bezug zu nehmen pflegt.* Arbeit, Motivation, Umwelt rangieren also bei der Selektionsentscheidung vor z.B. *Wand, Haus, Zimmer, Decke, Stuhl, Tisch.*

K 2: *Das Wort mit dem höheren geschichtlichen Alter rangiert vor dem Wort jüngerer Provenienz, zugespitzt formuliert: vor dem Mode-*

wort. Am Beispiel verdeutlicht würden *Verstand, Vernunft, Sünde* vor den jüngeren Wörtern wie *Motivation* oder *Umwelt* rangieren.

K 3: Das Wort mit der sozial breiter akzeptierten Bedeutung rangiert vor dem Wort mit sozial eingeschränkterer Gültigkeit. Gedacht ist an Beispiele wie *Verstand, Vernunft, Barmherzigkeit, Zeit*.

K 4: Das ideologisch brisante Wort, also dasjenige, das prinzipielle ideologische Auseinandersetzungen in der Gesellschaft oder ideologische Varianten spiegelt und damit ideologische Entscheidungen der Gesellschaft bzw. einzelner ihrer Gruppierungen erkennen läßt, rangiert vor dem Wort, dessen Bezugsgegenstände unter diesem Aspekt indifferent sind. Wörter wie *Freiheit, Sozialismus, Gleichheit* erfüllen die genannte Bedingung sicher in besonderer Weise.

K 5: Das Wort mit der Bindung an die kulturell führende (das kann, muß aber nicht sein: die progressive) Sozialschicht oder -gruppe rangiert vor dem Wort mit der Bindung an Gruppierungen, die nur peripheren kulturellen Einfluß haben. *Bildung, Mehrwert, Ausbeutung, Freiheit, Gleichheit* rangieren als Programmwörter geschichtsbestimmender historischer Bewegungen vor Ausdrücken wie *Heimat, Gemütlichkeit,* die allerdings dem Kriterium 1 in hohem Maße entsprechen.

K 6: Das Wort mit einer Bedeutung, die mehrere der vorhin genannten Kulturbereiche betrifft, rangiert vor dem Wort, das nur für einen einzigen dieser Bereiche von Relevanz ist. *Demokratie* oder *Gleichheit* werden daher, da sie eben nicht nur verfassungsrechtliche Termini sind, sondern z.B. in der Wirtschaft, in der Pädagogik und anderen Bereichen eine Rolle spielen, vor Wörtern wie *Form* oder *Gehalt* aufgenommen, von denen einmal angenommen werden soll, sie seien vorwiegend an die Kunstdisziplinen, z.B. an die Literaturwissenschaft, gebunden.

K 7: Der Ausdruck, dessen Bezugsgegenstand die breitere und anhaltendere Wirkung im Ausland hatte wie z.B. *soziale Marktwirtschaft*, rangiert vor dem Ausdruck, dessen Bezugsgegenstand auf den deutschsprachigen Raum beschränkt blieb.

K 8: Ein hier zunächst negativ formuliertes Kriterium ganz anderer Art als K 1 bis K 7 lautet: Es geht bestimmt nicht um eine Auswahl, die die Unterschiede in der Größe o.ä. der Einzelstaaten mit deutschsprachiger Bevölkerung spiegeln möchte, die also versteckt zu einem Wörterbuch über bundesdeutsche Verhältnisse führen würde; es geht vielmehr um eine zumindest der Absicht nach gleichberechtigte Behandlung von relevanten (im Sinne von K 5) Kulturwörtern, unabhängig davon, in welchem der deutschsprachigen Länder sie mit der einschlägigen Bedeutungsnuance nun ihren Ursprung haben und ihre hauptsächliche Anwendung finden.

K 9: Dasjenige Wort, das für den antizipierten chinesischen Benutzer schwer verständlich ist, das die schwierigeren Probleme der Übersetzung oder sonstigen Vermittlung ins Chinesische bietet, rangiert vor demjenigen Wort, für das es im Chinesischen partielle Äquivalente gibt.

2.2. Mit den genannten Kriterien verbindet sich eine ganze Anzahl von Handhabungsproblemen:

(1) Formulierungen wie »höheres geschichtliches Alter« (K 2), »sozial breiter akzeptiert« (K 7), »Bedeutung, die mehrere [...] Kulturbereiche betrifft« (K 6), »breitere und anhaltendere Wirkung im Ausland« (K 7) setzen das Wissen des Lexikographen um die angesprochenen historischen und sozialen Gültigkeitsdimensionen voraus. Höchstens hinsichtlich des Alters ist dieses Wissen zweifelsfrei vorhanden[8], keineswegs aber hinsichtlich des Grades an sozialer Akzeptiertheit oder hinsichtlich der Breite und Dauer der Wirkung im Ausland. Wissensinhalte dieser letzteren Art müßten sich, um zweifelsfrei zu sein, auf wort- und bedeutungssoziologische Untersuchungen stützen können; diese aber gibt es in der hier geforderten Breite nicht.

(2) Formulierungen wie »offensichtlichere Prägung der Bedeutung« (K 1), »ernsthaft bestreitbar« (K 1), »prinzipielle ideologische Auseinandersetzungen« (K 4) setzen ein Urteil des Lexikographen, der für die Stichwortselektion verantwortlich ist, voraus. Die Gültigkeit dieses Urteils für andere Lexikographen wie für den Benutzer des Wörterbuches ist immer nur innerhalb bestimmter Grenzen gewährleistet.

(3) Formulierungen wie »kulturell führende Sozialschicht«, »progressiv« (K 5), »relevantes Kulturwort« (K 8) setzen nicht nur ein Urteil, sondern sogar eine Entscheidung darüber voraus, welche von mehreren in Betracht kommenden Sozialschichten denn nun »führend«, »progressiv« oder welches Kulturwort denn nun »relevanter« als ein anderes ist. Entscheidungen dieser Art sind immer und notwendigerweise weltanschaulich geprägt.

(4) Falls die von deutscher Seite mitarbeitenden Lexikographen Staatsangehörige der Bundesrepublik Deutschland sind, ihre Ausbildung und damit ihre Enkulturation dementsprechend in der Bundesrepublik erhalten haben, stellen sich Fragen der Art, ob diese Wissenschaftler trotz ihres hier einmal vorausgesetzten guten Willens überhaupt in der Lage sind, die in der DDR, in Österreich und in der Schweiz gültigen Nuancen des Gebrauchs von Kulturwörtern ähnlich differenziert zu

erfassen wie diejenigen des Gebrauchs in der Bundesrepublik, ob sie ihnen die gleiche Relevanz zuzuerkennen in der Lage sind oder ob sie die nach Punkt (3) notwendigen Entscheidungen trotz des Kriteriums 8 nicht doch von ihrem persönlichen, eben bundesrepublikanischen Hintergrund her fällen. Es kann kein Zweifel bestehen, daß hier ein besonders offensichtliches Einfallstor für nicht oder nicht hinreichend kontrollierte Ideologie liegt. Die prinzipiell gleiche Problematik stellt sich übrigens für jede, also nicht nur für die durch die Existenz mehrerer Staaten mit deutschsprachiger Bevölkerungsmehrheit bedingte Form von Enkulturation, z.B. für die religiös-konfessionelle, für die arbeiter-kulturell-industrielle, die bildungsbürgerliche usw.

(5) Ein weiteres Problem der Stichwortselektion könnte sich daraus ergeben, daß die Anwendung der einzelnen Kriterien zu je unterschiedlichen Auswahlen führt: Prägung einer Wortbedeutung durch Geschichte und Sozialität (K 1) ist etwas anderes als geschichtliches Alter (K 2), dies etwas anderes als breite soziale Gültigkeit von Bedeutungen (K 3) und diese erst recht etwas anderes als ideologische Brisanz (K 4) usw. Es stellt sich deshalb die Frage, ob man die einzelnen Kriterien – wie bisher immer vorausgesetzt – als gleichberechtigt behandeln sollte oder ob man nicht wenigstens einige von ihnen – in Betracht kämen unter diesem Aspekt K 1 bis K 7 – in eine Prioritätenfolge bringen kann, wie das weiter unten (vgl. 2.3. Schluß) auch für K 9 geschieht. Eine solche Gewichtung würde bedeuten, daß man die entsprechende Auswahlliste, da sie die gesetzten Prioritäten spiegeln würde, genau an dem Punkt abbrechen könnte, den praktische Aspekte, vor allem die Machbarkeit des Wörterbuches mit einer kleinen Anzahl von Mitarbeitern und in einer bestimmten Anzahl von Jahren, notwendigerweise vorgeben. Ich habe mich trotz dieses Verfahrensvorteils und obwohl K 1 sicher eine besondere Rolle zukommt, nicht zu einer durchgehenden Gewichtung entschließen können und deshalb für K 1 bis K 7 ganz auf sie verzichtet. Auch der eine zeitlang erwogene Ausweg, für jedes Wort zu zählen, wie viele der Auswahlkriterien es erfüllt und es auf diese Weise in eine Prioritätenliste zu bringen, ist nicht gangbar. Er ist erstens zu arbeitsaufwendig; zweitens wäre es zu mechanisch, stark wissens-, urteils- und entscheidungsabhängige (vgl. Punkt (1) bis (3)) Zuordnungen einfach zu zählen.

2.3. Die Fülle von Problemen, die sich bei der Handhabung der Auswahlkriterien stellen, macht es notwendig, diese plausibel zu begründen, d.h. die Gedankengänge kurz zu erläutern, die für ihren Ansatz ausschlaggebend waren. Dabei wird Kriterium 8 ausgenommen, da es ohne weitere Erklärungen einsichtig sein dürfte; Kriterium 9 wird am Schluß von Abschnitt 2.3. eigens behandelt.

Der »Prägung durch Geschichte und Sozialität« (K 1) kommt insofern eine besondere Rolle zu, als das Kulturwort durch solche Prägung definiert ist. Hinter K 2 (»geschichtliches Alter«) und K 3 (»sozial breite Gültigkeit«) steht das Wissen um das Faktum, daß historisches Alter in Verbindung mit sozial allgemeiner Gültigkeit einer Wortbedeutung deren Bezugsgegenstand in der kulturellen Realität im Extremfall die Unbestrittenheit einer Sachgegebenheit verleihen kann. Wenn die Angehörigen einer Sprachgemeinschaft bestimmte Verhaltensformen des Menschen einmal in einer bestimmten Weise – sagen wir mal: positiv – bewertet und mit einem bestimmten Wort, etwa mit *barmherzig*, darauf Bezug genommen haben, wenn diese Bezugnahme sich über Jahrhunderte hinweg in gleicher oder nahezu ähnlicher Weise wiederholt, wenn sie außerdem von allen sozialen Schichten vorgenommen wird und niemand daran denkt, sie unter irgendeinem Aspekt in Frage zu stellen, dann *ist* »barmherzig« eine universell gegebene, quasi biologische Qualität des Menschen und nicht etwa eine zeit- und raumgebundene, kulturelle Gegebenheit, die von je anderen Menschengruppen per definitionem je anders oder auch überhaupt nicht gesehen wird. – Verallgemeinert man das vorgetragene, partiell natürlich fiktive Beispiel, dann soll mittels der Kriterien 2 und 3 der kulturelle Basiswortschatz erfaßt werden, d.h. derjenige, der über die Jahrhunderte und über die sozialen Schichten hinweg ein hohes Maß an Gültigkeit hatte, deshalb oft gar nicht als kulturgebunden erkannt wird, dessen Bezugsgegenstände dementsprechend als gleichsam naturgegeben unterstellt und für den Angehörigen jeder Fremdkultur mit Selbstverständlichkeit vorausgesetzt werden.

Demgegenüber sollen mittels K 4 diejenigen Wörter erfaßt werden, deren ideologische Brisanz dem Deutschsprachigen bewußt ist. Gegenüber K 2 bis K 3 geht es hier um ein Sowohl – Als auch. Setzt man als Zweck des Wörterbuches die Verbesserung der Verstehens-, Übertragungs- und Vermittlungsvoraussetzungen an, die der chinesische Rezipient gegenüber deutschen Texten hat, so wird klar, daß vor allem die Wahrnehmung von Anspielungen, Ironien, uneigentlichen Redeweisen, die Erfassung des Stellenwertes einer Aussage innerhalb des Diskussionsspektrums der Gesellschaft usw. ermöglicht werden muß; die dazu notwendige Information liefert das Wörterbuch mit denjenigen Artikeln bzw. Artikelteilen, die die ideologischen Differenzen innerhalb einer Sprachgesellschaft beschreiben.

Während K 1 bis K 4 insgesamt nicht strittig sein dürften, erwarte ich hinsichtlich K 5 »Bindung einer Bedeutung an die führende / progressive Sozialschicht oder -gruppe« schwerwiegende Einwände; sie wurden oben unter den Punkten (3) und (4) von Abschnitt 2.2. bereits angesprochen. Pointiert formuliert maßen sich die Projektleiter eine Entscheidung darüber an, was in der jüngeren und heutigen in deutscher Sprache geführten kulturellen Auseinandersetzung führend, relevant, zukunftsträchtig o.ä. ist und was auf dem Kehrichthaufen der Geschichte landen wird oder landen sollte. Trotzdem scheint mir eine solche Entscheidung nicht umgehbar. Bei aller Anerkennung kultureller Varianz und Vielfalt und bei aller Einsicht in die Problematik der Gewichtung einzelner Varianten kann doch nicht von ihrer Gleichwertigkeit ausgegangen werden. Dies ist nicht in irgendeinem ontologischen Sinne aufzufassen, so als seien z.B. der Gleichheitsgrundsatz der Demokratie, der bürgerliche Begriff von Bildung oder der Wortinhalt von *Barmherzigkeit* irgendwelchen Konzepten religiöser und politischer Splittergruppen oder Volksvorstellungen der sozialkonservativen Grundschicht realiter überlegen, weil sie irgendeiner fixen Form von Wirklichkeit oder einem vermeintlich wissenschaftlich begründeten Bild vom Ablauf der Geschichte näher stünden. Sie sind ihnen aber deshalb überlegen, weil sie im Wertesystem der Gesellschaft zumindest synchron einen anerkannten oder herausragenden Stellenwert haben. Der Verzicht auf die Annahme von so etwas wie sozialer Wertigkeit sowie auf ihre Feststellbarkeit würde letztlich jede Stichwortselektion unmöglich machen. Er würde außerdem – und das wiegt noch schwerer – den chinesischen Rezipienten des Wörterbuches vor eine amorphe Faktenmasse stellen und ihn damit der Orientierungslosigkeit ausliefern. Ich gehe davon aus, daß der Chinese auf Grund der geistesgeschichtlichen Traditionen, in denen er steht, unbedingt und vielleicht stärker als ein Angehöriger einer jahrhundertealten demokratischen Kultur (z. B. der niederländischen) Orientierungen verlangt. Diese sind schon durch die Stichwortauswahl mitzuvermitteln.

Die Kriterien 6 und 7 scheinen mir ohne weiteres einsichtig zu sein und bedürfen deshalb keiner Begründung oder Erläuterung. Es sei lediglich noch hinzugefügt, daß sich auch hinter ihnen gesellschaftliche Wertungen verbergen.

Das Kriterium 9 »Grad der Verständlichkeit einer Wortbedeutung für den chinesischen Benutzer« ist allen anderen Kriterien vorgeordnet; ihm kommt eine deutliche Schlüsselrolle zu. Die von der deutschsprachigen Arbeitsgruppe nach K 1 bis K 8 zu erstellende Stichwortliste hat mithin keinen definitiven Status der Art, daß man sagt: Diese Wörter zählen nach unseren Gesichtspunkten zum deutschen Kulturwortschatz, sie sind aus angebbaren (semantischen und pragmatischen) Gründen interessant, und ihr Inhalt ist dementsprechend ins Chinesische zu vermitteln. Die Liste ist vielmehr als Vorschlagsliste gemeint, die der chinesischen Arbeitsgruppe mit den Fragen vorgelegt wird: Sind die von uns ausgewählten Wörter für Euch schwierig zu verstehen, zu übertragen oder sonst zu vermitteln? Und gibt es Wörter, von denen wir meinen oder unterstellen, sie seien problemlos rezipierbar, und die wir deshalb bewußt oder unbewußt nicht in die Liste aufgenommen haben? Der chinesische Mitarbeiter wird auf diese Weise schon in der Vorbereitungsphase in das absolut symmetrisch konzipierte Projekt einbezogen; er hat für die vorliegenden Fragen sogar die letzte Entscheidung zu fällen.

3. Das Corpus

Die Auswahl der Stichwörter sollte unter mehreren Aspekten ausgewogen sein, vor allem
- hinsichtlich der Berücksichtigung der einzelnen Kulturbereiche quer zu den staatlichen Gliederungen,
- hinsichtlich der vier Staaten mit deutschsprachiger Bevölkerung(smehrheit),
- hinsichtlich der Art der gebotenen Information (z.B. semantischer oder pragmatischer, sprachlicher oder enzyklopädischer, deskriptiver oder normativer).

Wenn dies erreicht werden soll, muß das zugrundeliegende Corpus eine entsprechende Ausgewogenheit haben. Diese ist durch eine Kombination von Wörterbüchern, Lexika, Handbüchern, fachlichen Standardwerken jeweils unterschiedlicher Provenienz und Zielsetzung hinreichend zu gewährleisten, durch eine Mischung von Textsorten also, deren im einzelnen vorhandene spezifische Ausrichtungen sich aus der Gesamtheit des Corpus korrigieren lassen. Neben dem (katholisch orientierten) *Lexikon für Theologie und Kirche* steht also die (protestantisch orientierte) *Realenzyklopädie für protestantische Theologie und Kirche*, neben dem theologischen Standardwerk das philosophische, soziologische und juristische; neben der Wörterbuchreihe des Bibliographischen Instituts in Mannheim stehen diejenige des Akademie-Verlages in Berlin (Ost) und das *Österreichische Wörterbuch* des Bundesministeriums für Unterricht und Kunst in Wien, neben dem Wörterbuch überhaupt die

Enzyklopädie und das systematisch angelegte Handbuch. Das Corpus umfaßt bisher rund 140 Werke in der angegebenen Mischung.

4. Der Aufbau der Artikel

Die Wörterbuchartikel bestehen außer dem Lemma aus zwei Teilen, einem ausgangssprachlichen (hier: deutschen, vgl. 4.1. und 4.2.) und einem zielsprachlichen (hier: chinesischen, vgl. 4.2. und 4.3.) Teil, auch wenn jeder von diesen in sich wieder in bestimmte Positionen untergliedert ist. Bevor ich auf den Inhalt und die interne Gliederung beider Teile eingehe, sei vorausgeschickt, daß die Textsequenz von Lemma und deutschsprachigem Teil seiner äußeren Anlage nach, nicht natürlich seinem Zweck nach, starke Ähnlichkeit mit einem einsprachigen Wörterbuch aufweist. Indem an diesen Teil dann ein chinesischsprachiger angeschlossen wird, kommt es zu einer Verbindung von Einsprachigkeit und Zweisprachigkeit, also zu einem Wörterbuchtyp, den es zwar in der lexikographischen Tradition des Chinesischen, nicht aber des deutschen und meines Wissens auch nicht der anderen mittel- und westeuropäischen Sprachen gibt, obwohl er pädagogisch überaus sinnvoll ist. In wenigen Sätzen formuliert, würde sich folgender Lernprozeß ergeben: Der mit der Zielsprache des Wörterbuches als seiner Muttersprache Vertraute (hier also der Chinese) liest nach dem Lemma zunächst eine ausgangssprachliche Erläuterung und versteht diese auf Grund von Vorkenntnissen der Ausgangssprache bereits unterschiedlich weitgehend bzw. unterschiedlich partiell. Er erhält dadurch Teilantworten auf die Frage, die den Anlaß der Wörterbuchbenutzung bildete und übt außerdem seine Kompetenz zum Verstehen der Ausgangssprache. Zur Behebung der Partialität seines Verständnisses und gleichzeitig zu dessen Kontrolle wendet er sich dann vorbereitet dem zielsprachlichen (hier: chinesischen) Artikelteil zu.

4.1. Der deutschsprachige Teil hat generell die Aufgabe, die in Betracht kommende Bedeutung zu erläutern. Schwierigkeiten dieser Tätigkeit, die mit der Komplexität des Gegenstandes »Kulturwort« zusammenhängen, wurden bereits in 1.2. angeschnitten, sollen hier aber noch einmal aufgegriffen und etwas ausführlicher beschrieben werden.

(1) Jede Erläuterung der Bedeutung eines Kulturwortes ist immer und notwendigerweise zugleich die Erläuterung eines kulturellen Bezugsgegenstandes[9]. Dieser Bezugsgegenstand ist nur in einer Reihe von

Fällen für alle Sprecher der betreffenden Sprache annähernd gleich, nämlich genau für diejenigen Wörter, die die Kriterien 2 (»geschichtliches Alter«) und 3 (»sozial breite Gültigkeit«) gleichsam restfrei erfüllen. In all denjenigen Fällen, in denen dieser Grenzwert auch nicht annäherungsweise erreicht wird, ist demgegenüber mit einem zum Teil hochgradig variablen Bezugsgegenstand zu rechnen, und zwar schlicht und einfach dadurch, daß man (z.b. nach Gruppen, Schichten, Sozialsituationen) unterschiedlich über ihn redet und ihn damit als etwas partiell je Anderes konstituiert. Spricht man z.B. über Freiheit gruppengebunden in einer Weise, die sie konsequent in Gegensatz zum Sozialismus stellt, dann *ist* sie in der mit dieser Redeweise gesetzten Realität etwas (partiell) Anderes als die Freiheit, über die man – wiederum gruppengebunden – konsequent negativ in Verbindung mit Verpflichtungs- und Bindungslosigkeit spricht. In ersterem (natürlich fiktiv übersteigertem) Falle ist Freiheit für die Sprecher, die die angenommene Redeweise akzeptieren, etwas realiter im Gegensatz zum Sozialismus Stehendes; im zweiten Fall ist sie genau so real etwas mit gesellschaftlicher Verpflichtung Unvereinbares, negativ Bewertetes. Trotz solcher Varianzen müssen Projektionen von Redeinhalten in die Realität, wie sie gerade beschrieben wurden, den gemeinsamen Gegenstand (i.c. also die Freiheit) jedoch nicht aufheben, er kann auf einer generischen Ebene durchaus erhalten bleiben. Die Aufgabe der (hier noch als einsprachig vorausgesetzten) lexikographischen Beschreibung von Kulturwörtern besteht – zugespitzt formuliert – mithin darin, daß etwas zu erläutern ist, das es einerseits als fixe Größe gar nicht gibt, sondern das in jeder schichten-, gruppen- (usw.) typischen Redeweise immer nur unterschiedlich existiert, das es andererseits aber – und dies ist genau so wichtig – nicht so weit unterschiedlich geben muß, daß seine Identität über die Schichten, Gruppen usw. hinweg nicht mehr gewährleistet wäre.

Aus dem Vorgetragenen wird deutlich, daß die (variablen) Bezugsgegenstände des Kulturwortschatzes nicht nur inhaltlich-semantisch als in bestimmter Weise beschaffen beschrieben werden können, sondern daß Hand in Hand damit jeweils anzugeben ist, wer im Spektrum kultureller Handlungsträger im sprachlichen Verkehr mit wem und in welchen Sozialsituationen die inhaltlichen Beschaffenheiten setzt, weiterträgt, übernimmt. Dies letztere ist Aufgabe der pragmatischen Erläuterung. Semantische und pragmatische Erläuterungen haben in den allermeisten Fällen eine geschichtliche Komponente.

(2) Wortbedeutungen können nicht nur, wie bisher vorausgesetzt wurde, semantisch-inhaltsbezogen und pragmatisch-handlungsbezogen erläutert werden; vielmehr hat dies immer im Hinblick auf antizipierte Fragestellungen vermuteter Benutzergruppen eines Wörterbuches zu erfolgen. Es gibt nach meinem Urteil unter diesem Aspekt sogar eine unbedingt notwendige Priorität, und zwar die folgende: Primär rangiert der Benutzerbezug; der Inhaltsbezug und der Handlungsbezug sind funktional auf diesen auszurichten und beschreibungstechnisch in ihn einzuarbeiten. Dies gilt schon für die einsprachige Lexikographie; die damit verbundenen Probleme erhalten eine neue Dimension, wenn man bedenkt, daß als Benutzer des hier geplanten Wörterbuches Angehörige einer Sprache angenommen werden (1.3.), deren Regeln nicht nur die gleiche semantische und pragmatische Variabilität aufweisen wie diejenigen der Ausgangssprache (dies ist der Normalfall in jeder zweisprachigen Lexikographie), sondern die von letzteren unter strukturellen und kulturgeschichtlichen Aspekten weit über das etwa aus dem europäischen Kulturkreis bekannte Maß hinaus differieren. So wie man also schon bei der Stichwortauswahl immer darauf zu achten hatte, welche Verständnis-, Übertragungs- und Vermittlungsprobleme ein Wort dem chinesischen Adressaten wohl bereiten würde und erst je nach Antwort auf diese Frage die Auswahlentscheidung traf, so ist mithin auch hier die Bedeutungserläuterung ganz prinzipiell unter Fragen der Art zu stellen: Was könnte der Benutzer wohl wissen wollen? Welchen Raum und welches Gewicht wird er für die allgemeinen, auf die generische Einheit des Bezugsgegenstandes gerichteten Regeln erwarten? Ist dieses Gewicht sehr hoch, weil er erst einmal allgemeine Orientierungen braucht, um überhaupt eine Basis für Spezialisierungen zu schaffen? Welches Gewicht kann er dem gruppen- und schichtenbezüglichen Teil der Regeln dann noch zugestehen? Welche Schichten und Gruppen werden es überhaupt sein, für deren Regeln er sich interessiert?

Für die Beantwortung solcher Fragen sind die Mitarbeiter der chinesischen Arbeitsgruppe zuständig. Sie werden dabei zu beachten haben, welches Regelwissen durch die germanistische Basisausbildung jedes denkbaren Benutzers bereits vorhanden ist und unter diesem Aspekt nicht mehr ausformuliert werden muß, welche Regelteile durch irgendwie geartete Entsprechungen im Chinesischen bereits bekannt sind und deshalb nur andeutungsweise erläutert zu werden brauchen. Der chinesische Mitarbeiter hat bei all diesen Entscheidungen aber auch zu bedenken, welche Regeln aus dem genannten Komplex von Verwendungsregeln eines Wortes, obwohl sie bekannt sind, dennoch ausformuliert werden müssen, um andere Regelformulierungen verständlich zu machen.

(3) Sowohl dasjenige, was soeben unter Punkt (1) zur Semantik und Pragmatik des Kulturwortes wie dasjenige, was unter Punkt (2) zum Adressatenbezug des Wörterbuches gesagt wurde, macht deutlich, daß die Definition im strengen analytischen Sinne des Wortes nicht die dominante Form der Bedeutungserläuterung sein kann. Sie setzt erstens entweder einen fixen oder einen zwar variablen, aber dennoch durch feste Grenzen des Varianzbereiches gekennzeichneten Gegenstand voraus; und sie setzt ferner voraus, daß alle denkbaren Benutzer ein gleiches Bedürfnis nach all denjenigen und nur denjenigen Aussagen haben, die über eine Wortbedeutung richtigerweise gemacht werden können. Beide Voraussetzungen sind für den Kulturwortschatz mit Sicherheit nicht gegeben. Dennoch wird das Wörterbuch in vielen Fällen Definitionen enthalten müssen, und zwar sogar innerhalb des semantischen Erläuterungsteiles; aber die Definitionen sind nicht deren Kernstück, sondern integraler Teil der gesamten Erläuterung, damit funktional in Zusammenhang mit anderen Erläuterungsteilen zu lesen (Näheres unter 4.2. Punkt (5)).

4.2. Der deutschsprachige Erläuterungsteil des Wörterbuches enthält maximal die im folgenden aufgeführten und kurz behandelten Einzelpositionen:

(1) Obligatorisch ist eine semantische Erläuterung; das ist eine normalsprachliche Formulierung allgemeiner (gruppenübergreifender) und gruppengebundener inhaltlicher Kennzeichen des Gegenstandes, auf den mit dem Lemmazeichen Bezug genommen wird. Sie hat einen Generizitätsgrad anzustreben, der einerseits die Wiederholung des beim Adressaten vorausgesetzten semantischen Wissens tunlichst verhindert, andererseits aber die allgemeine Basis für die Erläuterung spezifischer, schichten-, gruppen-, darunter auch fachbezogener inhaltlicher Kennzeichen der Wortverwendung legt. Und sie hat einen Spezifizitätsgrad anzustreben, der die Darlegung wichtiger ideologischer Unterschiede bei der Konstitution des Bezugsgegenstandes des Lemmazeichens erlaubt.

(2) Hand in Hand mit der semantischen Erläuterung erfolgt – ebenfalls obligatorisch – die pragmatische. In ihr werden gruppenübergreifende und gruppenspezifische Regeln darüber formuliert, wie mit dem Lemmazeichen kommunikativ gehandelt wird. Dabei sind diejenigen Gruppen zu nennen, die als Träger der im semantischen Erläuterungsteil angesprochenen ideologischen Ausprägungen der durch die Wortver-

wendung konstituierten kulturellen Bezugsgegenstände in Betracht kommen.

(3) In den semantischen Erläuterungsteil können (fakultativ!) enzyklopädische[10] Informationen eingelagert sein.

(4) Besonders wertvoll für die semantische und pragmatische Erläuterung und deshalb tendenziell obligatorisch ist die möglichst umfängliche Auflistung von syntagmatischen Verbindungen, in denen das behandelte Wort steht. Zu *Arbeit* in der Bedeutung »berufliche Tätigkeit« könnten dies z.B. sein: *schöne/ leichte/ schwere/ anstrengende/ mühselige/ gründliche/ körperliche/ geistige Arbeit; eine Arbeit übernehmen/ ausführen/ verrichten/ erledigen: Fluch/ Segen der Arbeit; Held der Arbeit; Aufklärungs-, Bildungs-, Erziehungs-, Sozialarbeit* usw. Jedes dieser Syntagmen kann als Prädikation über den Gegenstand gelesen werden, auf den man mit dem Wort Bezug zu nehmen pflegt. Eine Arbeit ist dann z.B. eine Gegebenheit, die ein Fluch oder Segen, die geistiger oder körperlicher Natur sein kann, die einerseits als leicht, andererseits als schwer, mühselig auffaßbar ist. Eine gezielt ausgewählte Menge derartiger Syntagmen vermag in kurzer und verständlicher Form mehr über Nuancierungen des Bezugsgegenstandes zu sagen als eine fachsprachlich leicht allzu stark verdichtete und deshalb schwer verständliche Definition. Syntagmen bieten im übrigen gute Handhaben des Verweises auf den Kulturbereich, der das jeweilige Wort inhaltlich geprägt hat. Im Beispielfall verweisen die Ausdrücke *Segen/ Fluch der Arbeit* auf die partiell religiöse Prägung des Gegenstandes; *Held der Arbeit* gibt Gelegenheit, seine marxistische Sicht zu behandeln.

(5) Relativ raumaufwendig und deshalb nur fakultativ in die lexikographische Erläuterung einbeziehbar sind vollständige Belege[11]. Ihre Funktion zur Stützung und zur Veranschaulichung des in den semantischen und pragmatischen Erläuterungsteilen Gesagten ist unmittelbar einsichtig, braucht deshalb nicht weiter ausgeführt zu werden. Zu den Belegen zählen im Normalfall Ausschnitte aus laufenden Texten, aber auch Sprichwörter und Definitionen. Werden letztere, wie es sich besonders bei Termini aus etablierten Verfassungs- oder sonstigen Rechtssystemen empfiehlt, berücksichtigt, so ist durch hinzugesetzte Kommentare sicherzustellen, daß der durch die Definition konstituierte fixe Bezugsgegenstand a) in seinem definitorischen Status erkennbar wird, daß er b) (falls möglich) in Parallele zu ideologisch anders ausgerichteten Definitionen gesetzt wird und c) mit demjenigen Gegenstand relationiert wird, den man im nicht definitionsgebundenen Sprachverkehr mit dem betreffenden Ausdruck verbindet. Dies alles ist in vielen Fällen schwer durch die

bloße Nennung des pragmatischen Ortes der Definition, insbesondere ihrer Träger und Adressaten, erreichbar.

(6) Den Gegenstand des geplanten Wörterbuches bildet oft nicht das gesamte semasiologische Feld[12] des Lemmazeichens, sondern nur ein Feldausschnitt, nämlich sein die Auswahlkriterien (vgl. 2.1.) erfüllender kulturbezüglicher Teil. Da nun jede Einzelbedeutung eines Wortes auch durch ihren Stellenwert im semasiologischen Feld bestimmt ist, muß es einen eigenen fakultativen Erläuterungsteil geben, der diesen Stellenwert, falls er relevant ist, angibt. Wieder am Beispiel von *Arbeit* erläutert: Es ist herauszustellen, daß die Bedeutung »berufliche Tätigkeit« in einem offenen Übergangsverhältnis zu der früher dominanten und auch heute noch vorhandenen Bedeutung »Mühe, Anstrengung« steht[13].

(7) Ein ebenfalls fakultativer Erläuterungsteil hätte das onomasiologische Feld[14] aufzuführen, in dem das Lemmazeichen mit seiner kulturbezüglichen Bedeutung steht und innerhalb dessen es zusätzlich eine semantische Bestimmung erfährt. Im Zusammenhang damit könnte die Nennung von Gegensatzwörtern erfolgen.

4.3. Der zielsprachliche Teil des Wörterbuchartikels, also der chinesische, hat eine Bezugs- oder Projektionsaufgabe, eine Übertragungsaufgabe, eine Begründungsaufgabe und eine Vermittlungsaufgabe.

(1) Die Bezugs- oder Projektionsaufgabe besteht darin, daß der Komplex von gruppenübergreifenden und gruppenspezifischen semantischen und pragmatischen Regeln, nach denen das Wort in der Umgangssprache gebraucht wird, auf diejenigen Regelkomplexe der Zielsprache zu beziehen ist, die den ausgangssprachlichen am ehesten entsprechen.

(2) Nur in dem Maße, in dem dies gelingt, kann die Übertragungsaufgabe gelöst werden, d.h. die Angabe semantischer und pragmatischer Teiläquivalente.

(3) Die Begründungsaufgabe ergibt sich daraus, daß sich ausgangs- und zielsprachliche Einheiten auf Grund des Auswahlverfahrens nie vollständig, sondern höchstens partiell entsprechen können, ja daß in vielen Fällen wohl nicht einmal eine partielle Äquivalenzeinheit sinnvoll wird angebbar sein. Das heißt nun aber in anderen Worten, daß dem Lexikographen auch unter diesem Aspekt ein erheblicher Entscheidungsspielraum zufällt; so ist etwa die Grenze zwischen partieller Äquivalenz und der sogenannten Nulläquivalenz[15] keine objektive, die am Material für jedermann verbindlich und richtig abgelesen werden könnte, und so ist die Nennung der partiellen Äquivalenzeinheit meistens das Ergebnis der Auswahl aus einer Anzahl von Möglichkeiten, die

nicht immer auf eine begründetere oder weniger begründete Weise, sondern in aller Regel auf mehrere Weisen gleich gut begründet erfolgen kann. Die getroffenen Entscheidungen sollten nicht lediglich mitgeteilt werden; vielmehr sind die Überlegungen, die zu der einen oder anderen Entscheidung geführt haben, andeutungsweise durchsichtig zu machen. Geeignete Beschreibungsausdrücke könnten sein: *unter dem Aspekt a, bei Betonung der* (inhaltlichen oder pragmatischen) *Nuance b* usw.

(4) Die Vermittlungsaufgabe ergibt sich wie die Begründungsaufgabe aus der Problematik der Bezugsetzung von deutschen und chinesischen Spracheinheiten und besteht darin, daß dem chinesischen Wörterbuchbenutzer der Stellenwert der zu vermittelnden Einheit in System, Geschichte und Soziologie der Ausgangskultur durch gezielte vergleichende oder kontrastive Hinweise so erläutert wird, daß er kognitiv in der Lage ist, die Teiläquivalente, die ihm bei Lösung der Bezugsaufgabe genannt werden, statt als unproblematische Fertigteile als Angebote zu verstehen, die je nach Kontext variabel eingesetzt werden können. Er muß weiterhin in die Lage versetzt werden, die Reihe angegebener partieller Äquivalente in der vom Ausgangstext geforderten Richtung zu ergänzen oder aber auf eine Äquivalentsetzung zu verzichten und den Weg phrastischer Übertragung zu gehen.

4.4. Die unterschiedlichen Aufgaben des chinesischsprachigen Teils des Wörterbuchartikels sind lösbar, wenn man für diesen die folgenden Artikelpositionen vorsieht. Dabei sei ausdrücklich darauf verwiesen, daß die einzelnen Positionen nicht streng standardisiert und in jedem Fall klar getrennt, etwa auch obligatorisch durch besondere Beschreibungssymbole gekennzeichnet sein müssen. Sie sind vielmehr als variable Teile des Gesamtartikels zu verstehen, gewinnen ihren Sinn erst im Miteinander mit anderen Teilen und vom Artikelganzen her.

(1) Obligatorisch ist eine Übertragung der semantischen Erläuterung ins Chinesische. Der Ausdruck *Übertragung* (statt *Übersetzung*) soll andeuten, daß hierbei genau so frei verfahren werden kann, wie es der Zweck[16] des Gesamtartikels zuläßt. Zusätzliche Kommentare sind möglich.

(2) Ebenfalls obligatorisch ist die Übertragung der pragmatischen Erläuterung. Auch sie hat einen vom Zweck des Gesamtartikels bestimmten Freiheitsgrad. Wiederum sind zusätzliche Kommentare möglich.

(2') An die Positionen (1) und (2) schließt sich die Aufführung möglichst vieler als Übersetzungsangebote gedachter partieller Äquivalente und deren ansatzweise Begründung (im Sinne von 4.3., Punkt (3)) an.

Oskar Reichmann

Die Äquivalentnennungen werden schon deshalb fakultativ sein müssen, weil sie wegen der strukturellen und kulturgeschichtlichen Verschiedenheit beider Sprachen oft gar nicht möglich sind. Für den Fall, daß sich in der chinesischen Übersetzungspraxis bereits Äquivalente eingebürgert haben, sollten diese selbstverständlich genannt und hinsichtlich ihrer Eignung beurteilt werden.

Exkurs: Das hier geplante Wörterbuch ist zwar nicht ausschließlich, wohl aber unter einer Anzahl von Aspekten ein Übersetzungswörterbuch, genau gesprochen ein Herübersetzungswörterbuch[17]: Es hilft dem antizipierten chinesischen Benutzer, Verständnisschwierigkeiten bei der Lektüre fremdsprachiger Texte zu beheben und diese Texte in die Muttersprache umzusetzen. Für das Herübersetzungswörterbuch gibt es nun in der Metalexikographie auch noch den Terminus *passives Wörterbuch*[18]. Er erklärt sich aus dem Gegensatz zu dem für die Hinüberübersetzung gedachten aktiven Wörterbuch, schreibt dem Herübersetzer also eine so ausgeprägte Kompetenz in der Muttersprache zu, daß angenommen werden könne, muttersprachliche Äquivalente fielen ihm gleichsam von selbst, eben passiv, ein, wenn er den fremdsprachigen Ausgangstext nur hinreichend klar verstanden habe. – Ich halte diese Annahme höchstens beim Vergleich von mutter- und fremdsprachlicher Kompetenz für vertretbar; lieber aber würde ich überhaupt auf die Dichotomie »passiv/aktiv« verzichten, und zwar deshalb, weil bei der Textübertragung schlechthin alles aktiv ist. Ich schlage darum vor, einen phrastischen und einen (partiell) heteronymischen Typ des Herübersetzungswörterbuches voneinander zu unterscheiden. Ersterer schafft durch semantische und pragmatische Erläuterungen der Einheiten der Fremdsprache beim Übersetzer in die Muttersprache die kognitiven Verstehensvoraussetzungen für die Bewältigung aller anfallenden Übersetzungsprobleme, ohne selbst Lösungen in Form von Äquivalenzangaben zu bieten; der zweite würde genau dies letztere tun, die gegebenen Äquivalente dabei aber nicht als fertige Versatzstücke, sondern als für den jeweiligen Zweck zu prüfende Angebote auffassen. Insofern setzt auch das heteronymische Herübersetzungswörterbuch Aktivität des Übersetzers voraus. – Aus dem Vorgetragenen ergibt sich, daß mit den Positionen (1) und (2) des chinesischsprachigen Artikelteils ein phrastisches, mit der Position (2') ein heteronymisches Herübersetzungswörterbuch intendiert wird. Die Kombination beider Typen findet ihre Begründung in der schon mehrfach betonten Verschiedenheit beider Sprachen.

(3) Die enzyklopädischen Informationen sind obligatorisch ins Chinesische zu übertragen, können dabei mit vermittlungsrelevanten Informationen (Vergleichen, Kontrasten usw.) verbunden werden.

(4) Die Syntagmen sind obligatorisch zu übertragen; auch dies kann kommentierend erfolgen, insbesondere dann, wenn die systemgerechte grammatische Übertragung in Konflikt mit der Semantik und Pragmatik der zielsprachlichen Äquivalente gerät.

(5) Die Belege des deutschsprachigen Teils sind ins Chinesische zu übersetzen (im Unterschied zu: *übertragen*), um möglichst weitgehende Authentizität zu sichern. Zusätzliche Erläuterungen sind nicht ausgeschlossen.

(6) Es ist zu prüfen, ob der Position der behandelten Bedeutung im semasiologischen Feld der ausgangssprachlichen Einheit eine irgendwie vergleichbare Position der zielsprachlichen Äquivalente (wie sie in (2') geboten werden) entspricht. Da dies in der Regel schon wegen der Einzelsprachspezifik semasiologischer Felder nicht der Fall sein kann, wird sich hier oft die Notwendigkeit kontrastiver Kommentare ergeben.

(7) Das zu (6) Gesagte gilt in entsprechender Weise für das onomasiologische Feld.

4.5. Die Gestaltungsmöglichkeiten, die die Menge der aufgeführten deutschen und chinesischen Artikelpositionen, die Fakultativität einzelner dieser Positionen und vor allem der zusätzlichen Kommentare dem Lexikographen geben, sind insgesamt erheblich. Er wird sie funktional ausnutzen, und zwar in der Weise, daß pro Typ von Lemmazeichen (z.B. ideologisch brisantes Wort wie *Sozialismus* versus Wort mit hohem geschichtlichen Alter wie *Vernunft* usw.) partiell unterschiedliche Artikeltypen entworfen werden. Eine einigermaßen begründete Liste solcher Artikeltypen zu erstellen und ihre Kennzeichen zu nennen, war mir noch nicht möglich. Dies zu tun, wird zu den wichtigsten der in der ersten Arbeitsphase des Wörterbuches anfallenden Aufgaben gehören. Pro Artikeltyp ist dann auch jeweils mindestens ein Musterartikel zu liefern.

4.6. Bringt man die für das geplante Wörterbuch vorgesehenen Positionen in eine schematische Übersicht, so würde sich folgendes allgemeine (für die einzelnen Artikeltypen zu variierende) Bild ergeben:

Oskar Reichmann

Lemma

deutscher Teil	chinesischer Teil	
(1) semantische Erläuterung +	(1) Ütr. der semantischen Erläuterung +	⎫
(2) pragmatische Erläuterung +	(2) Ütr. der pragmatischen Erläuterung +	
	(2') Angabe partieller Äquivalente –	
(3) enzyklopädische Informationen –	(3) Ütr. der enzyklopädischen Informationen +	⎬ fakultativ jeweils plus Kommentar kontrastiver Art
(4) Angabe von Syntagmen (+)	(4) Ütr. der Syntagmen +	
(5) Angabe von Belegen –	(5) Übs. der Belege +	
(6) Positionierung der kulturbezüglichen Bedeutung im semasiologischen Feld –	(6) Positionierung der partiellen Äquivalente in einem semasiologischen Feld der Zielsprache –	
(7) Positionierung der kulturbezüglichen Bedeutung im onomasiologischen Feld –	(7) Positionierung der kulturbezüglichen Bedeutung in einem onomasiologischen Feld der Zielsprache –	⎭

Legende: + obligatorisch; – fakultativ; (+) tendenziell obligatorisch

Der Artikelaufbau im Überblick

5. Zum Stellenwert des Wörterbuches: wissenschaftliche und kulturpädagogische Aspekte

Hier soll kurz, teilweise thesenartig, dargelegt werden, inwiefern die Heidelberger Arbeitsgruppe meint, mit der vorgetragenen Konzeption die wissenschaftlichen und kulturpädagogischen Ansprüche erfüllen zu können, die das Wörterbuch nach 1.2. veranlaßt haben.

Kulturwortschatz der deutschen Gegenwartssprache

(1) Die gleichgewichtige lexikographische Beschreibung einerseits der Semantik und Pragmatik der ausgewählten Wörter, andererseits der gruppenübergreifenden und der gruppenspezifischen Regeln ihrer Verwendung ist ganz abgesehen von ihrem Stellenwert in einem zweisprachigen Wörterbuch bereits für die deutsche Sprache der Gegenwart neu. Brunner/Conze/Kosellek haben Vergleichbares für die Geschichte des politisch-sozialen Wortschatzes – und zwar zweifellos in einem uns nicht erreichbaren Maß – in Angriff genommen und weitgehend geleistet; das in Mannheim geplante und – wie mir im Gegensatz zu anderen scheint – inzwischen ausgezeichnet begründete *Lexikon der schweren Wörter* deckt sich inhaltlich nur partiell mit unserem Gegenstand »Kulturwortschatz«; es ist im übrigen trotz des Titels nicht als Lexikon oder Wörterbuch eines abgegrenzten Wortschatzteils, sondern eher als Pilotstudie dafür gedacht, wie man ein solches Wörterbuch machen könne, wird also nur zu einer gewissen Anzahl von Einzelartikeln, und zwar rund 200, führen[19].

(2) Das Konzept einer inhaltlich konsequent benutzerbezogenen, auf einen Sprecher des Chinesischen gerichteten deutschen Erläuterung eines deutschen Lemmazeichens läßt sich analog auf deutsch-französische, deutsch-russische, deutsch-japanische, deutsch-koreanische Wörterbuchkonzepte anwenden, auch wenn dabei die unterschiedliche Differenz der Sprachen des jeweiligen Sprachenpaares zu beachten ist. Das Konzept enthält in nuce das Kernprogramm des Faches »Deutsch als Fremdsprache«.

(3) Die Kombination des zentralen Bestandteils des einsprachigen Wörterbuches, nämlich der Sequenz der Segmente »Lemma« und »Erläuterung«, mit dem zentralen Bestandteil des zweisprachigen Wörterbuches, nämlich der Erläuterung des Lemmazeichens in einer anderen Sprache, ist in der Geschichte der deutschen Lexikographie neu. Sie bietet m.E. bisher unausgeschöpfte Möglichkeiten der Methodik der Fremdsprachenvermittlung.

(4) Die Kontrastierung von Syntagmen, semasiologischen und onomasiologischen Feldern oder Teilfeldern der Wörter eines umfänglichen Teils des Wortschatzes einer europäischen Sprache mit den entsprechenden Gegebenheiten einer strukturell und geschichtlich ganz anders bestimmten Sprache muß nach der Erwartung der Heidelberger Arbeitsgruppe zu vertieften oder gar neuen Erkenntnissen über die Inkongruenz des Inhaltssystems von Einzelsprachen und zu Fortschritten in der Theorie und Beschreibungsmethodik kontrastiver Lexikographie führen.

Oskar Reichmann

Von den Stellenwertbestimmungen (1) bis (4), die den eher wissenschaftlichen und den allgemeinen kulturpädagogischen Standort des Wörterbuches betreffen, sind folgende beiden Erwartungen zu unterscheiden:
(5) Das Projekt wird die Forschungsaktivitäten der Fremdsprachenuniversität Peking über Jahre hinweg entscheidend bestimmen. Es bietet ausgezeichnete Möglichkeiten für die Vergabe, den Praxisbezug und die gesicherte wissenschaftliche Betreuung von chinesischen Dissertationen.

Anmerkungen

[1] *Das neue chinesisch-deutsche Wörterbuch*. Peking 1985.
[2] Dies wird in den Abschnitten 4.1. und 4.2. näher erläutert.
[3] Termini wie *Gruppe, Schicht* usw. stehen aus Gründen der Einfachheit der Fachstilistik oft allein. Gemeint ist jeweils die gesellschaftliche Differenziertheit in allen ihren Dimensionen.
[4] Zu vergleichbaren Versuchen Otto Brunner / Werner Conze / Reinhart Koselleck: *Geschichtliche Grundbegriffe. Historisches Lexikon zur politisch-sozialen Sprache in Deutschland*. Stuttgart 1972ff. (Bisher: 5 Bde., a–soz), zuletzt (noch ungedruckt): Gerhard Strauß: *Neue Wege in der Lexikographie des politisch-ideologischen Wortschatzes*. In: *Symposium on Lexicography III. Proceedings of the Third International Symposium on Lexicography May 14–16, 1986 at the University of Copenhagen*. Ed. by Karl Hyldgaard-Jensen / Arne Zettersten. Tübingen 1986. (Lexicographica, Series Maior 19). – Ders.: *Artikelsorten und Artikelstrukturen im »Lexikon schwerer Wörter«*. In: *Das Wörterbuch. Artikel und Verweisstrukturen. Vorträge der Jahrestagung 1987 des Instituts für deutsche Sprache, 24. bis 26. März 1987*. Hrsg. v. Gisela Harras. Mannheim 1987 oder 1988 (Jahrbuch des Instituts für deutsche Sprache).
[5] Zu diesem Begriff vgl. Werner Wolski: *Schlechtbestimmtheit und Vagheit – Tendenzen und Perspektiven. Methodologische Untersuchungen zur Semantik*. Tübingen 1980 (Reihe Germanistische Linguistik 28).
[6] Ich beziehe mich hier speziell auf das *Frühneuhochdeutsche Wörterbuch*. Hrsg. v. Robert R. Anderson / Ulrich Goebel / Oskar Reichmann. Berlin / New York 1986 ff. (Bisher: zwei Lieferungen, bearb. v. Oskar Reichmann), im allgemeinen auf die sonstigen Projekte des Forschungsschwerpunktes Lexikographie in Heidelberg. Vgl. dazu

demnächst: *Theorie und Praxis des lexikographischen Prozesses in historischen Wörterbüchern. Akten der Internationalen Fachkonferenz Heidelberg, 3.6. – 5.6.1986.* Im Auftrag des Forschungsschwerpunktes Lexikographie an der Neuphilologischen Fakultät der Universität Heidelberg hrsg. v. Herbert Ernst Wiegand. Tübingen 1987 (Lexikographica, Series Maior 23).

[7] Der Kulturbegriff soll hier nicht reflektiert werden; zu Aspekten der Problematik vgl. man Alois Wierlacher (Hrsg.): *Fremdsprache Deutsch. Grundlagen und Verfahren der Germanistik als Fremdsprachenphilologie.* Bd. 1. München 1980 (UTB 912).

[8] Dies hängt mit der historischen Orientierung der deutschen Sprachwissenschaft zusammen, die bis in die sechziger Jahre dieses Jahrhunderts bestimmend war.

[9] Hierzu zuletzt und am gründlichsten: Herbert Ernst Wiegand: *Eine neue Auffassung der sog. lexikographischen Definition.* In: *Symposium on Lexicography II. Proceedings of the Second International Symposium on Lecikography May 16–17, 1984 at the University of Copenhagen.* Ed. by Karl Hyldgaard-Jensen / Arne Zettersten. Tübingen 1985, 14–100. (Lexicographica, Series Maior 5).

[10] Auf das Problem der Abgrenzung von sprachlicher (semantischer) und enzyklopädischer Information kann hier nicht eingegangen werden. Zum Diskussionsstand zuletzt: Herbert Ernst Wiegand: *Was eigentlich ist Fachlexikographie? Mit Hinweisen zum Verständnis von sprachlichem und enzyklopädischem Wissen.* Demnächst in: *Deutscher Wortschatz.* Ludwig Erich Schmitt zum 80. Geburtstag von seinen Schülern. Hrsg. v. Horst Haider Munske / Peter von Polenz / Oskar Reichmann / Reiner Hildebrandt. Berlin / New York / Tokio 1988.

[11] Dazu demnächst: Oskar Reichmann: *Zur Funktion, zu einigen Typen und zur Auswahl von Beispielbelegen im historischen Bedeutungswörterbuch.* In: *Symposium on Lexicography III* (vgl. Anm. 4).

[12] Das sind die Einzelbedeutungen eines Wortes in ihrer wechselseitigen Relationierung.

[13] Vgl. Robert R. Anderson / Ulrich Goebel / Oskar Reichmann: *Frühneuhochdeutsch* arbeit *und einige zugehörige Wortbildungen.* In: *Philologische Untersuchungen gewidmet Elfriede Stutz zum 65. Geburtstag.* Hrsg. v. Alfred Ebenbauer. Wien 1984, 1–29. (Philologica Germanica 7).

[14] Das sind die mit jeweils einer ihrer Bedeutungen miteinander verwandten Wörter.

[15] Diese liegt dann vor, wenn es für eine Einheit einer Sprache keine auch nur annähernd ähnliche Einheit einer anderen Sprache gibt.
[16] Die Skopus-Theorie hätte die Grundlage zu bilden; vgl. Hans J. Vermeer: *Aufsätze zur Translationstheorie.* Heidelberg 1983.
[17] Zum Begriff vgl. Franz Josef Hausmann: *Einführung in die Benutzung der neufranzösischen Wörterbücher.* Tübingen 1977, 56–58. (Romanistische Arbeitshefte 19).
[18] Vgl. Hans Peder Kromann: *Paradigmatische und syntagmatische Relationen im zweisprachigen Wörterbuch.* In: *Die Lexikographie von heute und das Wörterbuch von morgen. Analysen – Probleme – Vorschläge.* Hrsg. v. J. Schildt / D. Viehweger. Berlin 1983, 330–348; Terminus S. 330.
[19] Laut dem Jahresbericht des Instituts für deutsche Sprache im Jahre 1986, S. 7.

Dieter Gutzen, Hagen

Vorläufige Überlegungen zur Entwicklung von Fernstudien-Programmen interkulturell orientierter Germanistik

Meine Ausführungen sind in zwei Abschnitte gegliedert: In dem ersten werde ich die FernUniversität kurz vorstellen, in dem zweiten dann zu dem fachbezogenen Thema Stellung nehmen.

I. Was ist die FernUniversität?

a) die FernUniversität ist eine wissenschaftliche Hochschule des Landes Nordrhein-Westfalen, gegründet im Jahre 1974, mit Sitz in Hagen. Sie besteht aus fünf Fachbereichen:
 1. Elektrotechnik
 2. Erziehungs-, Sozial- und Geisteswissenschaften
 3. Mathematik und Informatik
 4. Rechtswissenschaft
 5. Wirtschaftswissenschaft

Sie versteht sich nicht als Konkurrenz, sondern als Ergänzung des bestehenden Hochschulsystems, vor allem in dem Angebot des berufsbegleitenden Studiums sowie der Entwicklung und Förderung der wissenschaftlichen Weiterbildung.

Es werden integrierte Diplom-Studiengänge in den Fachrichtungen Elektrotechnik, Mathematik und Informatik sowie Wirtschaftswissenschaft angeboten; im Fachbereich Erziehungs-, Sozial- und Geisteswissenschaften ist der Magister-Studiengang angesiedelt mit den Hauptfächern Erziehungswissenschaft *oder* Sozialwissenschaften[1], die je nach Wahl des Hauptfaches auch als Nebenfächer gewählt werden können, und den weiteren Nebenfächern Geschichte, Neuere deutsche Literaturwissenschaft, Mathematik, Philosophie, Psychologie, Rechtswissenschaft und Quantitative Methoden der Wirtschaftswissenschaft.

Hinzu kommen einige Zusatzstudiengänge für Hochschulabsolventen, zur Zeit ein Zusatzstudium Wirtschaftswissenschaft – demnächst auch eines in Mathematik und Rechtswissenschaft – sowie ein Zusatzstudium

‚Weiterbildung'. Voraussetzung für das Studium in den Studiengängen ist der Nachweis der Hochschulzugangsberechtigung (HZB). Lehrerausbildung findet an der FernUniversität nicht (mehr) statt. Das Gesamte Studienangebot der FernUniversität kann außerdem zur wissenschaftlichen Weiterbildung genutzt werden. Die über 800 Kurse sind für diesen Zweck in den einzelnen Fachbereichen übersichtlich zusammengestellt oder auch zu sog. Weiterbildungspaketen zusammengefaßt worden.

b) Was unterscheidet die FernUniversität von anderen Universitäten? Die FernUniversität erfüllt wie die Präsenzuniversität ihre Aufgaben in Forschung und Lehre. Ihre Besonderheit liegt darin, daß ihre Studenten nicht anwesend sind.

1. Die Lehre erfolgt im wesentlichen über das Medium des Studienbriefs, oftmals ergänzt durch Ton- und auch Videokassetten, die in einem eigenen Fernsehstudio hergestellt und in zweiwöchentlichem Abstand am Samstagmorgen in der Sendereihe »FernUniversität im Dritten« über WDR III ausgestrahlt werden. Die Studienbriefe enthalten neben dem Lehrtext Übungsaufgaben zur Selbstkontrolle sowie Einsendeaufgaben, die bearbeitet, eingeschickt und von uns korrigiert zurückgesandt werden.

Das Studium ist sehr stark auf Selbststudium ausgerichtet, das durch Studienbriefe angeleitet und in derzeit 40 Studienzentren durch Mentoren begleitet wird. Präsenzveranstaltungen können das Fernstudium ergänzen; Klausuren werden an verschiedenen Orten in der Bundesrepublik in Räumen der Präsenzuniversitäten geschrieben, im Ausland in den Goethe-Instituten, Deutschen Schulen oder Diplomatischen Vertretungen.

Die Lehre an der FernUniversität ist in einer ganz anderen Weise als an der Präsenzuniversität öffentliche Lehre, da sie immer gedruckt vorliegt und von jedermann, d.h. auch von den Fachkollegen geprüft werden kann.

2. Die Zusammensetzung der Studentenschaft
Von den rd. 30000 Studierenden im Wintersemester 1986/87 entsprechen nur etwa 20% der Altersgruppe der Studenten an Präsenzuniversitäten; das Gros der Studenten befindet sich in der Altersgruppe von 25 bis 31 Jahren (43%) und von 32 bis 38 Jahren (25%).

Zur Entwicklung von Fernstudien-Programmen

Knapp 30% der Studierenden sind als Gasthörer eingeschrieben, die keinen Abschluß erwerben, das Studienangebot der FernUniversität aber zur Weiterbildung nutzen; die Gasthörer benötigen keine Hochschulzugangsberechtigung.

10% sind Zweithörer, d.h. sie sind als Ordentliche Studierende an Präsenzuniversitäten eingeschrieben und ergänzen ihr dortiges Fachstudium entweder durch einzelne Studienbriefe der FernUniversität, durch ein Nebenfachstudium oder sie absolvieren ein Zusatzstudium.

Der Anteil der Frauen an der Gesamtzahl der Studierenden beträgt fast 25%; im Fachbereich Erziehungs-, Sozial- und Geisteswissenschaften ist ihr Anteil mit über 50% besonders hoch.

Fast 75% der Studierenden sind berufstätig und studieren neben dem Beruf; der typische Fernstudent ist zwischen 25 und 35 Jahre alt, verheiratet und gibt den Beruf nicht wegen des Studiums auf; er verfügt über eine qualifizierte Berufspraxis, starke Motivation und ein hohes Maß an Selbstdisziplin.

Aus der Altersstruktur und der Berufstätigkeit leitet sich eine Besonderheit hinsichtlich der bis zum Erwerb eines Diploms oder des Magistergrades zu veranschlagenden Studienzeiten ab: das Vollzeit- und das Teilzeitstudium.

Fast 51% der in Studiengängen eingeschriebenen Studenten nehmen das Angebot des Teilzeitstudiums neben der Berufstätigkeit wahr und müssen mit 6 bis 8 Jahren bis zum Abschluß rechnen; nur 12% sind Vollzeitstudenten und können den Abschluß in 3 bis 4 Jahren erreichen. Die Studienabbrecherquote ist im ersten Jahr hoch – wie in allen Fernstudiensystemen; sie ist, wenn wir richtig sehen, vor allem auf zwei Gründe zurückzuführen: eine verfehlte Einschätzung der verfügbaren Zeit und eine falsche Einschätzung der Anforderungen.

3. Obwohl die FernUniversität eine nordrhein–westfälische Landesuniversität ist, kommen 53% der Studierenden aus anderen Bundesländern sowie 4% aus dem Ausland.

4. Zwar gibt es, wie an allen Hochschulen, keine Studiengebühren, doch muß für das Studium insofern bezahlt werden, als für die Studienbriefe Materialgebühren von DM 8,50 pro Kurseinheit erhoben werden.

5. Das mit den Studienbriefen vorliegende Lehrangebot wird nicht von den Professoren und wissenschaftlichen Mitarbeitern der FernUniversität alleine geschrieben, sondern zu einem guten Teil von Kollegen der

Präsenzuniversitäten in der Bundesrepublik und im Ausland, die als externe Autoren gewonnen werden. Zahlreiche Kollegen und wissenschaftliche Mitarbeiter der FernUniversität wiederum nehmen Lehraufträge an Präsenzuniversitäten des Landes wahr. Auf diese Weise wird nicht nur erreicht, daß das Lehrangebot jeweils von Kolleginnen und Kollegen geschrieben wird, die für bestimmte Probleme und Themen ihres Fachgebiets besonders ausgewiesen sind, sondern es ergibt sich auch ein ständiger Austausch zwischen der Forschung und Lehre an Präsenzhochschulen und der FernUniversität.

II. Was können die Fachvertreter für Neuere deutsche Literaturwissenschaft an der FernUniversität für die Entwicklung von interkulturell orientierter Germanistik tun?

Eine klare und eindeutige Antwort auf diese Frage kann ich nicht geben; ich kann ihr allerdings das Angebot entgegenstellen, daß mein Kollege Ter-Nedden und ich offen für Vorschläge und bereit zu gemeinsamen Überlegungen sind.

Das klingt sehr allgemein und kann Sie kaum zufriedenstellen, aber wir halten mehr von sorgfältiger Planung und kleinen Schritten als von großartigen Zusagen, die dann im Wind verwehen müssen, weil man zu wenig über die wechselseitigen Interessen wußte oder weil die Auffassung und Konzeptionen zu weit auseinandergehen.

Das Fach Neuere deutsche Literaturwissenschaft wird an der FernUniversität seit 1981 aufgebaut; seit zwei Jahren bildet es als Nebenfach einen Bestandteil des Magister-Studiengangs, was ein Studienangebot von mindestens 40 SWS voraussetzt; 318 Studierende des Magister-Studiengangs haben Literaturwissenschaft als eines der möglichen Nebenfächer gewählt. Der baldige Ausbau zu einem Hauptfach wird von uns angestrebt. Neben dem Studiengang haben wir Weiterbildungsangebote zusammengestellt, vor allem für Deutschlehrer, in Zukunft auch für andere Berufsgruppen, z.B. Buchhandel, Schriftsteller, Verlagsangehörige. Zu den Nebenfach-Studenten kommt eine weit höhere Zahl an Gasthörern, so daß in diesem Sommersemester über 4000 Kurseinheiten aus dem Fach Neuere deutsche Literaturwissenschaft an Studierende versandt werden konnten.

Das Studienangebot ist nur zu einem kleinen Teil von meinem Kollegen Ter-Nedden und mir selbst geschrieben worden; zum größten Teil haben Kollegen der Präsenzuniversitäten für FernUniversität geschrieben und dadurch geholfen, das Spektrum von Stoffen, Problemen und Methoden möglichst weit zu fassen.

Da wir davon ausgehen, daß die Studienbriefe jeweils den neuesten Forschungsstand verarbeiten, und da sie regelmäßig überarbeitet werden, läßt sich aus ihnen auch ein Überblick über den Stand germanistischer Forschung zu den jeweiligen Themen gewinnen.

Im Blick auf die Landeskunde ermöglicht das Medium Studienbrief die Zusammenstellung bestimmter Weiterbildungspakete. Wenn ich ein Thema aus dem »Tübinger Modell einer integrativen Deutschlandkunde« aufnehme, so wäre es möglich, einem Studienbrief über das Bildungssystem in der Bundesrepublik solche über die Geschichte des Bildungsgedankens unter geisteswissenschaftlichen Gesichtspunkten, über das Bildungsbürgertum vom soziologischen Ansatz her und schließlich auch über den Bildungsroman aus literaturwissenschaftlicher Sicht an die Seite zu stellen. Dieses wären aber zunächst Studienbriefe, die das Thema aus deutscher Sicht behandeln; sie bedürften eines Leitprogramms, das die Integration der Einzelthemen zu leisten und für einzelne Regionen bzw. Adressaten – z.B. amerikanische oder japanische Hochschullehrer – differenzierte Einführungen zu geben hätte.[2]

In den Umkreis einer interkulturell orientierten Germanistik gehören drei Vorhaben, mit denen wir uns zur Zeit beschäftigen, und die über das bisherige literaturwissenschaftliche Angebot hinausführen:

1. Auf Anregung des Auswärtigen Amtes, das auch die Mittel bereitstellt, wird unter dem Patronat von Herrn Kollegen Weinrich und in enger Verbindung mit dem Münchner Institut »Deutsch als Fremdsprache« ein Fernstudienangebot »Deutsch als Fremdsprache« entwickelt. Ziel dieses Unternehmens ist es, das Deutsche als Wissenschaftssprache im Fernstudium so weit zu lehren, daß die PNDS schon im Heimatland abgelegt werden kann. Im Einvernehmen mit den Mittlerorganisationen ist dieses Programm zunächst für Lateinamerika vorgesehen.

2. Wir bereiten gemeinsam mit Historikern, Politikwissenschaftlern, Philosophen, Rechtswissenschaftlern, Soziologen und Wirtschaftswissenschaftlern Weiterbildungsangebote zum Thema »Deutsche Landeskunde« vor, die sich zunächst an amerikanische Kolleginnen und Kollegen richten und Themen des Fulbright-Sommer-Seminars ergänzen und nachbereiten sollen.

3. Vom Herbst dieses Jahres an wird es zu einem Austausch von Studienbriefen zwischen der FernUniversität und der Abteilung Teledix der Université Paris X (Nanterre) kommen; die Gespräche über ein

deutsch-französisches Zusatzstudium zur Erweiterung der beruflichen Qualifikation für den Bereich der europäischen Gremien und Institutionen sowie die wirtschaftliche Zusammenarbeit in einer Verbindung von Fernstudium und Präsenzuniversität in beiden Ländern sind über das Anfangsstadium hinausgelangt, zumal an der FernUniversität schon ein kleiner Baustein zur Frankreichkunde entstanden ist.

Selbst wenn diese Studienangebote auch von Studierenden und Kollegen im Ausland bezogen werden oder gemeinsam von französischen und deutschen Kollegen entwickelt werden, kann man bisher jedoch nicht von einem Konzept interkultureller Germanistik sprechen, deren Konturen zwar an Schärfe gewonnen haben, notgedrungen – und glücklicherweise – aber immer auch veränderbar bleiben müssen.

Doch gibt es, wenn ich einige der hier in Bayreuth vorgetragenen Beispiele für die Auswahl und Behandlung deutschsprachiger Literatur im Ausland nicht falsch verstanden habe, sowohl was die Studierenden als auch was die Lehrenden betrifft, im Fernstudium Entsprechungen zu den Erfahrungen, die Kollegen der Germanistik im Ausland gemacht haben. Denn die Situation dessen, der mit dem Medium Studienbrief lehrt, unterscheidet sich grundsätzlich von der derjenigen Kollegen, die an einer Präsenzuniversität tätig sind.

In meinen Lehrveranstaltungen in Bonn kenne ich im großen und ganzen die Voraussetzungen, welche die Studenten mitbringen, weiß ich, daß sie im 3., 4. oder 7. Semester sind und was sie ungefähr von der Lehrveranstaltung erwarten.

Wenn ich einen Studienbrief schreibe, kann ich zwar die Erfahrungen, die ich mit dem jeweiligen Thema in einem Seminar an der Präsenzuniversität gemacht habe, in ihn einfließen lassen; aber ich kenne die Adressaten und ihre Erwartungen ebensowenig wie sie mich.

Inzwischen, nach wenigen Präsenzseminaren mit Fernstudenten, deren Alter zwischen 24 und 65 Jahren lag, habe ich einige Anhaltspunkte; diese lenken den Blick auf Übereinstimmungen mit Erwartungen, die der deutschen Literatur im Ausland entgegengebracht werden. Denn in beiden Bereichen werden die Erwartungshaltung und die Auswahl der Lektüre ganz anders von persönlichen Interessen bestimmt, als junge Studierende unserer Präsenzuniversitäten es zum Ausdruck bringen.

Es findet also eine Korrektur meiner Vorstellungen statt, denn ich treffe in einem ungeahnten Maß auf existenziell erlebte Erfahrungen mit Literatur, in denen etwas sichtbar wird von den befreienden Möglichkeiten der Literatur und der versöhnenden Kraft ästhetischen Erlebens.

Zur Entwicklung von Fernstudien-Programmen

Hier können Studienbriefe das weitere Verstehen nur anleiten, vielleicht bisher nicht gesehene Schichten erschließen, den einzelnen Text in größere Zusammenhänge stellen und seinen geschichtlichen Ort bestimmen; sie sollten aber ferner zu weiterer Lektüre auch ungewohnter und von den eigenen Erfahrungen zunächst wegführenden Texten ermutigen.

Diese Situation scheint mir ein wenig vergleichbar zu sein mit der des Germanisten im Ausland, der sich über eine einseitige Auswahl an Literatur – politisch-soziale Situation als Grund für die Beschränkung auf Brecht bei der Rezeption moderner deutscher Literatur – oder völlig verfehlte Vorhaben – Kenntnis der deutschen Nachkriegsliteratur als Voraussetzung für die Wiederholung eines Wirtschaftswunders im eigenen Land – zwar wundern darf, dann aber zur Korrektur seiner von der heimatlichen Literaturwissenschaft geprägten Einschätzung ebenso kommen muß wie zur behutsamen Veränderung der Fragestellung seiner Studenten an die deutsche Literatur.

Bei der Vorbereitung auf diese Tagung bin ich auf Harald Weinrichs Wortschöpfung ‚Xeno-Germanistik' oder auch ‚Xenologie' gestoßen. Je mehr ich über den Umgang mit der Fremdheit – zeitlicher, räumlicher und kultureller Art – las, desto häufiger dachte ich an die zweite Bedeutung von ‚Xenos'; setzten wir einmal für eine Weile an die Stelle des Fremden den Gast, so könnte es selbstverständlicher werden, dem Fremden bei uns mit der Achtung und Aufgeschlossenheit zu begegnen, die der Gast beanspruchen kann; andererseits hinge die Aufmerksamkeit, die man deutscher Sprache und Kultur im Ausland entgegenbringt, auch von den Gaben ab, welche die gastgebende Kultur sich von ihnen als bereichernde Erweiterung verspricht.

Mit Studienbriefen, und das ist der größte Nachteil des Fernstudiums, kann man kein Gespräch führen; Studienbriefe können Gespräche allerdings vorbereiten und Verständigungsbereitschaft wecken sowie Verstehen in Gang setzen. Hier sehen wir die Möglichkeit, daß auch die FernUniversität einen Beitrag für die interkulturell orientierte Germanistik leisten kann.

Dieter Gutzen

Anmerkungen

[1] mit den drei Bereichen Politikwissenschaft, Psychologie und Soziologie.
[2] Unter ebensolchen landeskundlichen Gesichtspunkten ist es für Sie wahrscheinlich auch interessant, daß im nächsten Jahr acht Studienbriefe zur Geschichte der DDR, geschrieben von Mitgliedern der Ostberliner Akademie der Wissenschaften, zur Verfügung stehen.

Naoji Kimura, Tokyo

Über das Generalthema des IVG-Kongresses in Tokyo 1990 oder: Zur Wirkungsgeschichte der GIG

Nach dem Programm sollte ich etwas »zur Programmplanung der IVG-Tagung 1990« sagen. Doch möchte ich für heute nur über das Generalthema des IVG-Kongresses in Tokyo berichten. Den Grund gebe ich gleich an.

Auf der Göttinger IVG-Vollversammlung der Mitglieder am 30.8.1985 wurde ein Bericht der Arbeitskommission durch Herrn Anal Mádl, der hier anwesend ist, vorgelegt. Darin findet sich ein Absatz folgenden Inhalts: »Herr Alois Wierlacher (Heidelberg/Karlsruhe), Präsident der ‚Gesellschaft für interkulturelle Germanistik', schlug vor, beim nächsten Kongreß eine Sektion mit folgendem Titel zu bilden: ‚Literatur und Germanistik in der Vielfalt der Kulturen'. Die Kommission leitet das von Herrn Wierlacher formulierte Thema an das Präsidium und den Ausschuß zur Prüfung für den nächsten Kongreß weiter.«

Bekanntlich wurde Herr Professor Eijiro Iwasaki gleich darauf zum neuen Präsidenten der IVG gewählt, und damit wurde Tokyo de facto als der nächste Tagungsort bestimmt. Inzwischen hat Herr Iwasaki das 1. Rundschreiben an alle Mitglieder verschickt und u.a. mitgeteilt, daß die nächste Präsidiums- und Ausschußsitzung für Mai 1987 in Tokyo angesetzt ist. Die angekündigte Ausschußsitzung fand in der Tat am 14. und 15. des vergangenen Mai erfolgreich an der Keio-Universität statt. Herr Bhatti war als Ausschußmitglied da, und ich habe daran als Leiter des administrativen Sekretariats teilnehmen dürfen. Ich hatte denn auch bis kurz vor der Abreise mit Fertigstellung des offiziellen Protokolls viel zu tun. In diesen Tagen, wo ich schon in Deutschland bin, wird es an die beiden Vizepräsidenten und alle Ausschußmitglieder per Luftpost abgeschickt werden. Die Einzelheiten der besprochenen und angenommenen Tagesordnung werden erst im 2. Rundschreiben des Präsidenten veröffentlicht werden. Vorraussichtlich wird es im kommenden September verschickt werden können. Auch deswegen muß ich bald nach dieser Tagung nach Tokyo zurückfliegen.

Naoji Kimura

Auch die Ausschreibung des wissenschaftlichen Programms wird noch mindestens ein halbes Jahr auf sich warten lassen. Denn auf der Ausschußsitzung wurden wohl detaillierte Vorschläge für etwa 24 Sektionen gemacht, aber sie sind zunächst einmal von grundsätzlicher Art und bedürfen noch einer näheren Ausarbeitung und einer gewissen Anpassung an die japanische Germanistik durch das wissenschaftliche Sekretariat, das von Herrn Yoshiki Nakada geleitet wird. Für jede spezielle Fragestellung muß doch ein geeigneter japanischer Sektionsleiter gefunden werden. Eine eigene Sektion mit dem Titel »Literatur und Germanistik in der Vielfalt der Kulturen« ist zwar nicht gebildet worden. Aber das wissenschaftliche Anliegen der Gesellschaft für interkulturelle Germanistik wurde durch die Teilnehmer an der Ausschußsitzung reiflich erwogen. Ja, man könnte fast sagen, daß der ganze Kongreß 1990 im Rahmen der von Ihrer Gesellschaft verfolgten Zielsetzungen stattfinden wird. Ist doch das Generalthema wie folgt festgelegt worden: »Begegnung mit dem ‚Fremden'. Grenzen – Traditionen – Vergleiche«. Die zahlreichen Themenvorschläge, die von Seiten der Mitglieder an den Präsidenten gemacht wurden, kreisen im Grunde genommen alle um diese Problematik, und zwar mit Rücksicht darauf, daß der Kongreß der IVG zum erstenmal in einem nichtdeutschsprachigen Kulturraum veranstaltet wird.

Wie sehr der Begriff des Fremden eine zentrale Stellung im wissenschaftlichen Programm Ihrer Gesellschaft einnimmt, läßt sich von der Definition der interkulturellen Germanistik deutlich ablesen. Erlauben Sie mir bitte an diese Stelle ein Zitat, da ich als Germanist alten Stils mit der neuen Konzeption der Germanistik noch nicht vertraut bin. Im Prospekt Ihrer Gesellschaft heißt es: »Soweit sich die Geschichte der Kulturen überblicken läßt, lernt eine Kultur von der anderen und grenzt sich zugleich von ihr ab. Das Fremde wird so zum Ferment der Kulturentwicklung. Dieses produktive Wechselverhältnis von Fremdem und Eigenem vermag auch die Germanistik zu nutzen, wenn sie sich mehr als bisher auf die kulturelle Vielfalt ihrer Bedingungen, Fragestellungen und Erkenntnismöglichkeiten besinnt.« Um gerade diesen schwierigen Fragenkomplex anzupacken, haben Sie, Herr Wierlacher, bereits im Jahre 1985 den dicken Band »Das Fremde und das Eigene« mit dem Untertitel »Prolegomena zu einer interkulturellen Germanistik« herausgegeben. Im Oktober 1986 ist dann Herr Thum eigens nach Tokyo gekommen, um über das Thema »Neue Möglichkeiten in der Zusammenarbeit von ‚Inlandsgermanistik' und ‚Auslandsgermanistik' zu sprechen. Das war auch die erste Kontaktaufnahme mit dem Präsidenten der IVG.

Generalthema des IVG-Kongresses in Tokyo 1990

Was das Eigene ist, weiß nun jeder ungefähr, obwohl das Selbstverständnis hermeneutisch am schwierigsten zu sein scheint. Die so bedeutend klingende Aufgabe: erkenne dich selbst, kam schon Goethe verdächtig vor, und er meinte in dem Aufsatz »Bedeutende Fördernis durch ein einziges geistreiches Wort«, es sei eine List geheim verbündeter Priester, die den Menschen durch unerreichbare Forderungen verwirren und von der Tätigkeit gegen die Außenwelt abhalten wollten. Dagegen stellt er den Grundsatz auf: »Der Mensch kennt nur sich selbst, insofern er die Welt kennt, die er nur in sich und sich nur in ihr gewahr wird. Jeder neue Gegenstand, wohl beschaut, schließt ein neues Organ in uns auf.« Wenn ich das Fremde im Sinne Goethes als die fremde gegenständliche Welt auffasse, und ferner an die vielen Goethe-Zitate in den Überlegungen von Herrn Tsuji zurückdenke, so erscheint mir die Gesellschaft für interkulturelle Germanistik, die durch wissenschaftliche Beschäftigung mit fremden Kulturen zum vertieften Selbstverständnis gelangen will, wie eine Art Goethe-Gesellschaft. Im Laufe der Ausschußsitzung hat sich jedoch herausgestellt, daß das Fremde ein recht zweideutiger Begriff ist, über den es große Meinungsverschiedenheiten geben kann. Was mit dem Wort »fremd« eigentlich gemeint ist, darüber konnte man sich nämlich nicht leicht verständigen, so daß dafür andere Begriffe wie das Andere oder Alterität vorgeschlagen wurden. Das Wort »ander« suggeriert m.E. mehr anthropologisch den Gedanken an das andere Geschlecht als das zweite, wurde deshalb wohl vermieden. Schließlich einigte man sich darüber, das Wort »fremd« mit Anführungszeichen zu versehen. Damit würde das Generalthema präziser lauten: Begegnung mit dem sogenannten Fremden. Was soll man aber unter »sogenannt« verstehen? Darauf kommt es doch letzten Endes an.

Als ich nach der Ausschußsitzung Herrn Tozo Hayakawa, den Schatzmeister der IVG, nach der offiziellen japanischen Übersetzung des Generalthemas fragte, erwies sich das Wort »fremd« überraschenderweise als unübersetzbar. Man kann das Wort als Adjektiv etwa in der Redewendung »fremde Kultur« klipp und klar ins Japanische übersetzen. Ähnlich verhält es sich bei den Wörtern »Fremdwort« und »Fremdsprache«, auch wenn man das erstere als das von außen gekommene Wort und das letztere als die ausländische Sprache umschreiben muß. Aber auch die fremde Kultur stellt für meine Begriffe eine beträchtliche Einschränkung des Bedeutungsgehaltes dar im Vergleich mit dem ganz allgemein gehaltenen Ausdruck »das Fremde«. Ich weiß momentan wirklich nicht, was für eine Formulierung ich gebrauchen soll, falls japanische Zeitungsberichterstatter zum Kongreß kommen und nach der offiziellen Bezeichnung des Generalthemas fragen. Ich würde mich als Germanist schwer blamieren, wenn ich nicht einmal ein einziges deutsches Wort zutreffend in meiner Muttersprache wiedergeben könnte.

Es gibt allerdings im japanischen Wortschatz ein chinesisches Schriftzeichen, das dem deutschen Wort »fremd« genau entspricht. Es lautet »i« und schreibt sich so: 異. Das Wort hat aber eine Skala von Nuancen je nach den Zusammensetzungen mit anderen Schriftzeichen, die alle mehr oder weniger in japanischer Sprache gebräuchlich sind. So sind also in einem chinesisch-japanischen Wörterbuch zehn Bedeutungen dafür angegeben. Ich gehe mit meiner folgenden semantischen Erläuterung zufällig auf das soeben von Herrn Reichmann angesprochene Problem ein. Dieses Schriftzeichen für »fremd« bedeutet beispielsweise eine Verschiedenheit in *ishitsu*, eine Andersartigkeit in *ikyo*, eine Unheimlichkeit in *kaii*, eine Verwunderung in *ijin*, eine Seltsamkeit in *chini*, eine Vortrefflichkeit in *isai*, eine Auseinandersetzung im prädikativen Wortgebrauch, eine Merkwürdigkeit in *ihin*, eine Fatalität in *tenpen-chii* und zuletzt noch eine rebellische Gesinnung in *ishin*. Wie aus diesen Beispielen hervorgeht, wird das Wort »i« (= fremd) im Japanischen kaum isoliert verwendet, sondern es wird fast immer in einer bestimmten Zusammensetzung gebraucht. Das ist der Grund, warum es als solches in substantivierter Form unmöglich ins Japanische übersetzt werden kann.

Darüber hinaus enthält das Fremde einen problematischen Aspekt, der sich aus der Art und Weise der Begegnung ergibt. Der Begriff des Fremden ist nämlich nicht bei allen wertneutral, sondern oft einem Werturteil bzw. Vorurteil verhaftet. Im Prospekt Ihrer Gesellschaft heißt es wieder: »Interkulturelle Germanistik lehrt kulturelle Unterschiede zu respektieren und ihre Erkenntnis zum besseren Verstehen der eigenen und der fremden Kultur zu nutzen.« Diese Zielsetzung ist gewiß richtig, und ich kann den Satz ohne weiteres als meine eigene Überzeugung unterschreiben. Aber eine vergleichende Kulturwissenschaft kann, wie es die Japaner leider in der Vergangenheit gemacht haben, nationalistisch gefärbt sein und unter Umständen das Fremde bewußt in das Eigene zu assimilieren suchen. Die Assimilation könnte sich dann für die betreffende fremde Kultur als eine Verdrängung oder meinetwegen Unterdrückung des Eigenen auswirken. Ich meine damit nicht, daß die ganze Welt heutzutage durch die Technik einigermaßen europäisiert wird. Nein, was ich meine, bezieht sich vielmehr auf die Kulturgeschichte der Menschheit überhaupt, wo das Eigene und das Fremde unter verschie-

denen Völkern mehr Interferenzen als Harmonien hervorgebracht haben.
Hier fällt mir aber ein Wort Johann Gottfried Herders ein. In den »Ideen zur Philosophie der Geschichte der Menschheit« schreibt er einmal: »Alle, die eine gelernte Sprache gebrauchen, gehen wie in einem Traum der Vernunft einher; sie denken in der Vernunft andrer und sind nur nachahmend weise.« Bis jetzt habe ich doch in einer Fremdsprache gesprochen, obwohl Deutsch für mich längst keine fremde Sprache mehr ist. Meine Gedanken lassen sich natürlich am besten in japanischer Sprache ausdrücken. Habe ich sie Ihnen ohne Mißverständnis und angemessen mitteilen können? War es nicht ein Widerspruch in sich, das Eigene mit dem Fremden vorzutragen? Ich hoffe Ihnen mit dieser meiner Verlegenheit das Generalthema des nächsten IVG-Kongresses paradigmatisch demonstriert zu haben.

SEKTIONSBEITRÄGE

Sektion 1
Interkulturelle Germanistik als Sprach- und Literaturunterricht

Erhard Hexelschneider, Leipzig

Das Fremde und das Eigene als Grundkomponenten von Interkulturalität. Was bedeutet das für den Lehrenden?

Der Begriff der Interkulturalität, der interkulturellen Verständigung also und das sich daraus ableitende, zumindest sich darauf aber deutlich beziehende Konzept einer interkulturellen Germanistik ist in das Bewußtsein von Wissenschaftlern in der Deutschen Demokratischen Republik erst relativ spät eingedrungen. Bislang genügte es uns, mit Begriffen wie kulturelle Annäherung oder Affinität, Völkerverständigung o.ä. zu operieren; der Terminus interkulturelle Verständigung oder (häufiger) interkulturelle Kommunikation und auch interkulturelle Aktion, wie er in westlichen Ländern etwa seit Ende der 60er Jahre existiert, wurde aus marxistischer Sicht m.W. (soweit es zumindest die DDR angeht) nicht oder doch fast nicht benutzt. Gleiches betrifft den Begriff der interkulturellen Germanistik. Erst mit dem Thema der VIII. Internationalen Deutschlehrertagung 1986 in Bern über »Ziele und Wege des Unterrichts in Deutsch als Fremdsprache. Sein Beitrag zur interkulturellen Verständigung« rückte diese Problematik stärker ins Blickfeld. Thematisiert wurde das in einer Enquete der Leipziger Zeitschrift »Deutsch als Fremdsprache« unter Grimmpreisträgern mit einem entsprechenden grundsätzlicheren Kommentar[1]; breiter diskutiert dann (unter starker Anteilnahme von Gelehrten verschiedener Disziplinen aus der DDR) auf einem landeskundlichen Seminar im Dezember 1985 und erst vor kurzem, im Juni 1987, auf einem Kolloquium über interkulturelle Verständigung und Fremdsprachenunterricht (am Beispiel Deutsch als Fremdsprache) in Leipzig. Damit soll nicht gesagt werden, daß der sich hinter einem neuen Terminus verbergende Sachverhalt nicht etwa schon früher bei uns von Germanisten, von Landeskundlern und Methodikern verschiedener Philologien erkannt und praktiziert worden wäre. Im Gegenteil: Es gehört wohl zu den gesicherten Grunderkenntnissen des Fremdsprachenunterrichts in einem sozialistischen Land, daß Spracherwerb und Völkerverständigung gerade über das Medium der Kultur eng miteinander verwoben sind. Nicht zuletzt daraus resultiert ja auch der hohe Stellenwert der Landeskunde im Sprachunterricht. Das seit langem vorhandene Verständnis der Germanistik (wie übrigens auch der anderen Philologien) als praxisorientierter Kulturwissenschaft im allgemeinen Kontext der Gesellschaftswissenschaften der DDR und der damit verbundenen grundsätzlichen Umgestaltung der Ausbildungsprofile im Sinne der bei uns geltenden wissenschafts- und kulturpolitischen Orientierungen sind hier einzuordnen.

Ganz allgemein gesagt, ist für mich interkulturelle Verständigung oder Interkulturalität (die wohl als allgemeiner Begriff auch eine sich als interkulturell verstehende Germanistik aufzunehmen in der Lage sein muß) *ein* Weg im Fremdsprachenunterricht für Ausländer, um existierende oder tradierte Vorurteile oder Mißverständnisse abzubauen und ein neues Zu- und möglichst Miteinander im Denken zu konstituieren. Interkulturalität ist immer Kenntnis und Erkenntnis des Anderen und damit vertieft des Eigenen, insoweit sie hilft, fremde kulturelle Identität emotional zu erfühlen und zugleich rational zu begreifen und dadurch eigene Identität besser zu verstehen oder oft erst zu finden. Interkulturalität kann deshalb keineswegs eine kommunikative Einbahnstraße vom Muttersprachen-Land in das Land einer fremden Kultur sein, es ist vielmehr ein zweiseitiger Prozeß. Anna Seghers beschrieb in einem Manuskript »Kulturelle Brücken zu anderen Völkern« die schwierige Situation Deutschlands und der Deutschen nach dem 2. Weltkrieg und formulierte m. E. in gewisser Weise das Grundanliegen interkultureller Verständigung: »Versuchen wir auf das Wesen der anderen Völker zu kommen, dann werden wir auch auf unser Wesen kommen ... Je mehr einzelne ein erklärliches Mißtrauen zum Schwinden bringen, desto schneller schwindet das Mißtrauen gegen ein Volk.«[2]

Insofern ist der Ruf nach interkultureller Verständigung immer ein Ruf nach Friedenserziehung – und das um so mehr in einer Weltexistenz und Menschheitsfortschritt gleichermaßen bedrohenden Zeit.

Grundkomponenten von Interkulturalität

Interkulturelle Verständigung bzw. die Schaffung notwendiger Grundlagen dazu vollzieht sich auf verschiedenen Ebenen: nach Kulturkreisen, nach den Einflußgebieten bestimmter Weltanschauungen oder Weltreligionen, aber auch nach Gesichtspunkten, die ich wie folgt benennen möchte:
1. Es gibt die Notwendigkeit der interkulturellen Verständigung auch innerhalb eines Landes. Das ist evident für alle, die sich mit der nationalen Problematik in verschiedenen Staaten befassen. Kern ist hier jeweils das Problem der nationalen und damit auch der kulturellen Identität und der zu deren Realisierung angestrebten staatlichen Regelungen und Garantien.
2. Interkulturelle Verständigung als Problem von industriell hochentwickelten Staaten gleicher oder doch nahezu gleicher gesellschaftlicher Ordnung.
3. Interkulturelle Verständigung zwischen hochentwickelten kapitalistischen Industrieländern und Entwicklungsländern und die sich darum rankenden Fragen, die oft genug weit über den kulturellen Rahmen hinaus reichen.

Diese drei Fragestellungen sind – soweit ich es zumindest zu überblicken vermag – theoretisch und praktisch am besten, wenn auch bei weitem nicht erschöpfend ausgearbeitet, zumal hier auf die Ergebnisse vielfältiger vergleichender Forschungen und auf Forschungsresultate verschiedener Disziplinen zurückgegriffen werden kann. Kaum behandelt, aber aus meiner Sicht sehr belangvoll, ist aber eine andere Ebene, nämlich das Problem interkultureller Verständigung über gesellschaftliche Systemgrenzen hinweg, ein Problem, das wohl auch eine interkulturelle Germanistik in erheblichem Maße angeht und angehen muß, will diese dem Anspruch der Interkulturalität wirklich standhalten. Ich rufe in diesem Zusammenhang einfach die historisch gewordenen Tatsachen in Erinnerung, daß Deutsch heute eine Sprache ist, die in Staaten mit unterschiedlichen ökonomischen und gesellschaftlichen Ordnungen mit z.T. gesellschaftspolitisch gegensätzlichen Systemorientierungen als Muttersprache gesprochen wird und daß die deutschsprachigen Staaten der Gegenwart ihre spezifischen Formen der Sprachpolitik entwickelt haben. Sprache wird hier zum grenzüberschreitenden Medium. Das bedeutet: Mit welchen Fragen und Problemen muß sich eine »interkulturelle Germanistik« eigentlich befassen, wenn es nicht um das sogenannte Nord-Süd-Gefälle (was derzeit allem Anschein nach als Kern interkultureller Germanistik verstanden wird) geht, sondern um das sogenannte Ost-West-Gefälle?

Allein diese Fragestellung macht zumindest eines deutlich: Der Fremdsprachenunterricht Deutsch für Ausländer besitzt seine Spezifik, je nachdem, wer ihn wo betreibt – als Lehrer wie als Lernender, denn die gesellschaftspolitische und damit die kulturelle Dimension ist stärker präsent als das etwa der Fall für Englisch, Französisch oder auch Spanisch sein könnte. Dabei ist es natürlich wesentlich, ob Deutsch für Ausländer in einem deutschsprachigen Land oder im nichtdeutschsprachigen Milieu gelehrt und gelernt wird und wie weit das Verhältnis von Nähe und Ferne (und dies eben nicht nur im geographischen Sinn) für Lerner und Lehrer ist. Daraus folgt nämlich ein anderes: Der Deutschlehrer eines gesellschaftlich anderen Systems vergleicht unbewußt oder bewußt sehr stark so oder so Eigenes mit ihm zunächst nicht nur anders Erscheinendem, sondern als schlicht fremd Empfundenem, nicht zuletzt unter dem Eindruck der Medien; ein Vorgang übrigens, der ja in der Literatur für das Verhältnis von kapitalistischen Industrie- und Entwicklungsländern ebenfalls oft genug beschrieben worden ist.[3]

Stärker als in allen anderen Fällen ist hier wohl der Lehrer als Mittler gefordert, wenn es um die spezifische Seite interkultureller Verständigung im Fremdsprachenunterricht geht. Seine Anschauungen, Ansichten, Meinungen, seine kritische Sicht und Subjektivität, seine Haltung und die Ausstrahlung seiner Persönlichkeit vermögen (neben der sinnlich-konkreten Anschauung und dem Wissen über das Andere im Gesellschaftlichen wie Kulturellen) selbst solchen Materialien etwas abzugewinnen, die eigentlich andere Denkrichtungen intendieren.

Ich möchte hier nur auf wenige Gesichtspunkte verweisen, die für den Lehrenden und Lernenden (und ich stütze mich dabei auf neuere Erfahrungen, die am Herder-Institut in Leipzig sowohl bei Sprach- und Landeskundekursen für ausländische Studenten, Deutschlehrer und Germanisten gemacht wurden als auch auf Beobachtungen längerfristig in kapitalistischen Industrieländern tätiger DDR-Lektoren und Germanisten) offensichtlich von besonderem Gewicht sind, vor allem immer dann, wenn es um die Darstellung der sozialistischen Deutschen Demokratischen Republik im Verhältnis zu den anderen deutschsprachigen Staaten geht und wenn der Aspekt interkultureller Verständigung konsequent betrieben werden soll:

1. Das Problem des Vorwissens. Es ist immer vorhanden, gleich in welchem Umfang, gleich auch, ob es positiv oder negativ markiert ist. Es ist in gewisser Weise natürlich auch notwendiger Bestandteil der Motivation, weil es viele Faktoren umschließen kann: Neugier auf Unbekanntes ebenso wie Wille nach authentischer Überprüfung des

Wissens oder auch Schließung eines Informationsdefizits. Wohlgemerkt: immer im Maße dessen, was ein modern gestalteter Fremdsprachenunterricht überhaupt zu leisten in der Lage ist und unter Berücksichtigung der jeweiligen Sprachstufen. Gerade das Vorwissen bringt aber häufig genug den Lehrer in merkwürdige Situationen, weil (unabhängig vom Kenntnisstand des Lehrers selbst) der Lerner ja oft genug nur das zu vertiefen glaubt, was er schon als fest erworben ansieht und über Informationen außerhalb des Sprachunterrichts (sprich: Medien) als mehr oder weniger richtig erfahren hat oder zu erfahren gemeint hat.

2. Das Problem des Vergleichs bei intersystemaren Vorgängen. Schließlich treffen ja unterschiedliche Systeme von Alltags- und Gesellschaftswissen aufeinander, Vorstellungen, die längst Gewohntes nun auf einmal zu Ungewöhnlichem oder doch als ungewöhnlich Empfundenem in Beziehung setzen. Genau hier beginnt die weltanschauliche Problematik, für Lehrende bzw. für Lernende. Es geht dabei nicht allein um die gängige Frage, was besser oder schlechter sei, weil diese Frage eigentlich gar nichts mit Verständigung zu tun hat, sondern eigentlich eher auf Festschreibung bestimmter Positionen, auf moralischer Beharrung oder Verwerfung, ja Besserwissen beruht oder beruhen kann. Auch der direkte Vergleich von Preisen, Warenangebot, Löhnen und anderem z.B. trifft selten genug ins Schwarze, wenn es um das jeweilige soziale Netz allein (ohne diese soziale Komponente unterschätzen zu wollen) geht, nicht aber parallel alle Lebenswerte ins Kalkül gezogen werden.

Es wäre grundfalsch, strikt zwischen Oberflächenerscheinungen und Wesen zu unterscheiden. Richtiger wäre es m. E., in der singulären Erscheinung nach dem Grundsätzlichen zu fragen, im Allgemeinen auf das Besondere dialektisch zurückzukommen und so das Fremde genauer nachzuempfinden. Also neben die Elementarfrage nach dem Anderssein gerade in Staaten mit unterschiedlicher, ja gegensätzlicher Gesellschaftsordnung rückt zusehends die Frage nach den Gründen dafür, nach den historischen und kulturellen Wurzeln für diese oder jene Erscheinung. Hier entsteht vermutlich das eigentliche Spannungsfeld von Eigenem und Fremden, und sicherlich nicht nur in diesem Bereich!

Damit hängt ein weiteres Problem zusammen, nämlich

3. das Problem der geistigen Toleranz des Lehrers. Der Lehrer ist ja immer auch Lernender zugleich, zumal wenn es um gezielte Auseinandersetzungen mit anderen Auffassungen geht. Er verfügt ebenso wie der Lerner über ein Vorwissen, das auf sein Verhalten nicht

ohne Auswirkungen bleibt und bleiben kann, zumal dann, wenn er eigene Wertvorstellungen besitzt, die dem zu Vergleichenden kaum oder gar nicht entsprechen. Deshalb kann für ihn z.B. die Beschäftigung mit der Lebenswirklichkeit in der DDR im Unterricht, die ihm weltanschaulich und politisch widerstrebt, zur reinen Pflichtübung geraten (noch dazu bei einer Reihe von Texten mit bekannten Stereotypen über die DDR), die leider anzutreffende Vorurteile eher befestigt (natürlich ist auch der umgekehrte Fall denkbar).

Interkulturelle Verständigung generell und im konkreten Falle des Fremdsprachenunterrichts heißt m.E. nicht Positionsaufgabe des Lehrers, sondern Aufeinander-Zu-Gehen, heißt geistige Toleranz, die streitbar ist, die aber wie im Meinungsstreit immer den anderen als wirklichen Diskussionspartner toleriert. Das ist wohl nur möglich, wenn man als Übergreifendes das Problem der internationalen Friedenssicherung und – bezogen auf den Fremdsprachenunterricht – die Friedenserziehung als übergeordnetes Prinzip versteht und verstehen will. Das ist nach Jahren der Polemik das Schwierige, das gar nicht so einfach zu machen ist, denn gegensätzliche weltanschauliche und gesellschaftspolitische Grundpositionen bleiben, aber gerade der Lehrer muß ganz offenbar (und nicht nur dieser) seine Lerner dazu bringen zuzuhören, Kontraste zu erkennen, Problemsicht zu erzeugen statt mit gängigen Klischees zu operieren. Mir ist in diesem Zusammenhang die Position des dänischen Germanisten Björn Ekman nahe, der vor allem Verständigungsförderung mit den Mitteln des Sprachunterrichts dann für möglich hält, wenn (natürlich auf einer sehr hohen Stufe sprachlicher Kommunikation) sachliche Kenntnisse vermittelt und die Ansichten und Hintergründe beider Seiten anschaulich und einsichtig gemacht werden: »Wenn nämlich außer realpolitischen Interessenkonflikten auch noch blinde Unwissenheit über die Denkweisen der anderen Seite herrscht und wenn auch noch das ängstliche Mißtrauen gegenüber Fremdem durch Unwissenheit ins Panische wächst, dann steigt unser Risiko ins Unermeßliche.«[3]

Ekmans Plädoyer für pädagogische Verantwortung bei der Vermittlung sog. heikler Themen, für ein »wahrhaftiges, genaues und anschauliches Bild« im intersystemaren Dialog, der sowohl kritisch als auch für die Position des anderen aufgeschlossen ist, ist übrigens überschrieben »Verständigung = Verstehenwollen«.

Fragen heißt Zuhören auf beiden Seiten, ganz in dem Sinne, wie es jüngst Dieter Lattmann in seinem Deutschland-Roman »Die Brüder« formulierte: »Die Frage ist, wie weit einer den anderen auszuhalten bereit ist. Wie ich deine Meinung ertrage und du meine.« Und an anderer

Grundkomponenten von Interkulturalität

Stelle: »Aber wenn wir uns bemühen – es muß doch möglich sein, daß einer den anderen versteht, wenn wir uns gegenseitig schon nicht überzeugen.«[5] Und durch eine solche Haltung kann wohl interkulturelle Verständigung im Unterricht zu einem verständigungs- und friedensförderndem Moment werden und sich einreihen in ein System vertrauensbildender Maßnahmen. Freilich mit jener von Brecht 1951 benannten Einschränkung, die wohl die Grenze jeder Toleranz und Anhörbereitschaft markiert: Kriegsverherrlichung und Völkerhaß.[6]

Anders gesagt, der Begriff der interkulturellen Verständigung umschließt m. E. mehr als interkulturelle Kommunikation, weil hier eben – wortwörtlich gesehen – nur kommuniziert wird. Das ist in heutigen Zeiten natürlich unerhört viel, reicht aber wohl nicht aus. Eher müßte als letztes Ziel über das Schaffen von Verständnis, das Verstehenwollen, Verständigung zwischen unterschiedlichen, besser verschiedenen Kulturen angestrebt werden, die in verschiedenen Systemen angesiedelt sind. Bis es zu einer interkulturellen Verständigung im Wortsinne kommt, ist sicherlich eine Vielzahl von Etappen zu durchlaufen, die zwar ineinander übergehen können, aber die – jede für sich – doch auch bestimmte Stufen eines Erkenntnisprozesses ausmachen. Denn: Interkulturalität und interkulturelle Verständigung sind als Endprodukt eines längerfristigen Prozesses der Beschäftigung mit einem Volk, seiner Sprache und seiner Kultur, vor allem aber auch mit einem anderen Denk- und Lebenssystem über das Medium Sprache ein außerordentlich wichtiges Moment der Motivation zum Spracherwerb.

Um Hermann Kant zu paraphrasieren: Interkulturelle Verständigung im Fremdsprachenunterricht »kann zu Fragen ermutigen, kann Vorurteile durchlöchern, kann Vernunft, wenn nicht herbeiführen, so doch anmahnen und kann auf diese Weise teilnehmen am Schutz der Zivilisation.«[7] Tatsächlich: Was ist wichtiger – das (auf diesem I. Kongreß der Gesellschaft für interkulturelle Germanistik) mehrfach apostrophierte »Überleben der Fabriken« *oder* das Überleben der Menschheit? Intersystemare Dialogbereitschaft und -fähigkeit als Normalität auch für Deutschlerner scheint mir sehr wohl ein entscheidendes Ziel interkultureller Germanistik zu sein.

Erhard Hexelschneider

Anmerkungen

[1] Erhard Hexelschneider: *Interkulturelle Verständigung und Fremdsprachenunterricht.* In: Deutsch als Fremdsprache 23. Jg. (1986), H. 1, S. 1–14.
[2] Anna Seghers: *Glauben an Irdisches. Essays aus vier Jahrzehnten.* Leipzig 1969, S. 47.
[3] Z.B. *Kulturkontraste im DaF-Unterricht,* hrsg. von Gerhard Neuner. München 1986 (= Studium Deutsch als Fremdsprache – Sprachdidaktik, Bd. 5).
[4] Björn Ekman: *Verständigung = Verstehenwollen.* In: IDV-Rundbrief 1987, H. 38, S. 26.
[5] Dieter Lattmann: *Die Brüder. Roman.* Berlin 1986, S. 305.
[6] Bertolt Brecht: *Offener Brief an die deutschen Künstler und Schriftsteller.* In: Bertolt Brecht: *Schriften zur Literatur und Kunst,* Bd. II. Berlin-Weimar 1966, S. 294.
[7] Hermann Kant: *Zwei Erlebnisse und zwei Überlegungen.* In: Sowjetliteratur 1987, H. 5, S. 130.

Hans-Jürgen Krumm, Hamburg

Brauchen wir eine fremdkulturelle Perspektive in der Methodik des Deutsch als Fremdsprache-Unterrichts?

1. Eurozentrische Methodenentwicklung im Bereich Deutsch als Fremdsprache

Die mit dem Titel aufgeworfene Frage stellen heißt, sie bejahen: die Methodik und die Sprachlehrforschung haben sich im Bereich Deutsch als Fremdsprache in den letzten Jahren zunehmend eurozentrisch entwickelt. Noch vor 25 Jahren war die Entwicklung einer Didaktik und Methodik des Deutschunterrichts im Ausland kein nennenswertes Thema für die Bundesrepublik; aus dem Ausland zurückkehrende Lehrkräfte nutzten zwar ihre Erfahrungen für die Mitarbeit an Lehrbuchprojekten, doch erst seit Mitte der 70er Jahre hat sich dieser Bereich in der Bundesrepublik als wissenschaftliches und als Ausbildungsfach etabliert und haben zugleich – über ein verstärktes Angebot an Fortbildungskursen, über den Ausbau der pädagogischen Verbindungsarbeit, die Erhöhung der Zahl der Fachberater – die Versuche zugenommen, die in der Bundesrepublik entwickelten Konzepte ins Ausland zu exportieren (vgl. die Daten im Sprachenbericht der Bundesregierung 1986). Die Entwicklung des Faches Deutsch als Fremdsprache in der Bundesrepublik (mit Modifikationen kann dies auch für die DDR gesagt werden) mit seinem sprach-, arbeitsmarkt- und wissenschaftspolitischen Interesse an Methoden»export« koinzidierte mit einem Interesse vieler Länder der Dritten Welt in der nachkolonialen Ära, durch Modernisierung des Fremdsprachenunterrichts Anschluß an die technologisch-wirtschaftliche Entwicklung der Industriestaaten zu finden oder zu halten und breiteren Bevölkerungskreisen Zugang zu europäischer Wissenschaft und westlichem Lebensstil zu verschaffen. Die strukturalistische (wie auch die funktionalistische) Orientierung von Sprachwissenschaft und Fremdsprachendidaktik in den 60er und 70er Jahren haben diese Entwicklung zweifellos begünstigt. »Die Reduktion des Phänomens Sprache auf ein von der Realität, Wahrnehmung und Erfahrung des Sprechers weitgehend unabhängiges ‚reines' Kommunikationsmittel machte auch methodisch-didaktische Prinzipien unbegrenzt transferfähig« (OSTERLOH 189). So ist die Methodik des Deutsch als Fremdsprache-Unterrichts weltweit weitgehend durch Übernahme von Konzepten und Lehrmaterialien charakterisiert, die in der Bundesrepublik enwickelt wurden. Auch die Aus- und Fortbildung der Lehrkräfte ist durch enge Anbindung an bundesrepublikanische Institutionen charakterisiert, wie dies eine von mir 1985 durchgeführte Erhebung bei entsandten und einheimischen Lehrkräften des Goethe-Instituts (vor allem in Ländern der Dritten Welt) belegt wurde (vgl. KRUMM 1986, S. 25 ff.):

		A	B	C
Schulausbildung	BRD/DDR	40	21	2
	3. Welt	5	2	26
Hochschulausbildung	BRD	40	20	7
	Europa	9	2	4
	3. Welt	1	3	13
Lehrerausbildung	BRD	40	18 = 60%	10 = 34%
	3. Welt	1#	3#	9 tw. #
	zusammen	93%	70%	65,5%
Lehrerfortbildung	BRD/DDR	19 = 43%	18 = 60%	27 = 93%
	Europa	7#	2#	–
	3. Welt	7# = 16%	7# = 23%	5# = 17%

A = entsandte Dozenten des Goethe-Instituts
B = Ortslehrkräfte mit deutscher Muttersprache
C = einheimische Ortslehrkräfte

#: hier handelt es sich um Angebote des Goethe-Instituts, die also nicht bzw. nicht in erster Linie auf einheimische Lehr- und Lernformen ausgerichtet sind.

Für die entsandten Mitarbeiter des Goethe-Instituts war der Aus- und Fortbildungsschwerpunkt in der BRD zu erwarten, aber auch die Ortskräfte haben ihre berufsspezifische Ausbildung zu einem großen Teil in der Bundesrepublik bzw. durchweg bei deutschen Mittlerorganisationen erhalten. Mit Beginn der Hochschulausbildung setzt hier eine starke Prägung durch die Bildungssysteme der Bundesrepublik ein. Dies bedeutet zunächst einmal, daß es offensichtlich gelingt, für einen Teil der Lehrkräfte vor Ort nicht vorhandene Aus- und Fortbildungsmöglichkeiten durch Stipendien o.ä. zu überbrücken, zugleich jedoch, daß in einer

Brauchen wir eine fremdkulturelle Perspektive?

auf eine multikulturelle Zielgruppe ausländischer Deutschlehrer gerichteten Ausbildung für eine Beschäftigung mit kulturspezifischen Lehr- und Lerntraditionen kein Raum mehr bleibt.
Das spiegelt sich auch in den benutzten Lehrmaterialien und in den Lehrmethoden, auf die sich die Beiträge berufen:

		A	B	C
		– Mehrfachnennungen waren möglich –		
Lehrmaterial	aus der BRD	70	46	40
	anderes	46	28	16
	eigenes	8	4	2
Methode	+ kommunikativ	26	14	14
	+ audio-lingual-visuell	3	6	4
	+ Mischung	4	4	1
	+ angepaßt	6	2	3

Erklären läßt sich dies nicht nur mit der Westorientierung vieler Entwicklungsländer. Die sprachliche ‚Unterlegenheit' einheimischer Deutschlehrer gegenüber den entsandten Muttersprachlern zieht leicht auch ein Gefühl der methodischen Unterlegenheit nach sich, wie auch die Antwort auf die folgenden Frage zeigt (vgl. KRUMM 1986, S. 32):
Wer kann in Ihrem Land vermutlich besser Deutsch unterrichten:

	A	B	C
deutschsprachige Lehrer	16 = 36,4%	14 = 46,7%	5 = 17,2%
im Land geborener Lehrer, der selbst Deutsch als Fremdsprache gelernt hat	15 = 34,1%	2 = 6,7%	16 = 55,2%
+ kommt auf den Lehrer an	1	1	4
+ je nach Niveau der Lerngruppe	5		

+ ersterer ist sprachlich sicherer, letzterer versteht Lerner-Schwierigkeiten besser

Natürlich gibt es auch Länder mit eigenständigen Entwicklungen – dies sind aber im wesentlichen westeuropäische Länder (Frankreich, die Niederlande, die nordischen Länder), die über eigene Institutionen der

Hans-Jürgen Krumm

Lehrerausbildung und eigene Traditionen im Bereich sprachdidaktisch orientierter Wissenschaft und Praxis verfügten.

2. Die kulturspezifische Orientierung der Deutsch als Fremdsprache-Methodik

Die Methodik des Deutsch als Fremdsprache-Unterrichts verfügte in den 60er und 70er Jahren in der Bundesrepublik keineswegs über eine an den Erfahrungen des Auslands orientierte und diese nutzende Forschungstradition, sie orientierte sich vielmehr weitgehend an der Entwicklung der Muttersprachen- bzw. Fremdsprachendidaktik in Westeuropa und exportierte deren jeweilige Tendenzen dann ins Ausland. Die Suche nach den Ursachen für den weltweiten Rückgang des Deutschunterrichts wie auch die »ökologische Wende« in den Sozialwissenschaften führte dann Ende der 70er Jahre zu einer ersten Besinnung darauf, daß ein angemessener, motivierender Deutschunterricht die »ökologischen Bedingungen vor Ort« (PLICKAT 1978, 187), d.h. die Lehr- und Lernbedingungen in den jeweiligen Ländern als Grundlage für Vermittlungskonzepte einbeziehen müsse. So fordert das MANNHEIMER GUTACHTEN (Bd. 2 1979, 10 f.) »regionale, kulturspezifische und in einem weiten Sinne kultur- und sprachkontrastive Lehrwerke«, die sich stärker als bisher an den Lernenden und ihren Lernvoraussetzungen orientieren. Die sprachdidaktische Diskussion hat diesen Gedanken aufgegriffen und die Frage nach der Existenz »didaktischer Universalien« neu gestellt. Analog zur Forderung nach ‚angepaßten Technologien' werden ‚angepaßte Unterrichtsformen' (GERIGHAUSEN/SEEL 1984, 135 f. und SEEL 1986, 10 f.) – besser vielleicht: *angemessene* Unterrichtsformen (vgl. zur Terminologie ‚angepaßt' – ‚angemessen' SCHÖFTHALER 1986) – gefordert und regionalspezifische Lehrwerke entwickelt – so entstand 1974/75 mit *Yao lernt Deutsch* ein Lehrwerk für Westafrika, das das dort benutzte (koloniale) Lehrwerk ablöste (vgl. BEISSNER 1978, zur Kritik MANE 1986): ‚Regionalität' wurde hier vor allem so verstanden, daß dieses Lehrwerk die Handlungsfelder der Schüler thematisiert, also eine afrikanische Umwelt, wobei im Verlauf des Lehrwerks dann allerdings auch deutschlandkundliche Elemente einbezogen werden. Allerdings ist vielfach kritisch eingewandt worden, daß hier vielleicht eher die »romantisierenden Ursprünglichkeitsphantasien der deutschen (!) Autoren« als die realen Handlungssituationen und Lerninteressen afrikanischer Schüler thematisiert

wurden (vgl. GERIGHAUSEN/SEEL 1984, S. 144 ff.). Die Forderung nach regionalen Lehrwerken schließt daher in der Regel die Forderung nach Beteiligung einheimischer Lehrkräfte ein.
So spiegelt sich die Debatte um eine kulturspezifische Regionalisierung und Anpassung von Methoden etwa folgendermaßen in der Lehrwerkentwicklung:

1. Regionalisierung durch Aufnahme kulturspezifischer Themen und Inhalte

    zum Beispiel:
    - *Yao lernt Deutsch* (Schroeder/Beissner) Dakar 1974
    - *Kontakte Deutsch* (Indones. Autorengruppe/Strauss) Jakarta 1983

    STRAUSS hat für die Entwicklung regionaler Lehrwerke ein Kontaktzonen-Modell entwickelt, d.h. die Themen des Lehrwerks werden auf Grund möglicher Kontaktsituationen mit der deutschen Sprache bestimmt (z.B. Schüleraustausch) – die Schüler sollen so motiviert werden, weil sie möglicherweise auch in diese Situation geraten können (Strauss 1982, 9).

Charakteristikum dieser Lehrwerke ist eine thematische Anpassung, die jedoch kaum begleitet ist von einer kulturkontrastiven Sichtweise und einer Anpassung im Bereich des methodischen Vorgehens. Die Lehrwerke spiegeln die zum Entstehungszeitpunkt in der Bundesrepublik herrschenden methodischen Strömungen (bei ‚Kontakte Deutsch' ist die methodische Anlehnung an ‚Deutsch aktiv' überall deutlich), teilweise auch die bei uns übliche Behandlung der gewählten Themen, so etwa, wenn in dem für indonesische Schulen gedachten Lehrwerk ein Fragebogen »10 Fragen über die Liebe« mit dem Vermerk »... Zeigt ihn den Eltern – als Anfang für eine Diskussion!« abgedruckt wird und die grammatische Übung den Beispielsatz »Ab wann *hattest* du einen Freund / eine Freundin?« vorgibt (S. 183 f.).

2. Kulturkontrastive Lehrwerke

    zum Beispiel:
    Sprechen und Sprache (Arbeitsgruppe Goethe-Institut) Florenz 1982
    Deutsch konkret (G. Neuner u.a.), München 1983 ff.
    Bei ‚Deutsch konkret' ist das Kursbuch überregional konzipiert, während die Arbeitsbücher von Teams in den jeweiligen Ländern entwickelt wurden.

Beide Lehrwerke zeichnen sich dadurch aus, daß auch methodische Entscheidungen unter Berücksichtigung der Lehr- und Lerntradition im jeweiligen Land getroffen wurden, bei ‚Sprache und Sprechen' noch eher im Übergang zu »neuen« (d.h. in der westdeutschen DaF-Methodik üblichen) Lernformen mit einem fast noch herablassenden Entgegenkommen: »Da die Vielfalt der Arbeitsmöglichkeiten im Textteil die meisten italienischen Deutschlehrer ohnehin schon stark fordert und zu Neu- und Umdenken zwingt, wurde bei Grammatik und Lehrerhandbuch konzeptionell und sprachlich an Vertrautes angeknüpft. (Im 2. Band wird dem Lehrer dann auch auf diesem Sektor Neues zugemutet).« (MÜLLER 1982, 23). Beim Lehrwerk ‚Deutsch konkret' wurden dagegen die Arbeitsbücher bewußt auf die im jeweiligen Land gesetzten Schwerpunkte hin entwickelt (z. B. eine größere Zahl von Übungen, der Lehrtradition entsprechende stärkere Systematisierung der Grammatik).

3. Lehrwerke für einen interkulturellen Unterricht

zum Beispiel:
Sprachbrücke (Mebus u.a.) Stuttgart 1987
Sichtwechsel (Müller u.a.) Stuttgart 1984

Mit dem Lehrwerk SICHTWECHSEL wurde 1984 ein Lehrwerk vorgelegt, daß sich die fremdkulturelle Perspektive explizit als Lernziel gesetzt hat: »Der Prozeß der Auseinandersetzung um die Entstehung und sprachliche Ausprägung verschiedener Aspekte der fremden (in diesem Fall der bundesrepublikanischen) Alltagskultur, soll einen ähnlichen Prozeß der Bewußtwerdung hinsichtlich der bisher zumeist unbewußt gelernten ‚Ordnung der Dinge' in der Heimat-Kultur und Muttersprache einleiten... *Das Andere und das Eigene mit anderen Augen betrachten können* – ist das Globalziel der Methode.« (Lehrerhandbuch 1984, 10)

Was für fortgeschrittene Lernende mit SICHTWECHSEL möglich wurde, nämlich ein Deutschunterricht, der die deutsche Sprache und Kultur nicht vorgibt, sondern Begegnung, Vergleich und Reflexion zuläßt, soll mit SPRACHBRÜCKE für den Anfangsunterricht realisiert werden – ein Sprachunterricht, der bei den Sprachkontakten der Lernenden ansetzt, diese aber ausbaut zu »Strategien, die das Verstehen der fremden = deutschen Sprache und Kultur ermöglichen sollen«, der aber auch »zum Nachdenken über die eigene Sprache und Kultur« anregen und die sprachlichen Mittel hierfür bereitstellen soll (Vorwort zum Vorabdruck, 3). So werden hier – zum Beispiel – thematisiert:

Brauchen wir eine fremdkulturelle Perspektive?

- die unterschiedlichen (gesellschaftlichen/sprachlichen) Vorstellungen von »Familie« (Lektion 4)
- kulturspezifische Vorstellungen über Kleidung (z.B. »Rock? Ist das ein Kleidungsstück für Männer oder für Frauen?«) und das Begrüßen (Lektion 6)
- aber auch kulturgebundene Vorstellungen von Sprache z. B. bei der Bedeutung der Farben, aber auch, was die Stellung der verschiedenen Sprachen in der Welt betrifft (Lektion 6).

Auch der Übungsteil gibt Gelegenheit, kulturspezifische Aspekte der Sprachverwendung zu thematisieren. So wird z.b. der Satz

»Das kommt überhaupt nicht in Frage«

aus einem Dialog des Lektionstextes herausgehoben und mit der Aufgabe zu prüfen, zu wem man das (in welchem Land, unter welchen Umständen) sagen kann, in eine Übung eingebaut.

Ein für den internationalen Lehrwerkmarkt entwickeltes Lehrbuch kann kaum weitergehen in der interkulturellen Öffnung – es hebt sich damit wohltuend von Lehrwerken ab, die diese Offenheit auf die Frage »Und wie ist das bei Ihnen?« reduzieren.

3. Neubewertung einheimischer Lehr- und Lernformen

Die Entwicklung von Lehrwerken, die interkulturelles Lernen erlauben, stellt einen ersten Schritt dar, der im wesentlichen die Auswahl und Aufbereitung der *Lehrinhalte* zum Gegenstand hat. Unterrichtsforschung und Diskursanalyse haben jedoch schon früh deutlich gemacht, daß auch das Unterrichtsverhalten und die Unterrichtssprache der Beteiligten kulturspezifisch geprägt sind. So weist CLYNE (1981) auf die Kulturabhängigkeit von Diskursstrukturen hin – er unterscheidet dabei

- lineares
- paralleles
- kreisförmiges
- und divergierendes Diskursverhalten, ordnet dieses bestimmten Kulturräumen zu und kommt zu dem Schluß: »If culture-specific discourse structures really play an important role, they should occupy a prominent place in teaching programs for second and foreign languages ...« (CLYNE 65).

Im Zusammenhang mit Untersuchungen zur Lernsituation von Arbeitsmigranten und deren Kindern sind auch in der Bundesrepublik erste empirische Untersuchungen entstanden. So untersucht REDDER

(1985) die Beschreibungsverfahren türkischer und deutscher Schüler beim Beschreiben einer Bildgeschichte und arbeitet dabei unterschiedliche Wahrnehmungsgewohnheiten und Verbalisierungsverfahren heraus. APELTAUER (1985) zeigt an den verbalen und nonverbalen Bewertungshandlungen türkischer und deutscher Grundschullehrer im Unterricht mit türkischen Schülern, daß diese Unterschiede die Schüler verwirren können. SANDHAAS (1986) fordert im Zusammenhang mit einer Untersuchung der Studienprobleme von Studierenden aus der Dritten Welt in der Bundesrepublik ein interkulturelles Lernkonzept, das auf einer Analyse der »didaktischen Sozialisation« im Heimatland beruht. NESTVOGEL (1985) konzentriert sich auf die Untersuchung afrikanischer Unterrichtsformen. Sie definiert einheimische Lehr- und Lernformen als diejenigen erzieherischen Mittel, Einstellungen zum und Strategien des Lehrens und Lernens, die vor der Einführung kolonialer Bildungssysteme existierten und – durch die kolonialen Bildungssysteme beeinflußt, teilweise auch zerstört – weitertradiert wurden. Einheimische Lehr- und Lernformen der Dritten Welt sind, so die Position in den meisten Untersuchungen, dadurch charakterisiert, daß nicht die Institution Schule allein, sondern die gesamte Umwelt das Lernfeld darstellt (Lernen durch Beobachtung, Nachahmung am »Modell«, problemlösende und konsensfindende Methoden), während die Verbreitung westlicher Bildungsformen vielfach die entlehnte, stellvertretende Erfahrung zum Grundelement der Bildung gemacht hat. OSTERLOH (1986) betont, daß der Fremdsprachenunterricht auch in der nachkolonialen Ära besonders in seiner audiolingualen Ausprägung diese Tendenz fortgesetzt hat, indem hier ein formales Verhältnis zu Zielsprache und Zielkultur zum Kern des Unterrichts wurde. Doch auch für kommunikative methodische Ansätze und Lehrmaterialien gilt, daß sie vielfach der eigenen Sozialisation der Lernenden fremde Rollen und Situationen vorgeben, etwa die Zielsetzung »seine Meinung sagen«, die sich – in dieser unmittelbaren Form – schwer mit den Konsensfindenden, das Gesicht wahren lassenden Kommunikationsprinzipien mancher nichteuropäischer Kultur verträgt. So wird z. B. in dem für Indonesien konzipierten Lehrwerk ‚Kontakte Deutsch' anläßlich des Themas Schüleraustausch die Begrüßung als ein weltweit gleiches Zeremoniell präsentiert, so als sei die erste Kontaktaufnahme überall so nüchtern und säkularisiert wie bei uns.

In der von mir durchgeführten Befragung war den Lehrkräften durchaus klar, daß es auch im *methodischen Vorgehen* (Lehrerzentriertheit –

Brauchen wir eine fremdkulturelle Perspektive?

Gruppenarbeit, Mitschreiben – Diskutieren, abstrakt – erfahrungsbezogen) kulturspezifische Unterschiede gibt:

		A	B	C
Unterschiede in den Methoden	– ja	40	24	24
	– nein	2	3	3
Unterschiede im Grammatikunterricht	– ja	25	12	15
	– nein	13	18	12

Diese ‚einheimischen' Methoden werden jedoch tendenziell eher als rückständig betrachtet.

Charakterisierung der einheimischen Lehr-Lernformen:

		A	B	C
+ negativ:	Grammatik-Übersetzungs-Methode	12	6	6
	wenig Kommunikaton	9	7	5
	lehrerorientiert/autoritär	10	5	1
	frontal	8	3	1
	auswendig lernen	9	7	5
	»Lernschule«	7	5	1
	rezeptiv/passiv	3	7	2
	Lehrer ungenügend ausgebildet	5	1	–
schlechtere Rahmenbedingungen (Armut, große Klassen)		6	3	1
Zahl der Negativ-Nennungen insgesamt		=69	=44	=22
einheimische Methoden sind *rückständig* (vorgegebene Formulierung)		14=31,8%	5=16,7%	9=31%

Auch hier ist die eurozentrische Sichtweise spürbar. Nicht nur bei den Lehrbuchinhalten, auch bei den Lehr- und Lernformen werden spezifisch westlich-industrielle, kognitive Operationen im Fremdsprachenunterricht erwartet und als überlegen angesehen, so etwa die Versprachlichung von Diagrammen und Tabellen, die Arbeit mit ironischen Texten ein explizit »kommunikatives« Vorgehen, das vom Schüler viel spontane Sprechbereitschaft verlangt, während andere Sprachleistungen wie gutes Reproduzieren auch längerer Texte, das phantasievolle Erzählen von Geschichten, aber auch ein sehr strukturorientiertes oder memorisierendes Lernen zum Beispiel nicht honoriert werden.

Auch die Muttersprache der Lernenden könnte in einem Fremdsprachenunterricht, dem es auch um die Vermittlung einer fremdkulturellen Perspektive geht, eine wichtige Hilfe darstellen, wird jedoch (erstaunlicherweise auch bei den Ortskräften, deren besondere berufliche Stärke sie doch ist) wohl als Nachwirkung der kommunikativen, einsprachigen Ausrichtung, kaum systematisch einbezogen:

Sollen die Lehrbücher die Muttersprache der Teilnehmer berücksichtigen:

	A	B	C
nein	2	2	3
ja	2	–	1
bei Grammatik und Wortschatz	22	13	15
nur im Glossar	12	15	11

Benutzung der Landessprache im Unterricht durch den Lehrer:

	A	B	C
nie	10	–	–
gelegentlich	32	24	26
regelmäßig	3	7	5

Benutzung der Muttersprache im Unterricht durch die Kursteilnehmer:

	A	B	C
nie	3	1	–
gelegentlich	31	19	21
regelmäßig	8	8	4
sehr häufig	–	1	6

Die insgesamt große Zurückhaltung gegenüber einer Nutzung der Muttersprache bei den Ortslehrkräften läßt sich natürlich auch aus der starken Propagierung von Einsprachigkeit sowohl zu Zeiten des audiolingualen wie auch in den Anfängen des kommunikativen Unterrichts erklären, aus der die ‚westlichen' Sprachexperten ihre methodische Überlegenheit schöpfen – so betont ein PV-Referent, er verwende die Landessprache nicht, um so für die Ortskräfte einen vorbildlichen Unterricht zu demonstrieren.

Während im Bereich der kulturspezifischen Inhalte und Bedeutungserschließung eine fremdkulturelle Perspektive sich auch in der Methodik des Deutschen als Fremdsprache durchgesetzt hat und ihren ersten Niederschlag in neueren Lehrwerken findet, zeichnen sich Konsequenzen für die Vermittlungsverfahren noch kaum ab. Die von GERIGHAUSEN/SEEL herausgegebenen Arbeiten stellen erste Versuche einer Annäherung an die Fragen nach ‚einheimischen' und ‚angepaßten' Lernformen dar.

4. Der Deutschunterricht als Anpassungsleistung

Um diese Entwicklung angemessener Unterrichtsformen zu erreichen, bedarf es einerseits der gezielten Entwicklung eigenständiger methodisch-didaktischer Forschungs- und Entwicklungsarbeit in den jeweiligen Ländern, andererseits aber auch der Bereitschaft der entsandten Experten, sich auf die Verschiedenheit des Lernens in anderen Kulturen einzulassen.

Um nicht mißverstanden zu werden: ich gehe nicht davon aus, daß es *eine* spezifische z. B. afrikanische oder asiatische o.ä. Methodik des Deutschunterrichts gibt, die sich klar von unseren westdeutschen Vermittlungskonzeptionen abgrenzen wird – auch für die Dritte Welt ist vielfach zu unterscheiden, zum Beispiel zwischen kolonialen, traditionellen und verschiedenen modernisierenden, westorientierten und anderen Bildungsformen. Anzuerkennen ist zunächst einmal die Vielschichtigkeit der Bildungsformen in außereuropäischen Ländern, der gegenüber die relativ stark festgelegten Vermittlungskonzeptionen bei uns keineswegs immer einen Vorteil darstellen. Stärker vielleicht als bei uns existieren in anderen Kulturen unterschiedliche Formen des Umgangs mit Abstraktion und Erfahrung. Damit werden Lehr- und Lernformen erforderlich, die – wie es das zitierte Lehrwerk SPRACHBRÜCKE andeutet – nicht nur offen sind für kulturspezifische Wahrnehmungsweisen, sondern auch für individuell wie kulturell unterschiedliche Unterrichtsinhalte und -formen.

In den Bildungseinrichtungen der Dritten Welt werden westliche pädagogische Ansätze (Lehr-/Lernformen, Materialien etc.) vielfach genutzt, d.h. Lehrer und Schüler vollziehen hier täglich enorme Anpassungsleistungen. In Umkehrung der bisherigen Blickrichtung sollten diese Anstrengungen nicht länger als »unvollkommene Anwendung« und »defizitäres Verständnis« überlegener westlicher Leistungen interpretiert, sondern als *eigenständige Anpassungsleistung* gewürdigt werden. D.h. es wäre zu untersuchen, *wie* im Detail westliche Ansätze und Materialien unter den Bedingungen der Dritten Welt genutzt werden, welche Veränderungen/Anpassungen dabei vollzogen werden, d.h. ob nicht faktisch schon bedeutende Anpassungen erfolgen, die nur aus unserer Blickrichtung unzureichend sind. Ist also – so wäre zu fragen – das, was aus dem »kommunikativen Ansatz« in Südamerika, in Asien oder Afrika gemacht worden ist, vielleicht gar nicht eine ‚schlechte', mißverstandene Version ‚unserer' Methoden, sondern eine sinnvolle neue, eigenständige Lehr-/Lernform?

»Der aktuelle und bleibende Bedeutungsgehalt der pädagogischen Konzeptionen nicht-abendländischer Kulturen kann« – so formuliert es DIAS im Hinblick auf die künftige Erforschung und Entwicklung einheimischer und angepaßter Unterrichtsformen – »am ehesten über einen partizipatorischen Erkenntnis- und Forschungsansatz erfaßt und gewürdigt werden« (DIAS 1986, 188).

Literatur

Apeltauer, Ernst: *Verbale und nonverbale Bewertungshandlungen türkischer und deutscher Grundschullehrer im Unterricht mit türkischen Schülern.* In: Rehbein, J. (Hg.): *Interkulturelle Kommunikation.* Tübingen 1985, 224–256.

Bericht der Bundesregierung über die deutsche Sprache in der Welt. Manuskriptfassung, Bonn 1985.

Beissner, Rolf-Dieter: *Zum Problem der Adaption von Unterrichtsmaterialien in Entwicklungsländern.* In: Unterrichtswissenschaft 6 (1978) 3, 200–204.

Clyne, Michael: *Culture and Discourse Structure.* In: Journal of Pragmatics 5 (1981), 61–66.

Dias, Patrick V.: *Pädagogische Konzeptionen in Ländern der Dritten Welt.* In: J. Gerghausen / P.C. Seel (Hg.): *Methodentransfer oder angepaßte Unterrichtsformen?* Goethe-Institut. München 1986, 188–203.

Gerighausen, J. / Seel, P.C. (Hg.): *Interkulturelle Kommunikation und Fremdverstehen.* Goethe-Institut. München 1983.

Gerighausen, J. / Seel, P.C.: *Der fremde Lerner und die fremde Sprache. Überlegungen zur Entwicklung regionalspezifischer Lehr- und Lernmaterialien für Länder der ‚Dritten Welt'.* In: Jahrbuch Deutsch als Fremdsprache 10 (1984), 126–162.

Gerighausen, J. / Seel, P.C. (Hg.): *Sprachpolitik als Bildungspolitik.* Goethe-Institut. München 1985.

Gerighausen, J. / Seel, P.C. (Hg.): *Methodentransfer oder angepaßte Unterrichtsformen?* Goethe-Institut. München 1986.

Großkopf, Sabine: *Kulturschock und Fremdverhaltensunterricht. Ausländische Studenten in der BRD.* = Materialien Deutsch als Fremdsprache Heft 21. Regensburg 1982.

Krumm, Hans-Jürgen: *Zielsprachliches und einheimisches Lehrverhalten aus der Sicht von Sprachlehrern.* In: Gerighausen, J. / Seel, P.C. (Hg.): *Methodentransfer oder angepaßte Unterrichtsformen?* Goethe-Institut. München 1986, 21–37.

Mane, Harris: *»Yao lernt Deutsch«: Ein Deutschkurs für westafrikanische Sekundarschulen.* In: Gerighausen, J. / Seel, P.C. (Hg.): *Sprachpolitik als Bildungspolitik.* Goethe-Institut. München 1985, 160–168.

Nestvogel, Renate: *Aktuelle und historische Einschätzung einheimischer Kulturformen und ihr Stellenwert in der afrikanischen Curriculumentwicklung – unter besonderer Berücksichtigung einheimischer Lehr- und Lernformen sowie regionalspezifischer Inhalte.* In: Gerighausen, J. /

Seel, P.C. (Hg.): *Sprachpolitik als Bildungspolitik*. Goethe–Institut. München 1985, 217–289.

Neuner, Gerhard (Hg.): *Kulturkontraste im DaF-Unterricht*. München 1986.

Müller, Peter: *Zur Regionalisierung von Lehrwerken am Beispiel Italien.* In: Zielsprache Deutsch 1982, Heft 4, 17–28.

Osterloh, Karl-Heinz: *Eigene Erfahrung – fremde Erfahrung.* In: Unterrichtswissenschaft 6 (1978) 3, 189–199.

Neuner, Gerhard (Hg.): *Kulturkontraste im DaF-Unterricht*. München 1986, 173–193.

Plickat, Hans-Heinrich: *Pädagogik für die Dritte Welt? Vorwort.* In: Unterrichtswissenschaft 6 (1978) 3, 185–188.

Redder, Angelika: *Beschreibungsverfahren türkischer Kinder auf Deutsch: Eine einfache Bilderfolge.* In: Rehbein, J.: *Interkulturelle Kommunikation.* Tübingen 1985, 222–240.

Rehbein, Jochen (Hg.): *Interkulturelle Kommunikation.* Tübingen 1985.

Sandhaas, Bernd: *Studienprobleme von Studierenden aus Ländern der Dritten Welt.* In: Studienkolleg. 1986. Heft 20, 6–34.

Schöfthaler, Traugott: *Appropriate Education. Thesen zu »angepaßtem Lernen« und »angepaßten Unterrichtsformen«.* In: J. Gerighausen / P.C. Seel (Hg.): *Methodentransfer oder angepaßte Unterrichtsformen?* Goethe-Institut. München 1986, 313–320.

Seel, Peter C.: *»Angepaßte Unterrichtsformen« – Ein Problem der Wahrnehmung und Thematisierung von »Lehr-/Lerngewohnheiten«.* In: J. Gerighausen / P.C. Seel (Hg.): *Methodentransfer oder angepaßte Unterrichtsformen?* Goethe-Institut. München 1986, 9-20.

Strauss, Dieter: *Regionale Lehrwerkerstellung – am Beispiel Indonesiens.* In: Zielsprache Deutsch 1982, Heft 4, 8–16.

Zitierte Lehrwerke

Deutsch aktiv. G. Neuner u.a., Langenscheidt Verlag. Bd. 1 Berlin/München 1979.

Deutsch konkret. G. Neuner u.a., Langenscheidt Verlag. Bd. 1 Berlin/München 1983.

Kontakte Deutsch. A. Sukotjo (ed.), PN Balai Pustaka. Bd. 1 Jakarta 1983.

Sichtwechsel. Elf Kapitel zur Sprachsensibilisierung. M. Hog u.a. Klett Verlag. Stuttgart 1984.

Sprachbrücke. G. Mebus u.a. Klett Verlag, Stuttgart. Bd. 1 erscheint 1987.
Sprechen und Sprache. Arbeitsgruppe Goethe-Institut. Sansoni Verlag. Bd. 1 Florenz 1982.
Yao lernt Deutsch. M. Schroeder / R.D. Beissner. Nouvelles Editions Africaines. Bd. 1 Abidjan 1974.

Ivar Sagmo, Oslo

Was kann der Auslandsgermanist in seinen Literaturkursen von deutscher Wirklichkeit eigentlich vermitteln?

Zum Kanonproblem interkultureller Germanistik

Das oberste Lehrziel interkultureller Germanistik bestimmt Alois Wierlacher in Anlehnung an Saul B. Robinson[1] als »Kulturmündigkeit«, oberstes Ausbildungsziel ist der »Landeskenner«[2] oder *interpreter of culture«*.[3] Dabei ist im Unterschied zum herkömmlichen deutschen Kulturverständnis mit dessen Unterscheidung zwischen »Kultur« und »Zivilisation« und der Verengung der ersten Kategorie aufs Schöngeistige von einem erweiterten Kulturbegriff auszugehen, von der Auffassung nämlich, daß zur Kultur einer Gemeinschaft »auch und gerade all jene Selbstverständlichkeiten des Denkens und des Sich-Verhaltens«[4] gehören, die unsere alltägliche soziale Interaktion leiten und begleiten. Der Begriff läßt sich in diesem Sinne als die »Gesamtheit von Regeln«[5] mit deren Variationsbreite definieren, nach denen Menschen bei ihren Gruppenbildungen ihr Zusammenleben einrichten.

Bei dieser Erweiterung des Begriffs, wonach Tischsitten und Verkehrsregeln wie Rechts- und Gottesvorstellungen gleichermaßen zur Kultur eines Landes gehören, entsteht für eine Literaturwissenschaft, die sich zur Vermittlung solchen Wissens anschickt, die Frage nach dem Erkenntniswert, den literarische Texte in dieser Hinsicht haben können. Weiter hat sich der im Ausland tätige Germanist, zumal er selbst kein Deutscher ist, zu fragen, was er anhand von deutsch-sprachiger Literatur von Kultur in diesem umfassenden Sinn erkennen und vermitteln kann. Und schließlich ist in diesem Zusammenhang auch nach Bedeutung und Funktion des Begriffs »Interkulturalität« zu fragen.

Diese erste Frage nach dem kulturgeschichtlichen Erkenntniswert literarischer Texte stellt eine Variante der produktionsästhetischen Frage nach dem Verhältnis von Literatur und Wirklichkeit dar. Dieses althergebrachte Thema kann und soll hier nicht noch einmal abgehandelt werden, begnügen müssen wir uns an diesem Ort mit dem Versuch, eine Antwort und somit einen für eine kulturwissenschaftlich orientierte Germanistik möglichen Literaturbegriff aus einigen Beispielen abzuleiten.

Wer heute Wielands *Don Sylvio von Rosalva* liest, wird dies nicht in der Absicht tun, Auskunft über die sozialgeschichtlichen Verhältnisse in Deutschland um 1760 zu erhalten. Davon hält ihn nicht nur der Umstand ab, daß Wieland die Handlung nach Spanien verlegt hat – vermutlich um zu unterstreichen, daß sein Erstlingsroman in der Nachfolge von Cervantes' Don Quijote steht –, denn dies schlösse ja nicht aus, daß Wieland vielleicht eine auf diese Weise verfremdende und für seine zeitgenössischen Leser um so lehrreichere Darstellung seiner eigenen Wirklichkeit hätte geben wollen. Die Lektüre überzeugt uns aber schnell davon, daß die Suche nach Äquivalenzen zwischen literarischem Wirklichkeitsmodell und sozialgeschichtlicher Realität in diesem Fall verlorene Mühe sein und Wielands Erzählanliegen verkennen würde.

Und dennoch hat dieser Roman im höchsten Grade mit der deutschen Wirklichkeit in der letzten Hälfte des 18. Jahrhunderts zu tun, denn mit dem »Sieg der Natur über die Schwärmerei«, den der volle Romantitel verspricht, greift Wieland einen sehr wichtigen Aspekt des bürgerlichen Diskurses der Zeit auf, im Zuge dessen es mit der Anprangerung der Libertinage des Adels zu einer Verpönung der menschlichen Sinnlichkeit unter bürgerlichen Ideologen kam. Mit seiner Geschichte von den Abenteuern des jungen Don Sylvio greift Wieland sowohl die Hypertrophie der Sexualität als auch die verlogene, bürgerlich empfindsame Umdeutung des Sexualtriebs an und vertritt die Ansicht, daß die Voraussetzung für die Domestizierung des Eros erst einmal die Anerkennung der Macht ist, die er auf uns ausübt.

Wenn wir nun einen der Berliner Gesellschaftsromane von Fontane zum Vergleich heranziehen, so wird dieser auf eine ganz andere Weise als Wielands Roman wirklichkeitsgesättigt sein. Aber auch *Frau Jenny Treibel* können wir nicht als zeitgeschichtliches Dokument lesen, es verhält sich eher umgekehrt: Manche Stellen sind erst mit Hilfe von geschichtlichen und soziologischen Darstellungen zu entschlüsseln.[6] Was den Reiz und den Wert dieses Romans ausmacht, sind die vielen Gespräche, in denen Fontane seine Figuren ihre Meinungen und Ansichten vortragen läßt und in denen zum Ausdruck kommt, nicht wie die Zeit und die gesellschaftlichen Verhältnisse gewesen, sondern wie sie erlebt, verstanden und gedeutet worden sind von der Gesellschaftsschicht, die den Roman bevölkert.

Vermittlung deutscher Wirklichkeit in Literaturkursen?

Wir können jetzt folgendes Fazit ziehen: Sowohl *Don Sylvio von Rosalva* als auch *Frau Jenny Treibel* haben mit deutscher Wirklichkeit zu tun, aber nur indirekt mit einer empirischen Wirklichkeit. Der mimetische Bezug, der wie der Sprache selbst auch der Sprachkunst eignet, richtet sich auf Vorstellungen, Werthaltungen und Leitbilder und macht diese erkennbar und kritisierbar. Literatur ist eine spezifische Art menschlicher Wirklichkeitsaneignung und Wirklichkeitsbewältigung, dabei ist aber ihr kulturgeschichtlicher Wert nicht daran zu bemessen, was und wieviel von einer irgendwie gearteten empirischen Wirklichkeit darin enthalten ist, sondern daran, inwiefern und wie sie zentrale Diskurse ihrer jeweiligen Entstehungszeit aufgreift bzw. solche auslöst. Wir lesen Goethes *Werther*, nicht um uns über die Lebensbedingungen und die Lebensweise junger deutscher Bürger um 1760 zu informieren – dafür gibt es ja andere und zuverlässigere Quellen –, sondern weil dieser Roman eine neue Vorstellung von der Bedeutung des Individuums oder des bürgerlichen Subjekts dokumentiert.

Literatur ist so in kulturgeschichtlichem Zusammenhang als eine Quelle für das, was wir hier der Kürze halber »Mentalitäten« nennen können, zu bestimmen. Literarische Texte und ihre Rezeption sind in dieser Perspektive Teile eines Gesprächs, das eine Sprachgemeinschaft über Themen und Fragen führt, die ihr die jeweilige Gegenwart aufgegeben hat. Darin finden wir Versuche der Sinngebung menschlicher Existenz und die Formulierung eines Selbstverständnisses, das Denk- und Verhaltensweisen einer Lesergemeinschaft mitgeprägt hat.

Es sind solche Denkmuster, die m.E. den Gegenstand einer kulturwissenschaftlich orientierten, interkulturellen Germanistik bilden. »Kulturmündigkeit« heißt nach diesem Verständnis die Fähigkeit, solche Denkmuster zu erkennen, und der »Landeskenner«, den die Germanistik als Fremdsprachenphilologie auszubilden hat, ist einer, der sich im mentalen Haushalt der deutschsprachigen Länder auskennt. Der Auslandsgermanist, der seine kulturelle Sozialisation außerhalb des deutschen Sprachraums erfahren hat, kann sich z.B. nicht zum Ziel setzen, seinen Lernern eine alltagskulturelle Kompetenz beizubringen, denn dafür fehlen ihm einfach die Voraussetzungen. Wenn aber Peter Schneider seinen Lenz, den jungen frustrierten Intellektuellen aus der Berliner Studentenbewegung, nach Italien schickt und ihn in Trento zu sich selbst und zu einer Versöhnung von Radikalität und Sensibilität finden läßt, dann kann auch der Auslandsgermanist dies als eine in der deutschen Kultur präfigurierte Lösung erkennen und auf dieser Grundlage über die Italiensehnsucht in der deutschen Literatur reden, wobei sich Vergleiche mit der ähnlichen Erscheinung in der Geschichte seiner eigenen Nationalliteratur wie von selbst einstellen.

Damit sind wir bei dem Begriff der »Interkulturalität«, dem der Forschung und Lehre im Bereich des Deutschen als Fremdsprachenphilologie zugrundeliegenden Leitgedanken, angelangt. Die kulturelle Kompetenz, welche die interkulturelle Germanistik als Ausbildungsziel anstrebt, bezieht sich nicht nur auf die deutschsprachige Kultur, sondern auch auf die Eigenkultur des Lernenden. Der »Landeskenner«, den wir ausbilden wollen, ist einer, der sich nicht nur im Fremden und in der Fremde zu orientieren und darüber Auskunft zu geben vermag, er ist auch einer, der seine Verwurzelung im Eigenkulturellen erkannt hat.

Dies letztere Moment ist nicht etwas, was zum Ausbildungsziel der traditionellen Auslandsgermanistik hinzugefügt wird, sondern ergibt sich aus der hermeneutischen Situation aller Fremdsprachenphilologien: Das Fremdkulturelle rezipieren und verstehen wir auf der Grundlage eines eigenkulturell vermittelten Selbstverständnisses. Zum Begriff der »Kulturmündigkeit« im Bereich der interkulturellen Germanistik gehört auch die Fähigkeit, seine eigenen kulturellen Verstehenskategorien oder Vor-Urteile zu durchschauen.

Die Antwort auf die Frage nach der Relevanz dieses oder jenes Textes in der deutschen Literatur, mithin die Antwort auf die Frage nach den Auswahlkriterien der Lektüre, ergibt sich für den Auslandsgermanisten aus der hier beschriebenen Situation. In den Lektürekanon sind solche Texte aufzunehmen, die sich auf zentrale Diskurse in der Kulturgeschichte der deutschsprachigen Länder beziehen und von denen man annehmen darf, daß sie bewußtseins- oder mentalitätsprägend gewirkt haben. Dabei besteht die Aufgabe des Vermittlers nicht darin, diese Literatur textimmanent zu deuten, er hat sie vielmehr in dem historischen und gegenwärtigen kulturellen Diskurs zu verorten, wobei auch die Wirkungs- und Rezeptionsgeschichte der Texte heranzuziehen ist. Die »Faust«-Dichtungen z.B. bilden in diesem Sinne einen Stoffbereich, der geeignet ist, Etappen deutscher Bewußtseinsgeschichte zu beleuchten.

Ein zweites Auswahlkriterium bilden die Interessen und Bedürfnisse der Lernenden. Die Antwort auf die Relevanzfrage ist um diese adressatenorientierte Perspektive zu ergänzen, denn die Realisierung des Ausbildungsziels setzt voraus, daß man bei kulturellen Anschlußstellen ansetzt, die Alternativen zum Selbstverständnis der Lernenden veranschaulichen und sie so zum Reden über sich selbst animieren.

Vermittlung deutscher Wirklichkeit in Literaturkursen?

Der Auslandsgermanist, der seine kulturelle Konditionierung mit seinen Studenten gemeinsam hat, wenn auch um Jahre verschoben, sollte imstande sein, thematisch orientierte Kanons zusammenzustellen, die geeignet wären, Gemeinsamkeiten und Unterschiede in der fremd- und eigenkulturellen Bewußtseinsbildung zu verdeutlichen. Solche Kanons würden von Land zu Land anders aussehen, je nach dem Stellenwert, den bestimmte deutschkulturelle Themen in der Eigenkultur haben. Alle würden aber ein Angebot zum Sich-distanzieren von sich selbst enthalten und so zum Aufbau eines mentalen Zustandes beitragen, der die Voraussetzung für die Erkenntnis kultureller Eigenarten und für den der kulturellen Vielfalt gebührenden Respekt bildet.

Anmerkungen

[1] Saul B. Robinson: *Bildungsreform als Revision des Curriculums.* 5. Aufl. Neuwied und Darmstadt 1981.

[2] Alois Wierlacher: *Literaturlehrforschung des Faches Deutsch als Fremdsprache.* In: ders. (Hrsg.): *Fremdsprache Deutsch. Grundlagen und Verfahren der Germanistik als Fremdsprachenphilologie.* 2 Bde. München 1980, S. 333.

[3] Ebd., S. 328.

[4] Hermann Bausinger: *Zur Problematik des Kulturbegriffs.* In: Wierlacher (Anm. 2), S. 66.

[5] Heinz Göhring: *Deutsch als Fremdsprache und interkulturelle Kommunikation.* In: Wierlacher (Anm. 2), S. 73.

[6] Vgl. Robert Picht: *Landeskunde und Textwissenschaft.* In: Wierlacher (Anm. 2), S. 270–288.

Michael S. Batts, Vancouver

Die Einstellung französischer, englischer und amerikanischer Literaturhistoriker zur deutschen Literatur

Wenn man von »Auslandsgermanistik« spricht, meint man normalerweise eine Form der Germanistik, die für eine bestimmte Nation spezifisch ist, etwa die englische oder französische Germanistik. Ob und wie eine nationale Eigenart sich prinzipiell ausdrückt, möchte ich hier nicht erörtern, aber auf eines muß ich hinweisen, nämlich darauf, daß die Richtung, die die Germanistik hier oder dort einschlägt, von der Zusammensetzung des Lehrkörpers abhängen muß und daß hierfür drei Grundmodelle in Frage kommen. Einerseits gibt es Länder, wo die Deutschabteilungen, z.B. in Großbritannien oder Frankreich, weitgehend mit einheimischen Lehrkräften besetzt waren und sind. Andrerseits gibt es Länder, wo die Mehrzahl der Lehrkräfte aus Deutschland stammt und eine Art verpflanzte deutsche Germanistik aufgebaut hat. Dazwischen gibt es als dritte Gruppe Mischformen, und zwar hauptsächlich dort, wo emigrierte Akademiker eine Rolle spielen. Die USA sind vielleicht das deutlichste Beispiel der Mischform, denn dort gibt es Germanisten aus aller Herren Ländern; der Lehrkörper ist eben nicht national, sondern international, und zwar hauptsächlich europäisch. Hinzu kommt die Internationalisierung und methodische Zersplitterung des Faches, so daß man m.E. heute kaum von einer amerikanischen Germanistik sprechen könnte. Feststellbar wäre höchstens die Neigung bei diesem oder jenem Individuum bzw. dieser oder jener kleinen Gruppe, sich einer anerkannten oder erst anzuerkennenden Richtung anzuschließen.

Als Auswanderungsland sind die USA sicherlich eine Ausnahme, aber sie sind nicht immer eine Ausnahme gewesen. Im 19. Jahrhundert zum Beispiel gab es wohl einen hohen Prozentsatz nichtdeutscher Germanisten, und es lohnt sich daher nachzuforschen, ob wenigstens diese einen Standpunkt vertreten haben, der als »amerikanisch« bezeichnet werden kann und nicht nur nicht deutsch, sondern auch anders war als der Standpunkt der französischen oder britischen Germanisten. Es gilt also festzustellen, ob französische, britische und amerikanische Germanisten eine jeweils spezifische Einstellung zum Fach vertreten haben. Um diesen möglicherweise nationalen Standpunkt festzustellen, sehe ich von der sowieso spärlichen Forschungsliteratur ab und beschränke mich auf die für das breitere Publikum verfaßten allgemeinen Literaturgeschichten, denn nur hier haben die Verfasser die Möglichkeit neben dem zu vermittelnden Wissen auch eigene Meinungen zu vertreten. Die Grundlage dieser Ausführungen bilden also die von Nichtdeutschen verfaßten französischen, englischen und amerikanischen Literaturgeschichten aus dem 19. Jahrhundert.

Die Hauptvoraussetzungen bei jeder ausländischen Geschichte der deutschen Literatur sind einerseits die Erkenntnis, daß die deutsche Literatur fremd ist und andererseits die Kenntnis der muttersprachlichen Literatur. Während also deutsche Literaturhistoriker deutsche Autoren eben als Deutsche betrachten und sie untereinander, teilweise mit klassischen Autoren, höchst selten mit anderen ausländischen Autoren vergleichen, wählen ausländische Literaturhistoriker die wichtigsten Autoren aus, beurteilen sie und vergleichen sie mit einheimischen Autoren. Anders als deutsche Germanisten halten sich die ausländischen bei Beurteilung deutscher Dichter nicht zurück; die Urteile sind manchmal sehr kraß. So spricht der Amerikaner Bayard Taylor z.B. von der »not even elegant mediocrity« (S. 136) (nicht einmal eleganten Mittelmäßigkeit) der späten Minnesänger; »their vanity and arrogance increased in proportion as their performance became contemptible« (S. 138) (ihre Eitelkeit und Arroganz nahmen im gleichen Maß zu wie ihr Können abnahm). Der Engländer Gostick nennt Opitzens Gedichte »inferior to the average quality of verses found in the provincial newspapers of the present day« (S. 93) (schlimmer als die Durchschnittspoesie in den heutigen Provinzblättern). Und in den USA nennt Wilkinson »Wilhelm Meister«:

> a tissue of smoothly, suavely, harmoniously woven German prose, constituting a dull, slow, prolix, low, groveling, fleshly, ill-schemed, loose-jointed, invertebrate, dim, beclouded, enigmatical, selfcomplacently autobiographical novel (S. 196–7)
> ein Gewebe von glatt, lieblich und harmonisch geflochtener deutscher Prosa, ein schwerfälliger, langsamer, weitschweifiger, niedriger, bettelnder, fleischlicher, schlecht geplanter, locker gegliederter, haltloser, trüber, verschleierter, enigmatischer, selbstgefällig autobiographischer Roman.

Aber auch die Vergleiche kommen einer Wertung gleich, denn es geht nicht nur um die Feststellung einer passenden Vergleichsfigur, sondern

zunächst um den Zugang zum deutschen Dichter und dann, da die Vergleichsfigur einen bestimmten Wert in der einheimischen Literatur besitzt, um die Einstufung. Über Gellert schreibt in Irland Selss:
> His style as a fabulist resembles rather that of Gay than that of Lafontaine; it is clear and simple almost to excess. He has not the wit and drollery of the French poet (S. 80)
> Sein Stil als Fabulist ähnelt dem von Gay eher als dem von Lafontaine; er ist klar und fast zu einfach. Ihm fehlt der Witz und Humor des französischen Dichters.

Bayard Taylor vergleicht Hans Sachs wegen seiner Gemeinverständlichkeit mit dem englischen Dichter des 18. Jahrhunderts, Crabbe, und fügt hinzu: »Crabbe was much his inferior in grace and variety of expression« (S. 161) (Crabbe hatte viel weniger Anmut und Ausdrucksvielfalt). Der Amerikaner Everett weist aber Vergleiche zwischen Schiller und Shakespeare zurück:
> He might be assimilated with much more justice to Milton [...] In Schiller the philosophical element maintains its ascendancy over that of the imagination [...] In this respect and indeed in all others he resembles Byron much more [...] The tragedies of Byron give a better idea perhaps than any others in our language of the manner of Schiller (S. 27–28)
> Er (Schiller) sollte besser mit Milton verglichen werden [...] In Schiller ist das philosophische Moment stärker als die Phantasie [...] In diesem Aspekt und in allen anderen ähnelt er vielmehr Byron [...] Byrons Tragödien führen uns besser als alle anderen in unserer Sprache in die Schillersche Art ein.

Hier liegt unverkennbar nicht nur eine, wenn auch unbeabsichtigte Irreführung des Lesers, sondern eine Abwertung von Schiller vor, denn in der damaligen Wertskala der englischen Dichtung stand Byron hinter Milton und Milton hinter Shakespeare.

Die kontrastive Wertung der einzelnen Dichter geschieht aber nicht in einem leeren Raum, auch nicht nur im Rahmen des jeweiligen literaturgeschichtlichen Ablaufs. Eingebettet sind diese Vergleiche in den übergreifenden Rahmen eines Vergleichs zunächst der Sprachen und dann der Volkscharaktere. Denn für die ausländischen Leser sind nicht nur die deutsche Literatur, sondern auch die deutsche Sprache und das deutsche Volk unbekannte Größen. Aus diesem Grund beginnen viele Literaturhistoriker ihr Werk mit einer Darstellung des Charakters der Deutschen und ihrer Sprache. So vergleicht Peschier z.B. den Charakter der Deutschen und der Franzosen, und er kommt zu dem Schluß, die

Michael S. Batts

Deutschen seien Individualisten, intellektuell veranlagt und dauernd mit Selbstanalyse und neuen Ideen befaßt, während die Franzosen menschenfreundlich und weltlich seien, vorwiegend an sozialen und politischen Dingen interessiert. Die Deutschen besitzen »âme«, die Franzosen »esprit«.

Diese Art Vergleich taucht häufig auf und wird oft genug vom Klima abhängig gemacht. Das führt bei Peschier – aus ganz anderen Gründen als bei den Deutschen – zu einem Vergleich zwischen dem »Nibelungenlied« und der »Ilias«:

> On peut encore retrouver la cause de ces différences caractéristiques entre les épopées des deux nations, dans cet amour du sol natal qui distinguait les Grecs, et dans l'absence de ce même sentiment chez les peuplades d'origine germanique [...] dans l'aspect sombre et lugubre des contrées septentrionales, et dans l'éclat et la fécondité du sol sous le ciel serein et brillant de la Grèce (S. 280).

> Man findet den Grund für die Unterschiede zwischen den Epen der beiden Nationen in der Heimatliebe, die die Griechen auszeichnet, aber bei den Nationen germanischer Abstammung fehlt [...] im dunklen und trüben Aspekt der nördlichen Länder und dem herrlich fruchtbaren Boden unter dem strahlenden Himmel Griechenlands.

Der bekannteste englische Kritiker der deutschen Literatur im frühen 19. Jahrhundert war wohl Carlyle, und er analysierte eingehend den deutschen Charakter. Unter anderem behauptet er, die Deutschen seien von einer größeren »antiquity and unmixed descent« (S. 14) (von älterer Herkunft und ein unvermischter Stamm) im Vergleich zu anderen europäischen Stämmen.

> a national character [...] cannot grow up except in time; and the older it is, the more fixed it will be, and generally the better perfected, and in its kind worthier (S. 15)

> ein nationaler Charakter [...] kommt nur mit der Zeit zur Reife; und je älter er ist, desto fester, vollkommener und in seiner Art würdiger wird er sein.

Die Hauptkennzeichen des deutschen Charakters seien Tapferkeit, tiefes Gemüt, Enthusiasmus und Gefühl, Freigebigkeit Gästen gegenüber und edle Hingabe Frauen gegenüber. Die deutsche Sprache sei

> hardly rivalled even by English in its best days, far surpassing the English we now write; scarcely surpassed by Greek itself [...] Doubtless in regard to delicate, light precision [...] German is inferior to French: in emphasis and brevity [...] it is inferior to English [...] It is an earnest language; founded on deep seriousness [...] It [is]

a sincere language also; it has an air of trustfulness, and good household integrity (S. 32–33)

kaum vom Englischen in dessen besten Zeiten überflügelt, weit besser als das heutige Englisch, kaum unter dem Griechischen [...] Deutsch hat nicht die feine und leichte Genauigkeit [...] des Französischen und auch nicht die Emphase und Kürze des Englischen. [...] Sie ist eine feierliche Sprache, im tiefen Ernst gegründet [...] sie ist auch eine ehrenhafte Sprache, sie hat einen Anflug von Treuherzigkeit und hausbackener Integrität.

Ein Menschenalter nach Carlyle schreibt Selss:

without some such general observations, without a clue to the prevailing tendencies of German writers, it is greatly to be feared the student will not see his way through the mass of detail which must be gone through (S. 15)

ohne eine allgemeine Einführung, ohne Hinweise auf die Haupteigenschaften der deutschen Dichter, steht zu befürchten, daß der Student keinen Weg durch die zu behandelnde Stoffmasse finden wird.

Deswegen analysiert er den Charakter der französischen und englischen Schriftsteller, denn

the characteristics of a literature can only in part be explainted by the political or social causes; the main cause must be sought in the bent of the popular mind (S. 20)

das Charakteristische einer Literatur kann nur in beschränktem Maße aus den politischen oder sozialen Gegebenheiten erklärt werden; der Hauptgrund muß im Volkscharakter gesucht werden.

Dieser Charakter ist nach Selss:

earnest, meditative, inclined to be stern [...] the German can yet show a considerable amount of devotion and tenacity both of purpose and action [...] He is naturally unostentatious (S. 20)

ernst, grüblerisch, zur Strenge neigend [...] Der Deutsche zeigt trotzdem sowohl Hingabe als auch Ausdauer in seiner Zielstrebigkeit [...] Er ist von Natur aus unauffällig.

Folglich ist die deutsche Literatur stark theoretisch und mangelhaft im Stil, »to which the natural tendency of the language contributes its share« (S. 21) (wozu die natürliche Tendenz der Sprache auch beiträgt). Selss kommt schließlich zu dem Schluß, daß die Deutschen durch ihr kontemplatives Temperament zu Lyrikern prädestiniert seien:

the lyrical element is the largest in the poetry of Germany, just as the comic vein distinguished that of France and as the didactic predominates in that of England (S. 21)

die deutsche Dichtung ist vorwiegend lyrisch, die französische komisch und die englische didaktisch.

Es ist mit anderen Worten relativ einfach, aus dem Charakter der Deutschen und der deutschen Sprache sowohl Inhalt als auch Stil, wenn nicht gar den geschichtlichen Werdegang der deutschen Literatur zu erklären. Es geht hier natürlich nicht darum, ob der deutsche Charakter wirklich so ist oder, wenn er so ist, ob das Klima daran schuld ist; es geht auch nicht um den möglichen Zusammenhang zwischen dem Charakter der Sprache und dem Charakter der diese Sprache Sprechenden. Es geht einzig und allein darum, wie diese Vorstellung von dem Charakter der Deutschen und ihrer Sprache Anwendung in den Literaturgeschichten nichtdeutscher Provenienz gefunden hat, denn es ist vorauszusehen, daß man nicht bei den Vergleichen stehenbleibt, sondern aus ihnen Schlüsse zieht. Die deutschen Literaturhistoriker hatten schließlich ihre Schlüsse gezogen und waren zu der Ansicht gekommen, daß die deutsche Sprache eine im Vergleich zu anderen europäischen Sprachen unverfälschte Ursprache eines ungemischten Stammes sei, die die Vorteile aller anderen Sprachen aufgenommen habe und noch aufnehmen könne. Deshalb seien deutsche Übersetzungen die bestmöglichen, während deutsche Werke in keine andere Sprache zu übersetzen seien. Der deutschen Literatur gebühre schlicht der erste Platz, die führende Stellung unter den Literaturen Europas, wenn nicht der ganzen Welt.

Im Rahmen eines Aufsatzes ist es natürlich nicht möglich, die verschiedenen Ansichten der ausländischen Literaturhistoriker einzeln zu belegen oder einen möglichen historischen Entwicklungsprozeß abzuzeichnen. Ich kann nur versuchen, die, wie mir scheint, Hauptunterschiede darzulegen und zu begründen.

Die französische Literatur galt den meisten deutschen Literaturhistorikern bestenfalls als weichlich und oberflächlich, häufig einfach als unmoralisch und obszön; ihr Einfluß sei der deutschen Literatur durchweg nur verderblich gewesen. Es ist daher kein Wunder, daß französische Literaturhistoriker ihrerseits die positive Einwirkung der französischen Literatur auf die deutsche herausheben und der Herabsetzung der französischen Literatur entgegenwirken wollen. Die Darstellung der deutschen Literatur wird zum Anlaß, die Angriffe der deutschen Literaturhistoriker abzuwehren und Frankreich gegen Deutschland bzw. den Katholizismus gegen die Angriffe der Protestanten zu verteidigen. Als Beispiele nenne ich die französische Einschätzung der mittelhochdeutschen Literatur als plumpe und vereinfachende Übersetzungen aus der überlegeneren französischen Literatur oder der Ankunft der Hugenotten in Deutschland als dem ersten Anstoß zu einer literarischen Kultur im 18. Jahrhundert.

Eine solche Umkehrung der deutschen Einsichten findet sich schon bei Henry & Apfell, die Heinsius ins Französische übersetzten. Überall wird durch Hinzufügungen die deutsche Literatur herabgesetzt. Heißt es bei Heinsius im Bezug auf das 18. Jahrhundert: »Die Periode [...] erhebt die Deutschen in jeder Beziehung zu dem ersten Rang unter den Völkern Europas« (S. 462), so heißt es bei *Henry*: »après être longtemps restée en arrière des littératures française, italienne, espagnole et anglaise, elle s'est elevée enfin à leur niveau« (S. 267) (nachdem sie lange Zeit hinter der französischen, italienischen, spanischen und englischen Literatur zurückgeblieben war, erreichte sie endlich deren Niveau). Erwähnt wird dabei – was bei Heinsius fehlt – »l'influence que les refugiés de France ont exercée sur ce pays« (den Einfluß, den die französischen Flüchtlinge auf das Land ausübten). Bougeault wehrt sich entschieden gegen die Anmaßung der Deutschen, ob es um die Schlegelsche Literaturkritik oder den Krieg von 1870 geht. Hier ein Beispiel für viele:

> Le protestantisme dérive donc évidemment d'un instinct germanique [...] et au moment ou nous écrivons, en présence de l'hégémonie prussienne qui vient de s'étendre en Allemagne, aux dépens de l'Autriche et de la France, tous les efforts du nouvel empire sont tournés contre l'Eglise catholique, pour faire du protestantisme un instrument de domination (S. 101)

> Der Protestantismus entspricht der germanischen Art [...] und während wir dies schreiben, jetzt, wo die preußische Hegemonie sich über ganz Deutschland zuungunsten Österreichs und Frankreichs ausgebreitet hat, sind alle Kräfte des neuen Reiches gegen die katholische Kirche gerichtet, um aus dem Protestantismus ein Instrument der Beherrschung zu machen.

Die englischen Literaturhistoriker haben es viel leichter, denn der Einfluß der englischen auf die deutsche Literatur wird meist von den deutschen Literaturhistorikern positiv veranschlagt, während die französische Literatur in England wie in Deutschland, wenn nicht durchweg negativ, so doch meist als oberflächlich eingestuft wird. Hinzu kommt, daß die Deutschen weder Nachbarn noch Feinde im Krieg gewesen sind. Was die englischen Literaturhistoriker stört, ist die ihrer Meinung nach

erfolgte Überbewertung der deutschen Literatur. Der Vergleich der deutschen mit der englischen Literatur führt unweigerlich zu der Erkenntnis, daß die deutsche Literatur von geringerer Qualität ist. Diesen Standpunkt vertritt am deutlichsten Gostick, der behauptet:
> the estimation of poetry depends so much upon national and individual tastes, that we can only explain our judgment of poetical works by reference to some well-known models. [...] we may fairly state [...] that few specimens of German poetry can be classed with these and similar English poems
>
> wir können unsere Bewertungen der Dichtungen nur in Hinblick auf bekannte Muster erklären. [...] So dürfen wir offen sagen, [...] daß nur wenige deutsche Werke als mit diesen und ähnlichen englischen Werken ebenbürtig erachtet werden können

– als Beispiele zitiert er Milton und Goldsmith.

Daraus folgert Gostick ferner, daß der Wert der deutschen klassischen Dichtung viel zu hoch eingeschätzt worden sei. Goethe sei groß, nicht im Vergleich zu Shakespeare, sondern nur im Vergleich zu den elenden Vorgängern in der deutschen Literatur der 17. Jahrhunderts. Als Grund für diese Überschätzung der deutschen Dichtung gibt er an:
> a partial acquaintance [...] the charm of novelty, a natural tendency to put a high value on subjects to which we have devoted considerable study, and a disposition to admit, without due examination, the assertions of foreign critics (S. 156 – 7)
>
> unvollständige Kenntnisse [...] den Reiz der Neuheit, eine natürliche Neigung, dasjenige hoch zu bewerten, dem man viel Zeit gewidmet hat, und eine Bereitschaft, die Darstellungen ausländischer Kritiker ungeprüft zu übernehmen.

Bei späteren Literaturhistorikern gibt es, wenn auch mehr unterschwellig, eine ähnliche Neigung zur Abwertung des Rufes der größten deutschen Dichter. So schreibt etwa Selss, daß die Verehrung Goethes nur dann verständlich sei, wenn man neben seinen literarischen Leistungen auch eine starke persönliche Anziehungskraft annehme:
> At present, when the generation of those who knew him personelly is dying out, Göthe's fame must rest exclusively on his merits as a writer. These merits are high enough to secure him [...] a lasting place in the memory of future ages (S. 132)
>
> Jetzt, wo diejenigen, die ihn persönlich gekannt haben, langsam wegsterben, muß sein Ruhm ausschließlich auf seinen Schriften beruhen. Diese sind bedeutend genug, daß ihm [...] ein dauernder Platz im Gedächtnis zukünftiger Epochen gesichert ist.

Bei den amerikanischen Literaturhistorikern liegt die Sache zunächst überraschend anders. Man muß aber bedenken, daß die Amerikaner im 19. Jahrhundert sich nicht nur ihrer politischen Unabhängigkeit bewußt waren; angestrebt wurde mehr oder minder deutlich auch eine kulturelle Unabhängigkeit. Man war also weniger bereit, deutsche Dichter mit englischen zu vergleichen, besaß aber noch kaum eigene Dichter, die zum Vergleich herangezogen werden konnten. Unter diesen Umständen ist die Betonung der politischen Unterschiede vielleicht eher verständlich. Immer wieder wird die Qualität der deutschen Literatur mit der politischen und gesellschaftlichen Lage Deutschlands in Zusammenhang gebracht. Als Maßstab gilt die freiheitliche und demokratische Verfassung der USA.

Das fängt schon bei Everett an, der sich freut, in einem Land zu leben, »where the liberty of the people is not dependent on the faith of princes« (S. 52) (wo die Freiheit des Volkes nicht von Fürstentreue abhängt). Die Literatur Europas bezeichnet er als:
the reflection of a society in many respects corrupted and degraded, bowed down by oppression; animated by a spirit unfriendly to liberty and equal rights (S. 54 – 55)
die Widerspiegelung einer Gesellschaft, die in vieler Hinsicht unter dem Joch einer Zwangsherrschaft korrumpiert und degradiert ist; wo eine der Freiheit und Gleichberechtigung feindliche Gesinnung herrscht.
Die USA sind im Gegensatz »an embodiment of the principles of equal rights and democratic liberty« (S. 56) (eine Verkörperung der Grundsätze von Gleichberechtigung und demokratischer Freiheit). Am Ende des Jahrhunderts schreibt Hosmer, es gebe jetzt in Deutschland
some oppurtunities for the citizen, though, as yet, not such opportunities as lie open to be freeborn Englishman or American (S. 534)
gewisse Möglichkeiten für den einfachen Bürger, aber noch nicht solche, die die in Freiheit geborenen Engländer und Amerikaner genießen.
Er gibt zu, daß die Lage besser geworden sei – der Despotismus früherer Jahrhunderte sei verschwunden, der jetzige Herrscher sei wenigstens beim Volk beliebt! – aber: »The nation is not, indeed, free in the American sense« (S. 576) (Das Land ist sicher nicht im amerikanischen Sinne frei).

Mit diesem Ausdruck »im amerikanischen Sinne frei« meint Hosmer wohl die Freiheit einer republikanischen Verfassung, und dieser Gedanke taucht häufig bei amerikanischen Literaturhistorikern auf. Sie freuen sich über Klopstocks Bejahung der amerikanischen Revolution und bedauern Goethes mangelnden republikanischen Geist. Aber das Wort, das am häufigsten vorkommt, besonders bei der Darstellung der Dichter des 18. und 19. Jahrhunderts, ist das Wort »democratic«. Wie die mangelnde Demokratie eine Ursache für die mindere Qualität der deutschen Literatur ist, so wird der demokratische Geist eines dichterischen Werkes immer wieder berücksichtigt. So schreibt Wells über Freytag:

Of all the novelists who dealt with social problems during this period none saw more deeply or wrote more justly of the deprivation of the German people (S. 375 der 2. Ausg.)

von allen Romanschriftstellern dieser Zeit, die sich mit sozialen Problemen befaßten, sah niemand tiefer und schrieb niemand gerechter über die demokratische Entbehrung des deutschen Volkes.

Und Coar sagt in seiner Einleitung gerade heraus, sein literaturhistorisches Werk sei der Versuch, »to trace the elements of democratic thought in some characteristic forms of this literature« und »to measure the development of the German nation by ideals of American democracy« (S. vii) (Elemente demokratischen Denkens in einigen charakteristischen Formen dieser Literatur nachzuzeichnen und die Entwicklung der deutschen Nation an den Idealen der amerikanischen Demokratie zu messen).

Mit anderen Worten: Amerikanische Literaturhistoriker benutzen ihre Geschichten der deutschen Literatur dazu, entweder direkt oder, indem sie die Schwächen der deutschen Literatur auf politische Unmündigkeit zurückführen, indirekt die Vorzüge des eigenen politischen Systems hervorzukehren. Damit nähern sie sich – allerdings unter ganz anderem Vorzeichen – den deutschen Literaturhistorikern, die ihrerseits durch die Darstellung der alle anderen Literaturen überragenden deutschen Literatur den nationalen Geist, den Glauben an die führende Rolle des deutschen Volkes stärken wollten.

Man kann somit sagen, daß es wohl eine spezifisch amerikanische Art der Germanistik im 19. Jahrhundert gegeben hat, sofern die Literaturgeschichtsschreibung dafür einstehen darf, und zwar eine politisch gefärbte. Im Gegensatz dazu ist die englische völlig unpolitisch; dort geht es hauptsächlich um den qualitativen Vergleich zugunsten der heimischen Literatur. Bei den Franzosen ist es komplizierter. Da ist die Literaturgeschichte ein Teil des lang andauernden Streits um die kulturelle Hegemonie in Europa. Die Politik spielt eine untergeordnete Rolle, zum Teil durch den religiösen Konflikt überschattet. Vermutlich werden diese Faktoren: die Selbsteinschätzung, das nationalpolitische System und die Religion auch in den germanistischen Schriften anderer Nationen eine erhebliche Rolle spielen.

Literatur

Blaze [de Bury], [Ange] Henri: *Ecrivains et poètes de l'Allemagne*. Paris: Lévy, 1846, 1851.
Bossert, Adolphe: *Histoire de la littérature allemande*. Paris: Hachette, 1901, 1904, 1913, 1921.
Bougeault, Alfred: *Histoire des littératures étrangères, I, Littérature allemande*. Paris: Plon, 1876.
Carlyle, Thomas: *Carlyle's Unfinished History of German Literature*, ed. Hill Shine. Lexington, KY: University of Kentucky Press, 1951.
Cart, L. William: *Précis d'histoire de la littérature allemande*. Paris: Klincksieck, 1898.
Chasles, [Victor Euphémion] Philarète: *Etudes sur l'Allemagne ancienne et moderne*. Paris: Amyot, 1854.
Coar, John Firman: *Studies in German Literature in the Nineteenth Century*. New York: Macmillian, 1903.
Combes, Ernest: *Profils et types de littérature allemande*. Paris: Fischbacher, 1888.
Eichhoff, M.: *Cours de littérature allemande*. Paris: Ange, 1838.
Everett, Alexander Hill: *An Address to the Literary Societies of Dartmouth College on the Character and Influence of German Literature*. Boston: Devereux, 1839.
Francke, Kuno: *Social Forces in German Literature*. New York, Holt, 1896, 1897, 1899, 1901, 1903, 1905, 1907, 1911, 1913, 1916, 1927, 1931.
Gostick, Joseph: *German Literature*. Edinburgh: Chambers, 1849, 1854.
Gostwick, Joseph & Robert Harrison: *Outlines of German Literature*. London: Williams & Norgate, 1873, 1883, 1897.
Hedge, Frederic Henry: *Hours with German Classics*. Boston: Roberts, 1886, 1887, 1892, 1902.
Heinrich, Guillaume Alfred: *Histoire de la littérature allemande*. Paris: Leroux, 1888–91.
Heller, Otto: *Studies in Modern German Literature*. Boston: Ginn, 1905.
Henry & Apffel: *Histoire de la littérature allemande. D'Après la cinquième édition de Heinsius*. Leipzig/Paris: Brockhaus & Avenarius, 1839.

Horning, Leavis Emerson: *Syllabus of Lectures on the Outline of German Literature.* Toronto: Musson, 1909.

Hosmer, James Kendall: *A Short History of German Literature.* St. Louis: G.I. Jones, 1879, 1889, 1891, 1892, 1897, 1899, 1901, 1904, 1906, 1907, 1910.

LeFevre-Deumier, Jules: *Leçons de littérature allemande.* Paris: Firmin-Didot, 1893.

Loève-Weimars, [François] Adolphe: *Résumé de l'histoire de la littérature allemande.* Paris: Janet, 1826.

Lublin, Isabel T.: *Primer of German Literature.* London: Swann Sonnenschein, Lowrey, 1888, 1904, 1909.

Metcalfe, Frederick: *History of German literature based on the German work of Vilmar.* London: Longman, Brown, Green, Longman & Roberts, 1858.

Mody, Mrs.: *Outlines of German Literature.* London: Sampson Low etc., 1889.

Moore, Robert Webber: *A History of German Literature.* Hamilton: Colgate U.P., 1894, 1900, 1901, 1903, 1906, 1907, 1908, 1910.

Peschier, Adolphe: *Histoire de la littérature allemande.* Paris: Cherbuliez, 1836.

Philippi, J.: *Histoire de la littérature allemande d'après le Dr. Hermann Kluge.* Paris: Bonhoure, 1880.

Phillips, Mary Elizabeth: *A Handbook of German Literature.* London: Bell, 1895, 1908, 1914.

Reid: *A Handy Manual of German Literature.* Edinburgh/London: Blackwood, 1879.

Selss, Albert Maximilian: *A Critical Outline of the Literature of Germany.* London: Longman, Green, Longman, Roberts & Green, 1865, 1889, 1896. Repr. Freeport, NY: Books of Libraries Press, 1972.

Tastu, Amable: *Tableau de la littérature allemande.* Tours: Mame, 1852, 1858.

Taylor, Bayard: *Studies in German Literature.* New York: Putnam, 1879, 1881, 1887, 1888, 1890, 1891, 1893, 1895, 1898, 1901, 1902, 1907.

Taylor, William: *History Survey of German Poetry.* London: Treuttel, Würtz, Treuttel, Richter, 1828–30.

Thimm, Franz L.J.: *The Literature of Germany.* London/Berlin: Nutt/Asher, 1844.

Thomas, Calvin: *A History of German Literature.* London: Heinemann, 1909, 1913, 1914, 1915, 1917, 1923, 1928.

Wells, Benjamin Willis: *Modern German Literature*. Boston: Roberts, 1895, 1897, 1901, 1904, 1909.

Wilkinson, William Cleaver: *Classic German Course in English*. New York: Chatauqua, 1887, 1888, 1881, 1900, 1909.

Gerhard Bechtold, Frankfurt
Bernd M. Scherer, Düsseldorf

Fremdes und Eigenes – oder wie man einander mißverstehen kann

Annäherungsversuche an zentrale Begriffe interkultureller Kommunikation

Vorbemerkung

Bei den folgenden Überlegungen handelt es sich nicht um eine Theorie oder Teile einer Theorie der interkulturellen Kommunikation. Die Sätze haben nicht den Status genereller Beschreibungen empirischer Daten. Vielmehr wird versucht, anhand von Beobachtungen im Unterricht Deutsch als Fremdsprache am Goethe-Institut Gesichtspunkte zu sammeln und einige begriffliche Vorklärungen zu treffen, die von einer praxisorientierten Theorie interkultureller Kommunikation zu berücksichtigen sind.

Als besonders hilfreich erwies sich dabei die Tatsache, daß infolge der spezifischen Struktur der Goethe-Institute im Inland ein Lernerkreis zusammenkommt, der hinsichtlich der vorausgegangenen Ausbildung, der Herkunft, der Tätigkeit und der Interessen äußerst heterogen ist. Diese Struktur des Adressatenkreises bietet einen idealen Rahmen einerseits für die Analyse der vielschichtigen Aspekte interkultureller Kommunikation, andererseits aber auch für die Erprobung und Realisierung des Konzepts eines interkulturellen Dialogs in der unmittelbaren Praxis, dem Unterricht in Deutsch als Fremdsprache.

Als zentraler Gegenstand der folgenden Überlegungen dient die Text-Bild-Geschichte von Peter Handke »Die Reise nach la défense« (in: Handke, 1974), die wir neben anderen literarischen Texten und filmischen Texten, in verschiedenen Kursstufen in mehreren Goethe-Instituten in Deutschland behandelt haben.

Gerhard Bechtold / Bernd M. Scherer

Warum eine Bild-Text-Geschichte?

Unterrichtsbeobachtung:
Die Studenten reagieren sehr spontan und direkt auf die Bilder, während sie im Fall des Textes oft Zuflucht zum Wörterbuch nehmen und viel länger zur Formulierung ihrer Diskussionsbeiträge benötigen.

Bei den meisten literarischen Texten sieht sich der Lehrer gezwungen, durch eine Explikation zentraler Wörter den Text vorzuentlasten, um überhaupt ein erstes Verständnis zu sichern. Dabei läuft er natürlich immer Gefahr, wenn auch ungewollt, gleichzeitig Lesestrategien, Gewichtungen im Text, selbst Interpretationen mitzutransportieren (die Angabe einer einfachen Wörterbuchübersetzung kann völlig in die Irre gehen (s.u.), die Kontexteinbettung impliziert interpretatorische Vorgaben). Dagegen steht mit den Bildern ein Gegenstand zur Verfügung, auf den man sich zunächst ohne weitere Vorgaben gemeinsam beziehen kann. Diese Behauptung ist allerdings in zweierlei Hinsicht zu erläutern:
1) Es wird hier nicht die These vertreten, daß die Bildsprache ein transkultureller Code sei, d.h. ein Zeichensystem, das im Gegensatz zu Wortsprachen in allen Kulturen auf die gleiche Weise verstanden wird. In diesem Fall wäre das Bildmaterial auch völlig uninteressant, weil es sich bei allen Teilnehmern um die selben Wiedererkennungsakte handeln würde. Prämisse ist vielmehr nur, daß die Studenten überhaupt in ihrer Kultur über Umgangsformen mit Bildern verfügen und gerade die Verschiedenheit dieser Umgangsformen, sofern eine besteht, thematisiert werden kann. (Natürlich gibt es auch Kulturen, die nicht über das hier zur Diskussion stehende Zeichensystem ‚technisch produziertes und reproduziertes Bild' verfügen, aber Mitglieder solcher Kulturen zählen gemeinhin nicht zum Kundenkreis der Goethe-Institute.)
2) So unverfälscht und unmittelbar im Sinne einer kulturellen Verschiedenheit ist der Blick der Studenten auf die Bilder natürlich nicht. Denn sie sind natürlich im Rahmen des Unterrichts angehalten, sich des deutschen Sprachsystems zu bedienen und damit nur von dessen Ausdrucksmöglichkeiten Gebrauch zu machen. Hinzu kommt, daß sie während des Erwerbs der deutschen Sprache neben den Sprachmitteln auch Einstellungen, Sehweisen etc. des deutschen Kulturbereiches kennengelernt haben.

Fremdes und Eigenes – oder wie man einander mißverstehen kann

Warum gerade diese Bild-Text-Geschichte?

Erfahrungen mit einer durch Hochhäuser geprägten Stadtkultur haben alle Kursteilnehmer, die in einem deutschen Goethe-Institut lernen, entweder aus ihren eigenen Ländern oder – und in diesem Fall noch bewußter – wenn sie sie zum ersten Mal in Europa kennenlernen. Alle Studenten können somit ihre Erfahrungen an diese Bild-Geschichte anbinden. Allerdings muß gleich an dieser Stelle darauf hingewiesen werden, daß in der ästhetischen Gestaltung dieser Bilder natürlich eine ganz bestimmte (kultur-)historisch markierte Sehweise zum Ausdruck kommt, die nicht selten, wie Dietrich Krusche berichtet, eine eingehendere Auseinandersetzung der Lerner mit einem fremdsprachigen Text verhindert:
»Texte, die sehr explizit ihre eigene historisch-gesellschaftliche Positionierung betreiben, lösen bei ihren Lesern nicht unbedingt das Bedürfnis nach einer entsprechenden Stellungnahme aus.« (Krusche 1985, S. 155)

Ein zweites wichtiges Kriterium für die Wahl dieses Textes war, daß es sich zwar um einen konkreten Gegenstand – es sind Photos eines ganz bestimmten Stadtteils von Paris – handelt, diese Photos jedoch so aufgenommen sind, daß mit ihnen ein bestimmter ‚Typus' von Hochhaus- bzw. moderner Stadtkultur vorgeführt wird, worauf auch das aufgeklebte, mithin austauschbare Namensschild im Titel aufmerksam macht. Der Student benötigt keine detaillierten Kenntnisse über »la défense« und kann dennoch oder gerade deshalb unmittelbar auf das Bildmaterial reagieren. Die Stereotypie dieser Bilder, d.h. das Unspezifische, das Globale daran, fordert ihn heraus, seine eigene spezifische Perspektive einzubringen, ohne dabei Gefahr zu laufen, daß sich diese Perspektive in Ermangelung spezifischen (historischen, politischen, sozialen, ökonomischen) Wissens als verfehlt erweist. Deutlich wird bereits an dieser Stelle, daß diese Bild-Text-Geschichte geeignet ist, Sehweisen von Stadt zu thematisieren, indem eine Sehweise durch Einsatz ganz bestimmter Aufnahmetechniken vorgeführt wird. Auch die durch die Unschärfe der Photos (Nebel, Grautöne) bedingte Schwierigkeit, Details zu erkennen, erweist sich, nach einer ersten Phase der Verwirrung und Abwehr, hinsichtlich eines angestrebten interkulturellen Dialogs als äußerst produktiv. Zum einen, weil sie die Leser/Betrachter herausfordert, sich zu vergewissern, also Kommunikation: Nachfragen und Bestätigungen, geradezu provoziert. Zum anderen, weil die Uniformität, das ganze Nebulöse der Abbildungen ästhetische ‚Leer-Stellen' sind, in die die Phantasie der Leser eindringen kann und muß, will er diese ‚tote' Dingwelt überhaupt mit Leben füllen: Wie und wo leben die Leute, was machen die Kinder etc? D.h. diese ‚Leerstellen' provozieren »Hunger nach Sinn« und Zusammenhang, Geschichten werden erzählt, eigene Erfahrungen werden hinzugefügt, die Leser/Betrachter werden selbst zu Text-Produzenten, ihre Beiträge zum Gegenstand des Dialogs.

Wir haben uns bei dieser Vorgehensweise, das ist unschwer zu erkennen, an ein ästhetisches Konzept angelehnt, mit dem in den unterschiedlichsten Textgattungen/sorten gearbeitet wird: etwa die Zigaretten-Reklame oder in den Montage-Filmen Alexander Kluges. In beiden Fällen kommt den ‚Leer-Stellen' textkonstitutive Bedeutung zu, der wirkliche Text entsteht aber erst durch die Füllung der ‚Leer-Stellen', durch die Herstellung von Zusammenhang. (vgl. Großklaus 1980, 1981 und Bechtold 1983). Ein schönes und diesen Zusammenhang für den literarischen Bereich vortrefflich beschreibendes Beispiel findet sich in Peter Bichsels Frankfurter Vorlesungen:

> »Je exakter die Beschreibung wird, um so zufälliger wird sie. / Wenn ich aber schreibe ‚Ich traf einen Mann', entsteht vor ihnen ein Bild. Wenn ich zusätzlich schreibe ‚Gescheiterter Abendgymnasiast', müssen sie bereits die erste Korrektur vornehmen./ (...) Mit meinen Details baue ich ihr Bild nicht auf, sondern ich zerstöre es dauernd. / Deshalb wähle ich das Klischee: alter Mann oder Großvater oder Trinker, Landstreicher, Schafhirt, Bauer, Arbeiter.« (Bichsel 1984, S. 42f.)

Objekt- vs. Beschreibungskompetenz: Verschiedene Ebenen der Fremdheit

Unterrichtsbeobachtung:
- Für einen italienischen Studenten bedeutet diese Stadtkultur die »Welt«. Er lebte zuvor in einem Dorf in Italien. Als Jugendlicher ist man *dort*, wie er sagte, »tot«. Er hatte vor einem Jahr zum ersten Mal in Frankfurt eine U-Bahn gesehen.
- Diametral entgegengesetzt argumentierte eine englische Studentin, die die Begriffe »Beton«, »Betonwüste« und »kein Gefühl« angegeben hatte. Sie lebe schon lange in dieser Art von »Behausung« und die Anonymität, die in diesen Wohnsilos herrscht, habe sie zutiefst negativ erfahren. Ihr Wunsch sei es, in einem kleinen, alten Haus zu leben, mit viel Holz und einem Garten.
- Ein Japaner betonte, daß in einem solchen Wohnsilo, in dem er auch lebe, mehrmals im Jahr gemeinschaftliche Treffen aller Mietparteien

Fremdes und Eigenes – oder wie man einander mißverstehen kann

stattfänden, damit alle Mieter, auch die durch Umzug neuhinzugekommenen, sich kennenlernen können.
– Südamerikanische Studenten empfanden die dargestellte Dingwelt ebenso negativ wie die Nordeuropäer, jedoch bezeichneten sie sie als etwas typisch Europäisches/Westliches. Sie (alle Brasilianer) verwiesen dabei auf ihre Hauptstadt Brasilia. Diese sei zwar auch modern und habe Hochhäuser, aber da sei eben auch viel »Grün« dazwischen.

Zunächst scheinen hier Angehörige verschiedener Länder und Kulturkreise unterschiedliche Meinungen über denselben Gegenstand, nämlich Hochhäuser, zu artikulieren. Bei näherem Hinsehen stellt sich aber die Frage, ob hier in allen Fällen über denselben Gegenstand gesprochen wird.

Für den Italiener stehen Hochhäuser unmittelbar im Zusammenhang mit einer Stadt, die für ihn das Gegenbild zu einem Landleben darstellt, in dem es kaum Sozialkontakte gibt (weil die Jugendlichen ausgewandert sind), kaum Möglichkeiten der Selbstverwirklichung (weil u.a. Arbeitsplätze fehlen). Das Wort »Hochhaus« steht also, wie die entsprechenden Wortassoziationen zeigen (siehe Abb. 1), in einem ganz anderen begrifflichen Zusammenhang wie bei der englischen Studentin, die von »Beton«, »Betonwüste« und von Anonymität spricht und das Landleben in einen ganz anderen begrifflichen Zusammenhang stellt.

Interessant ist, daß beide, die Engländerin und der Italiener, dieselben »Lebenswerte« verfolgen (Selbstverwirklichung, keine Anonymität etc.), aber auf dieser Grundlage zu ganz verschiedenen Bewertungen von Stadt- und Landleben kommen. Die Verschiedenheit beider ist also nicht auf der Bewertungsebene angesiedelt, sondern auf der Ebene der Gegenstände, über die geurteilt wird. Die verschiedenen, kulturgeschichtlich geprägten Lebensbedingungen haben zu unterschiedlichen Perzeptionen und Vorstellungsbildern des sozialen Raums ‚Stadt' (und entsprechend ‚Land') geführt, die sich in der Zuordnung dieser Begriffe zu verschiedenen konnotativen Wortfeldern artikulieren. Dies gilt auch für die Argumentationsweise des Japaners. Aufgrund institutionalisierter Begegnungen in japanischen Hochhäusern entfällt für ihn die Implikation des Prädikats »Anonymität« durch das Prädikat »Hochhaus«. Im Prinzip reden alle drei über verschiedene Gegenstände, wenn sie das Wort »Hochhaus« benutzen.

Gerade auf dieses Problem zielt die Differenzierung der Brasilianer: Nehmen wir die westeuropäische Hochhauskultur als Paradigma für den

Begriff »Stadt« bzw. »Hochhaus«, dann kommen wir ebenfalls zu einer Negativbewertung, aber wir können uns ja auch an anderen Städten als Paradigma orientieren. Sie weisen damit darauf hin, daß man zuerst den Gegenstandsbereich klären muß, über den geredet wird, bevor Behauptungen, Urteile über diese Gegenstände ausgetauscht werden können. Besteht die Verschiedenheit bereits auf der Ebene der Gegenstände, dann sprechen wir von einer Verschiedenheit im Bereich der *Objektkompetenz*, artikuliert sich die Verschiedenheit dagegen in Urteilen über die Objekte, dann handelt es sich um eine Verschiedenheit im Bereich der *Beschreibungskompetenz*. So argumentieren die Brasilianer bereits metasprachlich auf der Beschreibungsebene, nachdem sie den Gegenstand, *über* den sie reden wollen, explizit bestimmt haben. (cf. Lorenz 1980, S. 17).

Die Erfahrung zeigt, und dies scheint uns nicht nur im Hinblick auf den Unterricht in Deutsch als Fremdsprache wichtig, sondern generell hinsichtlich des Forschungsfeldes Interkulturelle Kommunikation/Germanistik, daß sich in der Praxis diese beiden Ebenen oft vermischen. Dies hat zur Folge, daß man einerseits glaubt, kontroverse Meinungen über einen Gegenstand auszutauschen, dabei aber über verschiedene Gegenstände spricht. Andererseits der Status der Dinge darin besteht, nicht Argumente für oder gegen eine bestimmte Position zu klären, sondern überhaupt erst ein gemeinsames Gegenstandsverständnis untereinander aufzubauen. Zur Sicherung eines gemeinsamen Gegenstandsverständnisses müßte dabei, methodisch gesehen, zuerst einmal geeignetes Anschauungsmaterial (Bilder, Filme, Texte, Lebensformen usw.) bereitgestellt werden, während auf der Beschreibungsebene Rückgriffe etwa auf geeignete Theorien (historische, soziokulturelle, alltagskulturelle usw.) notwendig wären.

In Bezug auf die Praxis an den Goethe-Instituten im Inland kommt hinzu, daß die Unterrichtssprache ausschließlich die deutsche Sprache ist (Prinzip der Einsprachigkeit). Einem Sprecher des Deutschen ist es nun aber nicht völlig freigestellt, wie er seine Gegenstandsbereiche gliedert. Zwar stehen die Wörter einer natürlichen Sprache, wie Umberto Eco in einer seiner neueren Publikationen überzeugend dargestellt hat (Eco 1984, S. 125ff), in einem multidimensional strukturierten Beziehungsgeflecht von Prädikaten, dessen Charakteristikum es allerdings ist, daß es multiple Interpretationen zuläßt, die von verschiedenen Individuen und Kulturen realisiert werden. Die Verschiedenheit, die in unseren Diskussionen offenkundig wurden, resultieren demnach, so ist nun

Fremdes und Eigenes – oder wie man einander mißverstehen kann

zu präzisieren, auch daraus, daß in diesen Verwendungssituationen je verschiedene Teile dieses Beziehungsgeflechts aktualisiert wurden.

Gleichheit und Verschiedenheit vs. Fremdes und Eigenes

Unterrichtsbeobachtung:
– Ein griechischer Student war geradezu erbost, daß die anderen Studenten das, was aus seiner Sicht eine Errungenschaft der modernen Welt ist, als »tot«, »kalt« und »unmenschlich« empfanden. Er bezeichnete den Autor (Handke) als einen »Nörgler«.
– Ein Student aus der Schweiz meinte: »Ich kann auch nicht in diesen anonymen Hochhäusern leben.«
– cf. die Äußerung der Brasilianer.

Mit seiner Äußerung indiziert der Schweizer, daß er Handkes Perspektive einer Großstadt nachvollzieht. Handkes Bild-Text wird dabei nicht als eine bestimmte ästhetische Darstellungsweise von Stadt *thematisiert*, sondern mit dem Gegenstand gleichgesetzt. Diese Identifikation ist nicht Gegenstand einer reflexiven Handlung, sondern wird schlicht *vollzogen*. Handkes Perspektive wird als die *eigene* nicht wiedererkannt, sondern *wiederholt*.

Die Verärgerung des Griechen dagegen ist ein Zeichen dafür, daß er sich, und das heißt in diesem Fall seine Perspektive auf den sozialen Raum ‚Stadt', als *fremd* unter den anderen *erfährt*. Er argumentiert nicht gegenüber den anderen, sondern bezichtigt den Autor (Handke) einer allzu negativen Darstellung, indem er ihn als »Nörgler« (er hat das Wort eigens im Wörterbuch gesucht) bezeichnet. Er verleiht damit nicht nur seiner Fremdheitserfahrung Ausdruck, sondern versucht sie zugleich zu verdecken. Nicht er ist fremd, es ist der Autor, der die Sache falsch sieht.

Dagegen machen die Brasilianer Handkes Darstellung zum *Gegenstand* ihrer Erörterungen, indem sie seine Darstellung als zutreffend für einen ganz bestimmten Teil des Gegenstandsbereichs erklären, um dann *Gleichheiten* und *Verschiedenheiten* im Hinblick auf die Beurteilung von Stadt feststellen zu können.

Als wichtiges Fazit unserer Beobachtungen kann somit an dieser Stelle festgehalten werden: Fremdes und Eigenes wird also erfahren, es sind *Erfahrungskategorien*. Gleichheit und Verschiedenheit wird festgestellt, es sind *Beschreibungskategorien*.

Gerhard Bechtold / Bernd M. Scherer

Beim Übergang von der Erfahrungsebene zur Beschreibungsebene passiert etwas Eigentümliches mit den am Dialog beteiligten Persönlichkeitsanteilen. Indem ich auf den anderen erbost oder durch Übernahme seiner Perspektive positiv reagiere, erfahre ich ihn als Person. Ich übernehme seine Sehweise der Gegenstände oder setze ihm meine eigene entgegen. Mache ich aber, wie die Brasilianer dies tun, seine Sehweise zum Gegenstand weiterer Überlegungen, dann wird der andere partiell, nämlich bzgl. dieser Sehweise auch zum Objekt, an dem ich Gleichheit und Verschiedenheit feststellen kann. Sind bzgl. des betreffenden Gegenstandes, in diesem Fall »Stadt«, durch Identifikation der beteiligten Sehweisen Gleichheiten hergestellt und damit Personenaspekte objektiviert, heißt dies nicht, daß der Gegenüber vollständig zum Objekt gemacht wurde. Vielmehr artikuliert sich jetzt Eigenes und Fremdes durch die je verschiedenen *Beschreibungsweisen* (im Sinne von Beschreibungskompetenz, s.o.) der zuvor durch Identifikation konstituierten Gegenstände, also eine Ebene höher.

Die Rolle des Zeichenbegriffs für das Verständnis interkultureller Kommunikation

Unterrichtsbeobachtung:
- Ein Brasilianer denkt bzgl. einer Mietwohnung im Hochhaus an eine Wohneinheit für mehrere Parteien mit einem Gemeinschaftsraum, von dem aus man in die einzelnen Wohnungen der Parteien gelangt, einem kommunikativen Raum also.
- Eine Italienerin beschreibt die von Handke vorgeführte Hochhauskultur als »eindrucksvoll«, beurteilt sie dann aber negativ. Erst genaueres Nachfragen ergibt, daß sie statt »eindrucksvoll« »erdrückend« meinte.
- cf. die Äußerung des Griechen.

Wenn jemand eine andere Sprache lernt, so konzentriert sich sein Lernprozeß, zumindest am Anfang, auf den Erwerb der lexikalischen Bedeutung der Sprachzeichen, d.h. er schaut im Wörterbuch nach. Doch schon an dieser Stelle tauchen die ersten Probleme auf und führen zur Verwirrung. Wenn nämlich ein im Wörterbuch des Kulturfremden mit vier Wörtern erklärt wird, die in ganz unterschiedlichen Kontexten gebraucht werden, stellt sich für ihn die Frage, welches nun das richtige Wort im Kontext des deutschen Textes ist. Selbst wenn er, durch Zufall

Fremdes und Eigenes – oder wie man einander mißverstehen kann

oder durch die Hilfestellung des Lehrers die lexikalische Entsprechung herausfiltert, ist das Problem noch nicht gelöst. Er kennt zwar die lexikalische Bedeutung des Sprachzeichens, verfügt aber noch nicht über den situativen und konnotativen Gebrauch. Die Verwendung des deutschen Sprachzeichens, die konnotativen Bedeutungszusätze und -verweise bleiben ihm fremd, weil die situativen Vorstellungsbilder, die er mit dem Wort seiner eigenen Sprache verbindet, nicht deckungsgleich sind mit denen von Deutschen. So hat der Brasilianer in unserem Beispiel sowohl ganz andere Vorstellungen bzgl. der räumlichen Aufteilung wie auch der sozialen Funktion von Mietwohnungen als ein Deutscher.

Vor dem Hintergrund dieser Beobachtungen erweisen sich Sprach- und Zeichentheorien als inadäquat, bei denen die Bedeutung der Sprachzeichen nur in der Extension oder in einer festgelegten Wörterbuchbedeutung besteht. In seinem bereits erwähnten Buch »Semiotik und Philosophie der Sprache« hat Umberto Eco gegen letztere Version von Sprachtheorien, die auf der Vorstellung eines Porphyrischen Baumes – d.i. ein hierarchisch geordnetes System von Relationen zwischen Wörtern – basiert, weitere systematische Argumente vorgebracht und ihr die Konzeption einer Sprache gegenübergestellt, deren Zeichen im Sinne einer Enzyklopädie geordnet sind. D.h. es besteht hier kein hierarchisch geordneter Zusammenhang zwischen dem Zeichen, sondern jedes Zeichen steht mit allen anderen in Verbindung und es hängt von den jeweiligen Kontexten und Kompetenzen der Sprecher ab, welche Relationen eines Kontextes gerade aktualisiert werden:

»Eine natürliche Sprache ist ein flexibles System der Signifikation, das zur Produktion von Texten erdacht wurde, und Texte sind Mittel, um Teile enzyklopädischer Information zu vergrößern oder zu narkotisieren.« (Eco 1985, S. 124)

Ersichtlich trägt diese Sprachkonzeption schon mehr zur Beschreibung der obengenannten Phänomene bei.

Von hier aus ergibt sich auch eine zusätzliche Begründung für die Verwendung literarischer Texte im Unterricht. Gerade in literarischen Texten wird ja die Sprache selbst thematisiert und – ganz im Sinne des Eco-Zitats – vorgeführt, wie Bedeutungen konstituiert werden: In unserem Text etwa durch die spezifische Bild-Wort-Relation und den Aufbau eines bestimmten Wortfeldes (s. Anhang), das zunächst (von der Sprachsystem-Bedeutung) scheinbar neutralen Wörtern neue Bedeutungsaspekte verleiht. Der Student, der zunächst im Anfängerunterricht, übrigens ganz im Sinne des traditionellen Sprachbegriffs, mehr oder weniger Wörterbuchbedeutungen erlernt hat, wird so sensibilisiert für die innertextuelle und extratextuelle Kontextabhängigkeit bei der Verwendung von Sprachzeichen und erwirbt damit zugleich produktive Umgangsformen mit Sprache und Kultur.

Besonders fruchtbar erweist sich in diesem Zusammenhang der Bedeutungskonstitution der von C.S. Peirce entwickelte *Interpretantenbegriff*, an den auch Eco mehrfach anknüpft. Im Gegensatz zu traditionellen Bedeutungsbegriffen, die eine feste eins-zu-eins-Beziehung zwischen einem Zeichen und seiner Bedeutung postulieren, manifestiert sich die Bedeutung für Peirce durch den Interpretantenprozeß, der sich in einem potentiell unendlichen Prozeß der Semiose an die Aktualisierung eines Zeichens anschließt. Die Interpretanten sind dabei die Umgangsformen der Dialogpartner mit dem betreffenden Zeichen, wobei diese Umgangsformen in der Mehrzahl selbst wiederum Zeichen sind. (Peirce 1931–35, 5.475) Die Bedeutung des Zeichens besteht nach Peirce also nicht in einer Zeichen-Objekt-Relation, sondern, und das ist für das Verständnis interkultureller Kommunikation besonders interessant, in dem *Personenaspekt* von Zeichen (vgl. hierzu ausführlich Scherer 1984). Die Äußerungen des Griechen wie auch der Italienerin sind dankbare Beispiele zur Veranschaulichung dieses Interpretantenprozesses. Sowohl die Verärgerung des Griechen als auch die Einschätzung der Italienerin, die Bilder seien »eindrucksvoll«, gehören in der betreffenden Situation mit zur Bedeutungskonstitution des Handke-Textes. Wäre bei der Italienerin nicht nachgefragt worden, dann wäre für alle anderen Beteiligten mit dem Wort »eindrucksvoll« ihr Textverständnis artikuliert worden. Aber gerade die Nachfrage, die natürlich aufgrund der anderen von ihr artikulierten Interpretanten erst motiviert wurde, zeigt, wie in einem fortlaufenden Interpretantenprozeß eine allmähliche Bedeutungsklärung zwischen den an einem Dialog Beteiligten stattfindet.[1]

Ebensowenig wie eine Sprachtheorie diesen Prozeß der Konstitution von Bedeutung in einem Dialog nicht beschreiben kann, wenn sie nur eine feste Relation zwischen Zeichen und Bedeutung zuläßt, kann auch offensichtlich eine Theorie interkultureller Kommunikation nicht beschreiben, wie beim Verstehensprozeß in einem gegenseitigen Aushandeln Fremdes und Eigenes schrittweise herausgebildet wird, wenn sie nur die Alternative zuläßt: der Betreffende hat das kulturelle Zeichen verstanden, d.h. die Standardbedeutung aktualisiert, oder nicht.

Fremdes und Eigenes – oder wie man einander mißverstehen kann

Synthetisches vs. analytisches Verfahren. Die Auswirkung von Unterrichtsmethoden auf die Fremdheitserfahrung

Wir praktizieren bei der Vermittlung des Handke-Textes im wesentlichen zwei Verfahren, ein synthetisches (I) und ein analytisches (II). Dabei konnten wir folgende Beobachtungen machen.
Unterrichtsbeobachtung:
- Beim I. Verfahren achteten die Studenten direkt auf die spezifische Verwendungsweise der Wörter und verstanden sie auch schneller.
- Beim I. Verfahren bewerten die Studenten (unabhängig vom Handke-Text) die Stadtkultur zunächst viel positiver und relativieren dann anschließend die Darstellung Handkes als die spezifische Sehweise eines Mitteleuropäers.
- Im II. Verfahren wird die Darstellung Handkes mit der eigenen vermischt oder als gegenstandskonstitutiv (»So ist die Stadt«) und nicht als eine Darstellungsweise des Gegenstandes betrachtet.
- Im II. Verfahren sind die Verständigungsbemühungen verwickelter, es bietet aber eher die Chance, je eigene Interpretationsansätze sichtbar zu machen.

Ziel des *synthetischen Verfahrens* war es, schrittweise ein Textverständnis aufzubauen. Wir konzentrierten uns dabei auf zwei Eigenschaften des Textes, nämlich die Wort-Bild-Relation und die spezifischen Wortfelder.
Um die Studenten dahingehend zu sensibilisieren, daß die Bildunterschriften nicht nur schlichte Beschreibungen des Abgebildeten sind, zeigten wir ihnen vor der Beschäftigung mit dem Handke-Text das Bild »Wanderer über dem Nebelmeer« (1818) von C.D. Friedrich, unter das wir den Handke-Kommentar »Das ist das Plateau, auf dem ich damals über eine Stunde bewegungslos gestanden habe.« montiert hatten, um es später mit der original Bild-Text-Kombination zu vergleichen. Im Falle der Wortfelder verteilten wir den Studenten eine ungeordnete Wortliste (siehe Anhang), aus deren Wörtern sie in Gruppenarbeit (die Gruppen waren nach Kulturkreisen organisiert) einen eigenen Text erstellen sollten. In einigen Texten wurde dabei schon der Gegensatz: Natur – Technik deutlich herausgearbeitet, in anderen wurde er überhaupt nicht sichtbar, standen die Wörter in ganz anderen Zusammenhängen.
Die Pointe dieser beiden Schritte ist, daß die Studenten nicht nur für ganz bestimmte Texteigenschaften sensibilisiert werden, sondern auch, daß ein ganz bestimmtes Textverständnis aufgebaut wird, ohne dabei von einer Metasprache Gebrauch zu machen. Dem Studenten werden Ver-

Gerhard Bechtold / Bernd M. Scherer

fahrensweisen an die Hand gegeben, die es ihm erlauben, ein bestimmtes Textverständnis selbst aufzubauen. Er übernimmt, läßt er sich auf dieses Verfahren ein, und das dürfte die Regel sein, die Texterschließungsstrategien des Lehrers. Fremdheitserfahrungen können dabei auf der Ebene der Erschließungsstrategien nicht vorkommen, weil das Verfahren schon im Vorfeld Gleichheiten herstellt, was allerdings nicht heißt, daß in inhaltlichen Punkten nicht auch Eigenes und Fremdes sichtbar werden kann. Das synthetische Verfahren ist *lehrorientiert*.

Vom Ansatz her ähnelt dieses Verfahren ganz dem Vorschlag, den Götz Großklaus in der ersten Publikation der Gesellschaft für Interkulturelle Germanistik »Das Fremde und das Eigene« vorgelegt hat (Großklaus 1985). Auch Großklaus stellt in diesem Beitrag dem fremdkulturellen Leser von Büchners »Lenz« Texterschließungsstrategien zur Verfügung, die ihm die je eigene inhaltliche Füllung ermöglichen sollen. Nur vertritt er darüber hinaus den Anspruch, daß diese Erschließungsstrategie, die wie die Kategorie »Raum«, natürlich auf der Metaebene zu den Texten angesiedelt sind, einen transkulturellen Status haben und von daher eine Rahmenkonzeption darstellen, die jedem fremdkulturellen Leser unmittelbar zugänglich ist.

Es soll hier nicht bestritten werden, daß es Sinn macht, dem kulturfremden Leser Erschließungsstrategien an die Hand zu geben. Nur muß man sehen, daß er den Text dann lesen lernt, wie *wir* ihn lesen würden, und daß er nur die Chance hat, in dem von uns gesteckten Rahmen Fremdes und Eigenes inhaltlich zu erfahren. Die Verlagerung von den inhaltlichen Aspekten auf die kategorialen Prädikate (wie Raum und Zeit) siedelt den eurozentrischen Zugriff nur eine Ebene höher an. Denn selbst wenn Raum und Zeit und andere Kategorien solche transkulturellen Kategorien der Erfahrung wären, bleibt die Frage, ob in anderen Kulturen Texte von diesem kategorialen Rahmen her erschlossen werden, oder ob es dort nicht ganz andere Zugangsweisen zu Texten gibt: abgesehen von der Frage, ob die Erschließung literarischer Texte überhaupt von einem kategorischen Rahmen her erfolgen sollte.

Es muß an dieser Stelle jedoch darauf hingewiesen werden, daß Großklaus sein Konzept symbolischer Raumorientierung inzwischen dahingehend präzisiert hat, daß es sich dabei um explizit europäische Raumorientierungsmuster handelt, die als Vergleichsrahmen zu fremdkulturellen Zugängen und kategorialen Bestimmungen herangezogen werden können (siehe Großklaus' Beitrag zu diesem Kongreß). Wir sehen in diesem Konzept von Götz Großklaus den wichtigen und notwendigen Beitrag zur Bestimmung des (europäisch) Eigenen, ohne dessen

Fremdes und Eigenes – oder wie man einander mißverstehen kann

Kenntnis und Einbeziehung die Diskussion über Fremdes und Eigenes (des Fremden?) fremd bleiben muß. Akzeptiert man das von uns postulierte Verfahren, zunächst einmal fremde Texterschließungsstrategien zuzulassen, denn nur so ist Fremdes und Eigenes überhaupt erst erfahrbar, und damit produktiv zu nutzen, so erscheint uns das Konzept symbolischer Raumorientierung als denkbar geeignetes Instrumentarium, Gleichheiten und Verschiedenheiten sichtbar zu machen.

Zurück zu unserem Unterrichtsbeispiel: Neben der vorgängigen Sensibilisierung für bestimmte Texteigenschaften hatten wir der Behandlung des Handke-Textes auch noch eine Diskussion über das Thema »Stadt« vorgeschoben. Während nun durch die Sensibilisierungsphasen eine bei allen gleiche Basis der Erschließung geschaffen wurde, hatte die Diskussion über das Thema »Stadt« zur Folge, daß die einzelnen Studenten vor der Beschäftigung mit dem Handke-Text eine eigene Meinung über das Thema explizit bildeten und bei der Diskussion über den Text gerade die Unterschiede betonten. Dabei wurde Handkes Darstellung nicht schlicht als eigene Perzeption nachvollzogen oder aber als fremd erfahren, sondern zum Gegenstand der Diskussion gemacht.

Dagegen vermischen sich bei dem *analytischen Verfahren* die beiden Ebenen ständig, weil nicht eine eigene Position vor der Textbearbeitung aufgebaut wird. Mal wird Handkes Sehweise schlicht wiederholt, Eigenes wird erfahren, mal wird über sie gesprochen, Gleichheit und Verschiedenheit werden festgestellt. Da in einem analytischen Verfahren die Studenten den Text ohne Vorgaben erhalten, bleibt es der Sensibilität der Beteiligten vorbehalten, diesen Ebenenwechsel zu entdecken. Das gleiche gilt für den Aufbau eines Textverständnisses. Aus dem gemeinsamen Gespräch heraus müssen Gesichtspunkte erarbeitet werden, nach denen der Text zu erschließen ist. Die je verschiedenen Zugangsweisen stehen dabei auch zur Diskussion. Es handelt sich um ein völlig *offenes Verfahren*.

Wie fremd sind die »fremden Augen«?

Neben der Behandlung des Handke-Textes haben wir auch in verschiedenen Kursstufen Experimente mit einer kurzen Filmsequenz (40 sec. auf einer Video-Cassette) durchgeführt, die gerade hinsichtlich der Bestimmung der Kategorie »Fremdheit« besonders aufschlußreich waren. Die stumme Filmsequenz zeigt eine Frau und einen Mann, die miteinander sprechen, sich verabschieden, die Frau geht weg. Eingebettet ist diese Szene in zwei kurze Szenen, in denen ein Mann die Aktionen der beiden anderen beobachtet.

Unterrichtsbeobachtung:
- Studenten, die diese Videosequenz beschreiben sollen, erstellen statt dessen Dialoge.
- Mit Studenten aus allen Erdteilen konnte, waren nur ausreichend sprachliche Mittel vorhanden, über filmsprachliche Besonderheiten, wie Einstellungsgröße, Kamerafahrt, Schnitt-Technik und den damit verbundenen Bedeutungszusammenhängen diskutiert werden.
- Bei der Beschreibung des C.D. Friedrich Bildes »Wanderer über dem Nebelmeer« wurde sowohl von einem brasilianischen Philosophiestudenten wie von einer italienischen Literaturstudentin ein existenzphilosophischer Beschreibungsrahmen gewählt.

Die erste Beobachtung zeigt, daß mögliche Fremdheitserfahrungen der Studenten nicht nur durch konkrete Vorbereitungen auf einen Text bzw. Film abgebaut werden (wie z.B. durch das oben beschriebene synthetische Verfahren), sondern daß auch durch den Sprachunterricht in vielerlei Hinsicht Gleichheiten hergestellt werden. Nicht nur erlernen die Studenten mit der neuen Sprache neue Sehweisen, Gliederungsmöglichkeiten von Welt, selbst die verwendeten Unterrichtsmethoden beeinflussen den sprachlichen Umgang mit Welt. Im obigen Videobeispiel reproduzieren die Lerner mit wenigen sprachlichen Vorkenntnissen genau das Verfahren des Anfängerunterrichts: Sie nahmen die stumme Bilderfolge als Redeanlaß und produzierten (in der Videosequenz nicht hörbare) Dialoge. Diejenigen mit mehr sprachlicher Kompetenz dagegen beschrieben das sichtbare Geschehen und betteten dies z.T. in fiktive (realistische oder witzige) Handlungskontexte ein.

Interessant ist diese Beobachtung in mehrerlei Hinsicht. Sie zeigt, daß, um Äußerungen im Hinblick auf kulturelle Fremde beurteilen zu können, es ganz entscheidend darauf ankommt, die ursprüngliche wie auch die neuangeeigneten Lerngewohnheiten zu berücksichtigen. Sie zeigt auch, daß es notwendig ist, die allgemeine kulturelle Vorbildung, d.h. den mehr oder weniger selbstverständlichen Umgang mit Medien wie Film, Literatur und Kunst etc. ins Kalkül zu ziehen. Nahezu alle Studenten der Gruppe mit mehr sprachlicher Kompetenz hatten in ihren Heimatländern bereits eine akademische Ausbildung absolviert, sind in den Metropolen ihrer Länder aufgewachsen. Für sie war es überhaupt kein Problem, adäquat mit dem Medium umzugehen.

Fremdes und Eigenes – oder wie man einander mißverstehen kann

Die Beobachtung, wie auch die Äußerungen zu dem C.D. Friedrich-Bild machen deutlich, daß eine Einteilung in Kultureinheiten nach regionalen Kriterien verfehlt ist, ja daß eine *Vorab*einstufung des Gegenüber als »Kulturfremden« einfach unzulässig ist. So haben sich ja ganz offensichtlich bestimmte Kultursysteme, wie etwa der amerikanische Film, und damit eine ganz bestimmte Wahrnehmungsweise von Film (und Realität), schon über weite Teile der Welt verbreitet, während andere, z.B. spezielle Arten von Literatur, nur begrenzten Leserschichten vertraut sind.

Methodisch-didaktisches Konzept für die Behandlung literarischer Texte im Unterricht Deutsch als Fremdsprache

Auf der Basis der oben ausgeführten Überlegungen ergibt sich für uns die grundsätzliche Forderung:

Die Differenz zwischen Fremdem und Eigenem muß selbst zum Gegenstand des Dialogs werden. Sie darf nicht durch unsere (d.h. für den Fremden fremde) Zugangsweisen und Beschreibungskategorien verbaut werden.

Als Konsequenz für eine dialogisch orientierte Interkulturelle Germanistik läßt sich aufgrund dieser Überlegungen ein methodisch-didaktisches Konzept ableiten, das aus drei Kernphasen besteht:

1) *die Orientierungsphase:*
   Sie erlaubt dem Lerner in einem nicht vorstrukturierten Dialog, seine eigenen Sehweisen und Erklärungsmodelle zu formulieren. (Eigenes und Fremdes – für den Lerner wie auch für den Lehrer – wird ausgelotet und kommt in den Blick)
2) *die Bewußtmachungsphase:*
   Kulturelle Gleichheit und Verschiedenheit werden durch gemeinsame Reflexion auf die Ergebnisse der Orientierungsphase thematisiert. (Konfrontation der eigenen und fremden Erklärungsmuster)
3) *die Interpretationsphase:*
   Gemeinsame Diskussion über die Gründe für Gleichheit und Verschiedenheit (Einbettung in die historischen und soziokulturellen Rahmenbedingungen).

Gerhard Bechtold / Bernd M. Scherer

Anmerkung

[1] Welche Rolle hat aber nun die Bedeutungsexplikation eines Zeichens in einem Zeichensystem, das etwa von einem Semantiker beschrieben wurde? Antwort: Der Semantiker *beschreibt* im *Nachhinein* stattgefundene Kommunikationssituationen und versucht auf der Metaebene Relationen zwischen Zeichen und anderen Verhaltensformen herzustellen. Insofern stellt sich dann aus der Sicht wissenschaftlicher Beschreibung die Zeichen-Bedeutungsrelationen als eine Objekt-Objekt-Relation dar, da beides, Zeichen und Bedeutung, jetzt Gegenstand der wissenschaftlichen Untersuchung sind.

Literatur

Bechtold, Gerhard: *Sinnliche Wahrnehmung von sozialer Wirklichkeit. Die multimedialen Montage-Texte Alexander Kluges.* Tübingen 1983.

Bechtold, Gerhard: *Die Sinne entspannen. Zur Multimedialität in Alexander Kluges Texten.* In: Böhm-Christl, Th. (Hrsg.): *Alexander Kluge.* Frankfurt 1983, S. 212–232.

Bichsel, Peter: *Der Leser. Das Erzählen.* Frankfurter Poetik-Vorlesungen. Darmstadt und Neuwied 1984 (4. Aufl.).

Eco, Umberto: *Semiotik und Philosophie der Sprache.* (Orig.: Semiotica e filosofia del linguaggio). München 1985.

Großklaus, Götz: *Konnotativer Vorgang und Wert-Verständigung.* In: Großklaus, G. / Oldemeyer, E. (Hrsg.): *Werte in kommunikativen Prozessen.* Stuttgart 1980, S. 88–125.

Großklaus, Götz: *Konnotative Typen alltäglicher Wert-Verständigung.* In: Zeitschrift für Semiotik, Bd. 3, 1981, S. 171–184.

Großklaus, Götz: *Kultursemiotischer Versuch zum Fremdverstehen.* In: Wierlacher 1985, S. 391–412.

Großklaus, Götz: *Symbolische Raumorientierung als Denkfigur des Selbst- und Fremdverstehens.* (Beitrag in diesem Band)

Handke, Peter: *Die Reise nach la défense.* In: *Als das Wünschen noch geholfen hat.* Frankfurt 1974.

Krusche, Dietrich: *Literatur und Fremde. Zur Hermeneutik kulturräumlicher Distanz.* München 1985.

Lorenz, Kuno: *Sprachphilosophie.* In: Althaus, Hans Peter / Henne, Helmut / Wiegand, Herbert Ernst: *Lexikon der Germanistischen Linguistik.* Tübingen 1980 (2. Aufl.), S. 1–28.

Fremdes und Eigenes – oder wie man einander mißverstehen kann

Peirce, Charles Sanders: *Collected Papers of Charles Sanders Peirce I–IV*. ed. Hartsgorne, Charles/ Weiss, Paul. Cambridge, Mass. 1931–35.
Wierlacher, Alois (Hrsg.): *Das Fremde und das Eigene. Prolegomena zu einer interkulturellen Germanistik*. München 1985.

Anhang

Analytisches Verfahren: Unterrichtsverlauf I

1) Die Studenten erhalten zunächst den Bild-Text (ohne Bildunterschriften) mit Ausnahme des Titelbildes. Sie sollen in der Gruppe ihre Empfindungen beim Betrachten der Bilder notieren. Die Ergebnisse werden auf OHP-Folie gemäß der Gruppenzusammensetzung (Kultur-Großregionen) festgehalten und im Hinblick auf Gleichheit und Verschiedenheit im Plenum diskutiert.
2) Anschließend erhalten die Gruppen das Titelbild (eine Projektion an die Wand ist ebenso denkbar), wobei sie wiederum die Wirkung des Bildes auf sie formulieren sollen. Die Ergebnisse werden dann im Zusammenhang mit den Einschätzungen der übrigen Bilder-Serie diskutiert. Im Mittelpunkt steht dabei die Anordnung der Bilder und damit auch die spezifische Sehweise des Autors (Handke), die nun auch mit den eigenen Sehweisen verglichen wird.
3) Die Studenten erhalten dann die Bildunterschriften zu den jeweiligen Photos und suchen darin all jene Begriffe heraus, die ihren positiven bzw. negativen Einschätzungen der Bilder entsprechen. Die Ergebnisse werden dann im Hinblick auf die Funktion der Bildunterschriften (Kommentare des Autors) diskutiert.
4) Abschließend sollen sich die Studenten dazu äußern, ob es sich bei dem Dargestellten und seiner Bewertung durch den Autor um ein spezifisch europäisches oder um ein globales Phänomen handelt und wie man in ihren Heimatländern darüber denkt.

Synthetisches Verfahren: Unterrichtsverlauf II

Es empfiehlt sich, die thematischen Einheiten auf mehrere Wochentage zu verteilen, damit die Einheiten zunächst einen eigenen Status erhalten und erst am Schluß zusammengeführt werden. Die Studenten bleiben während des gesamten Unterrichtsverlaufs in Gruppen, die nach Großregionen gebildet werden.

I.
1) Die Studenten erhalten das Caspar David Friedrich Bild »Wanderer über dem Nebelmeer« mit der Bildunterschrift »Das ist das Plateau, auf dem ich damals über eine Stunde bewegungslos gestanden habe«, die identisch ist mit dem Handke-Kommentar zum dritten Bild. Sie sollen in der Gruppe ihre Eindrücke zu dem Bild und der Unterschrift sammeln. Diese werden auf OHF-Folie festgehalten und anschließend in der Klasse diskutiert.
2) Eine Liste mit zentralen Wörtern des Textes wird den Studenten ausgeteilt; als Hausaufgabe sollen sie eine Geschichte schreiben, in der diese Wörter vorkommen. Die Geschichten werden in der Klasse miteinander verglichen.
3) Diskussion über das Thema Stadt.

II.
Unterrichtsverlauf zunächst wie beim analytischen Verfahren, allerdings Erweiterung um folgende Punkte:

III.
1) Gegenüberstellung des CDF-Bildes mit dem entsprechenden Handke-Bild: Was bedeutet vor dem Hintergrund dieses Vergleiches die Aussage unter dem Handke-Photo?
2) Vergleich der Kontexte der zentralen Wörter, die diese in den ‚eigenen' Geschichten und im Handke-Text haben.
3) Abschlußdiskussion: Vergleich der Stadtdarstellung Handkes mit den vorher geäußerten Meinungen. Revisionen, Modifikationen, Neubewertungen.

Wörter aus dem Handke-Text, an Hand derer die Studenten eine eigene Geschichte schreiben sollten:

Hochhäuser Reklame Mütter Kinderwagen Gummibäume Gras Essen malerisch bunt bewegungslos riesig leer gleichförmig belebt niemand

Fremdes und Eigenes – oder wie man einander mißverstehen kann

japanischer Bankangestellte	*Asiaten*	*Südamerikaner*	*Europäer*	*Araber/Israeli*
geschäftig	sauber	Stadtwüste	beeindruckend (negativer Sinn)	neu
Arbeit	einsam	still	farblos	modern
Aktion	unmenschlich	künstlich	praktisch	amerikanisch
schnell	finster	ungemütlich	Betonwüste	positiv
	kalt	–	gleichförmig	groß
	bedrohlich	–	symmetrisch	hoch
	still	–	kein Gefühl	eine gute Lösung
	monoton	–	unpersönlich	raumsparend
	grau/schwarz	–	neblig	praktisch
	künstlich		unnatürlich	billig
	tot		unheimlich	leer
	ohne Sonne	menschenleer	realistisch	fremd
	ohne Menschen	gleichförmig	bequem	einsam
	ohne Pflanzen	großer Raum	zivilisiert	laut
	Angst		modern	mechanisch konstruiert

Kasten: *Südeuropäer* Italien, Griechenland, Spanien

Abb.: 1
Spektrum der Reaktionen auf die Bilder (die Nennungen im Kasten stammen aus dem dem Text zugrundeliegenden Unterrichtsbeispiel, die Nennungen außerhalb des Kastens aus Kursen, in denen dieser Text ebenfalls behandelt wurde)

Gerhard Bechtold / Bernd M. Scherer

Fremdes und Eigenes – oder wie man einander mißverstehen kann

Albrecht Holschuh, Bloomington

Von der ‚typisch amerikanischen' alltäglichen Bestimmungsnot des Faches

An manchen amerikanischen Universität ist es üblich, im Turnus von etwa sechs Jahren in den akademischen Abteilungen Inventur zu machen, Kritik und Selbstkritik zu üben und im Zusammenhang damit auch auswärtige Gutachter einzuladen. Bei einem solchen Inspektionsbesuch im vergangenen Frühjahr fragte ein verärgerter Dekan, dem seine germanistische Abteilung nicht zum Guten geraten wollte, die Inspektoren, warum er den Betrieb nicht einfach schließen solle. »Who needs it?« Japan-Studien andererseits leuchteten ihm ein, da sei noch etwas zu lernen und zu holen. Und bevor die Besucher (einer davon war ich) den Mund zum Protest aufbekamen, winkte er ab: Er erwarte es gar nicht anders, als daß jeder sein eigenes Fach für unerläßlich halte.

Nun, er hat die Antwort dann schriftlich erhalten. Akzeptiert haben wird er das Argument, daß eine Schließung finanziell nicht ratsam sei. Die Fakultätsmitglieder müßte er irgendwie auszahlen, was bei unkündbaren Lehraufträgen nicht gerade einfach ist, und die Studenten, die jetzt die deutsche Sprache erlernen, (oder ihre Nachfolger) würden in anderen Sprachabteilungen auftauchen, wo dann praktisch ebenso viele Assistenten neu anzustellen wären, wie man in der Germanistik entlassen hat.

Ob ihn die anderen Argumente berührt haben, also diejenigen, die dem Fachmann selber so nah und moralisch am Herzen liegen, ist weniger sicher. Die amerikanische und die deutsche Kultur seien einander zu nahe verwandt, wurde ihm erklärt, als daß eine seriöse Hochschule es sich erlauben könne, in den Verbund der Kulturen und Fächer ein solches Loch zu reißen. Zu oft und tief müßten Studierende und Gelehrte anderer Disziplinen auf deutsche Sprache und Kultur Bezug nehmen. Und dann die patriotische Geste: Mitteleuropa sei politisch, wirtschaftlich und militärisch zu wichtig, als daß man es ignorieren dürfe.

Bemerkenswert an dem Vorfall ist erstens, daß er sich ereignen konnte, daß die Herausforderung überhaupt erging, dazu aus dem Mund des verantwortlichen Dekans. Zweitens fällt auf, daß das Studium der deutschen Literatur, das im deutschen – und herkömmlicherweise auch im amerikanischen – Selbstverständnis unseres Faches den Kern ausmacht, nicht einmal in der Antwort unmittelbar vorkam. Nicht nur hielten wir einen Hinweis auf die deutschsprachige Weltliteratur für in diesem Falle wirkungslos, im Nachhinein ist sogar zu vermuten, daß wir sie selber nicht als primär angesehen haben. Um das zu verstehen, muß ich etwas weiter ausholen.

Der Vorfall mag zur Erinnerung dienen, daß der Stellenwert des Faches keineswegs überall gesichert ist, wenn auch die Germanistik in den Staaten selbstverständlich nicht eigentlich in Gefahr steht. Es gibt wohl wirklich kaum seriöse Colleges und Universitäten ohne Deutschabteilungen oder deren Äquivalent. Immerhin aber sehen nicht wenige Kollegen anderer Disziplinen die germanistische Sprach- und Literaturforschung als ein Orchideenfach an, oder sie gestehen dem Fach unwillig eine Sprachlehrfunktion zu und sonst nichts. Die jungen Leute sollen ein bißchen Fremdsprachen lernen, meint man ohne rechte Überzeugung, und Turnen und Schwimmen täte ihnen sicher auch gut. Was die Wahl des Deutschen statt einer anderen Sprache angeht: Warum sollte das Deutsche in den Staaten eine größere Rolle spielen als etwa das Italienische oder Holländische in der Bundesrepublik? Die BRD ist halt ein bißchen kleiner als die USA – und sämtliche deutschsprachigen Länder zusammen zwar wichtig, jedoch weder so groß noch so nah wie Lateinamerika. Und schließlich: Auch wenn wir uns noch so brav abstrampeln, die Geschichte von 1914 bis 1954 ist nicht vergessen.

Wenn Zweifel an der Germanistik auch nicht unmittelbar ihre Existenz bedrohen (so ernst wird es unser Dekan nicht gemeint haben), so beeinflussen sie doch die Qualität. Vor allem außerhalb der soliden Hochschulen mit lebendiger Humboldtscher Tradition herrscht ein stummer Wettkampf unter den allesamt geldarmen Abteilungen. Jedes Jahr nagt Erosion am Etat. Wer sich nicht beweist, muß immer billiger einkaufen und wird immer unscheinbarer. Wir müssen der Welt klarmachen, daß wir gebraucht werden.

Nicht nur an diesen Rechtfertigungszwang denke ich, sondern gleichermaßen an einen ihm entsprechenden inneren Drang. Zweifel an der Notwendigkeit erreichen das Fach auch von innen und beeinflussen die Gewichteverteilung. Das Selbstverständnis ist nicht selbstverständlich. In einer vermutlich typisch amerikanischen Weise fühlt die Germanistik – wenn man so etwas überhaupt verallgemeinern darf – das Bedürfnis, sich jeden Tag in der Praxis ihrer Berechtigung gewiß zu sein. Das berührt weniger die vielen Menschen, die froh sind über ihren be-

Von der ‚typisch amerikanischen' alltäglichen Bestimmungsnot

scheidenen akademischen Arbeitsplatz und ihre Augen selten vom Pult erheben, sondern die treibenden Kräfte und die Kräftigen.

Der Titel des Beitrags lautet: »Von der ‚typisch amerikanischen' alltäglichen Bestimmungsnot des Faches.« Hungersnot ist kein Mangel an Hunger und Wassersnot keine Trockenzeit. Gewissensnot entspringt nicht einem Zuwenig an Gewissen. Zu reden ist von einer Not der US-amerikanischen Germanistik mit ihrer Selbstbestimmung (nicht eigentlich Begründung), von einem Drang und Zwang, sich des eigenen Standorts zu vergewissern. Es gibt Kollegen, die sich laut darüber wundern, daß man sie für ihr Lieblingsspiel, nämlich literarische Forschung und Lehre, auch noch bezahlt.

Alltäglich ist diese Not nicht nur insofern, als sie alle Tage präsent ist und nie weit unter die Bewußtseinsschwelle sinkt, sondern auch in ihrer werktäglichen Praxisnähe. Schöne saubere theoretische Grundsatzdiskussionen überlassen wir – nicht immer, aber oft – anderen Nationen. Die schreiben dann z.b. bewundernswerte Aufsätze über die Prämissen einer Theorie interkultureller Germanistik. Amerikaner entwickeln weniger gerne komplette technische Zeichnungen, als daß sie die Gestalt des Baus während der Arbeit mit Hammer und Säge stetig bedenken. Alles Tun bezieht sich auf ein Fundament.

Nicht nur verstand jener Dekan nichts vom Fach, er bewegte sich auch in einem alltäglichen Kräftefeld von Werten, das dem unserer mitteleuropäischen Fachheimat nur zum Teil gleicht. Bildung, vor allem in den Geisteswissenschaften und Künsten, hat ja in den USA eine andere Funktion als in den alten Hof- und Stadtkulturen Europas und Asiens. Sie ist nicht zum sozialen Wertemesser entstofflicht. Auf einen akademischen Titel z.B. kann man sich nichts einbilden. Weder vom Hausarzt noch vom Buchhändler wird man dezent bevorzugt, die Bank gewährt keinen Kredit darauf und das Restaurant keinen Fenstertisch. Es ist auch zwecklos, in einem Gespräch Kenntnisse der Musik oder der Theaterszene zu spreizen wie der Pfau den Schwanz.

Nicht daß Bildung und Künste unwichtig sind – das wäre ein arges Mißverständnis. Nur soll man sie um ihrer selbst willen genießen, ohne darauf zu schielen, ob man den Bildungsansprüchen der Gesellschaft genügt. Es ist gar nicht bewiesen, daß regelmäßiges Golfspiel der Menschheit und der eigenen Seele weniger wohltut als ein Opernabonnement. Vielleicht ist der Dekan wirklich mal in einer Wagner-Oper gewesen und hat sich dort so gelangweilt wie ich beim Golf. Who needs it?

Die folgende Behauptung ist der Deutlichkeit halber überspitzt, aber nicht unrichtig: Kunst, Literatur, und nun gar deutsche Literatur, stellt im allgemeinen Bewußtsein keinen Wert an sich dar, kein Volksgut, das auf Steuerkosten unbedingt geschützt und gestreichelt werden muß. Entweder wird Literatur gepflegt, weil der Einzelne sie mag, oder sie muß ihren Wert von anderen Werten ableiten. Das heißt: Insoweit deutsche Literaturwissenschaft öffentlich anerkannt und versorgt werden will, muß sie sich als Teil einer größeren Germanistik und durch den Bezug auf gesellschaftliche Grundwerte rechtfertigen.

Letztlich, wenn man alles hinterfragt, ist in den Staaten vielleicht nur die spezifische Gestalt der Demokratie selbstverständlich, untrennbar von der Vorstellung der Nation – der tragende Mythos. In dieser oder jener Weise rechtfertigt sich alles Gemeinschaftliche, selbst Religion und Bildung, auf dieser Basis. Ein schlagendes Beispiel für die Wirksamkeit des Ableitungsmodells war NDEA, the National Defense Education Act, ein gewaltiges Förderungsprogramm vor allem für Fremdsprachen, entstanden unter dem Schock von Sputnik. Da wurde auch die deutsche Romantik in die Landesverteidigung einbezogen und entsprechend gut finanziert. Mit dem Debakel von Vietnam geriet diese Verbindung in Verruf, und das Geld verschwand. Es folgten siebzehn magere Jahre. Neuerdings häufen sich Rufe nach verstärkter humanistischer Bildung der Jugend, mit der erneuten Begründung, nur so könne die Nation den Anforderungen des wirtschaftlichen und politischen Wettkampfes in der Welt genügen. Weltgeschichte, Shakespeare und Aufsatzkunde für die Manager von morgen!

Nun könnte der Eindruck entstehen, Bildung sei vorrangig ein Instrument des Imperialismus. Das wäre ganz falsch. Zum amerikanischen Demokratieverständnis gehört ja auch das Unabhängigkeitsbewußtsein des Einzelnen. Während Europäer die Nation oft als Staat begreifen, in dem der Einzelne seinen Platz hat oder sich bewegt, sieht der Amerikaner eine Gruppe von Unabhängigen, die sich gemeinsam nur so viel Staat verordnen wie unbedingt nötig. Das ist nicht eine Sache der Realität (die man auch anders interpretieren kann), sondern der Perzeption.

Der Präsident der Vereinigten Staaten etwa betrachtet Bildung als Privatsache, auf die die Gemeinschaft gegebenenfalls stolz sein darf. Symptomatisch dafür (und auch für seinen Bühnensinn) hat er am 18. Juni in einer Feier die nationale Kunstmedaille an ohne seine Mithilfe erfolgreiche Künstler und zugleich an einen Mäzen verliehen. Selbst die Finanzierung von Kunst ist ihm eine, wenn auch löbliche, private Angelegenheit.

Wichtiger als die Geste der öffentlichen Hand sind also private Initiative und persönliche Verantwortung. Bildung ist immerhin recht teuer,

Von der ‚typisch amerikanischen' alltäglichen Bestimmungsnot

da soll der Staat dann auch nicht hineinreden. Und was mich viel kostet, ist mir viel wert. Soll ich mir einen Wagen kaufen oder ein Jahr zur Uni gehen? Ist ein Kurs über deutschen Expressionismus so viel wert wie ein Videorecorder? Für viele junge Amerikaner ist er das, aber man wird wohl verstehen, daß sie sich überlegen, wieso.

Das früher häufigste Studienziel, der Beruf des *high school*-Lehrers, wird heute kaum genannt, und ein Mangel an Lehrernachwuchs ist auch bereits zu spüren. Germanistik studiert man als *undergraduate* etwa, weil die Großeltern deutsch sprechen und man den Wurzeln der eigenen Identität nachgehen will; weil man als Austauschschüler in Westdeutschland war; weil die besten Studenten Deutsch lernen und die schwächsten Spanisch; weil man später in die Medizin, die Politik oder die internationale Wirtschaft gehen will oder auch, weil man an deutschen Novellen Geschmack gefunden hat.

Der letztgenannte Grund, die unmittelbare Freude an deutscher Literatur, ist über die Jahre seltener geworden, d.h. das Studium der Literatur steht meist nicht mehr für sich, sondern im Zusammenhang von German Studies (siehe den Beitrag von Paul Michael Lützeler) und Kulturstudien: *Fremd*kulturstudien. Der Grundgedanke der Interkulturalität ist den amerikanischen Studenten und vielen ihrer Lehrer so selbstverständlich, daß er ihnen gar nicht bewußt wird. So gesehen, betrifft die Aufgabe unserer Gesellschaft hauptsächlich die Germanistik deutschsprachiger Länder – oder jedenfalls in anderer Weise als uns Ausländer, spezifisch die US-Amerikaner.

An der amerikanischen Teilnehmergruppe ist etwas zu beobachten, das ich nicht hinreichend erklären kann. Die Mitgliederliste verzeichnet zwölf oder dreizehn amerikanische Mitglieder. Das Interesse in den USA scheint also groß zu sein, und die Zahl deutet auch auf die Stärke der US-amerikanischen Germanistik. Nicht den nationalen Verhältnissen entspricht es aber, daß neun (zehn) dieser zwölf (dreizehn) in der deutschen Kultur aufgewachsen sind; nur drei stammen selber aus den Staaten. Wie erklären wir dieses Mißverhältnis? Ich versuche es mit einer Unterteilung.

Unter den gebürtigen Amerikanern gibt es selbstredend welche, die es den Binnengermanisten buchstäblich gleichtun wollen und sich in der Diaspora sehen. Viele andere jedoch lesen die Schriften von Binnengermanisten nicht nur als Sekundärliteratur, sondern auch als Primärdokumente einer fremden (der deutschen) Kultur. Der Fachvortrag eines deutschen Gastes bietet ihnen durch seine Art eine Manifestation deutschen Wesens. Eine Disputation zwischen ost- und westdeutschen Gelehrten, wie sie sich manchmal im Ausland ergibt oder arrangieren läßt, finden sie als Exemplifikation des typisch Deutschen an *beiden* Kontrahenten lehrreich und manchmal sogar amüsant. Diesen Kollegen wäre es nichts Neues, daß sie Fremdwissenschaft betreiben, und die ausführlichen Überlegungen auf unserer Tagung würden sie wahrscheinlich als sehr deutsch betrachten.

So ließe sich vielleicht eine Teilerklärung dafür finden, daß nicht mehr gebürtige Amerikaner der Gesellschaft angehören bzw. gekommen gekommen sind. Auch bei den aus dem deutschsprachigen Raum in die Neue Welt Übergesiedelten sind zwei Typen zu beschreiben, die allerdings *in natura* wohl nur in Mischformen vorkommen. Der eine unterscheidet sich vom Binnengermanisten nicht allzu sehr. Ob er in Boston oder Utrecht oder Münster liest, ist großenteils eine Frage der Berufung und der Arbeitsbedingungen. Publiziert wird grundsätzlich in deutschen Zeitschriften und Verlagen, und ganze Vorlesungsserien lassen sich von Land zu Land mitführen. Ein hübsches Beispiel der Begegnung eines solchen Kulturträgers mit amerikanischer Alterität war ein Erlebnis von Hans Egon Holthusen am Queens College. Holthusen lebte damals in New York, und nach einem Vortrag über Goethes *Faust*, in dem der deutsche Geist kräftig gewabert hatte, fragte eine Studentin: »Excuse me, Mr. Holthusen, but why didn't Faust marry the girl?« (Eigentlich hat sie sich noch drastischer ausgedrückt: »Why in hell didn't the guy marry that girl?«) Bitte schön, warum eigentlich hat er sie nicht geheiratet? Was hat die Forschung dazu gesagt?

Ein zweiter Typ ist der des echten Auswanderers, mit amerikanischer Staatsangehörigkeit und der festen Berufsvorstellung, Mittler zu sein zwischen diesen beiden Kulturen. Manchmal stört ihn die Ungereimtheit, daß er seinen Studenten gerade diejenige Kultur nahebringen will, die er selber freiwillig verlassen hat, und manchmal fragen ihn auch Studenten nach den seltsamen Brüchen in seinem kritischen Verhältnis zum Deutschen. Für ihn wäre die Frage nach Gretchens Heiratsaussichten ein gefundenes Fressen; denn dann könnte er sich auf die deutsche Familiengeschichte einlassen und auf Überlegungen, warum die Binnengermanistik solche Fragen selten stellt. Das heißt, er bekäme Gelegenheit, die interkulturelle Seite des Faches herauszukehren. Notwendigerweise sind für ihn daher auch Germanistik und German Studies fest miteinander verbunden. Seinen Studenten ist das recht, besonders den jüngeren Semestern; sie suchen sowieso mehr das Fremde als die Kunst.

Ob beide Typen hier vertreten sind, will ich nicht untersuchen; Individuen, dazu noch Kollegen, soll man nicht kategorisieren. Warum sind

Von der ‚typisch amerikanischen' alltäglichen Bestimmungsnot

wir gebürtigen Europäer so relativ zahlreich herübergereist? Ist bei uns der Juckreiz der Selbstbestimmung denn stärker? Oder treibt uns eine anerzogene deutsche Freude an theoretischen Lösungen?

Sektion 2
Interkulturelle Germanistik als interkulturelle Praxis: Vom Miteinander und Gegeneinander der Kulturen

Franz Hebel, Darmstadt

Zum Verhältnis von intrakultureller und interkultureller Praxis

In seinem Grußwort charakterisiert der Bayerische Staatsminister für Wissenschaft und Kunst, Prof. Dr. W. Wild, das Ziel der interkulturellen Germanistik. Es sei

»die Erforschung und Vermittlung deutscher Kultur unter der Bedingung der Fremdheit sowie die Ausbildung deutscher und ausländischer Studierender zu verschiedenen Berufen, in denen sie als kulturelle Mittler tätig werden können.«[1]

Auf den Einzelnen bezogen heißt Vermittlung einer Kultur unter der Bedingung der Fremdheit, jene Habitus-Interferenz zu erfahren, in der nicht nur innerhalb derselben Kultur (intrakulturell) das Schaffen des Lesers und die Lenkung des Autors aufeinandertreffen[2], sondern auch zwischen verschiedenen Kulturen (interkulturell). Pierre Bourdieu hat den »Habitus« als

»den geometrischen Ort der Determinismen und Entscheidungen (déterminations), der kalkulierbaren Wahrscheinlichkeiten und erlebten Hoffnungen, der objektiven Zukunft und des subjektiven Entwurfs«[3]

entwickelt. Um Praxis handelt es sich bei solcher Lektüre insofern, als beide, Autor und Leser, tätig sind, der Autor durch »Steuern« des Aufbaus von Bedeutungen, der Leser durch »Schaffen« im Sinne Jean Paul Sartres[4]. Die »Habitus-Interferenz der interkulturellen Praxis« unterscheidet sich von der der intrakulturellen Praxis dadurch, daß sowohl die Determinismen als auch die Determinationen von Autor und Leser verschiedenen Kulturen angehören, nicht nur innerhalb derselben Kultur verschiedenen zeitlichen, regionalen oder schichtspezifischen Subkulturen. Diese begriffliche Unterscheidung ist im Blick auf manche kulturellen Erscheinungen fragwürdig: gleichwohl kann sie zu wichtigen Differenzierungen beitragen.

Für die folgenden Ausführungen wurden nur europäische Sprachen herangezogen, und zwar Lateinisch, Englisch, Französisch, Italienisch, Deutsch. Diese Beschränkung wurde durch Raumgründe erzwungen. Als Beispiel dient die Untersuchung der Redensart »die Gedanken sind frei«.

Sprachwissenschaftliche Aspekte interkultureller Praxis

Interkulturelle Praxis ist weitgehend sprachliche Praxis. Sprache ist keine Nomenklatur der Dinge, mit Recht hat Ferdinand de Saussure so nachdrücklich auf dieser Einsicht bestanden – und nicht nur er. Deshalb können auch die Dinge nicht das tertium comparationis zwischen zwei Sprachen sein. Dieses besteht vielmehr in der Interpretation von Aussagen durch Sprecher und Angesprochenen. Nehmen wir an, daß jemand in Shakespeares »The Tempest« auf die Stelle gestoßen ist, in der Caliban Stephano und Trinculo zu singen auffordert. Sie singen:

»Flout 'em and scout 'em;
And scout 'em and flout 'em
Thought is free.«[5]

Schlegel/Tieck haben diese Stelle übersetzt:

»Neckt sie und zeckt sie,
und zeckt sie und neckt sie!
Gedanken sind frei!«[6]

Für »scout« findet man als zweite Bedeutung neben »spähen« im Wörterbuch »verächtlich zurückweisen«; für »flout«: »spotten, verspotten«. Das von Schlegel/Tieck gebrauchte Verb »zecken«, das in der Übersetzung den Reim nachzuahmen erlaubt, wird in Wörterbüchern der Gegenwartssprache nur noch als umgangssprachlich oder regionalsprachlich gebrauchtes Wort angeführt, kann also fremdsprachlichen Lesern keine Hilfe sein; der muttersprachlich Deutsche mag über »Zicke« phonetische Assoziationen haben, die das Verständnis erleichtern. In der Übersetzung steht »Die Gedanken sind frei«. Die Wahl des Plurals ist m. E. darauf zurückzuführen, daß alte deutsche Fassungen dieser Redewendung meist den Plural »Gedanken« haben. Das hängt mit dem Artikelgebrauch im Deutschen im Unterschied zum Englischen zusammen.

»Der gedancken straff darf niemand leiden.
Gedancken sind Zollfrei/ cogitatus sunt liberi.«[7]

Gedanken sind wie der Wind /
Den man wohl hört / und nirgends findt.

Man fahet gar wohl ein Weib und ein Mann /
Gedancken niemand fahen kann.«[8]

Neben der bisher betrachteten Bedeutung von »Gedankenfreiheit« gibt es jene andere, die im Zusammenhang mit den bürgerlichen Revolutionen zum Menschenrecht deklariert wurde. Sie ist in den Verfassungen oft nicht nur in einem Artikel angesprochen, sondern außer in den Artikeln zur Meinungsfreiheit auch in solchen zur Wissenschaftsfreiheit o.ä. Im Grundgesetz der Bundesrepublik Deutschland ist sie zum Beispiel als Grundrecht der Meinungsfreiheit so formuliert:
»Jeder hat das Recht, seine Meinung in Wort, Schrift und Bild frei zu äußern und zu verbreiten und sich aus allgemein zugänglichen Quellen ungehindert zu unterrichten. Die Pressefreiheit und die Freiheit der Berichterstattung durch Rundfunk und Film werden gewährleistet.«[9]
In der Verfassung der Vereinigten Staaten von 1787 heißt es in dem ersten der zehn Zusatzartikel, die 1791 in Kraft getreten sind:
»Article 1. Congress shall make no law respecting an establishment of religion, or prohibiting the free exercise thereof; or abridging the freedom of speech, or of the press; or the right of the people to assemble, and to petition the government for a redress of grievances.«[10]
Im selben Jahr 1791 wurde in Frankreich eine Verfassung beschlossen, auf die sich in den Grundrechten die französische Verfassung von 1946 und alle Verfassungen bis heute beziehen. Deren Artikel 11 ist so formuliert:

»11. La libre communication des pensées et des opinions est un des droits les plus précieux de l'homme; tout citoyen peut donc parler, écrire, imprimer librement, sauf à répondre de l'abus de cette liberté dans les cas déterminés par la loi.«[11]

Das sprachliche Verständnis der Verbindung von Wörtern wie »Gedanke« und »frei«, entsprechend in anderen Sprachen, auch ihre Varianten in verschiedenen Verfassungen, setzt landeskundliches Wissen voraus, wie immer entsprechende Prädikationen durchgeführt sind, als Zusammensetzung oder in einem Satz. Daß der Gedanke Schutz durch seine Natur als flüchtiges Gebilde gewinnt, dem Wind vergleichbar, als etwas also, das dem Menschen innerlich ist und zu dem ein Zugang prinzipiell nicht erzwungen werden kann, wenn man von Folter absieht, das ist altes Gedankengut in europäischer Tradition. Daß Gedanken institutionellen Schutz durch die Verfassung bedürfen und ihn erhalten, ist neu und in den verschiedenen europäischen Ländern ungleichzeitig entwickelt und durchgesetzt worden: in Deutschland und Italien erst spät, in England und Frankreich (auch in den USA) früher.

Die institutionelle Sicherung der Gedankenfreiheit begann in Deutschland damit, daß in der deutschen Bundesakte vom 8.6.1815 in Artikel 18 d) versprochen wurde, die Bundesversammlung werde sich in ihrer ersten Zusammenkunft mit der Pressefreiheit befassen.[12] In der Verfassung des Deutschen Bundes von 1849 sind Meinungsfreiheit und Pressefreiheit in Artikel IV eingeräumt, in der Reichsverfassung von 1871 kommt ein Abschnitt »Grundrechte« o.ä. nicht vor, erst in der Weimarer Verfassung von 1919 ist das Recht auf Meinungsfreiheit in Artikel 118 durchgesetzt – 130 Jahre nach der französischen Revolution. 1933 bis 1945 waren freiheitlich Denkende wieder darauf angewiesen, der Unzugänglichkeit des Gedankens zu vertrauen – oder sie riskierten Leib und Leben.

Bei solchem landeskundlichen Wissen handelt es sich um jenes Hintergrundwissen, ohne das viele Texte gar nicht verstanden werden können, ganz zu schweigen von der Pragmatik des mündlichen sprachlichen Verkehrs. Beim Erwerb der Muttersprache wird es durch das Hineinwachsen in die entsprechende Lebenswelt gesichert und ermöglicht die Orientierung in ihrem Rahmen. Solches Hintergrundwissen in der eigenen Lebenswelt und über sie bleibt weitgehend stilles Wissen – »tacit knowledge«[13] –, das nur im Bedarfsfall explizit gemacht wird. Interkulturelle Praxis zeichnet sich dadurch aus, daß sie dieses Hintergrundwissen mit dem Zweitsprachenerwerb aufzubauen versucht, nicht nur, weil das pragmatisch nötig ist, sondern auch, weil dadurch die Selbstver-

Zum Verhältnis von intrakultureller und interkultureller Praxis

ständlichkeit eigener Orientierung relativiert und erklärungsbedürftig wird: es muß die Frage beantwortet werden, wie die Ungleichzeitigkeit der politischen Entwicklung in verschiedenen europäischen Ländern zu erklären ist.

Die notwendigen Leistungen der Kontextuierung, der Determinierung der »Bedeutungen« zu »Meinungen«[14] sind ohne »tacit knowledge« nicht möglich. Im Fremdsprachenunterricht wird es in der Landeskunde erworben. Damit beginnt auf pragmatischer Ebene interkulturelle Praxis, die die gegenseitige Alterität der Beteiligten im realgeschichtlichen Rahmen in den Blick nimmt. Erklärungsbedürftigkeit tritt an die Stelle verständnisloser Hinnahme, die einen Sog für Vorurteile erzeugt.

Angenommen, bei der Zeitungslektüre im Deutschunterricht als Fremdsprache stößt die Lerngruppe auf die dpa-Nachricht, der Knabenchor und die Mädchenkantorei Aschaffenburg hätten dem Bundespräsidenten ein Ständchen gebracht und dabei auch das Lied »Die Gedanken sind frei« gesungen. Die Frau des Bundespräsidenten erzählte dazu:

»Wenn mir als Kind etwas nicht paßte, habe ich dieses Lied immer vor mich hingesungen.«[15] Der Text ermöglicht eine solche persönlich-protestierende, privat-kritische Gebrauchsweise, zumindest einige seiner Strophen:

1 Beleget den Fuß
  Mit Banden und Ketten,
  Daß von Verdruß
  Er sich nicht kann retten,
  So wirken die Sinnen,
  Die dennoch durchdringen.
  Es bleibet dabei:
  Die Gedanken sind frei.

2 Die Gedanken sind frei,
  Wer kann sie erraten
  Sie fliehen vorbei
  Wie nächtliche Schatten;
  Kein Mensch kann sie wissen,
  Kein Kerker verschließen;
  Wer weiß, was es sei?
  Die Gedanken sind frei.

3 Ich werde gewiß
  Mich niemals beschweren,
  Will man mir bald dies,
  Bald jenes verwehren;
  Ich kann ja im Herzen
  Stets lachen und scherzen;
  Es bleibet dabei:
  Die Gedanken sind frei.

4 Ich denk was ich will
  Und was mich erquicket,
  Und das in der Still
  Und wenn es sich schicket;
  Mein Wunsch und Begehren
  Kann niemand mir wehren;
  Wer weiß was es sei?
  Die Gedanken sind frei.

Franz Hebel

<table>
<tr><td>

5 Wird gleich dem Gesicht
   Das Sehen versaget,
   So werd ich doch nicht
   Von Sorgen geplaget.
   Ich kann ja gedenken,
   Was soll ich mich kränken?
   Es bleibet dabei:
   Die Gedanken sind frei.

</td><td>

6 Ja fesselt man mich
   Im finsteren Kerker,
   So sind doch das nur
   Vergebliche Werke.
   Denn meine Gedanken
   Zerreißen die Schranken
   Und Mauern entzwei:
   Die Gedanken sind frei.[16]

</td></tr>
</table>

Der Verständnisrahmen von »Gedankenfreiheit«, den dieses Gedicht bildet, ist offenbar der, daß Gedanken der eigenen Verfügungsmacht unterworfen bleiben, auch wenn ein Stärkerer zu Handlungen seines Willens zwingen will. Man fühlt sich an Schiller erinnert:

> »Der Mensch ist frei geschaffen, ist frei
> Und würd' er in Ketten geboren,
> Laßt euch nicht irren des Pöbels Geschrei,
> Nicht den Mißbrauch rasender Toren.
> Vor dem Sklaven, wenn er die Kette bricht,
> Vor dem freien Mensch erzittert nicht.«[17]

Die Ähnlichkeit betrifft nicht nur die Inhalte: »und läg er in Ketten und Banden«, sondern auch die Affektkorrelate. Bei Schiller sind sie erkennbar an den Wiederholungen, den schroffen Antithesen, dem herabsetzenden Wortgebrauch »Pöbel« und »Toren«. In dem Lied des unbekannten Verfassers sind sie erkennbar an rhetorischer Frage, hyperbolischer Wortwahl, Anapher. Diese Affektkorrelate sind Leidenszeichen, Zeichen für die Spannung zwischen Idealität und Realität humanitären Denkens.

Diese Spannung wurde von der Frau des Bundespräsidenten ebenso erfahren wie von jener fiktiven Schülerin Anna, deren Schwester Gretchen im »Dritten Reich« das Lied »Die Gedanken sind frei« in der Morgenversammlung ihrer Schule vorgeschlagen hatte. Der neue Direktor, an die Stelle des früheren jüdischen Direktors getreten, ordnet an, daß stattdessen das Deutschlandlied gesungen wird.[18]

Aber auch die Verteidiger der Ecole libre in Paris erlebten 1984 diese Spannung. In Le Figaro konnte man damals lesen:

> »[...] avant de se disperser pour rejoindre gare ou autocar. Sur la place, une impressionnante sonorisation, plus puissante que celle uti-

lisée ordinairement dans les concerts de rock, diffuse le Nabucco de Verdi, hymne des défenseurs de l'école libre.«[19]
Der Chor »Va pensiero sull' ali dorate« (Flieg, Gedanke, auf goldenen Schwingen) wurde 1842, nach der Uraufführung des »Nabucco« in Mailand, zur Freiheitshymne des Risorgimento. Die Lombardei stand damals noch unter österreichischer Herrschaft, sie war weder selbständig noch mit dem übrigen Italien vereint. Ziel des Risorgimento war die nationale Einheit Italiens zugleich mit der Befreiung von Fremdherrschaft, wie es das Ziel der Juden in der Oper »Nabucco« ist, sich aus der Gewaltherrschaft Nabuccos (Nebukadnezar II.) zu befreien. Das ist in Frankreich 1984 anders, da geht es um mehr Liberalität im Schulwesen, um Freiheit von staatlicher Bevormundung. Das Gemeinsame an solchem Freiheitsverlangen in historisch und kulturell so verschiedenen Situationen wie in Italien 1842, Deutschland 1938 und Frankreich 1984 besteht in der Abwehr gefährdender Einflüsse auf national-kulturelle Lebenswelten (in Italien), Lebenswelten von jüdischen – und anderen – Minderheiten (in Deutschland) und regionalkulturellen, religiös fundierten Lebenswelten in Frankreich. Institutionell gesicherte Zugriffe von Zentralmacht und Zentralkultur auf Lebenswelten eigener Prägung führen zu Ohnmachtserfahrungen, die die Flucht in jene Art von Freiheit nahelegen, die in nichts als der Unfaßbarkeit des Gedankens begründet ist. So erscheint es jedenfalls dem Blick, der auf das Ähnliche im Verschiedenen gerichtet ist.

Gilt aber die Aufmerksamkeit den Unterschieden, dann ist zu fragen, ob es sich in den angeführten Fällen um oppositionelle oder alternative Gebrauchsweisen des Motivs von der Freiheit der Gedanken handelt. Beide Gebrauchsweisen dienen der Distanzierung von der etablierten zentralen Kultur und der durch sie wirksamen politischen Macht. Der Unterschied besteht darin, daß oppositionelles Handeln auf verändernde Eingriffe gerichtet ist, es ist politisch; demgegenüber ist alternatives Handeln auf abweichende Lebensführung gerichtet, die im Wesentlichen privat bleibt, zumindest ohne dauerhafte Institutionalisierung. Das Singen des Liedes »Die Gedanken sind frei« unter den Nationalsozialisten in dem erwähnten Jugendroman ist in diesem Sinne alternativ, die Ziele der »Neuen Jugend« und das »Risorgimento«, die den Nabucco-Chor begeistert aufnahmen, waren oppositionell. Deshalb wurde Verdi auch vom österreichischen Geheimdienst überwacht. Auch der Gebrauch des Liedes beim Protest gegen die Einschränkung der Privatschulen war oppositionell und hatte Erfolg. Das Gesetz wurde nicht in der geplanten Form verabschiedet.

Franz Hebel

Wenn Literatur zur Erfahrung der Habitus-Interferenz der Lernenden führen soll, ist landeskundliches, insbesondere sozial-geschichtliches Wissen, zur Kontextuierung unerläßlich. Denn nur mit seiner Hilfe kann z. B. geklärt werden, wie die oppositionelle oder alternative Gebrauchsweise sprachlich angezeigt wird.[20] Die Entscheidungen der einzelnen Gesellschaftsmitglieder folgen Tendenzen zu der einen oder anderen Gebrauchsweise von Texten, die durch ihre Verhältnisse bestimmt sind, so daß sie habituellen Charakter gewinnen. »Habitus« ist ja definiert als der Schnittpunkt zwischen den individuellen, subjektiven Entscheidungen und den gesellschaftlichen, objektiven Bedingungen dafür. Damit Habitus-Interferenzen erfahren werden können, muß der fremde Text in seiner Alterität genau erfaßt werden.

Intrakulturelle und interkulturelle Praxis

Wenn Erklärungsbedürftigkeit an die Stelle verständnisloser Hinnahme treten soll, ist zu bedenken, daß jeder stets nur über seine eigene Erklärungsbedürftigkeit sprechen kann. Der Bezug auf das Fremde in der interkulturellen Praxis kann nicht darin bestehen, daß der eine jeweils die Erklärungsbedürftigkeit des anderen feststellt. Vielmehr lenkt die Vorwegnahme des fremden Anderen den Blick so auf das Eigene, daß dessen Erklärungsbedürftigkeit erzeugt wird. Interkulturelle Praxis besteht also am Ende darin, daß jeder von seinem Eigenen spricht, und nicht versucht, das Fremde dem anderen zu erklären, dessen Eigenes es ist. So gesehen besteht der je eigene Anteil an interkultureller Praxis in intrakultureller Tätigkeit. Die Habitus-Interferenz in interkultureller Tätigkeit kann am Ende nur das Ergebnis eines Gesprächs zwischen den Mitgliedern verschiedener Kulturen sein. Grundlagen für ein mögliches Gespräch dieser Art – das sei hervorgehoben – können nur die je intrakulturellen Praxen der Beteiligten sein, wie sie durch die Anwesenheit des Fremden herausgefordert und modifiziert werden. Ich gehe zur Verdeutlichung von einer Situation aus, die Heinrich Heine in »Die Harzreise« (1824) erzählt:

»Nachdem ich eine Strecke gewandert, traf ich zusammen mit einem reisenden Handwerksburschen, der von Braunschweig kam und mir als ein dortiges Gerücht erzählte: der junge Herzog sei auf dem Weg nach dem Gelobten Land von den Türken gefangen worden, und könne nur gegen ein großes Lösegeld frei kommen. Die große Reise des Herzogs mag diese Sage veranlaßt haben. Das Volk hat noch immer den traditionell fabelhaften Ideengang, der sich so lieblich ausspricht in seinem ‚Herzog Ernst'. Der Erzähler jener Neuigkeit war ein Schneidergesell, ein niedlicher, kleiner junger Mensch, so dünn, daß die Sterne durchschimmern konnten, wie durch Ossians Nebelgeister, und im Ganzen eine volkstümlich barocke Mischung von Laune und Wehmut. Dieses äußerte sich besonders in der drollig rührenden Weise, womit er das wunderbare Volkslied sang: ‚Ein Käfer auf dem Zaune saß; summ, summ!' Das ist schön bei uns Deutschen; keiner ist so verrückt, daß er nicht einen noch Verückteren fände, der ihn versteht. Nur ein Deutscher kann jenes Lied nachempfinden, und sich dabei totlachen und totweinen. Wie tief das Goethesche Wort ins Leben des Volks gedrungen, bemerkte ich auch hier. Mein dünner Weggenosse trillerte ebenfalls zuweilen vor sich hin: ‚Leidvoll und freudvoll, Gedanken sind frei!' Solche Korruption des Textes ist beim Volk etwas Gewöhnliches. Er sang auch ein Lied, wo ‚Lottchen bei dem Grabe ihres Werthers' trauert. Der Schneider zerfloß vor Sentimentalität bei den Worten: ‚Einsam wein ich an der Rosenstelle, wo uns oft der späte Mond belauscht! Jammernd irr ich an der Silberquelle, die uns lieblich Wonne zugerauscht'.«[21]

Zunächst ist anzumerken, daß dieser Handwerksbursche aus dem »Volk« keiner war. Es handelt sich vielmehr um einen Handlungsreisenden aus Osterode, der so ungebildet nicht war. Er stellte dieselbe Situation in der Zeitschrift »Der Gesellschafter« dar, in der auch Heines »Die Harzreise« zunächst erschienen war.

»Im Herbst 1824 kehrte ich von einer Geschäfts-Reise von Osterode nach Clausthal zurück. Durch eine Flasche Serons de Salvanette, die ich bei meinem alten Freund St. getrunken hatte, waren meine Lebensgeister dergestalt exaltiert, daß man mich hätte für ausgelassen halten können. Etwa auf der Hälfte des Weges traf ich mit einem jungen Manne zusammen, den ich genau beschreibe, damit er sich überzeugt, daß ich ihn wirklich damals gesehen. Er war etwa fünf Fuß sechs Zoll groß, konnte 25–27 Jahre alt sein, hatte blonde Haare, blaue Augen, eine einnehmende Gesichtsbildung, war schlank von Gestalt, trug einen braunen Überrock, gelbe Pantalon, gestreifte Weste, schwarzes Halstuch und hatte eine grüne Kappe auf dem Kopfe und einen Tornister von grüner Wachsleinwand auf dem Rücken. Der Serons de Salvanette war lediglich Schuld daran, daß ich den Reisenden sogleich nach der ersten Begrüßung anredete und nach Namen, Stand und woher und wohin fragte. Der

Fremde sah mich mit einem sardonischen Lächeln von der Seite an, nannte sich Peregrinus und sagte, er sei ein Kosmopolit, der auf Kosten des türkischen Kaisers reise, um Rekruten zu werben. ‚Haben Sie Lust?' fragte er mich. – ‚Bleib im Lande und nähre dich redlich!' erwiderte ich, und dankte sehr. Um indessen Gleiches mit Gleichem zu vergelten, gab ich mich für einen Schneidergesellen aus und erzählte dem türkischen Geschäftsträger: daß ich von B. komme, woselbst sich ein Gerücht verbreitet, daß der junge Landesherr auf einer Reise nach dem Gelobten Lande von den Türken gefangen sei, und ein ungeheures Lösegeld bezahlen solle. Herr Peregrinus versprach, sich dieserhalb bei dem Sultan zu verwenden, und erzählte mir von dem großen Einflusse, den er bei Sr. Hoheit habe.

Unter dergleichen Gesprächen setzten wir unsere Reise fort, und um meine angefangene Rolle durch zu führen, sang ich allerlei Volkslieder, und ließ es an Korruptionen des Textes nicht fehlen, bewegte mich auch überhaupt ganz im Geiste eines reisenden Handwerksburschen.«[22]

Als Heine davon erfuhr, hat er sich amüsiert, wie er am 6.10.1826 an Friedrich Merkel schrieb. Für uns geht aus dieser Situation zunächst hervor, daß Carl Dörne, der angebliche Handwerksbursche, das Lied »Die Gedanken sind frei« dem Liedschatz der Handwerksburschen zurechnet und daß Heinrich Heine das plausibel findet. Heine kannte die Volksliedsammlung »Des Knaben Wunderhorn« gut und sagt über sie in seiner Schrift »Die romantische Schule«:

»Er [Clemens Brentano] hat nämlich, in Gemeinschaft mit letzterem [Achim von Arnim] unter dem Titel ‚Des Knaben Wunderhorn', eine Sammlung Lieder herausgegeben, die sie, teils noch im Munde des Volkes, teils auch in fliegenden Blättern und seltenen Druckschriften gefunden haben. Dieses Buch kann ich nicht genug rühmen; es enthält die holdseligsten Blüten des deutschen Geistes, und wer das deutsche Volk von einer liebenswürdigen Seite kennenlernen will, der lese diese Volkslieder.«[23]

Arnim und Brentano sind mit ihrem Material sehr frei umgegangen, wie auch unser Lied erweist. In »Des Knaben Wunderhorn« ist es mit einem Kühreihen zu dem »Lied des Verfolgten im Turm« kontaminiert. Kühreihen sangen die Senner(innen) beim Abtrieb des Viehs von den Almen ins Tal. In Clemens Brentanos Roman »Godwi« spielt diese Form des Volks-(Arbeits-)Liedes eine Rolle, auch in Schillers »Wilhelm Tell« kommt der Kühreihen vor. (I, 1)

Zum Verhältnis von intrakultureller und interkultureller Praxis

»Lied des Verfolgten im Turm
Nach Schweizerliedern«

1 Der Gefangene
Die Gedanken sind frei,
Wer kann sie erraten?
Sie rauschen vorbei
Wie nächtliche Schatten.
Kein Mensch kann sie wissen,
Kein Jäger sie schießen;
Es bleibet dabei,
Die Gedanken sind frei.

2 Das Mädchen
Im Sommer ist gut lustig sein
Auf hohen wilden Heiden,
Dort findet man grün Plätzelein,
Mein herzverliebtes Schätzelein,
Von dir mag ich nicht scheiden.

3 Der Gefangene
Und sperrt man mich ein
Im finstern Kerker,
Dies alles sind nur
Vergebliche Werke;
Denn meine Gedanken
Zerreißen die Schranken
Und Mauern inzwei,
Die Gedanken sind frei.

4 Das Mädchen
Im Sommer ist gut lustig sein
Auf hohen wilden Bergen;
Man ist da ewig ganz allein,
Man hört da gar kein Kindergeschrei,
Die Luft mag einem da werden.

5 Der Gefangene
So sei es, wie es will
Und wenn es sich schicket,
Nur alles in der Still;
Und was mich erquicket,
Mein Wunsch und Begehren
Niemand kann's mir wehren;
Es bleibet dabei,
Die Gedanken sind frei.

6 Das Mädchen
Mein Schatz, du singst so fröhlich hier
Wie's Vöglein in dem Grase;
Ich steh so traurig bei Kerkertür,
Wär ich doch tot, wär ich bei dir,
Ach, muß ich denn immer klagen.

6 Der Gefangene
Und weil du so klagst,
Der Lieb ich entsage,
Und ist es gewagt,
So kann mich nicht plagen,
So kann ich im Herzen
Stets lachen, bald scherzen;
Es bleibet dabei,
Die Gedanken sind frei.[24]

Die Einbettung unseres Liedes in den Liebesdialog zwischen dem Gefangenen und dem Mädchen macht die »Freiheit der Gedanken« sinnfällig, sie dringen tatsächlich durch Kerkermauern. Zugleich wird das Lied ganz und gar entpolitisiert, die die Mauern durchdringenden Gedanken dienen als Trost für das Mädchen. Der Vergleich mit der von Steinitz wiedergegebenen älteren Volksliedfassung zeigt, daß die politische Zuspitzung nicht in »Des Knaben Wunderhorn« einging. Aufgrund der Tatsache, daß das Lied in wichtigen Liederbüchern des 19. Jahrhunderts fehlt, vermutet Steinitz, daß das Lied im Vormärz auf der Liste der von der Zensur verbotenen Bücher stand.

»In den aus dem Volksgesang aufgezeichneten Fassungen überwiegt die ‚sanfte Tendenz' der Strophen 3–4. Eine neue Strophe ‚Ich liebe den Wein, mein Mädchen vor allem' unterstreicht dies noch. Bisweilen steht sie sogar am Beginn des Liedes... Bei EB III [Erk-Böhme: Deutscher Liederhort, Leipzig 1893 ff., F.H.] S. 576 heißt es: ‚Ich habe von dorther [Elsaß] mit Melodie noch andere Lesearten, die alle das Lied mit Str. 5 anfangen.' Ob dieser neue Anfang eventuell auf das Bemühen von Druckereien fliegender Blätter zurückgeht, das Lied zensurfähig zu machen, (wofür eine harmlose Anfangsstrophe wichtig war), kann erst eine genauere Untersuchung zeigen.«[25]

Diese fünfte Strophe lautet so:
»Ich liebe den Wein, / Mein Mädchen vor allen, / Die tut mir allein / Am besten gefallen. / Ich sitz nicht alleine / Bei einem Glas Weine, / Mein Mädchen dabei: / Die Gedanken sind frei.«[26]

Es wäre falsch, solche politischen Gründe für die Bearbeitung des Liedes bei Arnim und Brentano 1806 zu vermuten. 1806: das ist das Jahr des Höhepunktes Napoleonischer Herrschaft über Europa; 1803 war das Römische Reich Deutscher Nation zusammengebrochen. 1807 floh der preußische König Friedrich Wilhelm III. von Königsberg nach Memel;

Zum Verhältnis von intrakultureller und interkultureller Praxis

das ist derselbe König, der bei seinem Regierungsantritt 1797 mit Reformen auf die Herausforderungen der Französischen Revolution von 1789 antworten wollte. Die militärische Niederlage, der Verlust fast der Hälfte seines Staatsgebiets im Frieden von Tilsit 1807, die Zahlung einer hohen Kriegskontribution, dies alles verschärfte eine Krise in Wirtschaft und Verwaltung, die zu sozialer Not und einer erschreckenden Demoralisierung führte.

»Der Staat, so drückte es der König aus, müsse durch geistige Kräfte ersetzen, was er durch physische verloren habe.«[27]

In seinem Vorwort zu »Des Knaben Wunderhorn«: »Von Volksliedern«, schreibt Achim von Arnim über die Entwicklung des Volksliedes seiner Zeit und die Motive zur Volksliedsammlung:

»O mein Gott, wo sind die alten Bäume, unter denen wir noch gestern ruhten, die uralten Zeiten fester Grenzen, was ist damit geschehen, was geschieht? Fast vergessen sind sie schon unter dem Volke, schmerzlich stoßen wir uns an ihren Wurzeln. Ist der Scheitel hoher Berge nur einmal ganz abgeholzt, so treibt der Regen die Erde hinunter, es wächst da kein Holz wieder; daß Deutschland nicht so weit verwirtschaftet werde, sei unser Bemühen.«[28]

Nur versuchsweise und vermutend zunächst soll diese Stelle so gedeutet werden, daß darin als Gefahr erkannt und formuliert wird, der Prozeß des »Verwirtschaftens« kultureller Bestände könne weiter um sich greifen. Trifft die Vermutung zu, dann fände man hier in der Sprache des späten 18./frühen 19. Jahrhunderts ausgesprochen, was man heute die Bedrohung sozialintegrativer Leistungen durch die Ausdehnung des Systems der materiellen Reproduktion nennen würde. Dafür könnten viele andere Belege aus diesem Text herangezogen werden. Einer der übezeugendsten ist:

»Wo es Volksfeste gab, da suchte man sie zu entweihen durch Abnehmung alles lebendigen Schmuckes oder durch ungeschicktes Umfassen, wobei sie ihn zerbrechen, oder bis sie gefährlich schienen in übler Nachrede. Schauspiel, Gaukelspiel und Musik, wie die Stadt sie für die Versöhnung für ihre Einkerkerung braucht, und das Land, wie es sich daran freut in dreitägiger Hochzeit, in taggleichen nachtgleichen Kirmes, alles dies wurde Eigentum einzelner, um es besteuern zu können, und durch den einen Schritt einem strengen, äußern Drange, einer Bestimmung, einem Stolze unterworfen, als wäre solche Lust etwas für sich, ohne die, welche sie hören, [...]«[29]

Arnims Versuch, die Bedrohung der Lebenswelt durch die moderne Ökonomie mit Kräften der Vergangenheit abzuwehren, z.B. durch Rettung des Zunftwesens[30], ist rückwärts gewandt. Dagegen hebt sich deutlich Heines Attitüde gegenüber dem vermeintlichen Handwerksburschen ab. Nicht nur dessen Beschreibung verrät Ironie, auch seine Charakterisierung als »volkstümlich barocke Mischung von Laune und Wehmut«, die sich in der »drollig rührenden Weise« äußert, in der er ein Volkslied singt. Zu dem Lied heißt es:

»Das ist schön bei uns Deutschen; keiner ist so verrückt, daß er nicht noch einen Verrückteren fände, der ihn versteht.«

Der textkorrumpierende Umgang mit einem Goethe-Zitat aus Klärchens Lied[31], bei dem der Handwerksbursche »freudvoll und leidvoll, gedankenvoll sein« umformuliert zu »leidvoll und freudvoll, Gedanken sind frei ...«, wird von Heine so kommentiert: »Solche Korruption des Textes ist beim Volke etwas Gewöhnliches.« Aus Goethes »Werther« wird eine Schauerballade, bei der der angebliche Schneider vor »Sentimentalität zerfloß«. Bei Heine sind Volkslieder nicht die »alten Bäume«, die »uralten Zeichen fester Grenzen«, sondern sie sind, wie andere Literatur auch, Texte, die Gefühl und Phantasie anregen, die in jene »große Bewegung« zu versetzen vermögen, für die der Alltag Anlässe nicht mehr bereithält. So geben sie Gelegenheit zum Gespräch, auch mit Fremden. Wie das Beispiel »Gedanken sind frei« zeigt, eine Halbzeile, die fälschlich in Klärchens Gedicht gerät, werden die Inhalte im Zusammenhang mit Gefühlslagen erinnert – hier geht es um Trost. Wo Trivialliteratur nicht zur Hand ist, ersetzt sie der trivialisierende Umgang mit anderer Literatur, mit Goethes »Egmont«, seinem »Werther«, einer sprichwörtlichen Redensart. Wie Heine den Übergang vom Reisen zum Tourismus in »Die Harzreise« erfaßt[32], so eine Umgangsweise mit literarischer Tradition, die der trivialen Unterhaltung und Kommunikation dient. Die beiden Beteiligten simulieren das: Heine als Erzähler und Dörne als erzählte Figur, wie wir aus seinem Bericht wissen. Die Traditionsbereiche werden so ironisch in einen Verwertungszusammenhang gestellt, der sie bedrohen könnte, wenn die Maßstäbe aus der Vergangenheit genommen würden und so viel Ernst hier überhaupt beabsichtigt wäre. Ist es nicht dieser mangelnde Ernst, der es Heine unter den Deutschen so schwer macht? Wie soll er der Bedrohung des Alten entsprechen? Aber was bleibt dem, der das Alte liebt, aber seine zukunftsweisende Kraft bezweifelt?

Zum Verhältnis von intrakultureller und interkultureller Praxis

»Gedanken sind frei« erscheint bei dem Handwerksburschen als frei verfügbarer Gedankensplitter in anderen, erinnerten, nicht in authentischen Kontexten, seien es überlieferte oder erlebte.

Fluchtpunkte intrakultureller Praxis: Anknüpfungen für interkulturelle Praxis?

Moderne Formen der Literaturverwertung stehen neben anderen Zeichen dafür, daß die sozialintegrativen Erneuerungskräfte fortschreitend mehr den Regeln des ökonomischen Systems unterworfen werden. Auf diese Zuspitzung reagiert die moderne Literatur mit besonderer Sensibilität. Zwei Gedichte sollen das verdeutlichen:

»Exekution der Excusion

man soll
man sollte
man sollte mal
man sollte doch mal
man sollte doch noch mal
man sollte doch noch einmal
man sollte doch noch einmal wieder

jeder soll ein mann

man sollte
man hat gesollt
man hatte gesollt
man hatte gesollt zu haben
man hatte gesollt haben müssen
man wird gesollt haben müssen

gedanken sind sollfrei

jeder soll es sollen
jeder soll es selbst sollen
jeder soll es selber wieder sollen
jeder soll es selbst wieder gesollt haben
jeder soll es selbst wieder gesollt haben müssen.«[33]

Franz Hebel

Der Bezug zu der sprichwörtlichen Redensart »Die Gedanken sind frei« ist mit der Zeile »Gedanken sind sollfrei« gegeben, in der die Variante »Gedanken sind zollfrei« transformiert ist. Die phonetische Assonanz ruft die Redewendung als Folie für die radikale Aussage herbei, daß Denken frei von Verpflichtungen sein muß, wenn es diesen Namen verdienen soll, Verpflichtungen welcher Art auch immer, durch wen auch immer gesetzt. Dem steht die Redewendung »Jeder Zoll ein Mann« gegenüber, die die Folie für »jeder soll ein mann« bildet. Die traditionelle Redewendung zielt auf die Bedeutung, daß ein Mann ganz und gar ein Mann sein müsse, in starrer Identität mit Vorbildern und Normen. Auch hier radikalisiert Franz Mons Formulierung »jeder soll ein mann«, weil sie ebenfalls mit der alten Redewendung phonetisch verbunden ist und die Assoziation nahelegt, ein Mann, der der alten Redewendung entspräche, kenne nur das »Sollen«. Wollen, können, dürfen, mögen – darauf hätte er dann um der Norm willen verzichtet, die seine Identität stiftet. Zwischen diesen Extremen der totalen normativen Prägung eines Menschen und der radikalen Freiheit des Denkens stehen die Reihen von Sätzen, die unterschiedliche Zwischenstufen darstellen: Man findet die offene Erwägung: »man sollte«, den rückschauenden Zweifel »man wird gesollt haben müssen«, aber auch das Unausweichliche des Befehls: »man hatte gesollt zu haben.« Die Modalität der normativen Beeinflussung hat sich verselbständigt. Sie ist selbst zum Inhalt geworden, »gedanken sind sollfrei« gilt es dagegen zu behaupten.

Ob das noch möglich ist, dessen ist sich Thomas Rosenlöcher nicht mehr sicher.

»An die Seife

Seife, dich an mich verschwendend schwindest du an mir.
Verschwistert
sind meine Poren dem Schweiß täglicher Feigheit. Ich rieche.
Neu wirst du mich nie gebären, Schäumende, aus deinem
Schaume
tritt nur der alte und trällert, ja, ja, die Gedanken sind frei.«[34]

Die Situation des Nachdenkens im Bad. Die dialektische Erhebung findet nicht statt, »schwindest du an mir«. Venus Anadyomene, die Schaumgeborene, ist keine Hoffnung mehr. Die Verwandlung ist unmöglich. Die Freiheit der Gedanken ist erinnertes Wissen, ja, ja. Die Gedanken sind besinnlich-entspannt, nicht sollfrei. Der Schweiß tägli-

Zum Verhältnis von intrakultureller und interkultureller Praxis

cher Feigheit dringt in ihre Poren. Auch die Gedanken sind nicht mehr frei. Waren sie es? Das ist der Fluchtpunkt intrakultureller Praxis, der das interkulturelle Gespräch herausfordert.

Anmerkungen

[1] S. oben S. 19.
[2] Hebel, 117.
[3] Bourdieu, 39.
[4] Sartre, 40.
[5] Shakespeare, *Tempest* III, 2, 133 ff.
[6] Wie Anm. 5, übers. von Schlegel/Tieck.
[7] von Gaal, alphabetisch.
[8] Heinisch, Sp. 1404.
[9] Franz, 211.
[10] Franz, 36.
[11] Franz, 288.
[12] Franz, 124.
[13] Vgl. Polanyi.
[14] Weinrich, 16 ff.
[15] Frankfurter Rundschau, 12.7.1985.
[16] Steinitz, II, 163.
[17] Schiller, Die Worte des Glaubens.
[18] Little, 7 ff.
[19] Le Figaro, 25.6.1984.
[20] Vgl. oben die Anmerkungen zum Stil von »Die Gedanken ...« und dem Gedicht Schillers.
[21] Heine, 3, 111.
[22] Heine, 4, 757.
[23] Heine, 5, 448 f.
[24] Arnim/Brentano III, 29/30.
[25] Steinitz, II, 165.
[26] Steinitz, II, 165.
[27] Schlenke, 185.
[28] Arnim/Brentano, III, 235.
[29] Arnim/Brentano, III, 241/242.
[30] Arnim/Brentano, III, 259.
[31] Goethe, Johann Wolfgang, *Egmont* III, Klärchens Wohnung.
[32] Weber, 51 ff.

Franz Hebel

[33] Mon, 26.
[34] Rosenlöcher, 15.

Literatur

Achim von Arnim und Clemens Brentano: *Des Knaben Wunderhorn. Alte deutsche Lieder, gesammelt von L. Achim von Arnim und Clemens Brentano.* München 1984.

Bourdieu, Pierre: *Zur Soziologie der symbolischen Formen.* Frankfurt/M. 1970.

Franz, Günther (Hrsg.): *Staatsverfassungen. Eine Sammlung wichtiger Verfassungen der Vergangenheit und Gegenwart in Urtext und Übersetzung.* München 1950.

Gaal, von: *Sprichwörter in sechs Sprachen.* Wien 1830.

Hebel, Franz: *Spielraum und Festlegung. Innovatorisches und Institutionelles in Sprache und Literatur.* Königstein/Ts.1979.

Heine, Heinrich: *Heines sämtliche Schriften*, hg. von Klaus Briegleb, Bd. 3: *Schriften 1822–1831*, hg. von Günter Häntzschel. Frankfurt/M., Berlin, Wien 1981; Bd. 4: *Kommentarband,* Bd. 5: *Schriften 1831–1837*, hg. von Karl Pörnbacher.

Heinisch, Georg: *Teutsche Sprach und Weißheit. Thesaurus linguae et sapientiae Germanicae.* Augsburg 1616; Nachdruck Georg Olms. Hildesheim 1973.

Little, Jean: *Alles Liebe, Deine Anna.* München ^{3}1984.

Mon, Franz: *Lesebuch.* Berlin und Neuwied 1972.

Polanyi, Michael: *Implizites Wissen.* Frankfurt/M. 1985.

Rosenlöcher, Thomas: *Ich lag im Garten bei Kleinzschachwitz. Gedichte und zwei Notate.* Halle, Leipzig 1982.

Sartre, Jean Paul: *Was ist Literatur?* Reinbek b. Hamburg 1981.

Schlenke, Manfred (Hrsg.): *Preußen – Beiträge zu seiner politischen Kultur. Aufsätze zur Geschichte Preußens.* Hamburg 1981.

Steinitz, Wolfgang: *Deutsche Volkslieder demokratischen Charakters aus sechs Jahrhunderten.* West-Berlin 1983.

Weber, H.D.: *Heines Harzreise und der Tourismus.* In: Der Deutschunterricht 1/1986, S. 51 ff.

Michael Böhler, Zürich

Interkulturalität in der literarischen Sozialisation im binnensprachlichen Ländervergleich. Eine Problemskizze

I. Binnensprachliche Interkulturalität

1. Kultur, Sprache und Literatur sind derart eng aufeinander bezogen, dass sie in ihren Grenzen und ihrer Ausbreitung im unreflektierten Alltagsbewusstsein meist zu einer Einheit verschmelzen. In der Theorie werden sie in – je nach theoretischem Ansatz variierende – Interdependenz- oder Determinationsverhältnisse gebracht.[1] Ihrer vorgestellten Einheit entsprechend denkt man sich freilich Kulturräume und Kultureinheiten in der Regel primär als durch Sprachgrenzen bestimmt.

Im Rahmen solcher Vorstellungen erscheint Interkulturalität als Phänomen wie als kulturwissenschaftliches Konzept und Programm vor allem als eine Angelegenheit zwischen verschieden*sprachigen* Kulturen. Interkulturelle Germanistik, verstanden als kulturtheoretisch begründete germanistische Forschung über die Sprachgrenze hinweg, ist denn auch in der »Gesellschaft für Interkulturelle Germanistik« das dominierende Thema und die vorherrschende Perspektive.

Im Zuge der wissenschaftlichen Entwicklung einer solchen *zwischen*sprachlich ausgerichteten Perspektive von Interkulturalität in der Germanistik darf indessen die Bedeutung einer interkulturellen Betrachtungsweise im *binnen*sprachlichen Bereich nicht übersehen und vernachlässigt werden, da beide letztlich aufeinander bezogen sind. Mehrere Gründe lassen sich für den Miteinbezug des deutschsprachigen Binnenraumes in ein Konzept der Interkulturalität beibringen:

a) Nicht erst durch die politischen Realitäten eines zweigeteilten Deutschlands ist die Vorstellung eines integralen und homogenen deutschsprachigen Kulturraums, wie sie unter dem Einfluss und im Gefolge des nationalistischen Denkens im 19. und in der ersten Hälfte des 20. Jhs. mit Bezug auf die deutsche Literatur bis weit nach dem Zweiten Weltkrieg vorherrschte, fragwürdig geworden. Bereits die jahrhundertealte politische Eigenständigkeit der Schweiz und ihre sprachliche Sonderstellung, ferner die kulturelle Sonderentwicklung Österreichs wie schliesslich die ganze Tradition deutscher Kleinstaaterei und der starke Regionalismus haben an sich schon immer gegen die undifferenzierte Annahme einer monokulturalen deutschen Literatureinheit gesprochen und stattdessen das Konzept der Multikulturalität zur Erfassung des deutschen Literaturraums nahegelegt – ohne dass man deswegen gleich auf archaisch stammesgeschichtliche Struktureinheiten hätte zurückgreifen müssen.[2]

Gerade im Moment, da sich die Germanistik von den letzten Resten einer deutschen Nationalwissenschaft zu befreien versucht, indem sie sich als interkulturell ausgerichtete Kulturwissenschaft versteht, muss sie die wissenschaftspragmatische Maxime einer dialektischen Hermeneutik von Identität und Alterität auch in den binnensprachlichen Kulturraum und in die innerdeutsche Gesamtliteratur hineintragen, will sie nicht unversehens erneut einem binnensprachlichen Kultur-Hegemonialismus zum Opfer fallen. Das Denken nach interkulturellen Gesichtspunkten muss die Sprachgrenze ebenso nach innen überschreiten und die deutsche Literatur differenziert in ihrer eigenen Multikulturalität zu erfassen versuchen.

b) Gestützt wird ein solches Konzept der binnensprachlichen Multikulturalität durch die neuere kulturanthropologische Theorie, welche für den Kulturbegriff den Ausgang von kleineren Einheiten und Kollektiven für angebrachter hält als die Konstruktion grossräumiger Kulturtypologien, die oft nur noch klassifikatorische Abstrakta bilden – oder aber in die Gefahr des Ideologieverdachts geraten.[3]

c) Die Notwendigkeit der Entwicklung einer Hermeneutik der binnensprachlichen Multikulturalität (neben der traditionellen historischen und in Ergänzung zu ihr) ist in allen jenen Sprachen gegeben, die sowohl staatenübergreifende, transnationale Verkehrssprachen wie auch historisch gewachsene Kultursprachen sind. Dies gilt natürlich vor allem für die Sprachen der alten Kolonialmächte, am stärksten zweifellos fürs Englische – es sei an Oscar Wilde's Bonmot über England und die Vereinigten Staaten als »two countries divided by a common language« erinnert –,[4] es trifft indessen, wenn auch aus einem andern historischen Begründungszusammenhang heraus, gleichermassen aufs Deutsche zu.

2. Galt es früher als ein Sonderproblem der Schweiz und Österreichs, die kulturelle Eigenheit des eigenen Landes und das je Gemeinsame mit Deutschland definieren zu müssen – fast im Sinne einer Regelabweichung von einer angenommenen deutschen »Standardkultur«, so stellt sich heute die Abgrenzungsproblematik von kultureller Identität

und Differenz im Gesamtrahmen des deutschsprachigen Raumes für alle Länder gleichermassen. Deutsche Kultur heute ist nur noch fassbar als ein Vernetzungssystem von mehr oder weniger eigenständigen Kulturen mehrerer deutschsprachiger Länder.[5] Genausowenig indessen wie die Sprachgrenze unbesehen mit Kulturgrenzen ineins gesetzt werden darf, dürfen die Ländergrenzen unüberprüft zu solchen gemacht werden. Vielmehr ist das Verhältnis im einzelnen genau zu bestimmen.[6]

3. Dieser Zustand einer erhöhten Komplexität im binnensprachlichen Kulturgefüge hat seine Auswirkungen auch auf die Literatur, indem die kulturelle Selbst- und Fremderfahrung im Medium der Literatur zunehmend mehrdimensional, d.h. in einem mehrfach geschichteten soziokulturellen Zuordnungsverhältnis verläuft:

So kann etwa die integrative Vorstellung einer gemeinsamen schriftsprachlichen Literaturtradition über staatliche und geographische Grenzen hinweg im Vordergrund stehen – die Idee einer Koine der deutschen Literatur jenseits aller Ländergrenzen. Oder aber es dominiert die mehr dissoziative Vorstellung einer durch Staatsform, Gesellschaftsordnung, Geschichte und Sprechweise getrennten Sprachgemeinschaft ganz verschiedener Länder, die z. T. schon seit Jahrhunderten markant eigene Wege gehen – deutsche Literatur definiert im Gegensatz zur österreichischen oder schweizerischen und neuerdings die Literaturen der beiden deutschen Staaten. Und schliesslich gibt es hinsichtlich des Begriffs ‚deutsche Literatur', mindestens auf die Schweiz bezogen, noch die Vorstellung binnenstaatlicher Sprachverschiedenheit bei nationaler Gleichheit und Einheitlichkeit des Staatsgedankens.

Entsprechend den wechselnden Zuordnungsverhältnissen variieren natürlich auch Reichweite und Bezugsgehalt der Kategorien kultureller Identität und Differenz. So kann es bald die Sprache sein, worin sich die anthropologische Erfahrung von kultureller Verschiedenheit oder Einheit vollzieht, bald die politische Nation und/oder die Gesellschaftsordnung, bald stellt sich ein bei sowohl sprachlichen wie nationalen Unterschieden Gemeinsames einer jahrhundertelangen überstaatlichen Schriftkultur als Raum des identitätsbildenden Eigenen heraus. Mit Ausnahme der spezifisch schweizerischen Dimension der binnenstaatlichen Mehrsprachigkeit gilt diese differenzierte Mehrdimensionalität heute für alle deutschsprachigen Länder in gleicher Weise.

4. Die Analyse der deutschsprachigen Literatur unter kulturwissenschaftlichen Aspekten hat demnach davon auszugehen, dass das Zuord-

Michael Böhler

nungsverhältnis zu den Kategorien des Eigen- und Fremdkulturellen in den verschiedenen deutschsprachigen Ländern nicht mehr zum vornherein und einheitlich determiniert ist. Während man in einem einigermassen homogenen Kulturmodell (das freilich seit je stark idealtypologisch gewesen sein dürfte) von der Vorstellung eines relativ geschlossenen integralen Systems ausgehen kann, in dem der nationalsprachliche Binnenraum auf praktisch allen Ebenen des Sozialen von der Sprache über die allgemeine Kultur und Geschichte bis zur politischen und gesellschaftlichen Organisation vom Aussenraum geschieden ist, verlaufen die Grenzen der »Institution Literatur« in den deutschsprachigen Ländern ebenenspezifisch und kulturell mehrdimensional. Dies bedeutet, dass innerhalb bestimmter literarischer Einzeldimensionen, welche je verschiedenen sozialen Subsystemen wie der Sprache, der Kultur oder der politischen Organisation zugeordnet sind, zusätzlich differenzierende kulturelle und subkulturelle Grenzen gezogen werden. Im Sinne von Talcott Parson's struktural-funktionalistischer Systemtheorie[7] könnte man – vorderhand hypothetisch – von einer besonders ausgeprägten Binnenstrukturierung der Verhaltensmuster in der literarischen Handlungsorientierung sprechen, insbesondere was die Variable einer partikularistischen vs. universalistischen Handlungsorientierung anbelangt: Ist die Orientierung z.B. auf der Werkebene vermutlich vorwiegend universalistisch – will heissen: literarische Texte werden qua Dokumente von ,Literatur' einer übernationalen gemeinsprachlichen Schriftkultur zugeschlagen –, so dürfte sie auf der personbezogenen Ebene des Autors eher partikularistisch sein – will heissen: ein bundesdeutscher Autor bleibt für einen Schweizer Leser ein Deutscher und somit in mancher Hinsicht ein Fremder. Gleiche Einstellungsnuancierungen gelten womöglich hinsichtlich der Verhaltenspolaritäten einer affektiv-emotionalen vs. einer instrumentell-kognitiven Rezeptionseinstellung. Wieder eine andere Dimension kultureller Identität und Differenz wird in einem Satz Carl Spittelers angedeutet, der 1889 feststellte: »Das Gefühl unserer Zusammengehörigkeit (mit Deutschland, MB) ruht auf unserer gemeinsamen geistigen Erziehung, vor allem auf der beidseitigen Pflege unserer Klassiker. Der Idealismus verbindet uns, der Realismus kaum.« Hier erscheint die ästhetische Dimension von ganz spezifischen Kunst- und Stilrichtungen als Kulturgrenze.

5. Ausgehend von der faktischen Multikulturalität des deutschsprachigen Raumes sollte es zu den Aufgaben einer stärker kulturwissenschaftlich ausgerichteten Germanistik gehören, die in den verschiedenen Ländern

geübte kulturelle Praxis hinsichtlich der Literatur – d.h. der institutionellen Formen und Einrichtungen des literarischen Lebens, der institutionell verfestigten literarischen Konventionen bis hin zu allfälligen kulturellen Unterschieden in den ästhetischen Einstellungsgewohnheiten – unter den Aspekten eigenkultureller Identitätsbildung, interkultureller Differentiation und »fremdkultureller« Aneignung vergleichend kontrastiv zu erforschen. Dass dies nicht mit den gleichen Methoden wie für eine interkulturelle Forschung über die Sprachgrenzen hinweg geschehen kann, versteht sich von selbst: Die Optik müsste auf feinere Differenzen eingestellt werden. Auch dürfte es Untersuchungsfelder verschiedener Ergiebigkeit geben, solche mit geringer und solche mit hoher kultureller Binnendifferenzierung: Der literarische Markt als ökonomisches Produktions- und Distributionssystem zum Beispiel tendiert mehr und mehr zu einer gesamtdeutschsprachigen Monokultur einiger Grossverlage (einer »Suhrkamp-Kultur« mit bundesdeutschen, österreichischen und schweizerischen Autoren, einer »Luchterhand-Kultur« mit ostdeutschen und westdeutschen Autoren etc.). Ebenfalls kulturelle Nivellierungswirkungen im Sinne von Ausgleichstendenzen dürfte auch die Literaturwissenschaft als universalistisch orientierte Wissenschaftspraxis haben, so dass die Hochschul-Germanistik in den verschiedenen deutschsprachigen Ländern wohl weniger ein Ort binnensprachlicher Kulturdifferenzierung als ein solcher kultureller Einheitsstiftung ist. Stärker in das jeweilige soziale und politische System wie auch in regionale Gegebenheiten eingebunden und daher kulturell differenzierter ist dagegen vermutlich die Schule, wo sich auch die die wesentlichen Vermittlungsprozesse einer literarischen Kultur abspielen. Doch sind dies vorerst Vermutungen über Sachverhalte, die ihrerseits bereits Tatbestände des deutschsprachigen Literatursystems in kultureller Perspektive ausmachen und erst genauer erforscht werden müssten.

II. Literarische Sozialisation

1. Bei der Herausbildung und Entwicklung des kulturellen Habitus übt die Schule eine prägende Funktion aus, nach Pierre Bourdieu gar die wesentlich bestimmende: »Wider die charismatische Ideologie, die Geschmack und Vorliebe für legitime Kultur zu einer Naturgabe stilisiert, belegt die wissenschaftliche Analyse den sozialisationsbedingten Charakter kultureller Bedürfnisse: Nicht nur jede kulturelle Praxis (der Besuch von Museen, Ausstellungen, Konzerten, die Lektü-

re), auch die Präferenz für eine bestimmte Literatur, ein bestimmtes Theater, eine bestimmte Musik erweisen ihren engen Zusammenhang primär mit dem Ausbildungsgrad, sekundär mit der sozialen Herkunft. Das Gewicht der familialen, respektive der schulischen Erziehung (...) variiert gemäss dem Grad der Anerkennung der kulturellen Praktiken durch die Schule und deren Vorbereitung auf diese – (...).«[8] Dabei nimmt die Literatur im Vergleich zu den übrigen Künsten in kultureller Hinsicht eine besondere Stellung ein. Instrumentell verknüpft mit der Aneignung und Einübung der Lesefähigkeit überhaupt, ist die Vermittlung von Literatur und die Einübung im Umgang mit ihr im Rahmen der schulischen Sozialisation im allgemeinen fest institutionalisiert und lehrplanmässig verankert. Der Literatur kommt daher im Rahmen des allgemeinen Enkulturationsprozesses – soweit er institutionalisiert abläuft – eine Leitfunktion zu: Nicht nur gibt es das ‚fait social' einer »literarischen Sozialisation« als eines Teilmoments der allgemeinen schulischen Sozialisation; darüber hinaus findet insbesondere die künstlerisch-ästhetische Sozialisation institutionalisiert vornehmlich im Medium der Literatur statt.[9] Geht man also mit Bourdieu davon aus, dass kulturelle und ästhetische Bedürfnisse nicht in dem Masse einem angeborenen Empfinden entspringen, wie es eine intuitive Empfindungs- und Autonomie-Ästhetik will, sondern viel stärker sozialisationsbedingt sind, so darf eine enge Verbindung und Wechselwirkung von Bildungsinstitutionen, Literatur und gesamtkultureller Praxis als gegeben vorausgesetzt werden.

Der enge Konnex zwischen Schule, Literatur und Kultur geht indessen über die Etablierung bestimmter Einstellungen und Verhaltensgewohnheiten hinaus: Denn da in der traditionellen europäischen Kultur – einer vorwiegend literalen Schriftkultur – wesentliche gesamtkulturelle Vorstellungs- und Denkinhalte sowie Werthierarchien in der Literatur kodifiziert sind: Mythen und ihre Transformationsreihen, Symbol-, Motiv- und Themenkomplexe, kanonisierte Autor- und Werkgruppen etc., darf weiter angenommen werden, dass die Praxis der literarischen Sozialisation, wie sie institutionalisiert im Rahmen der Lektüre und der Literaturkunde des Muttersprachenunterrichts stattfindet, für die Entstehung eines differenzierten Kulturbewusstsein und einer kulturellen Identitätsbildung überhaupt von grosser Bedeutung ist.

2. Freilich ist der Begriff der ‚literarischen Sozialisation' in einem solchen kulturellen Kontext weiter zu fassen als herkömmliche Begriffe wie ‚Deutschunterricht', ‚Literaturunterricht' oder ‚Literaturkunde': Wäh-

rend bei diesen der didaktische Aspekt der Vermittlung von Kenntnissen und Wissen über Literatur und Literaturgeschichte im Vordergrund steht, ist der Begriff der ‚literarischen Sozialisation' ein Funktionsbegriff hinsichtlich des allgemeinen kulturellen Integrationsprozesses. Er meint die Vermittlung und den Erwerb einer spezifisch literarischen Kompetenz und eines literarischen »Codes«, d.h. der Normen, Konventionen und Werthaltungen, welche gegenüber dem Kulturgut ‚Literatur' Geltung besitzen und welche auch über den rein literarischen Bereich hinaus für die ästhetischen Einstellungen formativen Charakter haben.

3. Auf die allgemeine Kulturpraxis bezogen lassen sich in der Literatur wiederum mehrere Dimensionen ausmachen:
(1) Als spezifische Form der Selbstdarstellung und Wirklichkeitsgestaltung im Medium der Sprache ist literarisches Schaffen selbst schon eine Manifestation kultureller Praxis.
(2) Als Darstellungs- und Gestaltungsform von erfahrener Wirklichkeit vermittelt Literatur Bilder von kulturellen Prägungen und Erscheinungsformen; Kulturpraxis geht so ihrerseits als implizit oder explizit abgebildete in die literarische Wirklichkeitsdarstellung ein.
(3) Als »sekundäres« Zeichensystem,[10] d.h. als spezifische, komplexe Form des Sprachsystems ist Literatur Trägerin und Vermittlungsinstrument des soziokulturellen und insbesondere des ästhetischen »Codes«[11] eines kulturellen Kollektivs. Die Kulturpraxis manifestiert sich hier in der Art und Weise, wie in der ästhetischen Kommunikation zwischen Text und Leser der übergeordnete, allgemeine »Kultur-Kode«[12] die individuelle Vermittlung von »Autor-Kode« und »Leser-Kode«[13] steuert.
(4) Als Korpus gesammelter und tradierter Texte ist die Literatur ein Kulturgut und gehört zum zentralen Bestand der Kulturgüter einer Nation oder Gesellschaft insgesamt; in der Kulturpraxis steht hier die Dimension des Umgangs mit Literatur als Kulturgut, die Art und Weise ihrer Bewahrung, Vermittlung und Deutung im Vordergrund (Erbe / Tradition / Kanonisierung).

In der literarischen Sozialisation durch die Schule stehen die Dimensionen (2) - (4) im Vordergrund, Literatur als kulturelle Aktivität im Sinne des eigenen literarischen Schaffens (1) fällt erfahrungsgemäss praktisch ausser Betracht.

4. Nach Clyde Kluckhohn & Alfred L. Kroeber ist »the essence of cultures (...) their patterned selectivity«[14]. Gestützt auf diesen kulturanthropologischen Ansatz könne man die literarische Sozialisation bzw.

den literarisch-ästhetischen Enkulturationsprozess als eine Abfolge von Selektionsentscheiden nach vorgeprägten Mustern beschreiben, in deren Verlauf sich die kulturelle Funktion und Stellung der Literatur konstituiert und habituell verfestigt. Dabei liessen sich mehrere Selektionsfelder unterscheiden:

(1) *Die kanonische Selektivität*: Darunter soll die Selektion bestimmter Autoren, Werke, Epochenabschnitte verstanden werden. Da diese Selektion im allgemeinen – gewollt oder ungewollt – sowohl eine Auszeichnungsfunktion (Kanon der »Klassiker«) wie eine Orientierungsfunktion (Kanon »exemplarischer« Texte) besitzt, produziert sie bestimmte kulturelle Werthierarchien und Erwartungshorizonte, aus denen heraus sich das literarische Verstehen und das ästhetische Werten zu strukturieren vermag. Durch die kanonische Selektion reproduziert sich die Literatur in der schulischen Sozialisation als Kulturgut, als literarische Tradition und als kulturelles Erbe (entspricht Dimension 4 der literarischen Kulturpraxis).

(2) *Die imagologische Selektivität*: Damit soll die Selektion bestimmter literarischer Darstellungen der eigen- oder fremdkulturellen Lebenswirklichkeit gemeint sein, die mit der kanonischen Selektion einhergeht. Die imagologische Selektion produziert Bilder des deutschen Kulturraum – das Danzig von Grass, das Rheinland und die Bundesrepublik Bölls, Stifters Böhmer Wald, Kellers Seldwyler Schweiz etc., Bilder, wodurch Typisierungen oder Stereotypisierungen des kulturellen Eigen- und / oder Fremdbildes überhaupt erst entstehen, bestätigt, korrigiert oder konterkariert werden (entspricht Dimension 2 der literarischen Kulturpraxis). Hierher gehört auch die Frage nach der Abhängigkeit der nationalen Stereotype von den kanonisierten Literatur,[15] ferner jene nach Einfluss und Wirkung kultureller und nationaler Stereotyp-Bildung in der Textrezeption, d.h. der Frage, ob z.B. ein schweizerischer Leser einen bestimmten Text als typisch »deutsch«, »oesterreichisch«, »ostdeutsch« – und vice versa – empfinde, und welches die Textmerkmale solcher Stereotypisierungen seien.[16]

(3) *Die hermeneutische Selektivität*: Das literarische Verstehen selbst ist wiederum ein selektiver Prozess der Textaneignung und Sinngebung, der nicht völlig beliebig ist, sondern nach gelernten Textdeutungsmustern abläuft, und damit ebenfalls (u.a.) kulturell gesteuert ist. Analog zu den typologischen Geschmacksunterschieden in den verschiedenen Schichten der Gesellschaftsstruktur, wie sie Bourdieu herausgestellt hat,[17] darf vermutet werden, dass solche unterschiedliche Rezeptionstypologien und Verstehensmuster – es müssen nicht die gleichen wie in der verti-

kalen Klassenstruktur sein auch in den verschiedenen Kulturräumen vorkommen und somit kulturelle Grenzen und Gemeinsamkeiten markieren (entspricht Dimension 3 der literarischen Kulturpraxis). Was hier untersucht werden müsste, sind die kulturellen Differenzen und Gemeinsamkeiten im »ästhetischen Code«[18] bei der Entschlüsselung deutschsprachiger Texte in den verschiedenen Kulturräumen.

Unter diesen drei Selektionsverfahren kommt der kanonischen Selektivität eine Schlüsselfunktion zu, da über sie – zumindest teilweise – die beiden andern Selektionsprozesse mit gesteuert und geregelt werden.

III. Interkulturalität in der literarischen Sozialisation der deutschsprachigen Länder im Quervergleich

Der Kanon als Kulturgrenze und interkulturelle Einheit

Die Frage des literarischen Kanons und die Erörterung seines Wesens und seiner Bedeutung werden in der Regel in den Zuständigkeitsbereich der Deutschdidaktik und der Schulpädagogik verwiesen, wo sporadische, gelegentlich heftige Debatten um ihn aufflackern, die meist nach kurzem erneut im Schulalltag versickern, während der neue oder alte Kanon wiederum in ministeriellen Erlassen festgeschrieben und damit für eine Weile dringender Diskussions- und Entscheidungsbedürftigkeit entzogen wird.[19] Im Vordergrund der Debatte steht dabei meist – neben der Frage nach Sinn oder Unsinn reglementarisch verordneter Pflichtlektüre und der nie lösbaren Crux einer befriedigenden Auswahl – der Kanon in seiner Eigenschaft als Garant und Verkörperung zugleich eines stabilen und kontinuierlichen literarischen Tradierungsprozesses, als wegweisendes Orientierungs- und Wertgefüge, das die Verbindung zur Vergangenheit weist und das Gespräch mit dem Gestern sowohl ermöglicht wie konstituiert.[20] Funktional auf den Enkulturations- und Sozialisationsprozess bezogen steht der Kanon bei dieser dominanten Perspektive im Dienste des Aufbaus eines historischen Bewusstseins im Spannungsfeld von Identität, Alterität und Kontinuität, d.h. er wird praktisch ausschliesslich in der Dimension von Zeitlichkeit und Geschichtlichkeit konzipiert. Dementsprechend hat sich fast so etwas wie ein obligates Dreieck ‚Schule – Kanon – Geschichte' herausgebildet:

> Der Kanon lebt von der Schule im doppelten Sinn: er braucht sie als Medium seiner Überlieferung, und er gewinnt durch sie erst Gestalt und historische Stabilität (...) Und die Schule wiederum lebt vom

Kanon, aus ihm bezieht sie ihre ‚raison d'etre': als »theologisch« und als »pädagogisch« sich verstehende Schule. Der Kanon ist spätestens seit der griechisch-römischen Antike und seit der jüdisch-biblischen Tradition ein *Kanon der Schule*, und die Schule ist folglich eine Institution, die an Kanones verschiedener Art gebunden ist, sie ist eine *Schule der Kanones*.[21]

Derart eng ist die Verbindung von Schule und Kanon gedacht, dass man mit der Aufhebung oder Lockerung verbindlicher Vorschriften hinsichtlich der Schullektüre und dem Verzicht auf obligatorische Leselisten im Rahmen der Schulreformen der 60er und 70er Jahre in der Bundesrepublik die Existenz des Kanons überhaupt für abgeschafft hielt: »Es gibt gegenwärtig den Begriff und die Sache des literarischen Kanons, genau genommen, nicht.«[22] Der Kanonbegriff schien sich »metaphorisiert« zu haben:[23]

> Die Tendenz, *Kanon* quasi als Synonym für »Literaturlehrplan« oder »Unterrichtsgegenstand« zu verwenden, hat sich in der literaturdidaktischen Diskussion weitgehend durchgesetzt. Vormals ein autoritatives Konzept scheint der Kanon heute allein als didaktisch realisierter zu existieren, mit anderen Worten: Nicht mehr der Unterricht orientiert sich an einem nach ideellen Gesichtspunkten vorgegebenen Kanon, sondern das wird als Kanon bezeichnet, was in einem nach eigenständigen Erfordernissen ausgerichteten Unterricht behandelt wird.[24]

Zurecht wird das herkömmliche Kanonverständnis bemängelt und ein neuer, angemessener Begriff gefordert, der den Kanon nicht identisch setzt mit expliziten präskriptiven Formulierungen in Lehrplänen und Erlassen: »Der revidierte Kanonbegriff muss darauf bestehen, dass Ausformulierungen deskriptiv auf der Basis empirischer Untersuchungen, gewissermassen *post festum, erfolgen müssen*.«[25] Tatsächlich ist eine solche Begriffsrevision unerlässlich. Dies nicht nur wegen der spezifischen Entwicklung des Deutschunterrichts in der BRD in jüngster Zeit, die durch eine »Pluralisierung des Kanonbegriffs und die Negierung seines präskriptiven Charakters«[26] gekennzeichnet ist. Der präskriptiv normative Kanonbegriff, dessen Existenz vom Vorhandensein ministerieller oder zumindest schulinterner Lektüre-Weisungen abhängig gemacht wird, erweist sich auch dann als untauglich, wenn das Phänomen des Kanons in einen kulturellen, und erst recht, wo es in einen interkulturellen Kontext gestellt wird. Denn es zeigt sich bei einem auch nur flüchtigen Blick auf die Lehrpläne und Unterrichtsverordnungen für das Fach Deutsch über die Ländergrenzen hinweg, dass bereits die Frage

Interkulturalität in der literarischen Sozialisation

der Normativität des Kanons ein Sachverhalt markanter kultureller Differenzierung innerhalb der deutschsprachigen Länder ist. So reicht das Spektrum von allgemeinen Pauschalformulierungen minimalster, ja praktisch fehlender Normativität[27] über mannigfache Zwischenstufen hin zu höchst engmaschigen Unterrichtsplänen mit Präskriptionen nicht nur hinsichtlich der zu behandelnden Epochen und Autoren, sondern auch der Werke und der dabei ins Zentrum zu rückenden Themen.[28]

Ob von »Weltliteratur« im Sinne Goethes und A.W. Schlegels[29], ob von »Nationalliteratur« im Sinne von G. G. Gervinus[30], ob von der Klassik, welche die deutschsprachigen Nationen vereinige, oder vom Realismus, der sie trenne, die Rede ist wie bei Spitteler, immer steht hinter diesen Begriffen die Vorstellung eines Kanons von Autoren und Werken, denen eine kulturelle, politische oder soziale *Repräsentationsfunktion* zukommt. Der literarische Kanon so verstanden ist vorerst nichts weiter als ein Auswahlkorpus von Autoren und Werken, die in irgendeiner Weise im Zusammenhang mit einem sozialen, kulturellen oder politischen Bezugsfeld stehen, somit eine wie immer geartete Geltung für dieses Bezugsfeld annehmen und aufgrund dieser Geltungsfunktion stellvertretend für seine Grenzen stehen können. Zum Kanon gehörig sind in diesem Sinne alle jene Autoren und Werke, deren Namen den Charakter und die Funktion von Schibboleten zur Bezeichnung von Zugehörigkeit oder Nichtzugehörigkeit zu einem spezifischen Bezugsfeld haben und aufgrund dessen vermittelnd oder trennend, integrativ oder dissoziativ wirken.[31] Enger auf das Verhältnis von Literatur und Kultur bezogen bedeutet dies, dass der Kanon bzw. die Kanones konstitutiv für kulturelle Grenzen und interkulturelle Gemeinsamkeiten sind und dementsprechend indikative Bedeutung für interkulturelle Einheit und kulturelle Vielfalt haben. Das heisst konkret für die Methodologie einer interkulturellen Literaturforschung der deutschsprachigen Länder, dass die Gemeinsamkeit und Einheitlichkeit des deutschen Kulturraums in den gemeinsam kanonisierten Autoren und Werken besteht und auch nur daraus ablesbar ist, und ebenso muss die kulturelle Selbständigkeit der einzelnen deutschsprachigen Länder vom Vorhandensein eines eigenen Kanons abhängig gemacht und dadurch definiert werden. Ein so verstandener, kulturtheoretisch fundierter Kanon kann nun freilich nicht mehr in seiner normativen Dimension erfasst werden, indem man sich lediglich auf allfällige präskriptive Ausformulierungen abstützt, sondern er bedarf zu seiner Konkretisierung der empirischen Rekonstruktion der literarischen Kulturpraxis.[32] Dies bedeutet, dass der Lektürekanon in seinen faktischen Erscheinungsformen als gelesene Textaus-

Michael Böhler

wahl wie in seiner Normativität als verordnete Textauswahl auf seine selektive Strukturierung der deutschsprachigen Länder in Binnenraum und Aussenraum, auf das in den verschiedenen Ländern kulturell Gemeinsame und Verschiedene hin untersucht werden muss. Daraus liessen sich dann die konstitutiven literarischen Repräsentationsschichten und kanonischen Werthierarchien des deutschsprachigen Kulturraums ableiten, indem die gemeinsam kanonisierten deutschsprachigen Autoren und Werke in allen verglichenen Kulturräumen wie auch die sprach- und kulturregionalen Sondergruppen sichtbar würden. Weiter liessen sich aus dem jeweiligen Kanonprofil und den allenfalls verschieden stark ausgeprägten Kanonisierungsgraden in den verschiedenen Ländern und Regionen kulturelle Varianten feststellen. Schliesslich ergäbe sich so ein Bild über das Spektrum und die Variationsbreite gelesener Autoren und Werke, eine eigentliche interkulturelle Kulturtopographie der Literatur in den deutschsprachigen Ländern, eine Literaturlandschaft als Kulturlandschaft.

Anmerkungen

[1] Alfred L. Kroeber & Clyde Kluckhohn: *Culture: A Critical Review of Concepts and Definitions*. Cambridge, Mass. 1952. – Hermann Bausinger: *Zur Problematik des Kulturbegriffs*. In: A. Wierlacher (Hg.): *Fremdsprache Deutsch. Grundlagen und Verfahren der Germanistik als Fremdsprachenphilologie*. München 1980. Bd.1, S. 57–69.

[2] vgl. dazu die ausführliche Diskussion bei Norbert Mecklenburg: *Die grünen Inseln. Zur Kritik des literarischen Heimatkomplexes*. München 1986; insbesondere Kap.XVIII. Deutsche Literaturlandschaften. Zur Erforschung regionaler Dimensionen in der Literaturgeschichte. S. 253–264, darin »Alternativen zu Nadler«, S. 255–259.

[3] Wilhelm Emil Mühlmann: ‚Kultur'. In: *Wörterbuch der Soziologie*. Hrsg.v. Wilhelm Bernsdorf. 2. Aufl. Stuttgart 1972, Bd.2, S. 480.

[4] Reed Way Dasenbrock: *Intelligibility and Meaningfulness in Multicultural Literature in English*. In: Publications of the Modern Language Association of America (PMLA) 102, 1987, S. 10–19.
– Wendy Griswold: *The Fabrication of Meaning: Literary Interpretation in the United States, Great Britain, and the West Indies*. In: American Journal of Sociology, 92, No.5, 1987.

⁵ Reinhold Grimm: *Identity and Difference: On Comparative Studies within a Single Language.* In: *Profession 86 (PMLA),* New York 1986: »The German-speaking community produces at least four different germanophone literatures, and every one of them invites, indeed compels, us to engage in all kinds of comparative studies.« (p.28) Und: »Thus, by comparison, insights are dawning; in the long run, a less monolithic, more differentiated terminology and approach will be adopted.« (p.29)

⁶ Georges Lüdi: *Abgrenzung und Konvergenz. Kulturelle Vielfalt und nationale Identität im Lichte der Sprache.* In: Schweizer Monatshefte 12. 1986: »Dass die Landesgrenze überhaupt eine Kulturgrenze darstellt, muss ebenfalls zuerst nachgewiesen werden, wobei es in unserem Zusammenhang gleich um den doppelten Nachweis geht,
a) dass die Landesgrenze zum jeweils gleichsprachigen Ausland eine Kulturgrenze darstellt und
b) dass in und trotz der offenkundigen sprachlichen Vielfalt auch übergreifende Gemeinsamkeiten zu beobachten sind.« (S. 1027)

⁷ Talcott Parsons & Edward A.Shils: *Toward a General Theory of Action.* Cambridge/Mass. 1959. S. 48ff.

⁸ Pierre Bourdieu: *Die feinen Unterschiede. Kritik der gesellschaftlichen Urteilskraft.* 2. Aufl. Frankfurt 1983. S. 17f. – vgl. auch ders.: *Zur Soziologie der symbolischen Formen.* Frankfurt 1974, S. 186: »Die Vermittlung durch die Schule erfüllt stets eine Legitimationsfunktion, und sei es nur durch die Bestätigung, die sie den Werken zuteil werden lässt, die sie, indem sie sie übermittelt, für würdig befindet, bewundert zu werden; auf diese Weise trägt sie dazu bei, die Hierarchie der kulturellen Güter zu definieren, die in einer gegebenen Gesellschaft zu gegebenem Zeitpunkt gültig ist.«

⁹ Pierre Bourdieu: *Zur Soziologie der symbolischen Formen.* Frankfurt 1974: »Obwohl der Lehrbetrieb der Schule sich beinahe ausschliesslich auf literarische Werke erstreckt, gelingt es ihm dennoch, eine übertragbare Bereitschaft zu erzeugen, nämlich alle von der Schule anerkannten Werke zu bewundern, bzw. das Pflichtgefühl einzuimpfen, bestimmte Werke oder genauer gesagt, bestimmte Klassen von Werken zu verehren und zu schätzen, die nach und nach so erscheinen, als seien sie Attribute eines bestimmten Schul- und Sozialstatus.« (S. 186f.)

– Peter Bürger: *Institution Kunst als literatursoziologische Kategorie.* In: *Vermittlung – Rezeption – Funktion. Ästhetische Theorie und Methodologie der Literaturwissenschaft.* Frankfurt 1979, S. 181f.

- Michel Foucault: »Il semble que traditionellement on ait fait fonctionner les discours littéraires ou philosophiques comme substituts ou comme enveloppe générale de tous les autres discours. La littérature doit valoir pour le reste. (...) Notre Culture accorde à la littérature une part qui en un sens est extraordinairement limitée; combien de gens lisent de la littérature? Quelle place a-t-elle effectivement dans l'expansion générale des discours? – Mais cette même culture impose à tous ses enfants, comme acheminement vers la culture, de passer par toute une idéologie, toute une théologie de la littérature pendant leurs études. Il y a là une espèce de paradoxe.« Interview par Roger-Pol Droit: Foucault, Passe-frontières de la philosophie. LE MONDE 43, No.12941, 6.9.1986.

[10] Jurij M.Lotmann: *Die Struktur literarischer Texte*. München 1972. S. 22–27.

[11] Pierre Bourdieu: *Elemente zu einer soziologischen Theorie der Kunstwahrnehmung*. In: *Zur Soziologie der symbolischen Formen*. Frankfurt 1974. S. 159ff.

[12] Lotman: *Die Struktur literarischer Texte*. S. 404ff.

[13] Lotman: ebd., S. 46ff.

[14] Kroeber & Kluckhohn: a.a.O., S. 174.

[15] Winfried Woesler: »Das Bild, das sich die Nationen voneinander machen, hängt (...), soweit Literatur darin verwickelt ist, zum grossen Teil von der kanonisierten Literatur ab. Der Kanon hat also auch in geringem Masse eine repräsentierende aktuelle aussenpolitische Bedeutung.« (a.a.O., S. 1216)

[16] Hartmut Heuerman und Peter Hühn: *Fremdsprachige vs. muttersprachige Rezeption. Eine empirische Analyse text- und leserspezifischer Unterschiede*. Tübingen 1983 (= Empirische Literaturwissenschaft Band 9). Spez. Kap.12. Analyse ausgewählter Rezeptionen. S. 274–286.

[17] Pierre Bourdieu: *Die feinen Unterschiede*. speziell S. 31–114.

[18] vgl. dazu Heuerman und Hühn: a.a.O., S. 291f.

[19] Helmut Brackert: *Literarischer Kanon und Kanon-Revision*. In: *Reform des Literaturunterrichts. Eine Zwischenbilanz*. Hrsg.v. Helmut Brackert und Walter Raitz. Frankfurt 1974, S. 134–164 (mit bibliographischen Hinweisen zur Kanondiskussion der siebziger Jahre).
– *Über Kanon sprechen*. In: Diskussion Deutsch. Zeitschrift für Deutschlehrer aller Schulformen in Ausbildung und Praxis (DD). 13, Heft 64, 1982, S. 105–168.
– Harro Müller-Michaels: *Wie lächerlich wollen wir denn aussehen?* In: DD 13, H.68, 1982, S. 598–602.

- Gerhard Bauer: *Über den Kanon der Kultusminister sprechen!* In: DD 13, H.70, 1983, S. 222–223.
- Hans Thiel: *Literaturkanon und thematische Kurse.* In: DD 14, 1983, S. 335–342.
- Helmut Fuhrman: *Zehn Thesen zum Kanon-Problem und ein Kanon-Vorschlag.* In: DD 14, 1983, S. 327–335.
- Hilmar Grundmann: *Zu Gerhard Bauers Diskussionsbeitrag.* In: DD 14, 1983. S. 569–571.
- Eberhard Gruber: *Kanon – sub omni canone?* In: DD 14, 1983, S. 682–689.

[20] Günther Buck: *Literarischer Kanon und Geschichtlichkeit (Zur Logik des literarischen Paradigmenwandels).* In: Deutsche Vierteljahrsschrift für Literaturwissenschaft und Geistesgeschichte, 57, 1983, S. 351–365.

[21] Günther Buck: a.a.O., S. 351.

[22] Klaus Inderthal: *Altes und Neues. Hermeneutik und dialektische Kritik in der Literaturwissenschaft.* In: Walter Raitz und Erhard Schütz (Hrsg.): *Der alte Kanon neu. Zur Revision des literarischen Kanons in Wissenschaft und Unterricht.* Opladen 1976, S. 34.

[23] Gottlieb Gaiser: *Zur Empirisierung des Kanonbegriffs.* In: SPIEL, 2, 1983, S. 123–135.

[24] ibid., S. 123.

[25] ibid., S. 126.

[26] ibid., S. 124.

[27] z.B. Lehrplan eines Schweizer Gymnasiums (vollständiger Wortlaut, den Literaturunterricht von fünf Jahrgangsstufen betreffend): »*Lehrziel*: Lektüre und Literaturgeschichte: Fähigkeit, einen Text in Hinblick auf Inhalt, sprachliche Struktur und Wirkung zu erfassen und dazu Stellung zu nehmen. Kenntnis der wichtigen kulturellen Strömungen im Zusammenhang mit literarischen Werken aus den verschiedenen Epochen. Anmerkung zur Literaturgeschichte und Lektüre: Lektüre von literarischen Werken aus den verschiedenen Epochen vom Mittelalter bis zum 20.Jahrhundert. Der Stoffplan muss sich nicht nach der historischen Reihenfolge richten; er kann auch nach anderen Kriterien bestimmt werden (z.B. Schwierigkeitsgrad, Interesse der Schüler, thematische Zusammenhänge usw.).« (*Lehrplan für den Maturitätstypus D* (Neusprachliches Gymnasium), Kantonsschule Freudenberg Zürich vom 24. Oktober 1978)

[28] Wolfgang Motzkau-Valeton: *Literaturunterricht in der DDR. Theoretische Grundlagen und didaktische Prinzipien.* Paderborn 1979. (= Informationen zur Sprach- und Literaturdidaktik (ISL), 24).

[29] Joh. Wolfgang Goethe: *German Romance.* Hamburger Ausgabe, Bd.12, S. 351–353. Siehe auch ibid., S. 361–364.
– August Wilhelm Schlegel: *Berliner Vorlesungen über schöne Literatur und Kunst.* Berlin 1802.
– Viktor Lange: *Nationalliteratur und Weltliteratur.* In: Jahrb. d. Goethe-Gesellschaft, Neue Folge 33, 1971, S. 15–30.
– Hans Joachim Schrimpf: *Goethes Begriff der Weltliteratur.* Stuttgart 1968.

[30] Georg Gottfried Gervinus: *Geschichte der poetischen National-Literatur der Deutschen.* Leipzig 1835–42. »Dem, wie er richtig fühlte, von der Poesie als höchste Daseinsmacht innerlich schon abgewandten Volke machte er seinen poetischen Besitz als einen realpolitischen, die noch ungeeinigte Nation zusammenfassenden fühlbar. In dieser Erfassung der poetischen Gesamtleistung des Volkes, sowie in der Hinstellung dessen, was wir die klassische Periode unserer neueren Literatur nennen, war er der erste und schuf grosse Begriffe, mit denen wir noch leben.« (H.v.Hofmannsthal (Hrsg.): *Deutsches Lesebuch.* Tl.2. 2. Aufl. München 1926. S. 324).

[31] Winfried Woesler: *Der Kanon als Identifikationsangebot. Neue Überlegungen zur Rezeptionstheorie.* In: *Modellfall der Rezeptionsforschung.* Bd.2. Frankfurt 1980, S. 1213–1227: »Dem Kanon haftet so ein deiktisches, ein ‚mythisches' Element an, das nicht zuletzt daraus herzuleiten ist, dass er (...) auf einige grosse Autoren reduziert werden kann. Diese sind Identifikationsangebote und tragen zur Konstituierung des Selbstbewusstseins der Gruppe bei.« (S. 1220)

[32] vgl. dazu Gaiser, a.a.O., der als einer der ersten den Kanonbegriff auf seine empirische Rekonstruktionsbedürftigkeit hin flexibilisiert und entdogmatisiert und dabei auch – freilich sehr begrenzte – Ansätze eines interkulturellen Kanonverständnisses liefert: »Schliesslich sind noch Kanon-Variationen aufgrund nationaler oder regionaler Unterschiede zu berücksichtigen. Karl Valentin wird vermutlich eher in süddeutschen Lehrplänen Aufnahme finden als in norddeutschen, und ein Kanon der englischsprachigen Literatur wird für englische Akademiker nicht der gleiche sein wie für irische, amerikanische oder australische. Solche sekundären Unterschiede und Veränderungen innerhalb eines Kanons sind (...) vor allem an der Peripherie zu lokalisieren, während die zentralen Elemente weitgehend konstant bleiben und auch von zeitlich und räumlich voneinander getrennten Mitgliedern der jeweiligen Gruppe übernommen werden« (S. 126)

Pramod Talgeri, New Delhi

Vom Verständnis der Andersheit der Fremdkultur

Eine fremde Kultur ‚verstehen' scheint immer ein Mißverstehen zu sein, wobei dieses ‚Mißverstehen' selbst eventuell als eine fruchtbare Form der Rezeption der Fremdkultur gefaßt werden kann. In gewissem Sinne ist jedes Verstehen ein Destrukturieren und Rekonzipieren eines Erwartungshorizonts. Die Begegnung mit einer Fremdkultur ist eine Konfrontation zweier heterogener Sensibilitäten, die jeweils durch deren inhärente kulturbedingte Wertsysteme determiniert sind. Solch eine Begegnung würde höchstwahrscheinlich einen Widerstand, die ‚Andersheit' der Fremdkultur erfahren, hervorrufen. Sie würde sogar jedes Verstehen verzerren und jede Möglichkeit einer sinnvollen Kommunikation versperren.

Dieser Widerstand, die Andersheit zu erfahren, entsteht aus einem starken Bedürfnis der Individuen nach der Identifikation mit ihren eigenen Kulturen. Diese Individuen sind in ihrer kulturellen Tradition so zu sagen tief verwurzelt, aber verfügen über keine intellektuelle Flexibilität, sich bewußt von ihrer stabilen Positionierung in ihrem kulturellen Ethos abzusetzen.

Wie aber komme ich als Mitglied einer bestimmten Kulturgemeinschaft dazu, mich als einen Teil eines kollektiven Bewußtseins zu erkennen, das einen identischen Sinngehalt der Vertrautheit für ein bestimmtes Wertsystem teilt und sich gleichzeitig von anderen Wertsystemen distanziert? Wie kommt es, daß meine Vergleiche mit einem fremden Gegenstand sich lediglich auf analogische Parallelen beschränken? Wie führen meine voreingenommenen Begriffe der Überzeugung zu finalistischen Interpretationen?

Aufgrund meines in einer bestimmten Gemeinschaft Geborenseins und Aufwachsens entwickle ich eine »intransitive Haltung unbedingter Identifikation« mit den verschiedenen Gegenständen, historischen Ereignissen, gesellschaftlichen Begebenheiten und der natürlichen Umwelt dieser Gemeinschaft in verschiedenen Graden der Priorität. Diese intransitive Einstellung macht einen Wert aus, den wir mit einem Objekt assoziieren.[1] Der Wert verweigert jegliche diskursive Begriffsbildung und verbietet jede Interpretation. Wert ist eine intransitive Relation, eine unbedingte Unterwerfung unter den Gegenstand, obwohl seine Genese verschiedentlich determiniert und geschichtlich bedingt sein mag. Alle kulturellen Requisiten einer Kommunikation müssen in Relation zu den Werten, die ihnen beigemessen werden, betrachtet werden. Auf der Basis eines ausführlichen Wertsystems, das ich mir im Verlauf meines Aufwachsens in meiner Gemeinschaft aneigne, entwickle ich eine bestimmte Art und Weise des Erfahrens und Auf-die Welt-Reagierens, die auch von den anderen Mitgliedern der Gemeinschaft gleichermaßen geteilt wird. Es entsteht also eine institutionelle Konsistenz in der Kontinuität der Identifikation mit diesem inhärenten Wertsystem der Gemeinschaft. Meine Sensibilitäten sind nun ausgerüstet, um in Konformität mit diesem Wertsystem auf die Welt zu reagieren. Auf diese Weise gewinne ich ein Selbstbewußtsein der Kontinuität meiner kulturellen Tradition. Dieses Selbstbewußtsein der Kontinuität verschafft mir eine Art von Sicherheit und Konsistenz in der Praxis und im Verständnis meiner Kultur. Ich glaube, meine eigene Kultur zu verstehen, indem ich meine hermeneutischen Operationen innerhalb meiner kulturellen Umwelt in einen kommunikativen Rahmen der »interaktiven Reziprozität« der Mitglieder meiner eigenen Kulturgemeinschaft stelle. Das besagt, daß die »Mitglieder meiner Gemeinschaft die Rechte und Pflichten der anderen Mitglieder reziprok und in freier Entscheidung anerkennen und respektieren«.[2] Die Internalisierung der kulturellen Codes und Normen gibt mir die notwendige Selbstsicherheit in der Interaktion mit den anderen Mitgliedern meiner Gemeinschaft. Das ist die Bildung einer Kollektividentität der individuellen Mitglieder einer kulturellen Gruppe. Hegel begreift diese dialektische konzeptuelle Struktur als einen Prozeß des Selbstbewußtseins der reziproken Anerkennung der Mitglieder der Gesellschaft durch eine normativ entwickelte Intersubjektivität: »Es ist ein Selbstbewußtsein für ein anderes Selbstbewußtsein zunächst unmittelbar als ein Anderes für ein Anderes. Ich schaue in ihm als Ich mich selbst an, aber auch darin ein unmittelbar daseiendes, als Ich absolut gegen mich selbständiges anderes objekt.«[3] Dieses reziprok anerkannte und verallgemeinerte Selbstbewußtsein ist nach Hegel Geist, der sich in Normen und Bräuchen objektiviert und eine Kollektividentität der individuellen Mitglieder auf der Grundlage dieser »reziprok anerkannten« Normen bildet.

Diese Kollektividentität garantiert eine Konsistenz in den reziproken sozialen Akten, in den mannigfaltigen Interaktionen der Gemeinschaftsmitglieder, was eine Pluralität von kulturellen Reflexen zur Folge hat. Diese Reflexe konstituieren, um die Definition von Edward Hall umzubiegen, »that part of man's behaviour which he takes for granted.«[4] Die kulturellen Reflexe, die anfangs aus gewissen funktionalen Notwendigkeiten entstanden sind, werden im Verlauf der Entwicklung zu Determinanten einer kulturellen Kommunikation.

Eine Anzahl der verschiedenen simultan agierenden sozialen Determinanten, die die Totalität der kulturellen Interaktionen ausmachen, beziehen sich auf gewisse soziale Intentionen und beruhen auf einem zentralen, effektiven und prävalenten System der Werte und Normen.[5] Die Kodifikation dieser Normen, mythologischer Ideen und die Fortsetzung der traditionellen Praktiken steuern und koordinieren das organisierte Behaviour der kulturellen Gemeinschaft. Es sind diese organisierten kulturellen Riten/Aktivitäten, die einen Realitätssinn einer Kultur vermitteln. Die gesellschaftlichen Intentionen, die sich in dieser Realität manifestieren, beziehen sich meistens auf die Befriedigung spezifischer menschlicher Bedürfnisse. Die Motivation, diese Bedürfnisse zu erfüllen, schafft einen normativen Rahmen, innerhalb dessen die organisierten Aktivitäten der Individuen und Institutionen stattfinden und ein Leistungsbewußtsein hervorbringen. Das Wertsystem einer Kulturgemeinschaft steht also in unmittelbarer Relation zur starken Zuneigung der Gemeinschaftsmitglieder zu solchen Aktivitäten, Gegenständen, Personen und Normen, mit denen sie sich identifizieren wollen. Jede Gesellschaft gewinnt ihre Identität durch die Leistungen in verschiedenen Bereichen der menschlichen Objektivationen. Gleichzeitig ist aber diese Identität selbst eine motivierende Kraft von innen, die einen »sozialen Lebenszusammenhang«[6] formt. Kultur entsteht als ein Prozeß der Gesamtobjektivation der menschlichen Aktivitäten in einer bestimmten Gesellschaft zur Bildung eines sinnvollen sozialen Zusammenhangs des menschlichen Lebens.

Wie konkretisiert sich der gesellschaftliche Lebenszusammenhang einer Kultur? In der organisierten Arbeitsteilung der Gesellschaft spielt jeder einzelne verschiedene, nach seinen privaten und öffentlichen Aufgaben determinierte Rollen. Von jeder so determinierten Rolle wird ein bestimmtes Verhalten des einzelnen Gesellschaftsmitglieds von der Öffentlichkeit erwartet. Der einzelne eignet sich dabei etablierte Handlungsformen der verschiedenen Basisinstitutionen[7] der Gesellschaft (z.B. Familie, Clan, Gemeinde, Stadt, Staat etc.) an. Er muß sich frei- oder widerwillig in sein Rollendasein fügen. Auf diese Weise wird das Verhalten des einzelnen in diesem »Rollenspiel« festgelegt. So entsteht in der Gesellschaft ein funktionales Rollensystem, das einen interdependenten Charakter hat und somit diverse Interessen aller Individuen und

Gruppen in sich absorbiert. Diese privaten und institutionellen Interessen bilden im Prozeß der gesellschaftlichen Interaktion die gegenseitigen »Verhaltenserwartungen«[8] einer Kultur, die den jeweiligen individuellen oder Gruppenrollen entsprechen. Die ‚Kultur' entsteht, indem das Verhalten aller Gesellschaftsmitglieder auf diese Weise in die gegenseitig akzeptierten Erwartungsstrukturen der Öffentlichkeit integriert wird.

Der einzelne assimiliert diese Erwartungsstrukturen in sein gesellschaftliches Rollenverhalten und erzeugt somit zwecks einer (scheinbar) reibungslosen gesellschaftlichen Kommunikation eingewöhnte Lebensformen, ausgebildete behaviouristische Reflexe, die zu gesellschaftlich geltenden Normen werden, aus denen Konventionen entstehen. Die Konventionen gewährleisten zu einem gewissen Grad die Kontinuität der Handlungsformen (Riten, Bräuche, Sitten etc.) und die »Stabilität der Verhaltenserwartungen«[9], woraus Traditionen gebildet werden. Eingebettet in solch ein Kommunikationsschema entwickelt der einzelne das Bewußtsein der »Rollenidentität«,[10] wodurch er die Kraft gewinnt, sich mit den Interessen der Basisinstitutionen der Gesellschaft zu identifizieren. Hier wird eine »symbolische Realität« einer Gesellschaft erzielt.[11] Nach Habermas haftet diese Rollenidentität an besonderen Rollen, Normen oder an jeweils bestimmte Traditionen[12] und grenzt das eigene kulturelle Gebiet von den anderen Gruppen oder Gesellschaften ab. Innerhalb des abgegrenzten Kulturbereiches erleichtert sich nun und automatisiert sich auch der Kommunikationsprozeß, der jetzt auf den gegenseitig akzeptierten Normen beruht.[13] Dieser Normenbildungsprozeß einer Kulturgemeinschaft wird in der Literatur vom Schriftsteller aus einer bestimmten Perspektive heraus dargestellt.

Diese diversen verflochtenen Determinanten sind aber nicht auf ein zentriertes endgültiges Verständnis der Kultur reduzierbar. Vielmehr verhelfen sie zur Schaffung einer »dezentrierten Struktur«[14] eines kulturellen Rahmens. Innerhalb dieses Rahmens statten diese Determinanten die individuellen Mitglieder mit Inventar aus, um im Einklang mit der »symbolischen Realität« ihrer eigenen Kulturgemeinschaft miteinander zu kommunizieren. Aber die kulturellen Reflexe, die alle stereotypen Formen der ‚typischen' Verhaltensweisen und kodifizierten Reaktionen für den Zweck eines schnellen Verständnisses einschließen, dürfen nicht für einen »kulturellen Kontext« verwechselt werden. Sie machen vielmehr die Requisiten für die Entstehung eines kulturellen Kontexts aus. Eine kulturelle Situation könnte den kontextuellen Bezug dieser Reflexe veranschaulichen oder sie könnte sogar den Bezug erweitern oder transzendieren und somit einen anderen semiotischen Bezug herstellen. Kulturelle Reflexe haben in diesem Sinne einen betont partizipatorischen Charakter. Jede kulturelle Handlung ist ein öffentlicher Diskurs, und die Reflexe erleichtern diesen Prozeß der sozialen Kommunikation zum größten Teil und rationalisieren und automatisieren gewisse Aspekte des sozialen Verhaltens.

Auch der Schriftsteller als Gesellschaftsmitglied spielt die von ihm erwarteten Rollen. Als Interpret seiner gesellschaftlichen Wirklichkeit ist er aber immer ein prinzipiell Urteilender. Er reflektiert über den gegenwärtig existierenden Lebenszusammenhang seiner kulturellen Realität. Die geltenden Normen seines Kulturkreises entdeckt er in seiner Darstellung der Realität als nur menschliche Setzungen, als bloße Konventionen, die zwar eine gewisse Funktionalität besitzen, aber den allgemein menschlichen Gehalt verloren haben. Und zwar im Sinne einer freien »interaktiven Reziprozität«.

Wenn man sich der Partikularität der Werte und Normen der eigenen Kultur bewußt geworden ist, sieht man sich vor die Notwendigkeit gestellt, an eine sinnvollere Alternative für die bisher gültige traditionelle Kulturordnung zu denken.

Eine Begegnung mit einer Fremdkultur würde an dieser Stelle ein Bewußtsein des Bruchs in die Kontinuität der Identifikation mit einigen der Determinanten der Fremdkultur evozieren. Dieses »Bruchbewußtsein« löst Irritation in den Sensibilitäten aus, die bis dahin an einem kongenialen Wertsystem orientiert waren. Es würde dabei vorübergehend alle traditionellen Orientierungsparameter aufheben, die sonst im Erwartungshorizont des Subjekts existieren und ihn affizieren. Das Wissen um die Kohärenz der Kulturrequisiten, basiert auf diesen Parametern, ist in ein festes Werturteil verwandelt worden. Die Konfrontation mit der Fremdkultur würde nun die Anwendung unikultureller Parameter hinfällig machen und so die Werturteilsbildung desorientieren. Aber gerade in diesem Prozeß der »Desorientierung« wird sich das rezeptive Subjekt seiner Spezifizität gegenüber der fremden Realität bewußt. Das Subjekt erfährt sich selbst, als ob es aus seiner stabilen Position in der eigenkulturellen Tradition erschüttert würde. Die Konsistenz in der Kontinuität der Identifikation bricht ab, indem die Struktur des kohäsiven Verständnisses des fremden Gegenstandes zerbröckelt. Jeder bewußte Versuch, den fremden Gegenstand zu »verstehen«, würde eine Überschreitung der kulturell kodifizierten Regeln der Interaktion bedeuten und auf diese Weise eine immerwährende Absetzung des Subjekts (Displacement of the subject), das sonst fest in seiner Kultur verwurzelt ist, bewirken.

Pramod Talgeri

Die fremdkulturelle Realität konkretisiert sich als ein Geflecht von zahlreichen und scheinbar sich widersprechenden sozialen Praktiken, die pluralistische Strukturen der Kommunikation herstellen. Die Komplexität und Pluralität dieser kulturellen Determinanten würde sich der Vertrautheit und Nähe entziehen und jegliche Möglichkeit der Identifikation erschweren, da diese Determinanten ihre kommunikative Funktion aus dem Wertsystem abgeleitet haben, das teilweise oder vollständig heterogen sein mag und dabei eine Desorientierung für ein Werturteil verursachen könnte.

Das Verständnis der »Andersheit« ist also kein eindimensionales, sondern wesentlich ein pluralistisches Begreifen. Das angeblich reibungslose unikulturelle ‚Verständnis' der »Andersheit« ist ein Flickwerk von identifizierbaren Elementen der sogenannten ‚Universalien' der »allgemeinmenschlichen Interessen«, die man antizipiert und bei der Lektüre eines fremdsprachlichen literarischen Textes ‚wiederentdeckt' zu haben meint. Aber gleichzeitig werden zahllose Details, die die Realität der Fremdkultur darstellen, im Bewußtsein überhaupt nicht registriert, da der kulturelle Kontext dieser Details wegen undeterminierbarer Pluralität der kulturellen Codes nicht gefaßt werden kann.[15] Ein eindimensionales Verständnis der Fremdkultur würde die Kultur als eine »zentrierte Struktur« auffassen, als einen Ort, woraus ein spezifisches Verständnis strahlt. Sogar eine scheinbar einheitliche kulturelle Situation hat zum großen Teil widersprüchliche und verflochtene Determinanten, die zu bestimmten historischen Augenblicken in der kulturellen Situation operieren.

Die »Fremdheit« einer Kultur entsteht aus der undeterminierbaren Heterogeneität ihrer Requisiten, die in das eigentümliche Wertsystem eingebettet sind. Dies führt zu diversen, sich widersprechenden Auslegungen. Ein scheinbar ‚congeniales' Verständnis der Fremdheit würde sich als Ergebnis äußerlicher Identifikation mit einigen der Determinanten ergeben. Ein fremdkulturelles Phänomen würde keine nachtlose Einheit des Verständnisses erlauben, da Kultur wegen ihres überdeterminierten Charakters als eine »dezentrierte Struktur« begriffen werden muß. Mit ihrer mehr komplex strukturierten Kommunikation und ihrem weniger vereinheitlichten Konzept vom »Verständnis« würde eine Fremdkultur immer eine Reihe von Interpretationen zulassen, ohne den Boden der kulturellen Determinanten zu verlassen.

Da jeder vorgeschriebene Satz von Parametern für die Beschreibung der Fremdkultur nur ein beschränktes Verständnis hervorrufen würde, würde das Verständnis der Fremdkultur zur offenen Undeterminiertheit neigen und sich deshalb als ein fortwährender metonymischer Kampf fortsetzen, wo Attribute für die Namen der gemeinten ersetzt werden. In diesem Sinne würde das Verständnis der Fremdkultur immer perspektivistisch bleiben. »Ein Eingang in ein Netz mit tausend Eingängen«, um Barthes' Beschreibung eines literarischen Textes auf das Phänomen der Fremdkultur zu übertragen.[16]

Im Angesicht solch eines pluralistischen Verständnisses des »Fremden«, das nicht ergründet, sondern mit einem Bruchbewußtsein nur erfahren werden kann, wäre es sinnvoll, von »Assimilation« der fremden Werte und Normen zu sprechen? Assimilation der Fremdheit würde in diesem Sinne bedeuten nicht eine Destruktion des Anderen, oder auch nicht etwa die totale Auflösung des Selbst in das Andere, sondern einen Prozeß der Desorientierung des Bewußtseins, das in einer doppelten Exteriorität nach einer neuen emanzipatorischen Orientierung sucht. Dieser Orientierung liegt eine Bildung eines intersubjektiven Korrelats zugrunde: die Erfahrung des Selbst durch die Erfahrung des »Anderen«.[17] Dies ist der Prozeß der Absetzung des Subjekts (Displacement of the subject) von dessen Tradition der Identifikation, wo ein Versuch unternommen wird, den Unterschied in der Gleichheit zu leben.[18] Solch ein Bewußtsein vermittelt einen differenzierenden und zugleich identifizierenden Sinn der »Andersheit«. Ich differenziere mich vom »Anderen« und in dieser Differenzierung erfahre ich meine Möglichkeiten durch das »Andere«. Thomas Mann hat diesen Aspekt der »Andersheit« in seiner indischen Legende »Die vertauschten Köpfe« prägnant formuliert:

»Die Freundschaft der beiden Jünglinge beruhte auf der Unterschiedlichkeit ihrer Ich- und Mein-Gefühle, von denen die des einen nach denen des anderen trachteten. Einkörperung nämlich schafft Vereinzelung. Vereinzelung schafft Verschiedenheit, Verschiedenheit schafft Vergleichung, Vergleichung schafft Unruhe, Unruhe schafft Verwunderung, Verwunderung schafft Bewunderung, Bewunderung aber Verlangen nach Austausch und Vereinigung. Etad vai tad. Dieses ist das. Und auf die Jugend zumal trifft die Lehre zu, wenn der Ton des Lebens noch weich ist und die Ich- und Mein-Gefühle noch nicht erstarrt sind in der Zersplitterung des Einen.«[19]

Der Sinn der »Andersheit« ist die Basis dieser Assimilation. Also wird die Begegnung mit dem Fremden zum »Verlangen« nach gegenseitigem Austausch in Verschiedenheit. Aber dieses Verlangen ist kein vereinheitlichender Prozeß. Durch Verwischung der Konturen meiner Identität bin ich noch nicht der »Andere«, und dennoch habe ich das Verlangen nach dem »Anderen«. Denn das Andere muß entdeckt werden. Es ist der »neutrale Punkt«, wie Todrov meinen würde,[20] aber nicht im Sinne einer Indifferenz der Ferne, sondern in dem Sinne, daß das Eigene und das Fremde beide von innen erlebt werden. »Ohne Indianer zu werden, war Cabeza de Vaca nicht mehr ganz Spanier«.[21] So beschreibt Todorov den »neutralen Punkt«, den der spanische Kolonisator in seiner Begegnung mit der Kultur der Mesoamerikaner erreicht hat. Dies ist m.E. der Zustand der Absetzung des Subjekts von dessen Tradition der Identifikation und dessen fortwährendes Aufheben (perpetual unmaking). Diese Erfahrung der Absetzung (Displacement) würde der des modernen Exilanten entsprechen, der in seiner Abgesetztheit ein Wesen darstellt, das »seine Heimat verloren hat, ohne eine neue zu finden, das in doppeltem Sinne ein Außenstehender ist.«[22] Diese doppelte Exteriorität wird immer das Verlangen nach dem »Anderen« mit zahlreichen Stufen und in verschiedenen Graden der Assimilation aufrechterhalten. Es wird ein perennierender Prozeß sein. Für jedes Individuum wird es eine erneute Begegnung sein.

Die moderne europäische Tradition der Hermeneutik von Schleiermacher bis Gadamer hat die triadische Struktur des hermeneutischen Prozesses hervorgehoben: Verstehen-Interpretieren-Applikation, was die platonische Suche nach dem »Selbsterkennen« weiter fortsetzt. Die Geschichte der verschiedenen europäischen Nationalliteraturen und ihr Verständnis ist innerhalb des Rahmens eines »allgemein europäischen Charakters«[23] orientiert und hat sich nach einem Verständnis der unikulturellen Texte in einer bestimmten Muttersprache gerichtet. Dieses eurozentristische Vorurteil reflektiert sich in der hermeneutischen Kategorie der Alterität, die von Jauß eingeführt wird. Wenn Jauß von Alterität spricht, meint er das »historische« Andere der eigenkulturellen Vergangenheit, die sich in den mittelalterlichen Texten dokumentiert.[24] Für Jauß ist die hermeneutische Kategorie der Alterität primär anwendbar für die Überwindung der historischen Distanz zwischen dem alten Text und dem zeitgenössischen Leser in der vorausgesetzten Kontinuität der Identifikation des Lesers mit seiner kulturellen Tradition.[25] Wenn Terry Eagleton feststellt, daß »the heights of modern English literature have been dominated by foreigners and emigrés: Conrad, James, Eliot, Pound, Yeats, Joyce«,[26] so registriert er nicht den unikulturellen Horizont der abendländischen Kultur, in die alle diese ‚foreigners' eingebettet sind. Dieses ‚fremde' Element wird üblicherweise im Sinne der Pluralität und nicht dem der Heterogenität ausgelegt. Die Werke dieser

‚fremden' Schriftsteller sind wesentlich plurale Manifestationen des gleichen kulturellen Ethos von Europa.

Mein Verständnis der hermeneutischen Kategorie der Alterität bezieht sich primär auf das Verständnis des »heterogenen« Anderen, das mit »fremden Augen«,[27] mit dem Bruchbewußtsein wahrgenommen wird. Diese relativistische Position zeigt aber keine Indifferenz zu fremden Kulturen noch einen Verzicht auf Werte. Es ist vielmehr ein heterologisches Verständnis, das »die Verschiedenheit der Stimmen hörbar macht.«[28] Das ist die Voraussetzung für den Dialog der Kulturen, »bei dem niemand das letzte Wort hat, bei dem keine Stimme den anderen auf den Status eines einfachen Objekts reduziert und bei dem jeder seinen Vorteil daraus zieht, daß er außerhalb des anderen steht.«[29]

Anmerkungen

[1] Vgl. Tzvetan Todorov: *Die Eroberung Amerikas – Das Problem des Anderen*. Übers. Willfried Böhringer. Frankfurt/Main (Suhrkamp) 1985, S. 33, 36.
[2] Jürgen Habermas: *Können komplexe Gesellschaften eine vernünftige Identität ausbilden?* In: *Zwei Reden* von D. Henrich und J. Habermas. Frankfurt/Main (Suhrkamp) 1974, S. 30.
[3] G.W.F. Hegel: *Enzyklopädie der philosophischen Wissenschaften*, Theorie-Werkausgabe. Frankfurt/Main (Suhrkamp) 1970, S. 430.
[4] Edward T. Hall: *The Silent Language*. New York, S. 30.
[5] Vgl. Raymond Williams: *Innovationen*. Frankfurt/Main 1977, S. 88.
[6] Habermas, ebd. S. 25.
[7] Vgl. Habermas, ebd. S. 28; Pramod Talgeri: *Die Darstellung fremder Kulturen in der Literatur – Die Suche nach einer erweiterten Identität in der eigenen Kultur*. In: Rolf Kloepfer und Gisela Janetzke-Dillner (Hrsg.): *Erzählung und Erzählforschung im 20. Jahrhundert*. Stuttgart (Kohlhammer) 1981, S. 123f.
[8] Vgl. Habermas, ebd. S. 28.
[9] Vgl. Habermas, ebd. S. 28.
[10] Vgl. Habermas, ebd. S. 28.
[11] Vgl. Habermas, ebd. S. 27.
[12] Vgl. Habermas, ebd. S. 29.

[13] Vgl. Tynjanov: *Literarische Evolution.* In: *Methodendiskussion zur Theorie der Literatur. Ein Arbeitsbuch* 1976, hrsg. von Philippi et al. S. 146 ff.

[14] Ich übernehme diesen Terminus von Raman Selden, der ihn im Zusammenhang mit der Komplexität des literarischen Textes in seiner Abhandlung verwendet: *Criticism and Objectivity.* London (Allen & Unwin) 1984, S. 96.

[15] Vgl. Dietrich Krusche: *Die Kategorie der Fremde.* In: *Fremdsprache Deutsch,* hrsg. von Alois Wierlacher. München 1980, Bd.I, S. 47 ff.

[16] Roland Barthes: *S/Z,* übers. R. Miller. London 1975, S. 12.

[17] Siegfried J. Schmidt: *Ästhetizität – Philosophische Beiträge zu einer Theorie des Ästhetischen.* München 1971, S. 547 f.

[18] T. Todorov, Ebd. S. 294.

[19] Thomas Mann: *Die vertauschten Köpfe. Eine indische Legende.* In: *Sämtliche Erzählungen.* Frankfurt/Main 1963, S. 566f.

[20] Todorov, ebd. S. 294.

[21] Todorov, ebd. S. 294.

[22] Todorov, ebd. S. 294.

[23] Friedrich Schlegel: *Über das Studium der griechischen Poesie.* In: F.S. : *Kritische Schriften,* hrsg. von W. Rasch. München 1964, S. 129.

[24] Vgl. Hans Robert Jauß: *Zur Abgrenzung und Bestimmung einer literarischen Hermeneutik.* In: *Text und Applikation: Theologie, Jurisprudenz und Literaturwissenschaft im hermeneutischen Gespräch,* hrsg. Manfred Fuhrmann et al. München 1981, S. 14.

[25] Vgl. Alois Wierlacher: *Mit fremden Augen oder Fremdheit als Ferment. Überlegungen zur Begründung einer interkulturellen Hermeneutik deutscher Literatur.* In: *Das Fremde und das Eigene,* hrsg. A. Wierlacher. München 1985, S. 5, 18.

[26] Terry Eagleton: *Exiles and Emigrés, Studies in Modern Literature.* London 1970.

[27] A. Wierlacher, ebd. S. 3.

[28] T. Todorov, ebd. S. 296.

[29] T. Todorov, ebd. S. 295.

Götz Großklaus, Karlsruhe

Symbolische Raumorientierung als Denkfigur des Selbst- und Fremdverstehens

(1)

Gruppen und Individuen gliedern und strukturieren den Raum, in dem sie leben. Die jeweils historisch gegebenen Umwelten bedürfen immer wieder der kulturellen Interpretation. Derartige ‚Interpretationen' entwerfen Raum-Gestalten, territoriale Netze und Achsen, mit deren Hilfe eine identitätssichernde Raum-Orientierung für die Gruppenmitglieder möglich wird. Die kulturanthropologische Verhaltensforschung (*Roger M. Downs, David Stea*)[1] spricht hier von »kognitiver Kartographie« als »Verfahren der Aneignung, Zusammenfassung und Speicherung« räumlicher Daten. Downs/Stea deuten die »kognitive Karte« als instrumentelle Voraussetzung für das Überleben der menschlichen Gattung, für jede überlebenssichernde Strategie raumbezogenen Verhaltens.[2] Während für diesen Ansatz (vgl. auch *K. Lynch*) die individuelle, empirisch beschreibbare Raum-Orientierung im Vordergrund steht, geht es in meiner Skizze um kollektive, geschichtlich sich wandelnde kulturspezifische Aneignung von Raum. »Kognitive Kartographie« wäre dann ein Verfahren, mit dessen Hilfe geschichtliche Kulturen Raumdaten ihrer Umgebung aneignen, kodieren, speichern, abrufen und dekodieren[3]. Die »kognitive Karte« soll somit als kulturelle Basis-Karte verstanden werden, die vor allem die symbolische Raum-Aneignung von Gruppen steuert und bewahrt.

M. Halbwachs hat als erster davon gesprochen, daß Gruppen ihre kollektiven Erinnerungen im Raum wiederfinden können. Seit den Arbeiten von Edward T. Hall, Lévi-Strauss, U. Eco, I.M. Greverus u.a.[4] ist uns bewußt, auf welche Weise unser Raumverhalten zusammenhängt mit unserer Fähigkeit, über Zeichen kommunikative Systeme aufzubauen. Der angeeignete und geordnete Raum ist somit immer (auch) ein symbolischer Text, der von den Gruppenmitgliedern gelesen und identitätssichernd verstanden werden kann. Das Raumverhalten ist entsprechend immer (auch) Teil der nicht-sprachlichen Verständigung über kulturelle Präferenzen und Hierarchien (vgl. oben – unten / innen – außen / profan

– heilig / fremd – eigen), über »Traditions- und Erinnerungswerte« (Greverus)[5]: auch über kollektive Erwartungen und Wünsche. Die Konzepte der ‚kognitiven Kartographie' (*Downs/Stea*) – der ‚Territorialität' *(Hall)* – der ‚memoire collective' (*Halbwachs*) – der ‚Raumorientierung' (*Greverus*) und semiotisch des ‚Raum-Textes' und ‚Raum-Codes' erfassen unterschiedliche Aspekte desselben kulturellen Phänomens.

(2)

Zur Diskussion steht in der vorliegenden Skizze die Bedeutung und die Funktion nicht-sprachlicher Raum-Verständigung im Kontext sprachlicher (ästhetischer) Kommunikation. Neuerdings liegen einige linguistische Arbeiten vor, die sich zum Lexikon der Raumrepräsentation, zur Raum-Deixis, zur Syntax und Semantik lokaler Präpositionen u.a.[6] detailliert äußern. Mir geht es um eine kultursemiotische Bestimmung von zugrundeliegenden Modellen kultureller Raumorientierung, wie sie in ästhetisch-literarischen Texten sowohl repräsentiert als auch entworfen werden. Wegweisend sind hier die kulturtypologischen Arbeiten J.M. Lotmans[7]. Zu unterscheiden sind bei der Beschreibung von Raum-Modellen:
  a) *universelle* Eigenschaften und Merkmale kultureller Raum-Aneignung
  b) *kulturgeschichtlich* universelle Momente der Überlieferung
  c) *kulturspezifische* und *-relative* Ausprägungen und Eigentümlichkeiten
  d) *kulturgeschichtliche* Momente des Funktionswandels – so hier z.B. des europäischen Modells seit ca. 1720.

Gleichzeitig sind damit die Felder möglichen Vergleichs benannt. Methodisch bedeutet das für die Germanistik und Literaturwissenschaft jene Öffnung, die die Vielfalt interkultureller Anschlüsse erst ermöglicht.

(3)

Das raumdeiktische Lexikon einer Sprache läßt Rückschlüsse zu auf das Raumverhalten der jeweiligen Sprach- und Kulturgemeinschaft. Der Vergleich von raumdeiktischen Systemen (*J.P. Denny*) ergibt erste Hin-

weise auf die mögliche Universalität von semantischen Variablen (wie
z.B. ± Sprecherstandpunkt: hier vs. dort) und auf kulturspezifische Abweichungen in der Anordnung der Variablen im System etc. Die Skizze
stützt sich auf diese Arbeiten zur Raumdeixis (*Denny, Wunderlich, Ehrich* u.a.)[8], verwertet vor allem ihre, auf die Beobachtung mehrerer Sprachen gegründete Auflistung und Strukturierung raumdeiktischer Oppositionen (hier vs. dort – oben vs. unten – innen vs. außen etc.), verfolgt
aber ein anderes Ziel: untersucht werden sollen nicht raumdeiktische Systeme von Sprachen, sondern von Texten; erfaßt werden sollen nicht
Strukturen primärer Raum-Aneignung: der Raum-Denotation, sondern
mögliche Bauformen sekundärer Aneignung: der Raum-Konnotation.
Downs/Stea sprechen in diesem Zusammenhang von »raumbezogenen
Symbolen, die beim problemlösenden Umgang mit der Umwelt als denotative und konnotative Kurzschrift« verwendet werden[9]. Es gilt die
Hypothese, daß uns sprachlich-literarische Texte intimen Aufschluß
über kultur- und epochenspezifische Repertoires von Raum-Symbolen
geben können (vgl. *E.T. Hall*)[10]. Ein derartiges Repertoire läßt sich anhand von Texten (der europäischen, deutschen Literatur) skizzieren.
Das Repertoire hielte die kollektiven Raum-Erinnerungen der Gruppe
fest. Im Verlauf aber der europäischen Zivilisations- und Industrialisierungsprozesse erleidet das Repertoire verschiedene Umformungen und
Umschichtungen. In der Terminologie von Downs/Stea müßte man sagen, daß die kognitiv-symbolische Karte – die ja anfänglich Daten eines
natur-räumlichen Umfeldes verzeichnet – ihre Legende in dem Maße
verändert oder erweitert, als ‚Naturraum' als Feld unmittelbarer
Orientierung zunehmend fortfällt.

(4)

Vielfältig vertraut sind uns Europäern so elementare und normale
Raumgestalten wie: Berg und Tal, Wiese, Feld und Wald, Quelle und
Fluß, See und Meer, Insel und Höhle, Lichtung und Dickicht etc.; sie
haben zu tun mit der natürlichen Beschaffenheit unseres geographischen
Raums. Ebenso vertraut aber sind uns ihre symbolischen Bedeutungen –
und zwar aus der literarischen Überlieferung (Epos, Märchen, Volkslied, andere Formen von Dichtung). Wir verfügen über ein Repertoire
von Raumgestalten und -symbolen: Bausteine unserer Raum-Modelle. In
den Modellen sind die Raumgestalten einander orientierungsrelevant
zugeordnet. Ein Netz von Raumzeichen steuert unsere Orientierung. Bei

Götz Großklaus

unseren Bewegungen im Raum wissen wir, was wir oben und unten, in der Mitte und am Rande, innen und außen, über uns und unter uns, nah und fern etc., antreffen können. Die symbolische Modellierung nunmehr fügt z.b. einfache Präferenzen hinzu: bevorzugte, positiv besetzte Raumstellen sind bekanntlich:

oben (Berg: Schloß, Festung, Tempel, Turm)
in der Mittel, zentral (Tal, Lichtung: Platz, Forum, Kirche, Tempel, Rathaus)
innen, innerhalb (Höhle: Haus, Stadt: intra muros)
Westen (Sonnenuntergang: Ost-West-Achse abendländischer Kirchen, Ost-West-Achse der Stadt-Ausdehnung /der Polarisierung von armen (Osten) und reichen (Westen) Quartieren) (vgl. *Lévi-Strauss*)[11]

Gleichzeitig sind damit Grenzlinien gezogen und Distanzen markiert: Enge und Weite der Ein- und Ausgrenzungen von Terrains bestimmen sich kulturspezifisch und geschichtlich etc. Die symbolische Besetzung der um-grenzten Raumfelder gibt ursprünglichen Lebensinteressen und -bedürfnissen (Herrschaft, Schutz, Sicherheit, Geborgenheit, Erfüllung = in der Richtung des Sonnenweges von Ost nach West etc.) einen raumsprachlichen Ausdruck. Ein vollständiges symbolisches Raum-Modell bietet der Gruppe einen festen Rahmen für soziokulturelle Orientierung und Identifikation (*Greverus*)[12]. Die Texte überliefern uns gewissermaßen die ‚kognitiv-symbolische Karte', nach der die kollektive Orientierung abläuft: Diese textlich-ästhetischen Repräsentationen des ‚symbolischen Raums' sind es, die hier interessieren.

Die Lektüre einer genügend großen Anzahl von Texten – in synchronen und diachronen Zusammenhängen – böte die Grundlage für die Beschreibung eines kulturspezifischen Raummodells und seines Wandels. Die Skizze versucht, einige Konturen sichtbar zu machen.

Kehren wir noch einmal zu den genannten Raumgestalten zurück. Es kann hier nur angedeutet werden, auf welche Weise mit prägnanten Raumgestalten wie: Berg – Tal – Wald – Höhle – Insel – Meer bestimmte ‚Bewegungsbilder' symbolisch verknüpft sind:

mit Berg = nach oben aufsteigen, sich erheben, von oben überschauen, von oben nach unten sehen etc.
mit Tal = ins Umgrenzte, Umschlossene gehen, ins Nahe, Vertraute, Überschaubare, in der Mitte sein, in der Heimat sein etc.

Symbolische Raumorientierung als Denkfigur

mit Wald	=	hinein/hinausgehen ins Unbegrenzte, Ferne, in die Fremde etc.
mit Höhle	=	nach innen gehen, in die Tiefe, ins Geschlossene gehen, zurückkehren etc.
mit Insel	=	nach außen ins Offene gehen, Grenzen überschreiten vs. eingeschlossen, umgrenzt sein, entrückt sein etc.
mit Meer	=	hinausgehen ins Unbegrenzte, Offene, in die Weite, Ferne, in die Fremde.

Es sind die symbolischen Bewegungsarten der Helden (und Antihelden) unserer europäischen Epen und Romane, der Märchen und Mythen; es sind die symbolischen Räume, die sie durchziehen oder suchen. Im Laufe der Geschichte (seit der ‚Odyssee') haben die Texte diese symbolischen Räume verschieden interpretiert. Hypothetisch ließe sich von einem europäischen Grund-Modell (einer Basis-Karte) sprechen. Die Insel der Kirke oder der Phäaken scheint wenig zu tun zu haben mit Avalon oder der Insel des Simplicius oder Robinsons, mit Benns ‚Palau' oder gar mit dem ‚Montauk' von Frisch. Und doch gehorcht die Bewegung der Helden einem kulturspezifisch symbolischen Muster. Das gleiche gilt für prominente *Berge*: von Dantes Läuterungsberg zum ‚Mont Ventoux' des Petrarca, von Goethes oder Heines Brocken bis zum ‚Zauberberg' Manns oder dem ‚Piz Palü' von Fanck/Riefenstahl. Die zur schamanischen Initiation gehörenden Riten des Aufstiegs auf Berge z.B. (vgl. Eliade)[13] verweisen auf ein mögliches universales Moment. Die Reihe der Autoren (Dante bis Riefenstahl) und ihrer Texte mag drastisch sowohl die kulturspezifische raumsymbolische Tradition, als auch den einschneidenden Funktionswandel der Struktur belegen. An berühmte *Höhlen* (Gottfried von Straßburg, Defoe, Schnabel, Kleist, Novalis oder Musil u.a.) und *Wälder* – vor allem deutsche – (der Wald ‚Brizljân' des Parzival, der Schwarzwald des Simplicius, der Teutoburgerwald Hermanns bei Kleist, die Wälder Stifters, Hesses, deutscher Wald auch in Lina Wertmüllers ‚Sieben Schönheiten' oder in Michel Tourniers ‚Der Erlkönig' etc.), an *Täler* (bei Goethe, Kleist, Saint-Pierre, Schnabel u.a.) und *Meere/Flüsse* (Stevenson, Poe, Conrad, Döblin etc.) kann lediglich erinnert werden.

Die kognitiv-symbolischen Karten dieser Texte verzeichnen Grundmuster raum-analoger, soziokultureller Orientierung und Bewegung. Indem die Karten Raum-Grenzen festlegen, werden Raumfelder identifizierbar. Primär wiederum ist die Grenze, die Außenraum und Innenraum (vgl. *Lotman*)[14] trennt als Raum der Fremde und Raum des Eigenen. Duerr spricht vom ‚Zaun', den die menschlichen Kulturen zwischen sich selbst und der Wildnis errichten[15]. Die kognitiv-symbolischen Karten – wie sie hier aus Texten der europäischen Literatur zu rekonstruieren wären – geben die unterschiedlichen Routen an, auf denen wir die Grenzen (Zäune) unserer Innenräume überschreiten können: nach *oben* (in die Höhe), nach *unten* (in die Tiefe) – *nach außen* (ins Weglose, Ungeordnet-Dichte von Wildnis/Dschungel – ins Weglos, Ungeordnet-Offene des Meeres). Es sind die Routen, die aus den jeweils geschichtlichen kulturellen Binnen- und Eigenräumen hinausführen – es sind aber auch die Routen, auf denen wir wieder zurückfinden. Es sind die Reise-Routen der jeweiligen kulturtranszendierenden Bewegungen. Es hat den Anschein, daß alle Kulturen derartige, grenzüberschreitende Reisen kennen und entsprechende Karten besitzen (vgl. *Eliade, Malinowski* u.a.)[16]. Wichtig für unseren europäischen Kontext ist, daß unsere Karten (und ein zugrundeliegendes Tiefen-Modell) über einen weiten Überlieferungszeitraum mit immer wiederkehrenden Raumgestalten und -symbolen, mit vergleichbaren Grenz-Marken gearbeitet haben. Auf welche Weise symbolisch-kognitive Karten dieser Art in komplexen Rückkoppelungs-Prozessen auch wieder handlungsleitende Funktion zukam, zeigt die Geschichte der Südsee-Reisen (Tahiti) und der Alpen-Gipfelbesteigung im 18. Jahrhundert. ‚Insel' und ‚Berg' sind die bevorzugten Topoi der bürgerlichen Selbstfindung, des bürgerlichen Aufstiegs[17], das ‚Tal' wird zum Topos bürgerlicher Heimkehr etc. Zu beschreiben wäre der Funktionswandel dieser bürgerlichen Karten im Verlauf des Industrialisierungsprozesses in Europa seit 1780. Am vorläufigen Ende dieser naturraum-analogen, soziokulturellen Orientierung steht der nostalgische Konsum von Raum-Zitaten (Touristik, Werbung). Die symbolisch-kognitive Karte, wie sie in Europa über ein Jahrtausend in unterschiedlicher Form die soziokulturelle Orientierung bestimmte, hat sich inzwischen verändert. An die Stelle der alten Raumgestalten und -symbole sind neue getreten. ‚Wald' und ‚Meer' sind ersetzt worden durch ‚Weltall', ‚Insel' durch ‚Planet' etc. Die Grenzen zwischen Innen- und Außenraum haben sich dramatisch verschoben. Neuzeitlich soll nichts mehr draußen bleiben; das Draußen ist – wie Adorno/Horkheimer es sagten – die eigentliche Quelle der Angst. Fremd-Räume werden Eigen-Räume etc. Mit der »Herstellung der Immanenz«[18] verlieren die Reisen den Charakter der Grenzüberschreitung – der Transzendierung. Somit verschwindet tendenziell die alte, immer noch (natur)raumanaloge Karte

Symbolische Raumorientierung als Denkfigur

und wird ihrerseits ersetzt durch eine möglicherweise nicht mehr (natur)raumanaloge, sondern digital angelegte (Binnen)-Karte: im Ganzen ein Prozeß der Ent-räumlichung, auf den noch einzugehen sein wird. (So wird z.B. die alte (natur)raumanaloge Abbildung der Erdumdrehung auf dem Kreis unserer Uhren-Zifferblätter aufgegeben zugunsten der digitalen Darstellung. Zu verweisen ist auch auf die computergesteuerte digitale Raum-Erkennung bei Raketen und vollautomatisierten Automobilen der Zukunft).

(5)

(a) Über die universelle Bedeutung und die archaische Herkunft bestimmter Grundelemente unserer symbolisch-kognitiven Karten (Berg – Höhle – Wald – Insel – Meer/Fluß/See) sind wir durch die ethnologische und kulturanthropologische Forschung unterrichtet. Stellvertretend sei hier auf Mircea Eliade verwiesen:

Der kosmische *Berg* bedeutet archaisch das *Zentrum* der Welt[19]. Paläste, Königsstädte galten als in der *Mitte* der Welt, auf dem Gipfel des Kosmischen Berges befindlich[20]. »Die Besteigung eines Berges bedeutet immer eine Reise zum ‚Zentrum der Welt'«[21]. Der künftige Schamane ersteigt den kosmischen Berg auf seinen ekstatischen Reisen[22].

Die *Höhle* spielt eine bedeutende Rolle für den Initiationsritus. Die Höhle ist Symbol eines Übergangs in eine andere Welt[23]. Das zentrale Element der Initiation ist immer dasselbe: symbolischer Tod und Auferstehung des Neophyten[24].

Zum Initiationsritus gehört auch eine bestimmte Zeit der Abschließung in *Busch/Wald/Wildnis* (als Symbol des Jenseits)[25].

»Die ‚Urheimat' wird zum mythischen Land und *der Ozean* zwischen ihm und der jetzigen Heimat wird zum Wasser des Todes ...«[26] etc. etc.

Zur mythischen Höhle und zur Überlieferung ihrer raum-symbolischen Bedeutung äußert sich auch Duerr (§ 3 Die Vagina der Erde und der Venusberg)[27]. Mythische Inseln (Aiaia, Ogygia) als Todesinseln – wie Ranke-Graves sie sieht[28] – kennen wir aus der Odyssee als einer frühen Quelle etc.

(b) Kulturgeschichtlich erstaunlich erscheint, daß diese symbolische Topographie für den Aufbau unserer symbolisch-kognitiven Karten bis in die Gegenwart strukturell von Bedeutung war. Alte raumsprachliche Inhalte sind offenbar aktualisierbar und haben in geschichtlichen Krisen- und Umbruchszeiten immer wieder zur soziokulturellen Orientierung gedient. In historischen Augenblicken neuzeitlich beschleunigten Wandels (industriell, technologisch, soziokulturell, symbolisch-mental) ist immer wieder auf die alte Karte zurückgegriffen worden. Besonders der den Prozeß zunehmender Denaturierung und Verdiesseitigung begleitende bürgerliche Natur-Diskurs hat sich der alten symbolischen Kartographie bedient. Gegenüber der beschleunigten Herstellung von Immanenz hielt der Natur-Diskurs die Erinnerung an die alten transzendentalen Pfade wach. Gegenüber der beschleunigten Kolonisierung und Profanierung der Natur bewahrte ein Typ des Natur-Diskurses gerade die ausgelöschte Fremde der Natur: Draußen, jenseits der erweiterten kulturellen Eigenräume bleibt eine Zone, in der meine Codes Aneignungen nicht mehr sichern etc. Offenkundig jedoch geht es anderen Natur-Diskurstypen um etwas anderes: draußen gerät man hier lediglich in eine synthetische Wildnis des Naturschönen: Muster aller trivialen (= minimalisierten) bürgerlichen Expeditionen – von Claurens' ‚Mimili' bis zu Löns' ‚Aus Wald und Heide'.

Die symbolisch-kognitiven Karten dieser Diskurse etwa zwischen 1720 bis in die Gegenwart sind strukturell durchaus vergleichbar, die soziokulturelle Funktion aber der jeweils nach der Karte vorgeschlagenen Reise verändert sich geschichtlich erheblich. (An anderer Stelle habe ich mich zur Dialektik des Industrialisierungs-Prozesses geäußert, in der schubartige Veränderung der (noch) naturalen Umwelten und boomartige Natur-Thematisierungen aufeinander bezogen sind).

Dauer und Funktionswandel der angenommenen symbolisch-kognitiven Karte(n) lassen sich am Beispiel des bürgerlich-städtischen Parks besonders gut zeigen. Der reale Park stellt einen idealen Raumtext dar, der seine Struktur ganz dieser Karte verdankt: alle Raumgestalten und -symbole sind gut wahrnehmbar und lesbar reproduziert: Berg, Höhle, Wald, Lichtung, Insel, Meer, Fluß im Imitat von Park-Hügel, -Grotte, -Baumbestand, -Wiese, -Teich, -Teichinsel, -Bach. Die Synthese ist vollkommen. Die Nachahmung verdinglicht die symbolische Karte. Die alte transzendentale Reise führt nur um die Ecke; Berg, Höhle, Insel etc. sind jenseits des Park-Zauns zu besteigen und zu betreten. Kleist noch ist von dieser verdiesseitigenden Eingemeindung anläßlich eines Spaziergangs im Pariser ‚Hameau de Chantilly' schockiert (Brief vom 16.8.1801). Aragon macht über 100 Jahre später den Pariser Park der Buttes-Chaumont zum realen Ort einer mythischen Exkursion (Le paysan de Paris). Die trivialen bürgerlichen Verdinglichungen dieses Parks werden zum Ausgangspunkt einer surrealen Wiederentdeckung der alten symbolischen Karte, nach der auch die alte Reise wieder möglich wird – als Akt symbolischer Imitation.

Für Kleist allerdings und seine Raum-Erfahrung am Anfang des 19. Jahrhunderts werden drei Raum-Texte deutlich voneinander abgegrenzt:
– der verdorbene, in jeder Hinsicht defiziente Raum-Text der modernen Großstadt (»Denken Sie sich in der Mitte zwischen drei Hügeln, auf einem Flächenraum von ohngefähr einer Quadratmeile, einen Haufen von übereinandergeschobenen Häusern, welche schmal in die Höhe wachsen, gleichsam den Boden zu vervielfachen, denken Sie sich alle diese Häuser durchgängig von jener blassen, matten Modefarbe, welche man weder gelb noch grau nennen kann, ... denken Sie sich enge, krumme, stinkende Straßen, in welchen oft an einem Tage Kot mit Staub und Staub mit Kot abwechseln, denken Sie sich endlich einen Strom, der, wie mancher fremde Jüngling, rein und klar in diese Stadt tritt, aber schmutzig und mit tausend Unrat geschwängert, sie verläßt.«)[29]
– der unwahrhafte Raum-Text des städtischen Parks als Natur-Imitat (»Auf eine ähnliche Art hat man hier in Paris die Natur nachgeahmt ... Von Zeit zu Zeit verläßt man die matte, fade, stinkende Stadt, und geht in die – Vorstadt, die große, einfältige, rührende Natur zu genießen. Man bezahlt (im Hameau de Chantilly) am Eingang 20 sols für die Erlaubnis, einen Tag in patriarchalischer Simplizität zu durchleben.«)[30]
– schließlich der wahre Raum-Text unberührter Natur (»Große, stille, feierliche Natur, du, die Kathedrale der Gottheit, deren Gewölbe der Himmel, deren Säulen die Alpen ... so spielt man mit dir?«)[31].

Wenn Kleist gleich im nächsten Brief (vom 10.10.1801) von seinem Plan spricht, Bauer zu werden in der Schweiz, zeigt das, wie die alte symbolische Karte seiner utopischen Sehnsucht ganz konkret den Weg weist. Die kognitive Kartographie seiner Dichtung ruht auf derselben Entgegensetzung von geschlossenem gesellschaftlichen Raum (Festung, Kloster, Stadt, Irrenhaus, Krankenhaus, Gefängnis) und offenem Raum der Natur (Tal, Quelle, Baum, Höhle, Garten, Hain) als Raum individueller Erfüllung. Zivilisationsgeschichtlich jedoch verschwinden zunehmend die Voraussetzungen für den Entwurf von utopischen Örtern – irgendwo draußen: auf dem Land, in der Schweiz, in der Südsee (Gauguin, Loti, Stevenson). Die Fremde natürlicher Wildnis kehrt innen wieder: in den Metropolen, den neuen Millionenstädten. 1854 erscheint Alexandre Dumas' ‚Les Mohicans de Paris'. Benjamin hat darauf hingewiesen und zitiert Balzac, der davon spricht, daß die »Poesie des

Schreckens«, von der die amerikanischen Wälder bei Cooper voll seien, ebenso den kleinsten Details des pariser Lebens eigne.[32] Die Ansichten auf Urwald und Prärie öffnen sich inmitten der neuen Städte. Die Raum-Texte, die Kleist unterschied und die er nach Nähe und Abstand zur idealen (alteuropäischen) Karte bewertete, sind nunmehr nicht mehr auseinanderzuhalten: palimpsestartig scheinen sie übereinander zu liegen; die Oberfläche wird durchsichtig auf Tiefe und Untergrund. Folgerichtig wird sich wiederum ca. 80 Jahre später Louis Aragon als ‚paysan de Paris' auf die Suche nach den mythischen Punkten und Örtern machen, wie sie auf der Oberfläche der Stadt-Landschaft verstreut liegen – in besonderer Dichte offenbar dort, wo der Raum-Text der modernen Stadt Zwischen- und Randzonen trivialer Öde entstehen läßt. Die nächtlich triviale Öde des ‚Parc des Buttes-Chaumont' wird zur Voraussetzung der mythischen Entschlüsselung, die hier an einer porösen Textstelle ansetzt. Die Entschlüsselung aber – das ist unsere These – die Entdeckung der Orte und Stellen des mythischen Transits können nur gelingen aufgrund der surrealen Technik, die in der Lage ist, die im kollektiven Unbewußten ruhenden Elemente der alten kognitiv-symbolischen Karte zu erinnern. Exakt nach dieser Karte erfolgt die Orientierung: die nächtliche, ethno-mythologische Erkundung verläuft auf der *West-Ost*-Achse der Parkanlage; In der *Mitte*, im *Zentrum* des Parks trifft man auf einen *See*, in dessen Mitte wiederum eine *Insel* liegt; *Grotten* befinden sich in einem Hügel am Rande des Sees; schließlich ersteigt man den höchsten *Hügel* und erreicht dort den Platz mit der Säule: als »heilige Stätte«.[33] Reise und Fahrt dieser modernen Argonauten (Aragons und seiner Freunde) haben mit außerräumlicher Grenz-Überschreitung nichts zu tun. Grenzen werden nach innen: ins eigene Unbewußte und zeitlich überschritten, wobei gerade der triviale, räumliche Artefakt des städichen Parks zur Übergangsstelle wird. Die kognitiv-symbolische Karte dient allein der Innen-Orientierung etc. Ähnlich wird wenig später Walter Benjamin (als »Bauer von Berlin«)[34] die mythische Rekonstruktion seiner ‚Berliner Kindheit um Neunzehnhundert' betreiben.

Auch dieser Erinnerungsarbeit liegt jene kognitive Kartographie zugrunde, die über die alten Raumgestalten von *Wald* (= Stadt), (= Park), *Bergmulde* (= kleine Straßen im Stadtinnern), Mutter*höhle* (= Anhalter Bahnhof), *Insel* (= Pfaueninsel) und *Grotte* (= Fischotter-Zwinger des Zoologischen Gartens)[35] den Kultur-Raum der modernen Metropole: Berlin sich mythisch anzueignen in der Lage ist. Als mythisch wird die Landschaft der Kindheit erinnert. Auch Benjamin unternimmt wie Aragon eine Reise in die Zeit, wobei ihm die alteuropäische ‚mental map' als symbolisches Instrument dient einer Wiederentdeckung der kognitiven Karte der eigenen Kindheit im Berlin der Jahrhundertwende. Diese Karte verzeichnet die heiligen Stätten und Orte – im Sinne Aragons, auch Leiris' – die geheimen Transitstellen an abgelegenen, verödeten, verlassenen Randzonen der Stadt oder städtischer Räume (wie Park, Zoologischer Garten). Da, wo sich der technisch-zivilisatorische Prozeß alles zu eigen gemacht hat – in Städten und Industrierevieren –, entsteht neue Fremde eben in Randzonen, in die er nicht vorgedrungen ist, – die er liegen gelassen hat – oder in Räumen, die er schon wieder aufgegeben hat: ein ungenau definierter Bereich (*Leiris*), eine »Art von Buschland oder Niemandsland«[36], gegenüber den ausgewiesenen Räumen der Kultur eine »unbestimmte Welt, der(m) eigentliche(n) Schauplatz aller mythischen Abenteuer und seltsamen Begegnungen«[37].

Der Funktionswandel kognitiver Kartographie – wie er hier am Beispiel Kleists, Aragons, Benjamins lediglich skizziert werden sollte – ist selbstverständlich aufs engste mit dem Industrialisierungs-Prozeß in Mitteleuropa seit ca. 1780 verknüpft. Bei zunehmender Industrialisierung des Natur-Raums, bei zunehmend beschleunigtem Verschwinden von jeweils geschichtlichen Heimaten, entsteht ein kompensatorischer Natur-Diskurs, der die räumliche Suche des Helden nach Natur-Exilen und -Asylen zum Thema hat. Tendenziell jedoch verzeitlicht sich diese Suchwanderung: Räume schrumpfen zu Oberflächen; verstreut finden sich Punkte – »Knotenpunkte menschlicher Reflexion« wie sie Aragon nennt – die nunmehr zu Ausgangspunkten von Reisen in der Zeit werden: die alte Karte verzeichnet jetzt die Routen in die eigene Frühgeschichte, ins Unbewußte.

(c) Die Verdeutlichung möglicher universeller Merkmale und Eigenschaften von ‚kognitiver Kartographie' als kulturellem Verfahren überhaupt, die Beschreibung möglicher kulturgeschichtlich universell vergleichbarer Überlieferung von symbolisch-kognitiven Karten und den dort niedergelegten (natur)raumanalogen Orientierungsweisen – und schließlich die Erfassung von kulturspezifischem Funktionswandel von ‚Karten' (z.B. in Europa) sind methodisch Analysevorgänge, die auf interkulturellem Vergleich schon ruhen. Verglichen werden Text-Karten unterschiedlicher Kulturen, Zeiten und Funktionen. Es geht bei den ersten Vergleichs-Schritten darum, mögliche strukturelle und thematische Gemeinsamkeiten (‚Universalien') zu bestimmen. Die nächsten Schritte zielen auf die Erfassung von Differenz: zunächst inbezug auf geschichtlichen Funktionswandel (s.o.) – nunmehr aber auf die jeweils kulturspezifische Fassung, in der die Karte repräsentiert und symbolisch verwendet wird: Um diese Differenz in den Blick zu bekommen, sind zeit/epochengleiche Texte z.B. aus dem deutschen, französischen, englischen etc. Kulturraum gegenüberzustellen.

Die Skizze eines derartigen Vergleichs sei hier vorgestellt: Die Texte von D. Defoes ‚The Life and Strange Surprising Adventure of Robinson Crusoe' und J.G. Schnabels ‚Wunderliche Fata einiger See-Fahrer, absonderlich Alberti Julii, eines geborenen Sachsens'(I) können als zeit- und epochengleich gelten: sie erschienen jeweils 1719 und 1731. Beides sind bekanntlich Insel-Geschichten: erzählt wird in beiden Texten die Geschichte einer neuzeitlichen Reise ins Jenseits. Die Inseln liegen irgendwo in der unbegrenzten Wildnis des Ozeans: jenseits der verlassenen, eigenen Kultur-Räume; der Ozean bedeutet: Öffnung zum Fremden, Unbekannten, Ungewissen. Wie der mythische Wald birgt der Fremdraum des Meeres die Möglichkeit des Todes, des Untergangs, aber auch die der Erfüllung etc. Die Insel als Ziel der ‚transzendentalen Reise' kann der Ort einer solchen Erfüllung (einer individuellen oder kollektiven Selbstfindung) sein. Beiden Geschichten liegt die alte symbolisch-kognitive Karte zugrunde. Die Reise-Route ist markiert durch die vertrauten Raumgestalten und -zeichen: Meer – Insel, Berg – Tal: oben – unten: zentral – peripher – Höhle: innen – außen etc. Diese Codierung enthält möglicherweise Elemente eines angenommenen universellen Raum-Codes, mit Sicherheit aber eines alteuropäischen Codes (vgl. *Homer*). Die Helden der beiden Texte machen unterschiedlich-kulturspezifischen Gebrauch von der Karte (dem ihr zugrunde liegenden Code), bleiben aber an das gemeinsame europäische Orientierungsmuster gebunden. Die Reise, die die frühbürgerlichen Helden der Textes Defoes und Schnabels nach der alten Karte unternehmen, stellt sich neuzeitlich dar als Aufbruchs- und Initiationsritual[38] der neuen, aufsteigenden Klasse. Der Aufbruch gestaltete sich für das englische Bürgertum bekanntlich anders als für das deutsche. Frühzeitig verzeichnen die Texte (*Defoe, Schnabel*) Unterschiede – wie sie in kulturspezifischer Raum-Orientierung, in voneinander abweichendem Gebrauch der symbolisch-kognitiven Karte deutlich werden.

Der Raumentwurf der Insel (Felsenburg) nach dieser ‚Karte' sieht bei Schnabel folgendermaßen aus: *innen*, in der *Mitte* der Insel auf einem kleinen *Berg*: das Haus des Stammvaters Albertus Julius; durch Flußläufe und Alleen umgrenzt, liegt Haus und Hügel wiederum im *Zentrum* eines in etwa kreisförmigen Areals, von dem dann radial Alleen und kleine Flüsse ausgehen, annähernd in Himmelsrichtung: sie unterteilen und begrenzen unterschiedliche gartenhafte Wohnquartiere. Die Außenbegrenzung des Insel-*Tales* bildet eine hohe, steile Felsenmauer rings um die Insel. Von außen scheint die Insel ein wüster Ort ohne Zugang. Zutritt zum *Inneren* gewährt ein verborgener »Schlund«, eine »Felsen-Klufft«; in einem »finsteren Keller«, einem »düstern Gewölbe« steigt man *aufwärts*, bis man auf dem *Gipfel* wieder ans Tageslicht gelangt; von dort überblickt man das *Innen-Tal* der Insel (»ein irdisches Paradieß«, »das gantze Lust-Revier«, das »angenehme Thal«)[39]. Jenseits der Felsen-Grenzmauer die Wildnis des Meeres.

Idealtypisch folgt dieser Raum-Entwurf der alten symbolisch-kognitiven Karte. Abweichungen zeigen sich in Über-Thematisierungen. So ist der Innenraum als Mitte mehrfach bezeichnet: das Haus in der Mitte des kreisförmigen Areals, das Areal in der Mitte des Inseltals, die Insel insgesamt als Mitte, ringförmig von der Felsenmauer umgeben. Die Innen-Zentrierung ist semiotisch dreifach ‚ausgelegt'. Dem entspricht die Über-Prägnanz der Grenze, die den Innenraum vom Außenraum, den eigenen Kulturgarten vom fremden, wilden Draußen trennt. Die hohe Grenzmauer der Felsen verstellt von innen den Blick nach außen, von außen den nach innen. Die Grenzüberschreitung vollzieht sich von außen nach innen: es fällt schwer, das gebückte Aufwärts-Kriechen im Höhlengang nicht tiefenpsychologisch als Rückgang in den Mutterleib zu deuten. Wichtiger allerdings erscheint hier, daß der Grenzübertritt verbunden ist mit kultureller Arbeit: mit der Leistung des Aufstiegs; als Lohn wird man vom Gipfel des Paradieses ansichtig. Hinzukommt, daß die Insel-Gesellschaft diese Grenz-Schleuse als einzige Transit-Stelle vollkommen unter Kontrolle hat: Ausdruck eines extremen Sicherheitsbedürfnisses, möglicherweise auch eines Grenz-Traumas – viel weniger jedoch Ausdruck von Regressions-, Flucht- und Einsamkeitswünschen. Die inzwischen wohlfeile Eskapismus-These von Lepenies (Melancholie und Gesellschaft, 1969) ist korrekturbedürftig. Der Innenraum der Insel konstituiert sich öffentlich, kollektiv (anders als bei Defoe); die Grenz-Schleuse wird von Mal zu Mal geöffnet; es finden Austauschbewegungen statt etc. Festzuhalten ist, daß der Innenraum der Insel als bedroht angesehen wird, und die Grenze zwischen Innen- und Außenraum Angst-besetzt ist (vgl. dazu auch: *Negt/Kluge*)[40]. Eine mentalitätsgeschichtliche Auswertung von raumsymbolischen Befunden dieser Art wird sich auf eine größere Zahl von Belegen stützen müssen.

Welche Thematisierungen läßt der Insel-Entwurf Defoes erkennen? Daß es sich um dieselbe symbolisch-kognitive Karte handelt, ist deutlich; die Orientierung aber des Helden, die Wahl von Routen und Plätzen, die Markierung von Grenzen erfolgt offenbar nach anderen Gesichtspunkten. Robinson siedelt sich am Rande: peripher an, gewissermaßen auf der Grenzlinie von außen (Meer) und innen (Insel). Das entspricht seinem Rückkehr-Wunsch. Wichtig ist der Blick nach außen (»view to the sea«). An der Flanke eines Hügels (»on the side of a rising hill«) errichtet er sein Zelt, umzäunt es im Halbkreis, gräbt nach hinten eine Höhle und sorgt für unterschiedliche Ein- und Ausgänge. Auch er ist selbstverständlich auf Sicherheit (»security from ravenous creatures, whether men or beast«) bedacht: jedoch ist Robinsons Sicherheitszone viel enger, nur auf seine Behausung bezogen – während die Sicherheitszone der deutschen Insel-Kolonisten bis an die Inselränder (Felsen, Küste) ausgedehnt ist; anders ausgedrückt: es wird für sie mehr Außenraum zum Innenraum; die gefährliche Grenze wird weit nach außen verschoben etc.[41].

Auf einer seiner Erkundungs-Reisen ins Innere der Insel kommt Robinson in eine Raum-Versuchung: es ist die Versuchung der Mitte, des Zentrums, des Innen: des abgeschlossenen, befriedeten, umfriedeten Tales (»At the end of this march I came to an *opening*, where the country seemes to descend to the *west*, and a little spring of fresh water, which issued out of the side of the hill by me, run the other way, that is, due *east*; and the country appeared so fresh, so green, so flourishing, every thing being in constant verdure or flourish of spring, that it lookes like a *planted garden*. I descended a little on the side of that *delicious vale* ...«)[42]. Alle Elemente des Paradies-Gartens (auch des ‚locus amoenus') sind versammelt (vgl. das Kleist'sche Tal Eden im ‚Erdbeben in Chili'). Doch Robinson widersteht: der Rückzug ins Innere, in die Mitte bedeutet ihm Unfreiheit (»to enclose myself among the hills and woods, in the *center* of the island, was to anticipate my bondage«)[43]. Er löst das Raumproblem durch Doppel-Ansiedlung (»my country-house« – »my sea-coast-house«)[44]. Er beweist raumsymbolische Flexibilität. Freiheit aber verbürgt die Offenheit, Unabgeschlossenheit der Ränder, der Peripherie – der Übergangsraum der Grenzzone überhaupt. Grenz-Angst (wie die deutschen Insel-Bewohner) kennt er nicht: Robinson lebt nach außen, ins Offene gerichtet – die deutschen Kolonisten leben nach innen, ins Umschlossene gewandt; Robinsons Raum-Zentrum ist/bleibt die verlassene Heimat (England): alle transzendentalen Reisen führen ihn immer nur an die Peripherie, sie schließen die Rückkehr ein. Die deutschen Kolonisten der Insel Felsenburg sind auf der Suche nach der ‚Urheimat': nach der wahren Heimat: und die liegt jenseits der Grenzen des verlassenen Herkunftsraums, inmitten bedrohlicher Wildnis des Meeres. Die Innenraum-Schachtelung verschafft ihnen ein Konstrukt von Heimat. Die Meeres-Wildnis kann – von innen gesehen – aber auch zum eigentlichen Sicherheitsgürtel und ‚cordon sanitaire' werden.

E.T. Halls Bemerkungen und Beobachtungen zu den proxemischen Codes der Deutschen und Engländer unterstützen meine Beschreibungen von kulturspezifischer Differenz in der Verwendung der angenommenen symbolisch-kognitiven Karte: deutlich zeigte sich z.B. die rigide Interpretation der Zudringlichkeitsdistanz und die hierarchische Innenraum-Ordnung der deutschen Kolonialisten – gegenüber der dezentralen Offenheit Robinsons.

Wie sehen nicht-europäische ‚Karten' aus – und welche Rolle spielen sie im symbolischen Haushalt fremder Kulturen? Wie ließen sich Umrisse einer möglichen symbolisch-kognitiven Basis-Karte für die europäischen Kulturen fassen und zeichnen? Wie unterscheidet sich eine mögliche deutsche Karte von möglichen anderen Karten europäischer Kulturen?

Eine interkulturell-kulturwissenschaftlich arbeitende Germanistik hätte die Chance, auf der Grundlage ausreichender eigenkultureller Befunde, die Spezifik einer möglichen deutschen Karte zu beschreiben und gleichzeitig den Blick für die kulturelle Besonderheit von Karten anderer (europäischer) Kulturen zu öffnen. Interdisziplinären Studien bliebe es vorbehalten, auf Grund der disziplinären Einzelbefunde Aussagen zur Mentalitätsgeschichte von Kulturen – europäischen und nicht-europäischen – überhaupt zu machen.

(6)

(a) Vergleichend soll ein weiterer Text herangezogen werden; er stammt aus dem französischen Kulturraum, erzählt ebenfalls eine ‚Insel-Geschichte', erscheint jedoch im Gegensatz zu Defoe's und Schnabels Roman erst am Ende des Jahrhunderts: 1788: Bernardin de Saint-Pierres ‚Paul et Virginie'. Zu berücksichtigen ist also bei dieser französischen Variante ein Abstand von 60–70 Jahren. Der geschichtliche Wandel schlägt sich in diesem Roman auf den ersten Blick eher im Handlungsaufbau nieder als in der kognitiven Kartographie. Die alte symbolisch-kognitive Karte läßt sich mühelos als territoriales Grundmuster erkennen (Meer, Insel, Berg, Tal, Quelle, Grotte); selbstverständlich sind auch die Richtungs-Indices räumlicher Präferenz die vertrauten: oben, in der Mitte, auf der Ost-West-Achse, innen, innerhalb. Anders aber als bei Defoe, Schnabel nimmt das utopische Unternehmen ein tragisch-sentimentales Ende. Am Vorabend der französischen Revolution läßt Bernardin de Saint-Pierre sein paradiesisches Experiment scheitern. Macht de Saint-Pierre, machen seine Helden kulturspezifischen Gebrauch von der ‚Karte'? Gibt es Unterschiede zu Robinson und den deutschen Kolonialisten? Als Exilanten werden bei Saint-Pierre zwei Frauen auf die Insel Mauritius verschlagen; beide sind in Frankreich eine Mésalliance eingegangen: jeweils mit einem Bürgerlichen und einem Adligen; der bürgerliche Mann stirbt bald nach der Ankunft auf der Insel; der Edelmann verläßt die Bauerntochter schon in Frankreich; letztere bringt einen Sohn (Paul) schon mit, erstere bringt eine Tochter (Virginie) auf der Insel zur Welt. Es sind diese Frauen mit ihren Kindern, die jetzt zu Bewohnern des utopischen Ortes werden: ein von hohen Felsen umschlossener Talgrund, an der Ostseite eines Berges oberhalb der Hafenstadt Port-Louis in der Ebene gegen das offene Meer zu. Das Tal besitzt nur einen Eingang, eine Öffnung, von der aus man einen Überblick hat auf Ebene, Stadt und Meer in der Ferne. Die zwei Hütten der Frauen liegen in der Mitte des Tals, durch das ein Flüßchen sich zieht. Für die Protagonisten: Paul und Virginie ist dieser ‚hortus conclusus' von vornherein Heimat und nicht Exil oder Asyl, wie zunächst für ihre Mütter. Kartographisch hat dieser Ort einiges gemeinsam mit dem Siedlungs-Talgrund der ‚Felsenburger': die prägnante Grenz-Markierung (»ringsum Felsen, die steil wie Mauern ansteigen«) – die zentrale Lage – ein einziger Zu- und Ausgang. Unterschiedlich jedoch ist, daß es sich dabei um eine völlig freie Passierstelle handelt – im Gegensatz zu der streng kontrollierten Grenz-Schleuse der Felsenburg. Auch ist der Blick von innen nach außen nicht verstellt; wie für Robinson ist der Blick ins Offene des Meeres wichtig und jederzeit möglich: immer auch als überwachender, beherrschender Blick von oben nach unten. Ein derartiger Überblick richtet sich bei den deutschen Kolonisten vornehmlich nach innen, in ihr Tal zurück. Die französischen und deutschen Siedler richten sich zentral, ortsfest an ein und derselben, durch Begrenzungen eindeutig definierten Raumstelle ein. Robinson siedelt dezentral, peripher, beweglich. Deutsche und Franzosen betreten ‚vor-kolonisierten' Raum, Robinson trifft nur auf Wilde. Die beiden französischen Mütter begründen in der Talmitte eine milde, matriarchale Herrschaft, während die konzentrische Anlage der Deutschen ihrem patriarchalischen Modell raumsprachlich Ausdruck verleiht; Robinson ist raum-beweglicher Einzelgänger mit unterschiedlichen Stützpunkten etc. Die Raum-Orientierung aller aber bleibt gebunden an ein und dieselbe symbolisch-kognitive Basis-Karte. Bis in unserer Gegenwart waren fiktiv (Dichtung) und real (Reisen) über diese Karte kollektive Erinnerungen und kollektive Erwartungen und Wünsche raumsprachlich abrufbar. Es war die Karte langsamer Gesellschaften, deren Bewegungstempo (Güter, Information, Menschen) bis ins 19. Jahrhundert hinein bestimmt wurde durch antike ‚Vehikel' (Pferd, Pferd und Wagen, Segelschiff). Diesen mäßigen, nicht maschinell erzeugten Geschwindigkeiten entsprach eine prägnant strukturierte Raum-Welt, die über ein System von Grenzen verschiedenste Raumzonen (u.a. nach Merkmalen wie: innen/außen; zentral/peripher; Mitte/Rand; oben/unten; offen/geschlossen; West/Ost etc.) definierte. Die den Gesellschaften zugrunde liegenden Geschwindigkeitsverhältnisse[45] entscheiden darüber, was z.B. noch als Innen-Raum, schon als Außen-Raum, als Mitte oder Peripherie erfahren wird – und ob überhaupt Grenzen im Raum wahrgenommen werden. Die Grenzziehung zwischen ‚Innen' und ‚Außen', ‚Mitte' und ‚Rand' war identisch mit der zwischen Eigenraum und Fremdraum. Langsame Gesellschaften waren schneller in der Fremde.

Die kognitiv-symbolische Karte, wie sie sich in Europa im Kontext dieser Geschwindigkeitsverhältnisse ausbildet, ruht ganz auf der Bedeutung von räumlichen Distanzen, Grenzen und dadurch von räumlicher Differenz. Es war immer eine Karte, nach der Grenz-Überschreitungen vollzogen wurden: von innen nach außen – nach der der Eigen-Raum verlassen werden konnte und nach der das Experiment einer neuen Raum-Einrichtung irgendwo ‚draußen' gewagt werden konnte oder mußte.

Für die Helden unserer Romane von Defoe, Schnabel und Saint-Pierre gilt ausnahmslos, daß sie relativ zu den Geschwindigkeitsverhältnissen des 18. Jahrhunderts (noch) an die Peripherie ihrer Welt geraten können – freiwillig oder unfreiwillig – und daß ihre neue Beziehung zum Außen-Raum der Fremde (noch) dialektisch geprägt bleibt von ihrer alten Beziehung zum Innen-Raum des Eigenen: der verlassenen Heimat: Gerade die Erfahrung maximaler räumlicher Distanz wird zur Voraussetzung der Suche nach räumlichen Nahverhältnissen, nach neuen Abgrenzungen, nach Eingrenzung des Eigenen – und damit nach Ausgrenzung des Fremden: des fremden Raums. Idealtypisch gelingt das durch die Ansiedlung in einem umschlossenen Tal, das auf einer vom Meer umschlossenen Insel liegt. So ist es nicht zufällig, daß die Dichter ihren

'Helden – nach der kollektiven ‚mental map' – vor allem Täler einrichten: ein »angenehme(s) Thal« und »irdisches Paradieß« (*Schnabel*), »that delicious vale«, »like a planted garden« (*Defoe*), ein Tal »wie ein Nest« (*Saint-Pierre*). Auf die antike Tradition des ‚locus amoenus' als Topos der Landschaftsschilderung verweist bekanntlich E.R. Curtius: er nennt das Tal Tempe – schon in der Antike eine ‚berühmte Örtlichkeit', für die Römer eine touristische Attraktion[46] – das bald zum Gattungsnamen wurde »für eine Abart des locus amoenus – ein kühles Waldtal zwischen steilen Hängen«[47] Die kultur*historische* und kultur*spezifische* Verwendungsart aber des Topos (Tal als ‚locus amoenus', als Paradiesgarten) läßt sich als jeweilige Lesart der angenommenen kognitiven Karte plausibel machen.

Für die deutschen Kolonisten auf der Insel Felsenburg und für die französischen Mütter auf der Insel Mauritius wird das Tal mit der überprägnanten Markierung des einzigen Ein- und Ausgangs, der Be- und Abgrenzung nach außen, des Zentrums nach innen zum Raumbild der idealen, utopischen Stadt – tiefenpsychologisch gesehen natürlich zum Körperbild des Mutterleibs, in den man zurückkehrt, um neu geboren zu werden. Bei Saint-Pierre erscheint das Tal als Ort der Wiedergeburt: mit Paul und Virginie (die tatsächlich in diesem Tal zur Welt kommt) soll die Menschheitsgeschichte noch einmal beginnen. Für die Felsenburger soll zumindest die Gesellschaftsgeschichte in diesem Tal einen neuen Anfang nehmen. Für den englischen Robinson, den Self-made-man und Einzelgänger aber erwecken das weibliche Tal in der Mitte der Insel geradezu Einschlußängste; sein Ort bleibt der männliche Berg (a rising hill), auf dem er seine Hütte hat: einen zivilisationsgeschichtlichen Neubeginn erachtet er ohnehin nur für den christianisierten Wilden (Freitag) als dringend geboten.

Das weibliche Tal wird bei den Deutschen allerdings aus dem Zentrum von dem Patriarchen und Stammvater Albertus Julius beherrscht, während es die französischen Mütter ganz für sich beanspruchen können, um dort ihr mildes Matriarchat zu begründen.

(b) Ein *historischer Funktionswandel* scheint sich bei dem spätesten der Texte, bei ‚Paul et Virginie', anzukündigen. Das Buch beginnt als Rahmenerzählung mit der Schilderung des utopischen Tals als wüsten und verlassenen Ort, an dem lediglich die Trümmer der Hütten von der früheren Siedlung zeugen. Die Zeit hat sich in den Raum eingeschrieben. Die augenblicklichen Betrachter dieser Trümmerstätte (der Erzähler und ein alter Mann) orientieren sich offenbar eher zeitlich als räumlich:

> »Vater«, sprach ich, »könnt Ihr mir nicht sagen, wem diese zwei Hütten da gehört haben?« »Mein Sohn«, gab er mir zur Antwort, »dieses *verfallene* Gemäuer und dieser *wüste* Boden wurde *vor ungefähr zwanzig Jahren* von zwei Familien bewohnt, die hier ihr Glück gefunden hatten.«[48]

Die Raumstelle des Tals wird zum Ausgangspunkt ihrer geschichtlichen Erkundung; das Augenmerk richtete sich auf die Spuren, die menschliche Kultur-Tätigkeit im Natur-Raum dieses Tals hinterlassen hat; verfallenes Gemäuer und wüster Boden verweisen auf frühere Bebauung und Bewirtschaftung; die Überreste werden zu Zeichen und Indizien des historischen Prozesses. Der Raum wird über diese Zeichen enträumlicht zum Tatort der Geschichte: das historische Auge sammelt die Beweisstücke, um der historischen Wahrheit habhaft zu werden. (Benjamin äußert sich bekanntlich in diesem Sinne über die Photographien Atgets, die das alte Paris festhalten wollen.) Nur als Fundort derartiger Beweisstücke ist der Raum des Tales jetzt noch interessant, allein als Durchgangsort der Geschichte. Was sich hier anzeigt, ist der Wechsel des Orientierungs-Paradigmas: nicht mehr die räumliche An-Eignung, sondern die zeitliche hat Vorrang.

Dieser hier erkennbare Übergang zur Verzeitlichung beschleunigt sich im Laufe des 18. Jahrhunderts in der Tat in dem Maße, wie die Entdeckung neuer Räume immer seltener wird (*Lepenies*)[49]. Die Bedeutung der alten Raumkarte als Instrument des Selbst- und Fremdverstehens nimmt ab in dem Maße, wie die Bedeutung der neuen Zeit-Karte zunimmt, das heißt aber nicht, daß sie sogleich verschwände; lange noch wird sie der Zeit-Karte gewissermaßen als Folie dienen (vgl. die Zeit-Fahrten bei Aragon und Benjamin). Das Prinzip der neuen Zeitkarte, kultur- und naturgeschichtliche Fakten in einer entwicklungsgeschichtlichen Abfolge zu sehen, läßt sich an ‚Paul et Virginie' durchaus schon erkennen. Die Mütter unternehmen ja den Versuch eines entwicklungsgeschichtlichen Neubeginns: wie im Tal Eden sollen ihre Kinder – zivilisationsvergessen – aufwachsen: der Anfang einer neuen evolutionären Kette. Das evolutive Experiment scheitert; verglichen mit den quasi-statischen Zeitverhältnissen bei Schnabel und Defoe bleibt die paradiesische Idylle bei Saint-Pierre eine geschichtliche Episode mit beschleunigter Ablaufgeschwindigkeit: darin ein Muster für spätere Tal-Idyllen – etwa für Kleists Paradieses-Tal im ‚Erdbeben in Chili', dessen Grenzen zeitlich gesetzt sind: knapp 24 Stunden währt das Glück von Jeronimo und Josephe, das von Paul und Virginie – wenn man ihre ganze Zeit auf der Insel rechnet – ca. 15 Jahre. In Kleists Erzählung von 1807/10 hat sich die Paradieses-Zeit verkürzt, die Abläufe haben sich beschleunigt, die Katastrophen treten schneller ein.

(c) Im Verlauf der Zivilisationsgeschichte kommt es seit dem 18. Jahrhundert in beschleunigtem Tempo zu einer Aufzehrung zunächst räumlicher Distanzen durch die Entdeckung aller bislang unbekannten Räume, durch die seit dem 19. Jahrhundert zunehmende Geschwindigkeit der Transportmittel (Eisenbahn, Dampfschiff). Mit den räumlichen Distanzen geht jenes System von Grenzen verloren, mit dessen Hilfe die traditionellen Gesellschaften Räume ordneten, vor allem aber Differenzen festlegten: so die von Außen- und Innenraum, von räumlicher Peripherie und Zentrum etc. In Verknüpfung mit typischen Raumgestalten (Berg, Tal, Wald, Höhle etc.) entstanden symbolisch-kognitive Karten, über die u.a. auch die Verständigung über Eigenes und Fremdes zustandekam: die Grenze zwischen innen und außen waren immer auch die Grenze zwischen eigen und fremd. Mit Schrumpfung der räumlichen Distanzen werden die Grenzen zwischen Innen/Eigenraum und Außen/Fremdraum diffus und undeutlich; damit wird aber der kulturellen Arbeit – wie sie sich zwischen den Polen: eigen – fremd produktiv entfaltet – ein wichtiges kognitives Instrument entzogen. Dieser Entzug wurde schon am Ende des 18. Jahrhunderts kompensiert: der beschleunigte Verlust räumlicher Distanz wurde aufgefangen durch die Entdeckung zeitlicher Distanzen (Entwicklungs- und Fortschrittsgeschichte) in der Tiefe der Vergangenheit und der Zukunft. Die Karte wird verzeitlicht: das Fremde, Unbekannte liegt in der Ferne der Zeiten. Folgerichtig ersetzt die Uchronie die Utopie: 1770/71 erscheint Merciers ‚L'An deux mille quatre cent quarante' als erste Uchronie überhaupt[50] etc.

Bekanntlich aber unterliegt auch die neue Zeit-Karte, das neue Orientierungs-Paradigma selbst der Veränderung. Koselleck spricht von der Erfahrung der Beschleunigung, die der neuen Generation der 40er und 50er Jahre des 19. Jahrhunderts gemeinsam gewesen sei[51]; er zitiert Lamartine, der 1849 sagen konnte, »es sei nicht mehr möglich, Geschichte zu schreiben, weil die Geschwindigkeit der Zeit jegliche Distanz verzehre«[52]. Der Distanz-Schwund, der hier thematisiert wird, ist offensichtlich ebenso räumlich wie zeitlich zu verstehen: die Raum- und Zeitspanne für die alten Fahrten und Wege beginnt zu schrumpfen; tendenziell löst sich ‚räumliches Nebeneinander' und zeitliches Nacheinander für unsere Wahrnehmung auf in ambivalenten Zuständen raum-zeitlichen Ineinanders: damit lassen sich mit dem alten System von Grenzen (räumlich, zeitlich) Zeit- und Raumdaten im traditionellen Sinne gestalthaft nicht mehr gliedern und ordnen. Wenn die vorindustrielle Topographie und Chronologie aufs engste verflochten ist mit den Formen der kulturellen Festlegung des Eigenen und des Fremden, so wird man vermuten können, daß auch diese Elemente kultureller Identifikation in naher Zukunft ihre Bedeutung einbüßen.

Noch für unsere Romane (*Defoe, Schnabel, Saint-Pierre*) gilt, daß sie ohne die raum-zeitlich ausgelegte Polarität von Eigen- und Fremdraum, von Innen- und Außenraum nicht auskommen. Die Selbstfindung Robinsons (als autarker, wirtschaftender, kolonisierender Bürger) ereignet sich in der peripheren Fremde einer Insel, in der kulturellen Auseinandersetzung mit den fremden, primitiven Wilden (Kannibalen, Freitag). Die Selbstsetzung der neuen Gesellschaften bei Schnabel und Saint-Pierre findet statt in der rigiden Ausgrenzung sowohl des schlechten Eigenen (das verlassene Europa), als auch der (möglichen) fremden Kultur – die bei Schnabel überhaupt ausgeblendet ist, bei Saint-Pierre nur in Gestalt der guten (= assimilationsbereiten) Wilden als Diener zugelassen wird.

Das Geschwindigkeitsverhältnis, das unserer gegenwärtigen Gesellschaft zugrunde liegt, läßt die für die Romane des 18. Jahrhunderts beschriebenen Formen und Muster der Selbstfindung obsolet werden.

Die Beschleunigung des Fluß- und Transporttempos von Gütern, Information und Menschen hat inzwischen zu einer völligen Veränderung des raum-zeitlichen Erlebnis- und Erfahrungs-Profils geführt; mit den quasi-naturalen Profilen des 18. Jahrhunderts sind die entsprechend weiträumig und langfristig angelegten Interpunktionen des Raum-Zeit-Kontinuums geschwunden. An ihre Stelle sind Interpunktionen getreten, die mit räumlich-zeitlichen Minimalabständen von Quadratmillimetern und Milliardstelsekunden (Nanosekunden) rechnen – wie es im Bereich mikrominiaturisierter Schaltelemente von Computern längst üblich ist. Die Geschwindigkeit der Signallaufzeiten hat auf bisher unvorstellbare Weise, jenseits auch unseres Wahrnehmungsvermögens, zu einer weiteren Verflüchtigung des Raums geführt. »Der Raum ist nicht mehr in der Geographie zu suchen; er ist in der Elektronik verankert. Die Einheit besteht in den Terminals im augenblickhaften Zeittempo an den Schaltstellen, an den Schreibtischen multinationaler Konzerne, in den Kontrolltürmen etc. ... Die Raum-Ordnung ist überholt; sie ist minimal.« (*Virilio*)[53]. Damit verliert die alte kognitive Karte, über die so lange eine symbolische Raum-Orientierung möglich war, an Bedeutung; sie büßt ihre Funktion ein, transzendentale Pfade offen zu halten jeweils aus den Innenräumen des Eigenen. So scheint es in einer Reihe symptomatischer Texte der Gegenwart darum zu gehen, das Ende der alten Karte vorzuführen – und mit ihr die Liquidierung der alten Reise in die Ferne von Außenräumen. Die kulturellen Techniken der Selbst- und Fremdbestimmung können davon nicht unberührt bleiben.

(d) Stellvertretend für diese literarischen Liquidationen seien zwei Texte genannt: Plenzdorfs ‚Die neuen Leiden des jungen W.' und Frischs ‚Montauk'. Plenzdorfs Held, Edgar Wibeau, verläßt Innen-Räume: das mütterliche Haus, den Lehrbetrieb, die Provinz (Miltenberg), das Gehäuse sozialistisch-gesellschaftlicher Lebensfürsorge und -planung. Jenseits der Grenzziehungen dieser Räume beginnt für Edgar ungesichertes, aber freies Feld: der Außenraum der Großstadt (Berlin), die Leerstelle der Lauben-Kolonie »Paradies II« im Stadtbezirk Lichtenberg: die »auf Abriß stehende Laube«.[54]

Das Terrain der alten Laubenkolonie aber ist schon längst verplant als Baugrund für Neubauten der Republik. »Paradies II« ist schon aufgegeben, als der Spätkolonist Wibeau sich ansiedelt; seine individuelle (privatistische) Wiederholung ist von vornherein zum Scheitern verurteilt; seine Robinsonade ist befristet. Kurzfristig jedoch ist zwischen den Zeitpunkten der Aufgabe des alten Koloniegeländes und der kriegerischen Besetzung durch Bulldozer im Auftrag des sozialistischen Kollektivs neue Öde und Wildnis entstanden, geschichtliches Niemandsland, inmitten des ‚Meeres' der Großstadt: eine Insel als kulturelle Leerstelle. Initiationsreisen führen am Ende des 20. Jahrhunderts in das ‚Draußen' von zivilisatorischem Brachland, verlassenen, aufgegebenen, zerstörten Räumen. Dazu ließen sich viele Beispiele zitieren: die Fahrten durch die Leer-Räume des Zonenrandgebietes bei Wim Wenders (‚Im Lauf der Zeit'), der winterliche Fußmarsch Werner Herzogs abseits der großen zivilisatorischen Schneisen von Pasing nach Paris (‚Vom Gehen im Eis'), die Fahrten und Gänge von R. D. Brinkmann durch amerikanische Highway-Tankstellen-Fast-Food-Müllhalden-Wildnis (Gedichte und Fotos in ‚Westwärts 1 & 2') oder die Reise auf der Draisine in die verlassene Zone bei Tarkowsky (‚Stalker') etc. – natürlich auch der Weekend-Trip von Max und Lynn nach Long Island bei Frisch: ihr Marsch durch Dickicht und Gestrüpp durch besetztes (US Military Area) und vernutztes (verrottete Baracken, Haufen von alten Pneus, Abfall aller Art und Pfützen, Coca-Cola-Dose im Gras, Plastik-Dose im Sand) Gelände in

Symbolische Raumorientierung als Denkfigur

Richtung Montauk, in Richtung Atlantik, an den sie dann bezeichnenderweise nicht gelangen. Als Raumgestalten bleiben in diesen defizienten Landschaften Tal und Berg, Insel und Meer, Wald und Höhle erkennbar – wenn auch in Schwundformen und Surrogaten: Mülltäler und -halden, »ein plumper Leuchtturm«, »ein Funkmast«, Grenzwachtürme, Inseln wie das öde, militärisch, zivilisatorisch eingemeindete Long Island (»Plötzlich ist es so öde, daß man sich über nichts unterhalten kann.«) (Frisch)[55] oder wie die Spree-Halbinsel im Regen, auf der Edgar und Charlie ihr Glück finden, Wald als Gestrüpp, Gebüsch und Baumstrunk, Höhle als Abbruchlaube und Klo, als Fabrikruine etc.

Es ist, als ob die alte kognitive Karte uns nicht aus dem Kopf will: immer noch wollen wir unsere Reisen und Fahrten nach ihrer Wegweisung unternehmen; wir gelangen auf ihren Routen jedoch nicht mehr nach draußen, immer nur in Sackgassen und in Fallen. Brinkmann fotografiert Straßenschilder mit der Aufschrift: ‚Wrong Way' – ‚Do not enter' – ‚One Way'.

Nicht in jedem Fall allerdings verfällt der symbolische Ort, der alte utopische Raum einer so radikalen Löschung und Tilgung wie in Plenzdorfs Erzählung: hier räumt am Ende die Planierraupe die Reste von Edgars Lauben-Höhle ab, die Insel-Kolonie wird eingeebnet. Der neue Robinson ist schon vorher in seiner Laube umgekommen. Die Kartographie der Gesellschaft, in deren Namen hier Baugrund für Neubauten geschaffen wird, ist eher pragmatisch als utopisch. Der Eigensinn, der sich noch der alten symbolisch-kognitiven Karte bedient, wird brutal gebrochen. Das nostalgische Unternehmen der Insel-Fahrt bei Frisch endet nüchtern, beiläufig, folgenlos (»Wir beklagen es nicht, daß ich heute fliegen muß.« ... »... wir sagten: By, kußlos, dann ein zweites Mal mit erhobener Hand: Hi.«)[56]. Max fliegt zurück ins alte Europa, Lynn bleibt in ihrem Amerika, geht, ohne sich umzudrehen. Das utopische Element der Insel-Fahrt: der Übergang zu etwas Neuem im Kontext der Fremde, Tod und Wiedergeburt – verliert sich in dem Maße, wie Räume ihre Konturen einbüßen, Grenzen sich verwischen, Distanzen schwinden: Fremde sich auflöst. Der Raum taugt weder dazu, Schock, Schreck oder Angst hervorzurufen, noch eignet er sich als Experimentier- und Pionierfeld der Eigenerkundung oder auch nur der Projektion: »Im Sucher zu sehen: Fels mit Büschen oder kahl, Himmel in der Ferne ein plumper Leuchtturm, ZOOM, das ergibt auch nichts: der Leuchtturm noch etwas plumper.«[57]

»Wo einmal kein Dickicht ist, sieht man das Gelände ringsum: *nicht fremd*, obschon er noch nie in seinem Leben hier gewesen ist.«[58]
Auch der alte triumphale Topos von (Berg) Aufstieg und Überschau erscheint nur noch in der Schwundform eines Zitats: »OVERLOOK: das Schild hat versprochen, was es hier nicht gibt. Einmal von einem kleinen Hügel aus sieht man in der Ferne den blauen Wagen; weder ihr Wagen noch sein Wagen. National Car Rental ...«[59]

Wir stehen am Ende unserer naturraum-analogen Orientierungen. Die alte kognitive Karte, die über so lange Zeit der symbolischen Orientierung diente, war gebunden an das jeweils historische Geschwindigkeitsverhältnis, das den Gesellschaften zugrunde lag. Die Geschwindigkeitsverhältnisse des 18. Jahrhunderts erlaubten noch eine vielfältig experimentelle Nutzung der alten Karte. Die beschleunigte Denaturalisierung der überlieferten Raum- und Zeitvorstellungen im Laufe des 19. Jahrhunderts, die beschleunigten Prozesse raum-zeitlicher ‚Miniaturisierung' in unserem Jahrhundert sind mit perspektivischen und selektiven Verschiebungen in unserem Wahrnehmungsfeld einhergegangen. Das hat entsprechend zum Entwurf neuer symbolisch-kognitiver Karten geführt, die den neuen Geschwindigkeitsverhältnissen Rechnung trugen; nicht mehr Raumgestalten sondern Zeitgestalten wie ‚universeller Dynamismus', ‚Blitzartigkeit', ‚Simultaneität' (*Boccioni, Balla, Marinetti*) steuern die Orientierung. Aber auch diese Entwürfe der Futuristen stammen schon aus dem Anfang unseres Jahrhunderts.

Ungleichzeitig allerdings überlebt die alte Karte in den naturraumanalogen Orientierungen und Projektionen der Wunschindustrie von Werbung und Touristik, gerade weil sie auf der anderen Seite an der Vernichtung von Distanzen und Grenzen und damit an der Stillstellung der Dialektik von eigen und fremd so entscheidend beteiligt sind.[60]

Zu wiederholen und festzuhalten ist, daß mit dem Schwinden der raumzeitlichen Distanzen, mit der raumzeitlichen Miniaturisierung die traditionelle Wahrnehmung von Grenzen ihre strukturierenden Fixpunkte verliert und daß damit die Wahrnehmung von Differenz – im weitesten Sinne auch die von eigen und fremd – bedroht ist. Das hat Folgen für die eingespielten Formen auch des interkulturellen Verkehrs, der kulturellen Identitätsbildung überhaupt.

So wird es zu den Aufgaben einer kulturellen ‚Supertechnologie' der Zukunft gehören, räumliche und zeitliche Orientierungen auf anderen Niveaus wieder zu ermöglichen bzw. andersartige Orientierungs- und Grenzwahrnehmungen zu entwerfen und damit die Identitätsbildung von Gruppen und Individuen zu sichern.

Symbolische Raumorientierung als Denkfigur

Es wird zur Einführung hochkomplexer, mehrdimensionaler kognitiver Karten kommen, die auch der symbolischen Orientierung neue Muster und Felder anweisen werden; ein neues System von Grenzzeichen, das auf alle Fälle nicht mehr naturraum-analog funktioniert, wird der Grenz- und Differenzwahrnehmung neue Fixpunkte liefern.

Anwendungsorientierte Analysen aus dem Bereich der interkulturell arbeitenden Kultur- und Literaturwissenschaften können durchaus dazu beitragen, den kulturellen ‚Supertechnologien' der Zukunft konzeptionell den Weg zu weisen.

Anmerkungen

[1] Roger M. Downs / David Stea: *Kognitive Karten und Verhalten im Raum – Verfahren und Resultate der kognitiven Kartographie*. In: *Sprache und Raum*, Hrsg. H. Schweizer. Stuttgart 1985, S. 18–43.
[2] Downs, Stea: *Kognitive Karten*, S. 20, 32.
[3] Downs, Stea: *Kognitive Karten*, S. 19.
[4] Edward Th. Hall: *Die Sprache des Raums*. Düsseldorf 1976. Maurice Halbwachs: *Das kollektive Gedächtnis*. Frankfurt 1985. Claude Lévi-Strauss: *Traurige Tropen*. Frankfurt 1981. Umberto Eco: *Einführung in die Semiotik* (C. Semiotik der Architektur). München 1972. Ina Maria Greverus: *Der territoriale Mensch. Ein literaturanthropologischer Versuch zum Heimatphänomen*. Frankfurt 1972. Dies.: *Kultur und Alltagswelt*. München 1978.
[5] Greverus: *Kultur*, S. 276.
[6] Dieter Wunderlich: *Raum, Zeit und das Lexikon*. Peter Rolf Lutzeier: *Sprachliche Vermittler von Räumlichkeit – Zur Syntax und Semantik lokaler Präpositionen*. J. Peter Denny: *Was ist universal am raumdeiktischen Lexikon?* Alle in: *Sprache und Raum* (vgl. Anm. 1).
[7] J. M. Lotman: *Zur Metasprache typologischer Kultur-Beschreibungen*. In: J.M. Lotman: *Aufsätze zur Theorie und Methodologie der Literatur und Kultur*. Kronberg 1974.
[8] Wunderlich, Denny: (vgl. Anm. 6) – Veronika Ehrich: *Zur Linguistik und Psycholinguistik der sekundären Raumdeixis*. In: *Sprache und Raum* (vgl. Anm. 1), S. 130–161.
[9] Downs, Stea: *Kognitive Karten*, S. 33.
[10] E.T. Hall: *Sprache des Raums*, S. 100ff.
[11] Lévi-Strauss: *Tropen*, S. 112 f.
[12] Greverus: *Kultur*, S. 275.

[13] Mircea Eliade: *Schamanismus und archaische Ekstasetechnik*. Frankfurt 1983, S. 141, 142, 144, 196.
[14] Lotman: *Metasprache*, S. 349 ff.
[15] Hans Peter Duerr: *Traumzeit. Über die Grenze zwischen Wildnis und Zivilisation*. Frankfurt 1980, 5. Aufl., S. 151 f. u.a.
[16] Eliade: *Schamanismus*, S. 143 ff., S. 255 ff., u.a. – Bronislaw Malinowski: *Argonauten des westlichen Pazifik*. Frankfurt 1979.
[17] Roland Barthes: *Mythen des Alltags*. Frankfurt 1970, 2. Aufl., S. 59.
[18] Max Horkheimer, Theodor W. Adorno: *Dialektik der Aufklärung*. Frankfurt 1969, S.18.
[19] Eliade: *Schamanismus*, S. 255.
[20] Eliade: *Schamanismus*, S. 258.
[21] Eliade: *Schamanismus*, S. 258.
[22] Eliade: *Schamanismus*, S. 258.
[23] Eliade: *Schamanismus*, S. 61.
[24] Eliade: *Schamanismus*, S. 65.
[25] Eliade: *Schamanismus*, S. 74.
[26] Eliade: *Schamanismus*, S. 340.
[27] Duerr: *Traumzeit*, S. 30 ff.
[28] Robert von Ranke-Graves: *Griechische Mythologie I, II*. Hamburg 1955 – II, S. 357/358.
[29] Heinrich von Kleist: *Brief vom 16.8.1801 an Luise von Zenge*. In: *Sämtliche Werke und Briefe in vier Bänden*. Hrsg. H. Sembdner. München 1982, Bd. IV, S. 685.
[30] Heinrich von Kleist: *Brief vom 16.8.1801 an Luise von Zenge*. In: Werke IV (vgl. Anm. 29), S. 689.
[31] Heinrich von Kleist: *Brief vom 16.8.1801 an Luise von Zenge*. In: Werke, IV, S. 690.
[32] Walter Benjamin: *Charles Baudelaire. Ein Lyriker im Zeitalter des Hochkapitalismus*. Hrsg. v. R. Tiedemann. Frankfurt 1974, S. 40.
[33] Louis Aragon: *Pariser Landleben. Le Paysan de Paris*. München 1969, S. 204, 205 – Zur Topologie des Parks: S. 166–169.
[34] Walter Benjamin: *Berliner Kindheit um Neunzehnhundert*. Frankfurt 1986, S. 11.
[35] Walter Benjamin: *Kindheit*, S. 9, 31, 58, 151 f.
[36] Michel Leiris: *Die eigene und die fremde Kultur*. Frankfurt 1979^2, S. 231.
[37] Michel Leiris: *Kultur*, S. 231–232.

Symbolische Raumorientierung als Denkfigur

[38] Götz Großklaus: *Reisen in die fremde Natur. Zur Fremdwahrnehmung im Kontext der bürgerlichen Aufstiegsgeschichte.* In: Jahrbuch Deutsch als Fremdsprache 8, 1982, S. 83.

[39] Johann Gottfried Schnabel: *Insel Felsenburg* (Hrsg. von W. Voßkamp). Hamburg 1969, 57, 92.

[40] Oskar Negt / Alexander Kluge: *Geschichte und Eigensinn*. Frankfurt 1983, 5. Aufl., S. 754, 761.

[41] Daniel Defoe: *The Life and Strange Adventures of Robinson Crusoe*. Harmondsworth 1981, S. 76.

[42] Daniel Defoe: *Robinson*, S. 113.

[43] Daniel Defoe: *Robinson*, S. 115.

[44] Daniel Defoe: *Robinson*, S. 115.

[45] Paul Virilio/Sylvère Lotringer: *Der reine Krieg*. Berlin 1984, S. 47.

[46] René König (Hrsg.): *Handbuch der empirischen Sozialforschung*. Bd. 11. *Freizeit. Konsum*. Stuttgart 1977^2, S. 118.

[47] Ernst Robert Curtius: *Europäische Literatur und lateinisches Mittelalter*. Bern/München 1961^3, S. 205.

[48] Bernardin de Saint-Pierre: *Paul et Virginie*. Würzburg 1981 (Nachdruck der 1887 in Leipzig erschienenen deutschen Ausgabe), S. 4.

[49] Wolf Lepenies: *Das Ende der Naturgeschichte*. Frankfurt 1978, S. 69.

[50] Wolf Lepenies: *Naturgeschichte*, S. 69.

[51] Louis Bergeron/François Furet/ Reinhart Koselleck: *Das Zeitalter der europäischen Revolution 1780–1848*. Frankfurt 1969, S. 303.

[52] dies.: *Revolution*, S. 303.

[53] Paul Virilio/Sylvère Lotringer: *Der reine Krieg*. Berlin, S. 116.

[54] Ulrich Plenzdorf: *Die neuen Leiden des jungen W*. Frankfurt 1973, S. 7.

[55] Max Frisch: *Montauk*. Frankfurt 1975, S. 81.

[56] Max Frisch: *Montauk*, S. 206 f.

[57] Max Frisch: *Montauk*, S. 51.

[58] Max Frisch: *Montauk*, S. 8.

[59] Max Frisch: *Montauk*, S. 50.

[60] Zur Tradition der Raumgestalt des Waldes: vgl. Bernd Thum: *Aufbruch und Verweigerung. Literatur und Geschichte am Oberrhein im hohen Mittelalter*. Waldkirch 1980, bes. S. 3 ff. Zum Gesamtkomplex der soziokulturellen Funktion des literarischen Heimat- und Natur-Diskurses im Kontext des beschleunigten Modernisierungsprozesses: vgl. Norbert Mecklenburg: *Die grünen Inseln. Zur Kritik des literarischen Heimatkomplexes*. München 1986.

Peter Horn, Kapstadt

Fremdheitskonstruktionen weißer Kolonisten

»Wir sind somit echte transkulturelle Transvestiten, berufsmäßige Fremde, kulturvergleichende Voyeure.«[1]

Wo die Erfahrung des Unterschieds, der *difference*, in »Fremdheit« übergeht, liegt nie von vornherein fest. »Fremdheit« ist keine Konstante, sondern eine Funktion jener Grenzziehungen, mit denen wir unsere individuelle Gruppenidentität absichern. Im Grunde ist das »Fremde« nichts anderes als jenes Menschliche, das wir aus unserem Bewußtsein, unserer Sprache, unserem Verhalten verdrängt haben: das »Fremde« wird in dem Augenblick geschaffen, in dem das Subjekt aus der Spaltung von Bewußtem und Unbewußtem gesellschaftlich konstituiert wird. Nichts nämlich ist uns fremder als unser eigenes Unbewußtes, nichts ausgegrenzter als jener sprachlose Bereich unserer triebhaften körperlichen Existenz und unserer gesellschaftlich konstituierten, unbewußten Aggression. So ist jede »Fremde« nach dem Bild des Es strukturiert: sie ist »sprachlos«, körperlich und sexuell »zügellos«, und gegen ihre Konstitution als Verbot und Verdrängung wesentlich »aggressiv«. Wer das »Fremde« erfährt, erfährt nie etwas Anderes als das Allereigenste.

»Fremdheit« ist eine »Konstruktion«, mit deren Hilfe wir eine ingroup und eine out-group voneinander trennen. Je stärker unsere Identität und unser materielles Interesse (und sei es auch nur ein imaginiertes) davon abhängt, jene Grenze zu ziehen, um so eindeutiger wird sich uns »Fremdheit« präsentieren. »Hottentotten«, solche, die keine wirkliche Sprache haben, »Buschmänner«, unzivilisierte Menschen außerhalb jeder Kultur, die den Tieren im »Busch« näher als den Menschen in menschlichen Behausungen sind, »Kaffirn«, Ungläubige, was immer sie in ihrer heidnischen Verblendung glauben mögen, sind Beispiele einer Terminologie, die schon in der Bezeichnung den Trennstrich betonen will, der die Herrscher und Eroberer von den Beherrschten abtrennt.[2] Fremdheit zu negieren heißt nicht Unterschiede zu leugnen. Nur: Unterschiede sind noch kein Grund für Grenzziehungen.

Peter Horn

1. Die Kolonisierten als sprachlose Tiere

»Fremde« ist nichts anderes als unsere Angst, aus der eigenen Kultur herauszufallen, – aus der Kultur, die wir allein als Kultur wahrnehmen. Nicht mehr verstehen können, was andere sagen, sich selbst nicht verständlich machen können, verurteilt einen zu dem Status des Tiers, das sich höchstens durch Symptome und Gesten verständlich machen kann. Um das abzuwehren, schreibt man die »Sprachlosigkeit« den anderen zu. Nicht nur Maximilian Bayer erfährt in seinem Umgang mit den Kolonisierten die »Unmöglichkeit«, sich mit ihnen zu verständigen: »Aus den Eingeborenen werden wir überhaupt nicht klug und ganz besonders nicht aus Hereros. Sie denken und handeln ganz nach andern Gesichtspunkten als wir.«[3] Eine tiefe Kluft klafft zwischen dem, was der Kolonisator Sprache und Denken nennt, und dem, was die Kolonisierten an sprachähnlichen Lauten hervorbringen mögen. Um diesen Abstand dem Leser deutlich zu machen, beschreibt z.B. August Niemann Schwarze, die »in gurgelnden Tönen miteinander schwatzten [...] mit ihren großen knarrenden Tiergebißen Beine, Gekröse und Eingeweide ungereinigt fraßen« und kommt zu dem Schluß, »daß diese Schwarzen aber ganz, ganz anders sind als wir. Mir schien, als wenn zwischen uns und ihnen gar kein Verständnis und Verhältnis des Herzens möglich wäre.«[4] Ähnlich erscheint in Hans Grimms Erzählung »Dina« die Sprache der Khoi-San als tierähnliches Geräusch: »Willem redete dies und das in der Sprache seines Volkes, in irgend etwas, das ein Buschmannsdialekt sein mochte und klang, als wenn der Knabe lebendige Käfer und Grillen und Wespen zusammen in ein Einmachglas gepfercht hat.« (SN15).[5] Und Margarethe von Eckenbrecher sagt über die Sprache der Buschmänner: »Das zischt und lispelt und schnalzt. Sie läßt sich nicht beschreiben.«[6] W.A. Minnaar referiert schließlich eine Episode, die zu »beweisen« scheint, daß die Buschmänner den Pavianen näher sind als den Menschen: »Wo Paviane sich in demselben Gebiet wie die Buschleute befinden, wohnen sie immer friedlich zusammen. [...]. Ja, sie sprechen scheinbar dieselbe Sprache, denn sie scheinen einander zu verstehen. Es geschieht zweimal, daß Jacob eine Schar von Pavianen, [...] plötzlich in seiner den Tierenlauten [!] so ähnlichen Sprache beruhigt und zurückziehen läßt.«[7] Um ihre Zugehörigkeit zur Natur und zum Tierreich zu betonen, wird ihnen von den Kolonisatoren die Fähigkeit, sich mit Hilfe einer »richtigen«, also wirklich menschlichen Sprache zu verständigen, abgesprochen, und ihre Sprache betont in die Nähe tierischer Laute gerückt.

Wenn man den Kolonisierten eine eigene Sprache abspricht, dann trifft das ins Herz ihrer Menschlichkeit: denn nach allgemeiner Vorstellung ist es die Sprache, die den Menschen vom Tier trennt. Der Kolonist setzt daher »zwischen Weiß und Farbig einen Unterschied [...] wie zwischen Mensch und Tier«. (SN140) Auf Grund dieser Grenze kann der Sergeant in der Erzählung »Dina« Farbige in einem Atem mit Tieren nennen. Schon Graf Gobineau war der Auffassung, von allen Rassen bilde die schwarze »die geringste Varietät, sie ist dem Thier ähnlich«.[8] Grenzziehungen dieser Art kennzeichnen fast alles, was man unter dem Namen Kolonialliteratur zusammenfassen kann. Henry Wenden läßt eine seiner Figuren denken: »er hatte eine dunkle Vorstellung, als ob diese armen Wilden gar nicht so rechte Menschen wären, sondern mehr eine Art höherer Tiere, etwa wie Löwen oder Tiger oder ähnliche Bestien, auf die man nur einfach Jagd zu machen brauchte.«[9] Und Frieda Kraze kommt zu dem Schluß: »Nein, noch waren sie nicht Menschen. [...] Noch waren sie nicht viel anders als Tiere auf dem Felde.«[10] Auch Kretschmar erschienen die Buschmänner als «dem Affengeschlecht ähnliche Wesen, die auf der primitivsten Daseinsstufe lebten«.[11] Daraus kann dann Adolf Kämpffer folgern, daß dem Afrikaner die Gabe des Denkens nicht gegeben sei, daß er also die körperliche Arbeit zu verrichten und sich dem Europäer unterzuordnen habe.[12] Der Kolonist muß ein Bild des Kolonisierten entwerfen, das seine »Bestimmung« zum Sklaven, Leibeigenen und Untertan, seine »Untermenschlichkeit« immer wieder aufzeigt: nicht nur dem Kolonisten selbst, dessen Gegenwart und Verhaltensweisen sonst auf Grund seiner eigenen moralischen (christlichen) Regeln höchst schockierend wäre, auch dem Kolonisierten muß dieses mythische und erniedrigende Bildnis als das »wirkliche« Bild seiner selbst eingeredet werden. Rassismus ist nichts anderes als die auf diesem Portrait beruhende Herrschaft einer Klasse über eine andere Klasse.

Solche Rassentheorien »verschafften der Bestialität ein ruhiges Gewissen«,[13] ohne sie ist der Kolonialismus, die Vertreibung und Ausrottung der Urbevölkerung nicht denkbar; eine einfachere und wirkungsvollere Rechtfertigung als die Unterdrückten zu Nicht-Menschen zu machen oder ihren Untergang als evolutionsbedingt zu erklären, läßt sich nicht finden.[14]

Peter Horn

2. Die Kolonisierten als die verdrängte Sexualität des Kolonisators

Im Zentrum jenes sprachlosen Bereichs versteckt sich jene verdrängte »tierische« Sexualität, die der Kolonisator – vor allem im viktorianischen Zeitalter – in sich selbst leugnet, die ihn aber dennoch immer wieder in die Gefahr bringt, sich gehen zu lassen, sich dem »lockeren« und »anarchischen« Leben der Eingeborenen anzupassen. Die schwarze Frau erscheint, obwohl Unterworfene und Dienerin, als diejenige, die das Verbot des Vaters subversiv zunichte macht, die das kindliche Glück zu schenken vermag, jene Befreiung von dem Zwang herrschen zu müssen, leisten zu müssen, nicht genießen zu dürfen. Gerade die Zugehörigkeit zur Natur, zum Tierreich macht die Faszination der Eingeborenen, und vor allem der farbigen Frau, aus. Völlig eins mit sich selbst und ihrer »Bestimmung« als Frau ist die Farbige ungebrochen »Natur«, hat »Rasse«. So bildet sich unter den Kolonialisten ein Mythos von der sexuellen Potenz des schwarzen Mannes, vor dessen sexueller Aggressivität keine weiße Frau sicher ist, und ein Mythos von der Fähigkeit der farbigen Frau, den weißen Mann zu verführen. Hier liegen die Dinge also nicht ganz so einfach wie im Bereich der Sprache: immerhin will die seltsame Attraktion dieser weiblichen Tier-Menschen auf die Kolonisatoren erklärt werden. Eigenartigerweise zeigt sich die »farbige« Frau in vielen Erzählungen, obwohl (oder eher gerade weil) die Ideologie des Kolonisten sie in den außermenschlichen Bereich, ins Tierartige verweist, als die bessere Frau. Die »farbige« Geliebte wird zum vollkommenen Wunschbild männlicher Egozentrik; denn um ihre Gefühle braucht man sich ebensowenig zu kümmern wie um die Gefühle von niederen Tieren. Es entsteht so das Paradox der gesellschaftlichen Unsichtbarkeit und Bedeutungslosigkeit der (farbigen) Frau am Tage und ihrer geheimen nächtlichen Herrschaft über den Mann; dieses Paradox löst sich, wenn man sie als das der kolonialen Gesellschaft Unbewußte erkennt, das sich nur mühsam verheimlichen läßt, das aber wie das psychische Unbewußte immer wieder in das taghell gesellschaftlich Bewußte als »Entgleisung« und »Ungehöriges« einbricht.

Die Sexualität ist also der zweite Bereich, in dem der Kolonisator sich als »kultiviert«, den Kolonisierten aber als »Wilden«, als Teil der »Natur«, zu sehen versucht. Die eigene unterdrückte Sexualität, nach außen auf das »Fremde« projiziert, läßt den Kolonisierten als den erscheinen, der die Verdrängungsleistung nicht auf sich genommen hat, die allein die Grundlage des Erwachsenenseins und der höheren Kultur ist. Der Afrikaner erscheint als der Unmündige, der keine Seele und keinen Verstand hat, zumindest keinen, der erwachsen werden könne. Es gab eine Modephilosophie, derzufolge der Afrikaner in der Kindheit stecken bleiben müsse, da seine Besessenheit von der Sexualität seine geistige Entwicklung behindere.[15] Dieses reine Animalische der afrikanischen Sexualität, ihre angeblich völlige Geistlosigkeit, spiegelt sich z.B. in Heusers Roman *Reise ins Innere*: »Wie hieß sie gestern, diese Schwarze? Jataiga. Schrecklich, dieses stumpfe, ergebene Bereitsein. Er hätte ihr die Kehle zerfleischen können, um Blut und Wärme zu spüren. Sie kam wie ein Beutetier, ohne Lächeln. Was nützte, daß sie schön war, wenn sie nicht lächelte?«[16]

Die »Berührung« mit dem Eingeborenn steckt an. So stark ist seine Nicht-Anwesenheit, so ansteckend seine Wertlosigkeit, daß bereits der Blickkontakt jene »Korruption« einleitet, der der Europäer nur unter Anspannung aller Willenskraft widerstehen kann. Deswegen darf er nicht »sehen« – weil diese andere Welt den Blick durch das »menschenähnliche« Aussehen des Kolonisierten »täuscht«. Für den Blick des Kolonialisten ist daher die farbige Frau im allgemeinen auch »häßlich«, »schmutzig«, »grotesk«, »verlaust«: es ist, als müßte sich der Kolonialist dauernd einreden, die »farbige« Frau sei eines zweiten Blicks nicht wert. Für dieses »Sehen« ist die »farbige« Frau nur so vorhanden, als sei sie ein Tier, etwas, was kein besonderes Interesse zu erwecken vermag, ganz sicher kein erotisches. Dennoch läßt sich dieser Mythos nicht immer aufrechterhalten: es kommt gegen die Tabus des Blicks zu einer wirklichen Begegnung der Augen. Aber obwohl der Kolonist absichtlich-unbewußt von dem wegsieht, was ihn mehr als alles anzieht, muß er erfahren, daß sich eben im Bilde der »farbigen« Frau der »exotische« Reiz seines kolonialen Paradieses verdichtet. Etwas wird in einem »Bilde« »sichtbar«, was eigentlich »unsichtbar« bleiben müßte.

Wenn die Frau aber nun aus dieser Anonymität heraustritt, ein Individuum wird, das man liebt, drängt sich das Unbewußte ungehörigerweise ins Bewußte, die zum Dienen Bestimmte erfüllt ihre dienende und ihre sexuelle Rolle nicht mehr wie vorgesehen. Damit überschreitet die Frau eine Grenze, von deren unbedingter Aufrechterhaltung die Position des Kolonisators als Herrscher abhängt. Hans Grimm sagt über die Buren, »Die wirkliche Basis der Gleichheit, die Zwischenheirat, muß er bekämpfen« (SZ172): er muß sie bekämpfen, weil durch sie die Grundlage der kolonialen Herrschaft und Ausbeutung, die den Kolonisierten eingebläute Differenz zwischen dem »Herrenvolk« und den »Besiegten«, sichtbar zunichte gemacht wird. Die Grenze zwischen »Mensch« und »Natur« (»Tier«), die die kolonialistische Sprache zwischen Weiß und

Farbig gesetzt hat, beginnt zu verschwimmen, er erkennt in der »Natur« das »Menschliche«, die »menschliche« Frau. Was die Beziehung zu ihr möglich macht, ist die Tatsache, daß in diesem Augenblick des Erkennens die von der kolonialen Kultur gesetzte Schranke sich als labil erweist, als überschreitbar.

Wo das Tabu der Rassenvermischung aufgehoben wird, dort entsteht orgiastische Unordnung und wahnsinniger, rauschhafter sexueller Taumel. Zum Erwachsenwerden gehört sowohl die Einsicht, daß dieser dunkle [!] Bereich zum Leben gehört, daß aber die Annahme der erwachsenen Verantwortlichkeit auch die gewaltsame Unterdrückung der Sehnsüchte verlangt, die jenem Bereich zugehören. Hinter dem Rücken dieser orgiastischen Schönheit lauert das Bild der häßlichsten, unordentlichsten Ausschweifung, die sich in dem Augenblick breitmacht, wenn diese Grenze auch nur um ein Geringes verschoben wird: »Denn da tanzte ihr ein Mann [ihr nun fremd gewordener Vater!] entgegen, der hielt sich umschlungen mit einem halbfarbigen, verwilderten Weibe [ihre »farbige« Stiefmutter Ellen], und hinter beiden drein stießen sich und fielen betrunkene schreiende Bondel- und Bastard-Paare.« (SN200) Aber nicht nur das: dort, wo die Grenze zwischen Schwarz und Weiß auf dem Weg über die Sexualität niedergerissen wird, reißt die »Kaffernwirtschaft« ein, die den weißen Mann hinunterzieht in den verfaulenden Abgrund der barbarischen Eingeborenen.

Um diese Verfehlung symbolisch einsichtig rückgängig zu machen, müssen eben die Menschen erschossen werden, die von ihrer Seite aus die Grenze überschritten haben und die als »Versucher« die Weißen verführt haben, diese Grenze zu vergessen. Es gibt in Hans Grimms Welt keine andere als die tragische Antwort auf die Entdeckung der Liebenden, daß diese Grenze eigentlich keine ist, daß jenseits der Grenze keine »Fremden« wohnen: um als Herren und als »Weiße« überleben zu können, muß die Ursache dieser Erfahrung vernichtet werden.

Die Tragik des Kolonialisten ist, daß er das, was er in den Kolonien eigentlich sucht, die Freiheit, die Ungebundenheit vom Gesetz, das Paradies, die Erfüllung seiner infantilen Wünsche, morden, vernichten, dem Gesetz unterwerfen muß, um als Eroberer überleben zu können. Um jenes »Herrenrecht«, jenes »Besitzrecht« nicht zu verlieren, muß er sich vor allem vor der Ansteckung durch die Masse der »Verlorenen« schützen: wie einen Virus tragen diese ihre »Verworfenheit« mit sich herum.

Gewinnen kann der paranoide »Erwählte« nicht: das ihm versprochene Paradies ist gleichzeitig die Quelle der Ansteckung. Das Idol des

Kolonialismus, das Wunschbild der reinen, ungeschändeten Natur, bleibt unerreichbar: vor den Eingang in dieses erträumte Paradies ist der Tod, die Zerstückelung, gesetzt. Die »farbige« Frau, die diese ungeschändete Natur symbolisch repräsentiert, steht verlockend am Tor in jene durch nichts eingeschränkte Traumfreiheit, zeigt sich dem verzerrten autoritärem Bewußtsein dann aber doch als dämonische Verlockung des Bösen, als tierische, untermenschliche Unordnung und Auflösung der Kultur: Die »seltsam menschlichen Tiere mit schwarzer, schweißglänzender Haut« sind Versuchungen des Bösen, der teuflischen Natur. Daß es sich auch bei der Beschreibung des Eingeborenen als Kind der Natur, als kulturlos seinen natürlichen Regungen hingegeben, um eine Projektion der europäischen Phantasie handelt, um ein groteskes Mißverständnis jener mindestens ebenso strengen Gesetzlichkeiten und Tabus sogenannter »primitiver« Völker, ist jedem in der Anthropologie Belesenen deutlich.[17] Jene »Verlockung« nämlich, um die die Phantasie des Kolonisten sich obsessiv dreht, entstand überhaupt erst dort, wo der Kolonialist die bestehende gesellschaftliche Struktur so weit zerstört hatte, daß die eingeborene Frau aus den sie regulierenden Gesetzen ihrer Kultur freigesetzt wurde, und so »verfügbar« war.

3. Die Kolonisierten als die ungezähmte Gewalt der Natur

Der dritte Themenbereich, der sich vorzüglich eignet, die Humanität der Unterworfenen zu negieren, ist der Bereich der Gewalt. Dabei übersieht man meist großzügig, daß die Gewalt und der Terror in erster Linie und massiv eine Funktion der Kolonisatoren ist. Selten zwar spricht ein Kolonist das so unverbrämt aus wie Generalleutnant Trotha im Hererokrieg: »Diese Gewalt mit krassem Terrorismus und selbst mit Grausamkeit auszuüben, war und ist meine Politik. Ich vernichte die aufständischen Stämme mit Strömen von Blut und Strömen von Geld.«[18] Meist verdrängt man die Gewalt, die man selbst ausübt, und die man ausüben möchte, aber nicht kann. Wenn Weiße vor dem Massaker zurückschraken, das ihnen in Afrika immer wieder begegnete, erschraken sie immer auch vor dem eigenen Unbewußten. Caliban war nichts anderes als ihr verdrängtes Selbst, der nie völlig gefesselte Adam der puritanischen Prediger, der Hyde aus Stevensons Roman, das Es der Freudianer. Wenn man Caliban losließe, so fürchteten sie, würde er die gleiche Verwüstung in Europa anrichten, die die Europäer in Afrika angerichtet hatten.[19] Solche verdrängte Gewalt taucht dann in den Erzählungen der

Peter Horn

Kolonialliteratur als Gewalt der anderen entstellt wieder auf. Die koloniale Literatur ist besessen von Bildern einer »grausigen Wildheit«, eines »tödlichen Entsetzens«, die mehr die eigene bewußte und unbewußte Brutalität widerspiegeln als die afrikanische Realität: die eigene Barbarität tritt den Kolonisatoren als Leiche mit einer »breiten Wunde« über die Brust entgegen, und »in dem schaurigen Licht der herüberleuchtenden Flammen« des von den Buschmännern in Brand gesteckten Hauses entdecken sie mit dem »Gefühl tiefsten Entsetzens« die Leichen einer ganzen Familie, denen man die Herzen zum Zweck der Zauberei herausgeschnitten hat.[20] Die Revolte der Unterdrückten und Ausgebeuteten stellt sich dem Kolonialisten als eine Orgie ungebändigter Sexualität, gewalttätiger Zerstörungslust und perverser Mordlust dar. Nur mühsam durch die koloniale Ordnung gebändigt, versteckt sich diese barbarische Wildheit hinter den unerforschlichen Gesichtern der »Fremdrassigen«, um umso heftiger auszubrechen, wenn die Nachlässigkeit oder Unaufmerksamkeit der Herrenrasse diese Revolte »herausfordert«. Die Wildheit, die immer als ein Attribut der »unzivilisierten Rassen« gedacht wurde, war meistens eine europäische Barbarität, die diese Wildheit als Vergeltung hervorrief.[21]

Überall dort, wo die Kolonialliteratur offen und brutal ausspricht, was die Beweggründe des Kolonisierens sind, zerstört sie selbst den humanen Schein, ohne den sie ein Regime der Gewalt ist, das weder die Zustimmung derer haben kann, die von diesem Regime unterdrückt werden, noch die Zustimmung derer, die von diesem Regime nichts profitieren. Weil keine Herrschaft auf die Dauer aber allein auf Gewalt gegründet sein kann, wird jede Herrschaft danach streben, dem Denken der Beherrschten ihm selbst unbewußte Fesseln anzulegen. Der Landraub durch die Kolonisten »begründet« sich selbst in den Köpfen der Räuber und der Beraubten als ein »gerechtfertigter«. So erscheint dann das Gewaltsame und Grausige als das »Vernünftige«, das getan werden muß, und der Freiheitskämpfer als der Ruhestörer, Aufrührer, Rebell, Terrorist, dessen Vernichtung nicht nur dem Kolonialisten, sondern auch dem Kolonisierten am Herzen liegen müßte. Aus diesen Gründen bemüht sich jede Kolonialliteratur darum, den Feind als den grausamen und unmenschlichen, hinterhältigen und barbarischen Feind der Menschheit darzustellen, und seine Beweggründe als die niedrigsten und schlechtesten abzuwerten.

In der Literatur über den ersten Krieg gegen die Nama (1892/3), die in der deutschen Presse als »Räuberbande« und als »blutrünstige und wilde Hottentotten« figurierten,[22] und über den Bondelzwartaufstand

(1903), den Hererokrieg (1904) und den Zweiten Namakrieg (1904/7) wimmelt es von Darstellungen, die die Bewohner des Landes als barbarisch und unmenschlich darstellen. Sie, die Nama und Hereros, und nicht die »Schutztruppe« sind es immer wieder, die den Landfrieden bedrohten.[23] Die internen Auseinandersetzungen zwischen den Hereros und Namas eignen sich als Vorwand, der die Notwendigkeit einer »zivilisierten« »Schutztruppe« begründen muß, deren großangelegter Völkermord allerdings alles übertraf, was die Schwarzen sich selbst jemals gegenseitig angetan haben mögen.

Über den Hereroaufstand berichtet Hans Grimm, es seien »am 11. und 12. Januar die sämtlichen Farmer und Händler und Reisenden außerhalb der kleinen weißen Ortschaften ermordet worden [...] Die zum Teil in schauerlicher Weise Hingemetzelten waren fast alles kleine Leute.«[24] »Die weißen Siedler im Neuland«, berichtet Trümpelmann der südafrikanischen Schuljugend, gerieten »mit dem Urmenschentum in Widerspruch«, und er »beschreibt« den Konflikt wie folgt: »Die Berührung zwischen Weiß und Schwarz führte bald zu Konflikten. [...] Um der Unabhängigkeit ihres Räuber- und Viehdiebdaseins willen überfielen sie immer wieder die einsamen Farmen und ließen keine Gelegenheit zu morden und plündern ungenutzt.«[25] Den Weißen erschienen diese »Urmenschen« nicht als Krieger, die ihre Heimat gegen den Landraub der Kolonialisten verteidigten, die die ihnen aufgezwungene »Schutzherrschaft« wieder abzuschütteln versuchten, sondern als Räuber, Mörder und Plünderer. Vor allem den Hereros warf man vor, sie seien seit jeher, schon in ihren Kriegen gegen die Namas keineswegs »soldatisch« gewesen: sie hätten sich eher »durch Grausamkeit, Hinterlist und Blutgier und darum wohl durch Gefährlichkeit dem Wehrlosen und dem einzelnen gegenüber« ausgezeichnet.[26] Witbooi erscheint in der Sicht Leutweins als faustische Gestalt mit zwei Seelen in seiner Brust, deren eine schon christianisiert und zivilisiert ist – diese Seele zeigte sich in den zehn Jahren zwischen 1894 und 1904, die Leutwein als »Frieden unter unserer Herrschaft« bezeichnet –, und eine zweite brutale, fanatische Hottentottenseele, die unter der Maske des zivilisierten Christen nur geschlafen hatte, aber jederzeit wieder geweckt werden konnte.[27] Zivilisation, so stellt sich heraus, ist bei den Afrikanern nur eine sehr dünne Decke, unter der sich die Barbarität der Kolonisierten nur dürftig verbirgt. Für kurze Zeiten kann der »Eingeborene« seine atavistischen Triebe unterdrücken, vor allem wenn er unter dem Einfluß der christlichen Kirche steht. Lange kann aber auch ein »guter Eingeborener« das nicht aushalten, dann bricht seine Grausamkeit in ihm wieder aus, und er beginnt einen völlig sinnlos zerstörerischen Krieg gegen das großartige Kulturwerk der Kolonisatoren.

Während der erste Namakrieg (1893) mit dem Überfall (»Erstürmung«!) auf Hoornkrans begann, der den zu der Zeit in Frieden mit den Deutschen lebenden Witboois völlig überraschend kam, waren es nun die Hereros, die sich einer ähnlichen Überraschungstaktik bedienten. Und nun verwunderten sich die Deutschen, »daß das Unglück wie ein Blitz aus heiterm Himmel über das Schutzgebiet hereinbrach« und fanden diesen Angriff »gänzlich überraschend«[28] und »furchtbar unerwartet«[29]. Und so forderten sie wie der Farmer Conrad Rust:

> Für solch teuflisches Treiben [der Aufständischen], für solch unbarmherziges Rauben, Morden und Schänden kann es nur eine Strafe geben: den Tod. [...] Wer da von Schonung spricht, ist ein Verräter an der weißen Menschheit, ein Verräter an seiner Rasse, ein Verräter an der guten Sache [...] Von den überlebenden Mördern müssen an derselben Stelle, wo sie gemeuchelt, für jeden erschlagenen Weißen mindestens fünf Stück aufgehängt werden, eine Strafe, die im Hinblick auf das, was sie verbrochen, als äußerst milde bezeichnet werden muß.[30]

Der General Lothar von Trotha war bereit, diese Forderung nicht nur zu erfüllen, sondern noch zu übertreffen. In seinem Brief vom 4. Oktober 1904 an den Generalstabschef Alfred von Schlieffen schrieb er:

> Ich glaube, daß die Nation als solche vernichtet werden muß, oder, wenn dies durch taktische Schläge nicht möglich war, operativ und durch weitere Detail-Behandlung aus dem Lande gewiesen wird [...] Ich habe gestern, vor meinem Abmarsch, die in den letzten Tagen ergriffenen Orlog-Leute, kriegsgerichtlich verurteilt, aufhängen lassen, und habe alle zugelaufenen Weiber und Kinder wieder in das Sandfeld unter Mitgabe der in Otjiherero abgefaßten Proklamation an das Volk zurückgejagt [...] Dieser Aufstand ist und bleibt der Anfang eines Rassenkampfes, den ich schon 1897 in meinen Berichten an den Reichskanzler für Ostafrika vorausgesagt habe.[31]

Über die Ursachen des Aufstands hat sich der Kolonist selten Gedanken gemacht, und wenn, dann ist er selten darauf gekommen, daß die wahren Ursachen der Kolonialkriege mit seinen Verhaltensweisen als Kolonist zusammenhängen.

Gelegentlich taucht aber doch selbst in der Kolonialliteratur das Bewußtsein auf, daß dieses scheinbar so unverständliche und unerwartete »Morden, Rauben und Plündern« durchaus rationale Gründe hat. In einem Gespräch unter den »alten Afrikanern« am Kochloch läßt Frenssen einen »Älteren, der schon lange im Lande war«, etwas über die Hintergründe des Krieges sagen: »Sie waren Viehzüchter und Besitzer, und wir waren dabei, sie zu landlosen Arbeitern zu machen; da empörten sie sich. Sie taten dasselbe, was Norddeutschland 1813 tat.«[32] Ein solcher Hinweis, der den Hereros den selben Status und dieselbe Motivation wie den Freiheitskämpfern der Napoleonischen Kriege zugesteht, ist allerdings in der Kolonialliteratur äußerst selten, wenn nicht einmalig. Meist verdunkelt man die Tatsache, daß man den Bewohnern das Land mit Gewalt entrissen hat, mit der Aussage, man habe sich in »dem leeren, wildreichen, herrenlosen und zum Teil sehr trockenen Landstriefen« deswegen niederlassen können, weil er eben noch niemand gehörte.[33] Frenssen ist sogar bereit, den Hereros zuzugestehen, daß ihre sogenannte »Grausamkeit« unter diesen Umständen gerechtfertigt ist: »Glaubst du, daß es ohne Grausamkeit abging, wenn bei uns das ganze Volk gegen fremde Unterdrücker aufstände? Und sind wir nicht grausam gegen sie?«[34] Das führt aber keineswegs zu der Einsicht, daß dann die Anwesenheit der Kolonialisten genauso »unrechtmäßig« sei, wie die Besetzung Deutschlands durch Napoleon im Jahre 1807. Im Gegenteil: wer Herrschaft ausüben will, der muß Gewalt gebrauchen und bereit sein, sein »deutsches Blut qualvoll in diesem heißen, dürren Lande« zu vergießen, der müsse wissen, was er wolle. Unerträglich sei allein das Schwanken zwischen der Menschenliebe der Missionare (und der Humanisten und Sozialdemokraten im Heimatland) und den harten Notwendigkeiten einer Kolonialherrschaft. Beides zusammen »sei eine lächerliche und verrückte Sache«, man »müsse herrschen wollen oder lieben wollen, gegen Jesus sein wollen oder für Jesus«.[35]

Meist aber sehen die Kolonisten sich selbst nicht als Landräuber, Viehräuber und Ausbeuter von Bodenschätzen und Arbeitskraft, nicht als Ausrotter einer bestehenden einheimischen Bevölkerung, sondern als Menschen, die gutgläubig aus der »Zinsknechtschaft« des Kapitals geflohen und in den »leeren Weiten« Afrikas ihre »Freiheit« suchten. Von solchen Ideologemen her kann Frenssen dann den Genozid in das rosige Licht eines religiösen Darwinismus rücken, der Gott die Verantwortlichkeit für die Dezimierung der Hereros zuschiebt: »Gott hat uns hier siegen lassen, weil wir die Edleren und Vorwärtsstrebenden sind [...] Den Tüchtigeren, den Frischeren gehört die Welt. Das ist Gottes Gerechtigkeit«.[36] Nachdem das Beunruhigende des eigenen Tuns so teils verleugnet, teils »erklärt« wurde, kann man sich guten Gewissens als Träger einer höheren Zivilisation, als Träger des Zukunftsträchtigen, dem Geschäft der Ausplünderung hingeben: »Der Gedanke der Kolonisation ist

Peter Horn

zum bestimmenden Antrieb des Weltgeschehens geworden. In der Form der Kolonisation wirken reife, blühende Völker, geschlossene starke Staaten, ihre Kräfte aus: die Volksgenossen tragen ihre Arbeit, ihre Kultur, ihre werteschaffende Intelligenz über alle Meere und schaffen neue Macht. Der Einzelne gibt sich so der Idee seines Vaterlandes hin, und das politische Ganze erfüllt sein historisches Schicksal.«[37]

Anmerkungen

[1] I.M. Lewis: *Exotische Glaubensvorstellungen und die Produktionsweise der Feldforschung in der Anthropologie*. In: Hans Peter Duerr (Hg.): *Der Wissenschaftler und das Irrationale. Zweiter Band: Beiträge aus Ethnologie und Anthropologie II*. Frankfurt am Main 1985, S. 39.

[2] Vgl. den Abschnitt »Die ‚zoologische Sprache' der Kolonialherren« in meinem Aufsatz *Die Versuchung durch die barbarische Schönheit. Zu Hans Grimms »farbigen« Frauen*. In: GRM NF 35 (1985) S. 317f.

[3] Maximilian Bayer: *Ist Okowi treu? Die Geschichte eines Hererospähers*. Potsdam 1936, S. 217. Das ist eine Erscheinung, die auch in der englischen Kolonialliteratur auffällig ist, vgl. V.G. Kiernan: *The Lords of Human Kind. European Attitudes towards the outside world in the Imperial Age*. London. Weidenfels und Nicholson 1969, S. 237. Ähnliches bemerkt Albert Memmi: *The colonizer and the colonized*. New York, Norwich. Condor books 1965. p. 85.

[4] August Niemann: *Helmut der Patrouillenreiter. Eine Kriegserzählung aus Südwest*. Leipzig 1910, S. 12.

[5] Für die Werke von Hans Grimm werden die folgenden Siglen verwendet: SN = Hans Grimm: *Südafrikanische Novellen*. München. Langen-Müller (1913); LL = Hans Grimm: *Lüderitzland. Sieben Begebenheiten*. München. Langen-Müller 1934.

[6] Margarete von Erckenbrecher: *Was Afrika mir gab und nahm. Erlebnisse einer deutschen Frau in Südwestafrika 1902–1936*. Berlin 1940, S. 45.

[7] W.A. Minnaar: *Der Eingeborene im deutschen Schrifttum über Südafrika*. M.A. Diss. Pretoria (masch.schriftlich), 1950, S. 38f. zit. W. Schütze: *Im Land der Paviane*. Reutlingen, o.J.

[8] Graf Gobineau: *Versuch über die Ungleichheit der Menschenracen*. Deutsche Ausgabe von Ludwig Scheemann. Stuttgart 1898–1901. Bd. 1, S. 278.

[9] Henry Wenden: *Tropenkoller. Ein Kolonial-Roman.* Leipzig 1904, S. 81.
[10] Friede Kraze: *Heim Neuland.* Stuttgart und Leipzig 1909, S. 130.
[11] E. Kretzschmar: *Südafrikanische Skizzen.* Leipzig 1863. zit. nach Minaar (Anm. 7), S. 10.
[12] zit. nach Jürgen Bergmann: *Imperialismus und Zivilisationsflucht: Bestimmungsfaktoren der deutschen belletristischen Kolonialliteratur.* Berlin 1980, Diss. Phil. (masch. schriftlich) S. 130.
[13] Georg Lukács: *Die Zerstörung der Vernunft.* In: Werke Bd. 9, (1974). Neuwied und Berlin (2. Aufl.), S. 618.
[14] Bergmann, (Anm. 12), S. 58, vgl. auch Memmi (Anm. 3), S. 79.
[15] H.H. Johnstone: *British Central Africa.* 1897 (1906) S. 408, zit. nach Kiernan (Anm. 3), S. 234
[16] Heuser: *Reise ins Innere*, S. 17 zit. nach Bergmann (Anm. 12), S. 172.
[17] Dazu vgl. Kiernan (Anm. 3), S. 233. Vgl. auch H.H. Johnstone: *British Central Africa.* 1897 (1906) S. 408 und Charles John Andersson: *Lake Ngami or Explorations and Discovery during four years of wanderings in wilds of South-Western Africa.* Cape Town (1856) 1967, S.199.
[18] zit. nach Helga und Ludwig Helbig: *Mythos Deutsch-Südwest. Namibia und die Deutschen.* Weinheim und Basel 1983, S. 153.
[19] Kiernan (Anm. 3), S. 313.
[20] Karl Dove: *Grenzerschicksale.* In: G.P.J. Trümpelmann (Hrsg.): *Afrikanische Erzählungen.* Pretoria 1952, S. 112 f., 117.
[21] Kiernan (Anm. 3), S. 313.
[22] Helbig (Anm. 18), S. 108.
[23] So Ludwig von Estorff über die Namas 1893, In: *Wanderungen und Kämpfe in Südwestafrika, Ostafrika und Südafrika, 1894–1910.* (Herausgegeben von Christoph-Friedrich Kutscher). Windhoek (1979), S. 22.
[24] Hans Grimm: »Waterberg (1929)«. In: Hans Grimm: *Der Schriftsteller und seine Zeit. Bekenntnis.* München 1931, S. 150.
[25] G.P.J. Trümpelmann: *Geleitwort.* In: ders. (Hrsg.), *Afrikanische Erzählungen.* Pretoria 1952, S. 2 f.
[26] Hans Grimm (Anm. 24), S. 11 f.
[27] Vgl. T. Leutwein: *Die Kämpfe mit Hendrik Witbooi.* Leipzig 1912, S. 57. Hier zitiert nach Neville Alexander: *The Enigma of the Khowesin 1885–1905.* In: Christopher Saunders (Hrsg.): *Perspectives on Namibia: Past and Present.* Cape Town: UCT 1983, S. 56.
[28] Dove (Anm. 20), S. 24 f.
[29] Grimm (Anm. 24), S. 150.

[30] In: Alldeutsche Blätter Nr. 12, 19. März 1904, S. 95. Zit. Helbig (Anm. 18), S. 149.
[31] General Lothar von Trotha: *Aufhängen und Wegjagen*. In: Bernhard Pollmann (Hrsg.): *Lesebuch zur deutschen Geschichte*. Dortmund 1984, Bd. III, S. 65 f.
[32] Frenssen: *Peter Moors Fahrt nach Südwest*. S. 67.
[33] Hans Grimm, (Anm. 24), S. 1.
[34] Frenssen (Anm. 32), S. 67.
[35] Frenssen (Anm. 32), S. 67.
[36] Frenssen (Anm. 32), S. 20.
[37] Veit Valentin: *Kolonialgeschichte der Neuzeit*. Tübingen. Mohr 1915 S. 215.

Inge Wild, Saarbrücken

Beobachtungen zum Kulturkonflikt schwarzafrikanischer Germanistik-Studenten in der Bundesrepublik

Wenn hier vom Kulturkonflikt schwarzafrikanischer Germanistik-Studenten und -Studentinnen die Rede ist, so wird damit bereits in der Themenstellung quasi selbstverständlich angenommen, daß ein Studium in der Bundesrepublik für einen schwarzen Studenten eine problematische Herausforderung darstellt. In der Tat ergeben sich hier Schwierigkeiten, die über die generell einschneidende Erfahrung eines Auslandsstudiums noch hinausgehen.[1]

Vorausschicken möchte ich einige knappe Bemerkungen zum Erfahrungshintergrund meiner Ausführungen, die sich im wesentlichen auf das Afrika-Programm der Universität des Saarlandes beziehen. Es handelt sich bei diesem Programm um einen Aufbau-Studiengang zur Aus- und Weiterbildung afrikanischer Germanistik-Studenten und Deutschlehrer nach französischer Studienordnung und mit französischen Studienabschlüssen (3. Studienjahr mit Studienabschluß ‚Licence d'allemand' bzw. 4. und 5. Studienjahr mit dem Abschluß der ‚Maîtrise'). Die Tatsache, daß alle Studenten aus dem frankophonen Westafrika kommen, Französisch also als ‚zweite Muttersprache' sprechen, schafft die Voraussetzungen für eine relativ homogene Gruppe.

1. Persönliche Probleme

Bereits bei der Vorbereitung der Reise nach Europa ergeben sich für den afrikanischen Studenten psychologische Schwierigkeiten auf mehreren Ebenen. Edith Ihekweazu betont die besondere Brisanz der Dialektik von Eigenem und Fremdem im Kontakt zwischen Europäern und Afrikanern.[2] Der afrikanische Student reist in das Land eines ehemaligen Kolonialherren, der zwar die Machtmittel direkter Herrschaft im gegenseitigen Kampf der Kolonialmächte rasch wieder verloren hatte, der aber in der Phase der postkolonialen Beziehungen die Möglichkeiten politischer, ökonomischer und auch kultureller Einflußnahme ebenso zu nutzen versucht wie die übrigen ehemaligen europäischen Kolonialmächte. Daß Europa für den Studenten mit der Aura wissenschaftlicher und technischer Perfektion und materiellen Wohlstands umgeben ist, steht außer Zweifel; in der Erinnerung seiner Familie lebt andererseits die konkrete Erfahrung europäischer Herrschaftsausübung und europäischer Dominanz, die dem Afrikaner häufig jegliche Kulturfähigkeit absprach, weiter. Die Gefühle bei der Abreise aus Afrika sind also mit Notwendigkeit ambivalent.

Im Bewußtsein seiner Familie begibt sich der Student auf durchaus gefährliches Gebiet. Viele Berichte von Afrikanern belegen das Mißtrauen der Eltern gegen eine Reise ins Land der ‚Toubabs'. Ich wähle hier das Beispiel eines ehemaligen Saarbrücker Studenten, der eine Maîtrise-Arbeit über afrikanische Märchen verfaßt hat und inzwischen mit einer Arbeit zum selben Thema in Freiburg promoviert wurde. Ndongs Vater war einer der Erzähler der von ihm selbst aufgenommenen und transkribierten Märchen. Der Vater formulierte die Moral einiger Märchen nun so, daß sie eine Lehre für den Sohn enthielten, der im Begriff war, nach Deutschland zu reisen. Ein Märchen, das die Durchbrechung eines väterlichen Tabus und die daraufhin erfolgende schwere Bestrafung des Sohnes thematisiert, schließt der Vater/Märchenerzähler mit der direkten Ermahnung an seinen zuhörenden Sohn: »Wenn du jetzt gehst, sollst du keine weiße Frau heiraten. Wenn du jetzt gehst, wisse wohl, daß du ein schwarzer Mensch bist und daß du immer das Leben schwarzer Leute führen wirst.«[3] Bereits die Wahl des Märchens von einem ungehorsamen Sohn sollte wohl dazu dienen, gegenüber gefährlichen europäischen Einflüssen der Autorität des traditionellen afrikanischen Familienoberhauptes Gewicht zu verleihen.

In einem zweiten Beispiel wird die Moral am Ende des Märchens von einem Meisterdieb wiederum kontextbezogen formuliert: »Ihr Leute, die ihr in fremde Länder reist, ihr sollt sehr wohl wissen, daß Diebstahl gut und auch schlecht sein kann. Wenn du klug bist und stiehlst, dann hast du viel mehr Glück als der, der unüberlegt stiehlt ...«.[4] Ndong kommentiert diese Moral als ‚geistiges' Stehlen:

> Derjenige, der in fremde Länder geht, soll sich dort so viel Wissen wie möglich aneignen, zumal es ja um die ehemaligen Kolonialherren geht, deren Wissen man erwerben will. Dahinter steckt die archaische Vorstellung, daß Wissen ein Geheimnis ist, dessen Kenntnis den Geheimnisträgern entrissen oder schlau entwendet werden muß.[5]

In diesem Beispiel deutet sich eine weitere Problematik vieler afrikanischer Studenten an. Bereits das Studium in Afrika, aber verstärkt das in Europa konfrontiert sie mit zwei kategorial verschiedenen Sinnwelten: der westlich-rationalen und der mythisch-magischen.[6] Die praktischen Vorbereitungen eines Studiums in Europa werden überlagert von den älteren Ansprüchen afrikanischer Wirklichkeitsbewältigung, die auch in scheinbar stark europäisch überformten Lebensverhältnissen ihre Gültigkeit behalten haben. Mawolende Badjona aus Togo berichtet vom Opfer verschiedener Tiere, das den Ahnen aus Anlaß seiner Europareise dargebracht wird:

In einer schwarzen Kniehose und völlig mit Pflanzenöl eingerieben saß ich da. Um mich herum stand meine Familie. Mit einer Ziege, dann einem Hahn, einem Huhn und einem Perlhuhn wurde vom höchsten traditionellen Priester, dem Bewahrer der Tradition, einem würdigen Greis, um meinen Körper herumgestrichen. Er sprach dabei: ‚Ihr Heiligen, unsere Ahnen, ich bringe euch dieses Kind. Es ist euer Sohn. Er fliegt bald weit weg ins Land der Weißen. Dort gibt es Terror, und Flugzeugabstürze, und Bomben, und Pistolen, und was weiß ich noch alles: Ihr wißt zwar, was ihr tut, auch wenn ihr ihn verlaßt, aber wenn ihr hinter ihm steht und ihn beschützt, kann ihm niemand das Geringste tun! Gewährt ihm Schutz und Hilfe, damit er dort erreicht, was er vorhat, und damit er uns heil zurückkommt. Und schützt auch all die, die eurem Sohn Gutes tun werden!'[7]

Der Afrikaner weiß, daß die Ahnen ihm und allen, die ihm in Deutschland wohlwollen, aufgrund dieses magischen Rituals, als dessen Abschluß die getöteten Opfertiere von der ganzen Familie verzehrt werden, Schutz gewähren. Manchen afrikanischen Studenten gelingt ein für den Europäer zunächst befremdliches Gleichgewicht zwischen rationalem Denken und magischer Praxis. Dies wird jedoch verständlicher, wenn man mit Cassirer ein Fortleben mythischer Weltsicht in künstlerischer und religiöser Erfahrung auch in Europa annimmt.[8] Eine solche Synthese läßt sich nicht immer realisieren; was viele Afrikaner als ‚Zerrissenheit', ‚Entfremdung' oder ‚gespaltenes Bewußtsein' beschreiben,[9] resultiert aus einem ungefestigten kulturellen Selbstbewußtsein. Magische Praktiken, die auch in Europa den Alltag vieler Studenten bestimmen, werden zumeist vor Weißen verheimlicht.[10] Die Folgen von Missionierung und Kolonisierung und die fortwirkende westliche Dominanz führen den Afrikaner, zumindest solange er in Europa lebt, in eine Art von kulturellem Ghetto, in das er sich mit einem wesentlichen Teil

Inge Wild

seiner Identität zurückzieht. Jedoch zeigt sich in den letzten Jahren wachsendes Selbstbewußtsein mit der Fähigkeit zu kultureller Synthese.

Häufig ist Enttäuschung die erste Erfahrung eines afrikanischen Studenten nach seiner Ankunft; es erweist sich schnell, daß die Bundesrepublik keineswegs das ‚pays d'or' ist, als das sie in den häufig von Europa beeinflußten Medien und in manchen Verlautbarungen der deutschen Kulturaußenpolitik erschienen war. Nicht zuletzt begegnet dem Studenten manifester Rassismus im Alltagskontakt mit der deutschen Bevölkerung. Das Abrücken von einem Studenten im Bus oder die Zurechtweisungen eines Hausmeisters im Studentenwohnheim, der gerade Afrikaner mit dem ganzen Überlegenheitsanspruch seiner weißen Rasse wie besonders unordentliche, lärmende Kinder behandelt, sind alltägliche Erfahrungen. Auf der Ebene studentischer Begegnungen und des Kontaktes mit dem Lehrpersonal äußert sich Rassismus oder zumindest Eurozentrismus selten in einer so unverhüllten Form. Die Zurückweisungen, die der afrikanische Student jedoch auch hier erfährt, sind subtilerer Art. Es gibt kaum einen Afrikaner, der nicht über Einsamkeit und fehlende Kontakte zu deutschen Kommilitonen klagt. Die Dimension eines solchen Verlassenheitsgefühls geht über die notwendig mit einer gewissen Isolierung verbundene Eingewöhnungsphase jedes Gaststudenten noch hinaus. Pedersen führt aus, Identitätskrisen seien charakteristisch für alle Universitätsstudenten; dies potenziere sich noch bei Auslandsstudenten in einer völlig fremden, erst recht in einer als dominant erfahrenen Kultur.[11] Zum Phänomen des ‚Kulturschocks' ist in den letzten Jahren Grundlegendes gesagt worden.[12] Der ausländische Student erfährt eine Verunsicherung seiner sozialen Interaktionsmuster und eine Regression seines zuvor bereits erreichten sozialen Status.[13] Die schützende Hülle eines sozial und kulturell vertrauten Umfeldes – in diesem Fall die unmittelbarere Emotionalität afrikanischer Sozial- und speziell Familienbeziehungen – ist aufgebrochen, und der Student muß sich als Individuum in einer bisher nie gekannten Weise behaupten. Bosse führt aus, daß die traditionelle afrikanische Sozialisation eine Gruppen-Identität erzeugt – im Gegensatz zur Herausbildung einer relativen Ich-Autonomie als Erziehungsziel westlich-kapitalistischer Gesellschaften.[14] Die afrikanische Gruppen-Identität, die sich in der primären Sozialisation auch heute noch in großen Teilen Afrikas mit dominant traditionalem Sozialgefüge (bäuerliche Lebensform, Polygamie) herausbildet, wird von der sekundären Sozialisation in Schule und verstärkt Universität mit westlichen Lehrinhalten und individuellem Leistungsprinzip teilweise außer Kraft gesetzt. Die neuerworbene Identität, die diese Gegensätze in sich aufgenommen und zu einem Kompromiß verarbeitet hat, ist nicht selten instabil und wird auf jeden Fall durch die Konfrontation mit dem voll verwirklichten Konkurrenz- und Leistungsprinzip einer Industriegesellschaft erschüttert. Fast mit Notwendigkeit erscheint die neue Umwelt zunächst kalt und feindlich, und es kann sich eine Neigung zu klischeehafter Verzerrung ergeben:

> Die im Reservoir des Deutschlandbildes vorhandenen Stereotype von deutscher Kälte, Disziplin und Grausamkeit werden in psychischen Streßsituationen selbst dann abgerufen, wenn sich die Betroffenen im übrigen als höchst vorurteilsfrei und als Freunde Deutschlands bezeichnen.[15]

Im Universitätsalltag paßt sich der afrikanische Student reibungslos ‚deutscher Ernsthaftigkeit' an. Sein anderes Temperament, das auf unterschiedlichen »Primär-Erfahrungen«[16] beruht, stellt sich auf die Normen des deutschen Verhaltens ein; so bleiben afrikanisches »intensiviertes Sprechen«[17] mit expressiver Mimik und Gestik dem Kontakt mit der eigenen Gruppe vorbehalten. Der beständige Vergleich der eigenen Kultur mit der fremden, der immer die erste Zeit des Kulturkontaktes bestimmt, fällt in dieser Phase der Verunsicherung zumeist zuungunsten des Gastlandes aus. Das deutsche Klima erscheint ebenso kalt und unfreundlich wie die Beziehungen der Menschen, und selbst die Formen gutgemeinter, wenn auch seltener deutscher Gastfreundschaft erscheinen starr und unverständlich. Eine solche Sehweise hat mit Sicherheit Aspekte einer objektiven Gültigkeit, doch resultiert sie zum Teil aus dem Unverständnis gegenüber einer fremden Erfahrung, die zu den markantesten Merkmalen unserer Gesellschaft gehört, der Trennung von privat und öffentlich. Habermas hat die Genese dieser Dichotomie aus der Phase des bürgerlichen Aufstiegs hergeleitet; sie ist in der hochspezialisierten, arbeitsteiligen Industriegesellschaft in einem Ausmaß realisiert, das einen Afrikaner, der aus einem bäuerlich-traditionalen oder einem protoindustriellen Umfeld kommt, notwendigerweise befremden muß, was bis zum Gefühl persönlicher Kränkung gehen kann. Der Schutzzaun des privaten Bereichs, der ja auch eine durchaus soziale Funktion hat, erscheint dem Afrikaner wie eine abweisende Mauer, die er selten durchdringen kann. Die Affekte und Emotionen, die sich dahinter verstecken, scheinen ihm beim ersten Kontakt mit vielen Menschen des Gastlandes völlig zu fehlen. Weitere Merkmale des europäischen Zivilisationsprozesses[18] wie Ansichhalten, effektive Zeiteinteilung, Leistungsdenken, Ordnung werden als Gefühlsarmut und als Verlust von Lebensqualität erfahren. Auf die Dialektik des europäischen Zivilisa-

Inge Wild

tionsprozesses kann hier nicht eingegangen werden, es sei nur darauf hingewiesen, daß solcherart geäußerte afrikanische Kritik sich mit deutscher Selbstkritik deckt, die wiederum gerade aus Lebensformen der Dritten Welt Möglichkeiten zur kulturellen Regeneration ableiten möchte.

Frustration ergibt sich auch häufig dann, wenn der Afrikaner in Kontakt mit Verwaltung und Bürokratie kommt. Hier nur ein stellvertretendes Beispiel: Beim letztjährigen Fortbildungskurs für afrikanische Deutschlehrer an der Universität Saarbrücken war für die afrikanischen Gäste ein Büchergeld ausgesetzt worden, das jedoch erst nach Vorlage der entsprechenden Bücherrechnungen ausgezahlt werden sollte. Diese Verwaltungsbestimmung löste bei den Afrikanern Empörung aus, wurde als Mißtrauen, Einschränkung individueller Freiheit und sogar als Fortwirken kolonialistischer Kontrolle des ‚unmündigen Afrikaners' verstanden. Die Veranstalter des Programms sahen sich gezwungen, die abstrakten Bestimmungen eines bürokratischen Apparats als lästig und absurd, aber letztlich unvermeidlich darzustellen. Die Tendenz zur Entpersonalisierung – ein weiteres Merkmal des europäischen Prozesses der Zivilisation – wird von Gästen aus Ländern der Dritten Welt, deren staatliche und bürokratische Institutionen (sofern sie nicht einen brutalen Unterdrückungsapparat repräsentieren) noch auf leichter einsehbaren personalen Beziehungen basieren, häufig nicht durchschaut und als persönliche Beleidigung und als Schikane gegen einen Ausländer zurückgewiesen. Gerade politisch engagierte afrikanische Studenten tragen solche Reaktionen des Unverständnisses mit dem Vokabular der Kolonialismus- und Imperialismuskritik vor. Aufgabe des interkulturellen Dialogs ist es hier, zum Kern der Kritik, die sich wiederum mit Elementen europäischer Selbstkritik berührt, vorzustoßen: Der Mechanismus der Entpersonalisierung muß verständlich gemacht werden, um von dieser Basis aus Kulturkritik betreiben zu können, um strukturelle Gewalt, die auch der Deutsche erfährt, von wirklicher Ausländerfeindlichkeit klar abgrenzen zu können.

II. Probleme des Studiums

Das Germanistik-Studium von Studenten aus dem frankophonen Westafrika ist auch nach dem Ende der Kolonialzeit vor der Folie der französischen Assimilationspolitik zu sehen. Die Beschäftigung mit deutscher Kultur und Geschichte ist für den Afrikaner eine Möglichkeit, den immer noch dominierenden französischen Kultureinfluß zu relativieren,[19] sich der Beschäftigung mit der eigenen kolonialen Vergangenheit auf dem Umweg über die ältere Kolonialmacht zu nähern. Sehr schnell macht der Student dabei die Erfahrung größerer Fremdheit, nicht zuletzt im Medium der deutschen Sprache, die im Unterschied zum Französischen für ihn eine echte Fremdsprache ist. Norbert Ndong schildert autobiographische Erfahrungen beim Erlernen der deutschen Sprache in Arika und beim ersten Deutschlandaufenthalt. Seine fiktive Gestalt Etoundi Amara, der »Französisch fließend sprach und noch besser als seine Muttersprache beherrschte«, lernt nun Deutsch – auf scheinbar spielerische Art: »Wer eine Arbeit fehlerfrei abgegeben hatte, bekam einen Tischtennisball. So fing Etoundi Amara an, Tischtennisbälle zu sammeln und seine Deutschkenntnisse zu erweitern.«[20] Deutsch ist die Sprache des ehemaligen mächtigen Unterdrückers, und in dem Maße, wie der Student in ihre Strukturen eindringt, realisiert er – stellvertretend für seine kolonisierten Vorfahren – ein Stück Entmythologisierung des Weißen auf der einen Seite, auf der anderen Seite erschließt er sich weitere Geheimnisse der weltweiten kulturellen Dominanz westlicher Lebensformen.[21]

Die afrikanischen Studenten kommen aus Ländern mit einer noch lebendigen oralen Tradition; so bezeichnet Sadji den Senegal, immerhin ein Land, das in besonders markanter Weise französischem Kultureinfluß ausgesetzt war, als »pays de civilisation orale«.[22] Die Väter und besonders Großväter mancher afrikanischer Studenten sind Analphabeten oder haben nur eine rudimentäre Schulbildung, d.h. sie sind in einem ganz anderen Modell der Strukturierung von Wirklichkeit und des Umgangs mit historischen Erfahrungen sozialisiert worden als dem europäischen Modell einer jahrhundertealten Buchkultur.[23] Diese Gegenüberstellung soll in keiner Weise ein Werturteil implizieren; dies umso weniger, als gerade in den letzten Jahren abendländisches Weltverständnis und abendländische Sozialisationsformen vielfältig problematisiert wurden. Sie soll nur bewußt machen, daß der afrikanische Student sich in einem Rollenkonflikt befindet zwischen den Normen einer »kalten Gesellschaft« (die ihrerseits durch vielfältige Fremdeinflüsse bereits destabilisiert ist) und den ganz anderen Verhaltensansprüchen einer »heißen Gesellschaft« mit dynamischem Veränderungspotential.[24] Wenn man davon ausgeht, daß kultureller Wandel und Mentalitätsänderungen langsame Prozesse sind, die sich über mehrere Generationen erstrecken, so kann man den Grad an Fremdheit ermessen, den der afrikanische Student angesichts unserer in hohem Maße verschriftlichten Gesellschaft und der unermeßlichen Zahl schriftlich fixierter kultureller Zeugnisse, mit denen er sich in seinem Literaturstudium konfrontiert sieht, empfindet. Von den noch jungen Universitäten Schwarzafrikas ist er zumeist nur kleine Bibliotheken gewöhnt; nach der Führung durch Universitäts- und Institutsbibliothek stellt sich unweigerlich Schrecken ein: verwirrende Überfülle wird als ein herausragendes Merkmal der fremden Gesellschaft erfahren.[25]

Durch das Studium der Literatur nähert sich der ausländische Student der Kultur des Gastlandes sozusagen auf dem ‚Königsweg'. Literarische Texte repräsentieren die fremde Kultur in ihrer sublimiertesten, oft hermetisch verschlossenen Form. Der fremdkulturelle Student muß sich den kulturhistorischen und spezifisch literarhistorischen Traditionszusammenhang mühsam erarbeiten. Zu dieser Problematik wurde v.a. im *Jahrbuch Deutsch als Fremdsprache* in vielen Beiträgen Stellung genommen; stellvertretend sei hier nur Grawe zitiert, der die Problematik des Literaturunterrichts in einer besonders zugespitzten Form zum Ausdruck bringt. Er führt aus, daß anspruchsvolle literarische Texte oft Deutschlernern vermittelt werden, »deren Deutsch dürftig, deren geistiger Horizont äußerst verschwommen und deren Kenntnis deutscher Literatur minimal ist«.[26] Wenn er weiterhin sagt, die Studenten seien oft überrascht über die starke literarische Ausrichtung des Fachs, so kann dies dahingehend ergänzt werden, daß die Studenten sich v.a. überfordert fühlen, wenn es um Fragen innerliterarischer Entwicklungen, Theoriediskussionen oder rein ästhetischer Fragestellungen geht. Ein Beispiel möchte ich hier anführen: Bei der Betrachtung einiger früher Novellen von Thomas Mann ergab sich (neben den immer bestehenden Schwierigkeiten, den plot der Erzählung zu verstehen, eine hier besonders anspruchsvolle sprachliche Realisierung mit komplexen syntaktischen Strukturen zu erfassen und das historische und soziale Umfeld zu erarbeiten) die besondere Problematik, sich einem solchen Phänomen wie der Dekadenz zu nähern. Das Verständnis literarischer Phänomene ist immer da leicht zu erreichen, wo sich ein komparatistischer Ansatz anbietet.[27] Im Falle des frühen Thomas Mann konnte die Vater-Sohn-Problematik und die Verweigerung des materiellen und geistigen Erbes in Analogie zur Darstellung von Generationskonflikten in der afrikanischen Literatur unschwer einsichtig gemacht werden. Schwierig zu vermitteln war jedoch die Haltung des ‚l'art pour l'art', die Hochstilisierung der Kunst als radikales Gegenbild zur bürgerlichen Gesellschaft oder der Lebensekel als Distinktionsmerkmal eines verfeinerten künstlerischen Bewußtseins. Hier zeigten sich Reaktionen der Verständnislosigkeit (Ils sont fous ces Européens!) oder einer Haltung des common sense: jeder Mensch könne doch Bürger und Künstler zugleich sein. Die Schwierigkeit, eine solche Thematik wie die literarische Dekadenz zu vermitteln, scheint darin begründet zu sein, daß es sich hierbei um den Kristallisationspunkt eines spezifisch europäischen Problems handelt. Es bietet sich kein Vergleich aus der Erfahrungswelt der afrikanischen Studenten an, so daß eine schwierige Verstehensarbeit im Sinne einer echten Fremderfahrung zu leisten ist, wobei der Lehrer über die rein literarische Manifestation des ‚l'art pour l'art' weit hinausgehen muß. Alle Erfahrung zeigt jedoch, daß mit Studenten aus einem stark fremdkulturellen Traditionszusammenhang die Hauptarbeit in der Herstellung eines elementaren Textverständnisses besteht, wobei zumeist nur an wenigen Beispielen der breite assoziative Hintergrund erstellt werden kann, der sich dem eigenkulturellen Leser auf der Ebene vorbewußter Wahrnehmung der Signale des Textes erschließt. (Daß eine solch intensive Textarbeit auch für den Lehrer einen Erkenntnisgewinn darstellt, liegt auf der Hand.) Fehlt eine solche mühsame Vorarbeit, so geht zu hoch angesetztes Reden über Literatur auf der Metaebene buchstäblich über die Köpfe der Studenten hinweg und fügt dem unvollständigen Puzzle der fremden Literatur nur ein weiteres schwer einzuordnendes Detail hinzu.

Bei Thomas Mann bot sich als weitere Ebene des Vergleichs der Hinweis auf eine geschichtliche Parallele an, der von den Studenten mit starkem persönlichem Engagement weitergedacht wurde: Um die Jahrhundertwende, während die Thematik der Dekadenz in den europäischen Ländern in verschiedenen künstlerischen Bereichen ausgefaltet wurde, zeichnete sich gleichzeitig der Höhepunkt der kolonialen Eroberung ab. In den 90er Jahren, als behandelte Erzählungen wie *Der kleine Herr Friedemann* und *Der Bajazzo* erschienen, unterwarf die deutsche Schutztruppe in jahrelangen Kämpfen z.B. das Volk der Duala an der Küste von Kamerun, dem Herkunftsland der Studenten dieser Übung. Als 1903 *Tonio Kröger* erschien, steuerten die Konflikte in Deutsch-Südwest auf ihren kriegerischen Höhepunkt zu. Auf die Dialektik von Endzeitstimmung mit radikaler Zivilisationskritik und gleichzeitiger Eroberung neuer Welten kann hier nicht eingegangen werden; es sei nur darauf hingewiesen, daß gerade aus der Geisteshaltung des ‚l'art pour l'art' neue Kulte des ‚Primitiven' und eines ‚exotischen Barbarismus' hervorwuchsen. Für die afrikanischen Studenten eröffnete die Einbindung fremdkultureller Literatur in den eigenen historischen Zusammenhang eine historische Tiefendimension, die den Weg in neue Verstehenshorizonte freigab.

Ein anderes Beispiel, bei dem sich das Konzept einer »interkulturellen Hermeneutik« (Wierlacher) hervorragend erproben läßt, ist m.E. Brechts Gedicht *Der Radwechsel* aus den *Buckower Elegien*. Krusche hat bereits über seine Erfahrung bei der Arbeit an diesem Gedicht mit ausländischen Studenten berichtet.[28] Er meint, daß die Kenntnis des zeitgenössischen Hintergrunds (Situation der DDR im Jahre 1953) nicht unbedingt relevant sei, daß also – verkürzt gesagt – die Substanz an ‚allgemeinmenschlicher' Erfahrung in diesem Falle zum Verständnis ausreiche. Man kann sich fragen, ob man damit diesem Autor gerecht wird. Stilmittel Brechts ist es ja gerade, seine Botschaft in scheinbar Einfaches, Banales, ‚Allgemeinmenschliches' zu verschlüsseln, so daß man bei der Interpretation nicht darauf verzichten sollte, das Gedicht als politisches Gleichnis zu deuten. Eine andere Sache ist, daß Literatur sich nicht in Faktizität (Autorenvita, historische Fakten etc.) erschöpft, sondern darüber hinaus überzeitliche oder auch transkulturelle Erfahrungen und ästhetische Eindrücke vermittelt. Die interkulturelle Verstehensposition wäre in diesem Fall – über die Faktizität der Ereignisse im Jahre 1953 hinaus – die tiefe Verstörung eines Intellektuellen, der nach der Rückkehr aus dem Exil eine neue Gesellschaft mitschaffen will und nun Zeuge des Mißlingens wird. Gerade bei afrikanischen Studenten, die in ihren Ländern Zeugen schwieriger nationaler Identitätsfindungen sind, kann man nicht darauf verzichten, die Problematik des Exils und die schwierige Lage der Intellektuellen angesichts staatlicher Gewalt oder gesellschaftlicher Fehlentwicklungen vergleichend zu betrachten.[29]

Aus diesem knappen Erfahrungsbericht läßt sich folgendes Fazit ziehen: In allen Kontexten, in denen sich Kunst als ein rein ästhetisches, sich gegenüber den sozialen Gegebenheiten autonom setzendes Phänomen darstellt, ergeben sich für den afrikanischen Studenten Schwierigkeiten, weil er aus einer Kultur mit ganz anderem Kunstverständnis kommt. Alle Gattungen der oralen Literatur – von den Preisliedern der Griots über Sprichwörter, Rätsel und Märchen bis zu den Heldenepen – haben eine genau bestimmte soziale, zumeist eine didaktische Funktion. Die neoafrikanische Literatur hat diesen erzieherischen Impetus geerbt; sie sieht ihre Aufgabe nicht zuletzt in der Bewältigung der kolonialen Vergangenheit und Aufdeckung neokolonialer Unterdrückungsmechanismen, die von fremden und innerafrikanischen Kräften ausgehen.[30] In gleicher Weise erwartet der afrikanische Student von der Beschäftigung mit der deutschen Literatur existentielle Sinnangebote, oder er sieht sie zumindest als Medium der Information über das Gastland. Aus einer dezidiert politischen Perspektive bestimmt Alioune Sow, ein ehemaliger Saarbrücker Maîtrise-Kandidat, das Erkenntnisinteresse an europäischer Literatur: fremdkulturelle Rezipienten sollen »in der fremden Literatur denkstrukturelle Prozesse wiedererkennen, die die ideologische Verkehrung von gesellschaftlichen Verhältnissen und deren systembedingte Ausdehnung auf Länder der Dritten Welt deutlich machen«.[31] Literatur des Gastlandes soll also v.a. daraufhin untersucht werden, inwieweit sie die den hochindustrialisierten Zivilisationen systemimmanente Logik des Ausgreifens in Länder der Dritten Welt widerspiegle.

Die Studenten, die im 3. Studienjahr nach Deutschland kommen, formulieren ihre Gedanken über Literatur noch keineswegs in einer so hochdifferenzierten und, wie in diesem Fall, von der (deutschen) linken Theoriediskussion beeinflußten Begrifflichkeit. Sie befinden sich zunächst in einer potenzierten Lernerposition: als Lernende in einer fremden Zivilisation und als Lernende in einem europäisch bestimmten Wissenschaftsdiskurs.[32] Parallel zum Deutschlernen läuft die Erlernung einer Wissenschaftssprache als abstrakt-begriffliches Reden. Der Lehrer hat hier die von Selbstzweifeln mitunter nicht ganz freie Aufgabe, das ‚weise' Sprechen über geistige Phänomene als einer uralten afrikanischen Tradition[33] und die eingeübte Praxis der ‚explication de texte' zu einem deutschen Wissenschaftsdiskurs zu abstrahieren. Spätestens hat diese Einübung in einen neuen Code dann zu erfolgen, wenn der Student eine wissenschaftliche Arbeit abfaßt. Selbst bei vergleichenden Arbeiten der eigenen und fremden Kultur (z.B. deutsche/afrikanische Märchen, Sprichwörter, vergleichende Analyse literarischer Texte) liefert die europäische Kultur das begriffliche und gedankliche Erklärungsmuster auch für die eigene Kultur der Studenten. Wissenschaftssprache und Wissenschaftsverständnis sind, jedenfalls ihrem historischen Ursprung nach, europäisch. Im Falle Afrikas kommt verstärkend die sprachliche Realisierung hinzu: die Sprachen der ehemaligen Kolonialherren prägen die Denkmuster selbst der Kritik vor; vor jeder Kritik steht die geforderte Internalisierung wissenschaftlicher Standards, und der transkulturelle Charakter von Wissenschaft ändert nichts an ihrem europäischen Ursprung.[34] In der gebotenen Kürze wurde hier bewußt pointiert formuliert, auch in dem Versuch, der »Hermeneutik des Zorns« gedanklich näherzutreten, von der Edith Ihekweazu in Bezug auf afrikanische Germanisten spricht, die sich mit den vielfältigen literarischen und wissenschaftlichen Manifestationen europäischer Superioritätsansprüche auseinandersetzen.[35]

Inge Wild

Koloniale Erziehungsprogramme und fortdauernde westliche Dominanz haben u.a. dazu geführt, daß bei vielen afrikanischen Studenten das Wissen über den eigenen kulturellen und historischen Hintergrund verschüttet ist bzw. gar nicht als relevantes Wissen einer vergleichenden Kulturwissenschaft angesehen wird. So löst z.B. die Erwähnung kamerunischer Mvet-Epen als Vergleichspunkt mittelalterlicher europäischer Heldenepik oder der Metaphorik afrikanischer Sprichwörter als ästhetisches Phänomen mitunter Überraschung aus; paradoxerweise sieht sich der europäische Lehrer hier oft in der Rolle des Initiators.[36]

III. Perspektiven für das Fach Deutsch als Fremdsprache

In den letzten Jahren ist v.a. im Diskussionsforum des *Jahrbuchs Deutsch als Fremdsprache* einiges für und wider die Möglichkeit eines ‚partnerschaftlichen interkulturellen Dialogs' gesagt worden.[37] Ich möchte zum Abschluß meiner Überlegungen nochmals die äußerst kritische Stimme eines jungen Afrikaners zu Wort kommen lassen. Sow führt in seiner Dissertation *Germanistik als Entwicklungs-Wissenschaft?* aus, die Annahme einer wertneutralen Kulturkontrastivität verdecke den expansiven und dominanten Charakter der europäischen Kultur.[38] Das Konzept einer ‚partnerschaftlichen, multikulturalen, vergleichenden Literaturwissenschaft' verharmlose reale Machtstrukturen und fördere so Anpassungsverhalten bei ausländischen Studenten. Der kulturelle Anpassungsdruck, dem sich Studenten aus der Dritten Welt ausgesetzt sähen, werde nicht thematisiert. Sow nimmt damit die Fortdauer einer inneren Kolonisierung im Sinne von Frantz Fanon an, also einer psychischen und intellektuellen Deformation, die zumindest dem Weißen in seinem ‚partnerschaftlichen' Gespräch mit einem Schwarzen gar nicht zu Bewußtsein kommt. Immer wieder betont Sow die Ideologiehaftigkeit der Annahme einer herrschaftsfreien Dialogs als eines bereits realisierten, solange nicht innereuropäische Entfremdungsprozesse und asymmetrische Beziehungen mitreflektiert würden. Da die »Reproduktionsdynamik« des kapitalistischen Systems auch den Export von Kulturgütern in die Dritte Welt bestimme, müsse das Fach Deutsch als Fremdsprache gerade aus der Einsicht in solche Mechanismen einen emanzipatorischen Charakter gewinnen.[39] Eine solche Stimme muß aus zwei Gründen gehört werden. Erstens ist sie durchaus typisch für ein in den letzten Jahren zu beobachtendes zunehmendes Selbstbewußtsein der ersten afrikanischen Studentengeneration, die nach Erreichen der nationalen Unabhängigkeiten geboren wurde. Kritik an Lehrinhalten, Examensmodi und Themenstellungen des Gastlandes und eine mitunter zu spürende generelle Rebellion gegen die Dominanz europäischer Standards haben mit Sicherheit in den kulturell entfremdeten afrikanischen Ländern eine karthartische Funktion. Zum anderen muß diese Kritik zu einer wichtigen Differenzierung führen, nämlich der Unterscheidung zwischen der subjektiv ernstgemeinten Gutwilligkeit des Europäers, der als Mensch zu anderen gleichberechtigten Menschen spricht, und der realen Dominanz europäischer Kulturmuster als zugrundeliegende Struktur der Beziehung.

Zusammenfassend kann gesagt werden, daß das Fach Deutsch als Fremdsprache sich im Kontakt mit vielen Ländern der Dritten Welt als eine postkoloniale Disziplin verstehen muß. Gerade als Interkulturelle Germanistik hat es das schwierige Erbe kolonialer Erziehungspolitik und des Programms der ‚Zivilisierung der Wilden' zu tragen. Zu Beginn der deutsch-afrikanischen Beziehungen war die Erziehung der ‚Unterentwickelten' unhinterfragte Basis des Kulturkontakts – und noch in den 50er Jahren stellte man sich in manchen europäischen Ländern die Frage, auf welches Niveau denn die Kolonisierten überhaupt zu heben seien. Heute geschieht die Ausbildung afrikanischer Stipendiaten in Deutschland im weiteren Rahmen eines allgemeinen Konzepts von Entwicklungshilfe und hat damit Teil an deren Problematik. Die Forderung eines partnerschaftlichen Dialogs bleibt – natürlich – bestehen, ebenso die Aufgabe, ihn auch in den Strukturen gleich und frei zu gestalten.

Anmerkungen

[1] Zur Problematik des Ausländerstudiums, auch in seiner historischen Dimension, vgl. Dieter Breitenbach: *Zur Theorie der Auslandsausbildung. Methodische Probleme und theoretische Konzepte der ‚Austauschforschung'*. In: Alois Wierlacher (Hrsg.): *Fremdsprache Deutsch*. Bd. I. München 1980, S. 113–145.
[2] Edith Ihekweazu: *Afrikanische Germanistik. Ziele und Wege des Faches in der ‚Dritten Welt' am Beispiel Nigerias*. In: Alois Wierlacher (Hrsg.): *Das Fremde und das Eigene. Prolegomena zu einer interkulturellen Germanistik*. München 1985, S. 285–305; hier S. 287.
[3] Norbert Ndong: *Kamerunische Märchen. Text und Kontext in ethnosoziologischer und psychologischer Sicht*. Frankfurt a.M. 1983, S. 407.
[4] Ebd., S. 402.

[5] Ebd., S. 403.
[6] Zur Relativität der verschiedenen Sinndeutungen von Wirklichkeit vgl. Wolfdietrich Schmied-Kowarzik: *Philosophische Überlegungen zum Verstehen fremder Kulturen und zu einer Theorie der menschlichen Kultur.* In: Wolfdietrich Schmied-Kowarzik u. Justin Stagl (Hrsg.): *Grundfragen der Ethnologie. Beiträge zur gegenwärtigen Theorie-Diskussion.* Berlin 1981, S. 349–389; hier S. 369: »Insgesamt ist unsere wissenschaftliche Rationalität ebenfalls nur eine Sinndeutung der Wirklichkeit unter vielen und keineswegs eine priviligierte Form der Wirklichkeitserfassung.« Um das Problem klar herauszuarbeiten, muß hier vereinfacht werden; natürlich gibt es in Afrika vielfältige Überlagerungen der beiden Sinndeutungen als »Produkt geschichtlicher Interaktion«. Vgl. Edith Ihekweazu: *Afrikanische Germanistik,* S. 287. Der persönliche Kontakt mit Afrikanern zeigt jedoch die Konsistenz autochthoner Welterklärung.
[7] *Saarbrücker Zeitung* vom 30./31.8.1986: »*Wie Afrikaner Deutsche(s) sehen*«. Es handelt sich um kurze Prosatexte und Gedichte eines Schreibwettbewerbs anläßlich des Sommerkurses 1986 der Universität des Saarlandes für afrikanische Deutschlehrer.
[8] Zit. n. Schmied-Kowarzik: *Philosophische Überlegungen,* S. 374.
[9] Dieser Problembereich ist auch eines der Zentralthemen der modernen afrikanischen Literatur.
[10] Vgl. zu diesem Thema Joseph Balep: *Das Fortbestehen des Glaubens an Übernatürliches bei afrikanischen Studenten in Deutschland.* Saarbrücken 1987 (= unveröffentlichte Maîtrise-Arbeit). Unter ‚Übernatürliches' versteht Balep v.a. den Glauben an Magie und Hexerei bei der überwiegenden Mehrheit der Studenten, der – wie er ausführt – mit großer Angst verbunden sei. Die im europäischen Prozeß der Zivilisation nach innen verlagerten Angstpotentiale werden in Gesellschaften mit noch stärkerer naturaler Abhängigkeit weitgehend auf äußere Mächte projiziert.
[11] Paul Pedersen: *Ist interkulturelle Kommunikation trainierbar? Die Psychologie der Anpassung und ihr Grenzen.* In: Jahrbuch Deutsch als Fremdsprache 7, 1981, S. 57–73; hier S. 68ff. Pedersen weist auf die Bedeutung des Kontaktes mit Landsleuten als eines psychisch stabilisierenden Faktors hin; vgl. S. 69. Diese Möglichkeit ist in Saarbrücken gegeben. Die Studenten stammen aus dem frankophonen Westafrika.
[12] Vgl. z.B. Heinz Göhring: *Kontrastive Kulturanalyse und Deutsch als Fremdsprache.* In: Jahrbuch Deutsch als Fremdsprache 1, 1975, S.

Beobachtungen zum Kulturkonflikt schwarzafrikanischer Studenten

82–92; hier S. 82ff., und Dieter Breitenbach: *Zur Theorie der Auslandsausbildung*, S. 118ff. Beide Autoren arbeiten auch die vielfältige amerikanische Forschung zu diesem Thema auf, wobei sich eine m.E. problematische Übernahme therapeutischer ‚Kulturtrainingsprogramme' bzw. pragmatischer Anpassungsstrategien zeigt.

[13] Breitenbach spricht in diesem Zusammenhang von »Status-Schock«: *Zur Theorie der Auslandsausbildung*, S. 130.

[14] Hans Bosse: Diebe, *Lügner, Faulenzer. Zur Ethno-Hermeneutik von Abhängigkeit und Verweigerung in der Dritten Welt*. Frankfurt a.M. 1979, S. 99ff.

[15] Robert Picht: *Interesse und Vergleich: zur Sozialpsychologie des Deutschlandbilds*. In: Jahrbuch Deutsch als Fremdsprache 6, 1980, S. 120–132; hier S. 131. Zum Urteil afrikanischer Studenten über das Gastland vgl. auch Moudié Onana Tobie: *Zum Deutschlandbild der Saarbrücker afrikanischen Studenten*. Saarbrücken 1980 (= unveröffentlichte Maîtrise-Arbeit). In den Interviews, die der Kameruner Moudié mit seinen Kommilitonen durchführte, zeigt sich manche Frustration und Ernüchterung über das Gastland, v.a. aber auch Enttäuschung über das klischeehafte Afrikabild selbst deutscher Studenten als eines ‚wilden, unzivilisierten Landes', was als eine Form des Rassismus gedeutet wird.

[16] Dietrich Krusche: *Lese-Unterschiede. Zum interkulturellen Leser-Gespräch*. In: Jahrbuch Deutsch als Fremdsprache 7, 1981, S. 1–17; hier S. 7.

[17] Renate Nestvogel: *Einheimische und westliche Bildungsformen in Schwarzafrika*. In: Materialien Deutsch als Fremdsprache 25, 1986, S. 25–63; hier S. 50.

[18] Angesprochen ist hier die Terminologie von Norbert Elias. Der ‚Prozeß der Zivilisation' ist kein positiv wertender Begriff im Sinne einer immer weiter fortschreitenden Zivilisierung sprich Veredelung des Menschen, sondern eine Beschreibungskategorie, die die soziale und psychische Konditionierung des neuzeitlich-europäischen Menschen im Verlaufe fortschreitender gesellschaftlicher Verflechtung und Arbeitsteilung beschreibt.

[19] Dies war bereits eine der Wurzeln der Négritude-Bewegung. Vgl. dazu in jüngster Zeit: Amadou Booker Sadji: *Abdoulaye Sadji, le syncrétiste nationaliste germanophile inconnu*. In: Etudes Germano-Africaines 4/1986, S. 98–110; hier S. 107f.

[20] Norbert Ndong: *Wie ein Fisch im Wasser*. In: Irmgard Ackermann (Hrsg.): *In zwei Sprachen leben. Berichte, Erzählungen, Gedichte von*

433

Ausländern. 2. Aufl. München 1984 (= dtv 10189), S. 68–79; hier S. 73. Ndong macht auf eindrucksvolle Weise klar, welche Entfremdungsprozesse die Unterdrückung der Muttersprache (vgl. S. 70f.) und das Erlernen europäischer Fremdsprachen bei einem Afrikaner auslöst.

[21] In Gesellschaften mit oraler Tradition und mythischem Weltverständnis ist das Erlernen einer fremden Sprache in magischer Weise verknüpft mit dem Eindringen in fremdes Wissen. In der sprachlichen Enkulturation wird die fremde Welt bereits angeeignet. Zur magischen Kraft des Wortes in der afrikanischen Kultur vgl. Janheinz Jahn: *Muntu. Die neoafrikanische Kultur. Blues, Kulte, Négritude, Poesie und Tanz.* Durchges. Neuausg. Köln 1986, S. 129ff.

[22] Amadou Booker Sadji: *Abdoulaye Sadji*, S. 98.

[23] Vgl. dazu Alois Wierlacher: *Warum lehren wir das Lesen nicht? Ein Plädoyer zur Wahrnehmung einer Grundaufgabe fremdsprachlichen Deutschunterrichts.* In: Jahrbuch Deutsch als Fremdsprache 5, 1979, S. 211–215. Wierlacher bezeichnet das Buch als »das eigentliche Trägersystem der modernen Kultur«, S. 214.

[24] Zu den Begriffen »kalte« und »heiße« Gesellschaften vgl. Mario Erdheim: *Die gesellschaftliche Produktion von Unbewußtheit. Eine Einführung in den ethnopsychoanalytischen Prozeß.* Frankfurt a.M. 1984 (= stw 465), besonders S. 284ff. Erdheim, der diese Begriffe von Lévi-Strauss übernommen hat, untersucht hier die unterschiedlich verlaufende Adoleszenz in statischen, also »kalten«, und »heißen«, also schnellebigen Gesellschaften. In der afrikanischen Sozialisation vermischen sich heute beide Sozialisationsformen, was häufig zur Ausbildung einer problematischen Identität führt.

[25] Es handelt sich hier um die potenzierte Form eines Schreckens, den auch deutsche Studienanfänger erfahren, wie überhaupt die Klage über die Unüberschaubarkeit schriftlich fixierter Äußerungen ein Teil europäischer Selbstkritik ist.

[26] Christian Grawe: *Anthologien in der Fremdsprachenphilologie Deutsch. Ein Plädoyer.* In: Jahrbuch Deutsch als Fremdsprache 8, 1982, S. 231–241; hier S. 235.

[27] Edith Ihekweazu macht dazu einige Vorschläge; vgl. *Afrikanische Germanistik*, S. 299f.

[28] Dietrich Krusche: *Vermittlungsrelevante Eigenschaften literarischer Texte.* In: *Das Fremde und das Eigene*, S. 413–433; hier S. 426ff.

[29] Bei der anschließenden Beschäftigung mit Eichs Gedicht ‚Inventur' läßt Krusche sich wiederum auf die »Deutungsschleife«, wie er die

Rekonstruktion des zeitgenössischen Hintergrunds nennt, in überzeugender Weise ein.

[30] Zur Abwehr einer rein ästhetischen Sicht von Literatur vgl. Alioune Sow: *Germanistik als Entwicklungs-Wissenschaft? Überlegungen zu einer Literaturwissenschaft des Faches ‚Deutsch als Fremdsprache' in Afrika*. Hildesheim 1986, S. 100f.

[31] Ebd., S. 121.

[32] Dies ist eine Variation der von Wierlacher überzeugend formulierten 3-fachen Fremdheitserfahrung. Vgl. Alois Wierlacher: *Mit anderen Augen oder: Fremdheit als Ferment. Überlegungen zur Begründung einer interkulturellen Hermeneutik deutscher Literatur*. In: *Das Fremde und das Eigene*, S. 3–28; hier S. 7.

[33] Zu unterschiedlichen Formen der Welterklärung und des Erwerbs von Wissen vgl. Renate Nestvogel: Einheimische und westliche Bildungsformen. Neben der stark europäisch bestimmten Schulbildung mit abstrakten Curricula und fremdkulturellen Lehrinhalten (vgl. S. 40ff.) zeigt sich ein »Fortleben ‚traditioneller' kognitiver Strukturen und Weltbilder« (S. 51). Geht man von einer Verabsolutierung des europäischen Intelligenzbegriffes ab, so läßt sich sagen, »daß der afrikanische Intelligenzbegriff eher dem europäischen Begriff der Weisheit nahekommt, der in unserem Bewußtsein fast schon ausgestorben ist« (S. 51). Zum Begriffspaar Intelligenz/Weisheit und seiner Aufspaltung im Kontakt mit der europäischen Kultur vgl. auch Janheinz Jahn: *Muntu*, S. 126f.

[34] Justin Stagl spricht von einer »transkulturellen Wissenschaft«. Was er von der Ethnologie sagt, gilt für Kulturwissenschaft überhaupt: »Sie ist der Versuch, nicht nur einzelnes Fremdes, sondern die fremden Kulturen insgesamt zur Darstellung zu bringen, also diese innerhalb des Traditionszusammenhanges der Wissenschaft geistig zu bewältigen. Dieser weltweit unternommene Versuch hat die weltweite koloniale Expansion Europas zur ‚materiellen Voraussetzung'«. Justin Stagl: *Die Beschreibung des Fremden in der Wissenschaft*. In: Hans Peter Duerr (Hrsg.): *Der Wissenschaftler und das Irrationale*. Bd. I. Frankfurt a.M. 1981, S. 273–295; hier S. 288. Vgl. auch S. 277. Bosse, der den Begriff ‚Ethno-Hermeneutik' für den Versuch des Verstehens fremder Kulturen geprägt hat, zeigt, daß auf diesem Feld der hermeneutische Zirkel leicht zu einem Teufelskreis werden kann: »Ethno-Hermeneutik arbeitet sich daran ab, daß ihre Begriffe die einer bestimmten Gesellschaftsformation sind; nicht nur die einer Profession, einer Schicht und Klasse, sondern die einer bestimmten,

eine ganze Lebenswelt bestimmenden Produktionsweise, nämlich der fortgeschrittenen bürgerlichen.« Hans Bosse: *Diebe, Lügner, Faulenzer,* S. 21.

[35] Edith Ihekweazu: *Afrikanische Germanistik,* S. 296. Zur »weltweit etablierten ‚abendländischen Reflexionskultur'« vgl. auch Josef Gerighausen, Peter C. Seel: *Der fremde Lerner und die fremde Sprache. Überlegungen zur Entwicklung regionalspezifischer Lehr- und Lernmaterialien für Länder der ‚Dritten Welt'.* In: Jahrbuch Deutsch als Fremdsprache 10, 1984, S. 126–162; hier S. 154.

[36] Dem wird in den letzten Jahren dadurch gegenzusteuern versucht, daß viele Studenten bereits von ihren Heimatuniversitäten Themenstellungen einer vergleichenden Kulturwissenschaft nach Deutschland mitbringen. Vgl. z.B. die Liste der jüngsten Maîtrise-Arbeiten (Studienjahre 1985/86 und 1986/87 der »Etudiants du Département d'Allemand de Dakar à Sarrebruck«. In: Etudes Germano-Africaines 4/1986, S. 156f.

[37] Verwiesen sei hier nur auf die programmatischen Aufsätze von Alois Wierlacher und auf Bernd Thum: *Auf dem Wege zu einer interkulturellen Germanistik.* In: Jahrbuch Deutsch als Fremdsprache 11, 1985, S. 329–341; hier S. 336ff. Mit einiger Skepsis äußern sich Gerighausen/Seel: *Der fremde Lerner,* S. 153f.; und Edith Ihekweazu: *Afrikanische Germanistik,* S. 286f.

[38] Alioune Sow: *Germanistik als Entwicklungs-Wissenschaft?,* S. 11f.

[39] Ebd., S. 137. In seiner auf hohem theoretischen Niveau argumentierenden Arbeit unterschätzt Sow allerdings m.E. die antizipatorische Funktion einer Forderung nach ‚partnerschaftlichem' Dialog und die utopische Qualität des hier verhandelten Gegenstandes – der Literatur – als eines seit jeher etablierten Mediums des Dialogs zwischen Kulturen. – In der Tatsache, daß selbst europäische Fehlentwicklungen noch Modellcharakter für die Dritte Welt haben sollen, sieht Sow eine besonders sublime Spielart des Eurozentrismus. Dabei verkennt er wohl, daß nur auf der Basis europäischer Selbstkritik gemeinsame und wechselseitige Kritik an europäischen und afrikanischen Entfremdungsprozessen stattfinden kann; er verkennt auch die strukturelle Ähnlichkeit politischer und v.a. industrieller Entwicklungen, auf denen die meisten afrikanischen Länder – und dies ist eine reale Zustandsbeschreibung – den Industriestaaten nacheifern. Zur kritischen Auseinandersetzung mit Sows Arbeit vgl. auch die Rezension von Edith Ihekweazu in: Etudes Germano-Africaines 5/1987 und im Jahrbuch Deutsch als Fremdsprache 13, 1987.

Norbert Honsza/Wojciech Kunicki, Wroclaw

Zur Interkulturalität Karl Mays: die Rezeption Karl Mays in Polen

Mays ‚Interkulturalität' bezieht sich auf das ganze Umfeld, das mit dem Wort »Realismus« zusammenhängt und das in der Unterhaltungsliteratur erstaunliche Vielfalt und enorme Lebensfähigkeit zeigt, denn die Unterhaltungsliteratur entspricht – vielleicht mit Ausnahme der Detektivgeschichten – der Logik realistischer Literatur. Das »wahrscheinliche« Geschehen, oftmals auf metaphysischer Ebene konstruiert, überwuchert intensiv die empirische Dimension. Die naive Ansicht, daß Realismus mit Faktentreue gleichzusetzen sei, ist von der neueren Karl-May-Forschung längst verworfen worden. »Der Realist« – meint Peter Demetz – »schafft eine epische Welt, indem er umfassend, einkreisend, einschließend erzählt: die erste Geste seiner Erzählung ist eine Umarmung, in der er Menschen, Dinge, Landschaften und Geschichtsepochen an sich zieht. Deshalb ist er der welthungrigste aller Erzähler«.

Wer weiß, ob diese Formulierung, die sich zunächst auf Cooper, Balzac, Tolstoi oder Dreiser beziehen ließe, nicht auch zumindest in einigen Elementen Karl May zuzuschreiben wäre. »Berauschung des Traums« – behauptet Ernst Bloch – »ist Karl May wie alle Kolportage, Berauschung gewiß aus Blut, doch ebenso aus Ferne: womit der doppelsinnige Fluß auch hier erscheint, der dialektische Fluß, der auch durch den See der Kolportage fließt. Nicht um ihn zu predigen, durchstieß Karl May den heimischen Muff seiner Zeit: und zweischneidig wie ein malaiischer Kris ist die unterdes wieder verbreitete, ertüchtigte, ‚arisch' ausgewertete Heldenlektüre. Ist auch Old Shatterhand nicht das ‚Menschheits-Ich', wozu ihn May zuletzt erhöht hatte, so ist er erst recht nicht die Autarkie, und Winnetou, sein roter Bruder, nicht der Rassenhaß. Nur widerwillig kann Kolportage nach Hause abgebogen werden, um aus dem Ferntraum, der sie ist, zu Deutschland zu erwachen, nämlich zu einem Deutschland der Stockigkeit unter sich. Der Rappe Rih ist kein Militärpferd, sondern ein Geschenk des arabischen Scheiks Mohammed Emin, und der reitet ins Morgenland, nicht nach Sachsen.«

Dieser Blochsche Ansatz, daß hinter dem Werk Mays das Allerrealste zu finden sei, unter anderem das Träumen und die Sehnsucht nach der sozialen Freiheit, ist sicher eine interessante interkulturelle Komponente, die sich nicht nur auf die zeit- und situationsbedingten Lesereaktionen zurückzuführen ließe, denn das Pferd von Kara Ben Nemsi reitet – wie es manche Interpretationen wollen – in die etablierte Welt der bürgerlichen Existenz nach Sachsen oder gar nach Osten, wo Mays Held als Musterbeispiel eines Unteroffiziers in polnischen und russischen Wäldern die Partisanen bekämpft. »Ich erzähle also rein deutsche Begebenheiten im persischen Gewande und mache sie dadurch für Freund und Feind verständlich« – heißt es in »Mein Leben und Streben«. So scheint Karl May der sozialen Rolle seines Schaffens bewußt gewesen zu sein, wobei hier sein Altersroman »Winnetou IV« von besonderem Gewicht gewesen ist, da er als Frucht seiner einzigen Amerika-Reise zu deuten ist. Er bedeutet eine Rechtfertigung der Wirklichkeitsgebundenheit der früheren Werke Mays schon dadurch, daß ihm eine wirkliche Amerika-Reise zugrunde lag, deren Vorbereitungen mit dem Korrespondenzauftakt des Romans zusammenfallen. Denn das Clifton-House, der Niagarafall, das Denkmal des großen Häuptlings und viele andere Einzelheiten gemahnen an die wirklichen Eindrücke der Amerika-Reise des Schriftstellers. Die Projizierung der »wirklichen« Biographie auf das Werk ist ebenfalls ein interkultureller Ansatz, der von vielen Autoren auf meisterhafte Weise häufig realisiert wird, es seien hier nur Günter Grass, Christa Wolf oder Walter Kempowski erwähnt. Der Wilde Westen birgt in »Winnetou IV« de facto rein deutsche Begebenheiten und Karl May reitet nicht in den Wilden Westen, sondern bleibt in seinem Zimmer sitzen, und der Wilde Westen kommt zu ihm als deutsche Realität. Somit sind wir an ein wichtiges Problem gelangt, das mit der Rezeption der Mayschen Werke in Polen zusammenhängt. Denn die Karl May-Rezeption in Polen ist zugleich eine Rezeption jenes Realismus, der in den »Reiseerzählungen« als »Deutsche Wirklichkeit« im Märchengewande fungiert. Interessant und aufschlußreich aus interkultureller Sicht ist die Art und Weise der Aneignung Mayscher Romane durch den polnischen Verlag, die Rezensenten, die Überwachungsinstitutionen, die Bibliotheken und nicht zuletzt durch das Publikum. Die Zeugnisse sind sparsam; manche Aufschlüsse aber gewähren sowohl die Werbeprospekte, als auch die Texte, die geänderten Texte selbst. Als Beispiel dient uns die erste Phase der polnischen Karl May-Rezeption, d.h. die sog. Lemberger Wegner/Uszycki-Ausgabe 1907–1913.

Zur Interkulturalität Karl Mays

Karl Mays Schaffen war im polnischsprachigen Gebiet nicht unbekannt. Höchstwahrscheinlich schon 1900 brachte der Joseph-Rubinstein-Verlag/Wien eine polnische »Waldröschen«-Ausgabe in Lieferungsheften heraus. Sie erschien aber vermutlich unter dem Decknamen Mays: Kapitän Diego Dias de la Escosura. Das bedeutet, daß Karl May selbst, seine Abgründe, seine Prozesse, Pressefehden, aber auch sein Streben nach dem Edelmenschentum, dem polnischen Publikum so gut wie unbekannt waren. Die obigen Feststellungen sind für das Karl May-Bild wichtig, mit dem die ersten polnischen Karl-May-Verleger arbeiteten, denn es steht fest, daß sie eine bisher unbekannte Größe der deutschen Literatur dem polnischen Leser entdecken wollten. Der Hauptunternehmer war der deutschsprachige Rudolf Wegner, der in Lemberg den berühmten Ossolineum-Verlag leitete. In den 30er Jahren war er Inhaber einer der besten polnischen Verlagsfirmen »Wydawnictwo Polskie« (Posen), die sich durch ein hohes Niveau der Buchproduktion auszeichnete. Der zweite Unternehmer war ein bis heute nicht näher bekannter Verleger Edmund Uszycki, »Herr U«, wie ihn Karl May in seinen Briefen scherzhaft pseudonimierte. Rudolf Wegner war es, der May offenbar persönlich kennengelernt hatte, weil er in seinen Briefen an den Schriftsteller auch Klara May grüßen läßt. Es ist deshalb nicht ausgeschlossen, daß er im Hinblick auf sein Vorhaben durch den Schriftsteller selbst oder zumindest durch seinen Verleger Fehsenfeld beeinflußt wurde. Für das von Wegner/Uszycki zu vermittelnde Karl-May-Bild sind zwei Zeugnisse von großer Bedeutung: der Briefwechsel Wegner/Uszycki mit May/Fehsenfeld sowie die drei großangelegten Werbeprospekte des Verlages, die wahrscheinlich aus den Jahren 1907, 1909 und 1910 stammen.

Aus den beiden Quellen geht deutlich hervor, daß Wegner/Uszycki die polnische Karl May-Ausgabe besonders sorgfältig vorbereiten wollten. Sie beabsichtigten, eine polnische Kopie der 1907 gestarteten »blauen Ausgabe« zu liefern. Also in »vornehmer« Ausstattung und illustriert. Die Klischees für die Abbildungen erhielten sie von Fehsenfeld, und einen Teil von ihnen haben sie in eigener Regie hergestellt. Das Ganze erschien sowohl in Lieferungen broschiert als auch in einer vornehmen, auch blaugebundenen Version. Die Auflagenzahl betrug 2000 Exemplare pro Band, es wurden insgesamt 20 Bände herausgebracht. Gemessen an den deutschen Verhältnissen war das vielleicht nicht viel. Doch müssen wir Maßstäbe anlegen, die für Galizien und das sog. Kongreßpolen galten, man denke an den Analphabetismus.

Eins steht fest: der erste polnische Karl May war keineswegs als ein Volksschriftsteller konzipiert, eher als Denker, der seine Sendung in vornehm-interessanter Verpackung verwirklichen will. Und das beweisen vor allem die Werbeprospekte, die das Bild eines tiefen Denkers vermitteln wollten.

Das Hauptanliegen der Verleger war, »die vorherrschende Schundliteratur« zu verdrängen, und zwar durch die Werke des »hervorragenden Schriftstellers«, des »gelehrten Forschers« und des »kühnen Reisenden« Karl May. Denn »als erstes kleidet er die streng wissenschaftlichen, geographischen, ethnographischen, psychologischen, metaphysischen und religiösen Forschungen im Gewand eines interessanten Romans. In diesem Bereich ist er einzigartig, er geht seinen eigenen Weg, er bahnt ihn sich allein, er ahmt niemanden nach und hat auch keine Nachahmer«. Die ersten Werbeprospekte heben also besonders stark die »metaphysische« Seite des Mayschen Strebens hervor. Und dies alles unter dem starken Einfluß der Selbstinterpretation, die Karl May auch in seinen zahlreichen autobiographischen Äußerungen formulierte (Meine Beichte, Karl May als Erzieher, Werbeeinlagen, Broschüren von Max Dittrich). Darin kann man nicht nur die Absichten der polnischen Karl May-Verleger erblicken, sondern auch den Willen Mays, sein eigenes Bild im Ausland ohne die schreckliche Atmosphäre seiner Prozesse zu zeigen. Sehr deutlich sind also in diesem ersten Prospekt jene Rezeptionsstrategien, die der alte May damals entwickelte, und die er als Summa seines »Strebens« in der Selbstbiographie »Mein Leben und Streben« darstellte. Es wird also darauf hingewiesen, daß die Reiseerlebnisse nicht ausschließlich für Jugendliche bestimmt sind, denn »Tausende von Erwachsenen haben aus diesen bunten Bildern Zufriedenheit und Belehrung geschöpft«. Karl Mays Reiseerzählungen werden »symbolisch« interpretiert: »seine Indianer und Araber sind geistige Mächte«. Es wird darauf hingewiesen, daß May »Romanschriftsteller und Forscher« zugleich ist. Man betont was May zu dieser Zeit auch ständig betonte, daß er am Anfang seines Schaffensweges steht.

Schon aus diesen Beispielen sieht man deutlich, daß May seiner ausländischen Rezeption jene Normen zu verleihen suchte, die auch im Potential des Wunschdenkens seiner späteren Lebensphasen eine sehr große Rolle spielten. Die polnischen Verleger haben dies noch verstärkt, weil ihr Anliegen darauf hinauslief, die minderwertige »Schundliteratur« mit Hilfe von Karl May zu verdrängen; sie verglichen ihn daher mit Friedrich Nietzsche, H. St. Chamberlain, Ernst Haeckel. Das war also die Ausgangsposition.

Nun kommt es aber zu einem kulturellen Zusammenstoß: Aus den zwei weiteren Werbeprospekten geht deutlich hervor, daß sich Karl

Mays Werke in polnischer Sprache schlecht verkauften. Der Erfolg blieb aus. Daran waren sicher der Preis, der Analphabetismus und die hochgestochenen Wunschdarstellungen Mays durch die polnischen Verleger schuld. Im Laufe der Zeit versuchen sie also ihre Taktik zu ändern, indem in den zwei weiteren Prospekten andere Momente hervorgehoben werden:

Die moralische Komponente tritt ab jetzt in den Hintergrund, das Spannende und Abenteuerliche kommt dagegen voll zur Geltung. Das Neue stellt ein Vergleich mit Henryk Sienkiewicz dar, als Versuch, eine *polnische* Bezugsebene für die Rezeption zu finden. Der Hinweis ist verschiedenartig zu verstehen: wohl als ein Wiedererkennungsangebot für den Leser und als Attest für den national-gesinnten Konsumenten. Es darf wohl nicht vergessen werden, daß die erste Phase der Rezeption Karl Mays in Polen mit einer raschen Entwicklung nationalistischer Ideologien zusammenfällt. Karl May wurde auch durch die deutsche Presse mit Henryk Sienkiewicz verglichen (»Der Gral«), was bei Karl Muth erboste Ablehnung hervorrief. In den polnischen Verhältnissen spielte aber dieser Bezug auf Sienkiewicz eine ganz andere Rolle als bei den Aufwertungsversuchen der May-Freunde in Deutschland. Das ist vor allem aus den polnischen Übersetzungen ablesbar. Die Übertragung der Karl May-Romane ist ziemlich treu und auch überwiegend gelungen; manche Holprigkeiten, die insbesondere in »Old Shurehand« auftreten, sind wohl auf das schnelle Arbeitstempo zurückzuführen.

Die Texte sind aber zugleich geändert worden, manchmal unmerklich, aber sehr relevant im Hinblick auf den Mayschen Realismus. Die Änderungen sind verschiedener Natur: manchmal geht es um Schwierigkeiten beim Übersetzen, insbesondere der »lyrischen Einlagen«. Sie wurden entweder weggelassen oder durch ein Gedicht eines polnischen Klassikers ersetzt. Noch nach Jahrzehnten vermutete man irrtümlich, May habe auch die polnischen romantischen Dichter gekannt. Die allgemeine Tendenz der Übertragungen zielt indes auf die »Entdeutschung« Mays ab oder darauf, ihn dem polnischen Leser näherzubringen. Dort, wo wir in »Rio de la Plata« mit der österreicherischen Eleganz zu tun haben, taucht in der polnischen Fassung Galizien auf. Der irrtümliche Rückschluß ließ zwar lange, aber mit zwingender Notwendigkeit auf sich warten. Kara Ben Nemsi betont sehr oft seine deutsche Herkunft; in den polnischen Fassungen wurden die Bezeichnungen »Nemsi« oder »Germanistan« durch den übrigens auch bei May vorkommenden Namen »Frank« ersetzt. Am abenteuerlichsten war aber die Bearbeitung von »In den Kordilleren«. Im Original ist der alte Dessertio ein Preuße, der durch die Greuel der dänischen Soldateska im Leben scheiterte. Der Übersetzer hat die Dessertio-Geschichte vollständig verkehrt nacherzählt; Dessertio ist ein Däne, den preußischen Greueln ausgeliefert. Diese »Verbesserung« spukt übrigens noch in den neuesten Ausgaben von »In den Kordilleren«.

Sowohl Leser als auch Forscher sind durch Tradition, Erbe und Erziehung stark an die eigene Bezugssphäre gebunden. Sie verfügen über Denkmuster (und neue Denkansätze), die nicht unbedingt mit der bisherigen May-Forschung und May-Rezeption konform gehen. Rezeptionstheoretische Fragen werden neu gestellt, deutsche Ausgaben werden in der ersten Phase der Rezeption am Anfang des 20. Jahrhunderts ziemlich unkritisch übernommen. Dabei zeigte sich eine starke Unkenntnis der Realien und der kulturellen Hintergründe. Zugleich übernahm man jedoch manche Eigentümlichkeiten der deutschen Karl May-Rezeption, die mit Lesemodellen in den Werbeeinlagen, mit graphischer Gestaltung und Distribution zusammenhingen. Zugleich aber versuchte man auch eine eigene Bezugssphäre zu finden, indem man starke Abweichungen vom Original oder sogar Änderungen vieler Textstellen unternommen hatte, um eine Schwächung der »deutschen« ideologischen Komponente des Werkes zu erreichen. Man kann also sagen, daß die polnischen Karl May-Ausgaben in den Jahren 1907–1918 im Rahmen der damaligen Nationalismusideologien fungierten. Fazit: Es kam zur Ausbildung einiger Denkschemata beim polnischen Publikum: die eine Variante, die mildere, ging in Richtung einer antipreußischen Gesinnung, die andere, die extremere, »verwischte« das ganze Umfeld und der Leser wußte nicht einmal, daß er es mit einem deutschen Autor zu tun hat. Daß sich die Karl May-Texte so einfach ändern ließen, kann für die interkulturelle Germanistik ein interessanter Hinweis im Bereich der Erforschung der Trivialliteratur sein.

Bemerkenswert an jenen Rezeptionsstrategien scheint ihre Zählebigkeit zu sein. Denn jene Muster, die bei der Wegner/Uszycki-Ausgabe ausgearbeitet wurden, sind auch heute noch, dazu noch in ideologisch verschärfter Form, relevant. Verwunderlich ist jener Mechanismus beim lesenden Publikum, der sich gegen die Entmythologisierung Mays ausgebildet hat. Das beweist wohl am schärfsten seine Rezeption in den 50er Jahren, als Karl May, wenn nicht verboten, so doch beschimpft oder verpönt wurde.

Karl May-Reiseerlebnisse auch heute lesen bedeutet, sich in den Sphären einer mythologischen Schau zu bewegen. Denn die Lektüre verlangt vielleicht nicht unbedingt nach Aufklärung, sondern nach einer entgegenkommenden Öffnung auf das Vorbewußte in uns selbst. Die Mythologisierung tat Karl May gut; auch was die Leser-Reaktionen anbetrifft. Es sind auch im außerdeutschen Raum jene Haltungen spürbar, die gegen jegliche Aufklärung in Sachen Karl May arbeiten. Ein Verfasser, der »im Gefängnis seine phantastischen Romane abgefaßt hat«, ist dann der von ihm gestalteten Wirklichkeit würdig, wenn er in persona als phantastische Gestalt hinter den scheinbar vernunftmäßig handelnden Figuren auftritt. Der Mythos eines freien und unverkäuflichen Lebens war mit im Spiel. Er trug wesentlich zum Reiz der mangels Neuerscheinungen zerlesenen Typoskripte bei, die z.b. die polnische Jugend Anfang der fünfziger Jahre verschlang.

Vielleicht war es auch der auf jeglichen Wegen gesuchte Amerika-Mythos, der erlauben sollte, sich den empirischen Verhältnissen zu entziehen. Es gibt Lagen, in denen die bloße Geste ausreichen muß, um Filme mit Humphrey Bogart, Jazz-Musik und Comics zu ersetzen. In diesem Sinne sind manche Figuren im Schaffen des Jugend-Götzen der 50er Jahre Marek Hlasko vielleicht nicht ausschließlich Dostojewski, sondern eher Karl May verpflichtet. Wie der kühle Holzfahrer Zabawa, der in »Der nächste ins Paradies« (1957) eine wilde »Tramp«-Gruppe dank seiner Tatkraft in Schach halten kann, dazu noch in einer elementaren Riesengebirgslandschaft. Gegen einen Mythos kämpfen scheint aussichtslos, denn er setzt Unterbewußtes voraus.

Karl May und sein Schaffen scheint dreierlei Reaktionen auszulösen: erstens kompromißlose Ablehnung, die wohl mit der »Ambivalenz des Ruhmes« verbunden zu sein scheint: »Mit seinem Anwachsen müssen« auch die Angriffe zunehmen. Von einem gewissen Format an hat jeder seine Verfolger vom Dienst« (E. Jünger). Dies ohne Unterschied, ob in Deutschland oder in irgendeinem anderen Land, wo Karl May gelesen wurde. Zweitens unreflektierte Berauschung, die belegt, daß die Lektüre eine subtile Droge ersetzen kann, die das ganze Leben anhält (eine Tertianer-Erinnerung, wie man früher zu sagen pflegte). Drittens eine Flucht in die elementare Sphäre, in der wir unseren Schmerz nicht kompensatorisch stillen, sondern die bestehende Wirklichkeit, wie der Meister selbst, in Anspruch nehmen. Die beiden ersten Lesehaltungen (es gibt noch mehrere davon) fassen May und sein Werk als eine Wirklichkeit, die wir entweder ablehnen oder euphorisch akzeptieren. Die dritte Haltung entzieht sich der dialektischen Möglichkeit einer Für-und-Wider-Stellungnahme und will unser Ich an den Methoden eines *anderen* Denkens orientieren; etwa als eine Möglichkeit, »eine Schleife zu beschreiben«, eine geheimnisvolle Tür im Gefüge der Welt zu entdecken, will uns also an aktives Mit-Denken und Mit-Erleben der Zeit gewöhnen, nicht als Objekte der bestehenden Mächte, sondern als Subjekte einer möglichen Welt-Erkenntnis, die über den vorhandenen Methoden steht. Wie sich solch eine Haltung ins gesellschaftlich Relevante weitern kann, zeigt Ernst Bloch in seiner berühmt gewordenen Formel: Traum und Kolportage, Revolution dahinten. Und das ist wohl mit Raum-Gewinn verbunden: der Kontrast zwischen enger Gefängniszelle und den ungeheuren Räumen der Tat erweist sich dabei als besonders wirksam und bestätigt den Karl May-Mythos, der z.B. in Polen latent ist – trotz ziemlich zahlreicher Informationen über die »wahren« Zusammenhänge seines Schaffens.

In dem Sinne ist Karl May und sein Schaffen auch gegen die immer stärkeren Eingriffe der Technik immun. Ja, diese bestätigt sogar ex negativo das andere Denken, was die zunehmende Drogengefahr beweist. Die Technik begünstigt das Schaffen Mays nicht etwa dank ihrer Kraft als popularisierendes Medium, sondern als Ballungspunkt neuer Gefahren einer perfekten und geistlos-präzisen Welt. In Polen sind das zum Beispiel Video-Recorder, die sich in immer stärkerem Maße verbreiten, ohne Kontrolle des Repertoirs, und die Sehnsucht nach der Ferne scheinbar stillen. Daraus entsteht eine neue Freiheit, die deshalb grausam fesselt, weil sie unmündig macht. Das andere Denken gerät in eine falsche Spur, wobei ihm vielleicht noch ungeheure Uniformierungsmöglichkeiten innewohnen. Bei May dagegen verstärkt sich scheinbare Ferne, eine Sehnsucht nach ihr. Die Technik wird vielleicht so große Schranken bilden, daß jene Sehnsucht noch stärker und kompromißloser wirken wird.

Die Gefahren und Notwendigkeiten einer technischen Welt, die besonders dort sichtbar werden, wo die Technik selbst unterentwickelt und fetischisiert ist, können dem menschlichen Verlangen danach, sich frei bewegen zu können, kaum Einhalt gebieten. Neben den Uniformierungsschranken bilden ja die audiovisuellen Techniken einen günstigen Nährboden für eine Lektüre, die zeitraffend wirkt (als etwas »kurzweiliges«) und die zugleich mehr Zeit in Anspruch nimmt als ein Film, der unterbrochen oder noch einmal erlebt werden kann. Das hängt wohl mit der sozialen Funktion des Fernsehens in Polen zusammen. Bei permanenten Mängeln auf dem Büchermarkt ermuntert das Fernsehen gerade zum Lesen, indem es noch Reste seines Bildungsanliegens geltend werden läßt. Das beweisen auch schwindelerregende Auflagenhöhen, die in die Hunderttausende gehen, was gemessen an polnischen Verhältnissen, schon etwas besagen will. Das beweisen auch die zur Zeit bestehenden

Methoden der Karl May-Bücherproduktion, die von den schwarzgedruckten, abgelichteten Typoskripten über fotografierte alte Ausgaben bis zu den offiziell herausgegebenen Lieferungsheften reichen. Die Vielfalt ist vielleicht nicht so groß wie im deutschsprachigen Ausland, das Massenhafte des Auftretens muß jedoch ins Staunen versetzen. Das zeugt von der Selbstverständlichkeit, mit der May in Polen rezipiert wird, von der ‚Unbefangenheit' des Lesers, der nach dem May-Buch greift, um sich darin zu vertiefen.

Sektion 3
Interkulturelle Germanistik als kulturwissenschaftliche und kulturdidaktische Disziplin

Klaus J. Mattheier, Heidelberg

Die Rolle der Sprachsoziologie in der interkulturellen Germanistik

Hugo Steger hat sich anläßlich der 4. Internationalen Sommerkonferenz Deutsch als Fremdsprache (1984), auf der die Gesellschaft für interkulturelle Germanistik gegründet wurde, und im Rahmen der IVG-Tagung in Göttingen (1985) mit der Rolle der Sprache in der interkulturellen Germanistik beschäftigt. Er ist dabei von den grundlegenden Überlegungen ausgegangen, die die Sprachhandlungstheorie für dieses Problem bereitstellt. Von der Sprachhandlungstheorie geht heute im allgemeinen auch die Soziolinguistik aus. Hier nur ganz kurz die zentralen Überlegungen:[1]

Die Formen und Muster sowie auch die Normen des gesellschaftlichen Zusammenlebens, also das, was wir im weiteren Sinne ‚Kultur' nennen, entstehen im Zusammenhang mit sozialen Handlungen. Diese Sozialhandlungen sind zum großen Teil sprachlich fixiert. Sprachhandlungen sind eine Form von Sozialhandlungen. Die Muster, Formen von Sozial- bzw. Sprachhandlungen werden im Sprachwissen des Individuums quasi als Sedimente früherer Handlungen aufbewahrt und können dann in einem Redefinitionsprozeß wieder verwendet werden. Sozial- und Sprachhandlungen ändern sich, wenn sich innerhalb einer Kultur die Sozialkontakte bzw. die kommunikativen Anforderungen ändern. Kulturen sind in diesem Zusammenhang geronnene, sedimentierte Sozial- bzw. Sprachhandlungen. In der Sprache finden sich daher die verschiedenen Sozialhandlungsformen der früheren Zeiten und der Gegenwart aufgehoben. Ein Beispiel, das auch literarische Relevanz hat, ist etwa das ‚hell-dunkel'-Interpretationsschema, mit dem seit dem Ende des 17. Jahrhunderts die europäische Aufklärung gesehen wird. Begriffe wie engl. ‚enlightenment' oder dt. ‚Aufklärung', aber auch etwa das ‚dunkle Mittelalter' und die ‚dunkle Romantik' leiten sich aus diesem gesamteuropäischen Deutungsmuster einer bestimmten kulturellen Tradition ab. Die meisten kulturellen Deutungsmuster sind jedoch nicht übernational, sondern eng mit der Vorstellung der nationalen Kultur verbunden. Aber natürlich stellen nicht nur Wörter und Wortbedeutungsvorstellungen geronnene Kulturerfahrung dar. Alle Bereiche der Sprache enthalten über ihr Symbolisierungspotential solche gesellschaftliche Erfahrung. Auch in den kulturspezifischen Gesprächsformen (man denke etwa an die frühneuzeitliche ‚disputatio') und in den jeweils kulturspezifischen Textsortenspektren spiegelt sich kulturspezifische soziale Erfahrung. Und sogar die Teilvarietäten einer historischen Sprache enthalten soziale Informationen, die deutlich kulturspezifisch sind. Man denke etwa an den deutschen ‚Dialekt', der mit Symbolisierungsbereichen wie ‚Ländlichkeit, Heimatgebundenheit und Intimität' in Verbindung steht,[2] während der Bedeutungsbereich des entsprechenden französischen Wortes ‚patois' seit der frühen Neuzeit immer stärker mit dem Symbolisierungsbereich ‚dummer Bauer' verbunden wird.[3]

Jede Kultur hat also ihre eigenen Sozial- und Spracherfahrungen über Jahrhunderte hinweg in den Formen, Mustern und Normen der Sozial- und Sprachhandlungen aufbewahrt. Und diese Verbindungen zwischen Sozialerfahrungen und sprachlichen Handlungsmustern, aber auch die Funktion der sprachlichen Handlungsmuster für die weitere Sozialerfahrung für die Gegenwart und die Vergangenheit herauszuarbeiten, das ist die Aufgabe der Soziolinguistik im weiteren Sinne, so wie sie hier verstanden werden soll.

Nun ist jedoch, das zeigte schon das Beispiel von der »hell/dunkel-Metapher«, keine Kultur eine Insel, die sich in sich selbst ohne Einflüsse von außen entwickelt. Fast jede Kultur hat im Zuge ihrer Geschichte früher oder später mit anderen Kulturen Kontakt aufgenommen. Ja viele Kulturen haben ihre Eigenständigkeit erst in einem langen Prozeß der Auseinandersetzung mit der Emanzipation von einer anderen Kultur erarbeitet.

Aber auch der gesellschaftliche Kontakt zu anderen Kulturen läuft wie der kulturinterne gesellschaftliche Kontakt ab: über Sozial- und Sprachhandlungen, deren Formen und Muster den Rahmen für weitere

Sprachhandlungen/Sozialhandlungen bis zu einem gewissen Grad vorgeben. Daher bieten die sprachlichen Formen des Kontaktes zwischen zwei Kulturen für den Sprachsoziologen die Möglichkeit, die Geschichte dieses interkulturellen Kontaktes zu rekonstruieren und die gegenwärtigen Formen des Kontaktes besser zu verstehen. Und diese Aufgabe halte ich für die wichtigste, die sich dem Soziolinguisten innerhalb des interkulturellen Konzeptes stellt: Rekonstruktion des Alltagswissens, das in der Sprache der ausländischen Kultur über die deutsche Kultur sedimentiert worden ist, und das die heutigen Vorstellungen von der deutschen Kultur in dieser Gesellschaft strukturieren. Bei dieser Aufgabe sollte dem ausländischen Germanisten ein deutscher, mit einer der Neuphilologien verbundener Soziolinguist entgegenarbeiten, der die deutschen Vorstellungen über die andere Kultur aufarbeitet. Erst in der Konfrontation beider Bilder von der jeweils anderen Kultur werden Interferenzbereiche hervortreten, die heute oftmals die Ansatzpunkte für gesellschaftliche Vorurteilsstrukturen bilden. Wie könnte nun das Aufgabenfeld eines interkulturell arbeitenden Soziolinguisten aussehen, der sich zur Aufgabe stellt, das Alltagswissen zu rekonstruieren, das in seiner Kultur von der deutschen Kultur vorliegt? Hierzu will ich nur einige Umrisse geben, die entsprechend auch für den aus der Inlandsperspektive arbeitenden Neuphilologen gelten. Dabei werde ich vier Leitfragen folgen:
1. Wie ist die deutsche Kultur bisher in den Blick der Kultur ‚x' geraten?
2. Wie gerät die deutsche Kultur heute in den Blick der Kultur ‚x'?
3. Welche Inhalte hat das alltagsweltliche Bild von der deutschen Kultur und über welche Quellen kann man es erschließen?
4. Welche Möglichkeiten gibt es, das Bild von der deutschen Kultur aktiv zu gestalten?

Die erste Leitfrage ist auf die Geschichte des Kontaktes zwischen der deutschen und der jeweils anderen Kultur gerichtet. Hier liegen für viele interkulturellen Beziehungen des Deutschen schon eine Reihe von Arbeiten über den Kulturkontakt und über den Sprachkontakt vor, die sich jedoch in der Regel mit den hohen und offiziellen Kulturkontakten beschäftigen. Für eine differenzierte und vielschichtige Analyse des sprachlich verfestigten Kulturkontaktes zwischen dem Deutschen und einer anderen Kultur fehlen jedoch vielfach die Vorarbeiten. Wichtige Aspekte einer solchen Untersuchung sind etwa:

Wann und unter welchen Bedingungen fand der erste direkte Kulturkontakt zwischen den beiden Kulturen statt? Und hier hat man schon mit einer großen Zahl unterschiedlicher Typen des Kontakts zu rechnen. So findet etwa der frühe Kontakt des römischen Reiches mit der sich ausbildenden deutschen Kultur unter typologisch ähnlichen Konstellationen statt wie der Kontakt der deutschen Kultur mit den slavischen Kulturen, einer Konstellation, die spätestens bei den Griechen als ‚Barbaren-Kontakt' alltagsweltliche und auch literarische Formung erfahren hat. Oft geht dem direkten Kontakt schon eine längere Phase des vermittelten Kontaktes über eine Drittkultur voraus. So wird der Kontakt südamerikanischer Kulturen mit Deutschland lange Zeit über die spanische bzw. portugiesische Kultur geprägt, ebenso wie für die Inder Deutschland durch die englische Brille greifbar wird. Die weiteren Kontakte zu Deutschland sind dann immer intentionsgesteuert, wobei man diese Intention als Interpretationsrahmen für die Deutung der Erscheinungsformen des Kontaktes durchweg berücksichtigen sollte. Für das Deutschlandbild der Vereinigten Staaten stellt etwa der 1. Weltkrieg einen entscheidenden Perspektivenwechsel dar, indem Deutschland von Lieferanten angesehener Auswanderer zum Aggressor wird. Wichtiger Kontaktbereich ist auch der Aufenthalt von Mitgliedern der betreffenden Nation in Deutschland und von Deutschen in der anderen Nation. Daher ist ein wichtiger Teil der Rekonstruktion des alltagsweltlichen Wissens über Deutschland die Geschichte der gegenseitigen Besuche und gegebenenfalls die Geschichte von Aus- und Einwanderung. So hat etwa die Amerikanistik schon länger den Wert von deutschen Einwandererbriefen für ihre Kulturgeschichte erkannt. Deutsche oder Türken haben sich, soviel ich weiß, noch nicht mit den Briefen heutiger türkischer Arbeitsimmigranten in Deutschland beschäftigt. In einem kleinen Forschungsprojekt zusammen mit Kollegen von der Sorbonne sind wir in Heidelberg dabei, den Wert der deutschen Briefe Elisabeth-Charlottes von Orléans/Pfalz für die Gestaltung des deutsch-französischen Verhältnisses im 18. und 19. Jahrhundert herauszuarbeiten, und es zeigt sich deutlich, daß schon im 18., besonders aber dann im 19. Jahrhundert das deutsche Vorurteil von der Sittenverderbnis des französischen Hofes in bürgerlichen Kreisen entscheidend von den Briefen Liselottes geprägt worden ist.

Zur Aufarbeitung der Geschichte des Deutschlandbildes gehört aber auch die Geschichte des Erlernens der deutschen Sprache in dem anderen Land und der Lehrwerke, die den Ausländern dafür zur Verfügung gestanden haben. Und es gehört dazu im besonderen die Geschichte der Rezeption der verschiedenen kulturellen Ausdrucksformen der Deutschen, also etwa der Kunst, der Musik, aber besonders der Literatur.

Die Rolle der Sprachsoziologie

Dabei ist jedoch zu beachten, daß die auf Literaturrezeption beruhenden Bilder von der deutschen Kultur immer nur sehr einseitig und an oftmals spezielle bürgerliche Kulturformen gebunden sind. Wichtiger als die Inhaltsanalyse literarischer Texte scheint mir die Analyse von Textsorten, die speziell die Aufgabe haben, ein Bild von Deutschland zu vermitteln, also von Reiseführern, Kartenwerken, Bildbänden usw., aber auch von landeskundlichen Teilen in den Sprachlehrwerken.

Die zweite Leitfrage zielt auf den gegenwärtigen Blickwinkel, unter dem ‚deutsche Kultur' einer anderen Kultur erscheint. Hier kann man eine Reihe von Aspekten und Fragestellungen aus der historischen Untersuchung einfach in die Gegenwart hinein verlängern. Interessanter und für die Gegenwart insgesamt strukturierender ist jedoch die Frage nach den gesellschaftlichen Kontaktbereichen allgemein. Wann – bei welcher Gelegenheit – gerät einem Argentinier z.B. Deutschland überhaupt in den Blick? Hier gibt es einmal individuelle Kontakte im Zusammenhang mit Auswanderung und Einwanderung. Dann gibt es wirtschaftliche und politische Kontakte. Weiterhin gibt es Tourismus in Deutschland und deutschen Tourismus in Argentinien. Es gibt Interesse an der deutschen Kultur, das sich etwa im Lesen deutscher Bücher oder im Hören deutscher Musik konkretisiert. Es gibt deutschen Sprachunterricht und es gibt die wissenschaftliche Beschäftigung mit der deutschen Kultur/Sprache. Innerhalb all dieser Bereiche liegen – sprachlich verfestigt – alltagsweltliche Vorstellungen über die deutsche Kultur vor, die jeweils einen bestimmten Aspekt des Gesamtbildes erkennbar werden lassen.

Welche Inhalte hat nun ein solches ‚Deutschlandbild' und mit welchen Methoden kann man ein Deutschlandbild erarbeiten? Quellen für das Bild, das in einer bestimmten Kultur von Deutschland vorhanden ist, sind prinzipiell alle Texte, die in dieser Kultur mit direktem oder indirektem Bezug zu Deutschland bis zum Zeitpunkt der Analyse entstanden sind. Diese Texte sind natürlich nicht alle für eine Untersuchung verwendbar, weil viele derartige Texte mündlich waren und vergangen sind und andere nicht überliefert oder nicht erreichbar sind. Da solche Verluste an Dokumenten zum Deutschlandbild nicht zufallsgesteuert das gesamte Spektrum der potentiellen treffen, sondern die Texte aus subkulturellen Gruppen in besonderer Weise, ist das rekonstruierbare Bild von vorne herein durch die besondere Perspektive der offiziellen Kultur geprägt. Daher gerät der Fremdkultur immer nur ein bestimmter Ausschnitt des Deutschen in den Blick, der ein ‚offizielles Bild' ergibt. Diese Aspekte müssen bei der Quellenkritik berücksichtigt werden. Wissenschaftliche Forschung auf diesem Felde ist, das ist bisher wohl schon klar geworden, nicht linguistische Analyse im klassischen Sinne, sondern eher soziolinguistisch-historische Rekonstruktion von oft verschütteten oder nur ex negativo erkennbar werdenden Wirklichkeitsstrukturen.

Was nun die Inhalte des Deutschlandbildes im einzelnen sind, kann schwer allgemein gesagt werden. Besonders hervorzuheben ist, daß ein gegenwärtig wirksames Deutschlandbild, weil es den Charakter eines gesellschaftlichen Stereotyps hat, in der Regel durch historisch zurückliegende Sozialerfahrungen und die sich daraus ergebenden Sozial- und Sprachhandlungsmuster geprägt sind. Insofern hat, und das leitet zur letzten Leitfrage über, jede Analyse des Deutschlandbildes selbst ihrerseits eine verändernde Funktion für dieses Bild. Insofern verändert der Forscher durch seine Forschungen selbst sein eigenes Forschungsobjekt. Wichtig ist bei der Frage nach den aktiven Gestaltungsmöglichkeiten jedoch der gesamte Bereich von Deutsch als Fremdsprache. Durch die sorgfältige und differenzierte Gestaltung des Unterrichts in der deutschen Sprache, der deutschen Literatur und der deutschen Landeskunde hat der Lehrer die Möglichkeit, das alltagsweltliche Wissen über die deutsche Kultur, eben das Deutschlandbild, mit zu formen. Unter dieser Perspektive erwächst dem ausländischen Deutschlehrer und dem Auslandsgermanisten eine entscheidende Aufgabe in der Gestaltung der interkulturellen Beziehungen, deren Wirkungen sich immer erst in den nächsten Generationen zeigen. Aber der Auslandsgermanist steht hier in einem Spannungsfeld vielfältiger Interessen, die auf eine bestimmte Gestaltung des Deutschlandbildes hinzielen und andere Aspekte gerne in den Hintergrund gedrängt sähen. Und hier sehe ich die zukunftsweisende Aufgabe des Soziolinguisten, der sich mit dem interkulturellen Kontakt zur deutschen Kultur beschäftigt: durch eine detaillierte Analyse der vergangenen und der gegenwärtigen Strukturen des alltagsweltlichen Bildes von Deutschland die Kategorien bereitzustellen, nach denen das künftige Bild Deutschlands in den Lehrwerken zu ‚Deutsch als Fremdsprache', in den Reiseführern, in den wirtschaftlichen Beratungsbroschüren zum Handel mit Deutschen und in allen anderen Texten gestaltet werden sollte, durch die die deutsche Kultur ihr Bild nach außen vermittelt.

Anmerkungen

1 Vgl. hierzu ausführlicher J. Hufschmidt, K.J. Mattheier: *Sprache und Gesellschaft. Überlegungen zu einer integrierenden Beschreibung.* In: W. Besch u.a.: *Sprachverhalten in ländlichen Gemeinden.* Forschungsbericht Erp-Projekt Bd. I, Berlin 1981, 43–83.
2 Vgl. hierzu ausführlicher K.J. Mattheier: *Ortsloyalität als Steuerungsfaktor von Sprachgebrauch in örtlichen Sprachgemeinschaften.* In: W. Besch, K.J. Mattheier (Hg.): *Ortssprachenforschung.* Berlin 1985, S. 139–157.
3 Vgl. P. Scherfer: *Untersuchungen zum Sprachbewußtsein der Patois-Sprecher in der Franche-Compté.* Tübingen 1983, bes. S. 200–275.

Nigel Reeves, Surrey

Einige Thesen zu wirtschaftskundlichen Aufgaben der Germanistik im Ausland

1.

Man könnte schwerlich behaupten, noch hoffen, daß die Germanistik, wie sie an den traditionellen Seminaren der deutschen Universitäten unterrichtet wird, unmittelbare wirtschaftskundliche, geschweige denn wirtschaftliche Aufgaben erfüllen könnte. Sie könnte solche Aufgaben erst leisten, wenn sich die Germanistik nicht nur mit der literarischen Kultur befassen würde, sondern mit der Kultur als nationalem Nexus von Wertvorstellungen, politischen und sozialen Haltungen, von geschichtlicher Erfahrung und vor allem von Institutionen, wie sie sich im nationalen Recht und in politischen Strukturen zeigen. Nur dann hätte der Gegenstand der Germanistik genügend Bedeutung für diejenigen, die in der Wirtschaft tätig sind oder tätig sein wollen.

Nun schein es höchst unwahrscheinlich, daß sich die heutige Germanistik in der Bundesrepublik Deutschland ohne weiteres in dieser Richtung verändern könnte, denn ihr potentieller Stoff – die weitere kulturelle Wirklichkeit – wird schon von anderen fest etablierten Fächern in Anspruch genommen, z.B. von der Soziologie, von den Wirtschaftswissenschaften, von der Rechtswissenschaft und den empirischen Kulturwissenschaften.

2.

Aber die Germanistik im Ausland befindet sich in einer völlig anderen Lage, eben dadurch, daß die einheimischen sozialwissenschaftlichen Fächer selten die spezialisierte Untersuchung der deutschen Gesellschaft, beziehungsweise der deutschen Wirtschaft monopolisieren können. Anders gesagt, es gibt im ausländischen Universitätswesen Raum, die Möglichkeit einer breiteren Auffassung der Germanistik zu verwirklichen.

Meines Erachtens ist es sogar die Pflicht der ausländischen Germanistik, diese weitere Aufgabe auf sich zu nehmen, denn unsere Studenten lernen Deutsch als Fremdsprache, und wenn ihre Kenntnisse mehr als eine rein wissenschaftliche Anwendung erfahren sollen, müssen sie ein möglichst vielfältiges Verständnis für die wirklichen Gegebenheiten ihres Studienlandes gewinnen, seiner Strukturen, seiner Dynamik und vor allem seiner Bevölkerung.

3.

Diese Möglichkeiten lassen sich auf zweierlei Weise nutzen; erstens gibt eine breitere, kulturell aufgefaßte Germanistik ein umfassendes Bild der Kräfte, die in den deutschsprachigen Gesellschaftsformen wirken. Der Student bekommt Einblicke in die industriellen Strukturen, vor allem in die Spannungsfelder, in denen er wirtschaftlich tätig sein könnte.

Zweitens erweitert die Auseinandersetzung mit der anderen Sprache, Gesellschaft und deren Wertvorstellungen das Weltbild des Studenten. Er kann sich nicht wie in seiner angestammten Umgebung mit ungeprüften Ansichten, unkritisch übernommenen Denkweisen und Verhaltensformen begnügen – wenn er in der ihm fremden Welt aktiv und effektiv sein will. Letzteres gilt besonders, wenn das Studium nicht nur einen einfachen Auslandsaufenthalt erfordert, sondern auch eine Einführung in die Praxis durch eine Praktikantenstelle.

4.

Was der Student dieser »aktiven Germanistik« erhält, ist aber keine berufliche Ausbildung. Sie kann erst später erfolgen, durch eine auf das Universitätsstudium aufbauende, im Berufsleben selbst erworbene Ausbildung. Das ist, wohlgemerkt, kein Nachteil. Im Gegenteil, vieles spricht gerade für den breiteren kultur- und sozialwissenschaftlichen Ansatz in der Auslandsgermanistik, vor der engeren Spezialisierung. Wir kennen ja alle die Gefahren des Fachidiotismus.

Nun gibt es schon viele Hochschulen, beispielsweise in Frankreich (grandes écoles de gestion) oder in Großbritannien, wo Business oder Management Studies auf deutsch studiert werden. Die Ergebnisse sind vielversprechend, was die erste Phase der Karriere betrifft. Ob der Mangel an weiteren Kenntnissen und Einsichten später nachteilige Auswirkungen hat, ist schwer zu beurteilen. Vieles spricht aber dafür, Management Studies als Gegenstand eines Aufbaustudiums anzusehen und weniger als einen Hauptteil in der ersten Studienphase. Daneben gibt es aber eine Vielfalt von Hochschulkursen, vor allem an Polytechnics und an Technischen Hochschulen in Großbritannien, wo das Deutschstudium entweder mit Wirtschaftswissenschaften, Politikwissenschaft oder Rechtswissenschaft kombiniert wird, oder wo das germanistische Studium selbst kulturell sehr breit aufgefaßt wird. Das Beispiel Surrey erläutere ich ausführlich in meinem anderen Beitrag zu diesem Kolloquium: »Eine Germanistik für die Wirtschaft?«

5.

Die Auslandsgermanistik hat also auch wirtschaftliche Aufgaben vor Augen, sowie die Sensibilisierung der Studenten für deutsche Kultur, die Vermittlung notwendiger Kenntnisse über deutsche soziale und industriepolitische Verhältnisse, und die Vorbereitung auf eine erfolgreiche Tätigkeit im deutschsprachigen Raum.

6.

Eine letzte Frage schließt sich an: Kann solches nur im Ausland erreicht werden? Meine einführenden Bemerkungen hierzu waren eher pessimistisch. Ich sehe doch eine interessante Möglichkeit im Rahmen der modernen deutschen Universität, nämlich in den Seminaren für Deutsch als Fremdsprache. Hier gibt es Ansatzmöglichkeiten zu einem breiter angelegten Lehren und Lernen. Eine tiefgehende Beschäftigung mit der klassischen Literatur als Lehrstoff wäre in diesem Zusammenhang kaum zu empfehlen. Überdies kommt hier hinzu, daß dieser Fachbereich das Seine zum fruchtbaren Austausch zwischen zwei (oder mehreren) Kulturen zu leisten hat.

* Vgl. zu den folgenden Thesen meinen anderen Beitrag in diesem Band, S. 181.

Christian Grawe, Melbourne

Die kulturanthropologische Dimension der Landeskunde: Zu Verständnis und Kritik des Landeskundebegriffs

Obwohl Siegfried J. Schmidt die Diskussion um die Landeskunde schon 1977 »perennierend und enervierend«[1] genannt hat, möchte ich auf die Gefahr, damit Unwillen oder auch nur Langeweile hervorzurufen, das Thema noch einmal strapazieren. Die folgenden Bemerkungen entspringen dabei einem doppelten Unbehagen: Ich habe einmal tiefsitzende Vorurteile gegen den Terminus »Landeskunde« und kann mich zum anderen des Eindrucks nicht erwehren, daß darunter verschiedene, und zwar sehr unterschiedliche Lehr- und Forschungsgegenstände verstanden werden. Im ersten Fall erwarte ich nicht, daß meine Vorbehalte irgendetwas bewirken, denn es ist erfahrungsgemäß schwierig, einen einmal eingebürgerten Begriff herauszufordern, auch wenn er noch so unpassend ist. Im zweiten Fall hoffe ich jedenfalls zu einer Präzisierung des Sachverhalts beizutragen, die dieses unglückliche Wort bezeichnen soll. Schmidts pessimistische Einschätzung
   a) Die Geschichte der Landeskunde ist wechselvoll und z.T. politisch anstößig [...]
   b) Bis heute fehlt eine Definition des Begriffs Landeskunde
   c) Landeskunde hat (noch) keine eindeutige Basis-Bezugswissenschaft
   d) Landeskunde verfügt (noch) über keine didaktische Konzeption,[2]

zu revidieren, besteht auch heute, ein Jahrzehnt später, nicht viel Anlaß; aber es könnte sein, daß dieser nicht recht befriedigende Zustand gerade dadurch perennierend und enervierend ist, daß das, was unter dem Begriff Landeskunde diskutiert wird, nicht immer dasselbe ist. Wie dann soll man Eindeutigkeit erwarten? Ist an dieser Sachlage schon der unangemessene Terminus selbst mitschuldig?

Gebräuchlich sind oder waren bis vor kurzem die Begriffe »Erdkunde« und »Heimatkunde«. Ihnen scheint sich Landeskunde gewissermaßen als mittlere Instanz zuzuordnen. Es ergibt sich dann eine

Christian Grawe

Folge von geographischen Termini, die einen jeweils größeren Lebensraum des Menschen untersuchen und charakterisieren – von der Heimat über das Land zur Erde. Tatsächlich ist in diesem Sinn das Wort »Länderkunde« ja auch üblich; und die mögliche Verwechslung dieses Begriffs mit Landeskunde ist einer der Gründe für mein Unbehagen. Da nun aber diese bisher verwendeten geographischen Fachwörter altmodisch und durch neue – wie Geopolitik oder Ökologie – ersetzt zu werden beginnen, die die komplexen Beziehungen des Menschen zu seinem Lebensraum präziser erfassen, hat sich die fremdsprachige Germanistik unter dem Einfluß der Fremdsprachenphilologien in Deutschland einen Terminus zu einem Zeitpunkt zugelegt, wo er seinem Duktus nach eigentlich schon veraltet erschien.

Ich bin der Geschichte des Wortes Landeskunde nicht nachgegangen, entnehme aber den jüngeren Publikationen zum Thema zweierlei: Zum einen gibt es die Diskussion um das, was der Ausdruck bezeichnet, *der Sache nach* schon mindestens seit den zwanziger Jahren in der Romanistik und Anglistik mit wechselnden Begriffen, von denen »Kulturkunde« der verbreitetste gewesen zu sein scheint. Noch in den siebziger Jahren ist Martin Raether, wie er in der Rezension eines neuen Werks über die Frankreichkunde berichtet, auf »ungefähr 20 verschiedene Benennungen«[3] für Landeskunde gestoßen. Zum anderen entstand offenbar in den siebziger Jahren ein verstärktes Bedürfnis, die Landeskunde zu rechtfertigen, zu reflektieren, neu zu definieren oder gar vor dem Aussterben oder Abgeschafftwerden zu retten. Da sich aber gerade in diesen Jahren die Germanistik als Fremdsprachendisziplin mit dem Anspruch einer eigenen Didaktik und eines eigenen Curriculums etablierte und sehr schnell die Darstellung von Raum, Geschichte und Gesellschaft der erlernten Sprache als Problembereich des neuen Faches erkannt wurde, griff man in den Beiträgen zum Thema auf den schon gebräuchlichen Begriff Landeskunde zurück und verschaffte ihm so neues Leben. Meine Befürchtung ist allerdings, daß er wegen seiner Ähnlichkeit mit Heimatkunde, die ja noch zu meiner Schulzeit die Geographie für Grundschüler war, naive Vorstellungen dessen weckt, was da unter wissenschaftlichem Anspruch getrieben wird. Bedenkt man, wie beziehungsreich das Gefüge einer Alltagskultur, einer Gesellschaft, einer geschichtlichen Epoche oder eines großen literarischen Werkes ist, dann klingt das Wort Landeskunde allzu unbedarft oder oberflächlich, kurz: allzu wenig problemorientiert.

Die Definitions- und Abgrenzungsversuche, die in den siebziger Jahren stattfanden und auch zu Kontroversen führten, enthüllten völlig di-

Die kulturanthropologische Dimension der Landeskunde

vergente Vorstellungen von Landeskunde. Versuchte man alle unter diesem Stichwort vorgetragenen Aspekte des Faches Deutsch als Fremdsprache zu einer umfassenden Definition zu vereinigen, dann bekäme man eine wissenschaftliche Chimäre mit Löwenkopf, Ziegenleib und Schlangenschwanz. Es scheint also in dieser Phase der Entwicklung darauf anzukommen, die begriffliche Verwirrung klären zu helfen. Unter Landeskunde werden, soweit ich sehe, drei wesensverschiedene Forschungs- und vor allem Lehrbereiche der Fremdsprachendisziplin Deutsch verstanden, die ich »nach aufsteigender Linie« zu charakterisieren versuche:

1. Landeskunde wird zunächst als inhaltliches Element des Sprachunterrichts begriffen, also hier *auf indirekte Weise* vermittelt. Das ist unmittelbar einsichtig, denn da Sprache ihrem Wesen nach nur als Sinnträger denkbar ist, da der ganze Zweck des Sprachlernens darin besteht, Zugang zu einer neuen Sinnwelt zu erschließen, und dementsprechend Sprachunterricht als bloße Übung in Semiotik, als abstraktes Erwerben und Rekapitulieren grammatischer und syntaktischer Strukturen gar nicht vorstellbar ist, wäre es unsinnig, das Semantische nicht auf den Wissenserwerb über die Länder zuzuschneiden, in denen die erlernte Sprache natürlicherweise lebt. Sprachlehrwerke stellen sich daher oft auch als landeskundliche Kompendien dar, die über den Spracherwerb Sachinformationen über die deutschsprachige Welt transportieren und sie häufig auch durch Illustrationen, Graphiken oder Statistiken veranschaulichen, erläutern, beglaubigen.

Diese Variante der Landeskunde bedarf kaum der Erläuterung, denn die Lehrbuchkapitel, in denen das Erlernen der Uhrzeit mit der Veranschaulichung eines deutschen Fahrplans verbunden, die Rezeption von Adjektivwendungen an einem Text über Goethes Besuche in Sesenheim vorgenommen wird oder das Einüben des Passivs durch einen Dialog über die Arbeitslosigkeit geschieht, sind einschlägig bekannt. Der Wert dieses Verfahrens sei unbestritten, und es sollen hier auch nicht Probleme der Lehrbuchgestaltung wie Selektion oder Progression behandelt werden. Nur muß dabei – um einen Titel Kants zu entfremden – Klarheit über die Landeskunde »innerhalb der Grenzen des bloßen« Sprachunterrichts herrschen.

Die Landeskunde ist hier propädeutisch und hat vor allem pragmatischen und empirischen Charakter. Sie hat das Ziel, der tatsächlichen Begegnung der fremden Deutschstudenten mit den deutschsprachigen Ländern vorzuarbeiten oder sie verständnisfördernd zu begleiten; imaginäre Vertrautheit herzustellen, wo faktische nicht oder nur rudimentär besteht. Sie wird dementsprechend das Aktuelle dem Historischen und das Faktische dem Nicht-Faktischen vorziehen. Sie kann sich sogar, sofern das Sprachlehrwerk sich an einen homogenen Adressatenkreis wendet, auf seine Bedürfnisse einstellen und damit Orientierungshilfe im fremden Land leisten. Ein Lehrbuch etwa, das für ausländische Studenten in der Bundesrepublik gedacht ist, kann Kapitel über Zimmersuche und Immatrikulation, Anmeldeformalitäten in einer deutschen Stadt und Studentenorganisationen enthalten, wie umgekehrt eins für einen vager definierten Benutzerkreis von Deutschstudenten in verschiedenen Ländern allgemeinere Einführungen in deutsche Lebensgewohnheiten bieten kann.

Die Integration in das Sprachlehrwerk bringt allerdings zwei Beschränkungen für die Landeskunde mit sich: Sie wird einmal in kleinen und kleinsten Häppchen, die meist unvermittelt nacheinanderstehen, dargeboten: Briefmarken neben Adolf Hitler, Speisekarte neben der Manesse-Handschrift. Und sie stellt zum anderen eine recht willkürliche und auf ein bloßes Minimum reduzierte Auswahl landeskundlicher Themen dar. Es ist offensichtlich, daß sich daraus *allein* kein Bild eines Landes entwickeln kann, weil sich wesentliche und zusammenhängende Einsichten in sein Leben und sein Kultur- und Sozialgefüge auf diese Weise nicht vermitteln lassen.

2. Um dieses umfassendere Bild bemüht sich der zweite Typ von Landeskunde, der sachliche historische und aktuelle Informationen über die deutschsprachigen Länder *auf direkte Weise* vermittelt. Hier handelt es sich um ein eigenes Unterrichtsfach, das gelegentlich mit Sprache und Literatur als dritte Säule der Disziplin Deutsch als Fremdsprache zu einer »Trias«[4] vereinigt, aber gelegentlich auch als überflüssig angesehen wird.[5] Gedacht ist hier an Lehrveranstaltungen, die Landeskundliches eigens thematisieren, also an Vorlesungen, Seminare oder Übungen mit Titeln wie »Deutsche Regionen und ihre Charakteristika«, »Das politische System in der Bundesrepublik und in der DDR« oder »Österreichische Kultur und Gesellschaft im 20. Jahrhundert« usw. Angestrebt werden dabei integrierte und kritische Überblicke über thematisch klar definierte Aus-, Quer- und Längsschnitte aus der Kultur, Gesellschaft und Geschichte der deutschsprachigen Länder, deren Ziel es ist, wie Witte formuliert, »die virtuell unendliche Masse von Fakten, denen sich ein [...] Germanistikstudent gegenübersieht, [...], zu überschaubaren Einheiten zusammenzufassen«[6]. Auch hier kann man ein Überwiegen des Aktuellen gegenüber dem Historischen beobachten und stößt gelegentlich auf ideologisch inspirierte oder politisch engagierte

Die kulturanthropologische Dimension der Landeskunde

Themen, die aber im nicht-deutschsprachigen Raum auf den Unmut der Studenten stoßen könnten, weil diese nicht Opfer des missionarischen Eifers ihrer Dozenten sein wollen und überhaupt das politische Klima in vielen Ländern ja weniger aufgeregt ist als im mitteleuropäischen Raum. Von einem Romanisten ist vor einigen Jahren die auch auf die Germanistik übertragbare Forderung nach »Einbezug des Politischen, Problemorientierung, kontrastivem Vergleich [und] Interdisziplinarität«[7] als kritischem Grundgerüst erhoben worden.

Ein Problem, das diese Art von Landeskunde »perennierend und enervierend« plagt, ist die Frage nach der fachlichen Kompetenz der akademischen Lehrer, die befähigt sind, den Zusammenhang der verschiedenen Bereiche und Aspekte einer Zivilisation einsichtig zu machen. Da es aber bei den vorliegenden Bemerkungen auf Charakterisierung, nicht Evaluierung ankommt, braucht auf dieses Thema nicht eingegangen zu werden. So eindeutig, wie die Begriffsbestimmung dieser Variante der Landeskunde erscheint, ist die Sache selbst allerdings nicht. Erstens müßte die Vermittlung solchen Wissens in der Germanistik nicht Landeskunde, sondern Länderkunde heißen, denn obwohl das im Lehrprogramm wohl nur selten verwirklicht wird, gibt es ja keinen Grund, warum das Fach Deutsch in seiner Wissensvermittlung nicht alle vier deutschsprachigen Länder gleichmäßig berücksichtigen sollte. Die zunächst befremdliche Diskrepanz zwischen dem lediglich die Sprache dieser Länder umfassenden Begriff »Deutsch« und ihrer jeweiligen nationalen Eigenständigkeit läßt sich dabei als Unterrichtselement selbst fruchtbar machen, weil sie auf spezifische geschichtliche Entwicklungen des deutschsprachigen Raums und seiner Zersplitterung und auf die Problematik des Begriffs einer deutschen Nation hinweist.

Zweitens ist wohl nicht an allen Orten und auf allen Seiten das Bedürfnis nach einem ausgewogenen Bild der Geschichte und Gegenwart der vier deutschsprachigen Länder gleich groß. Im *Westen* dominiert *praktisch* die Orientierung an der Bundesrepublik. Die Schweiz und Österreich sind als kleinere, weniger volksreiche und weniger finanzstarke Staaten meist nicht ebenso intensiv vertreten, was schon auf Stipendien, konsularische Vertretung usw. zutrifft. Ein Österreicher selbst hat jüngst bedauernd auf die »sehr marginale Rolle«[8] hingewiesen, die sein Land in der Landeskunde meist spielt. Da Lehrkräfte aus der DDR im Westen kaum vertreten sind und viele Dozenten das zweite Deutschland nicht oder nur sehr flüchtig kennen, erscheint es fern und fremd. In der Landeskunde ist daher vermutlich die nationale Vergangenheit des mitteldeutschen Raums mit der Wartburg, dem preußischen Potsdam und dem klassischen Weimar präsenter als die gegenwärtige Realität. Umgekehrt ist es *im Osten*, wo in den sozialistischen Staaten die DDR das offizielle Deutschlandbild bestimmt. In beiden Fällen hat man es mit wertenden Deutschlandbildern zu tun, die von Deutschstudenten, jedenfalls außerhalb der deutschsprachigen Länder, meist nicht durch eigene Erfahrungen kontrolliert, relativiert und revidiert werden können. Hier liegt eine Verantwortung des Lehrenden, die wahrzunehmen allerdings nicht überall in gleichem Maße in seiner Macht steht, was auf eine weitere Uneindeutigkeit des Faches verweist.

Drittens: Während nämlich in den westlichen Ländern die Universitäten weitgehende Lehrfreiheit besitzen und die akademischen Lehrer den Inhalt ihrer Lehrveranstaltungen selbst verantworten, was in der Praxis vielfach zu einem eher negativen Bild der Bundesrepublik führt, ist in den sozialistischen Staaten die Universität das Erziehungsinstrument einer staatlich verwalteten Ideologie und Gesellschaftslehre. Sie lehrt deshalb offiziell sanktionierten Lehrstoff und hat daher in der Landeskunde ein bestimmtes Deutschlandbild weiterzugeben, das seinem Wesen nach parteilich ist. Landeskunde in Ost und West kann daher eigentlich kaum als *ein* Fach betrachtet werden, jedenfalls wenn man Gudrun Fischers Aufsatz »Die Landeskunde im Fach Deutsch als Fremdsprache: Dargestellt aus der Sicht von Forschung und Lehre in der Deutschen Demokratischen Republik« als repräsentativ betrachtet. Fischer schlägt ein durch und durch staatskonformes »Landesbild« als Ziel der Landeskunde vor und verwendet erwartungsgemäß marxistisches Vokabular zur Charakterisierung der Unterrichtsinhalte. Das Landesbild hat etwa

> den Platz erkennbar zu machen, auf dem ein Land innerhalb des weltweiten Übergangs vom Kapitalismus zum Sozialismus, der unsere Epoche kennzeichnet, steht und welchen besonderen nationalen Beitrag es in diesem Prozeß leistet.[9]

Die Gefahr einer solchen Ausrichtung der höheren Erziehung auf eine Staatsideologie zeigt sich besonders dort, wo die Wirklichkeit dieser Ideologie schon lange ins Gesicht schlägt, so daß der Unterricht sich in wirklichkeitsfremden Leerformeln zu erschöpfen droht – eine Art von »Entfremdung«, die größere Aufmerksamkeit verdient und umso auffälliger ist, je rigoroser die staatliche Ideologie sich der Anpassung an die Wirklichkeit verweigert. Fischer etwa konstatiert:

> Das produktive Wechselverhältnis von Nationalem und Internationalem, das für die sozialistischen Gesellschaftsverhältnisse charak-

teristisch ist und in der gegenwärtigen Bereicherung der Lebensweise und Kultur seinen Ausdruck findet, wirkt sich positiv auf die Gestaltung und Qualität des Germanistikstudiums aus.[10]
Zwar erläutert die Autorin nicht, worin die positive Auswirkung dieser Verhältnisse sich äußert, aber es scheint ihr entgangen zu sein, daß das »produktive Wechselverhältnis« zwischen den beiden sozialistischen Staaten China und Vietnam darin besteht, daß sich beide Länder seit etwa zehn Jahren in einem manchmal akuten und manchmal latenten Kriegszustand miteinander befinden; und daß »die Bereicherung der Lebensweise und Kultur« zwischen den ebenfalls sozialistischen Staaten Polen und DDR in den letzten Jahren durch Reisebeschränkungen nicht gerade gefördert worden ist.

Die jüngsten Auseinandersetzungen um die auswärtige Kulturpolitik der Bundesrepublik über das Goethe-Institut zeigen, daß es auch hier, wenn auch auf ganz andere Weise, Spannungen zwischen dem Wunschbild der Offiziellen und der Realität gibt, die für die Landeskunde Folgen haben, aber eben gerade deswegen existieren, weil die Kulturrepräsentanten sich völlig zurecht nicht dem Diktat des Staates unterwerfen wollen. Besucher aus Deutschland, die in Vorträgen landeskundliche Themen behandeln, sind in der außerdeutschen Germanistik gern gesehene Gäste, weil sie das sonst abstrakte Landesbild durch eigene Erfahrungen beleben, lassen allerdings manchmal aus ihrem Engagement in innerdeutschen Konflikten das Gespür für die tatsächlichen Bedürfnisse der Deutschstudenten in fernen Ländern vermissen.

3. Bei dem dritten Typ dessen, was unter Landeskunde verstanden wird, handelt es sich um den komplexesten und problematischsten und daher verständlicherweise auch den meistdiskutierten und kontroversesten: nämlich um die Erschließung eines Kulturgefüges durch die Analyse von Dichtung, also um deren kulturellen Verständnishorizont und damit wieder um eine *indirekte* Landeskunde. Hier eigentlich sehe ich einen Widerspruch, jedenfalls einen bedenklichen Abstand zwischen dem geistigen Anspruch dieser interpretatorischen Tätigkeit und dem geistlosen Terminus, durch den sie bezeichnet wird; und in zwei aufeinander bezogenen Formulierungen Alois Wierlachers etwa wird die Diskrepanz, die mir das Wort Landeskunde so unangemessen erscheinen läßt und verleidet, ganz deutlich. Wierlacher spricht in seinen grundlegenden und klärenden Ausführungen »Zu Gegenstand, Textauswahl und Fragestellung einer Literaturwissenschaft des Faches Deutsch als Fremdsprache« vom »Aufbau einer Kulturmündigkeit in der fremden

und auf dem Umweg über die Erfahrungen und Reflexionen dieser fremden auch der Eigenkultur«[11]. Wenn er folgert,
> Zum *Prozeß* Literatur gehört, daß die gesellschaftlichen, kulturanthropologischen, politischen Wertungen in dem literarischen Zeichensystem Ausdruck finden, daß sie dort kritisch bedacht, komponiert, verknüpft erscheinen,

dann aber fortfährt,
> Ein Literaturstudium ist infolgedessen immer auch ein landeskundliches Studium,

dann fühle ich mich erst in die Luft gehoben und dann abrupt fallen gelassen, weil ich sprachlich im Anspruch der ersten Aussage und der Anspruchslosigkeit der zweiten eine irreführende Differenz sehe – und zwar so, als reduziere sich in der Lehrpraxis der Aufbau einer Fremdkulturmündigkeit zum bloßen Erläutern von Hintergrundfakten nach dem Schema: Wo auf der Schweizer Landkarte liegt Kellers Seldwyla, und wie lange dauerte der dreißigjährige Krieg, in dem Schillers Wallenstein ermordet wurde? Schon der Name Landeskunde allein scheint mir daher den in der Germanistik als Fremdsprachendisziplin sich ohnehin auftuenden Abstand von hochreflexiver Theorie und simpler Praxis zu bestätigen. Besteht aber ein entscheidendes Element des Phänomens Literatur darin, daß in ihr Fakten zu Bedeutungsträgern werden, einen Sinnzusammenhang bilden und als gelebtes Leben, nicht als Abstraktion erscheinen, dann ist beim didaktischen Umgang mit dem literarischen Werk in der Fremdsprachendisziplin Deutsch mehr gefordert als die Vermittlung von Kontextwissen, »definierbar als diejenige Menge von enzyklopädischen Informationen [...], die vom Lehrenden vermittelt und/oder vom Lerner aktiv oder passiv beherrscht wird«,[12] dann ist dies nur die notwendige Voraussetzung für die eigentliche hermeneutische Tätigkeit.

Nun bin ich allerdings nicht der einzige, der den eben zitierten Formulierungen des um die Landeskunde verdienten Siegfried J. Schmidt kritisch gegenübersteht. Robert Picht hat das als »enzyklopädische Materialtrümmer«[13] bezeichnet und darauf mit der Analyse einer Passage aus Fontanes »Frau Jenny Treibel« geantwortet, die überzeugend zeigt, welche Fülle von Zeittypischem von der Gegenstandswelt über Politik und Finanz, Lebensgewohnheiten und »manners« bis zur Ideenwelt darin zu einer Einheit verschmolzen sind und wie der Romancier
> mit den Mitteln der Kunst [...] jenen für seine Romane charakteristischen Schwebezustand vielfältiger, sich wandelnder und histori-

Die kulturanthropologische Dimension der Landeskunde

sche Wandlung bekundender Perspektiven [erhält], der Politik, Besitz, Tradition und alle Versuche der Festlegung in ihrer Vergänglichkeit relativiert. Um das zu erkennen und damit Zugang zu gewinnen zu einer Fremdkultur, nämlich Berlin in Preußen-Deutschland 1890 – und alle historischen Epochen auch der eigenen Kultur sind ja mindestens zu einem gewissen Grad auch für Nicht-Fremde Fremdkulturen –, muß das bloße Kontextwissen sich in diesem Fall verdichten zu einer, wie Picht es nennt, »Kulturmorphologie der Gründerzeit«[14], in der den einzelnen Informationen ein Stellenwert zugewiesen wird, der ihre Aussagefähigkeit für das angestrebte Kulturverständnis erst bestimmt. Wenn ein Roman »Radetzkymarsch« heißt und folgendermaßen beginnt:

Die Trottas waren ein junges Geschlecht. Ihr Ahnherr hatte nach der Schlacht bei Solferino den Adel bekommen. Er war Slowene. Sipolje – der Name des Dorfes, aus dem er stammte – wurde sein Adelsprädikat,

dann muß über das bloße Erklären von Fakten hinaus schon nach diesen kurzen Sätzen mindestens dreierlei im Kulturzusammenhang reflektiert werden. Erstens werden hier Stichworte – Radetzky, Radetzkymarsch, Solferino, Slowene – angeschlagen, die ihren Sinn nur in einem Gesamtverständnis des Vielvölkerstaates Österreich im 19. Jahrhundert entfalten, weil sie allesamt über das Tatsächliche hinaus symbolischen, evokativen, emotionalen Wert haben. Zweitens besteht zwischen dem Titel und dem Stichwort Solferino eine Spannung, die den Roman durchzieht, denn während Feldmarschall Joseph Graf Radetzky von Radetz 1848/49 die gegen Österreichs Herrschaft revoltierenden Italiener schlug und damit vorläufig ihre revolutionäre Loslösung von der k.u.k. Monarchie verhinderte – Johann Strauß Vaters Marsch von 1848 ist eine Huldigung an den siegreichen Feldherrn –, ist Solferino, wie Roth es formuliert, »der Name der Schlacht, die zum ersten Mal den Untergang der Kaiser- und königlichen Monarchie angekündigt hatte«, denn es handelt sich dabei um die von den Österreichern 1859 *verlorene* Schlacht, bei der Kaiser Franz Joseph selbst den Oberbefehl übernahm, also um das entscheidende Datum für den Zusammenbruch der österreichischen Macht in Oberitalien und damit das Fanal für die italienische Einigung. Das Gegenüber von Radetzkymarsch und Solferino bedeutet daher Verklärung der Vergangenheit angesichts einer trüben Gegenwart und Zukunft, und das Spielen des Marsches ist denn auch in Roths Roman das Symbol dieser manchmal ironisch heraufbeschworenen Vergangenheit. Und drittens: Schon in diesen ersten Sätzen wird eine enge, ja, unauflös-

467

liche Verbindung zwischen individuellem menschlichem Leben – »Die Trottas waren [...]« – und kulturellem Rahmen hergestellt. Es kommt in diesem Fall als weiteres Element der Analyse hinzu, daß die Ereignisse des Romans aus der Sicht des Autors weit zurückliegen, daß das Buch geschrieben und veröffentlicht wurde (1932), als sowohl Radetzky als auch Solferino, wiederum in Roths eigenen Worten, einer »verschollenen und wie von den frischen Grabhügeln der Gefallenen verschütteten Epoche« angehörten, in Roths Werk also im nostalgisch-kritischen Rückblick in einer subjektiven Deutung neues Leben gewinnen, so daß die Gründe für das Entstehen des Werks zu bedenken wären.

Bei dieser auf kulturelle Zusammenhänge ausgerichteten literarischen Analyse stößt man nun aber auf eine Aporie, für deren Verständnis das von Wilhelm Dilthey so genannte Phänomen des »hermeneutischen Zirkels« nützlich sein kann, der im denkbar weitesten Sinn die wechselseitige hermeneutische Rückbezogenheit von Historik und Systematik bei allen geisteswissenschaftlichen Erkenntnisobjekten behauptet, die sich im konkreten Fall als die erkenntnismäßige reziproke Abhängigkeit etwa von Teil und Ganzem, Besonderem und Allgemeinem, Exemplar und Gattung usw. zeigt.

Das literarische Werk, das dazu dient, einen Kulturzusammenhang zu vergegenwärtigen, das also als Bedingendes wirkt, ist ja selbst Teil dieses Zusammenhangs, so daß es eigentlich als Bedingtes erscheint. Dieser Widerspruch läßt sich nicht auflösen; er weist aber darauf hin, daß der gnoseologische Nullpunkt, der durch die Philosophiegeschichte geistert, eine Fiktion ist, weil zum einen der Mensch sich immer schon in unhintergehbaren Erkenntniszusammenhängen vorfindet, und daß es sich hier zum anderen um Erkenntnis*prozesse* handelt, bei denen sich aus dem immer neuen Bezug beider Pole aufeinander ein Kulturbild langsam aufbaut. Indessen teilt das Fach Deutsch als Fremdsprache diesen Grundsachverhalt mit allen philologischen Fächern, in denen *leibhaftige* Vergegenwärtigung des Ganzen wegen der ständigen Abwesenheit des umfassenden Studienobjekts unmöglich ist, also etwa mit der Vergangenheits-Geschichte (im Unterschied zur Gegenwartsgeschichte) oder mit der klassischen Altertumswissenschaft. Immer wird hier aus den kulturellen Objektivationen, im wesentlichen aus Texten, ein Gesamtzusammenhang aufgebaut, der dann seinerseits die Einordnung des einzelnen Erkenntnisgegenstandes fördert.

Das historische Modell einer solchen Kulturwissenschaft, in der sich Fremdkulturmündigkeit prinzipiell ohne jede direkte Begegnung mit

Die kulturanthropologische Dimension der Landeskunde

dem lebendigen Studienobjekt, das als gelebte Kultur untergegangen ist, also aus dem bloßen Studium seiner übriggebliebenen Artefakte und Schriftdokumente konstituiert, ist die klassische Altertumswissenschaft, deren Einfluß seit ihrer Entstehung in der zweiten Hälfte des 18. Jahrhunderts bis in die Gegenwart mächtig ist. Daß gelegentlich auch in der Fremdsprachendisziplin Deutsch an die Altertumswissenschaft erinnert wird,[15] geschieht in der Einsicht ihrer Relevanz für unser Fach durchaus zurecht. Aber erst das 20. Jahrhundert hat diesem Typus von geisteswissenschaftlichem Fach eine weitere und relativierende Dimension hinzugefügt, die auch im Fach Deutsch als Fremdsprache klärend wirken kann: die Einsicht in die anthropologische Bedingtheit der Kultur und umgekehrt die Bedingtheit des Menschen durch die Kultur, kurz die kulturanthropologische Perspektive.

Nach ihr ist der Mensch, wie Michael Landmann, einer der bedeutendsten Kulturanthropologen der deutschen Nachkriegsphilosophie, es 1961 in einem Buchtitel ausdrückte, »Schöpfer und Geschöpf der Kultur«, kulturprägendes, aber eben auch von seiner Kultur bis ins Innerste geprägtes Wesen. Kulturzusammenhänge zu erklären, bedeutet also immer auch menschliches Leben zu beschreiben, das sie trägt und in dem sie sich verwirklichen; und daher ist auch die Literatur besonders geeignet als Zugang zur sogenannten Landeskunde.

Nun kann es nicht die Aufgabe dieses kurzen Referats sein, Geschichte und Grundpositionen der Kulturanthropologie, für die einschlägige Publikationen vorliegen, ausführlich zu erläutern; es sollen aber ein paar Stichworte über ihre Relevanz auch für den Umgang mit der Literatur in der Fremdsprachendisziplin Deutsch gegeben werden, weil mir scheint, daß die Landeskunde im Literaturunterricht des Faches dadurch auf eine solidere Basis gestellt werden kann.

Die Kulturanthropologie baut auf der Grundüberzeugung auf, daß die von Natur plastische Struktur des Menschen durch die Kultur ausgefüllt wird, in der er sich jeweils meist schon bei der Geburt vorfindet. Menschen, die in ein Vakuum hineingeboren werden, gibt es nicht, und die Hoffnung des 18. Jahrhunderts, durch das Robinson-Syndrom den wahren und originellen Menschen zu entdecken, ist ein Irrweg, der allerdings, als kulturanthropologisches Phänomen behandelt, selbst wieder ein reizvolles Studienobjekt abgibt. Die physische und intellektuelle Disponibilität des Menschen wird durch die Kultur allmählich verfestigt; ihm werden seine Verhaltensweisen in der Welt, seine Fertigkeiten, Haltungen, Wertungen, Lebensziele usw. vorgelebt und eingeübt, so daß er sich gemäß den Prinzipien seiner Kultur in der Welt zurechtfindet. So entfaltet sich die weitgehend gleiche biologische Menschen*natur* in seinem geistig-seelischen Habitus in verschiedenen Kulturen auf unterschiedliche Weise; und die Differenzen können erheblich sein, weil alle Kulturen nur äußerst selektive Weltausschnitte darstellen, die bestimmte Bereiche menschlicher Weltzuwendung und Aktivität bis ins Feinste entwickeln und andere bis zur völligen Nichtbeachtung vernachlässigen.

Die Kulturanthropologie untersucht nun die jeweils ausgeformten Bewußtseinsstrukturen, Sinnesschwellen und -entfaltungen, personformenden Kulturideale und persondeformierenden Tabuisierungen, die kulturbedingten »Zeit-Körper-Anordnungen« (eine Formulierung A. Nitschkes[16]) und das Gesamtgefüge von Kulturen, wie es in ihren Objektivationen, Organisationsformen und Institutionen, in der Interdependenz ihrer Teile mit dem Ganzen, ihrem Wechselspiel von Tradition und Innovation, von offiziellem Leben und Untergrund usw. greifbar ist. Die Kulturanthropologie bildet daher Basis und natürliches Zentrum der Humanwissenschaften, die einzelne kulturelle Epochen oder Kulturzweige – wie etwa Recht oder Musik – untersuchen, und bewertet ihren Stellenwert und ihre Rolle im Kulturganzen. Während sie dabei im Hinblick auf den Absolutheitsanspruch der Einzelwissenschaften relativierend wirkt, gibt sie ihnen doch durch ihr Verknüpfen in das größere Gewebe, in dem sie jeweils nur einen Faden bilden, ein solideres Verständnis ihrer Rolle als Wissenschaften vom Menschen.

Es dürfte schon aus diesen Andeutungen einleuchtend sein, daß sich, wenn die sogenannte Landeskunde im Rahmen des Literaturunterrichts im Fremdsprachenfach Deutsch nach einer »Basis-Bezugswissenschaft«, wie Schmidt es nannte, sucht, die Kulturanthropologie dafür geradezu anbietet, weil sie auf theoretische Weise das anstrebt, was Gerald Stieg in seinem Aufsatz »Zur Integration von Literaturvermittlung und Landeskunde« dem literarischen Text sicher zurecht zuschreibt, nämlich »die Fähigkeit, das landeskundliche Detailwissen einsinniger Natur in einen übergreifenden Kontext zu integrieren«.[17]

Es herrscht wohl Einigkeit darüber, daß das große literarische Werk ein Kulturdokument von einzigartigem Reiz und höchstem Erkenntniswert darstellt, weil es eine Kultursituation auf hohem Niveau in einer Fülle von Bezügen und quasi-lebensecht in ihrer Wandelbarkeit vorführt. Es stellt daher einen äußerst fruchtbaren Zugang zur Fremdkultur dar, die darin auf kondensierte Weise gewissermaßen in ihrem historischen oder gegenwärtigen Vollzug festgehalten und verewigt ist. Das literarische Werk nimmt deshalb unbestritten die zentrale Stelle beim Erwerb einer Kulturmündigkeit ein, die mehr sein will als das bloße praktische Handhaben von akuten Situationen, nur ist eben der Terminus Landeskunde ungeeignet, den damit bezeichneten Wissens- und Verständniserwerb zu charakterisieren.

Für die Literaturvermittlung im Fach Deutsch als Fremdsprache ergeben sich aus diesem Plädoyer für die Kulturanthropologie drei unmittelbare Anregungen:

1. Der Name Landeskunde ist untauglich mindestens für diesen Typus der Vermittlung von Fremdkultur und sollte ersetzt werden durch einen Terminus, der der literaturzentrierten Kulturvermittlung angemessener ist. Obwohl »Kulturkunde« sicher keine besonders glückliche Wahl war, scheint mir dieses Wort jedenfalls dem Namen Landeskunde entschieden vorzuziehen zu sein.

2. In der Literaturvermittlung sollte wegen ihrer hermeneutischen Fruchtbarkeit eine kulturanthropologische Sicht angestrebt werden. Was dem Fach nottut, ist nicht eine Fülle von außergermanistischem Fachwissen, das, wie immer wieder behauptet wird, die Kompetenz des Dozenten überschreitet, sondern ein kulturanthropologisches Bewußtsein, eine kulturanthropologische Perspektive auf den literarischen Lehrstoff, ein Grundverständnis vom Funktionieren von menschlichen und kulturellen Faktoren im Zusammenspiel.
Dazu benötigt der Literaturdozent die Kenntnis und geistige Verarbeitung kulturanthropologischer Ansätze, die er sich etwa bei Erich Rothacker, Arnold Gehlen, Michael Landmann, aber durchaus auch Michel Foucault[18] erwerben kann und die seinen Blick für die eine fremdkulturelle Kompetenz fördernden Ingredienzien eines literarischen Werkes schärfen.

3. Aber schon die Auswahl literarischer Texte im Fremdsprachenstudium Deutsch läßt sich, jedenfalls bis zu einem bestimmten Grad, zuschneiden auf ihre Fruchtbarkeit als kulturerschließende Dokumente. Es gibt zweifellos Werke, die sich dazu mehr, und andere, die sich dazu weniger eignen. Der schon als Anschauungsmaterial verwendete Roman von Joseph Roth, um mit einem Beispiel zu schließen, gehört sicher zu den ersteren. Er zeigt Kultur im Wandel von gut 50 Jahren, wie sie sich in vier Generationen äußert und das Wertgefüge und Ordnungssystem eines Gesellschaftsausschnitts mit den Verhaltenscodes etablierter Stände und ihrem Zerfall. Das sechste und siebte Kapitel des ersten Teils etwa, also ungefähr ein Siebtel des ganzen Romans, beschäftigen sich mit den Umständen eines für beide Kontrahenten tödlichen Duells zwischen dem Rittmeister Graf Tattenbach und dem Regimentsarzt Dr. Demant. Das Schußgefecht

selbst wird dabei kunstvoll ausgespart, sein Resultat dem Protagonisten des Buches, der mit dem einen der beiden Toten, dem jüdischen und völlig unmilitärischen Arzt in einer Art Freundschaft zweier Außenseiter in ihrem Infanterieregiment, die von ihrer Lebenswelt gedanklich entfremdet sind, verbunden war, bei militärischen Routineübungen mitgeteilt, wodurch das tragische Ereignis im Alltagsgeschehen gewissermaßen verschwindet. Es geht Roth also bewußt nicht um die Handlungsspannung, die durch die ausführliche Schilderung des Duells selbst doch leicht hätte erzeugt werden können; es geht ihm um menschliche Haltungen in der Spannung von gesellschaftlichen Erwartungen und Zwängen und individuellen Bedürfnissen und Entfremdungen, von Rolle und Persönlichkeit, um Offizierswürde und jüdisches Intellektuellenschicksal in der k.u.k. Provinz, um den Kontrast zwischen dem tatsächlichen Leben der Offiziere und ihren unnatürlichen und wider besseres Wissen am Leben gehaltenen Ehrbegriffen; es geht um den Zerfall eines Staates, einer Staatsidee und einer Gesellschaft, die zum historischen Verständnis des deutschsprachigen Raums in den letzten beiden Jahrhunderten gehören und das in dem Schicksal der von Trottas auf höchst lebendige Weise anschaulich und greifbar wird: eine reiche Quelle kulturanthropologischen Materials für fremdsprachige Deutschstudenten. Ob diese dann je nach Österreich fahren und die Schauplätze dieser Romanhandlung, die ihnen zum Teil, weil sie gar nicht mehr zum Donaustaat gehören, ohnehin wohl unzugänglich sind, mit eigenen Augen sehen, ist für ihre Fremdkulturmündigkeit, so komisch das klingen mag, sekundär; ihnen hat sich in der deutschsprachigen Literatur eine Kulturwelt erschlossen.

Anmerkungen

[1] Siegfried J. Schmidt: *Was ist bei der Selektion landeskundlichen Wissens zu berücksichtigen? Ein Diskussionsvorschlag.* In: Jahrbuch Deutsch als Fremdsprache 3 (1977), S. 25. Der Aufsatz ist wiederabgedruckt in: Alois Wierlacher (Hg.): *Fremdsprache Deutsch. Grundlagen und Verfahren der Germanistik als Fremdsprachenphilologie.* München 1980, Bd. 1 (= UTB 912), S. 290–299.
[2] Ebd.
[3] Jahrbuch Deutsch als Fremdsprache 1 (1975), S. 238.

⁴ A. Wierlacher: *Deutsch als Fremdsprache. Zum Paradigmenwechsel internationaler Germanistik.* In: A.W. (Hg.) (Anm. 1), S. 17.
⁵ Schmidt (Anm.1).
⁶ Bernd Witte: *Kritische Deutschkunde. Ein Beitrag der Universität Paris III (Asnieres) zu Theorie und Praxis der kulturwissenschaftlichen Germanistik.* In: Jahrbuch Deutsch als Fremdsprache 2 (1976), S. 163.
⁷ Marin Raether: *Die Landeskunde – Diskussion in der Romanistik.* In: Jahrbuch Deutsch als Fremdsprache 3 (1977), S. 284.
⁸ Wolfgang Hackl: *Ingeborg Bachmanns ‚Große Landschaft bei Wien': Plädoyer für eine literarische Landeskunde Österreichs.* In: Jahrbuch Deutsch als Fremdsprache 11 (1985), S. 220.
⁹ Gudrun Fischer: *Die Landeskunde im Fach Deutsch als Fremdsprache. Dargestellt aus der Sicht von Forschung und Lehre in der Deutschen Demokratischen Republik.* In: Jahrbuch Deutsch als Fremdsprache 12 (1986), S. 212.
¹⁰ Ebd.
¹¹ Alois Wierlacher: *Deutsche Literatur als fremdkulturelle Literatur.* In: A. W. (Hg.) (Anm. 1), S. 157.
¹² Schmidt (Anm.1), S. 267.
¹³ Robert Picht: *Landeskunde und Textwissenschaft.* In: A. W. (Hg.) (Anm. 1), S. 278.
¹⁴ Ebd., S. 283.
¹⁵ Vgl. Alois Wierlacher: *Überlegungen zur Begründung eines Ausbildungsfaches Deutsch als Fremdsprache.* In: Jahrbuch Deutsch als Fremdsprache 1 (1975), S. 123; Christian Grawe: *Der Lektürekanon der Germanistik als Fremdsprachendisziplin.* In: A. W. (Hg.) (Anm. 1), Bd. 2, S. 374.
¹⁶ A. Nitschke: *Umwelt und Verhalten.* In: *Neue Anthropologie 4: Kulturanthropologie.* München/Stuttgart 1973, S. 124 (s. Anm. 18).
¹⁷ Gerald Stieg: *Das Prinzip der Doppelinterpretation. Zur Integration von Literaturvermittlung und Landeskunde.* In: Jahrbuch Deutsch als Fremdsprache 3 (1977), S. 209.
¹⁸ Zur Orientierung über die Kulturanthropologie sei auf folgende Werke hingewiesen: Emil Utitz: *Mensch und Kultur.* Stuttgart 1933; Erich Rothacker: *Probleme der Kulturanthropologie.* Bonn 1948; Michael Landmann: *Philosophische Anthropologie.* Berlin 1955 (u.ö.) (= Göschen Taschenbuch 156); Arnold Gehlen: *Anthropologische Forschung. Zur Selbstbegegnung und Selbstentdeckung des Menschen.* Hamburg 1961 (= rde Bd. 53); *Neue Anthropologie.* Hg. H.-G. Ga-

damer und P. Vogler. Bd. 4: *Kulturanthropologie*. München/Stuttgart 1973; Christian Grawe: Artikel *Kulturanthropologie*. In: *Historisches Wörterbuch der Philosophie*. Hg. J. Ritter und K. Gründer. Basel/Stuttgart 1976, Sp. 1324–1327. Aus diesem Artikel sind einige Formulierungen in die vorliegenden Ausführungen eingeflossen.

Burkhardt Krause, Mannheim

Mentalitätengeschichte als vergleichende Kulturforschung

I. Einführung

Eine an der Aufgabe interkulturellen Verstehens orientierte Hermeneutik wendet sich gegen die Haltung, Gesellschaften würden für die von ihnen hervorgebrachten Kulturen zugleich ein ausschließliches Deutungs- und Verstehensmonopol erwerben und sie seien gleichsam auch zu deren Wächtern bestellt. Goethe war sich der Beschränktheit und Enge solcher Einstellungen bewußt, als er schrieb: »Eine jede Literatur ennuyiert sich zuletzt in sich selbst, wenn sie nicht durch fremde Teilnahme wieder aufgefrischt wird.« Beide Strömungen, sowohl die (normative) hermeneutische Engführung des Verstehens entlang ‚autochthoner' kultureller Traditionen und ‚Mentalitäten', die den Verstehenden wie die Möglichkeiten des Verstehens – in einem radikalen Sinne – an das Eigene als der horizontalen Begrenzung festbinden[1], wie auch die von der Grundeinsicht her ‚offenere' Position, die z.B. in der Romantik bei Rückert[2], bei Friedrich Schlegel oder, freilich problematischer in ihren Implikationen, im Prinzip einer transhistorischen ‚allgemein' verpflichtenden Menschenvernunft der vorkritischen Hermeneutik, etwa bei Friedrich Ast, begegnet,[3] haben ihre starken Traditionen. Pointiert bezeichnen sie das Problem der (prinzipiellen) Inkompatibilität und Kompatibilität von Kulturen und Lebensformen mit den diesen beiden Positionen verbundenen Konsequenzen für die Reichweite des Verstehens von ‚Fremdem', welches seit Anbeginn zum Kernbestand vornehmlich kulturanthropologischer Forschungen gehört.[4]

Das Goethe-Zitat findet sich übrigens in einer überaus anregenden Reflexion des Brasilianers Haraldo de Campos mit dem bemerkenswerten Titel »Europa im Zeichen des Gefressenwerdens.«[5] Dieses Bild erstaunt, weil es die ursprünglich von Europa ausgehende kolonialistische Bewegung einer ‚anthropophagischen' Aggression – des Verschlingens – umkehrt, freilich ohne selbst in jenem aggressiven Sinne verstanden werden zu wollen. Einen ‚Angriff' drückt es dennoch aus, den einer ‚weichen' kulturellen ‚Entkolonialisierung', von der Julio Cortázar spricht.[6] Sie erfolgt auf verschiedene Weisen: Durch die radikal-kritische Ablehnung (gar Verächtlichmachung) der ‚verkalkten', uninspirativ gewordenen ‚Großmutter' Europa, die nichts mehr zu sagen hat; in der selbstbewußten Ergründung und Erschließung – durch die zahllosen historisch-politischen Verwerfungen hindurch – des eigenen kulturellen und auch des ‚natürlichen' Erbes, aber letztlich doch auch in einem bedeutenden Maße durch die in fremdkulturellen Zusammenhängen gleichsam metabolisierte Kolonialistenkultur.[7] In dieser Perspektive ist es nur konsequent, wenn de Campos sagt, es könne z.B. Marcel Proust nicht mehr gelesen werden, ohne daß zugleich Lezama Lima Anerkennung gezollt werden müßte.[8] Und das gilt nicht allein für Proust, sondern für die gesamte (europäische) Literatur, die in Jahrzehnten und Jahrhunderten von Südamerika gelesen und bewundert wurde und vielfältigen Transformationen unterlag. Andererseits gilt aber auch, daß Gabriel Garcia Marquez' Blick auf die Tropen ein durch Graham Greene vermittelter ist, so wie William Faulkner Juan Rulfos Interesse auf die eigene Kultur lenkte.[9] Mit Lévi-Strauss' Hinweis auf den Charakter von Mythen als miteinander eng vernetzten Transformationssystemen möchte man sagen, daß es »niemals einen Originaltext«[10] gibt. Literaturen sind, wie Mythen, nur zu denken in der komplexen dynamischen Gesamtheit von Texten und allen sie differenzierenden Fassungen und Lesarten. Prinzipiell ist diese Auffassung auch zutreffend für Kulturen, verstanden als Kommunikationssysteme.[11]

Diese mehrschichtig-oszillierenden Bewegungen von akkulturativen Prozessen, Vernetzungen, Transformationen, der Einschreibung von Differenzen in ‚Texte' in einem eigenständigen kulturellen Code, der Veränderung und Sensibilisierung von Wahrnehmungsweisen, der Rückströme usw. läßt die z.B. in der Literaturwissenschaft – doch auch anderswo – noch immer gebräuchlichen Wertzuschreibungskriterien wie ‚original' und ‚epigonal', ‚eigenständig' und ‚abgeleitet', auch ‚hoch' und ‚niedrig' usf. als fragwürdig gegenüber den faktischen, dynamischen Prozessen des kulturellen Gebens und Nehmens erscheinen. Zumindest für Südamerika, bzw. für die meisten der Autoren, die sich jüngst zum Verhältnis Südamerika zu Europa, und umgekehrt, geäußert haben, gilt, daß die Erfahrung des ‚Anderen' – Europa – als eine vielfältig, gleichwohl durch deutlich asymmetrische Beziehungen vermittelte zu denken ist.[12] In solchen Fällen einer über lange Zeiträume hinweg bestehenden ‚Kommunikation' wird man, im Blick auf das methodische Verfahren interkulturellen Vergleichens, prüfen müssen, ob es so etwas wie genuin Fremdes gibt, oder ob es sich nicht eigentlich um eine

Mentalitätengeschichte als vergleichende Kulturforschung

heuristisch bedeutsame hermeneutische Distanzierungskategorie für analytische Zwecke handelt. Hat Fremdheit einen ontischen Status oder resultiert sie nicht oft etwa aus einem Mangel an ‚Perspektiven' auf kulturelle Phänomene?[13] In dem, was als ‚Eigenes' begriffen wird, ist das ‚Fremde' – ohne daß dies indessen immer bewußt würde, weil oft die Historizität dieser Verknüpfungen nicht gesehen wird[14] – zumindest als Potentialität, immer schon enthalten. Fremdheit, phänomenologisch-vortheoretisch verstanden, z.B. als Merkmalsabweichung oder Fehlen von Merkmalen bezüglich von Artefakten, Glaubenssystemen usw., die auch in der eigenen Lebenswelt begegnen, ist ein Oberflächenaspekt relationaler Natur. ‚Wirkliche', ‚echte' Fremdheit[15], erschließt sich erst in der Tiefe eines (historischen) Diskurses.

Für die Linguistik, die auf der Suche nach sprachlichen Universalien dem Verfahren interkulturellen Vergleichens entscheidende Einsichten verdankt[16], hat den Aspekt der ‚Potentialität' Braj B. Kachru hervorgehoben:

Using a non-native language [in literature] in native contexts to portray new themes, characters, and situations is like redefining the semantic and semiotic potential of a language, making language mean something which is not part of its traditional meaning.[17]

Ähnliches meint auch de Campos, wenn er sagt, daß alles, was von Europa kam, »glücklicherweise in der Neuen Welt umgestaltet« wurde.[18]

Wie aber kann es in dieser kulturellen Chemie der Amalgamierungen, der Umformungen und Verwandlungen, der Anreicherungen und Abstoßungen dennoch möglich sein, das für die Interkulturelle Germanistik zentrale Problem der Bestimmung der diesen Verwandlungen zugrundeliegenden Ursachen, Perspektivierungen, zu fassen? Dies ist eine Frage nach den Möglichkeiten interkultureller Hermeneutik, deren Beantwortung dem Ziel verpflichtet sein muß, »Geschichte allgemein zustimmungsfähig« zu schreiben.[19] Eine Voraussetzung ist, daß die vornehmlich unter (europäisch-)modernisierungstheoretischen Prämissen entfalteten und nach wie vor – bewußt oder unbewußt – in Geltung stehenden ‚Identitätskonzeptionen' (von Kultur, Identität, Humanität etc.) überprüft werden müssen. Eine auf diese Weise reflektierte Wissenschafts-, Paradigmen- und Ideologiegeschichte wäre selbst bedeutsamer Teil einer kritischen Kulturwissenschaft.

II. Einige Aspekte des Kulturenvergleichs

Alois Wierlacher hat für die Untersuchung des hermeneutischen Aspekts der ‚subtilitas applicandi' (im verstehenden Dreischritt) neben einer kontrastiven Kulturwissenschaft auch eine »mentalitätsgeschichtlich« ausgerichtete »Literatur- und Kulturforschung«[20] empfohlen. Demnach: eine vergleichende Kulturwissenschaft auf mentalitätengeschichtlicher Grundlage. Desgleichen hat Bernd Thum in seinem ‚Plädoyer' wichtige und hilfreiche Hinweise darauf gegeben, welche inhaltlichen Bereiche als thematischer Leitfaden eines solchen Vergleiches – in ausdrücklich historischer Einstellung – in Frage kommen.[21]

Nun gehört das methodische Verfahren des Vergleichs seit je zu den Vorgehensweisen der Kulturanthropologie, aber auch wesentlich der Sprachwissenschaft im 19. Jahrhundert, die mit diesem Verfahren die Linguistik – freilich in problematischer Anlehnung an naturwissenschaftliche Modelle (Darwin) mit allen damit einhergehenden Ausblendungen – revolutionierte. Die zahllosen, entschieden auch ideologisch bedingten, Implikationen dieses Verfahrens, die hermeneutischen Probleme, die damit verbunden waren und sind, können hier nicht dargelegt werden. Sie sind auch bekannt[22] und stehen nach wie vor in der Diskussion.[23] Es gibt aber ein wichtiges Moment, welches zumindest in einer knappen Andeutung erwähnt werden sollte. Die Rede von der ‚Weltgesellschaft', vom ‚Näherrücken' der Kulturen mag leicht den bedenklichen Schluß nahelegen, es würden sich durch die massive Dynamik einer geschichts-, gesellschafts- und kulturenverändernden Modernisierung und Technisierung der Lebensverhältnisse letztlich die Unterschiede zwischen den Kulturen einebnen und aufheben. Kultureller Wandel durch Modernisierung entsprach einer Fortschrittsidee der Industrienationen bis weit in das 20. Jahrhundert hinein. Daß dieser Prozeß zu tiefreichenden und schmerzhaften Entfremdungen, zur Kulturanomie geführt hat[24], weil er Entwicklung rigoros auf ihre funktionalistischen Dimensionen reduzierte, ohne die historisch-kulturellen Besonderheiten der brachial ‚fortschrittsbeschleunigten' Gesellschaften zu reflektieren, ist einer der hauptsächlichen Ansatzpunkte von Emanzipationsbewegungen in der sogenannten 3. Welt. In der Tat sind die verschiedensten Gesellschaften und Kulturen der Moderne durch einen gemeinsamen – entweder von außen bewirkten (»historische Aktualisierung«, Darcy Ribeiro)[25] oder aber eigendynamischen – Prozeß der Industrialisierung und Technisierung gegangen, der auf einer Ebene des pragmatischen ‚know how', der Produktion und Distribution von Gütern,

Mentalitätengeschichte als vergleichende Kulturforschung

einer weit ausgreifenden massenmedialen Kommunikation usw. interkulturelle ‚Verständigung' in diesem funktionalistisch verkürzten Sinn zu gewährleisten scheint. Die Folgekosten dieses Prozesses lassen es freilich als fragwürdig erscheinen, hierein das Vertrauen in gelingende Annäherung zu setzen.

Betrachten wir zunächst einige Prinzipien, auf denen das Verfahren des Vergleiches in der Kulturanthropologie beruht. Abhängig ist es zunächst von den verschiedenen miteinander konkurrierenden Kulturkonzepten: u.a. einem holistisch-phänomenologischen, einem kognitiv-semantischen, einem kognitiv-phänomenologischen, einem kognitiv-strukturalistischen, empiristisch-operationalistischen und ökologisch-adaptivistischen. Darüber hinaus bestehen zwischen diesen Konzepten weitere Möglichkeiten der Kombination.[26] Daß diese unterschiedlichen Ansätze für das interkulturelle Vergleichsverfahren zugleich unterschiedlich gelagerte Interessen und Perspektiven beinhalten, liegt nahe. Prinzipiell gilt aber, daß das vergleichende Verfahren immer auf die Feststellung von Varianten und Invarianten des untersuchten Materials gerichtet ist. Beurteilung und Evaluierung der eruierten Merkmale hinsichtlich Gleichheit, Ähnlichkeit, Unterschiedlichkeit, Abweichung usw. sind weiterhin abhängig vom theoretischen Begriffsraster als hermeneutischem ‚Zugriff' auf das Untersuchte. Sie werden umso schwieriger, je abstrakter oder ‚immaterieller' die zu untersuchenden Einheiten sind. Über lange Zeit ist die Kulturanthropologie davon ausgegangen, daß es in allen existierenden Kulturen Gemeinsamkeiten gibt, die sich in sogenannten ‚empty frames' darstellen lassen. Hierzu gehören zweifellos bio-physische Aspekte, die Notwendigkeit der umfassenden Arbeit an natürlichen Bedingungen von Lebenswelten usw. Die Merkmale der ‚empty frames' sind z.B. im ‚Ethnographic Atlas', im ‚Atlas of World Cultures', dem ‚Standard Cross-Cultural Sample' oder im bedeutendsten kulturanthropologischen Datenarchiv, den von Peter Murdock begründeten ‚Human Relations Area Files' (HRAF), dargestellt.[27] Insgesamt werden in diesen vier Datenbänken weit über 2000 Kulturen mit ihren exponierten Merkmalen gespeichert. Viele Themenbereiche, wie z.B wirtschaftstechnologische, ethnopsychologische/ ethnopsychoanalytische, sozialethnologische u.a.m.[28] sind durch Daten abgedeckt. Kulturanthropologische Explorationen gelten z.B. dem interkulturellen Vergleich von Erziehungssystemen, Verwandtschaftsstrukturen, dem Verhältnis von Kulturen zu geistig-körperlichen Behinderungen, zum Alter, zur Sexualität, sie gelten im Bereich gestisch-mimischer Expressionen, der non-verbalen Kommunikation, dem Eßverhalten usw.

Die Imponderabilien des vergleichenden Verfahrens liegen weniger in den Untersuchungsobjekten, als vielmehr darin begründet, inwiefern z.b. generalisierbare Aussagen gemacht werden können/dürfen. Wieviele Einheiten werden erforscht, wie nahe oder wie fern sind sich die untersuchten Kulturen (Problematik des Kontakts, der Diffusion), welche Merkmale werden untersucht, wie werden sie untersucht (Feldforschung = Primär-/ Textuntersuchungen, z.B. Reiseberichte, = Sekundäranalysen) und letztlich: *Wer* untersucht? Insbesondere dem letzten Aspekt, der Frage nach dem Untersuchungssubjekt, dem Forscher, haben Georges Devereux und der Ethnopsychoanalytiker Parin sehr hellsichtige Studien gewidmet.[29] Sie gelten z.b. dem Problem der Übertragung, der Gegenübertragung (im psychoanalytischen Sinn), Fragen der ‚Angst' des Feldforschers seinen Objekten gegenüber, der Verdrängung von Einsichten, die sich mit ethischen Normen des Forschers nicht in Einklang bringen lassen u.a.m.[30]

Trotz der in verschiedensten Kulturen augenscheinlich festzustellenden Übereinstimmungen und Ähnlichkeiten war der Blick der Kulturanthropologie, zumindest bis in die fünfziger Jahre dieses Jahrhunderts, eher auf die Varianten von Merkmalen gerichtet. In der Zwischenzeit hat sich, wie Elmar Holenstein in einer sehr kenntnisreichen Studie ausgeführt hat, insbesondere auch durch die Bemühungen der Linguistik (in Gegenbewegung zum ‚sprachlichen Relativitätsprinzip'), das Interesse wieder eindeutiger der Untersuchung von Invarianten zugewandt.[31] Holenstein macht gegenüber hartnäckigen kulturrelativistischen Positionen den Einwand geltend, daß die zwischen einzelnen Kulturen feststellbaren Differenzen oftmals weniger deren spezifisch scheinende Eigenschaften betreffen, welche ausschließlich als für diese Kulturen charakteristisch anzusehen wären, sondern daß vielmehr der »unterschiedliche Stellenwert« zu betrachten sei, der miteinander verglichenen Merkmalen innerhalb einer Kultur zukommt.[32] So richtet sich die Perspektive wieder deutlicher auf das Kulturen Gemeinsame, als auf das (oft nur vermeintlich oder an der Oberfläche) Trennende. Ganz offensichtlich tritt damit weniger die Frage nach dem, was ‚universal' und was ‚kulturspezifisch' ist, in den Vordergrund, sondern die Überlegung, welche Bedeutung ein interkulturell Gemeinsames oder voneinander Abweichendes *intrakulturell* besitzt (intrakulturelle Differenzierung). Freilich bleibt das vergleichende Verfahren des Kulturanthropologen stets in die Problematik von ‚Universalien' und kulturellen ‚Specifica' eingebunden. Der Gesichtspunkt des Verhältnisses ‚interkulturell' – ‚intrakulturell' erscheint mir bedeutsam. Denn diese Blickrichtung bricht nachdrücklich mit einer – in Deutschland vom Historismus unterstützten – kulturanthropologischen Tradition, die seit Herodot vornehmlich in kulturellen Gegensätzen zu denken gewohnt war. Ihr Skopus blieb an der Oberfläche des Beobachteten haften, konzentrierte sich – durchaus auch von einer Vorliebe für das Abweichende angeleitet – auf den Vergleich ‚objektiver' Merkmale, z.B. von Institutionen, politisch-rechtlichen Systemen, wirtschaftlich-sozialen Strukturen, das Verhältnis von Magie und ‚Wissenschaft' usw. Auf dieser Ebene ließen sich abweichende Merkmale, zumal vor der Folie eines aufklärerischen (europäischen) Denkens und dessen Idee von der Universalität des Fortschrittes, z.B. leicht als Kontradiktionen fixieren. Holenstein resümiert:

> Die charakteristischen Eigenschaften zweier Kulturen unterscheiden sich nicht dadurch, daß sie sich wechselseitig ausschließen, sondern durch den Rang, den sie in jeder von ihnen behaupten.[33]

Mit der Veränderung der Perspektive von den kulturellen Superstrukturen hin zu differenzierteren Analysen kultureller Merkmale in ihrer hierarchischen Anordnung, kommt eine historische Dimension hinzu, die ein größeres »Zeitfenster«[34] öffnet. Kulturelle Vergleiche dürfen sich nicht allein auf die Betrachtung synchroner Strukturen beschränken, sondern müssen diese als Resultate von Diachronien, also als historisch-prozeßhaft entstandene erkennen. Denn nur in der Tiefe des historischen Diskurses lassen sich z.B. die Gründe erschließen, weshalb interkulturelle Gemeinsamkeiten (Universalien) in verschiedenen Kulturen oft vollkommen unterschiedliche Wertschätzung besitzen.

Von Maitland stammt das Diktum, die Geschichte habe die Wahl zwischen der Anthropologie und dem Nichts. Dem wird man zustimmen dürfen, und die Geschichtswissenschaft hat längst – von Theodor Schieder angespornt – Anstrengungen in diese Richtung unternommen. So schreibt z.B. die Mannheimer Historikerin Hanna Vollrath, es müsse die »Entwicklung des mittelalterlichen Europa als Teil einer Entwicklungsgeschichte der Menschheit« begriffen werden.[35] Indessen wird umgekehrt auch die Anthropologie/Kulturanthropologie nicht ohne die Einbeziehung historischer Dimensionen weiterhin erfolgreich sein können.

III. Mentalitätengeschichte als vergleichende Kulturforschung

Ohne Zweifel ist die französische ‚Schule' der »Annales« jene Richtung historiographischer Forschung, die schon früh und intensiv Beziehungen zur anthropologischen/kulturanthropologischen Praxis geknüpft hat. Beispielhaft für die neuere ‚histoire des mentalités' wäre hier Georges Duby zu nennen, den, nach eigenem Bekunden, die »meisten Affinitäten«[36] mit der Ethnologie verbinden. Welches könnte nun die besondere Leistung der Mentalitätengeschichte für eine vergleichende Kulturforschung sein? Zunächst: Mentalitätengeschichte ist nicht ein Paradigma neben anderen. Sie ist eine integrative Disziplin. Wäre der Begriff nicht zu vielschichtig konnotiert, würde man wohl besser von einer ‚Weltanschauung' sprechen. Es gibt – dies verbindet die histoire des mentalités mit manchen Überzeugungen der modernen Kulturanthropologie – keinen mit einem solchen ubiquitären Anspruch (l'histoire totale; totalité de l'homme) auftretenden Zugang, wenn sich daran auch manch kritischer Einwand knüpfen läßt.[37] Es ist nicht so maßgeblich die theoretische Arbeit, welche die histoire des mentalités – auch für den Literaturwissenschaftler – attraktiv sein läßt. So läßt sich z.B. über den Begriff ‚Mentalität' (mentalité, mentality) inhaltlich kaum etwas Präzises im Sinne einer Instrumentalisierung für Definitionen sagen.[38] Dies ist gewiß problematisch angesichts einer sich immer deutlicher abzeichnenden Diskussion über die wissenschaftstheoretisch-methodologischen Grundlagen der Kulturwissenschaften (zu denen sich die Interkulturelle Germanistik zählen läßt): Problem des Fremdverstehens, kulturwissenschaftlicher Handlungsbegriff, Vergleichbarkeit von Handlungen, Symbolen usw.[39] Eines der wesentlichsten Verdienste der ‚histoire des mentalités' in wissenschaftsgeschichtlicher wie sicherlich auch kulturpolitischer Hinsicht ist es, verkarstete Denkmuster aufgebrochen zu haben. Sie hat Weite und Tiefe der ‚Kultur' neu und aus oft ungewöhnlich scheinenden Perspektiven vermessen, mit manchen zählebigen, zur Bequemlichkeit führenden Ideologien abgerechnet.[40] Sie zwingt, nein sie verführt geradezu zu einer, wenn schon nicht in jeder Hinsicht neuen oder originellen, so doch in vielen Bereichen veränderten Sicht auf soziale, kulturelle, historische und ideologische Phänomene. In diese Perspektive ist auch das ‚Fremde' mit eingeschlossen (und dies nicht nur aus dem Grund, daß Mentalitätengeschichte primär eine mediävistische Domäne ist), sowohl die interkulturell erfahrbare, wie auch die intra-/eigenkulturelle, was nicht weniger bedeutsam wegen der diesen Polen immanenten, gleichartigen Dynamiken ist.[41] Ich denke, daß es gerade dieser Aspekt synchron/diachroner Verknüpfung von inter- und intrakultureller Perspektive ist, der mit zu den wirkungsvollsten Beiträgen der histoire des mentalités für einen differenzierenden interkulturellen Diskurs gehört. Ein Überblick über die zahlreichen aus der Annales-‚Schule' hervorgegangenen oder von ihr inspirierten Studien vermag zu zeigen, daß es ihr gelang, den aus der (eurozentrischen) Vorstellung eigener Modernität, Fortschrittlichkeit, kultureller Überlegenheit heraus zumeist auf das ‚ferne' – vornehmlich außereuropäisch Fremde – gerichteten Blick auf Fremdphänomene in der eigenen Kultur zu lenken. Für diesen Perspektivenwechsel waren einige Veränderungen in den Wahrnehmungsmustern notwendig. Zu diesen gehört die von Fernand Braudel vorgenommene Neugliederung historischer Zeit.[42] Seine Unterscheidung in ‚longue durée', ‚durée courte' usw.[43] zeigt gegenüber einem linear-homogenen Zeitverständnis die Überlagerung verschiedener Zeitqualitäten, Prozesse der Trägheit und der Turbulenzen, Verharrungen, Sprüngen, plötzlichen Umbrüchen; zeigt, daß Zeitfolgen oft ‚diskontinuierlich' (im Sinne Foucaults) sind. So werden scharfe Epochengrenzen obsolet, ebenso wie die Vorstellungen, im Prozeß der Zivilisation walte eine Sukzessivlogik vor. Das Mittelalter rückt plötzlich, wie bei Duby[44], näher an die Moderne heran, läßt das mittelalterliche an ihr deutlicher hervortreten.[45] In der deutschen kulturwissenschaftlichen Diskussion spricht man von den »Tiefendimensionen« des »Kulturellen Erbes«[46], vergleichbar den Überlegungen von Maurice Halbwachs (‚kollektives Gedächtnis'), Aby Wartburgs (‚Mnemosyne') oder Georges Dubys ‚représentations d'un passé collectif'.[47] Die Zergliederung des *einen* Zeithorizonts als jeweils aktuellem Endpunkt von Entwicklung in mehrere Zeitebenen unterschiedlicher Qualität und ‚Energie', bringt einen weiteren wesentlichen Gesichtspunkt mentalitätengeschichtlicher Forschung in den Blick. Die frühe histoire des mentalités hat – verkürzt gesprochen – Mentalität als Ausdruck ‚objektiver' Strukturen und beide in einem Wechselverhältnis zueinander gesehen. Sie unterschied sich damit nicht so sehr von Ansätzen, wie sie etwa von Karl Lamprecht oder auch von Georg Simmel in Deutschland vertreten wurden. Die wachsende Einsicht indessen, daß eine Analyse von ‚Oberflächenphänomenen' (des ‚Materiellen' z.B.) für das tiefere Verständnis historischer Prozesse zu kurz greift, weil sie z.B., um auf interkulturelle Probleme hinzuweisen, nicht erklären können, warum in Gesellschaften mit strukturell ähnlichen Voraussetzungen ‚importierte' Systeme, Institutionen erfolgreich sind oder aber scheitern[48], hat die Dringlichkeit deutlich werden lassen, in die Tiefe des historischen Diskurses zu gehen, ohne freilich die materiellen Strukturen zu vernachlässigen. Die neuere Mentalitätengeschichte (die sich so freilich nicht mehr bezeichnet), vornehmlich unter dem Einfluß von Duby und Le Goff, spricht immer nachdrücklicher von der ‚histoire de l'imaginaire'. Diese richtet sich entschieden auf den Gehalt der ‚Vorstellungen', ‚Bilder', ‚Träume', auf

‚kognitive Muster' usw. als selbst geschichtsmächtigen Kräften.⁴⁹ Diese ‚Wende' läßt auch sehr deutlich die wissenschaftsgeschichtliche Tradition erkennen, in der die ‚histoire des mentalités' steht und auch die Beziehungen, die sie mit anderen humanwissenschaftlichen Disziplinen verbindet: Sie reicht von E. Durkheim (kollektives Bewußtsein) über van Gennep (rites de passage), M. Mauss (Essai sur le don) bis zu Pierre Bourdieu, Michel Foucault, desgleichen zu Bachelard oder M. Serres. So wie die ‚Mentalitätengeschichte' historisch-kulturelle Phänomene nur als ein dichtes Geflecht von Beziehungen, Verknüpfungen, gleichsam als ‚Myzem' begreift, läßt sich auch ihr Kulturbegriff, wie auch die Weise des wissenschaftlichen Umgangs mit Kultur, nur als ein solches System von Zusammenhängen begreifen. Das spiegelt sich sowohl in der außerordentlichen Vielfalt der Themen, wie in der Vielfalt der interdisziplinären Beziehungen wider. Ich möchte im schmal bemessenen Raum dieses Aufsatzes lediglich auf den Aspekt des Imaginären eingehen. (Soziale) Realität ist ein Konstrukt, eine kollektive Vorstellung. Sie beruht auf Wahrnehmungen, die selbst geschichtlich sind. Diese Überzeugung der histoire de l'imaginaire verbindet sie mit dem ‚Symbolischen Interaktionismus' (Herbert Blumer, E. Goffman u.a., in Frankreich – cum grano salis – Bourdieu, in Deutschland mit einigen Positionen der Kultursoziologie).⁵⁰ Mit der besonderen Betonung des Imaginären wird das Feld der Sozialgeschichte wenngleich nicht verlassen, so doch deutlich zugunsten einer Analyse der ‚Diskurse' über das ‚Wirkliche' zurückgestellt. Duby macht deutlich, daß die Phantasie (das ‚Erfinden' von Wirklichkeit) nur »genauso *wirklich* ist wie das Materielle.«⁵¹ Bedeutsam ist in diesem Kontext der Begriff ‚représentation'. Repräsentation wird in der Regel als intelligible Leistung der Übersetzung von etwas ‚Wirklichem' verstanden (‚concept')⁵² Le Goffs Auffassung hingegen geht dahin, ‚Realität' gleichsam als Summe aller möglichen und schon geführten Diskurse (literarische, ästhetische usw.) zu begreifen. Ein vorzügliches Beispiel für eine solche Geschichte als Diskursabfolge ist Georges Dubys Buch »Le dimanche de Bouvines, 27. juillet 1214« von 1973. Die historiographische Analyse muß am Ereignis ansetzen, Gründe, Motive, das Ensemble der es bewirkenden Umstände prüfen. Doch gehört zum Ereignis nicht weniger wesentlich die bis in die Neuzeit hineinreichende Geschichte der über es geführten Diskurse als Ausdrucksform der Wahrnehmungen dieses Ereignisses.⁵³

Mais nous savons de mieux en mieux avec la psychoanalyse, avec la sociologie, avec l'anthropologie, avec la réflexion sur les media, que la vie de l'homme et des sociétés est autant liée à des images qu'à des réalités plus palpables.[54] Es wäre einfach, der Interkulturellen Germanistik die Kooperation mit der histoire de l'imaginaire nur anzuempfehlen, ohne zumindest in einer Andeutung darauf hinzuweisen, daß eine wirkliche Erprobung dieses Ansatzes – mit wenigen guten Ausnahmen –[55] in der Literaturwissenschaft eigentlich noch aussteht. Freilich: Mit der Erschließung des Imaginären werden auch die Grenzen zwischen ‚Fiktion' und ‚Realität', die nicht zuletzt auch die Grenzen zwischen vermeintlich ‚wirklichkeitsnahen' und ‚wirklichkeitsfernen' Textgattungen waren, überschritten. Eine solche Trennung entspricht dem Denken der histoire de l'imaginaire nicht mehr.

Ich widme diesen Aufsatz Margit Helm.

Anmerkungen

[1] Vgl. Elmar Holenstein: *Menschliches Selbstverständnis. Ichbewußtsein, Intersubjektive Verantwortung, Interkulturelle Verständigung.* Frankfurt 1985, S. 187ff.
[2] Vgl. Holenstein (Anm. 1), S. 114.
[3] Vgl. G.A.F. Ast: *Grundriß der Philologie.* Landshut 1808.
[4] Vgl. Roland Girtler: *Kulturanthropologie.* München 1979.
[5] Haraldo de Campos: *Über die anthropophagische Vernunft: Europa im Zeichen des Gefressenwerdens.* In: Curt Meyer-Clason (Hg.): *Lateinamerikaner über Europa.* Frankfurt 1987, S. 101–116.
[6] Julio Cortázar: *Über Brücken und Wege.* In: Curt Meyer-Clason (Anm. 5), S. 131.
[7] Vgl. dazu insgesamt Curt Meyer-Clason (Anm. 5).
[8] de Campos (Anm. 5), S. 114.
[9] Meyer-Clason (Anm. 5), S. 22.
[10] Claude Lévi-Strauss: *Mythologica IV: Der nackte Mensch.* Frankfurt 1974, S. 576.
[11] Zum Charakter der Kultur als ‚Kommunikationssystem' vgl. Edmund Leach: *Kultur und Kommunikation.* Frankfurt 1978.
[12] Vgl. dazu die Aufsätze in Meyer-Clason (Anm. 5).
[13] Vgl. dazu Holenstein (Anm. 1), S. 104ff.

[14] Vgl. dazu Bernd Thum: *Historische deutsche Literatur in interkultureller Textvermittlung. Kritische Analyse und Plädoyer.* In: Jahrbuch Deutsch als Fremdsprache 10, 1984.
[15] Vgl. zum Begriff der ‚echten' Fremdheit Karlheinz Ohle: *Das Ich und das Andere. Gründzüge einer Soziologie des Fremden.* Stuttgart 1978.
[16] Vgl. Holenstein (Anm. 1), S. 109ff.
[17] Zit. nach Holenstein (Anm. 1), S. 116.
[18] de Campos (Anm. 5), S. 116.
[19] Jörn Rüsen: *Die Kraft der Erinnerung im Wandel der Kultur. Zur Innovations- und Erneuerungsfunktion der Geschichtsschreibung.* In: B. Cerquiglini/H.U. Gumbrecht (Hrsg.): *Der Diskurs der Literatur- und Sprachhistorie. Wissenschaftsgeschichte als Innovationsvorgabe.* Frankfurt 1983, S. 37.
[20] Alois Wierlacher: *Vorbereitende Bemerkungen zu einer interkulturellen Hermeneutik deutscher Literatur.* In: Jahrbuch Deutsch als Fremdsprache 9, 1983, S. 3.
[21] Bernd Thum (Anm. 14).
[22] Vgl. z.B. Holenstein (Anm. 1), S. 104ff.; Günter Dux: *Die Logik der Weltbilder. Sinnstrukturen im Wandel der Geschichte.* Frankfurt 1982, S. 103ff.
[23] Vgl. z. B. H. G. Kippenberg/B. Luchesi (Hrsg.): *Magie. Die sozialwissenschaftliche Kontroverse über das Verstehen fremden Denkens.* Frankfurt 1978.
[24] Vgl. hierzu M. Mies: *Kulturanomie als Folge der westlichen Bildung.* In: Die Dritte Welt 1, 1972; Karl-Heinz Osterloh: *Die Entstehung der westlichen Industriegesellschaft und die Revolution der Interaktionsweisen.* In: Archiv für Kulturgeschichte 58, 1976, S. 340–370.
[25] Darcy Ribeiro: *Der zivilisatorische Prozeß.* Frankfurt a.M. 1983, S. 275.
[26] Vgl. Peter Masson: *Interpretative Probleme in Prozessen interkultureller Verständigung.* In: W. Schmied-Kowarzik/J. Stagl (Hrsg.): *Grundfragen der Ethnologie. Beiträge zur gegenwärtigen Theoriediskussion.* Berlin 1981, S. 129ff.
[27] Vgl. Thomas Schweizer: *Interkulturelle Vergleichsverfahren.* In: Hans Fischer (Hrsg.): *Ethnologie. Eine Einführung.* Berlin 1983, S. 439f.
[28] Vgl. Schweizer (Anm. 27), S. 432.
[29] Vgl. z.B. Georges Devereux: *Angst und Methode in den Verhaltenswissenschaften.* München 1967.
[30] Vgl. dazu Devereux (Anm. 29), S. 17ff.
[31] Vgl. Holenstein (Anm. 1), S. 128ff.

[32] Holenstein (Anm. 1), S. 137.
[33] Holenstein (Anm. 1), S. 139.
[34] Bernd Thum (Anm. 14).
[35] Hanna Vollrath: *Das Mittelalter in der Typik oraler Gesellschaften.* In: Historische Zeitschrift 233, 1981, S. 594.
[36] Georges Duby/Guy Lardreau: *Geschichte und Geschichtswissenschaft. Dialoge.* Frankfurt a.M. 1982, S. 103.
[37] Vgl. z.B. Jürgen Kocka: *Sozialgeschichte zwischen Struktur- und Erfahrungsgeschichte.* In: W. Schieder/V. Sellin (Hrsg.): *Sozialgeschichte in Deutschland I.* Göttingen 1986, S. 67–88.
[38] Vgl. hierzu u.a. Volker Sellin: *Mentalität und Mentalitätengeschichte.* In: Historische Zeitschrift 241, 1985, S. 555–598.
[39] Vgl. hierzu: Oswald Schwemmer: *Handlung und Struktur. Zur Wissenschaftstheorie der Kulturwissenschaften.* Frankfurt a.M. 1987.
[40] Vornehmlich mit Annahmen der Linearität historischer Prozesse, Evolutionismus, Modernisierungstheorien.
[41] Vgl. dazu Eric Wolf: *Europe and the People without History.* Berkeley and Los Angeles 1982.
[42] Vgl. Fernand Braudel: *Écrits sur l'histoire.* Paris 1969.
[43] Vgl. Braudel (Anm. 42), S. 11ff.
[44] Vgl. dazu Otto Gerhard Oexle: *Die ‚Wirklichkeit' und das ‚Wissen'. Ein Blick auf das sozialgeschichtliche Oeuvre von Georges Duby.* In: Historische Zeitschrift 232, 1981, S. 61–91.
[45] Vgl. dazu auch: Joseph Szövérrfy (Hrsg.): *Mittelalterliche Komponenten des europäischen Bewußtseins.* Berlin 1983.
[46] Vgl. hierzu Bernd Thum (Hrsg.): *Gegenwart als kulturelles Erbe. Ein Beitrag der Germanistik zur Kulturwissenschaft deutschsprachiger Länder.* München 1985; Burkhardt Krause: *Über die Aktualität der Erbe-Diskussion.* In: Zeitschrift für Literaturwissenschaft und Linguistik (LiLi) 61, 1986, S. 16–46.
[47] Vgl. Maurice Halbwachs: *Das kollektive Gedächtnis.* Frankfurt a.M. 1985: Zur Mnemosyne-Konzeption vgl. u.a. Ernst H. Gombrich: *Aby Warburg. Eine intellektuelle Biographie.* Frankfurt a.M. 1984.
[48] Vgl. dazu Holenstein (Anm. 1), S. 133ff.
[49] Vgl. z.B. Georges Duby: *Die mittelalterlichen Gesellschaften. Ein Überblick.* In: Georges Duby: *Wirklichkeit und höfischer Traum. Zur Kultur des Mittelalters.* Berlin 1986, S. 9–30; dgl. Georges Duby: *Über einige Grundtendenzen der modernen französischen Geschichtswissenschaft.* In: Historische Zeitschrift 241, 1985, S. 543–553.

[50] Vgl. z.B. Wolfgang Lipp/Friedrich Tenbruck: *Zum Neubeginn der Kultursoziologie.* In: Kölner Zeitschrift für Soziologie und Sozialpsychologie 31, 1979, S. 393–398.
[51] Duby (Anm. 36), S. 41.
[52] Vgl. Jacques Le Goff: *L'imaginaire médiéval.* Paris 1985, S. III ff. u.ö.
[53] Vgl. dazu Oexle (Anm. 44), S. 66f.
[54] Le Goff (Anm. 52), S. VI.
[55] Vgl. z.B. Bernd Thum: *Geschlechterkultur und Minne. Ein Versuch zur Sozial-, Funktions- und Mentalitätengeschichte des oberrheinischen Minnesangs im 12. Jahrhundert.* In: Ulrich Müller (Hrsg.): *Minne ist ein swaerez spil. Neue Untersuchungen zum Minnesang und zur Geschichte der Liebe im Mittelalter.* Göppingen 1986, S. 3–71.

Harro Segeberg, Hamburg

Technik als Kultur

Zur interkulturellen Erforschung literarischer Technikdarstellungen

1.

Um die Frage, inwiefern Technik Kultur sei, wurde bisher vorzüglich im Rahmen des immer noch anhaltenden Kulturkampfes zwischen naturwissenschaftlich-technischen und literarisch-humanistischen Bildungseliten gestritten. Die Auseinandersetzung, die diese »zwei Kulturen« (C.P. Snow)[1] um die wechselseitige Exklusivität ihrer Bildungsansprüche austragen, prägt nach wie vor die internationalen Debatten um die Rolle von Technik und Naturwissenschaften selbst dort, wo (wie zuletzt von Lepenies vorgeschlagen) die Anzahl der streitenden Kulturen auf drei erhöht wird.[2] Technisch-naturwissenschaftliche und literarisch-humanistische Kultur stehen einander dabei entweder unversöhnlich gegenüber (so bei Snow), oder sie werden (nach Lepenies) zumindest in Grenzen von einer neuen soziologischen Kultur miteinander vermittelt. Hintergrund dieser Debatten ist zumeist die Frage danach, mit Hilfe welcher kulturellen Leitbilder die technisch-industriellen Revolutionen des 19. und 20. Jahrhunderts im Kollektivbewußtsein der Zeitgenossen verarbeitet werden konnten.

Zu wenig beachtet wird dabei, daß es durchaus Versuche gegeben hat, ein alle menschliche Praxisfelder integrierendes universales Kulturideal zu begründen. So galt England im 19. Jahrhundert nicht nur als Ursprungsland der industriellen Revolution, sondern auch als Beispiel für eine gelungene Synthese alter und neuer Kulturvorstellungen, deren Vorbildcharakter im Zeitalter der Jahrhundertwende allerdings recht schnell von der explosiven Dynamik eines revolutionären »Amerikanismus« abgelöst werden sollte. Die Rezeption technisch-industrieller Revolutionen war jedenfalls zumal im anfangs rückständig erscheinenden Deutschland von Beginn an mit Problemen des Kulturkontaktes, der Kulturverflechtung oder auch des Kulturzusammenstoßes mit fremdnationalen Universal-Kulturen verschwistert.

Harro Segeberg

Über die damit verbundenen Akkulturationsprobleme möchte ich im folgenden in der gebotenen Kürze anhand einiger weniger, bisher nahezu unbekannter Fallbeispiele ganz knapp berichten. Sie haben selber grenzüberschreitenden Charakter, weil sie aus dem Umkreis einer sich in Essays, Erzählungen, Autobiographien oder Reiseberichten literarisch äußernden technischen Intelligenz stammen.

2.

Denn auch wenn die Literaturgeschichte es bis heute nicht recht zur Kenntnis nimmt: es waren in Deutschland vor allem die »Dichter-Ingenieure«, die sich schon im 19. Jahrhundert für die Möglichkeit einer Übernahme integrativer Kulturvorstellungen interessierten.[3] So hat etwa der Komponistensohn und schriftstellernde Eisenbahningenieur Max Maria von Weber (1822–1881) als Erzähler und popularliterarischer Essayist immer wieder versucht, das englische Beispiel einer gelungenen Integration technisch-naturwissenschaftlicher Kulturleistungen in Deutschland einzubürgern. Materielle Artefakte und ideelle Geistesschöpfungen sollten danach – so von Weber – im Rahmen eines Kulturbegriffs ihren Platz finden, der ebenso universal wie traditional gedacht war und deshalb dem Horizont der tonangebenden deutschen bildungsbürgerlichen Eliten sehr weit entgegenkommen konnte.[4] Die englischen Meister der Ingenieurkunst – wie Thomas Telford oder die beiden Stephensons – bewiesen jedenfalls für von Weber ihr umfassendes Kulturideal nicht nur als Mäzene der schönen Künste, sondern noch mehr dadurch, daß sie als Baumeister monumentaler Brücken die Nähe zur antiken Steinarchitektur suchten und somit die moderne Technik in ein erweitertes bildungshumanistisches Kunstverständnis einfügten.[5]

Diese Brückenarchitektur schuf »Bauwerke ohne Gleichen« wie für die Ewigkeit,[6] weil ihre großen Schöpfer sich in ihrem ideellen und materiellen Aufwand trotz aller Kompromisse noch nicht vollständig dem Diktat einer strikt ökonomisch denkenden Kosten- und Mitteloptimierung unterstellten. Ihre Technik erschien als ebenso schön wie naturnah, weil ein George Stephenson »in eine gerade Eisenbahnstrecke eine schlanke Kurve legte, [da] er es nicht über's Herz bringen konnte, eine gar zu schöne Eiche niederschlagen zu lassen«.[7] Noch die darin enthaltene Stilisierung der Realgeschichte erlaubt Rückschlüsse auf die Wunschvorstellungen eines Ingenieurs, der Technik und ästhetische Naturauffassung miteinander vermitteln wollte. Wie heute wieder gefordert,[8] soll sich die technische von den Wertvorstellungen der künstlerischen Kultur her begrenzen lassen.

Der Einfluß dieses das Alte mit dem Neuen versöhnenden englischen Gentleman-Ingenieurs ist im Deutschland des 19. Jahrhunderts bis in die Briefe der Siemens-Brüder[9] oder in Fontanes »Cécile«-Roman mit seinem »das englische so liebenden« »Kabelmann« und »Zivilingenieur« Leslie Gordon spürbar.[10] Der Ökonomisierung der Technik ließ sich mit diesen Idealen jedoch nicht dauerhaft entgegenwirken.

Denn: das Eisen konnte sich erst dadurch mit den »funktionalen Momenten« eines zunehmend kapitalistisch geprägten »Wirtschaftslebens« verbinden, daß es sich von der Eingrenzung in eine traditionale Steinarchitektur befreite.[11] Was der soeben zitierte Walter Benjamin die »transitorischen Zwecke« der reinen Eisenkonstruktionen genannt hat, hieß schon für von Weber »die Hast unserer zivilisatorischen Wechselwirkungen«, deren Brücken nur solange stehen müßten, wie »die Dauer des rostenden Eisens« den Belastungen standhalte.[12] Die Ästhetik der Eisenbauten beruhte von nun an einzig und allein darauf, daß sie die aufs äußerste gesteigerte Zweckmäßigkeit einer »rationalen Konstruktion« zum Wahrnehmungs-Choc für den nach klassischer Dekoration suchenden Betrachter zuspitzten.[13] Technik will jetzt nur noch »funktionelle Schönheit«.[14] Die Materialfülle einer aufwendigen klassizistischen Brückenarchitektur mußte plötzlich wie eine unnötige Kostenverschwendung aussehen. Ästhetik meint jetzt nicht mehr die Wahrnehmung einer in sich ruhenden »autonomen« Schönheit.

Die funktionale Verwendung des Materials, »der Maßstab des ‚Kleinsten', [...] auch des Kleinsten der Menge, des Wenigen« (W. Benjamin) begründete eine neue Kulturvorstellung, in der sich von nun an die schönen den nützlichen Künsten anpassen müssen.[15] Die universale Lebenskultur einer zweckrationalen »Sachlichkeit« beginnt schon in der zweiten Hälfte des 19. Jahrhunderts von den Konstruktionen der Technik her die schönen Künste umzuschmelzen.[16] Statt einer traditionalen läßt sich nunmehr von einer revolutionären Universalität im neuen Kulturideal sprechen. Die Nachahmung des englischen Beispiels reichte nicht mehr aus.

3.

Die zeitgenössische kontinentale technische Intelligenz hat darin die Chance gesehen, die Leistungen der vor allem in Frankreich und

Deutschland gepflegten technischen Wissenschaften ins Spiel zu bringen.[17] So sollte etwa deutsche Gelehrsamkeit dem eher theoriefernen englischen Pragmatismus zu Hilfe kommen: denn da die außerordentlich hohen Materialpreise des neuen Baustoffs Eisen zu exakter Vermessung und optimaler Kostenkalkulation zwängen, brauche nun auch der als genialer Autodidakt geltende englische Konstrukteur eine gründliche wissenschaftliche Unterstützung, und der akademisch qualifizierte deutsche Ingenieur könne sie ihm liefern.[18] Der schwäbische Humanistensohn, Dampfpflüger und Agrartechniker Max Eyth (1836–1906) hat versucht, in diesem Sinne in England zu reüssieren, und darüber nach Deutschland in autobiographischen Reiseberichten, Gedichten und Erzählungen berichtet.[19]

Max Eyth hat in seiner Eigenschaft als Verkaufsingenieur einer englischen Dampfpflugfirma – nach langen Lehr- und Wanderjahren in England – Ägypten, Osteuropa und Süd- und Nordamerika bereist und dann in der retrospektiven literarischen Stilisierung seiner Reisen ein Technikideal entfaltet, in dem englischer Erfindergeist und deutsche Tüchtigkeit eine wegweisende Synthese eingehen sollten.[20] Wenn Eyth eine seiner Erzählungen »Blut und Eisen« (1899) nennt und darin vom erfolgreichen Konkurrenzkampf gegen einen französischen Mitbewerber in Ägypten berichtet,[21] so macht schon die Anspielung auf ein ähnlich lautendes Bismarck-Wort deutlich, wie sehr für ihn nur ein die Spitzenleistungen englischer Technik mit deutscher Gründlichkeit ausbauender deutscher Ingenieur zur weltweiten Expansion des gerade gelungenen nationalen Einigungswerks beitragen konnte. Eyths Gedicht- und Novellensammlung »Hinter Pflug und Schraubstock« (1899) wurde in diesem Sinne recht schnell zum viel gerühmten Volks- und Jugendklassiker über den – so die Rezensenten – »Siegeszug deutscher Arbeit«, mit dem »die errungene Weltstellung Deutschlands in Technik und Industrie« noch ohne alle antienglischen Ressentiments befestigt werden sollte.[22] Chauvinistische Entgleisungen blieben dem wilhelminischen Unternehmerroman eines Stratz, R. Herzog oder Zobeltitz vorbehalten.[23]

Eine schon schärfer ausgeprägte nationale Perspektivierung technischer Innovationen zeigte sich in Deutschland bis ins frühe 20. Jahrhundert hinein an der Rezeption der Luftfahrt. Ballonluftfahrt und Zeppelinflüge galten hier nämlich lange als poesiefähige, naturnahe und ‚sichere' Luftfahrtschöpfungen, in denen sich die Überlegenheit eines einzig an der Brauchbarkeit seiner Produkte interessierten deutschen Erfinder- und Ingenieurgeistes zeigen sollte. Produktive, weil technisch vervollkommnete Ingenieurarbeit konnte hier ein letztes Mal öffentliche

Begeisterungsstürme auslösen, die bis in die Jugendliteratur der Zeit hineinreichten.[24] Es hat erst der Zeppelinkatastrophen des 20. Jahrhunderts bedurft, um diese spezifisch deutsche Luftfahrtbegeisterung mit der lange als Irrweg angesehenen Technik des motorisierten Flugzeugs zu versöhnen.[25] Hier aber war – mit den Brüdern Wright oder dem Ozeanflieger Lindbergh – der stetig wachsende Führungsanspruch Amerikas unübersehbar.[26]

4.

Daß die Ökonomisierung der Technik mit dem Wechsel in der nationalen Führungsrolle verbunden sein könnte, kam schon den Dichter-Ingenieuren des 19. Jahrhunderts ins Bewußtsein. Denn, so bereits von Weber, nicht Stephensons »altenglisches Gesicht«, sondern die »nur dem Amerikaner in so hohem Maße eigene rücksichtslose Energie« sei in der Lage, die neuen, ohne Rücksicht auf andere Gesichtspunkte »auf den Zweck direkt losschreitenden« Brückenkonstruktionen zu entwerfen.[27] Max Eyth hat versucht, mit seiner Erzählung »Berufstragik« (1899) auch vor diesem Hintergrund den deutschen Beitrag neu zu gewichten.

Eyth hat sich dazu im Gewand einer literarischen Rollenerzählung in die Figur eines fiktiven in Deutschland ausgebildeten österreichischen Ingenieurs hineingedacht und mit seiner Hilfe das Bild einer Enno-Brücke in Schottland entworfen, bei deren literarischer Konstruktion er das reale Vorbild der am 29. Dezember 1879 eingestürzten Brücke über den Firth of Tay recht freizügig verwertet.[28] Denn bei Eyth kann erst sein an einem deutschen Polytechnikum in der Kunst der statischen Berechnungen geschulter fiktiver Ingenieur im Auftrage eines wagemutigen, aber den neuen Anforderungen allein nicht mehr gewachsenen englischen Brückenbauers eine Konstruktion aus Eisen durchsetzen, die das amerikanische Vorbild eines ökonomisch verschlankten Brückendesigns nicht einfach kopiert, sondern im Sinne einer übernationalen Synthese aus deutscher Wissenschaftlichkeit, englischem Pragmatismus und amerikanischem Kosten-Denken noch überbietet. Oder anders: deutsche Gelehrsamkeit muß hier englischer Theoriefremdheit zu Hilfe kommen, um mit Hilfe mathematisch exakter Kosten-Kalküle die schon von den Zeitgenossen als »frühamerikanisch« charakterisierte Tay-Brücke im Gewande der fiktiven Enno-Brücke möglich zu machen.[29] Die Ehrenrettung einer bis dahin eher als weltfremd verrufenen deutschen Wissenschaftlichkeit hätte nicht programmatischer ausfallen können.

Harro Segeberg

Dieser deutsch grundierte Amerikanismus meint nun schon bei Eyth – wie später in der Literatur der Neuen Sachlichkeit oder den Fordismus-Debatten der technischen Intelligenz – Wirtschaftlichkeit ohne Profit-Gedanken.[30] Die Kosten-Optimierung ist nämlich nur so lange zulässig, wie sie zur sparsamen Verwendung finanzieller Mittel und damit zur Finanzierbarkeit technischer Schöpfungen beiträgt. Die »Geldfrage« darf dagegen in Krisensituationen nicht dazu führen, daß man ein risikoreiches Projekt zugunsten einer bequemeren Geld-Rendite aufgibt. Der Ingenieur muß vielmehr Aktionäre, die das erwägen, gleichsam zur Ordnung und damit zur produktiven Verwendung des Geld-Kapitals zurückrufen.[31] Diese Kosten-Technik verfährt also ökonomisch, ohne dabei die Geld-Vermehrung zu denken. In dieser Versachlichung des Kapital-Gedankens liegt die universale Kulturleistung dieses Technik-Kapitalismus bis heute.

Im »Anschein (von) Neutralität« erfüllt sich also nicht erst in Ernst Jüngers »Der Arbeiter« (1932) der eigentliche »Machtcharakter« dieser Technik.[32] Denn da man sich in ihrem Zeichen schon bei Eyth nur dann verwirklicht, wenn man zuvor auf jede eigene Interessenwahrnehmung verzichtet, ist das äußerste an Opfern gerechtfertigt. Vom Prinzip der Kostenminimierung darf man demzufolge sogar im Angesicht tödlicher Katastrophen nicht abweichen. Der Arbeitende muß sich – soldatisch diszipliniert – vielmehr selber zum technischen Material verwandeln und sich in den Lücken der Technisierung – nach dem Vorbild militärisch gehärteten Mensch-Materials – verschleißen lassen. Angesichts der Opfer eines Unfalls sagt Eyths Held gefährlich-wegweisend: »Unsere Zeit braucht Leute von Stahl«; denn »auch unsre Schlachten haben ihre Toten; es kann nicht anders sein.«[33] Technik hat sich zur Kriegführung gegen eine »feindliche Natur« gewandelt – daß alle Risiken im Umgang mit ihr von außen verursacht sind, muß man dabei vergessen machen.[34]

Wenn der fiktive Erbauer der Brücke bei Eyth im Unglückszug umkommt und ins Meer stürzt, so liegt das ganz in der Logik eines Konfliktmodells, das den sozialen zum Natur-Konflikt umdeutet und damit den Totalitätsanspruch einer aufs äußerste gesteigerten ,Sachnotwendigkeit' begründet. Die Differenz zum Kulturideal Max Maria von Webers ist von daher besonders augenfällig: die Akkulturation dieser Technik begrenzt nicht, sondern radikalisiert ihren Machtcharakter. Denn: Eyths Held propagiert eine »Rasse aus Hartguß«, die »die Ausdauer und die Zähigkeit der anglosächsischen Rasse« zum stählernen Willen zuspitzt. Amerika kommt erst im »Trotz (solcher) nordischen Mannen« wirklich zur Geltung.[35] Gemildert wird dieses Programm nur dadurch, daß Eyths Held sein Technik-Ideal selber nicht durchhält. Als er am Ende ins Meer stürzt, ist er in jeglicher Hinsicht ‚tragisch' gescheitert. Der Dichter-Ingenieur Eyth spielt noch mit einem Deutungsmodell, das der Popularroman des frühen 20. Jahrhunderts dann zu einschüchternder Größe entfaltet.[36]

5.

Wenn man zurückblickt, so wird deutlich, wie sich im Kulturstreit von technisch-naturwissenschaftlichen und literarisch-humanistischen Bildungseliten zwei unterschiedliche Wege zu ihrer Vermittlung erkennen lassen: das eher auf Selbstbegrenzung angelegte traditionale »englische« Modell einer von den schönen Künsten her disziplinierten Technik und die »amerikanische« Idee einer ebenso universal wie revolutionär gedachten Funktionalisierung aller Lebensbereiche im Zeichen eines zweckrational-versachlichten Technik-Kapitalismus. Durch die wechselnden nationalen Vorbilder hindurch ist weiter Technik-Rezeption als Kulturübernahme, Anreicherung und schließlich – in Eyths »Amerikanismus«-Deutung – als Kulturverschmelzung auf dem Wege hin zu einer neuen übernationalen »Weltsprache der Technik« (E. Jünger) erkennbar.

Ob sich deren revolutionäre Dynamik tatsächlich zum »Weltstaat« mit totalitären Geltungsansprüchen ausweitet, ist bis heute eine Frage danach, ob man nationale Eigenkulturen als Mittel zur Entgrenzung oder als Mittel zur Begrenzung technischer Revolutionen auffaßt.[37] Am deutschen Beispiel ist diese Grundstruktur eines prinzipiellen Zielkonflikts lehrreich. Seine Erhellung sollte zur weiteren interkulturellen Erforschung nationaler Technik-Rezeption anleiten.

Anmerkungen

[1] Charles P. Snow: *Die zwei Kulturen. Literarische und naturwissenschaftliche Intelligenz* (zuerst 1959 und 1963). Stuttgart 1967 (= Versuche 10).
[2] Wolf Lepenies: *Die drei Kulturen. Soziologie zwischen Literatur und Wissenschaft*. München und Wien 1985.

[3] Vgl. die – allerdings recht unkritische – ältere Sammlung einschlägiger Lebensläufe von Heinrich Wiesenthal und Max Blücher (Hg.): *Dichter-Ingenieure*. Leipzig 1924 (= Führende Männer, Bd. 8/8a).

[4] Die umfassendste Textsammlung liegt vor als Max Maria von Weber: *Aus der Welt der Arbeit. Gesammelte Schriften.* Hg. von Maria von Wildenbruch, geb. von Weber. Berlin 1907. Entstanden sind die wichtigsten Schriften von Webers in den sechziger und siebziger Jahren des 19. Jahrhunderts. Vgl. den bibliographischen Nachweis in Harro Segeberg: *Literarische Technik-Bilder. Studien zum Verhältnis von Technik- und Literaturgeschichte im 19. und frühen 20. Jahrhundert.* Tübingen 1987 (= Studien und Texte zur Sozialgeschichte der Literatur, Band 17), S. 277.

[5] Vgl. den Essay von Webers: »Im Hause Robert Stephenson's« (1867). In: ders.: *Werke und Tage. Gesammelte Aufsätze.* Weimar 1869, S. 45–82. Zitat S. 73.

[6] Von Weber (Anm. 5), S. 54.

[7] Von Weber (Anm. 5), S. 53 (ohne die Hervorhebungen des Originals).

[8] Vgl. Klaus Michael Meyer-Abich: *Die Chance der Besserung. Es gibt keinen Fortschritt gegen die Natur.* In: Süddeutsche Zeitung. Wochenbeilage 20./21.6.1987, S.1f.

[9] Vgl. Jürgen Kocka: *Unternehmensverwaltung und Angestelltenschaft am Beispiel Siemens 1847–1914. Zum Verhältnis von Kapitalismus und Bürokratie in der deutschen Industrialisierung.* Stuttgart 1969 (= Industrielle Welt, Band 11), S. 169.

[10] Theodor Fontane: *Cécile.* Roman (1886). Hg. von Christian Grawe. Stuttgart 1982 (= Reclams Universal-Bibliothek Nr. 7791), S. 177, 184, 197.
Daß solche Anspielungen durchaus konkret gemeint waren, läßt sich daran sehen, daß Fontane als Briefautor die Vorstellung einer Verschwisterung von idealisierter Adelskultur und Unternehmertum am Beispiel der Siemens-Brüder entfaltet: sie müßten die »eigentliche Adelsaufgabe« übernehmen, »neuzeitliche Vorbilder« zu sein. Vgl. Th. Fontane: *Briefe. Vierter Band.* Hg. von Otto Drude und Helmuth Nürnberger. München 1982 (= Fontane: *Werke, Schriften und Briefe*, Abt. IV), S. 459f., S.459 (Brief vom 8.7.1895 an G. Friedländer).
Warum Fontanes Romanheld Gordon an der Realisierung seines Vermittlungsideals scheitert, wäre unter diesem Gesichtspunkt also durchaus einmal genauer zu erhellen.

11 Vgl. Walter Benjamin: *Das Passagen-Werk. Aufzeichnungen und Materialien*. Abschnitt F [Eisenbahnkonstruktionen]. Zit. nach ders.: *Gesammelte Schriften V, 1*. Hg. von Rolf Tiedemann. Stuttgart 1982, S. 211–231. Zitat S. 216. Auch das nachfolgende Zitat findet sich daselbst.
12 Von Weber (Anm. 5), S. 70, 69.
13 Alfred Gotthold Meyer: *Eisenbauten. Ihre Geschichte und Ästhetik*. Esslingen 1907, S. 6. Benjamin (Anm. 11) zitiert das Werk mehrfach.
14 Roland Barthes/André Martin: *Der Eiffelturm*. München 1970, S. 70.
15 Benjamin (Anm. 11), S. 221.
16 Schon Meyer (Anm. 13), S. 6, spricht von der »sicheren Sachlichkeit«, die die Eisenkonstruktionen seiner Zeit auszeichne; sie beruhe auf der »inneren Wahrheit [...], mit der Geist und Technik in diesen Eisenwerken ihr Ziel auf kürzestem Wege mit konzentrierter Kraft zu erreichen wissen.« Künstler der Neuen Sachlichkeit der zwanziger Jahre des 20. Jahrhunderts werden sich ähnlich äußern.
17 Vgl. Hans Straub: *Die Geschichte der Bauingenieurkunst. Ein Überblick von der Antike bis in die Neuzeit*. Dritte Auflage. Basel und Stuttgart 1975 (= Wissenschaft und Kultur, Band 4), S. 215f. Als zeitgenössisches Zeugnis vgl. schon 1852 Karl Culmann: *Der Bau eiserner Brücken in England und Amerika*. Reprint Braunschweig 1975, S. 108: »Welch' herrliche Früchte müßte es tragen, wenn der kontinentalen Intelligenz einmal englische Mittel zu Gebote ständen.« Culmann ist allerdings noch recht skeptisch, ob das gelingen könnte.
18 Zum Beitrag Deutschlands zur Verwissenschaftlichung der Baustatik vgl. Straub (Anm. 17), S. 244–254.
19 Als Auswahlbibliographie seiner Werke vgl. Segeberg (Anm. 4), S. 277ff.
20 Als Einführung vgl. Adolf Reitz: *Max Eyth. Ein Ingenieur reist durch die Welt. Pioniertaten eines Landtechnikers*. Heidelberg o.J. [1956].
21 In Max Eyth: *Hinter Pflug und Schraubstock. Skizzen aus dem Taschenbuch eines Ingenieurs*. 2 Bde. Stuttgart und Leipzig 1899, Bd. 1. Bismarck sprach von »Eisen und Blut«, durch die »die großen Fragen der Zeit« (wie die der deutschen Einheit) entschieden würden. Vgl. Georg Büchmann: *Geflügelte Worte*. Berlin 1964, 31. Aufl., S. 707f.
22 Vgl. die Rezensenten der »National-Zeitung« vom 22.11.1905 und der »Münchner Neuesten Nachrichten« [1905] anläßlich einer neuen Volksausgabe, zit. nach Max Eyth: *Sammlung von 297 Kritiken seiner Werke und Vorträge* [...]. 2 Bde. Deutsches Literaturarchiv Mar-

bach/Neckar. Bd. 2 [unpag.] Zum kontinuierlichen Bestsellererfolg von Eyths Buch vgl. die Angaben bei Donald Ray Richards: *The German Bestseller in the 20th Century. A complete Bibliography and Analysis 1915–1940*. Bern 1968 (= German Studies in America. No. 2), S. 5, 58, 96, 125. Bes. S. 96: »It appears that this collection of Novellen became somewhat of a ‚standard' after having established itself on the market.«

23 Vgl. dazu Hans-Werner Niemann: *Der Industrielle in der deutschen Erzählliteratur der Jahre 1890 bis 1945*. In: Harro Segeberg (Hg.): *Technik in der Literatur. Ein Forschungsüberblick und zwölf Aufsätze*. Frankfurt am Main 1987 (= suhrkamp taschenbuch wissenschaft 655), S. 174–232.

24 Vgl. Lars Clausen: *Die letzte Vorkriegslegitimation produktiver Arbeit: Aeronautik, öffentliche Begeisterungswellen und Jugendliteratur im Deutschen Reich vor 1914*. Projektskizze im Rahmen der Hamburger Forschergruppe zur »Literarischen Konstitution des Wertkomplexes ‚Arbeit'«. Hamburg 1986 (im Typoskript).
Daß der Zeppelinkult bis in die Sozialdemokratie der Zeit hineinreichte, zeigt Bernd Jürgen Warneken: *Zeppelinkult und Arbeiterbewegung. Eine mentalitätsgeschichtliche Studie*. In: Zeitschrift für Volkskunde 80 (1984), S. 59–80.

25 Zur Bedeutung dieses Paradigmenwechsels vgl. Felix Philipp Ingold: *Ikarus novus. Zum Selbstverständnis des Autors in der Moderne*. In: Segeberg (Anm. 23), S. 269–350.

26 Felix Philipp Ingold: *Literatur und Aviatik. Europäische Flugdichtung 1909–1927* (zuerst 1978). Frankfurt am Main 1980 (= suhrkamp taschenbuch 576), S. 268f.

27 Von Weber (Anm. 5), S. 72, 69. Und ders.: *Schauen und Schaffen. Skizzen*. Stuttgart und Leipzig 1879² (zuerst 1878), S. 97.

28 Vgl. dazu im einzelnen Segeberg (Anm. 4), S. 129–143.

29 A.a.O., S. 133.

30 Zur Technikauffassung der technischen Intelligenz vgl. Karl-Heinz Ludwig: *Technik und Ingenieure im Dritten Reich*. Düsseldorf 1979 (zuerst 1974) (= Athenäum/Droste Taschenbücher Geschichte 7219), Kap. I (zur Zeit vor 1933). Und Segeberg (Anm. 4), S. 191–197.

31 Vgl. Max Eyth: *Die Brücke über die Ennobucht (Berufstragik)*. Mit einem Nachwort von Carl Eyth. Stuttgart 1973 (= Reclams Universal-Bibliothek Nr. 5601/02), S. 76f. Die Erzählung erschien unter dem Titel »Berufstragik« zuerst in Eyth 1899, Bd. 2 (Anm. 21).

[32] Vgl. Ernst Jünger: *Der Arbeiter. Herrschaft und Gestalt.* Hamburg 1932, S. 159, 161.
[33] Eyth (Anm. 31), S. 73, 67. Wie weit dieses Ideal über seine Entstehungsbedingungen hinauswirkt, kann man daran sehen, daß sich noch im Angesicht der Reaktorkatastrophe von Tschernobyl der Arbeitende wie ein Soldat aufopfern lassen mußte. So jedenfalls »Der Spiegel« vom 26.5.1986, S. 125.
[34] Eyth (Anm. 31), S. 67.
[35] Eyth (Anm. 31), S. 88, 74.
[36] Vgl. Segeberg (Anm. 4), S. 198–208. (Über Kellermanns Roman *Der Tunnel*).
[37] Eine Fülle von Beobachtungen findet sich dazu im Reisetagebuch Ernst Jüngers: *Siebzig verweht I.* Stuttgart 1982 (= E. Jünger: *Sämtliche Werke*, Band 4, Tagebücher IV). Zitate S. 113, 137. Jünger berichtet hier über Reisen nach Asien und Afrika in den sechziger Jahren unseres Jahrhunderts.

Rainer Kußler, Stellenbosch

Das Wörterbuch als (inter)kultureller Mittler?
Einige Überlegungen aus der Sicht des Anfängerunterrichts[1]

Bitte gestatten Sie mir eine kurze Vorbemerkung zum Anlaß dieser Überlegungen. Ich arbeite seit einiger Zeit an der Herstellung computerisierter Sprachübungen für Studienanfänger in meinem Seminar. Wie jede Form programmierten Unterrichts funktionieren solche Übungen nur dann reibungslos, wenn beim Lerner keine Fragen über die jeweilige Übung hinaus entstehen. Anders gewendet: Jede Übung muß alles das enthalten oder mitliefern, was der Lerner zu ihrer Durchführung braucht. Dazu gehören u.a. bisweilen Worterklärungen.

Auf Grund einschlägiger Erfahrungen in der Herstellung von Glossaren in Buchform meinte ich, diese Aufgabe leicht bewältigen zu können. Ich mußte mich eines Besseren belehren lassen. Ein wesentlicher Unterschied zwischen Buch- und Computerglossar wurde sehr bald deutlich: Bei Glossaren in Buchform – und das gilt wohl auch für das herkömmliche Wörterbuch – nimmt man als Autor an, daß künftige Benutzer Auswahl, Umschreibungen und Erklärungen angemessen finden werden, kann das aber in der Regel nicht nachprüfen. Es fehlt die unmittelbare Rückkopplung an die Benutzer. Bei Computerglossaren ist das anders; die Übungen laufen nicht, wenn die Worterklärungen, die ihnen beigegeben werden, ihren Zweck nicht erfüllen. So wird man laufend mit der Unzulänglichkeit seiner Arbeit konfrontiert.

Diese Erfahrung zwang zur Auseinandersetzung mit Problemen, die ich hier – aus methodischen Gründen getrennt – z.T. als lexikographische, z.T. als solche des Übersetzens einstufen möchte, wobei mir klar ist, daß Lexikographie immer auch mit Übersetzen zu tun hat. Nun bin ich weder Lexikograph noch Übersetzer, sondern Fremdsprachen- und -literaturlehrer. Ich kann diese Probleme daher nur als Sprach- und Literaturdidaktiker angehen; und zwar indem ich grundsätzliche Überlegungen dazu anstelle, was Wörterbücher, Glossare und dergleichen als didaktische Hilfsmittel unter interkulturellem Aspekt leisten, was sie leisten sollten und wie sie möglicherweise verbessert werden könnten.

Diese Überlegungen stehen für mich in enger Beziehung zu einer Frage, die mich seit langem beschäftigt: zu der Frage nämlich, wie die Vermittlung der fremden *Kultur* in den Fremdsprachenunterricht zu integrieren sei. Das heißt in diesem Falle: wie man es anstellt, dem Lerner fremdsprachige Begriffe von der Ausgangskultur her im Rahmen der Zielkultur bewußt und verständlich zu machen (vgl. Kußler 1980). Wenn man diese Frage in ein Postulat verwandelt und auf ein zielsprachiges Text*korpus* ausdehnt, hat man die Anforderung umrissen, die an zweisprachige Wörterbücher unter interkulturellem Aspekt zu stellen wären. Aus der Perspektive des Übersetzens im engeren Sinne ergäbe sich aus diesem Postulat die Aufgabe, jeden Begriff als »einen lebenden Organismus aus den Zusammenhängen einer Kultur in eine andere zu verpflanzen und ihn dabei unbeschädigt am Leben zu erhalten« (Leitess 1986: 618). Und aus lexikographischer Sicht würde es darum gehen, diesen Verpflanzungsprozeß narrensicher zu dokumentieren.

Von diesen Voraussetzungen her möchte ich nun auf den Akt des Nachschlagens in einem zweisprachigen Wörterbuch eingehen. Für diesen Akt gibt es – der herkömmlichen Zweiteilung solcher Wörterbücher entsprechend – zwei kommunikative Grundsituationen, die ich hier am Beispiel eines englischsprachigen Deutschlehrers veranschaulichen möchte:

1) Der Lerner sucht für einen Begriff in der Ausgangssprache eine Entsprechung in der Zielsprache. Er wird beim Nachschlagen vom Eigenen oder Bekannten zum Fremden oder Unbekannten geführt:

   Eigenes/Bekanntes   *Fremdes/Unbekanntes*
   Ausgangssprache ⇒ Zielsprache
   (z.B. Englisch)   (z.B. Deutsch)

   Als Anlaß für das Nachschlagen nehme ich in diesem Fall ein *Formulierungs*problem an; ein Problem, das bei der *Produktion* (vorwiegend beim *Schreiben*) der Zielsprache auftritt. Zu konsultieren wäre ein englisch-deutsches Wörterbuch.

2) Der Lerner sucht für einen Begriff in der Zielsprache eine Entsprechung in der Ausgangssprache. Er wird beim Nachschlagen vom Fremden oder Unbekannten zum Eigenen oder Bekannten geführt:

   Fremdes/Unbekanntes   *Eigenes/Bekanntes*
   Zielsprache ⇒ Ausgangssprache
   (z.B. Deutsch)   (z.B. Englisch)

   Aus Anlaß für das Nachschlagen nehme ich in diesem Fall ein *Verstehens*problem an; ein Problem, das bei der *Rezeption* (vorwiegend beim *Lesen*) der Zielsprache auftritt. Zu konsultieren wäre ein deutsch-englisches Wörterbuch.

Vor allem auf diese zwei Situationen möchte ich hier eingehen, weil dabei – wie ich gleich zeigen werde – ein Problem auftritt, das im umgekehrten Fall nicht besteht. Ich beziehe mich auf Beispiele aus Anfängerkursen meiner eigenen Unterrichtspraxis. Zu Kontrastzwecken verweise ich auf einen Kurs zur Einführung in das Leseverstehen naturwissenschaftlicher Fachliteratur, weil Fachsprachen ja dazu tendieren, kulturneutral oder kulturübergreifend zu sein.[2] Daß ich mich auf Anfängerkurse beschränke, hat den guten Grund, daß Wortschatzprobleme in dieser Phase überaus häufig auftreten und vom Lerner noch kaum erwartet werden kann, daß er sie aus dem jeweiligen Kontext heraus löst. Überdies scheint mir der Verlauf der ersten Leseversuche in einer Fremdsprache von prägender Bedeutung zu sein – nicht nur für die Entwicklung der fremdsprachlichen Lesekompetenz, sondern für den gesamten fremdsprachlichen Lernprozeß.

Nehmen wir nun an, daß ein englischsprachiger Lerner sich nach etwa einem Semester (ungefähr 50 Stunden Unterricht) mit Ludwig Thomas »Lausbubengeschichten« befassen will oder muß, und legen wir diesem Lernprozeß die (nach Heinz Oehlers »Grundwortschatz Deutsch«) vereinfachte Klett-Fassung zugrunde. Da heißt es am Anfang (S. 5f.):

Zum Nachbarbauern ist im Sommer eine Familie gekommen. Sie war sehr *vornehm*, und sie ist aus *Preußen* gewesen.
Meine Mutter hat gesagt, es sind feine Leute, und du mußt sie immer grüßen, Ludwig.
Am ersten Tag sind sie im Dorf herumgegangen. Er hat die Häuser *angeschaut* und ist stehengeblieben. Da habe ich gehört, wie er gesagt hat: »Ich möchte nur wissen, wovon diese Leute leben.«

Nach meiner Erfahrung wird unser Anfänger u.a. stolpern über Verbformen wie

gewesen
herumgegangen
stehengeblieben.

Obwohl er mit dem Perfekt schon in Berührung gekommen ist, findet er die Art und Weise, wie es im Deutschen gebildet und verwendet wird, von seiner Muttersprache her noch ausgesprochen fremd. Wenn er sich nun die Mühe macht, solche Begriffe nachzuschlagen, wird er mit ziemlich hoher Wahrscheinlichkeit bald scheitern – obwohl die Grundformen »sein«, »gehen« und »bleiben« natürlich selbst in der dürftigsten Grundwortschatzliste zu finden sind. Von unserer kommunikativen

Grundsituation her heißt das, daß der Lerner nicht zu dem zielsprachigen Unbekannten vorstößt, von dem aus er das ausgangssprachliche Bekannte überhaupt erst ermitteln könnte. So banal dieses Beispiel auf den ersten Blick erscheinen mag – es ermöglicht eine grundsätzliche Einsicht:
Wörterbucher setzen beim Benutzer die Beherrschung des grammatischen Systems der betreffenden Sprache voraus.
Sie müssen überdies, so können wir in diesem Zusammenhang hinzufügen, voraussetzen, daß der Benutzer das jeweilige lexikographische Organisationssystem kennt. Nach meiner Erfahrung treffen diese Voraussetzungen aber im vorliegenden Fall nicht zu. DaF-Lerner in der Anfangsphase – auch Studenten mit Hochschulreife – haben durchweg Probleme mit den Grammatik- und Organisationssystemen, nach denen deutsche Wörterbucher funktionieren; das fängt mit dem Alphabet (Umlaute, ß) an und hört mit den jeweiligen Abkürzungen nicht auf. Dietrich Krusche (1985: 369) hat sicher recht, wenn er sagt, daß wir – bei fremdsprachigen Texten – bereit sind, »weitere Lese-Wege zu gehen, ehe wir auf ‚Verstehen' zu insistieren beginnen«. Aber ob *Wörterbucher* solche produktiven Umwege ermöglichen, das möchte ich – wenn es um Anfänger geht – bezweifeln. Wer sich ernsthaft um Information bemüht, aber immer wieder scheitert, dem wird das Nachschlagen bald verleidet.

Bereits dieses eine Beispiel zeigt, daß Wörterbücher nur den *generell* schon Informierten zusätzlich *punktuell* informieren können. Als Hilfsmittel für Anfänger sind sie daher ungeeignet. Sie kollidieren auch mit der Zielsetzung des Fremdsprachenunterrichts, dem es in der Anfangsphase ja um die *Befähigung zu freiem Gebrauch* der Fremdsprache geht und nicht um *Wissensvermittlung über* sie. Ich sehe – auf dem Wege des herkömmlichen Wörterbuchs jedenfalls – keine Möglichkeit, diesem Problem zu begegnen. Ohne ein an den Grundformen der betreffenden Sprache orientiertes System kommt die Lexikographie nicht aus. Auch Zusatzregister oder Glossare, die die Begriffe in ihrer speziellen Verwendungsform aufführen könnten, würden das Problem nicht lösen; sie müßten derart umfangreich ausfallen, daß sie unpraktisch wären oder die Lerner von vornherein entmutigen würden.

Nebenbei bemerkt: In fachsprachlichen Lesekursen tritt das angedeutete Problem auch auf – obwohl grammatische Rahmenkenntnisse dort von Anfang an mitvermittelt werden. Wenn man annimmt, daß das System der Fremdsprache Teil der fremden Kultur ist (was in diesem Kreis sicher niemand ernsthaft bestreiten wird), dann folgt daraus, daß auch in diesem Bereich keineswegs kulturneutral gearbeitet werden kann. Dies – wie gesagt – nur als Zwischenbemerkung und zur Überleitung zu fremdkulturellen Vermittlungsaspekten im engeren Sinne, d.h. zu Fragen der Übersetzung bzw. Erklärung oder Umschreibung von Begriffen.

Dem oben zitierten Textausschnitt sind in der Klett-Ausgabe folgende Erläuterungen beigegeben:
vornehm – fein, aus guter Familie
Preußen – Gebiet in Norddeutschland
anschauen – (süddt.) ansehen.

Es handelt sich dabei um Begriffe, die nicht in Oehlers Grundwortschatz vorkommen. Obwohl es sich um einsprachige Erläuterungen handelt, beleuchten sie das Problem, um das es hier geht. Die Erläuterung
Preußen – Gebiet in Norddeutschland
zum Beispiel ist aus interkultureller Sicht völlig unzureichend. Immerhin – würde der Lerner »Preußen« in »Langenscheidts Concise German Dictionary« nachschlagen, bekäme er als Erklärung nur lapidar »Prussia«. Im Hinblick auf Thomas »Lausbubengeschichten« indessen müßte in diesem Zusammenhang geradezu ein Kulturunterschied – und dieser als ein historisch gewordener – beschrieben werden, der die Bereiche des Essens und Trinkens, der Sprache, der Religion usw. tangiert. Eine zureichende Erklärung an dieser Stelle wäre zugleich eine wertvolle Lesesteuerung im Hinblick auf das ganze Buch.

Freilich: Ob und wie das lexikographisch machbar wäre, steht auf einem anderen Blatt. Wie ausführlich, so wäre in diesem Zusammenhang zu fragen, können oder dürfen Wörterbucheintragungen überhaupt sein? Für welche konkreten Benutzervoraussetzungen und Nachschlageanlässe sollen sie gelten? Der Lexikograph muß diesbezüglich unausgesetzt Abschätzungen und Bewertungen vornehmen: er steht vor einem immensen Problem der Auswahl, ohne die empirische Realität, auf die er hinarbeitet, wirklich genau zu kennen. Er arbeitet – ich deutete es eingangs schon an – weitgehend »blind«, denn er kann unmöglich alle konkreten Anlässe und Kontexte kennen und einkalkulieren, aus denen und für die seine Erklärungen von künftigen Benutzern herangezogen werden mögen. Was er geben kann, sind Erläuterungen allgemeiner Art für eine allgemeine Auswahl von Begriffen für allgemeine Nachschlageanlässe.

Freilich: selbst das ist unter interkulturellem Aspekt ein äußerst schwieriges Unterfangen. Lassen Sie mich auch dafür ein Beispiel anführen: In Thomas »Lausbubengeschichten« gibt es jene ergötzliche Szene, wo der Ich-Erzähler während seiner Ferien als Gymnasiast zum Volksschüler degradiert wird und sich dieser Schmach – und weiterem Volks-

schulbesuch – entzieht, indem er die vom Lehrer als Aufsichtsperson eingesetzte Schülerin Marie Furtner in einem Aufsatz zum Thema »Der Abend« aufs Korn nimmt. Er schreibt:
Die Sonne geht zur Ruhe. Der Abendstern ist am Himmel. Vor dem Gasthause ist es still. Auf einmal geht die Tür auf, und der Hausdiener wirft einen Bauersmann hinaus. Er ist *betrunken*. Es ist der Furtner Marie ihr Vater. (S.25)
Nehmen wir nun an, daß ein Lerner das Wort »Gasthaus« nicht verstünde, und machen wir für ihn die Probe aufs Exempel. In »Langenscheidts Concise German Dictionary« finden wir als englische Entsprechungen: *restaurant, inn* und *hotel*. Da wir eine deutliche Vorstellung von einem deutschen Gasthaus haben und auch in der englischen Sprache und Kultur einigermaßen bewandert sind, haben wir keine Schwierigkeiten, das englische *inn* als die dem deutschen Wort am nächsten kommende Entsprechung zu erkennen. Aber unserem Lerner, der sich weder in der deutschen Sprache noch in der deutschen Kultur schon hinreichend auskennt, dem vielleicht gar das ähnlich klingende englische »guest house« im Kopf herumspukt, muß sich auf Grund der angebotenen Begriffsreihe *restaurant, inn, hotel* eine eher unklare, schwammige, verzerrte Vorstellung von einem deutschen Gasthaus bilden. In dem Versuch, den semantischen Rahmen des Begriffs mit englischen Entsprechungen abzustecken, *verhindert* das Wörterbuch in diesem Fall geradezu, daß die kulturspezifischen Unterschiede in den Blick geraten.

Und es ist keineswegs so, daß etwa nur das gewählte Wörterbuch ungenau wäre. Je mehr Nachschlagewerke man konsultiert, je mehr Mühe man auf das Nachschlagen verwendet, desto verworrener wird die Lage. So gibt der besagte »Langenscheidt« für »Gasthof«, auf das unser Lerner bei seiner Suche nach der Eintragung »Gasthaus« ja stoßen könnte, dieselben englischen Entsprechungen wie für »Gas*thaus*«. Schlägt man im »Duden Bedeutungswörterbuch« nach, findet man folgende Definitionen:

Gasthaus: Haus ohne größeren Komfort, in dem man gegen Bezahlung essen (und übernachten) kann.
Gasthof: größeres Gasthaus auf dem Lande.

Dabei fällt auf, daß in Gasthäusern und also auch in Gasthöfen anscheinend kein Alkohol ausgeschenkt wird. Nach Thomas Text aber hat sich »der Furtner Marie ihr Vater« in eben einem solchen Haus betrunken. Aus der Perspektive unseres englischen Lerners, der es von seiner Kultur her gewohnt ist, genau zwischen Häusern mit und ohne Alkoholausschank zu unterscheiden, möchte man nun fragen, wer hier nachlässig mit der Wahrheit umgeht – der Duden oder Thoma? Nun, bei Thoma heißt es im Original gar nicht »Gasthaus«, sondern »Wirtshaus«. Das »Gasthaus« ist offensichtlich in die vereinfachende Fassung geraten, weil es in Oehlers Grundwortschatz vorkommt, wo »Wirtshaus« fehlt. Der Duden sanktioniert das; er identifiziert »Wirtshaus« als »einfaches Gasthaus«.

Nehmen wir trotzdem einmal an, unser Lerner hätte in seiner Fassung »Wirtshaus« gelesen und nicht verstanden (wir müssen wohl annehmen, ihm wäre die Lust am Nachschlagen noch nicht vergangen). Der »Langenscheidt« würde ihm dazu (wie übrigens auch zu »Wirtschaft«) folgende Entsprechungen anbieten: *public house, pub, Am. saloon, inn.* Das aber sind alles Häuser *mit* Alkoholausschank. Die lexikographische Welt ist damit jedoch keineswegs wieder in Ordnung; denn wenn man dieses Nachschlagespiel weiterführt und im »Langenscheidt« etwa »Kneipe« nachschlägt, dann findet man ebenfalls *public house, pub* und Am. *saloon* als Entsprechungen. Mit »Langenscheidts Concise German Dictionary« und dem »Duden Bedeutungswörterbuch« gerüstet, gelangt man also zu der Erkenntnis, daß die Wörter

Gasthaus und *Gasthof*
Wirtshaus und *Wirtschaft*
sowie *Kneipe*

im Grunde das gleiche bedeuten. Sie werden nicht als Begriffe verständlich, mit denen man in der für den englischsprachigen Lerner fremden deutschen Kultur zwischen Sachen desselben Typs unterscheidet.

Daraus leite ich meinen zweiten zentralen Einwand gegen das Wörterbuch als didaktisches Hilfsmittel aus interkultureller Sicht ab:

Das Wörterbuch führt den Benutzer nicht zur fremden Kultur hin, sondern es verweist ihn stets in seine eigene Kultur zurück.

Damit bewirkt es im Grunde, daß die fremdkulturellen Konzepte von den eigenkulturellen usurpiert werden. Was eine Kneipe einerseits von einer »pub« und andererseits von einem Wirtshaus unterscheidet, wird von herkömmlichen Wörterbuchern nicht nur nicht erklärt, sondern geradezu mystifiziert. Damit verhindern sie im Sinne eines angemessenen fremdsprachlichen Lesemodells (vgl. Karcher 1986: 16) sowohl eine »Wortidentifikation« auf rein denotativer Ebene als auch eine »Sinnkonstitution« unter Einbeziehung des außersprachlichen Kontexts.

Die skizzierten Mängel des Wörterbuchs hängen eng damit zusammen, daß das Medium Buch eben nur mit dem geschriebenen Wort und Abbildungen informieren kann. Diese Mängel könnten weitgehend vermieden werden mit einem Computerglossar, das nach dem heutigen Stand der Technik machbar ist und von dem ich eine klarere Vorstellung besitze, als ich sie hier beschreiben kann.

Vorauszusetzen wäre, daß der Lerner seinen Text auf dem Bildschirm läse. Ein Computerglossar könnte zu diesem Text ziemlich präzise alle Informationen bereitstellen, die der Lerner benötigen mag; und zwar sowohl die sog. referentiellen als auch die linguistischen, einschließlich derjenigen Informationen, die in einem Wörterbuch zum Auffinden selbst nötig wären. Und es könnte multimedial informieren: in Schrift, Bild, laufendem Bild und Ton.

Je nach System würde der Lerner das betreffende Wort eintippen oder auf dem Bildschirm berühren. Er könnte es zunächst einzeln und im Kontext hören. Er würde dann – wenn nötig – zuerst zu der entsprechenden grammatischen Grundform geführt, sodann über eine fingierte Alphabetisierung zu dem Buchstaben und der Grundeintragung zu diesem Wort unter diesem Buchstaben. Das läßt sich auf dem Bildschirm anschaulich simulieren. Dadurch würde sichergestellt, daß die gesuchte Information nicht etwa wegen unzureichender Formkenntnisse unauffindbar bleibe. Der Lerner würde auf diese Weise sowohl das Nachschlagen lernen als auch grammatische Kenntnisse erwerben.

Vermittels Computer könnte man überdies präzise ermitteln, wie oft wieviele Benutzer auf welche Informationen zurückgreifen. Es könnten Fragen eingebaut werden um zu erheben, ob die bereitgestellten Informationen ausreichen oder aber zu ausführlich sind, so daß nach einigen Durchgängen ein umfassender adressatenorientierter Thesaurus zur Verfügung stände. Zugleich könnten Grunddaten zum Rezeptionsverhalten der Lerner erhoben werden, so daß im Laufe der Zeit eine wertvolle didaktische Datenbank zustande käme.

Die Grundeintragung zu einem Begriff könnte, bei konkreten Gegenständen, in der Form eines Bildes oder Films erfolgen. Wenn es um Gasthäuser oder Kneipen geht, könnte man einige typische Beispiele aus dem deutschsprachigen Raum zeigen und erfahrbar machen, wie es darin zugeht. Dabei würden auch die entscheidenden kulturellen Besonderheiten der geographischen Lage, des Publikums und des Angebots berücksichtigt, die bei Wörterbucheintragungen fehlen müssen. Das Ganze könnte auf vielen verschiedenen Ebenen angeordnet und didaktisch ansprechend angeboten werden; und zwar so, daß jeder Lerner dem unter Umständen sehr umfangreichen Gesamtangebot nur diejenigen Informationen zu entnehmen braucht, die er – und nur er – wirklich benötigt.

Wenn ich in diesem Zusammenhang abschließend noch einmal auf Dietrich Krusches »Lese-Wege« (Krusche 1985: 369) zurückkommen darf: Ich kann mir keine bessere Möglichkeit vorstellen als solche computerisierten Glossare, »Lese-Wege« für Anfänger zu planen, individuell zu gestalten, mit der Zeit immer besser auszubauen und so immer mehr Lernern einen angenehmen und relativ schnellen Weg zu interkultureller Kompetenz zu bahnen. Und ich kenne keine Institution, die besser geeignet wäre, ein entsprechendes Projekt zu initiieren und zu betreuen als die Gesellschaft für interkulturelle Germanistik.

Anmerkungen

[1] Die nachstehenden Überlegungen wollen als Beitrag zum Fach Deutsch als Fremdsprache (bzw. Deutsch als Fremdphilologie) verstanden werden. Dieses Fach unterscheidet sich vom Fach Deutsch (bzw. Deutsche Philologie), das auf eine *Sache* – die deutsche Sprache, Literatur und Kultur – gerichtet ist, grundsätzlich dadurch, daß es diese Sache bezieht auf *Adressaten*, für die diese Sache eine *fremde* ist. In diesem Verstande ist Deutsch als Fremdsprache (bzw. Deutsch als Fremdphilologie) ein adressatenorientiertes, ein didaktisches Fach (vgl. Wierlacher 1980: 11f.). Daraus folgt u.a., daß es sich jeweils verschieden von seinen spezifischen regionalen Bedingungen her definieren muß. Zu diesen Bedingungen gehört in meinem Fall eine allgemein defizitäre pädagogische Situation, von der schwarze Südafrikaner besonders krass betroffen sind und der sich auch die Fremdsprachen und Fremdphilologien werden stellen müssen. Es geht darum, die Bedingungen zu erforschen, unter denen große Zahlen von Lernern Grundfähigkeiten in Fremdsprachen auf dem schnellsten Wege erwerben können, und entsprechende methodische Wege zu finden. Dazu kann und sollte auch das Fach Deutsch als Fremdsprache(nphilologie) seinen Beitrag leisten.

[2] Nach Hermanns (1986: 156f.) handelt es sich bei wissenschaftlichen Termini dementsprechend um »Wörter ohne Appell«. Freilich: Wie sehr auch das wissenschaftliche Reden und Schreiben von kulturellen Unterschieden geprägt ist, hat Johan Galtung (1985) in ergötzlicher Weise beschrieben. Ich darf in diesem Zusammenhang anmerken, daß der vorliegende Beitrag auf einen Diskurs im »sachsonischen« Stil abzielt.

Rainer Kußler

Literatur

DUDEN Bedeutungswörterbuch. Mannheim et al.: Bibliographisches Institut 1970 (= Der Große Duden, Bd. 10).

Galtung, Johan (1985): *Struktur, Kultur und intellektueller Stil. Ein vergleichender Essay über sachsonische, teutonische, gallische und nipponische Wissenschaft*. In: Wierlacher (Hg.) (1985): 151–192.

Hermanns, Fritz (1986): *Appellfunktion und Wörterbuch. Ein lexikographischer Versuch*. In: Wiegand (Hg.) (1986): 151–182.

Karcher, Günther L. (1985): *Aspekte einer Fremdsprachenlegetik. Zur Differenzierung von erst- und fremdsprachlichem Lesen*. In: Jahrbuch Deutsch als Fremdsprache 11: 14–35.

Krashen, Stephen D./Terrell, Tracy D. (1983): *The natural approach. Language acquisition in the classroom*. Oxford et al.: Pergamon Press.

Kußler, Rainer (1980): *Zum Problem der Integration von Literaturvermittlung und Landeskunde*. In: Wierlacher (Hg.) (1980), Bd. 2: 469–485.

Langenscheidt's Concise German Dictionary. German – English, English – German. New Edition (1973). London: Hodder & Stoughton.

Langenscheidt's Universal Dictionary. German – English, English – German. New Edition (1986). Berlin und München: Langenscheidt.

Leitess, Lucien (1986): *Fellachen, begossene Pudel und Gott gegen Allah. Schnipsel vom Lektorenpult*. In: Zeitschrift für Kulturaustausch 36, 4: 618–621.

Oehler, Heinz (1972): *Grundwortschatz Deutsch. Essential German. Allemand fondamental*. Stuttgart: Klett (2. Aufl.).

Thoma, Ludwig (1973): *Lausbubengeschichten*. Vereinfachte Fassung von Hans Fratscher. Stuttgart: Klett (= Klettbuch 5196).

Wiegand, Herbert Ernst (Hg.) (1986): *Studien zur neuhochdeutschen Lexikographie VI. 1. Teilband*. Hildesheim et al.: Olms (= Germanistische Linguistik 84–86).

Wierlacher, Alois (Hg.) (1980): *Fremdsprache Deutsch. Grundlagen und Verfahren der Germanistik als Fremdsprachenphilologie*. 2 Bände. München: Fink.

Wierlacher, Alois (1980): *Deutsch als Fremdsprache. Zum Paradigmenwechsel internationaler Germanistik. Zugleich eine Einführung in Absicht und Funktion des vorliegenden Bandes*. In: Wierlacher (Hg.) (1980), Bd. I: 9–27.

Wierlacher, Alois (Hg.) (1985): *Das Fremde und das Eigene. Prolegomena zu einer interkulturellen Germanistik*. München: iudicium.

Sektion 4
Übersetzen und Übersetzungsforschung als Komponenten interkultureller Germanistik

Philippe Forget, Paris

Aneignung oder Annexion
Übersetzen als Modellfall textbezogener Interkulturalität

1.

Daß im Rahmen der *Gesellschaft für Interkulturelle Germanistik* dem Übersetzen eine zentrale Rolle zukommt, ist nicht selbstverständlich, sondern beruht auf einer geschichtlichen Entwicklung, die der Gründung unserer Gesellschaft zugrunde liegt. Die Zusammenführung von Inlands-, Auslands- und fremdsprachigen Auslandsgermanisten rechtfertigt nämlich nicht an sich die Berücksichtigung des Übersetzens als interkultureller Dimension: Es gibt ja andere international angelegte Germanistenverbände, und für sie spielt das Übersetzen keine zentrale Rolle in dem Sinne, daß es die Fragestellungen, ja das Denken überhaupt dieser Verbände mitstrukturierte. Gerade das aber scheint mir das Besondere an der *Gesellschaft für Interkulturelle Germanistik*, daß sie das Fremdheitsdenken immer neu zu entwerfen hat – und zwar als ihren eigentlichen, nie vollendeten Gründungsbeitrag.[1]

Wenn die GIG ihrem Programm weiterhin gerecht werden will, darf sie nicht zum ‚Umweg' (und damit auch zur bloßen ‚Episode') werden, über den die *deutsche* Germanistik zur eigenen Identität zurückzufinden strebt, die sie durch die Zäsur des Zweiten Weltkrieges und die Verdrängung dieser Zäsur eingebüßt hat. Nun wissen wir aber (nicht zuletzt durch die Arbeiten von M. Foucault), daß ein solches Phänomen recht üblich ist, ja vielleicht sogar die Geschichte der Kulturen wesentlich mitprägt: Daß man sich in einem zurechtpräparierten Selbstverständnis durch eine selektive und letztlich ablehnende Beziehung zum ‚Fremden' bestätigt findet.

2.

Erst von dieser Fragestellung her kann das Übersetzen für die GIG eine zentrale Rolle spielen: Nur eine streng reflektierte Übersetzungspraxis kann *ihrem Wesen nach* der Zirkelhaftigkeit der Selbstbestätigung im Wege stehen, denn nur sie *kann* Differenzen und damit auch der notwendigen Distanz zur eigenen Kultur (und deren Voraussetzungssystem) Raum geben.

Hiermit mag zugleich deutlich geworden sein, daß ich nicht das Übersetzen »überhaupt« im Auge habe (das es wohl nicht gibt, denn Übersetzen läßt sich nicht trennen von einem Spannungsverhältnis zwischen unterschiedlich-konkreten Sprachen), sondern ich möchte auf eine Übersetzungspraxis abheben, welche Differenzen er- und anerkennend pointiert. Daß eine solche Einstellung keineswegs selbstverständlich ist, soll die Kritik an unterschiedlichen (praktischen und theoretischen) Übersetzungsansätzen dokumentieren.

So wird die Perspektive meines Referats und auch die Doppeldeutigkeit des Titels jetzt deutlicher: Eine ‚Übersetzungsstrategie', die das Fremde nur in den ‚eigenen' (?) Horizont einordnen wollte und dabei die Herstellung eines fiktiven Originaltextes als Übersetzungsideal hinstellte (das illusionistische Postulat), wäre nichts anderes als eine *annektierende* Strategie, die ideologisch fundiert und gesteuert ist (unter ‚ideologisch' verstehe ich hier allgemein eine Redeweise, die eine Antwort voraussetzt, statt reflektierend nach ihr zu suchen, und in einem spezifischeren Sinne die vorausgesetzte Vorstellung, daß die eine Kultur den anderen überlegen sei, was hier der Hypostasierung der ‚Zielkultur' entspricht). Und ich behaupte, daß ein solches, gleichwohl dominierendes Konzept einer wirklichen *inter*kulturellen Reflexion nicht förderlich sein kann. Paradigmatisch für diese Aporie scheint mir Nidas *Toward a Science of Translating*[2] zu sein mit seinem behavioristischen *Telos*, nach dem (am ‚kanonischen' Beispiel der Bibelübersetzung) die Entscheidungskriterien und -modalitäten einseitig von der Zielkultur abhängig gemacht werden (d.h. immer einem bestimmten Verständnis der Zielkultur und ihrer Interessen).

Was mag nun »Aneignung« im alternativ angelegten Syntagma *Aneignung oder Annexion* bedeuten, nachdem der Wortsinn von »Annexion«

präsentiert worden ist? Offensichtlich, daß *Aneignung* ein anders gearteter Modus sein *kann*, daß sie also nicht zwangsläufig mit ‚Besitzergreifung' gleichzusetzen ist, obwohl gerade mit dieser Möglichkeit immer wieder gerechnet werden muß: Darin liegt die Doppeldeutigkeit meines Referattitels: Bedeutet er doch auch, daß ‚Aneignung' oder ‚Annexion' auch immer dieselbe Praxis beschreiben *können*, also Annexion *als* Aneignung. Es ist aber unmöglich, die Aneignung im Übersetzungsprozeß positiv zu denken, denn es gibt keine Übersetzung ohne Aneignung – das Wort bedeutet dann aber nichts anderes als Veränderung, Transformation (auch des ‚Eigenen') in und durch einen Beziehungszusammenhang. Zur Debatte stehen hier offensichtlich unterschiedliche, ja konträre Interpretationen dessen, was man unter ‚Eigenes' versteht. Ich empfinde es als ein Defizit des 1. GIG-Kongresses, daß solche Fragestellungen nicht im Rahmen der Plenarvorträge erörtert werden konnten, und daß man sich offenbar immer noch mit vereinfachenden Parolen begnügt, nach denen uns das ‚Eigene' selbstverständlich wäre und wir uns nur »dem Fremden zu öffnen« hätten. Solche Formulierungen bedeuten nämlich, daß man das Fremde nach wie vor in guter alter ethnozentrischer Manier als das ganz andere betrachtet, und man kann sich da höchstens fragen, aufgrund welchen Zaubers wir uns einem Fremden öffnen sollten, zu dem wir keinerlei Beziehung hätten. Freilich legitimiert diese radikale Andersheit des Fremden auch die Banalisierung des Eigenen bzw. der Frage nach dem Eigenen. Ich möchte in diesem Zusammenhang an Thesen erinnern, die ich im Rahmen verschiedener GIG-Veranstaltungen bereits angedeutet habe und hier etwas genauer differenzieren möchte[3]: Ist es nicht eher so, daß wir deshalb Beziehungen zum Fremden entwickeln können, weil es *konstitutiv* zum Eigenen gehört, aus dem und dessen Wandlungen heraus wir das sind, was wir werden? Diese These stößt offenbar auf einen ideologisch gesteuerten Widerstand, nach welchem Leistung, Erfolg und Qualität technologisch-naturwissenschaftlich schlechterdings mit *Beherrschung* bzw. *Beherrschbarkeit* identifiziert werden. Demgegenüber rede ich einer Interpretation des Eigenen das Wort, nach der die triviale Gleichsetzung des Eigenen mit dem Angeeigneten bzw. Anzueignenden gerade vor dem Horizont des Beherrschbarkeitsideals kritisch betrachtet werden soll; nach dieser Interpretation ist das Eigene gerade das, was mich (oder eine Kultur) so bestimmt, daß ich es mir weder rational noch voluntaristisch ‚aneignen' kann. Dazu gehört demnach auch das von mir (einer Kultur) Zurückgedrängte und Verdrängte, so daß das Eigene schließlich die Struktur eines *Abgrundes* aufweist. Das heißt nun aber auch, daß das so verstandene Eigene keine in sich geschlossene ‚Urzelle' ist, zu der wir keinen Zugang hätten (da wäre es nichts als das symmetrische Pendant zur gängigen, oben erwähnten ethnozentrischen Auffassung vom Fremden). Es ist vielmehr so, daß diese abgründige Erfahrung, die wir an uns selbst machen können, soweit wir das von uns Gemeinte oder bewußt Intendierte nicht verabsolutieren, mit dem Fremden, dem wir begegnen, Analogiecharakter hat: Erst darum und dadurch ist eine Fremdheitserfahrung möglich, die auch auf unser Eigenes (und damit auch unser Selbstverständnis, das ja immer auf unser Bildnis vom ‚eigenen Eigenen' angewiesen ist) modifizierend zurückwirken kann.[3a]

Demzufolge wäre nun Übersetzen als wirklich interkultureller Prozeß Aneignung im Sinne der Ent-deckung eigener, aber bisher nicht existenzfähiger Möglichkeiten durch den spannungsorientierten Beziehungszusammenhang, den eine Sprache und Kultur mit anderen Sprachen und Kulturen bildet; und ich spreche hier von *bisher nicht existenzfähigen Möglichkeiten*, um das sich spontan anbietende, aber auch leidige Wort von den bisher *verborgen gebliebenen* Möglichkeiten zu vermeiden, dem ja die Vorstellung zugrundeliegt, daß diese Möglichkeiten in der eigenen Sprache oder Kultur bereits *da* sind, während ich den Akzent darauf legen möchte, daß sie sich eben erst aus einem Spannungsverhältnis heraus konstituieren.

3.

Zur konkreteren Darstellung der dominierenden, differenzunfreundlichen Positionen beziehe ich mich jetzt auf den Diskurs eines Praktikers, Jean Amsler, des französischen Übersetzers von Grass' Werken. Im Vorwort zu seiner Übersetzung von *Das Treffen in Telgte*[4] geht es um eine theoretische Rechtfertigung seiner Übersetzungsstrategie. Dabei geht er von einer »goldenen Regel« aus, nach der er den Grass'schen Stil, der hier darin bestehe, Autoren der Vergangenheit zur Sprache zu bringen, durch französische Äquivalenzen ersetzen müsse: »(...) c'est une *règle d'or*, ou moins en théorie, d'appliquer à la traduction d'un texte provenant de telle époque, allemand ou français, la langue française ou allemande du siècle et, *naturellement*, du milieu correspondant« (Hervorhebungen von mir, Ph.F.). Was ist aber eine goldene Regel anderes als ein Prinzip, das man jeder Situation überzustülpen hätte, d.h. ohne sich Gedanken über die Relevanz der besagten Regel im besonderen Fall zu machen, da diese Relevanz als unantastbare

Gewißheit hingestellt wird? Eine solche Einstellung kann nur dann etwas mit Theorie zu tun haben, wenn Theorie gedankenlose Anwendung einer apriorischen Wahrheit ist. Um seine ‚Ersatzstrategie' legitimieren zu können, muß Amsler weitere Inkonsequenzen in Kauf nehmen, allen voran die geschichtliche Gleichsetzung der deutschen und der französischen Sprache: Ein »langer Parallelismus« verbinde beide Sprachen (»Par chance, ou grâce à l'histoire, un long parallélisme rapproche, dans leur évolution, l'allemand du français á travers les siècles«), von dem wir noch zu zeigen haben, daß es ihn nur aufgrund eines prästabilierten Apriori gibt, das die praktische Entscheidung »theoretisch« (?) fundiert; ferner fühlt sich Amsler durch ein gefühlsmäßiges Argument in der Anwendung seiner goldenen Regel bestätigt: Grass gebe »Literaten« das Wort, die wie alle europäischen Schriftsteller ihrer Zeit auf ihre Nationalsprache erpicht seien und sie daher als Literatursprache konstituieren wollten (»Circonstance favorable: Grass donne la parole à des *littérateurs* épris, comme d'ailleurs tous les écrivains européens de ce temps, de leur *langue nationale* et désireux de la constituer en littérature.«). Interessanterweise beruft sich Amsler in seiner (gleichwohl apodiktischen) Argumentation auf die Wirklichkeit eines europäischen Konsenses, der ja die Voraussetzung ist, ohne die seine Äquivalenz- und Ersatzstrategie fragwürdig erschiene. Aber gibt es diesen Konsens so, daß er eben diese Strategie legitimiert? Gibt es ihn abgesehen davon, daß die europäischen Schriftsteller dieser Zeit jeweils sehr wohl auf ihre Nationalsprache erpicht sein mochten, und zwar aus Gründen, deren Äquivalenzcharakter gar nicht selbstverständlich ist? An dieser Stelle der Argumentation ist die Syntax der Amslerschen Formulierung so schwebend, daß man nicht mit Sicherheit sagen kann, ob der Schlußteil (»désireux de la constituer en littérature«) nur für die deutschen Schriftsteller gilt (was geschichtlich gesehen die einzig richtige Möglichkeit wäre) oder aber auch für die französischen; ob diese syntaktische Ambivalenz absichtlich ist oder nicht, läßt sich hier nicht entscheiden[5], diese Frage spielt aber angesichts der Übersetzungsstrategie, zu der Amsler sich bekennt, gar keine Rolle: Die Ambivalenz ist für die Rechtfertigung der »goldenen Regel« notwendig, auch wenn sie durch die von Amsler herangezogene jeweilige Sprachgeschichte offenbar widerlegt wird: Im Rahmen einer geschichtlich orientierten Argumentation kann wirklich nicht behauptet werden, es ginge gerade den französischen Schriftstellern *dieser* Zeit darum, »ihre Nationalsprache als Literatur zu konstituieren«, denn das Französische ist damals längst zur Literatursprache geworden (die Zeitgenossen der deutschen Autoren, denen Grass »das Wort gibt«, heißen ja Molière, Corneille, Racine ...). Geschichtlich gesehen und wirklichkeitsgemäß bezieht sich das Einschiebsel »wie ja alle europäischen Schriftsteller dieser Zeit« lediglich auf die Liebe zur Nationalsprache (die im Frankreich und Deutschland *dieser Zeit* jeweils sehr unterschiedliche Motivationen hat), auf keinen Fall aber auf den Willen, sie zur Literatursprache zu machen. Gleichwohl *muß* dieser geschichtliche Widersinn der Amslerschen Formulierung ablesbar sein, um das Ersetzbarkeitspostulat legitimieren zu können, das zur »goldenen Regel« gehört. Und dabei entgeht Amsler einem weiteren Widerspruch nicht: Diese Liebe deutscher Schriftsteller zur eigenen Nationalsprache, die nach ihm mit ein Thema des Romans sein soll, wird in der Übersetzung geradezu negiert, da der französische Leser nie diese Sprache durch die *kulturschaffende Differenz* der Übersetzung zu lesen bekommt, sondern nur ein Konterfei der französischen Sprache dieser Zeit. So wird er bestenfalls auf seine eigene Liebe zur französischen Nationalsprache zurückverwiesen, was aber nur Thema eines *anderen* Buches sein könnte. Im *Treffen in Telgte* aber geht es um Deutsche, die ihre Sprache gegen die Dominanz des Französischen (bzw. Spanischen und Italienischen) durchsetzen wollen und sich deshalb ausdrücklich gegen diese Sprachen wenden: »... denn was wir zu sagen haben, ist nicht angewelschtes Geschwätz, sondern von vnserer Sprache: Wo lass ich, Deutschland, dich? Du bist durch Beut und morden bald dreissig Jahr her nun dein Hencker selbst geworden ...«.[6] Und die Vehemenz des Angriffs läßt sich eben nur durch die damalige Situation des Deutschen rechtfertigen, das es damals als solches ja gar nicht gab, was die Ich-Person des Romans ja auch ausdrücklich thematisiert: »Denn so gelehrt und vielsprachig sie alle waren – Gryphius und Hofmannswaldau zeigten sich in sieben Sprachen beredt –, so regional maulten und flüsterten, babbelten, polterten, dehnten, walzten und stelzten sie ihr Deutsch«.[7] Das Programm der illusionistischen, angeblich rezipientenorientierten Übersetzung ist also weder dem Originaltext treu, den es negieren muß, noch dem Rezipienten selbst, den es betrügt, indem es Deutsche, die um eine eigene Sprache ringen und dabei gegen das Französische ausfällig werden, in einem Französisch des *Grand Siècle* zur Sprache kommen läßt, ihnen wie, ja *als* Franzosen »das Wort gibt«, wohl genauer gesagt: ihnen ins Wort fällt.

Damit ist aber auch nicht gesagt, daß ich einer Übersetzung jede Transformationsleistung abspreche – im Gegenteil habe ich bei der Herausarbeitung des Aneignungsbegriffs eigens betont, daß die Veränderung zum Wesen der Aneignung und damit auch der Übersetzung gehört. Aber ich befürworte nicht jede Form von Veränderung als Übersetzung und gewiß auch nicht jede Form von Übersetzung als Veränderung; hier zum Beispiel wende ich mich gegen eine Auffassung vom Übersetzen, die im Endeffekt die Konfrontation des Lesers mit der *Perspektive* des Originals verunmöglicht (nicht: mit dem Original selbst, denn eine Übersetzung ist primär für einsprachige Leser da). Gerade an diesem Punkt ist es leicht, die hier kritisierte Auffassung ad absurdum zu führen: Wollte man das Ersetzbarkeits- und Äquivalenzpostulat verabsolutieren, wie es das Gerede von der »goldenen Regel« ja auch verlangt, so würde dies bedeuten, daß es für Einsprachige keine fremdkulturellen Literaturen geben kann, sondern nur deren negierendes Konterfei. Ist es wirklich die Aufgabe des Übersetzers, fremdkulturnegierend zu wirken, und ist die GIG nicht der Ort schlechthin, an dem Alternativen zu diesem gleichwohl dominierenden Konzept entwickelt und ausprobiert werden sollten?

Diese Ausführungen dürfen nicht als pauschale Kritik an der Amsler-Übersetzung mißverstanden werden. Die Frage nach der Qualität dieser Übersetzung ließe sich nur aufgrund einer genauen übersetzungskritischen Analyse beantworten, die ihre Beurteilungskriterien nennt und begründet. In unserem Zusammenhang hätte eine solche Kritik von der Perspektive der kulturschaffenden Differenz auszugehen, und ich lasse sogar die Möglichkeit gelten, daß die Amslersche Übersetzung besser sein *kann* als ihre angeblich ‚theoretische' Rechtfertigung. Eine kulturschaffende Differenz aber setzt eine *differenzschaffende Kultur* voraus, und eine solche läßt sich nicht gerade deutlich aus den zieltextzentrierten Ausführungen von Jean Amsler gewinnen.[8] Nur ein alternatives Konzept, das dem Eigenen im oben erwähnten Sinne gerecht würde, kann den grundsätzlichen Vorstellungen der GIG entsprechen, an die ich hier erinnern möchte: »Soweit sich die Geschichte der Kulturen überblicken läßt, lernt eine Kultur von den anderen und grenzt sich zugleich von ihr ab. Das Fremde wird so zum Ferment der Kulturentwicklung.«[9] Ich glaube, mit den Grundvorstellungen der GIG konform zu gehen, wenn ich davon ausgehe, daß solche Einsichten nicht als bereits erreichte Wahrheiten zu betrachten sind, sondern lediglich als programmatische Aussage, die immer wieder in die tatsächliche interkulturelle Praxis umzusetzen ist – eine Aufgabe, zu der eine Reflexion über das literarische Übersetzen, wie sie hier andeutungsweise versucht wurde, in wesentlichem Maße beitragen kann.

Philippe Forget

4.

Im Referat, das er im Rahmen der Sektion 4 (Übersetzen und Übersetzungsforschung als Komponenten interkultureller Germanistik) gehalten hat, hat sich Hans J. Vermeer grundsätzlich-theoretisch zu Thesen bekannt, die mit den von mir kritisierten Gedankengängen von Jean Amsler weitgehend konform gehen und deshalb für mich eine Herausforderung darstellen, die ich abschließend annehmen möchte, soweit sie den Ansatz einer ausführlichen Auseinandersetzung bedeuten kann, die zur Klärung wissenschaftlicher Prämissen und Positionen beitragen soll. Ich beschränke mich vorerst fast ausschließlich auf das in Bayreuth wirklich gehaltene Referat und behalte eine kritische Besprechung der Thesen, die Hans J. Vermeer (zusammen mit Katharina Reiss) in Buchform veröffentlicht hat[10], einer anderen Studie vor.

Mit Amsler teilt Vermeer das Postulat der Rezipientenorientiertheit. Definiert er doch die Translation als »eine Interpretation von der Rezeption her«, so daß das Grundproblem für den Translator auf die Frage zurückzuführen sei »was soll dem Rezipienten mitgeteilt werden?« Schon hier sehe ich eine methodologische Schwierigkeit, denn diese Ausgangsposition stellt den Translator als »Rezipienten« hin, der eine Frage beantworten soll, die eben den »Rezipienten« gilt. Die Mittlerrolle des Translators ist demnach eine sehr eigenwillige, denn er ist zugleich der Schiedsrichter, der über die zu beachtenden Spielregeln entscheidet, und der Mitspieler, der innerhalb der aufgestellten Regeln spielen »muß«. Die Objektivität eines solchen »Müssens« aber ist nur dann erwiesen, wenn man die Zirkularität des Selbstbezugs als Objektivität hinstellen will. Objektiv scheint mir hier vielmehr die Tatsache, daß Vermeer deshalb von wissenschaftlicher Objektivität sprechen kann, weil er nicht sieht, daß er selbst (sein Diskurs) *Objekt* eines Systems ist, das alles von vornherein ausschließt, was nicht zur Bestätigung des Systems beiträgt. Daß Vermeers Bekenntnis zum »Relativismus« daran nichts ändert, soll weiter unten noch gezeigt werden.

Dazu gehört auch und primär ein bestimmtes Textverständnis. In seinem Referat, in dem es um *Literarische Übersetzung als Versuch interkultureller Kommunikation* ging, ist Vermeer von einer Reihe von Definitionen und prästabilierten Gesichtspunkten ausgegangen, durch die er seinen Forschungsgegenstand von vornherein auf die Applikationen seiner »allgemeinen Theorie« einstellt. So ist ihm Literatur »schöngeistige Literatur« bzw. »Belletristik«, d.h. Begriffe, denen die alte dichotomische Unterscheidung zwischen »Sinn/Inhalt« und »Form« zugrundeliegt, eine

Perspektive, die in der platonisch-christlichen Tradition gründet. So ist es nur ein Scheinargument, wenn Vermeer jede Infragestellung des Kommunikationsbegriffs in seinem Diskurs mit der ‚Begründung' zurückweist, es sei »nur Tradition«, wenn er von Kommunikation spreche. Nur Tradition ist es allerdings, aber in dem Sinne, daß eine Tradition hier Hans J. Vermeer zu ihrem Wortführer macht – und zu dieser Logik gehört eben die List der Tradition[11], daß der Wortführer zugleich diese seine Rolle negiert oder bagatellisiert.

Nun ist es so, daß diese Tradition, in der Vermeers Theorie aufgeht, dualistisch (Sinn/Form, Geist/Materie usw.) und einseitig zugleich angelegt ist; die Gegensätze, aus denen sie besteht, sind tatsächlich so vorprogrammiert, daß der eine Term immer dominierend und für den anderen selbst bestimmend wird. Es ist im Falle der Sinn/Form-Dichotomie besonders deutlich, daß sie immer zugunsten des Sinnes bzw. Inhaltlichen ausfällt. Und das läßt sich auch besonders deutlich an Vermeers Ausführungen zeigen. Daß er dies als »Unterschiebung« zurückweist, bedeutet noch kein Argument.[12] Aber schon allein die Frage, »was dem Rezipienten mitgeteilt werden« solle, setzt einen mitteilbaren Inhalt voraus, ein Etwas, das (vom Skopos her) ausgewählt werden kann (und soll)[13]: Nun können eben nur Inhalte so gesondert (die »Form« des Textes, seine Lautgestalt bleibt sich gleich) und übertragen werden; wir haben es also tatsächlich hier mit der uralten Auffassung von der Übersetzung (Translation) als Übertragung (tradere) eines ‚Was' von einer Sprache in eine andere zu tun, wobei jede Sprache als selbständiger ‚Körper' verstanden wird. Insofern hat Hans J. Vermeer recht, wenn er betont, seine Thesen seien eigentlich »gar nicht neu«. Das (scheinbar) Neue an ihnen ist die Radikalisierung (Verabsolutierung) der »Skopostheorie«, deren logische Voraussetzung die Sinn/Form-Dichotomie und der Primat des Inhaltlichen sind. Die Radikalisierung bzw. Verabsolutierung der Skopostheorie empfiehlt sich auch deshalb, weil sie die fehlende Ausarbeitung eines textanalytischen Instrumentariums geradezu rechtfertigt, indem sie ein solches Instrumentarium implizit als überflüssig hinstellt, nachdem das Skopos bei Vermeer (/Reiss) mit dem Entscheidungsraum des rezipierenden Translators gleichgesetzt wird. Dem Text wird dadurch jede ‚Autonomie' dem Rezipienten gegenüber abgesprochen, und Vermeer versteigt sich sogar zu der Behauptung, ein Text könne nicht »normsetzend« sein, sondern sei immer nur eine Wiedergabe, da er »aufgrund geltender Verhaltensnormen angeboten« werde (S. 73). Hier formuliert die selbstbestätigende Zirkularität noch einmal nur sich selbst: *Da* ein Text immer nur aufgrund geltender Verhaltensnormen angeboten sei, kann er nicht normsetzend sein. Demgegenüber genügt es, auf die immanente Problematisierung der Sinnkonstitutionsmodalitäten in ‚modernen' literarischen Texten (in denen die Sinnkonstitutionsmodalitäten ein Thema und eine Praxis zugleich sind) hinzuweisen, und daran zu erinnern, daß gerade solche Texte eine Herausforderung der ‚Literaturwissenschaft' sind und eben das literaturwissenschaftliche Instrumentarium (soweit man es zur Kenntnis zu nehmen bereit ist) tiefgreifend verändert hat, so daß jetzt auch ältere Texte anders und nach theoretischen Kriterien gelesen werden, die es zur Zeit ihrer Entstehung noch gar nicht gab. Daß solche Fakten von Vermeer nicht rezipiert werden, macht deren kritisches Potential noch nicht hinfällig, zeigt aber wohl die Macht des Ausschlußsystems, in dem sich Vermeers Übersetzungsstrategien bewegen.

5.

Nachdem ich im knappen Raum der vorliegenden Veröffentlichung nicht eingehend auf die Gedankengänge und Beispiele der *Grundlegung einer allgemeinen Translationstheorie* eingehen kann und der Anlaß es geradezu empfiehlt, den kolloquialen Stil zu bewahren, konzentriere ich mich abschließend auf die höchst aus- und aufschlußreiche Rhetorik Vermeers in seinem Referat und der anschließenden Diskussion.

Sehr erstaunlich finde ich den Rückgriff auf das Argument, die vorgeschlagenen Thesen könnten doch nicht so schlecht sein, weil sie mit Studenten ja ohne Widerspruch praktiziert würden; daß man mit Studenten, die ja *per definitionem* lernorientiert sind und obendrein sich einer wertenden Prüfung unterziehen müssen, alles praktizieren kann, was als effiziente Methode verkauft wird, ohne *wirklich* alternative (widersprechende) Konzepte durchzuarbeiten, ist eine Selbstverständlichkeit, die nicht eigens zu unterstreichen ist. Aus einem anderen Grund aber interessiert mich dieses nicht geradezu schwerwiegende ‚Argument': Es zeigt nämlich, wie Vermeer in der Regel argumentiert, und zwar durch Antizipierung der Beweisführung im Ausgangspostulat – hier allerdings mit einer weiteren Pointe: Die Berufung auf die Brauchbarkeit der Methode für Studenten ist selbst ein verabsolutierter »Skopos«, so daß die Argumentation einem Plädoyer der Skopostheorie für die Skopostheorie entspricht: Es wäre unter solchen Umständen wirklich erstaunlich, wenn etwas anderes herauskäme als eine Bestätigung der Skopostheorie.

Aneignung oder Annexion

Durchaus komplementär scheint mir die schockierte Bemerkung, die dargelegte Theorie könne auch nicht so schlecht sein, weil sie nur von Übersetzungswissenschaftlern kritisiert werde, bei Theologen dagegen auf große Zustimmung stoße. Man würde sich aber die Kritik zu leicht machen, wenn man sich mit der skeptischen Frage begnügte, ob Theologen in puncto Übersetzung nun wirklich a priori kompetenter seien als sogenannte Übersetzungswissenschaftler. In Wirklichkeit ist die Argumentationsgebärde hier symptomatisch für den Vertreter einer Theorie, die ein ganzes System voraussetzt, das ihm verborgen bleibt: So beruft er sich auf ein anderes ‚System', ohne zu sehen, daß es in Wirklichkeit (strukturell) das gleiche ist. Ich kann mir sehr gut vorstellen, daß Theologen keine großen Schwierigkeiten mit Vermeers Modell und Prämissen haben. Die Skopostheorie weist ja auffallende Gemeinsamkeiten mit der christlichen Theologie auf (die ihrerseits eine bestimmte ‚Übersetzung' des Platonismus ist – eine Diagnose, die Nietzsche einmal treffend auf die Formel gebracht hat, als er das Christentum einen »Platonismus für das Volk« nannte): Auch sie ist grundsätzlich dualistisch angelegt (Körper/Seele, Materie/Geist, Erde/Himmel, Zeit/Ewigkeit usw.), auch sie geht von einem ‚absoluten Skopos' aus, dem ewigen Reich Gottes, von dessen Perspektive allein das irdische Leben einen Sinn bekommt. Die Korrespondenz mit Vermeers Einengung des Textbegriffs liegt auf der Hand, und es ist deshalb nicht bloße polemische Pointe, wenn ich diesen Punkt auf die Formel bringe, daß die Skopostheorie strukturell nichts anderes ist als eine *pragmatisierte Eschatologie*.

Schließlich möchte ich auf eine Redewendung abheben, die im Referat wiederholt eingesetzt wurde und scheinbar einer Aussage widerspricht, die Hans J. Vermeer ebenfalls mehrmals eingesetzt hat, nach der seine Thesen »gar nicht neu« seien. Gemeint ist das Urteil Vermeers über einige seiner Thesen, von denen behauptet wurde, sie seien »ketzerisch«. Zunächst fällt die Stimmigkeit des Ausdrucks mit dem theologischen Charakter der Skopostheorie auf; darüber hinaus bedeutet der Ausdruck, daß Vermeer (willentlich oder nicht: Solche Wörter lassen sich nicht auf nur individuelle Sinnintentionen reduzieren) sich auf ein Dogma (eine apriorische unantastbare Wahrheit) bezieht, um ihm zu widersprechen. Insofern kann man sagen, daß er aus diesem Dogma heraus spricht. Da es aber die *eigenen* Thesen sind, die Vermeer selbst als »ketzerisch« bezeichnet, befindet er sich in der sonderbaren Lage dessen, der darüber entscheidet, daß er (als selbsternannter Ketzer) einem Dogma widerspricht, an der er (als Urteilender) doch festhalten muß (nur ein Vertreter der Orthodoxie kann einen ‚Dritten' des Ketzertums bezichtigen). Deshalb kann man sagen, daß Vermeers Skopostheorie aus dem Dogma heraus ins Dogma hinein spricht. Die ‚Abweichung' ist von vornherein als unmöglich hingestellt, der Widerspruch wird vom Dogma her ‚geheiligt' – und umgekehrt.

6.

Vermeers Bekenntnis zum »Relativismus«, mit dem er offensichtlich dem Verdacht des Dogmatismus zu entgehen meint, gehört in Wirklichkeit eben in diese Logik und gibt uns sogar die Möglichkeit, eine pauschale Interpretation der Skopostheorie vorzuschlagen. Denn ein Relativist ist jemand, der davon ausgeht, daß die Menschen im Laufe der Geschichte über *dieselben* ‚Dinge' *anderes* gedacht haben, so daß man nicht wissen könne, was nun wirklich ‚wahr' sei. Ein Relativist ist ein Mensch, der darauf verzichtet hat, ‚die' Wahrheit zu erlangen, der sie also als unmögliches Ideal hingestellt hat und in diesem Sinne durchaus an sie *glaubt*. Das Relative gehört strukturell mit dem Absoluten zusammen und stellt nur dessen Variante dar, keineswegs aber einen Abschied von ihm. Genau das ist der Fall mit der Skopostheorie, und insofern hat Vermeer recht, wenn er sich als Relativist bezeichnet, und auch dann, wenn er von seinen Thesen behauptet, sie seien gar nicht neu. Denn die Skopostheorie ist nichts anderes als die technologisch-wissenschaftliche Abart der platonischen Ideenlehre und ihrer christlichen Variation in der Heilsgeschichte. Der Skopos, wie Vermeer ihn verabsolutiert (»Die Translation ist eine Funktion ihres Skopos«, S. 105), ist Wahrheit als ‚pragmatisierte Idee'; das moderne Kriterium, das diese Verschiebung bestimmt und ermöglicht, ist der technologisch-wissenschaftliche Primat der Leistung, der Wirkung, der Effizienz, also auch der Beherrschbarkeit von Sinneffekten (‚Kommunikation'). Die »glückliche« Übersetzung ist die für eine gegebene Situation wirkungsvollste.

So können wir schließlich verstehen, warum Vermeer Kategorien und Begriffe einsetzt, die er – ironischerweise – nicht beherrschen kann: Er beschreibt ja gar nicht eine Translationstheorie, die er aufgestellt hätte, sondern er beschreibt die Logik der Wertvorstellungen, die ‚seiner' Theorie zugrundeliegen und sich des Diskurses von Vermeer bedienen, um sich in einer zeitgerechten Variation weiter zu behaupten. Nicht »die Translation ist eine Funktion ihres Skopos«, sondern die Skopostheorie ist eine Funktion des ideologischen Wertsystems, das sich in der »allgemeinen Translationstheorie« bespiegelt, um mit einem Plus an ‚Wissen-

Aneignung oder Annexion

schaftlichkeit', also an ,objektiver Wahrheit' und im Endeffekt an Überzeugungskraft aus ihr hervorzugehen. Aber nur solche Interpreten lassen sich dadurch beeindrucken und überzeugen, die übersehen (wollen), daß das hier eingesetzte Wissenschaftlichkeitskriterium sich selbst einer modernen Interpretation des Wissenschaftsbegriffs verdankt, der an die Stelle des uralten ,Absoluten' getreten ist.

,Uraltes' wird es aber nur deshalb, weil es sich jeder Zeit anpaßt und auch modern anmutende Theorien als Medium und Funktion seiner selbst einsetzt. Deswegen ist eine Gesellschaft, die sich Theorie und Praxis der Interkulturalität zur Aufgabe gemacht hat, nicht immun gegen seine Listen und Verwandlungskünste.

Daß eine solche Begegnung und die ansetzende Entgegnung eben aus Anlaß des 1. Kongresses der Gesellschaft für Interkulturelle Germanistik stattfinden konnte (und vielleicht mußte), macht deutlich genug, daß die GIG demgegenüber nicht ganz wehrlos ist, aber auch, daß sie keineswegs *de facto*, weil es sie als anerkannte Einrichtung gibt, gegen die Banalisierung bzw. Relativierung von kulturellen Differenzen gefeit ist.

Anmerkungen

[1] Der verführerische Begriff der *Selbst*gründung soll hier vermieden werden, und zwar nicht so sehr, weil eine Gesellschaft wie die GIG auch auf materielle Unterstützung von außen angewiesen ist, als vielmehr deshalb, weil es bei einer solchen Gründung immer einen Rest gibt, der sich dem ausdrücklichen Gründungs*willen* entzieht und dennoch mit zum Eigenen der besagten Einrichtung gehört.

[2] E.A. Nida: *Toward a Science of Translating*. Leiden, Brill 1964. Vgl. dazu die kritische Rezension von Henri Meschonnic: *Une linguistique de la traduction*. In: *Pour la poétique II*. Gallimard, Paris 1973, S. 328–349.

[3] Vgl. *Textinterpretation und Denktraditionen. Zur Neubestimmung des Eigenen und Fremden im fremdkulturellen Unterricht*. In: A. Wierlacher (Hrsg.): *Das Fremde und das Eigene. Prolegomena zu einer interkulturellen Germanistik*. iudicium Verlag, München 1985, S. 351–368, und mein Thesenpapier für den Salzburger Workshop: *Tangenten der Muttersprachengermanistik* (Anregungen zur Ausdifferenzierung und Pragmatisierung einer interkulturellen Germanistik aus der Sicht der Fremdsprachengermanistik).

Philippe Forget

3a   Es ist in meiner Sicht symptomatisch, daß ich diesen Begriff des Eigenen der Lektüre und Interpretation eines Romans verdanke, Rilkes *Aufzeichnungen des Malte Laurids Brigge*, der gerade in einer Zeit geschrieben wurde, in der das technisch-wissenschaftliche Beherrschbarkeitsideal nur noch in der Literatur in Frage gestellt werden konnte (und man kann hier die Hypothese aufstellen, daß in solchen Zeiten gerade Romanformen favorisiert werden, deren Perspektive eben dieses Beherrschbarkeitsideal zu stören vermag: Der Briefroman und die Autobiographie). Inzwischen sind mir Aphorismen von Arthur Schnitzler in der jüngst erschienenen Auswahl von Clemens Eich zugänglich geworden, denen ich folgende Reflexion entnehme: »Ein böser Mensch, der auf der Bühne einen gütigen, ein galliger Geselle, der den Wohlwollenden, eine Canaille, die die Tugend, ein Melancholiker, der den Spaßmacher, ein Dummkopf, der den überlegenen Geist vortrefflich zu spielen vermag: – all dies sind Schauspielertypen, denen wir gar nicht so selten begegnen. Die wahrhaft großen Menschendarsteller scheinen aber diejenigen zu sein, die *ihr ureigenstes Wesen, das ihnen selbst verborgen sein mag, – vielleicht gerade darum, weil es ihnen verborgen ist*, auf der Bühne unbewußt ins Satanische oder Dämonische zu steigern verstehen.« (In: *Beziehungen und Einsamkeiten*. Aphorismen ausgewählt von Clemens Eich, Fischer Taschenbuch Verlag 5980, Frankfurt 1987, S. 105, Hervorhebung von mir, Ph.F.).

4   Günter Grass: *Une rencontre en Wesphalie*. Avertissement, notes et traduction de Jean Amsler. Seuil, Paris 1979. Sämtliche Zitate aus dem *Avertissement du traducteur*, S. 9f.

5   Angegesichts einer solchen ‚Logik' ist die Frage erlaubt, wie eine Übersetzung dieses *Avertissement* zu beurteilen wäre, wenn sie das Gemeinte bzw. die bewußte Sinnintention zum entscheidenden Kriterium des Übersetzens machte.

6   Günter Grass: *Das Treffen in Telgte*. rororo 4770, S. 26.

7   A.a.O. S. 31.

8   Jean Amsler geht von einem »Problem« aus, nämlich der Wiedergabe des »Archaismus«. Ein »Problem« setzt aber schon eine Reihe von Sätzen voraus, die in eine bestimmte Richtung weisen. Ich möchte deshalb lieber von *Fragen* ausgehen, z.B.: Führt die Verabsolutierung des Archaismus zum »Problem« des Textes überhaupt nicht zu einer tendenziellen Verwischung der Spannung, die eben diesen Text konstituiert, zwischen der Gegenwart (Gründung der ‚Gruppe 47') und der Barockzeit? Um darüber hinaus zu zeigen, daß ein über-

Aneignung oder Annexion

setzungskritischer Ansatz keineswegs auf diese Frage beschränkt bleiben sollte, sei hier ein Kurzbeleg angeführt:
 Schließlich war man wer. Wo alles wüst lag, glänzten einzig die Wörter. Und wo sich die Fürsten erniedrigt hatten, fiel den Dichtern Ansehen zu. Ihnen, und nicht den Mächtigen, war Unsterblichkeit sicher.
 Simon Dach jedenfalls war, wenn nicht seiner, dann der Versammlung Bedeutung gewiß. Hatte er doch im Kleinen – und weitab vom Schuß, wie man in Königsberg sagte – Poeten und Kunstfreunde um sich versammelt (*Das Treffen in Telgte*, S. 25).
 Finalement on était qui. Quand tout gisait en ruine, seuls brillaient les mots. Si tous les princes s'étaient ravalés, le crédit échéait aux poètes. C'était à eux, non aux puissants, qu'appartenait l'immortalité. S'il n'était pas assuré de son importance, Simon Dach croyait du moins à celle du rassemblement. Il avait dans un petit cercle – et loin des coups, comme on disait à Koenigsberg – assemblé autour de lui poètes et amis des arts (Jean Amsler, Une rencontre en Wesphalie, S. 29).

Eine kritische Analyse dieser Übersetzung kann zu folgenden Erkenntnissen führen: 1. Übersetzen als transformierende, de-zentrierende Leistung bedeutet nicht Wörtlichkeit (»Finalement on était qui«). 2. Die (deutsche) Sprache ist hier Thema und Praxis zugleich. Der Satz »Wo alles wüst lag, glänzten einzig die Wörter« zeichnet sich durch einen Rhythmus und einen Klangreichtum aus, die in der Übersetzung berücksichtigt werden sollen. 3. Es gibt keinen Grund, auf Wiederholungen zu verzichten (*wo*), die ebenfalls zum Grundbestand der Barockrhetorik gehören. Das gilt auch für sinngemäße Wiederholungen (*sicher/gewiß* mit gleichbleibender Syntax). 4. Es gibt auch keinen Grund, das literarische »doch« in der Übersetzung wegzuzaubern. Solche Symptome sollten systematisch erfaßt werden und auf die ihnen zugrundeliegende Logik (Übersetzungsstrategie) hin erfaßt werden. Z.B.: Ist das Französisch, das hier als Wiedergabe des Grass'schen Barockstils präsentiert wird, nicht weitgehend die schulmäßige Applikation einiger starrer Prinzipien französischer Schulrhetorik (wie u.a. die Vermeidung der Wiederholung)? Ich schlage folgende Übersetzung vor:
 Après tout, on n'était pas n'importe qui. Où tout n'était que ruines, resplendissaient seuls les mots. Et où les princes s'étaient avilis, toute considération revenait aux poètes. Ce sont eux, et non les puissants, qui étaient assurés de l'immortalité.

Simon Dach, s'il n'était pas sûr de son importance, l'était en tout cas de celle de son rassemblement. N'avait-il pas rassemblé autour de lui en petit comité – et loin des coups, comme on disait à Königsberg – poètes et amis des arts?

[9] Gesellschaft für Interkulturelle Germanistik e.V. (GIG), Abschnitt *Was heißt interkulturelle Germanistik?*

[10] Katharina Reiss/Hans J. Vermeer: *Grundlegung einer allgemeinen Translationstheorie*. Niemeyer, Tübingen 1984, 245 S. Seitenangaben in Klammern beziehen sich auf diese Veröffentlichung.

[11] Was eigentlich nur eine Metapher für die Unbeherrschbarkeit von Sinneffekten ist.

[12] Als ich ihm eine Stelle aus seinem Buch zitierte, in der es um eine dreifache Variante des Inhaltsgedankens geht (in Zusammenhang mit den Textsortentypen), drehte sich Vermeer aus dem Selbstwiderspruch heraus, indem er geltend machte, dieses Kapitel sei nicht von ihm geschrieben worden, sondern von seiner Koautorin. Nicht die mangelnde Solidarität ist hier verblüffend, und zwar immerhin in einem Buch, in dem an keiner Stelle eigens betont wird, wer was geschrieben hat, sondern Vermeer müßte jetzt erklären können, wie er eine *allgemeine* Translationstheorie mit einer Koautorin (unter)schreiben kann, mit der er im Grundsätzlichen nicht einverstanden ist!

[13] Es ist die gleiche Logik, die bereits bei Nida am Werk war (vgl. Anm. 2) und von Vermeer/Reiss nicht nur unkritisch, sondern auch bestätigend wiederaufgenommen wird. Vgl. S. 100f., wo die Übersetzung der Bibel als magischer, ästhetischer und informativer Text besprochen wird, und S. 156, wo Nidas Begriff der »dynamischen Äquivalenz« wieder aufgegriffen wird. Daß erstens die Perspektive von Vermeer/Reiss eben *nicht* als »dynamisch« bezeichnet werden kann und zweitens ihr Unterscheidungsversuch zwischen »Äquivalenz« und »Adäquatheit« scheitern muß, wird in einer weiteren Studie dargelegt.

Fred Lönker / Horst Turk, Göttingen

Das Fremde in und zwischen den Literaturen

Um die Fragestellung dieses Beitrags zu exponieren, ist es erforderlich, ein Wort über das Programm des Göttinger Sonderforschungsbereichs vorauszuschicken[1]. In der Anlage und Zielsetzung transferorientiert, befaßt sich die Göttinger Forschungsgruppe nicht nur allgemein mit Problemen der übersetzerischen Abweichung, seien diese verständnis-, sprachen- oder literaturenpaarbedingt, mit den Rezeptionsfaktoren einer Übersetzung ins Deutsche, mit verlags- oder sozialgeschichtlichen Voraussetzungen, Paradigmen des literarischen Übersetzens in ihrem historischen Wandel, der Rolle pragmatischer Kontexte bei der Übersetzung für das Theater, sondern es werden auch Modelle und Verlaufsformen untersucht, die enger ins Feld einer interkulturellen Übersetzungsphilologie fallen. Ein solches Modell ist z.B. die Übersetzung aus zweiter Hand, aber auch die Übersetzung für Kenner und die Mehrfachübersetzung; der Mehrfachübersetzer wäre ebenso zu nennen wie die ‚Drehscheibe' des Übersetzungsverlags. Vor allem aber ist – im interkulturellen Rahmen – die Lagerung der Literaturen zueinander zu berücksichtigen, ihr Abstand voneinander und das Gefälle zwischen ihnen, durch die der Spielraum der Übersetzung maßgeblich bestimmt wird. Der folgende Beitrag versucht, zwei Gesichtspunkte zu verbinden, die in der Übersetzungsforschung meist getrennt verhandelt werden: die Frage nach dem Fremden als dem Vermittelten in der Literatur und die Frage nach dem Fremden als dem Vermittelnden zwischen den Literaturen.

1. Das Problem des Fremden in den Realien

Was hier Realien genannt wird, kann verschiedene Phänomene umfassen: seien es Ereignisse, Situationen, Zustände oder eine bestimmte Gegenständlichkeit[2]. Um diesen letzten Fall soll es im folgenden gehen. Der Übersetzer hat es bisweilen mit einem literarischen Werk zu tun, das eine Art von Realien präsentiert, die es in der eigenen Kultur nicht gibt. Und das bedeutet auch, daß er es mit Bezeichnungen zu tun hat, für die es in der eigenen Sprache keine oder vielleicht nur sehr ungebräuchliche äquivalente Ausdrücke gibt.

Ein geradezu klassisches Beispiel dafür bietet Strindbergs Roman »Hemsöborna« (»Die Leute von Hemsö«), in dem die Welt der Schärenleute vorgestellt wird. Strindberg erzählt hier die Geschichte des Knechtes Carlsson, der vom Festland auf eine der Schäreninseln kommt, um dort als Knecht zu arbeiten. Carlsson muß sich erst an das Leben auf den Schäreninseln gewöhnen und die für ihn fremde Kultur kennenlernen. Das bietet Strindberg nun die Möglichkeit, diese Kultur – und das bedeutet für unseren Zusammenhang: die fremde Gegenständlichkeit – so vorzuführen, wie sie jemandem erscheint, der mit ihr nicht vertraut ist. Schon die folgende Passage kann die Fülle der Realienbezeichnungen anschaulich machen, die in diesem Roman auftauchen:

Die Küche war ein zum Dachstuhl hin offener Raum, der wie ein großer, umgekippter Lastkahn aussah. Dieser Kahn schwamm gewissermaßen auf seiner Fracht, die aus allen möglichen Gütern bestand. Hoch oben unter dem berußten Dachfirst hingen an den Balken Garne und Fischereigeräte. Darunter waren Bretter und Bootsplanken zum Trocknen aufgeschichtet. Flachs- und Handbunde lagen da, Anker, Schmiedeeisen, Zwiebelbündel, Talglichter und Proviantkisten. Auf einem Querbalken reihten sich frisch ausgestopfte Lockvögel; über einen anderen waren Schaffelle geworfen, und von einem dritten baumelten Wasserstiefel herab, gestrickte Jacken, Hemden und Strümpfe; und zwischen den Balken liefen Stangen mit runden Lochbroten, lange Stöcke mit Aalhäuten und Ruten mit Grundschnüren und Angelhaken (...).[3]

Es wird für den Übersetzer sicher nicht immer leicht gewesen sein, die jeweiligen äquivalenten deutschen Ausdrücke zu finden. Dennoch bietet diese Passage – entgegen dem ersten Anschein – sicher keine grundsätzlichen Schwierigkeiten. Ganz im Gegenteil wird man davon ausgehen können, daß der Übersetzer gerade bei der eben zitierten Passage auf eine wohlausgebildete Fachsprache zurückgreifen kann. Der Roman hat aber auch Bezeichnungen, für die es im Deutschen keine Entsprechungen gibt. Mehr noch: Strindberg verwendet in seinen »Hemsöborna« einen Ausdruck, der aufgrund seiner konkreten kulturellen Gebundenheit sogar seinen schwedischen Landsleuten unbekannt war. Es handelt sich um den Ausdruck »drog«[4], den Strindberg selbst in seiner Einleitung zu den »Skärkarlsliv« (»Das Leben der Schärenleute«) erläutern zu müssen glaubte[5]. Für die Übersetzung solch kulturspezifischer Realienbezeichnungen gibt es mindestens drei Möglichkeiten: die wörtliche

Übernahme, die Explikation im Text und die Verallgemeinerung. So entscheidet sich etwa Alken Bruns dafür, den schwedischen Ausdruck in seinen Text zu übernehmen[6] und ihn in einer Anmerkung in Anlehnung an Strindbergs eigene Erläuterung zu erklären[7]. Andere sprechen von »Hohlweg« und setzen so an die Stelle eines bestimmten Begriffs einen allgemeineren.[8] Fragt man nun nach den Gründen, die für solche und andere Lösungen sprechen, dann stellt man schnell fest, daß es hier um mehr geht als um eine Differenz in der Lexik zweier Sprachen oder um die Identifizierbarkeit eines Gegenstandes. Allein auf der Ebene der Referenz, also auf der des gemeinten Gegenstandes, ist das Problem nicht zu lösen. Ginge es darum, dann brauchte der Übersetzer nur die oben angeführte Erläuterung in seinen Text zu übernehmen. Der naheliegende Einwand ist dann aber sofort, daß Strindberg offenbar Gründe gehabt hat, den entlegenen Ausdruck zu verwenden. Man sieht sich also an den Ausgangstext selbst verwiesen. Vergegenwärtigt man sich noch einmal, daß Strindberg in seinen »Hemsöborna« auch eine fremde Kultur vorstellen will, dann leuchtet ein, daß es ihm weniger auf die bloße Referenz als auf die Art und Weise des referierenden Bezugs ankommen mußte. So wird die fremde Inselwelt einerseits über einen Beobachter, der quasi stellvertretend für den Leser die fremde Welt sehen und verstehen lernt, in den Text aufgenommen, andererseits aber auch in Gestalt fremder Sprache. Dabei sollen natürlich nicht einfach nur entlegene Ausdrücke mitgeteilt werden, vermittels derer sich gleichsam abstrakt Fremdheit evozieren läßt. Vielmehr steht die Darstellung einer fremden Lebenswelt im Vordergrund, die – und das ist entscheidend – von der Sprache, die in ihr gesprochen wird, gar nicht zu trennen ist. Anders gesagt: Es gibt hier nicht eine Wirklichkeit, die quasi neutral für sich besteht, auf die Strindberg referierend Bezug nimmt und von der her der Wahrheitsanspruch seines Textes begründet wird. Ganz im Gegenteil: Der fremde kulturelle Kontext drückt sich wesentlich selbst in dieser Sprache aus, erst von ihr her gewinnt er seinen Sinnzusammenhang und wird zu diesem bestimmten Milieu. Eben deshalb versucht Strindberg, die Welt der Schärenleute in der ihr eigentümlichen Sprache zu präsentieren.

Damit sind wir unversehens vom eigentlichen Gebiet der Übersetzung und der Literatur in das des Fremdverstehens überhaupt gekommen. Sowohl beim explizierenden als auch beim verallgemeinernden Übersetzen verschiebt sich nämlich die Perspektive des Verstehens: ich verstehe die fremde Kultur nicht mehr aus ihren eigenen Bedingungen, d.h. hier: aus dem Sinnzusammenhang ihrer Sprache heraus, sondern aus der

Sicht dessen, der ihr als Fremder gegenübersteht.[9] Offenbar spielt auch Strindberg mit diesen Verstehensformen, denn dadurch, daß er eine Fülle unvertrauter Ausdrücke verwendet, verweist er zugleich auf diejenigen, die in der Welt der fremden Sprache zuhause sind. Damit wird aber – auf den ganzen Textzusammenhang bezogen – die Fremdheit gesteigert: auf der einen Seite wird eine Figur eingeführt, der diese Welt fremd ist, und auf der anderen werden diejenigen gezeigt, die Teil dieser Welt sind, und gerade dieser Kontrast verstärkt für uns wiederum die Fremdheit. Eben diese Struktur wird dann verletzt, wenn sich der Übersetzer für eine Fassung entscheidet (oder entscheiden muß), welche die Fremdheit des originalen Ausdrucks nicht bewahren kann oder sie nivelliert.

Vielleicht reichen diese knappen Überlegungen aus, um zumindest anzudeuten, welche Implikationen die Übersetzung von fremden Realienbezeichnungen haben kann. Probleme der Referenz und der damit verbundenen Schreibweise können zu der Überlegung führen, wie eine fremde Kultur in der Übersetzung wiedergegeben werden kann, und zwar in der Fremdheit, die sie im ursprünglichen literarischen Werk selbst haben soll. Auf Sinn und Bedeutung von Realienbezeichnungen zu reflektieren, kann auch heißen: nach dem zu fragen, was den Sinnzusammenhang einer im Text präsentierten Lebenswelt ausmacht. Ob dieser Sinnzusammenhang adäquat übersetzt werden kann, hängt davon ab, inwieweit es gelingt, ihn so zu übersetzen, daß die in ihm präsente fremde Lebenswelt als eben auch sprachlich strukturierte erfahrbar wird.

2. Das Problem des Fremden in der Darstellungsweise

Ein anderes, gerade für die *literarische* Übersetzung bedeutsames Problem ist die fremde Darstellungsweise. An Flauberts »Madame Bovary« läßt sich dies geradezu paradigmatisch demonstrieren. Auch hier könnte man von einer fremden Welt sprechen, allerdings von einer Welt anderen Typs. Eine Szene, an der sich das besonders gut zeigen läßt, findet sich im neunten Kapitel des zweiten Teils. Emma ist gerade von ihrem ersten Liebeserlebnis nach Hause zurückgekehrt und macht sich vor dem Spiegel »Gedanken« über ihre neue Situation:

    Elle se répétait: ‚J'ai un amant! un amant!', se délectant à cette idée comme à celle d'une autre puberté qui lui serait survenue. Elle allait donc posséder enfin ces joies de l'amour, cette fièvre du bonheur dont elle avait désespéré. Elle entrait dans quelque chose de marveilleux où tout serait passion, extase, délire; une immensité bleuâtre l'entourait, les sommets du sentiment étincelaient sous sa pensée, et l'existence ordinaire n'apparaissait qu'au loin, tout en bas, dans l'ombre, entre les intervalles de ces hauteurs.[10]

Emmas Selbstgespräch ist nicht nur eine Selbstvergewisserung. Es bildet zugleich – wie der folgende Absatz dann noch deutlicher macht – den Ausgangspunkt ihrer sentimentalen Phantasien[11]. Man könnte sagen: Emma genießt hier nicht nur ihre neue Situation, sondern auch die Vorstellungen, die in diesen Worten ganz unabhängig vom konkreten Erlebnis zum Ausdruck kommen. Wenn Emma sagt: „J'ai un amant!', dann ist das also nicht nur als Feststellung zu verstehen. Es sieht vielmehr so aus, als wolle sie mit ihren Worten geradezu die Assoziationen auslösen, denen sie sich dann im folgenden überlassen kann: »Elle entrait dans quelque chose de marveilleux où tout serait passion, extase, délire; une immensité bleuâtre l'entourait [...]«. Emmas Erleben wird hier ohne jede Erzählereinmischung dargestellt und kann so für den Leser denselben Grad an Präsenz gewinnen wie für Emma selbst. Eine solche Form von Objektivität bei der Darstellung innerer Vorgänge hat den Übersetzern im 19. Jahrhundert (und auch noch im 20. Jahrhundert) offenbar enorme Probleme bereitet. So heißt es etwa 1892 in der Übersetzung von Josef Ettlinger: »Sie glaubte im unendlichen Weltenraume zu schweben [...]«[12] oder 1896 in der Übersetzung von E. Feustel: »Ihr war, als sei sie in ein wunderbares Land gelangt, wo die Leidenschaft, die Begeisterung und der Rausch zu Hause sind«[13], oder 1925 bei A. Winterstein: »Sie vermeinte an der Schwelle einer neuen, wunderbaren Existenz zu stehen«[14]. Abgesehen von den Abweichungen, welche die Bildlichkeit des Textes betreffen, haben alle zitierten Beispiele eines gemeinsam: Was im Flaubertschen Text wie unmittelbar präsentiert wird (»Elle entrait dans quelque chose de marveilleux [...]«), wird in den Übersetzungen zu einem vermittelten. Hier heißt es: »Sie glaubte [...]«, »Ihr war, als sei [...]« oder »Sie vermeinte [...]«. Das ist nun keineswegs nur eine zwar explizierende, aber den Sinn der Textstelle nicht berührende Erweiterung. Wenn Emma nämlich ‚glaubt', etwas zu tun, oder es ‚vermeint', oder ‚wenn ihr so ist, als ob', dann führt das zunächst einmal zu einer gravierenden Veränderung der Erzählhaltung. Es werden nicht mehr neutral Emmas seelische Vorgänge mitgeteilt, sondern es wird aus einer Außenperspektive davon berichtet und damit etwas *über* Emmas Erleben ausgesagt. Zugleich wird aber auch ihr innerer Zustand ein anderer. Während es bei Flaubert zumindest nicht sicher zu entscheiden ist, ob Emma sich ihrer Phantasien bewußt ist oder ob sie sich ihnen ganz überläßt, wird sie in den Übersetzungen jedenfalls tendenziell zu einer Figur, die von ihren Zuständen weiß und eine gewisse Distanz ihnen gegenüber hat. Besonders deutlich wird das an dem ‚als ob', das sich in der Übersetzung von Feustel findet. Jedes ‚als ob' setzt eine Reflexion auf einen zunächst unbestimmten Zustand voraus, der dann in einem Vergleich anschaulich gemacht werden soll. Dieser Vergleich kann zwar sehr präzise sein, dennoch ist in ihm immer mitgedacht, daß eben nur etwas Analoges, nicht aber die Sache selbst mitgeteilt wird. Ein ‚als ob' kann sich also immer dann finden, wenn etwas nur näherungsweise wiedergegeben oder bewußt unbestimmt gelassen werden soll. In unserer Passage aus Flauberts Roman ist es aber weder so, daß Emma auf ihren Zustand reflektiert, noch so, daß der Erzähler ihn in der Schwebe halten will. Emma glaubt oder vermeint hier nichts, und sie stellt auch keinen Vergleich an. Wenn es wenig später im Text heißt: »Elle devenait elle-même comme une partie véritable des ces imaginations [...]«[15], dann weist das vielmehr darauf hin, daß sie einfach in diesem Zustand ist.

Die Frage, was die Übersetzer zu solchen Änderungen bewogen hat, ist nicht leicht zu beantworten. Offensichtlich ist aber, daß gleich drei Übersetzer in analoger Weise die direkte Wiedergabe seelischer Vorgänge verwandeln, und daraus läßt sich wohl folgern, daß es sich nicht um eine individuelle Übersetzereigentümlichkeit handelt. Eine erste Erklärung für diese auffällige Übereinstimmung besteht darin, daß Zensurgründe vorlagen. Es ist bekannt, daß gerade die oben angeführte Passage 1857 im Prozeß gegen Flaubert vom Staatsanwalt beanstandet wurde[16]. Man hatte nicht erkannt, daß in diesen Sätzen

> keine objektive Feststellung des Erzählers, der der Leser Glauben schenken kann, sondern eine subjektive Meinung der Person, die damit in ihren nach Romanen gebildeten Gefühlen charakterisiert werden soll[17],

vorlag. Unter diesem Gesichtspunkt hätten die Übersetzer durch ihr explizierendes Verfahren geradezu das mögliche Mißverständnis und damit zugleich den Stein des Anstoßes beseitigt. Selbst wenn dies aber der Fall sein sollte, reicht der Hinweis auf Zensurgründe nicht aus. Er muß vielmehr um seine Voraussetzung ergänzt werden, und die besteht darin, daß auch der zeitgenössische deutsche Leser notwendig ein ‚falsches' Verständnis des Flaubertschen Textes gewinnen mußte. Ein solches Mißverständnis aber hätte seinen Grund eben darin, daß den deutschen Lesern (ebenso wird man sagen können: den deutschen Übersetzern) eine Darstellungsform fremd war, die eine genaue Abgrenzung von Erzählerrede und Figurenperspektive erschwerte. Eine solche Vermutung liegt auch deshalb nahe, weil gerade am Ende des 19. Jahrhunderts in der deutschen Literatur Kritik an der traditionellen Darstellung seelischer Vorgänge geübt wird. So fordert Herman Bahr eine ‚neue Psychologie'[18] und ihr korrespondierend für die Literatur eine »Methode, die Ereignisse in den Seelen zu zeigen, nicht von ihnen zu berichten«[19]. Sicher läßt sich nicht behaupten, daß Bahr bei Flaubert genau das hätte finden können, was er in seiner Kritik am Naturalismus als Desiderat formuliert. Dennoch wird bei ihm das Problem diskutiert, mit dem es die Übersetzer der »Madame Bovary« zu tun hatten. Bahrs Rede von einer ‚neuen Psychologie' verweist aber zugleich darauf, daß hier neu entdeckte Formen des Seelenlebens thematisiert werden sollen, und so kann man vermuten, daß den Übersetzern nicht nur die Erzählweise, sondern auch dasjenige fremd war, was durch sie vermittelt werden sollte: das fremde Seelenleben, wie es sich dem Erlebenden selbst – ohne daß er vollständig darüber verfügte – unmittelbar darbietet. Das würde bedeuten, daß der Übersetzer bei Flaubert – analog zum Fall Strindbergs – mit einer Form von Darstellung konfrontiert ist, die dazu auffordert, die dargestellte Wirklichkeit in der ihr eigentümlichen Fremdheit zu verstehen.

3. Das Problem der Fremde zwischen den Literaturen

Mit Strindberg und Flaubert sind zwei klassische Fälle der Fremdheitserfahrung vorgeführt worden, deren Übersetzung sich im gewohnten Bezugsrahmen hält. Das Fremde in der Literatur stellt das Problem dar, nicht die Fremdheit zwischen den Literaturen, ihrer Stellung zueinander in der Welt. Es blieb den politischen, ökonomischen und sozialen Entwicklungen des 20. Jahrhunderts vorbehalten, ein Paradigma hervorzubringen, das in ganz anderer Weise von der Fremdheitserfahrung geprägt ist. Um diesen Wandel wenigstens hypothetisch zu skizzieren, soll zunächst an einem repräsentativen Beispiel die Position des 19. Jahrhunderts erläutert werden.

Schleiermacher erklärt in seinem Übersetzungsaufsatz, daß es Sprachen und Literaturen gebe, die »sich sprechen machen von Ausländern, die mehr als ihre Muttersprache bedürfen«, sowie Sprachen und Literaturen, die »die Erweiterung ihres Gebietes« auf andere Weise suchen. Erstere pflegen »in zu engen Banden eines klassischen Ausdrukks gefangen [zu] liegen«, letztere seien dadurch charakterisiert, daß »in denen

Abweichungen und Neuerungen mehr geduldet werden«.[20] Wenn aus deren »Anhäufung« in den letzteren »unter gewissen Umständen ein bestimmter Charakter entstehen« kann, muß für die ersteren angenommen werden, daß sie mit einem bestimmten Charakter bereits ausgestattet sind. Ihr Verfahren, sich zu dem Fremden zu verhalten, besteht darin, daß sie »sich fremde Werke aneignen durch Nachbildungen oder vielleicht durch Übersezungen der andern Art«, Übersetzungen, die den Text auf den Leser zu bewegen.[21] Die schwierigere »Aufgabe, daß man in der Muttersprache das fremde darstellen solle«, sei den »freieren Sprachen«[22] vorbehalten. Aus dem Kontext ist deutlich, daß sich Schleiermacher bei dieser Gegenüberstellung von unfreiem und freiem Gebrauch der Sprache in der Übersetzung, mediatem und immediatem Verständnis der eigenen Kultur, auf das Paradigma des deutsch-französischen Kulturvergleichs bezieht. Frei im Sinne einer dialektischen Konstitution sind gerade die Sprachen und Literaturen, die ihren Charakter unter dem Einfluß des Fremden ausbilden, die ihre Rolle im System der Literaturen nicht als vermittelnde unfreie, sondern als vermittelte freie spielen.

Es liegt nahe, den Einstellungswechsel um 1800 mit dem Konzept der »Kleinen Literatur« in Verbindung zu bringen, das nach der Kafka-Interpretation Deleuze/Guattaris als Konzept der Minderheitenliteratur zu verstehen ist, einer »Minderheit, die sich einer großen Sprache bedient«[23]. Das Modell läßt sich indessen nicht nur für das innerkulturelle, sondern auch für das interkulturelle Verhältnis der Sprachen und Literaturen zueinander fruchtbar machen. Man braucht nur das »innerhalb einer großen (oder etablierten) Literatur«[24] zum »innerhalb *der* ‚großen' (oder etablierten) Literatur« weiterzudenken, um zu sehen, daß sich die »Literaturen der kleinen Sprachen« in einer ähnlichen Lage wie die Minderheitenliteraturen befinden. Drei Merkmale der ‚littérature mineure' werden von Deleuze/Guattari hervorgehoben: die Distanz zum ursprünglichen Sprachgebiet (Deterritorialisierung), ein unmittelbar politischer Charakter des Individuellen und die kollektive Verkettung der Aussagen[25]. Deterritorialisiert sind die meisten Sprachen heute deshalb, weil sie zwar einerseits unter dem Anspruch stehen, ihre Eigentümlichkeit autonom und integral, alle Lebensbereiche umfassend, auszubilden, andererseits aber in einer universellen, weltweiten Kommunikation stehen, von der die Individualität der historisch gewachsenen, natürlichen Sprachen gerade negiert wird. Daß dies auch für die Literaturen gilt, bezeugt der Kanon der Weltliteratur. Wenn aber das Individuelle als Ort des Zusammentreffens mehrerer genereller Bestimmungen nicht mittelbar über die integrale Kultur auf die bestehenden Kräfte bezogen ist, dann besitzt es den unmittelbar politischen Charakter, von dem Deleuze/Guattari sprechen. Zugleich ist es an der tätigen Individuation gehindert. Es kommt zu keinen repräsentativen Originalwerken, sondern die Aussagen bleiben kollektiv verkettet. Betrachtet man die angedeuteten Zusammenhänge, dann ist es vielleicht kein Zufall, daß die bedeutenden Leistungen des 20. Jahrhunderts, etwa bei Kafka, Joyce oder Beckett, Leistungen auf dem Gebiet der Minderheitenliteratur sind. Deleuze/Guattari leiten aus den genannten Bestimmungen Folgerungen ab, die für *jede* Literatur »innerhalb einer sogenannten ‚großen' (oder etablierten) Literatur« gelten: »Auch wer das Unglück hat, in einem Land mit großer Literatur geboren zu sein, muß in seiner Sprache schreiben wie ein tschechischer Jude im Deutschen oder ein Usbeke im Russischen: schreiben wie ein Hund sein Loch buddelt, wie eine Maus ihren Bau gräbt. Dazu ist erst einmal der Ort der eigenen Unterentwicklung zu finden, das eigene Kauderwelsch, die eigene Dritte Welt, die eigene Wüste.«[26] Ein Literaturkonzept dieser Prägung ist intermediat, weder der »bodenständige[n], territoriale[n] oder Mutter-Sprache«[27], noch der überregionalen »vermittelnde[n], städtische[n] Staats- oder [...] Weltsprache« als »Sprache der Gesellschaft, des Handelns, der bürokratischen Transmission« allein verpflichtet noch aber auch der autonomen »Maßstäbe setzende[n] [...] Sprache des Sinns und der Kultur« oder der »‚mythische[n]' Sprache [...] der geistigen oder religiösen Reterritorialisierung«[28], sondern bestimmt durch alle, und dies, durchaus den realen politischen, sozialen und ökonomischen Gegebenheiten entsprechend, im Durchscheinen fremder, welt- und nationalsprachlicher Sprachbestände, die in der vielsprachig, jedoch keineswegs gleich organisierten Realität geteilte Aufgaben wahrnehmen.

Macht man sich ein solches Modell von Sprachfunktionen zu eigen, dann könnte dies auch Folgen für die Übersetzungstypologie haben. Die herkömmliche Unterscheidung zwischen »originalgetreuem« und »freiem« Übersetzen müßte dann durch die Unterscheidung zwischen dem immediaten, mediaten und intermediaten Übersetzen ersetzt werden: eine Unterscheidung, die auf die Stellung der Literaturen zueinander Rücksicht nimmt und auf die Sprachfunktionen bezogen ist. Ein solches Konzept würde allerdings sowohl die Repräsentativität großer geschlossener Werke oder Originale für jede Kultur als auch die Annahme gleicher Bedingungen zwischen den Sprachen, Kulturen und Literaturen in Frage stellen, und es würde die Typen des Übersetzens an diesen realistisch aufgefaßten Bedingungen orientieren. Weltsprachen wie das

Englische[29], Französische, Spanische oder Portugiesische, die für bestimmte Bereiche des Handels, der Wissenschaft, der Technik, der Diplomatie oder der Kultur über den eigenen politischen Herrschaftsraum hinaus gelten, neigen zur mediaten Übersetzung, indem die Wahrheitsfähigkeit der übrigen Sprachen, wie im Fall des mittelalterlichen Latein, durch ihre Übersetzbarkeit zu gewährleisten ist. In Übertragung ihres Bildungsgesetzes gilt, was Schleiermacher am Beispiel der klassischen Sprachen verworfen hat, daß sie sich wie im normalen Verkehr so auch in der Übersetzung von anderen sprechen machen, die ihrer bedürfen. Nationalsprachen wie das Italienische, Schwedische, Polnische oder Deutsche, deren Herrschaftsbereich real oder ideal mit der politischen Herrschaft zusammenfällt[30], folgen dem eigenen Bildungsgesetz, wenn sie den Weg der immediaten Übersetzung beschreiten, d.h. sich durch das Fremde in seiner Eigentümlichkeit bestimmen lassen. Kleine Sprachen, die wie das Usbekische, Niederländische oder Ungarische auf den Status von Nationalitätensprachen[31] festgelegt sind, artikulieren ihre Bedingungen in der intermediaten Übersetzung, die zugleich wie die intermediate Sprache selbst ein genaues Abbild der Welt und der Fremdheit des Individuellen in ihr darstellt. Die Übersetzung aus zweiter Hand[32] und die kontaminierende Übersetzung[33] sind nur zwei Beispiele dieses Verfahrens, zu dem – unter speziellen Bedingungen des Ausgangstextes – auch die verfahrensanaloge Übersetzung intertextueller Vorlagen[34] zählt. Es ist klar, daß neben dieser politisch-aktuellen Schichtung eine historische und soziale besteht, die nicht primär nach Positionen im Außenverhältnis, sondern nach Positionen im Innenverhältnis den Bedingungsrahmen der Übersetzung festlegt. Literaturen wie die griechische, hebräische, chinesische, arabische oder italienische haben andere Möglichkeiten, sich zu fremden Texten in Beziehung zu setzen, weil sie Repräsentanten der historischen Grundsprache eines Kulturkreises sind. Ihnen gegenüberzustellen sind Literaturen, die wie die ungarische, japanische oder georgische im Schnittpunkt mehrerer Kulturkreise großgeworden sind. Die Ressourcen, um Fremdes in der eigenen Sprache artikulieren zu können, liegen entweder im Bereich der Grundsprache oder im Bereich der Lehn- und Fremdwortbestände sowie der Sozio- und Dialekte, die in dem Maß prägend und nutzbar sind, wie eine Sprache nicht nach dem Maßstab der großen, nationalen oder internationalen standardisiert wurde. Daß eine solche Betrachtung den Rahmen der traditionellen Fremdheitserfahrung übersteigt, indem sie zugleich an das Normen- und Wertgefüge der Übersetzung wie der Literatur rührt, kann durch die Aufwertung bislang unterschätzter Verfahren im Bereich der intermediaten Übersetzung verdeutlicht werden. Durchaus üblich, wenn auch nie eigentlich anerkannt, obwohl ein Spiegel der skizzierten Bedingungsrahmen, ist die Übersetzung aus zweiter Hand sowie, in ihrer Verlängerung, die kontaminierende, neben dem Original mehrere Sprachen, Kulturen und Literaturen einbeziehende Übersetzung. Bricht sie nicht, wie im Prinzip auch die experimentelle und die intertextuelle Literatur, mit der Fiktion einer gleichursprünglich zu reproduzierenden integralen Einheit und Ganzheit des Originals? Aber auch die Interlinearversion mit ihrer Spielart der unübersetzten Schlüsselbegriffe und -strukturen nicht aus Not, sondern aus System wäre hier zu nennen. Ohne daß auf Einzelheiten hier schon näher eingegangen werden konnte, dürfte deutlich geworden sein, daß der Bereich der Fremdheitserfahrung ebenso wie der einer artikulierten Interkulturalität im Konzept der intermediaten Übersetzung eine systematisch und historisch wesentlich erweiterte Anwendung hat.

Anmerkungen

[1] Vgl. Sonderforschungsbereich 309 »Die literarische Übersetzung«. Georg-August-Universität Göttingen, Forschungsprogramm 1988–89–90, Göttingen 1987.

[2] Bei dieser Charakterisierung beziehe ich mich auch auf ein Manuskript, das im Rahmen des Sonderforschungsbereichs 309 »Die literarische Übersetzung« von B. Bödeker und K. Freese verfaßt wurde: *Realienbezeichnungen in literarischen Übersetzungen. Eine Prototypologie.* An dieser Stelle danke ich zugleich dem skandinavischen Teilprojekt des SFB, insbesondere Frau Freese, für Hinweise, Beispiele und Kritik.

[3] August Strindberg: *Die Leute auf Hemsö.* Übers. v. H.-J. Hube. München 1984, S. 16.

[4] August Strindberg: *Hemsöborna och Skärkarlsliv.* In: *Samlade Skrifter av August Strindberg.* Tjugoförsta delen (Bd. 21). Stockholm 1914, S. 36.

[5] Vgl. ders.: *Skärkarlsliv. Berättelser. Texten redigered och kommenterad av Nils Åke Sjöstedt.* Stockholm 1984. (= August Strindbergs Samlade Verk 26), S. 10 (in der Übersetzung von V. Reichel: »[...] das Anmutigste, was man sehen kann, wenn unter einer Mischung von Birken und Nadelbäumen die Hasel einen Laubsaal über dem Fahrweg bilden, der hier den Namen Drog trägt« (A. Strindberg: *Werke in*

zeitlicher Folge. Fünfter Band 1887–1888, hg. v. W. Butt, übers. v. A. Bruns, W. Butt (u.a.). Frankfurt/M. 1984, S. 644).

[6] A.S.: *Werke in zeitlicher Folge* (Anm. 5), S. 186.

[7] Vgl. ebd. S. 882.

[8] Vgl. etwa: *Die Leute auf Hemsö*. Roman von A. Strindberg. Berechtigte Übertragung v. M. Mann. Leipzig o.J., S. 42, und A.S.: *Die Leute auf Hemsö*. Übs. v. H.-J. Hube (Anm. 3), S. 37.

[9] An dieser Stelle sei nur allgemein auf die Diskussion des Verhältnisses von Sprache und sozialer Wirklichkeit verwiesen, die sich in Auseinandersetzung mit Wittgensteins *Philosophischen Untersuchungen* in der Soziologie und Ethnologie entwickelt hat. Vgl. etwa P. Winch: *Was heißt »Eine primitive Gesellschaft verstehen?«*, in: *Sprachanalyse und Soziologie. Die sozialwissenschaftliche Relevanz von Wittgensteins Sprachphilosophie.* Hg. v. R. Wiggershaus, Frankfurt/M. 1975, S. 59–102, und A. Schütz/T. Luckmann: *Strukturen der Lebenswelt.* Bd. 1, Frankfurt/M. 1979, bes. S. 297ff.

[10] Gustave Flaubert: *Madame Bovary. Moeurs de Province. Preface et notice de M. Nadeau.* (Edition Gallimard) 1972, S. 219.

[11] Vgl. zu Emmas ‚kitschigem Bewußtsein' U. Mölk: *Gustave Flaubert: Madame Bovary. Moeurs de province.* In: T. Wolpers (Hg.): *Gelebte Literatur in der Literatur. Studien zu Erscheinungsformen und Geschichte eines literarischen Sujets. Bericht über Kolloquien der Kommission für literaturwissenschaftliche Motiv- und Themenforschung.* Hg. v. T. Wolpers. Göttingen 1986, S. 222ff. (= Abhandlungen der Akademie der Wissenschaften in Göttingen. Philologisch-Historische Klasse. Dritte Folge. Nr. 152).

[12] G.F.: *Madame Bovary. Ein Sittenbild aus der Provinz.* Übersetzt von J. Ettlinger. Mit einem Nachwort. Dresden und Leipzig 1892, S. 249.

[13] G.F.: *Madame Bovary. Ein Sittenbild aus der Provinz.* Deutsch von E. Feustel. Halle 1896, S. 264.

[14] G.F.: *Madame Bovary.* Deutsch v. A. Winterstein. Berlin (um 1925), S. 206.

[15] Gustave Flaubert: *Madame Bovary. Moeurs de province.* (Anm. 10), S. 219.

[16] Ebd., S. 486.

[17] Vgl. H.-R. Jauß: *Literaturgeschichte als Provokation der Literaturwissenschaft.* In: ders.: *Literaturgeschichte als Provokation.* Frankfurt ^{4}1974, S. 204. Vgl. E. Auerbach: *Mimesis. Dargestellte Wirklichkeit in der abendländischen Literatur.* Bern ^{6}1977, S. 451ff. Auerbach weist anhand einer anderen Passage aus *Madame Bovary* darauf hin, daß

Flauberts Wiedergabe des Bewußtseins nicht »naturalistisch [...]«, sondern »durch die [...] Hand des Schriftstellers [...]« ‚geordnet' (ebd. S. 452) sei. Um diese konsequente, wenn auch nicht naturalistische Innenperspektive geht es auch in unserem Beispiel.

[18] Vgl. H. Bahr: *Die neue Psychologie*. In: ders.: *Zur Überwindung des Naturalismus. Theoretische Schriften 1887–1904*. Ausgewählt, eingeleitet und erläutert von G. Wunberg. Stuttgart/Berlin/Köln/Mainz 1968, S. 53–64, hier S. 60.

[19] Ebd.

[20] F.D.E. Schleiermacher: *Ueber die verschiedenen Methoden des Uebersetzens*. In: Friedrich Schleiermacher's sämmtliche Werke III, 2. (Berlin 1838), S. 207–245, hier S. 229.

[21] Ebd.

[22] Ebd.

[23] G. Deleuze/F. Guattari: *Kafka. Für eine kleine Literatur*. Frankfurt a.M. 1976, S. 24 (= edition suhrkamp 807).

[24] Ebd., S. 27.

[25] Ebd.

[26] Ebd.

[27] Ebd., S. 34.

[28] Ebd.

[29] Vgl. zum Begriff der Weltsprache im Unterschied zur Nationalsprache am Beispiel des Englischen O. Jesperson: *Mankind, Nation and Individual. From a Linguistic Point of View*. London 1946: »These [linguistic communities, F.L./H.T.] are of different magnitudes and may be arranged in an ascending series – the family, the clan, the tribe, the people or nation, and finally the super-nation, by which term we mean such a linguistic community as the English-speaking community with its 150 millions distributed over five continents.« (S. 38).

[30] O. Reichmann weist u.a. auch auf den Zusammenhang hin, der zwischen der Möglichkeit, eine bestimmte Sprache als Nationalsprache zu charakterisieren besteht, und der Abgrenzbarkeit eines bestimmten politisch definierten Herrschaftsraumes, in dem diese Sprache gesprochen wird: »Die Qualitäten, mittels derer man eine Einzelsprache als Nationalsprache interpretiert, ergeben sich systematisch aus dem Ansatz eines engen Zusammenhangs zwischen Sprache und einer Reihe anderer Größen, insbesondere dem Sprachvolk, dem Kulturvolk und dem Staatsvolk.« (S. 515) In: O. Reichmann, *Nationalsprache*. In: *Lexikon der Germanistischen Lingui-*

stik, hrsg. v. H.P. Althaus, H. Henne und H.E. Wiegand, 2. vollständig neu bearbeitete und erweiterte Auflage, Tübingen 1980, S. 515–519.

[31] Zum Unterschied von Nationalsprache und Nationalitätensprache vgl. M.M. Guchmann: *Der Weg zur deutschen Nationalsprache*. 2 Bde., Berlin 1970, Bd. 1, S. 13: »Einer der grundlegenden Unterschiede der entwickelten Nationalsprache gegenüber der Nationalitätensprache ist das bewußte Streben nach einer einheitlichen Sprachnorm, die sich auf der Grundlage der Volkssprache herausbildet und sowohl im schriftlichen als auch im mündlichen Verkehr herrscht«. Allerdings verwendet M.M. Guchmann in ihrer Untersuchung den Begriff der Nationalitätensprache weniger im Sinne einer ‚Kleinen Sprache' als vielmehr diachronisch unter dem Aspekt der Ausbildung von Nationalsprachen aus Nationalitätensprachen.

[32] Vgl. Jürgen v. Stackelberg: *Übersetzungen aus zweiter Hand*. Berlin/New York 1984.

[33] Den Terminus ‚kontaminierendes Übersetzen' übernehme ich von J. v. Stackelberg (Vortrag auf dem SFB-Kolloquium: »Eklektisches und kontaminierendes Übersetzen«).

[34] Vgl. dazu: H. Turk: *Intertextualität als Form der Aneignung des Fremden*. In diesem Band S. 629.

Hans J. Vermeer, Heidelberg

Literarische Übersetzung als Versuch interkultureller Kommunikation

1. Vorbemerkung

Die Skopostheorie des translatorischen Handelns (Vermeer 1983; Reiß u. Vermeer 1984) geht von einer allgemeinen teleologischen Handlungstheorie aus (Vermeer 1986) und versteht unter translatorischem Handeln (Holz-Mänttäri 1984) die Erfüllung eines kommunikativen Auftrags in einer Zielkultur auf Grund von Ausgangsmaterial aus einer Ausgangskultur. Innerhalb dieser allgemeinen Begriffsbestimmung können »Translation« (Reiß/Vermeer 1984), »Übersetzung« usw. spezifisch definiert werden. Definientia wären dabei vom Definitor zu spezifizierende Relationsbeziehungen zwischen Ziel- und Ausgangstext für interkulturell teleologisch »Gleiches« bzw. »Ähnliches«. Für die folgenden Überlegungen brauchen solche Definitionen nicht eingeführt zu werden.

Die Skopostheorie wird der »traditionellen« Ansicht vom Übersetzen entgegengesetzt, deren kürzeste Fassung als »Transkodierung« eines Textes aus einer Sprache A in eine Sprache Z beschreibbar ist.

Translatorisches Handeln bzw. Translation bzw. Übersetzen wird von Kommentierung als (fakultativ heterokultureller) Exegese unterschieden.

Im übrigen sind Terminologien akzidentell. Sie werden hier nicht thematisiert.

2. Das »Andere«

Ausgangspunkt für die folgenden Überlegungen sei eine methodologische (!) Unterscheidung von Form, Inhalt und Sinn (Funktion) einer Handlung bzw. eines Handlungselements (z. B. eines Textes).

2.1. Wir setzen bei der Translation von Inhalten an:
 Man redet (oder schreibt), um einer Menge ($M \geq 1$) von realen oder fiktiven, mehr oder minder bewußt anvisierten bzw. eingeschätzten Kommunikationspartnern »etwas mitzuteilen« (im weitesten Sinn des Wortes

»Information« zukommen zu lassen; dabei gilt auch Form als informativ!). Man redet (oder schreibt), wenn man glaubt, diesen Kommunikationspartnern Informationen zukommen lassen zu können, wenn man also glaubt, daß sie die betreffende Information bzw. Information in der betreffenden Weise (Informationsform!) nicht besäßen.

Kommunikationspartner sind immer vorhanden – auch wenn sich der Autor ihrer nicht bewußt ist.

(Zur »Selbstbefriedigung« des Informationsangebots [Vermeer 1983] vgl. Williams [1983, 31] – Den Hinweis verdanke ich Justa Holz-Mänttäri.)

Wird nun ein Text übersetzt, so ändern sich per definitionem die anvisierten Kommunikationspartner (die Zielrezipienten gegenüber den Ausgangsrezipienten). Dabei entsteht die Frage, *was* den Rezipienten der Übersetzung (des Translats) mitgeteilt werden soll. Offensichtlich besitzen sie ein anderes, aus anderen Traditionen gespeistes Vorwissen, haben (also) andere Erwartungen als die Rezipienten des Ausgangstextes. Textinhalte haben (also) in ihrem Kulturgefüge gegenüber dem der Ausgangsrezipienten andere Stellenwerte:

Übersetzt man dieselben Inhalte, so ändern sie sich notwendigerweise (so paradox das klingt) – nämlich in ihren Stellenwerten und ihrer Interpretation vor dem Hintergrund einer von der Ausgangs- verschiedenen Zielkultur und in der Interpretation ihres Stellenwertes in der Zielkultur.

Erkennt man Inhalte als kulturspezifisch an, so gibt es und so übersetzt man nicht mehr »den« Inhalt »des« Ausgangstextes (vgl. Arrojo 1986).

Zwei Beispiele:

(1) Liest man auf einer portugiesischen Speisekarte *cabrito* (Wörterbücher übersetzen *Zicklein*), so erhält der Portugiese ein für ihn übliches, der Deutsche ein für ihn ungewöhnliches Gericht.

(2) Beschreibt ein indischer Autor eine Frau mit der Schönheit ihrer Kuhaugen und der Zartheit der Elefantenhaut, so reagiert der deutsche Leser belustigt, erstaunt oder ungläubig (oder über den Translator verärgert).

Ändert sich der Inhalt eines Textes beim wie auch immer gearteten Übergang von einer Ausgangs- in eine Zielkultur notwendigerweise (und dies gilt nicht nur für Translation, sondern auch allgemein für Rezeption in verschiedenen Kulturen), so nützt es nichts, diese Änderung als bedauerlichen Verlust zu beklagen. Sie ist anregender, kreativer Übergang zu Anderem.

Literarische Übersetzung als Versuch ...

Eine Translation ist die Dokumentation der Änderung und zugleich (!) der kreativen Fähigkeit des Translators, auf fremde Anregung hin selbst (und »selbständig« – das eben sei mit »kreativ« angedeutet) weiterzuarbeiten.

Der Translator ist Ko-Autor.

Das Andere ist kein gänzlich Anderes. Es richtet sich nach der Funktion (dem Skopos) der Translation, und die Funktion ist zum guten Teil kulturspezifisch, wie auch die Translationsstrategie zur Realisierung der Funktion. (Zu denEinzelheiten vgl. Vermeer 1983; Holz-Mänttäri 1984.)

Das Andere ist auch, wie Toury (1980) betont hat, ein teilweises Hinübernehmen ausgangskultureller Elemente in die Zielkultur und damit deren Bereicherung. Aber es ist und bleibt ein Anderes. »Anderes« liegt auf einer nicht-diskreten Skala von kongruent (aber nicht identisch) bis ... (vielleicht) konträr.

Jede Translation geht von der Rezeption eines Ausgangstextes als Teil eines Translationsauftrags (!) aus (Holz-Mänttäri 1984). Jede Rezeption bedeutet auch Interpretation in der Rezeptionssituation. *Eine* Interpretation, denn man kann nicht alle möglichen Interpretationen zugleich »haben« (Arrojo 1986). Und man kann nicht nicht-interpretieren (um Watzlawick 1974 zu paraphrasieren). *Eine* Interpretation soll allerdings so umsichtig wie möglich sein. (Übersetzen braucht Zeit.) Sie muß in sich stimmig (»kohärent«) sein. Kann man sagen, daß eine Interpretation dann akzeptabel (»richtig«?) ist, wenn sie in sich kohärent ist? (Sie muß bekanntlich nicht die Interpretation des Autors selbst sein.)

Dann ist ein Translat eine Interpretation – die nicht unbedingt die des Ausgangstextautors ist, die unmöglich »die« des Ausgangstextautors ist. Jedes Translat bietet Anderes als der Ausgangstext. Geben wir es auf, im Translat »den« Ausgangstext zu wollen.

2.2. Ändert sich das Gesagte (oder Geschriebene) beim Übergang in eine andere Kultur notwendigerweise (*2.1.*), so ändert sich notwendigerweise auch der Sinn (die Funktion) des Gesagten (oder Geschriebenen) – wenn auch vielleicht in weniger absolutem Grad, weniger offensichtlich.

Beispiele:

(3) Dickens' bittere Satire auf das damalige englische Schulwesen ist dem heutigen Engländer (als Angehörigem einer »anderen« Kultur!) oft genug amüsante Lektüre; Dickens' Gefühle kann er wohl kaum nachfühlen (Vermeer 1986 zu »Verstehen«).

(4) Ortega y Gassets brillante Gedanken sind dem deutschen Leser oft mehr Essay als Philosophie.
Funktionsänderung ist der Normalfall bei einer Translation (auch literarischer Werke).

2.3. Sprachen haben unterschiedliche Strukturen (eine Binsenwahrheit). Auch die *Form* eines Textes bietet in einer Translation jeweils Anderes als die des Ausgangstextes. Also muß der Translator auch hier, ähnlich wie bei Inhalt und Funktion, das notwendig Andere kreativ einsetzen.

Auch hier kann die Zielsprache natürlich in Rede, Norm und System (um Coserius Terminologie zu verwenden) profitieren, indem Ausgangstextformen unter bestimmten Bedingungen hereingeholt werden.

Auch hier gilt, was zuvor vom Inhalt gesagt wurde – und was Übersetzer und Übersetzungskritiker so oft vergessen:

Ahmt man die Form in ihrer »Oberflächengestalt« möglichst getreu nach, so ändert sich unter Umständen der Sinn des Textes beträchtlich; will man den Sinn möglichst erhalten, so muß man die Textform unter Umständen beträchtlich ändern.

Beispiel:

(5) Sallust schreibt, die Menschen sollten nicht wie *pecora, quae natura prona [...] finxit,* durchs Leben trotten. Wenn Büchner übersetzt, »wie das Vieh, das die Natur gekrümmt [...] gebildet hat«, wirkt der Text gelinde gesagt komisch und ist wahrscheinlich – auch im Kontext – kaum verständlich. Formal abweichend, ergibt sich der Sinn in: »wie Herdenvieh, das schon von Natur aus nur nach unten schaut« (Vermeer 1983, 142–171, bes. 167–169).

Anmerkung:

Gerade bei der Wahl der sprachlichen Form wird bisher (fast) ausschließlich intuitiv übersetzt, d.h. nicht nach strengen Regeln, sondern nach (unbedachten?) Traditionen und Vorlieben einer Gesellschaft oder eines einzelnen Übersetzers. Der eine hält den Satz für die heiligste Einheit seines Tuns, dem anderen gefällt dieses Wort besser als jenes – aber *skoposgerecht begründen* kann keiner sein Tun so, daß eine Bestätigung mit logischer oder mathematischer Beweiskraft dabei herausschaut. Wenn wir je zu wissenschaftlichem Übersetzen (was nicht dasselbe ist wie eine Übersetzungswissenschaft!) kommen wollen, dann müssen wir (auch beim Übersetzen literarischer Werke) exaktere Verfahren als bisher einsetzen. Gewiß ist dazu noch ein weiter Weg (vgl. Vermeer 1987).

Literarische Übersetzung als Versuch ...

2.4. Form, Inhalt und Funktion eines Textes hängen zusammen (sind interdependent). Das will auch bei einer Translation beachtet sein. Sie sind wie die Variablen einer Gleichung: Ändert man den Wert der einen, ...

3. Folgerungen

Übersetzen heißt schreiben (oder dichten) unter erschwerten Bedingungen, ähnlich wie gebundene Rede mehr Regeln (Bedingungen) kennt als freie Prosa.

Übersetzen ist wie die Variation zu einem vorgegebenen Thema. Wie Variationen ein Thema durchführen, führen Translate ein Werk aus einer Ausgangskultur in eine Zielkultur weiter. Das ist zumindest die eine Seite »interkultureller Kommunikation«.

Jede Handlung hat ihre situationsbedingten Wirkungen. Man kann nicht nicht-handeln (vgl. Watzlawick 1974). Auch Translation ist situationsbedingtes Handeln. Verantwortliches.

Aber man drehe es, wie man wolle: Ein Zieltext ist nicht der Ausgangstext (logisch, nicht wahr?). Durch einen Zieltext kann man nie »den« Ausgangstext in allen seinen Dimensionen kennenlernen. Man kann Teile des Ausgangstextes kennenlernen. (Das soll hier nicht näher ausgeführt werden; vgl. die einschlägige Literatur.)

Es scheint mir widersinnig, einen Ausgangstext durch einen Zieltext kennenlernen zu wollen. Geben wir es doch endlich zu: Man lernt durch Tieck nicht Cervantes kennen; man lernt kennen, was Tieck von Cervantes verstand.

Ich sagte, ein Translator sei Ko-Autor. Der Translator ist dazu verdammt, Ko-Autor zu sein und *nicht weniger*. Verhalten wir uns endlich danach: Wir Translatoren, indem wir nicht wehleidig vom Opfern des Übersetzens reden und unsere Freude am eigenen Leid haben, – und wir Rezipienten, indem wir nicht in falschen Erwartungen falsche Ansprüche stellen und falsche Schlüsse ziehen.

Translatoren sollen bewußt Ko-Autoren sein. Und sie sollen sich *dieser* Verantwortung bewußt sein. Und ihren Translationsskopos jedesmal ausdrücklich angeben.

Übersetzen im traditionellen Sinn enthält dagegen eine vierfache Hybris:
- die Behauptung, das Werk sei zu ersetzen, was heißt, es sei (auch in seinen Teilen) eben doch nicht vollkommen, nicht einmal völlig ko-

härent (Teile und Ganzes lassen sich ja austauschen bzw. verändern);
- die Behauptung, der Autor sei zu ersetzen, nämlich durch den Übersetzer;
- die Behauptung, die Kunst lasse sich durch ein Handwerk ersetzen (ist doch das meiste schöngeistige Übersetzen nicht mehr als dies);
- und schließlich die Behauptung, auch die Rezipienten-in-Situation und mit ihnen die Kulturen seien schlechthin austauschbar, ohne daß Bemerkenswertes dabei passiere. Wenn man im Mittelalter Wechselbälge unterschob, hatte wenigstens das Märchen seinen tragischen Konflikt. Übersetzungen scheinen nicht einmal Wechselbälgen gleichgestellt zu werden.

4. Die Tradition

Wer einen Ausgangstext im Translat möglichst nicht »ändern« will, muß begründen, warum er überhaupt etwas ändert; warum er ändert, was er ändert; warum er ändert, wie er ändert; wo die Bedingungen der Grenzen für Änderungen liegen; und vielleicht einiges mehr. Hier soll noch aufgezeigt werden, daß die angebliche Treue zum Ausgangstext zumeist unbedachte Übernahme zufälliger kulturspezifischer Traditionen ist. Unreflektierte Übernahme ist unwissenschaftlich, schon unakademisch.

Wer den einen Terminus »Übersetzen« auf verschiedene Handlungen anwendet, signalisiert damit Gemeinsames in diesen Handlungen. Also muß *eine* Theorie für das als gemeinsam Hingestellte her!

Treue wird zumeist zum Wort gesucht, oft genug zur Lautkette, zum Morphem, zur Anzahl der Wörter in einem Satz. Es handelt sich genau um diejenigen Phänomene, die seit 150 Jahren von der Sprachwissenschaft vorrangig untersucht worden sind: Als kleine Einheiten waren sie relativ leicht auflistbar und überschaubar. – Wer hier übersetzerische Treue fordert, ist nur Mitläufer in fremder Tradition.

Auf höheren Ebenen, zum Beispiel kulturspezifischer Verhaltensweisen, wird Treue nicht nur nicht gefordert, sie wird meist heftig abgelehnt (Man dürfe den Autorwillen nicht verfälschen – ein Standardargument, so falsch wie unreflektiert): Man bleibt beim Wort, mag der Sinn zum Teufel gehen.

Beachtet man non-verbales kulturelles Verhalten überhaupt, so sind folgende Fälle denkbar:

(a) Sprachliche und kulturelle Strukturen (verbales und non-verbales Verhalten) weichen in Ausgangs- und Zielkultur beträchtlich voneinander ab (chinesischer Roman :: deutscher Roman): »Natürlich« ändert man die sprachlichen Strukturen der unteren Ränge (wie soeben gesagt). Und das non-verbale Verhalten beläßt man – Chinesen sind eben komische Leute ...

(b) Die kulturellen Strukturen weichen in Ausgangs- und Zielkultur voneinander ab, die sprachlichen »nur« geringfügig (Wann sind Abweichungen zwischen Sprachsystemen »geringfügig«? Vielleicht hängt das von non-verbalen Strukturen ab? ...) – (indo-englischer Roman :: deutscher Roman): »Natürlich« sucht man hier Treue auf niederen sprachlichen Rängen und beachtet wieder nicht das Zusammenspiel von Sprache und Kultur.

Beispiel:

(6) Bei Mulk Raj Anand: The Old Woman and the Cow (Bombay 1960, 50) heißt es von einem sich soeben wieder versöhnenden jungverheirateten Paar: *But though they did not eat together as husband and wife, they slept together on one bed throughout the whole night, for the first time since they were married, braving the eyes of Kesaro and the gossip of the neighbours that would surely follow.* Die deutsche Übersetzung (»Gauri«; Zürich 1986, 53) bietet: »Obwohl sie also nicht wie Mann und Frau gemeinsam aßen, so schliefen sie doch zum ersten Mal seit ihrer Hochzeit zusammen in einem Bett, die ganze Nacht lang. Und sie scherten sich weder um die Blicke von Kesaro noch um das unausweichliche Geschwätz der Nachbarn.« Im traditionellen Indien essen Mann und Frau nicht zusammen. Der Sinn der Stelle ist also: Obwohl sie (ausnahmsweise als besondere Versöhnungsgeste) auch diesmal nicht zusammen aßen... Durch Worttreue wird dem deutschen Leser aber das Gegenteil suggeriert (sie waren immer noch ein wenig böse aufeinander, deshalb aßen sie *noch* nicht miteinander), weil der deutsche Leser »natürlich« seine kulturellen Gepflogenheiten in den Text hineinträgt.

(c) Sprachliche Strukturen weichen ab, kulturelle »geringfüg« (baskischer Roman :: deutscher Roman): »Natürlich« ändert man die grammatischen Strukturen. Weil es nicht anders geht. Ist *das* aber ein wissenschaftliches Argument?

(d) Sprachliche und kulturelle Strukturen scheinen »kaum« abzuweichen (englischer/französischer Roman :: deutscher Roman): Man glaubt an Texttreue ...

Hans J. Vermeer

Man fordert also Treue auf niederen Rängen, genau auf denen, die die Sprachwissenschaft traditionell beachtet hat. Man fordert sie nicht da, wo die Sprachwissenschaft kein Interesse gezeigt hat.
Beispiel:
(7) Man fordert keine Treue auf para-graphischem Gebiet. (Es gibt nicht einmal den Terminus! Ich meine die graphischen Pendants zu paralingualen Phänomenen.) Wird nicht jedermann sagen, es sei absurd, so wie man Treue zum Rhythmus, zur Intonation, zu Lautkettenfolgen fordert, so könnte man auch Treue zu Satztypen, zur Papierqualität fordern?
Wissenschaft ist ganz schön eklektisch.

5. Schluß

Literarisches Übersetzen als Versuch interkultureller Kommunikation – Wenn man Übersetzung überhaupt will und/oder braucht, findet die Kommunikation, wie ich zu zeigen versucht habe, nicht »unvermittelt«, unverändert zwischen Ausgangstextautor und Zielrezipient statt, sondern unter Einbezug einer dritten Person, des Translators, als *vollgültigem* Partner, der sich und seine Ansichten wie in jeder Kommunikation miteinbringt und so die Kommunikation *mit*bedingt und *mit*steuert. Ohne ihn ginge sie einen anderen Weg. Ohne ihn geht sie nicht.

Literatur

Arrojo, Rosemary: *Oficina de Tradução. A teoria na prática*. São Paulo 1986.
Holz-Mänttäri, Justa: *Translatorisches Handeln: Theorie und Methode*. Helsinki 1984 (= Annales Academiae Scientiarum Fennicae B 226).
Reiß, Katharina / Vermeer, Hans J.: *Grundlegung einer allgemeinen Translationstheorie*. Tübingen 1984 (= Linguistische Arbeiten 147).
Toury, Gideon: *In Search of a Theory of Translation*. Tel Aviv 1980.
Vermeer, Hans J.: *Aufsätze zur Translationstheorie*. Heidelberg 1983.
–: *Voraussetzungen für eine Translationstheorie. Einige Kapitel Kultur- und Sprachtheorie*. Heidelberg 1986.
–: *What does it mean to translate?* In: Indian Journal of Applied Linguistics [1987].

Watzlawick, Paul / Beavin, Janet H. / Jackson, Don D.: *Pragmatics of Human Communication*. – Deutsch: *Menschliche Kommunikation. Formen, Störungen, Paradoxien*. Bern – Stuttgart – Wien ^{4}1974.

Williams, Raimond: *Innovationen. Über den Prozeßcharakter von Literatur und Kunst*. Frankfurt a. M. 1983.

Andreas Gardt, Heidelberg

Literarisches Übersetzen in den Fremdsprachenphilologien[1]

Wenn im folgenden vom literarischen Übersetzen die Rede ist, so ist der Begriff immer in seiner zweifachen Bedeutung zu verstehen: Literarisches Übersetzen soll ein Übersetzen ausschließlich literarischer Texte meinen und auch immer ein Übersetzen, das als Ergebnis wiederum einen Text entstehen lassen will, den bestimmte literarisch-ästhetische Charakteristika auszeichnen. Dies ist nicht so selbstverständlich, wie es klingen mag: In der Praxis der universitären Fremdsprachenvermittlung müssen literarische Texte allzu häufig als bloße Lieferanten komplizierter grammatischer Konstruktionen und ‚schwieriger' Wörter dienen; das Literarische am Text verliert sich auf der Suche nach der ‚richtigen' grammatischen Form oder dem ‚richtigen' Einzelwort. In solcher Reduktion verkümmern die Texte und nicht selten auch das Engagement der Studenten, wo doch gerade das Übersetzen literarischer Texte Möglichkeiten in sich birgt, sozusagen in einem Arbeitsgang Anforderungen sowohl des Literaturunterrichts als auch des Sprachunterrichts gerecht zu werden. Berücksichtigt man diese Möglichkeiten, dann ließe sich der Zweck des Übersetzens in den Fremdsprachenphilologien vielleicht so forumulieren: Erfahrungen zu vermitteln in der Analyse fremdkultureller Literatur und im kreativen Umgang mit der Sprache literarischer Texte. Um dies zu ermöglichen, müssen allerdings eine Reihe von Voraussetzungen gegeben sein; drei davon sollen hier erörtert werden.

Eine erste Voraussetzung ist ein ganzheitlicher Textbegriff, sowohl vom Original als auch von der Übersetzung. Ganzheitlich bedeutet, den Text zu betrachten als in sich kohärentes Gebilde, dessen einzelne Konstituenten der Bedeutung des Ganzen zugeordnet sind. Die Bedeutung der Konstituenten wiederum ist nur aus ihrem Kontext, im Verhältnis zum Textganzen bestimmbar. Dies mag unmittelbar einsichtig sein für lexikalisch-semantische Einheiten des Textes, kann aber auch für grammatische gelten. Um ein Beispiel zu geben: Wenn etwa bei der Betrachtung einer deutschsprachigen Erzählung festgestellt wird, daß der Autor zur Kennzeichnung der Vergangenheit in der Rede einer bestimmten Figur Perfektformen bevorzugt, so besagt diese Feststellung als solche noch nichts. Erst wenn die Funktion dieser Formen im Gesamtkontext geklärt ist, wenn ihre textuelle Bedeutung deutlich wird, können sie angemessen übersetzt werden. Die Funktion der Perfektformen könnte etwa die sein, die Sprache dieser Figur als etwas umgangssprachlicher von der Sprache der anderen Figuren abzuheben. Bei einer Übersetzung ins Englische etwa wäre eine analoge Verwendung von Perfektformen mit dem Sprachsystem unvereinbar; der Übersetzer müßte nach anderen Mitteln und Wegen suchen, um der Sprache einen umgangssprachlichen Charakter zu verleihen. Solch *kompensierendes Übersetzen* ist bei der hier beschriebenen Art des literarischen Übersetzens unabdingbar und hat nichts mit ‚bloßem Ersatz' gemein.

Besonders deutlich wird die Notwendigkeit eines ganzheitlichen Textbegriffs an Strukturmerkmalen wie etwa an semantischen Vernetzungen über den gesamten Text hinweg, Vernetzungen, die sich z. B. niederschlagen können in der Bevorzugung von Wörtern bestimmter semantischer Felder[2], oder in einer gezielt eingesetzten Leitmotivik. Strukturmerkmale dieser Art erschließen sich nur dem aufs *Textganze* gerichteten Blick.[3]

Für das Übersetzen im Unterricht bedeutet dies zunächst, daß sinnvollerweise nur vollständige, in sich abgeschlossene Texte übersetzt werden oder aber Teile von Texten, die den Studenten in ihrer Gesamtheit vertraut sind. Bei der Analyse der Texte wird es darum gehen, die ihnen zugrundeliegenden inhaltlichen und formalen Strukturen in einer Art »close-reading«-Verfahren nachzuvollziehen. Für jede zunächst eher allgemein gehaltene Aussage über ‚den' Text, seine etwaige ‚Stimmung', ‚Botschaft', ‚Form' und ähnliches mehr müssen die konkreten Textelemente benannt werden, die den jeweiligen Eindruck erst haben entstehen lassen. Dabei zwingt die hinter der Interpretation stehende Übersetzungsabsicht in extremer Weise zum sorgfältigen Textstudium, da ein Übersetzen in aller Regel ein umfassenderes Verstehen eines Textes voraussetzt als eine reine Textinterpretation, die sich gelegentlich die Freiheit nehmen mag, ihre Aussagen nicht ganz so eindeutig und endgültig zu formulieren.

Der am Textganzen orientierten Analyse des Ausgangstexts entspricht der Entwurf der Übersetzung. Soll das Übersetzen zu mehr geraten als zu einem bloßen Aneinanderreihen lexikalischer und syntaktischer Einzelelemente, dann muß der Übersetzer – bewußt oder unbewußt – über eine Art *Gesamtentwurf* für den Zieltext verfügen, d.h. er muß einen Begriff besitzen von den grundlegenden semantischen und formalen

Strukturen seiner zielsprachlichen Fassung. So muß er etwa entscheiden, welche Sprache eine betreffende Figur in einem Prosatext oder in einem Drama grundsätzlich sprechen soll und welche zielsprachlichen Mittel er einsetzt, um den einmal gewählten Sprachtyp zu realisieren. Ist die Sprache der betreffenden Figur im Original vielleicht dialektal oder soziolektal geprägt, wie sollte man dann als Übersetzer darauf reagieren? Wieder mit einem Dialekt oder Soziolekt? Wenn ja – mit welchem? Oder ein anderes Beispiel, ein nahezu klassisches aus dem Bereich der Gedichtübersetzung: Einem einzelnen Wort kommt gleichzeitig seine semantische und eine rhythmisch-klangliche Funktion im Textganzen zu – an welcher soll der Übersetzer sich vorrangig orientieren? Die Formulierung der Fragen legt nahe, daß das Setzen von Prioritäten unvermeidlich ist, sie legt aber auch nahe, daß unterschiedliche Antworten denkbar sind. Letztlich werden beim literarischen Übersetzen solche Entscheidungen maßgeblich gesteuert vom Verständnis des Ausgangstextes durch den Übersetzer.[4] Dieses Verständnis wird sich bei keinen zwei Lesern völlig decken, denn was am Ende des Verstehensvorgangs als Resultat beim Leser vorliegt, läßt sich wohl kaum als eine bloße Summe von Einzelinformationen beschreiben, eher vielleicht als eine komplexe Hierarchie, in der die einzelnen formalen und inhatllichen Textkonstituenten nach ihrer Wichtigkeit für das Textganze gestaffelt sind. Wenn ein bestimmter Text für den einen Verstehenden zuallererst ein Text ist, der von diesem oder jenem Thema handelt, so mag derselbe Text für einen anderen Leser zwar auch ein Text sein, der von eben diesem Thema handelt, aber vielleicht vor allem ein Text, der geschickt mit bestimmten Elementen der literarischen Tradition spielt, während wieder ein anderer Interpret diesen Text – handelt es sich etwa um ein Gedicht – möglicherweise primär über seine so subtile Klanglichkeit und Rhythmik definiert wissen will. Diese Selbstverständlichkeit des literaturwissenschaftlichen Arbeitens – daß nämlich ein und dieselbe Text*vorlage* als realisierter Text, als Werk, für unterschiedliche Leser etwas je Unterschiedliches darstellt und daß diese unterschiedlichen Verstehensresultate als durchaus gleichberechtigt nebeneinander bestehen können – kann nicht ohne Konsequenzen für das Übersetzen bleiben. Als eine weitere Voraussetzung des literarischen Übersetzens im Unterricht müßte dementsprechend gelten: Den Studenten sollte deutlich werden, daß eine literarische Übersetzung immer die Manifestation einer Interpretation ist; ebensowenig, wie der Ausgangstext ‚an sich', ‚objektiv' verstanden werden kann und nur *ein* Verständnis zuläßt, gibt es eine ‚objektive', ‚erschöpfende' Übersetzung. Für die Übersetzer darf es also erst gar nicht darum gehen, sie zu suchen; nicht um Objektivität geht es, sondern um bewußt gewordene und damit bloßer Willkür enthobene Subjektivität. Stattdessen – und hier wird manches vom pädagogischen Geschick des Dozenten abhängen – sollten die Studenten ihre Versuche eher betrachten als ein Durchspielen von Möglichkeiten, als Versuche, je unterschiedliche Sichtweisen des Originals Gestalt zu verleihen. In jedem Fall aber sollte das Ziel der Arbeit eine in sich kohärente Fassung sein, die als eigenständiger Text rezipiert werden kann.

Mit dieser Betonung der textuellen Eigenständigkeit der Übersetzung ließe sich eine weitere Voraussetzung für das literarische Übersetzen in den Fremdsprachenphilologien verknüpfen: Die Studenten sollen sich der Tatsache bewußt sein, daß literarisches Übersetzen auch einen inter*kulturellen* Transfer einschließt. Der übersetzte Text ist nicht nur insofern eigenständig, als er aus Sprachzeichen besteht, die Aktualisierungen von Möglichkeiten eines anderen Sprachsystems darstellen, sondern auch in dem Sinne, daß diese Sprachzeichen in gewisser Weise einzelkulturell gebunden sind. In jenen Bereichen, wo Inkongruenzen zwischen Ausgangskultur und Zielkultur vorliegen, wird der Übersetzer zur Differenzierung gezwungen: Sein Arbeiten kann sich stärker an der Ausgangs- oder aber an der Zielkultur orientieren.[5] So stehen z. B. deutsche Übersetzer von Dialogen aus Werken englischer Literatur nicht selten vor der Frage, ob sie die spezifisch englische Art der Gesprächsführung – etwa die vergleichsweise häufige Verwendung von Abtönungsformeln wie »I'm afraid« o.ä. – in allen Einzelheiten ins Deutsche übernehmen, oder ob sie stattdessen das im deutschen Kulturraum übliche Sprachverhalten zugrunde legen sollen. Umgekehrt wäre bei einer Übersetzung ins Englische zu überlegen, ob eine im deutschen Text formulierte Einladung »zum Kaffeetrinken« im Zieltext beibehalten oder in die kulturell vielleicht typischere Einladung »for tea« umgewandelt werden sollte. Wer an den betreffenden Textstellen den jeweils einzelkulturell-spezifischen Aspekt für entscheidend hält, wird in beiden Beispielen die erste Lösung wählen; wer sich auf den übereinzelkulturellen – hier vielleicht: gesamteuropäischen, häufig aber auch etwas vorschnell als allgemein-menschlich apostrophierten – Aspekt beruft, wird sich für das kulturelle Pendant entscheiden.[6] Auch hier gilt, daß unterschiedliche Übersetzungen möglich sind, und der Student sollte dazu ermutigt werden, sie auszuprobieren.

Werden die oben angeführten drei Aspekte – der textuelle, der hermeneutische sowie der kulturelle – berücksichtigt, dann könnte das literarische Übersetzen in den Fremdsprachenphilologien vielleicht sogar dazu dienen, dem literaturwissenschaftlichen und dem sprachpraktischen Arbeiten das Spielerische ein wenig zu bewahren.

Anmerkungen

[1] Der Artikel ist eine gekürzte und leicht überarbeitete Fassung des Artikels *Zur Didaktik des literarischen Übersetzens*. In: Jahrbuch Deutsch als Fremdsprache 13, 1987.

[2] In der Begrifflichkeit A.J. Greimas' ließe sich hier von *Isotopieketten* reden. Vgl. Greimas: *Strukturelle Semantik*. Braunschweig 1971.

[3] In der neueren Übersetzungstheorie wird die Wichtigkeit des textuellen Aspekts des Übersetzens insofern betont, als die Rolle der Textsorte besonders hervorgehoben wird: Bestimmten Textsortenkonventionen der Ausgangssprache stehen solche der Zielsprache gegenüber; an ihnen – und nicht nur am konkreten Einzeltext – soll sich der Übersetzer bei seinem Arbeiten orientieren. Vgl. dazu Katharina Reiß/Hans J. Vermeer: *Grundlegung einer allgemeinen Translationstheorie*. Tübingen 1980. – Für das Übersetzen literarischer Texte ist eine solche Orientierung an Textsorten allerdings nur sehr bedingt möglich, da hier der Individualcharakter der Texte eine Einteilung in Textsorten oft überlagert.
Interessant ist in diesem Zusammenhang auch der textlinguistisch orientierte übersetzungstheoretische Ansatz Dieter Steins, der auf die Texttheorie Siegfried J. Schmidts zurückgreift. Vgl. Dieter Stein: *Theoretische Grundlagen der Übersetzungswissenschaft*. Tübingen 1980.

[4] »Maßgeblich« heißt nicht ausschließlich; grundsätzlich ebensowichtig ist der *Zweck* als Parameter der Übersetzung. Die Gestalt des Zieltextes wäre dann nicht nur in Abhängigkeit vom Verständnis des Ausgangstextes zu sehen, sondern auch von dem Zweck, den der Übersetzer mit seinem Arbeiten verbindet. So mag ein Übersetzer einen Ausgangstext zwar in einer ganz bestimmten Weise verstehen, aber im Hinblick auf etwaige Interessen der von ihm anvisierten Rezipientengruppe dieses Textverständnis nicht unvermittelt in die Übersetzung einfließen lassen (ein Beispiel wäre die Schaffung einer vereinfachten Fassung eines literarischen Textes durch den Übersetzer, etwa dann, wenn die ins Auge gefaßten Rezipienten Kinder sind). Wenn auf diese Zweckgebundenheit hier dennoch nicht weiter eingegangen werden soll, dann deshalb, weil beim literarischen Über-

setzen häufig – und dies sei auch für das hier vorgestellte Übersetzen im Unterricht vorausgesetzt – der Zweck völlig darin aufgeht, dem Textverständnis des Übersetzers Ausdruck zu verleihen. Ein Zweck wie der oben beschriebene (also der einer Kinderübersetzung), der sich sozusagen ‚zwischen' das Ausgangstext-Verständnis des Übersetzers und die Gestaltung seines Zieltextes schiebt, wird demnach für die hier beschriebene Art des literarischen Übersetzens nicht angenommen.

Der Gedanke der Zweckgebundenheit des Übersetzens – wenn auch ohne die hier angebrachte Einschränkung für das Übersetzen *literarischer* Texte – geht in der neueren Übersetzungstheorie auf Hans Vermeer zurück. Vgl. seine »Skopostheorie« in: H. Vermeer: *Aufsätze zur Translationstheorie.* Heidelberg 1983; auch in: Reiß/Vermeer (1984).

[5] Diese unterschiedlichen Orientierungsmöglichkeiten waren in der Geschichte der Übersetzungstheorie immer wieder Gegenstand der Diskussion; eine Zusammenstellung von entsprechenden Beiträgen aus mehreren Jahrhunderten findet sich bei Hans-Joachim Störig: *Das Problem des Übersetzens.* Darmstadt 1963.

[6] Im letzteren Fall würde der Übersetzer also von der Annahme ausgehen, daß das eigentlich Wesentliche der Textstelle z. B. nicht in der *Art* des Getränks (»Kaffee«) liegt, sondern darin, daß eine Einladung zu einer durchaus üblichen Pause am Nachmittag ausgesprochen wird.

Karl Heinz Delille / Renato Correia, Coimbra

Übersetzungskritik im Dienst einer interkulturellen Germanistik

1. Dieser Beitrag versteht sich in erster Linie als notwendigerweise kurzgefaßter Bericht über ein Forschungsprojekt, dessen Gegenstand die Kritik der literarischen Übersetzung ist und das im Rahmen des Postgraduiertenprogramms der Universität Coimbra 1982 entstand. Wenn zwei Verfasser gemeinsam unterzeichnen, so deshalb, weil beide zu gleichen Stücken an dem Projekt beteiligt sind: Karl Heinz Delille als Initiator und Leiter des Magisterseminars zu oben genanntem Thema, Renato Correia als Mitarbeiter an diesem Seminar, Doktorand im Bereich Übersetzungsforschung und ab Oktober 1987 Lehrbeauftragter für Übersetzungstheorie im neubegründeten postgradualen Ausbildungskurs für Übersetzer.

Zur Kontextualisierung zunächst einige kurze Vorinformationen über den Studienplan Germanistik und die Einführung der sogenannten »Magisterkurse«: Die Lizentiatur in modernen Sprachen und Literaturen sieht ein vierjähriges Studium vor, mit verschiedenen Kombinationsmöglichkeiten, wobei sich die meisten Studenten der Germanistik aus einem kulturellen und institutionellen Habitus heraus für die früher obligatorische Kombination Deutsch + Englisch entscheiden. Erst Anfang der achtziger Jahre wurden in Anlehnung an das angelsächsische Vorbild die Magisterkurse eingeführt, die als zweijähriges postgraduales Studium die Lücke in der wissenschaftlichen Ausbildung auffüllen sollten, welche durch die Abschaffung der Lizentiaturarbeiten Mitte der siebziger Jahre entstanden war. Die Absolvierung eines solchen Kurses bildet zur Zeit den Hauptzugang zur akademischen Laufbahn.

Das Seminar zur »Kritik der literarischen Übersetzung« ließ sich mit einem zweiten, auch damals initiierten Projekt über die portugiesische Brecht-Rezeption (Maria Manuela Gouveia Delille, A obra dramática de Bertolt Brecht e a sua recepção em Portugal«) gut verbinden. Aus der Zusammenarbeit auf beiden komplementären Forschungsgebieten sind, neben dem gemeinsamen Versuch, ein Modell der literarischen Übersetzungskritik zu entwickeln, verschiedene Aufsätze über portugiesische Übersetzungen des dramatischen und lyrischen Werks Bertolt Brechts entstanden.[1]

2. Um die Voraussetzungen und den Hintergrund der Beschäftigung mit übersetzungstheoretischen Fragen etwas zu erläutern, sei folgendes angemerkt: Das Interesse am übersetzerischen Handeln und selbst der Einsatz portugiesischer Versionen bei der Vermittlung deutscher Literatur hat in Coimbra eine lange Tradition dank der Tätigkeit eines Germanistikprofessors, der gleichzeitig als namhafter Übersetzer hervortrat: Für seine Übersetzungen moderner Autoren wie Rilke, Trakl, Nelly Sachs und Brecht, aber auch für seine Versionen der Lyrik Goethes und Hölderlins genoß Paulo Quintela hohes Ansehen im Heimatland und seine entscheidende Rolle als Mittler im deutsch-portugiesischen Kulturverkehr wurde durch die Verleihung der Goldmedaille des Goethe-Instituts 1973 und des ersten Europäischen Übersetzerpreises der F.V.S. Stiftung 1985 auch international anerkannt.

Die germanistischen Studien an der Universität Coimbra entwickelten sich – in Fortsetzung einer bereits in den zwanziger Jahren initiierten Forschungsrichtung – in starker Anlehnung an die deutsche Germanistik, die als paradigmatisch über alle nationalen Grenzen hinweg galt. Die intensive Aufnahme des damals vorherrschenden Modells der »werkimmanenten Literaturbetrachtung« und die damit zusammenhängende, von der romantischen Literaturtheorie noch spürbar beeinflußte Auffassung des »heiligen Originals« bewirkten in Fragen der Übersetzung eine »retrospektive« Tendenz, die jede Übertragung in den Dienst des Originaltextes stellte, wie es Quintelas Versionen der deutschen Dichtung exemplarisch vorführten. Die Produkte seiner übersetzerischen Tätigkeit, die weit über den akademischen Bereich hinaus die Rezeption deutscher Dichter wesentlich mitbestimmt haben, wurden einem Kanonisierungsverfahren unterzogen, indem sie nicht nur als Lese- und Verständnishilfe, sondern auch gleichsam als Interpretationsvorgabe im Literaturunterricht verwendet wurden, damit eine Einengung des Spektrums möglicher Konkretisierungen des literarischen Textes herbeiführend.

Als zusammenfassende Charakterisierung dieses Entwicklungsstadiums gelte also folgendes: Die Benutzung von Übersetzungen im Prozeß der Fremdliteraturaneignung wurde auf einen Kanon von Versionen restringiert, die – nach rigorosen akademischen Kriterien verfaßt und einer zentripetalen Ausrichtung folgend – den richtigen Zugang zum Originalwerk eröffnen und zugleich festlegen sollten. Die portugiesischen

Versionen wurden als Mittel eingesetzt, um den Studierenden das oft mühsame philologische Erschließen des Originaltextes zu erleichtern, m.a.W. um der Verlangsamung des fremdsprachigen Lesens entgegenzuwirken. Daß dadurch unter diesem Paradigma gerade die möglichen Ansatzpunkte einer interkulturell verfahrenden Auslandsgermanistik zugunsten eines vereinheitlichenden Prinzips vertan wurden, dürfte nach den vorhergegangenen Ausführungen auf der Hand liegen.

3. Den Bruch mit dieser »zentralistischen« Tradition der germanistischen Studien, der einen Paradigmawechsel auslöste und damit den Weg zu einer neuartigen Bewertung der Übersetzung ebnete, stellte die Aufnahme und Anwendung des rezeptionstheoretischen Ansatzes dar. Als Markierung eines Wendepunkts sei an dieser Stelle auf eine umfangreiche Dissertation über die Rezeption Heines in der portugiesischen Literatur des 19. Jahrhunderts hingewiesen, die 1981 abgeschlossen wurde.[2] Mit der erwähnten Studie fand die rezeptionstheoretische Reflexion Eingang in unseren Wissenschaftsbetrieb und trug damit zur Konstituierung des Selbstverständnisses der portugiesischen Germanistik als Auslandsgermanistik entscheidend bei. Eine wichtige Folge dieses Bewußtseinswandels lag in der Einführung einer neuen, im Rahmen der Rezeptionstheorie entstandenen Auffassung der Übersetzung als »produktiver Rezeption«, die den rein instrumentellen Übersetzungsbegriff ablöste.

Einen weiteren, wesentlichen Beitrag zur Differenzierung und zugleich Vertiefung des neuen literaturwissenschaftlichen Paradigmas – und hiermit kehren wir zu dem Projekt zurück, das den eigentlichen Gegenstand unseres Referats bildet – lieferte in einer unmittelbar darauffolgenden Phase die Beschäftigung mit den jüngsten Ergebnissen der übersetzungstheoretischen Forschung, die eine Thematisierung des übersetzerischen Handelns im Sinne der »rezeptiven Produktion«[3] als vorrangig betrachtet.

Durch die übersetzungswissenschaftliche Fundierung der Rezeptionstheorie öffnet sich dem neuen Paradigma nicht nur – rein pragmatisch gesehen – eine weitere Möglichkeit der Verfeinerung seines Beobachtungs- und Klassifizierungsrasters übersetzerischer Methoden, sondern überhaupt erst, auf theoretischer Ebene, die Einsicht in die wichtigste metatextuelle Dimension jeder literarischen Übersetzung.

4. Rezeptionstheorie und Übersetzungswissenschaft liefern also den Rahmen für eine neuartige Betrachtung der Übersetzung, die die Auslandsgermanistik vor komplexe, interkulturelle Aufgaben stellt, um aus

diesen wiederum neue Impulse zu gewinnen. Dem Auslandsgermanisten kann in dieser Hinsicht die Übersetzung keineswegs nur eine willkommene Lesehilfe im Dienst des Originaltextes bedeuten – in interkultureller Perspektive und übersetzungskritisch gesehen erweist sie sich vielmehr als Niederschlag einer »kulturellen Überschneidungssituation«, die die Beobachtung verschiedener und äußerst interessanter Spielformen der Dialektik zwischen Fremdem und Eigenem zuläßt. Voraussetzung dafür ist allerdings, daß man das Spektrum der zu benutzenden Versionen nicht zu eng faßt, im Sinne eines normativen Qualitätsstandards, dem alle Übersetzungen genügen sollten, um überhaupt als solche gelten zu können; ferner braucht man eine hinreichend flexible und differenzierte Theorie, die sich auch im Bereich des Literarischen nicht an eine abstrakt postulierte Funktionskonstanz festklammert, sondern die für den Übersetzungsprozeß charakteristischen »shifts of expression«, d.h. Ausdrucks- *und* Funktionsverschiebungen abzudecken vermag.

Sind beide Bedingungen erfüllt, kann der »fremde«, d.h. auslandsgermanistische Blick auf die deutsche Literatur zunächst einmal durch den Blick auf die akademisch sanktionierten Übersetzungen in der »eigenen« Sprache präzisiert bzw. relativiert werden; auf der anderen Seite kann er aber auch weiter verfremdet werden durch Hinzuziehung von *Übersetzungen,* die nicht in erster Linie auf einen Fachkreis von Germanisten, sondern auf das allgemeine Lesepublikum zielen und somit – besonders wenn sie Anklang finden – einen lehrreichen Einblick in seinen Erwartungshorizont und in spezifische Apperzeptionsweisen bezüglich der Fremdkultur ermöglichen.

Diese zweifache Brechung kann ihrerseits um eine dritte Dimension erweitert werden, wenn – wie es im deutsch-portugiesischen Kontext häufig der Fall ist – beide Kulturen nicht in unmittelbarem Kontakt stehen, sondern eine dritte Instanz die Rolle des Kulturmittlers spielt. Eine solche Mittlerrolle hat in Portugal besonders seit dem 18. Jahrhundert aus mehrfachen historischen Gründen bekanntlich Frankreich gespielt. Die germanische Fremdkultur wird in vielen Fällen durch die weniger fremde, weil romanische, französische Kulturwelt aufgenommen und damit einer Durchfilterung unterzogen. Diese Abstufung und Hierarchisierung des Fremden erhöht den Kompliziertheitsgrad des interkulturellen Forschungsfelds und läßt damit neue, fruchtbare Schattierungen entstehen, das Netz interkultureller Beziehungen bereichert sich um eine spezifische Form der Überbrückung kulturräumlicher Distanz. Auch hier gilt es, aus dem, was bis jetzt eher als störendes Minus empfunden wurde, durch gezielte und systematische Untersuchungen ein Plus an

Erkenntnisinteresse zu gewinnen. Unter diesem Gesichtspunkt bieten also die sogenannten »Übersetzungen aus zweiter Hand«, die in der literaturwissenschaftlichen Tradition meistens als unzuverlässig abgetan wurden, einen unzweifelhaften heuristischen Mehrwert für die Erschließung und Aufarbeitung des Zusammenspiels zwischen Fremdem und Eigenem.

Den oben beschriebenen, aus dieser spezifischen Zielsetzung entstandenen Theoriebedarf glauben wir durch einen umfassenden theoretischen Beitrag, wie ihn die *Grundlegung einer allgemeinen Translationstheorie* von Reiß/Vermeer darstellt, hinreichend decken zu können. Das von uns anfänglich erarbeitete, etwas starr-strukturalistische Modell der Übersetzungskritik haben wir daher im Sinne der Vermeerschen »Skopostheorie« modifiziert, um auch die innerhalb des literarischen Polysystems entstehenden Funktionsänderungen stärker in Rechnung zu ziehen.

5. Die Durchführung unseres Projekts möchten wir also als weiteren Schritt im derzeitigen Entwicklungsstadium der portugiesischen Germanistik, wie sie in Coimbra praktiziert wird, verstanden wissen. Das gelegentliche und rein instrumentelle Herbeiziehen von Übersetzungen als Hilfsmittel bei der Literaturvermittlung soll unseres Erachtens durch eine Einstellung abgelöst werden, die die Übersetzung selbst im Literaturunterricht thematisiert und zum Forschungsgegenstand erhebt. Daß ein solches Vorhaben mit der Ausarbeitung und Schärfung der übersetzungstheoretischen und übersetzungskritischen Perspektive einhergeht, braucht in diesem Kontext nicht noch einmal betont zu werden.

Durch die systematische Analyse deutsch-portugiesischer Übersetzungen glauben wir, mittelfristig nicht nur über ein umfangreiches Belegmaterial für eine kontrastive Grammatik und Stilistik zu verfügen, sondern auch zu einer umfassenden kontrastiven Kultursemiotik zu gelangen, in der sowohl die Alltagskultur als auch die künstlerischen Kulturformen (literarische Gattungstraditionen, formaltextuelle Charakteristiken usw.) enthalten wären – ein Desideratum interkultureller Germanistik. Den Übersetzern selbst wäre – *last but not least* – mit der Ablösung des rein empirischen und unreflektierten Rezensierens der Fremdliteratur durch eine kontinuierliche, theoretisch fundierte Übersetzungskritik nicht unbeträchtlich geholfen.

Die Tatsache, daß unsere Postgraduiertenseminare vorwiegend von wissenschaftlichen Assistenten der Universitäten Coimbra, Aveiro und Porto besucht werden, läßt bereits auf einen doppelten Multiplikationseffekt hoffen, der unmittelbare Folgen für die Lehrplangestaltung und methodologische Ausrichtung der Literaturkurse im Rahmen des Germanistikstudiums haben soll, sich aber auch mittelbar auf die literarische Komponente des Fachs Deutsch als Fremdsprache im Sekundarschulbereich ausweiten kann.

Anmerkungen

[1] Abgedruckt vor allem in Karl H. Delille / Maria E. Castendo / Mario M. G. Delille / Renato Correia: *Problemas da tradução literária*. Coimbra 1986.
[2] Maria Manuela Gouveia Delille: *A recepção literária de H. Heine no Romantismo português (de 1844 a 1871)*. Lisboa 1984. Dieser Dissertation war bereits 1980 eine Untersuchung der Autorin (in Zusammenarbeit mit Maria Teresa Delgado Mingocho) zur portugiesischen Rezeption des Schillerschen Dramas *Die Räuber* vorausgegangen. Unter Leitung von Maria Manuela Gouveia Delille wird zur Zeit an einem Forschungsprojekt zur Aufnahme der modernen deutschen Literatur in Portugal an den Universitäten Coimbra (Rilke, Thomas Mann, Brecht) und Porto (Kafka) weitergearbeitet.
[3] Zu den Begriffen »produktive Rezeption« und »rezeptive Produktion« und zu der Akzentverschiebung, die sie ausdrücken sollen, sei an dieser Stelle auf G. Grimm: *Rezeptionsgeschichte. Grundlegung einer Theorie*. München 1977, S. 147f. und auf die Auseinandersetzung mit ihm bei K. Reiß/H. J. Vermeer: *Grundlegung einer allgemeinen Translationstheorie*. Tübingen 1984, S. 72 hingewiesen.

Sektion 5
Hermeneutik und literaturwissenschaftliche Methodologie

Norbert Mecklenburg, Köln

Über kulturelle und poetische Alterität

Kultur- und literaturtheoretische Grundprobleme einer interkulturellen Germanistik

In bisherigen Beiträgen zu einer interkulturellen Germanistik[1] werden immer wieder die Ausdrücke ‚Fremdheit' und ‚Alterität' benutzt, um die hermeneutische Spannung zwischen verschiedenen Kulturen zu bezeichnen. Der Begriff der Alterität wird dabei bald in kultur-, bald in literaturtheoretischem Sinn gebraucht: wie beide Dimensionen miteinander in Beziehung stehen, wird dabei selten gefragt. Die interkulturelle Perspektive dürfte aber in den philologischen Disziplinen nur dann eine gute Chance haben, wenn sie den *poetischen* Charakter von deren weiterhin vorrangigen Gegenständen nicht ausblendet.

Im folgenden Resümee habe ich versucht, die Probleme ein Stück weit zu entfalten, mit denen wir bei kulturtheoretischem und literaturtheoretischem Verständnis von Alterität konfrontiert sind. Ich hoffe, daß diese Zwischenbilanz dazu beiträgt, die Ausdrücke ‚Fremdheit' und ‚Alterität' nicht zu Leerformeln verkommen zu lassen.

Was ist kulturelle Alterität?

Die *Erfahrung* kultureller Andersheit in Lebenswelt und Wissenschaft hat eine solche Evidenz für sich, daß dabei die vielfältigen Probleme leicht unsichtbar bleiben, welche der *Begriff* einer kulturellen Alterität, als theoretisches Instrument verstanden, in sich birgt. Die terminologischen Probleme verweisen dabei durchgehend auf Sachprobleme kulturwissenschaftlicher Arbeit. Die Polysemie, die den Begriffen ‚Kultur' und ‚Alterität' ohnehin anhaftet – der letztere ist zudem ein purer Relationsbegriff –, muß sich in dem theoretischen Konstrukt ‚kulturelle Alterität' noch vergrößern. Die Dynamik der Kultur, die nicht nur als *System*, sondern auch als *Prozeß* zu verstehen ist, steckt bereits in der grammatischen Wahl zwischen Singular und Plural: Kultur/Kulturen. Dem Prozeß der Zivilisation, dessen Resultat ein universaler Verflechtungszusammenhang ist, den ‚Weltkultur' zu nennen wohl ein Euphemismus wäre, stehen mehr oder weniger resistente und differente kulturelle Einheiten unterschiedlichster Größe gegenüber, deren Ganzheit und Identität, wenn man nur genau genug hinsieht, wiederum in kleinere Einheiten zerfällt. Es gibt kontinentale, nationale, regionale Kulturen; es gibt, innerhalb einer Gesellschaft, Klassen- und Gruppenkulturen, Sub- und Gegenkulturen, hegemoniale und residuale Kulturen usw. Dem kulturdifferentiellen Spiel scheinen kaum Grenzen setzbar. Auf der anderen Seite ist gerade Kultur auch ein Feld von Kontakt, Austausch, Diffusion und Integration.

Die Sache wird noch komplizierter, wenn man von diesem *weiten*, ‚ethnologischen' Kulturbegriff (Kultur als Lebensweise einer Gesellschaft oder Gruppe) einen *engeren* unterscheidet: Kultur als Teil des Reproduktionssystems einer Gesellschaft, der spezifische Leistungen erbringt und in modernen Gesellschaften in sich ausdifferenziert ist in Wissenschaft, Kunst, Moral usw.; oder Kultur als ‚Zwischenwelt' symbolischer Formen (Ernst Cassirer), als »signifying system« (Raymond Williams).[2]

Mit dem Begriff der Alterität haben wir es nicht leichter. Denn man gerät mit ihm schnell in Unklarheiten, Äquivokationen und wohl auch in Scheinprobleme. ‚Andersheit' (Alterität), ‚Differenz', ‚Fremdheit' werden häufig als Synonyme verwendet; sind aber nicht Unterscheidungen angebracht? Die beiden Hauptbedeutungsrichtungen von ‚fremd', wenn ich es richtig sehe, nämlich (a) unbekannt (unvertraut, unverständlich), (b) nicht zugehörig, (einem) andern eigen, führen zu der sinnvollen Unterscheidung des *kognitiv Fremden* (Unbekannten, Unerkannten) und des *normativ Fremden*, d.h. des aufgrund von Normen als nicht zugehörig Geltenden (Ohle).[3] (Diese Unterscheidung wird allerdings von einer Diskurstheorie wieder relativiert, die das Fremde als das ‚Undenkbare' (impensable)[4] definiert.) Der Ausdruck ‚fremd', ein dreistelliger Prädikator, wird immer perspektivisch und *relational* gebraucht: X ist fremd für A (aber nicht für B) in der Hinsicht a (aber nicht in der Hinsicht b). Diese Hinsichten zu beachten kann wichtig sein, um verzerrende Homogenisierungs- oder Polarisierungseffekte aufzulösen. Die synonymen Begriffe ‚Differenz' und ‚Fremdheit' gehören in den Kulturwissenschaften m.E. zu zwei komplementären Methodenperspektiven: Was in *analytischer* Rede aus der ‚*Beobachter*-Perspektive' Differenz heißt, das heißt in *hermeneutischer* Rede aus der ‚*Mitspieler*-Perspektive' Fremdheit. Die analytische Kategorie der Differenz konstituiert eine *Skala*, die von ‚identisch' über ‚ähnlich/unähnlich' bis ‚nicht-identisch/anders' reicht. Fremdheit dagegen ist ein *Interpretament* von Differenz/Andersheit,[5] das sich auf Nah- wie Fernzonen der Skala beziehen kann. Gerade das normativ Fremde ist nicht selten das faktisch nur wenig Verschiedene. Solche ‚Nahfremdheit' gibt es zwischen eng verwandten Sprachen wie Nationen. Freud hat den europäischen Nationalismus sehr schön einen Narzismus hinsichtlich geringfügiger Unterschiede genannt. Der schillernde Begriff der Alterität aber wird, wie mir scheint, am angemessensten dann benutzt, wenn die in kulturwissenschaftlicher Arbeit notwendige Doppelperspektive von Beobachter- und Mitspielerrolle gegenwärtig gehalten werden soll.

Das Konzept der kulturellen Alterität muß, auch wenn man diese Distinktionsvorschläge übernimmt, so vieldeutig und vieldimensional bleiben wie der Begriff der Kultur selbst. Darum sollte Fremdkulturalität auch nicht automatisch und nicht zu eng mit Fremd*sprachlichkeit* gleichgesetzt werden, was in den Philologien immer naheliegt, weil sie die Sprachen als kulturdistinktive Merkmale vor Augen haben. Aber wie kulturübergreifende Sprachen gibt es auch sprachübergreifende Kultur. – Sodann möchte ich dafür plädieren, kulturelle Alterität nicht als räumliche Entsprechung einer zeitlich-historischen Alterität, wie sie die Rezeptionsästhetik herausstellt, aufzufassen, sondern als die übergreifende Kategorie: Fremd ist uns das *zeitlich* oder *räumlich* Ferne in der Regel gerade in dem Maße, wie es uns *kulturell* fremd ist. Schließlich ist kulturelle Alterität selbst aber keineswegs die einzige, wichtigste oder umfassendste Andersheit, die an Literatur und über das Medium der Literatur wahrgenommen werden kann. Es gibt eine Vielzahl von Fremdheitsaspekten, die alle auch in der Literatur ihre Rolle spielen. Ihnen entsprechen verschiedene Konzepte von Alterität in den wissenschaftlichen Disziplinen.

Auf der allgemeinsten Ebene der *Erkenntnistheorie* ist Alterität ein Reflexionsbegriff, der letztlich auf die beiden unhintergehbaren Spaltungen von Subjekt und Objekt einerseits, von Subjekt und Ko-Subjekt andererseits zielt. Auf dieser Linie bewegten sich schon Platos metaphysische Spekulationen über das Eine, das Viele und das Andere (heteron, heterotes) in »Parmenides« und »Sophistes«. Andersheit bezeichnet sodann die Funktion von Gegenbegriffen, so wenn die Natur als das Andere der Kultur, das Unbewußte als das Andere des Bewußtseins usw. bestimmt wird. Subjektphilosophisch und *sozialphänomenologisch* werden unter der Kategorie der Alterität Probleme des interpersonalen Wahrnehmens und Verstehens verhandelt, die sich im Spannungsfeld von distanzierter *cogitatio* und engagierter *communicatio* ergeben. Auf der einen Seite operiert dabei die transzendentale Phänomenologie mit dem Begriffspaar *Ego* und *Alter*. Der andere Mensch erscheint als ein befremdend Fremder jenseits meiner Ich-Grenzen. Somit wird *alles* Verstehen, nicht erst das interkulturelle, zum Fremdverstehen, denn es geht immer um »Fremdseelisches« und »fremden gemeinten Sinn« (Alfred Schütz). Auf der anderen Seite bemüht sich eine *Philosophie des Dialogischen* um die Phänomene des ‚Mit-Seins', des Wir, des ‚Zwischen', der Begegnung, des Spiels usw. Von hier aus wird als die ursprüngliche Gestalt des Anderen der Mitmensch aufgefaßt.[6]

Dialogphilosophisch, ja dialektisch ist auch die *hermeneutische* Kategorie der Andersheit begründet worden. Alterität wird nicht erst für eine interkulturelle Spezialhermeneutik bedeutsam, sondern ist es für die philosophische Hermeneutik von Anfang an. Während deren Spätfassung bei Gadamer vor das Sich-Verstehen im anderen Menschen das Sichverstehen in einer Sache setzt und damit das »Sein des Anderen qua Anderen« übergeht, hatte Schleiermacher bereits herausgestellt, daß zu jeder Subjektkonstitution das »Mitgesetztsein eines Anderen« gehöre.[7] Der hermeneutische Normalfall ist gerade das *Nicht*-Verstehen fremder Äußerung, und selbst in gelingenden hermeneutischen Operationen bleibt Verstehen mit Nicht-Verstehen verflochten, denn Verstehen ist immer *Anders*-Verstehen eines unaufhebbar Anderen. In diese romantische Fassung der Hermeneutik geht ein Individualitätsdenken ein, welches das Individuum in seinem nicht-verallgemeinerbaren Anderssein als einen Humanwert nimmt, der aber als solcher Allgemeinheitsanspruch erhebt.

Die Formel ‚Mitgesetztsein eines Anderen', theologisch verstanden, wie Schleiermacher es auch tat, führt zu einem religiösen bzw. *religionsphänomenologischen* Begriff von Alterität, wie ihn vor allem Rudolf Otto entwickelt hat, der das Heilige als das ‚ganz Andere' im Unterschied zu weltimmanenten Alteritäten definierte.[8] Dem entfernt verwandt, nämlich mit dem Herausstellen des Moments des Transzendierens, sind Alteritätskonzepte wie das *ekstatisch-mystische*, das mit Batailles Begriff des ‚Heterogenen' modern aktualisiert erscheint,[9] oder das *geschichtsphilosophisch-utopische*, das in der Kritischen Theorie, in Adornos Formel

Über kulturelle und poetische Alterität

von einer Gesellschaft, die ‚anders wäre', seine markanteste Ausprägung gefunden hat.

Die modernen Theorien der Subjektdezentrierung akzentuieren jeweils verschiedene Alteritätsaspekte. Die *soziologische* denkt Alterität als die das Individuum selbst durch Rolle, Habitus, Sozialcharakter modellierende Gesellschaft. Die *psychoanalytische* faßt Alterität als das vom Ich ausgegrenzte Unbewußte und, sofern dieses Unbewußte nach Art einer Sprache organisiert zu denken ist, als ‚fremde Rede in der eigenen': »L'inconscient c'est le discours de l'Autre« (Lacan). Hier verbindet sich die psychoanalytische mit der *strukturalistischen* Subjektdezentrierung, die Alterität denkt als die Strukturen, die Diskurse, die symbolischen Ordnungen, die mein Sprachhandeln immer schon überformen. – Diese Konzepte teilweise weiterführend, hat die moderne *feministische* Kulturtheorie diejenige Alterität ins Licht gerückt, die in allen bisher genannten Theorien meist im dunklen belassen wird: die Alterität des ‚anderen Geschlechts' in einer patriarchalischen Kultur. Die Andersheit der Poesie, des »Mädchens aus der Fremde« (Schiller), erscheint nicht zufällig dem männlichen Poeten in weiblicher Gestalt. – Schließlich sei wenigstens darauf hingewiesen, daß der subjektdezentrierende Gedanke ‚Alles Selbst ist immer schon Anderes' in den gegenwärtigen *poststrukturalistischen* oder ‚postmodernen' Theorien einen Siegeszug der Kategorie der Andersheit heraufgeführt hat, der einen geneigt machen könnte, lieber nach anderen Kategorien zu suchen.

Ein Leitgedanke postmoderner Theorie- oder Ideologiebildung, der sich auf die Tatsache eines globalen, doch dezentrierten Kommunikationsgeflechts auf der Basis eines multinational organisierten Industriesystems seinen besonderen Reim macht, ist die auf Wittgenstein und Winch zurückgehende These, die faktische Pluralität, Heterogenität, Diskontinuität und ‚Eigensinnigkeit' der ‚Sprachspiele', d.h. der kulturellen Lebensformen, sei unreduzierbar, in keine gemeinsame Lebenswelt integrierbar, von keinem universellen Meta-Diskurs einzuholen. Das differentielle Spiel droht in Indifferenz umzuschlagen: Wenn alles gleich gültig erscheint, wird es am Ende gleichgültig. Dieses Denken weist eine gewisse Verwandtschaft mit dem des Historismus auf, und es teilt auch einige seiner Aporien. Wenn ich dafür plädiere, den Begriff kultureller Alterität unter der Doppelperspektive von Fremdheit und Differenz, Mitspieler- und Beobachterposition, hermeneutischem Verstehen und analytischem Erklären zu sehen, so plädiere ich damit zugleich dafür, die kulturwissenschaftliche Kontroverse zwischen *Relativismus* und *Universalismus* offen zu halten und nicht einseitig aufzuheben, wozu jedoch interkulturelle Literaturwissenschaft dann neigen könnte, wenn sie sich allzu ausschließlich hermeneutisch definiert und damit der kulturrelativistischen Option folgt – sicher mehr aus pragmatischen und ethischen als auch theoretischen und methodischen Gründen.

Gewiß ist allen universalistischen Entwürfen zu mißtrauen, selbst wenn sie ihre – meist eurozentrisch-modernistische – Perspektivität kritisch-reflexiv einholen und auch die Verlustrechnung der Modernisierung aufzumachen suchen. So krankt der imponierende, an Einsichten reiche Entwurf eines entwicklungslogischen Universalismus von Jürgen Habermas an einer mangelhaften Verständnisbereitschaft für die Rationalität fremdkultureller Lebensformen, die als »opake Gestalten« und »bizarre Äußerungen« von ihm marginalisiert werden.[10] Während der *Sprachspiel-Relativismus* (Winch) eine Gleichwertigkeit, doch Unvergleichbarkeit und der *ethnologische Strukturalismus* (Lévi-Strauss) Gleichwertigkeit und Vergleichbarkeit aller Kulturen annimmt, impliziert Habermas' *evolutionärer Universalismus* ihre Vergleichbarkeit, doch Ungleichwertigkeit, gemessen nämlich an der als überlegen behaupteten Rationalitätsform der westlichen Moderne. Die Folge ist, daß von solcher Kulturtheorie Bereiche wie Naturbeziehung, Leiblichkeit, Kreativität, Gefühlsleben, Zwischenmenschlichkeit weitgehend ausgeschlossen werden, in denen sich gerade mit Hilfe einer verständnisvollen, wenn auch nicht unkritischen Auseinandersetzung mit nichteuropäischen und vormodernen Lebensformen alternative Perspektiven für unsere moderne Kultur erschließen lassen könnten.

Die Verkettung von Rationalität und Destruktivität in der westlich-modernen Kultur zwingt uns geradezu zum Lernen von fremden Kulturen und zu stetem Mißtauen gegen eigene universalistische Vorgriffe.[11]

Auf der anderen Seite muß man jedoch sehen, daß der Sprachspiel-Relativismus mit seiner Unvergleichbarkeitsthese die von den modernen Kulturwissenschaften eröffneten Möglichkeiten interkulturellen Verstehens empfindlich beschneidet. Dogmatischer Kulturrelativismus läuft ja auf einen Alterität-*Absolutismus* hinaus: er ignoriert den *relationalen* Charakter des Begriffs der Alterität. Auch kulturelle Relativität ist – relativ; wie alles bei uns endlichen Menschen hält sich auch unsere Verschiedenheit in Grenzen. »Sind eben alles Menschen gewesen« – diese saloppe Weisheit aus Goethes »Zahmen Xenien« hat sich Ernst H. Gombrich als Motto und Arbeitshypothese gewählt für seinen Göttinger Vortrag über »Kulturrelativismus in den Geisteswissenschaften« (1985), in dem er auf dessen Aporien hinweist und für einen ‚aufgeklärten Universalismus' plädiert, für die heuristische Annahme, »daß wir es auch in

Über kulturelle und poetische Alterität

fernen Ländern und fernen Zeiten mit Menschen zu tun haben, die sich gar nicht so wesentlich von uns unterscheiden«[12]. Wenn wir den »alten Adam« nicht vergessen, werden wir zu einer vorsichtigen Annahme von *anthropologischen Universalien* geführt, z.B. in den Bereichen der Triebstruktur und Kreatürlichkeit oder der sensuell-ästhetischen Ausdrucksgestalten, die in der Weltkunst und -literatur eine so große Rolle spielen – Grund genug, das Arbeitsfeld einer *interkulturellen Ästhetik* und *Poetik* zu entwerfen. Ein Bräutigamsgedicht Simon Dachs aus der uns so fernen Barockkultur vermag dennoch durch seine anthropologisch fundierte synästhetische Lichtmetaphorik eine Brücke zu uns zu schlagen. Und aus solchem Brückenschlagen besteht die ganze Weltliteratur. Diesen Begriff hatte Goethe ja nur prägen können, weil er aus seiner Lektüre von Homer und Shakespeare, von Hafis, Kalidasa und Plutarch gelernt hatte: Sind eben alles Menschen gewesen.

Eine Theorie interkulturellen Verstehens wird also mit aller gebotenen Vorsicht, um sich nicht allzu großzügigen Universaltheorien auszuliefern und nicht das Allgemein-Menschliche in einem »Allerweltsmenschlichen« (D. Krusche) sich verflüchtigen zu lassen, die Möglichkeiten von Universalien in Betracht ziehen müssen. Sind die Kulturwissenschaften insgesamt »sciences de la diversité« (Lévi-Strauss), Wissenschaften von den Unterschieden, so ist weder abstrakter Universalismus noch dogmatischer Relativismus angebracht, sondern ein bewegliches Denken in Differenzen und Beziehungen, in Variablen und Konstanten, welche letztere wiederum je nach Erkenntnisziel variieren können. Weder das Individuelle noch das Allgemeine ist zum obersten Prinzip zu erheben, vielmehr ist den Differenzierungs- und Vermittlungsphänomenen innerhalb der Kulturen und Texte wie auch zwischen ihnen nachzugehen. – Der *literatur*wissenschaftliche Interpret ist dabei angehalten, das reiche Potential empirischer, strukturaler, soziologischer und anthropologischer Studien zu erschließen. Für die interkulturelle Perspektive sind von besonderem Interesse die relativ neuen Forschungsansätze zu einer *Kultursemiotik*. Die Hermeneutik des Fremden bedarf in methodologischer Hinsicht einer Verfremdung der Hermeneutik, das *Verstehen* einer Ergänzung durch das *Erklären*. Warum werden, gemäß der Tischsitte einer uns recht fremden Kultur, Verwandte gekocht und Feinde gebraten? Warum wird, in einer anderen, bei Regenriten Tabak geraucht? Hermeneutisches ‚Einfühlen' und divinatorisches ‚Erraten' solch fremden Sinnes verspricht wenig Erfolg, während hier struktural-kultursemiotisches Verfahren ihre Erklärungskraft bewährt haben.

Wenn man die dabei ins Spiel gebrachten Strukturen, Codes, Muster als theoretische Konstrukte, nicht als Realität an sich nimmt, dann gibt es keinen Grund, die verschiedenartigen von den modernen Kulturwissenschaften registrierten *Universalien* nicht auch für das Verstehen von kultureller Alterität heranzuziehen. Das wären nicht nur die von der Kulturanthropologie ermittelten Universalien in bezug auf Lebenszyklus, Leiblichkeit, Sexualität, Gefühlsausdruck, soziale Beziehungen, Religiosität usw., sondern auch semiotische, linguistische, kognitive, ästhetische, poetische; nicht nur gattungskonstituierende anthropologische, sondern auch die gegenwärtige Welt konstituierende evolutionäre Universalien; sowie schließlich archaische und moderne Diffusions-Universalien, die sich auf interkulturelle Verbreitung zurückführen lassen. Die moderne Universalienforschung nimmt universale Strukturen und Gesetzmäßigkeiten an, »in denen menschlichen Lebensbedingungen (in den Dingen), in der Weise, wie die Menschen die Lebensbedingungen kognitiv verarbeiten (in den Ideen), und in der Weise, wie sie ihrem Verhältnis zu diesen Ausdruck verschaffen (in den Zeichen).«[13] Besonders auf diese dritte Gruppe der universalen Ausdruckskategorien richtet die moderne Kulturtheorie ihre Aufmerksamkeit und konstituiert damit eine Kultursemiotik als strukturale Theorie der symbolischen Formen.

Universalien sind nicht absolute, apriorische Größen, sondern empirisch-hypothetisch ermittelte interkulturelle Invarianten von relativ großer Wahrscheinlichkeit. Auch Varianz kann einer (universalen) Regel unterliegen, und kulturelle Differenz besteht seltener in ungleichen Merkmalen als in dem unterschiedlichen Stellenwert von gleichen Merkmalen. Diese Einsicht kann die häufigen Fehlschlüsse verhindern helfen, die darin bestehen, daß interkulturelle Gegensätze behauptet werden, wo ebensowohl *intra*kulturelle Varianten auszumachen sind.[14] Diesen vom strukturalistischen Denkmodell inspirierten kulturtheoretischen Überlegungen hätte sich eine interkulturelle Hermeneutik zu öffnen, indem sie Alterität nicht nur als unaufhebbare Fremdheit anzuerkennen, sondern auch als *relative Differenz* zu erklären sich bemühte.

Dennoch garantiert die Universalität semiotischer Strukturen ein angemessenes Erfassen von Alterität ebensowenig wie der Universalitätsanspruch einer Hermeneutik, die darauf zielt, im Sinnkontinuum der ‚Wirkungsgeschichte' das (ohnehin nur historisch, nicht kulturell verstandene) Fremde »auszuschalten«.[15] Wer sich so ausdrückt, scheint wenig sensibel zu sein für die von Nietzsche herausgestellte Macht- und Herrschaftsdimension des Verstehens, die gerade in der westlichen Kultur wahrnehmbar ist: einerseits an dem von ihr hervorgebrachten

Über kulturelle und poetische Alterität

»*Mythos des Fremden*«, der dazu beitrug, den größten Teil der Menschheit einem »bis heute andauernden Prozeß der Entfremdung« zu unterwerfen,[16] andererseits an dem europäischen *Diskurs über die Fremden*, an dem Todorov in einer eindrucksvollen Fallstudie ein verhängnisvolles Ineinander von Verstehen, Nehmen und Zerstören aufgewiesen hat.[17]

Auch das von der Gadamerschen Hermeneutik herausgestellte Prinzip des ‚Gesprächs' bedürfte vor diesem Hintergrund kritischer Prüfung. Dialogische Ideologie – gerade auch im Feld interkultureller Praxis – verdeckt leicht die auch in kommunikativen Strukturen eingelagerten Machtaspekte. Ein *Dialog* zwischen A und B kann auch als Exklusion von C, D, E ... interpretiert werden, als »narcissisme à deux«. Wirklich dialogisch wird Verstehen von Alterität dagegen erst damit, daß »nicht eine naive Horizontverschmelzung vorgenommen, sondern die eigene Erwartung durch die Erfahrung des anderen korrigiert und erweitert wird.«[18] »Wir stellen der fremden Kultur Fragen, die sie sich selbst nicht gestellt hat, und die fremde Kultur antwortet uns, indem sie uns neue Seiten, neue Sinntiefen eröffnet. Ohne eigene Fragen kann man nichts Anderes und Fremdes schöpferisch begreifen. [...] Bei einer solchen dialogischen Begegnung von zwei Kulturen fließen diese nicht direkt ineinander und vermischen sich nicht; jede bewahrt ihre Einheit und *offene* Ganzheitlichkeit, aber sie bereichern sich gegenseitig.«[19] Dennoch muß dialogisches Fremdverstehen, das von der Verschiedenheit, nicht von einer Gemeinsamkeit ausgeht, das nicht Konsens um jeden Preis, sondern Erweiterung der eigenen Sicht intendiert,[20] bei ungeschwächt gleichzeitigem Bewußtsein des Eigenen und Fremden einen »höheren Standpunkt« anpeilen, eine »*gemeinsame Mitte*«,[21] die jedoch nicht einfach als Mengendurchschnitt im Rahmen eines universalen Codes zu denken ist, deren Auffinden vielmehr auch von kontingenten Faktoren einer einmaligen interkulturellen Konfiguration abhängen kann, z.B. von gleichartigen Erfahrungen: »Denn ihr wisset um der Fremdlinge Herz, dieweil ihr auch seid Fremdlinge in Ägyptenland gewesen«.[22]

Schließlich sei noch auf ein quasi *ästhetisches Moment* hingewiesen, das nicht nur als Reiz des Unbekannten dem kulturell Anderen selbst anhaften kann, wie Eichendorff ihn als »Schöne Fremde« besungen hat, sondern das auch der Praxis des *Verstehens* von kulturell Anderem beigefügt sein kann: als Verfremdung des Verstehens selbst, nicht zuletzt durch experimentelle, spielerische, literarisch-poetische Formen, wie wir sie, auf höchstem Niveau, in Goethes Alterslyrik und, in anderer Form, in moderner ‚Ethnopoesie' finden.

Norbert Mecklenburg

Was ist poetische Alterität?

Ein Sprechen von poetischer Alterität zieht noch erheblich mehr als das von kultureller die Gefahr der Unklarheiten, Äquivokationen und Scheinproblemen auf sich. Und es ist zweierlei Art von *Skepsis* ausgesetzt. Wer sich in der Literaturtheorie ein wenig umgesehen hat, weiß, daß Dichtung immer etwas anderes als das sein soll, was die anderen Literaturtheoretiker über sie sagen. Der Begriff der poetischen Alterität erscheint als bloßer Effekt eines auf diesem akademischen Feld offenbar besonders großen Distinktionsbedürfnisses. Eine andere Art von Skepsis wird von der empirischen Beobachtung genährt, daß die Vorstellungen und Meinungen über Kunst und Literatur historisch, gesellschaftlich, kulturspezifisch variieren. Andersheit der Dichtung würde dann bloß heißen, daß jede Kultur unter Dichtung etwas anderes versteht, poetische Alterität wäre also nichts als kulturelle Differenz. Beide Arten von Skepsis beruhen auf Beobachtungen, die sich kaum widerlegen lassen, aber sie beruhen gleichzeitig auf dem Irrtum, in Hinblick auf Literatur und Kultur reiche es aus, einen neutralen Beobachterstandpunkt einzunehmen. Als Literatur- und Kulturwissenschaftler sind wir immer zugleich auch engagierte *Mitspieler* in der literarischen und kulturellen Praxis und müssen über die uns dabei leitenden Konzepte Rechenschaft geben können.

Der Begriff der poetischen Alterität ist ein solches Konzept und läßt sich demgemäß bis zu einem gewissen Grad explizieren. Ich sehe in ihm die Auffassung mitgedacht, die dem ästhetischen Diskurs der modernen europäischen Kultur entstammt, aber zugleich einen universellen Geltungsanspruch erhebt, freilich nur in Form eines Appells: Kunst und Dichtung *sollen* eine *autonome Sinnsphäre* sein. Diese Auffassung darf zu den evolutionären Universalien gerechnet werden, nämlich als Entdeckung einer Betrachtungsweise, die der ästhetischen einen spezifischen Eigen-Sinn gegenüber den übrigen kulturellen und gesellschaftlichen Sphären zuerkennt und damit die Möglichkeit eröffnet, Kulturobjekten aller Zeiten und Länder als Kunstwerken zu begegnen – freilich nicht ohne den Verlustaspekt der Musealisierung. Konzepte der poetischen Alterität sind entsprechend im Rahmen derjenigen Literaturtheorien entwickelt worden, die sich, auf verschiedenen Wegen, von dieser Entdeckung herleiten: ich meine vor allem die formalistisch-strukturalistische, die phänomenologisch-hermeneutische und die dialektisch-kritische.[23]

Über kulturelle und poetische Alterität

Im folgenden will ich vorwiegend auf solche Aspekte von poetischer Alterität eingehen, worin die genannten Literaturtheoretischen Richtungen tendenziell übereinstimmen, und werde dementsprechend die Ausdrücke ‚Andersheit', ‚Fremdheit', ‚Differenz' als Synonyme nehmen. Denn sachlich zielt es zunächst in gleiche Richtung, wenn Arntzen von der »Andersheit literarischer Texte« spricht,[24] wenn Wierlacher »Fremdheit« zu ihren »konstituierenden Faktoren« zählt,[25] wenn ich selber, in Anlehnung an Gadamer und Adorno, die dabei ihrerseits letztlich von Kant ausgehen, von einer »ästhetischen Differenz« der Dichtung gesprochen haben.[26]

Die *formalistisch-strukturalistische* Literaturtheorie hat Alterität bestimmt als von der Norm abweichenden Sprachgebrauch, als »Differenzqualität« (S.J. Schmidt) der poetischen Sprache gegenüber der Alltagssprache,[27] als *Verfremdung* (ostranenje) im Sinne von Desautomatisierung des Wahrnehmens, die durch spezifische Verfahren bewirkt werde, z.B. durch Deformation, Überstrukturierung, Herstellung von Mehrdeutigkeit. Bertolt Brechts Verfremdungskonzept,[28] das eigenständig entwickelt wurde und sehr viel weiter reicht, teilt dennoch diesen Grundgedanken mit der Formalen Schule. Dessen Herkunft aus dem künstlerischen Modernismus wurde sichtbar in der Weiterentwicklung des Ansatzes zu Roman Jakobsons These, die poetische Funktion lenke die Aufmerksamkeit auf den Text als solchen (Autoreferenz). Durch die Dominanz der poetischen über andere Sprachfunktionen wird die Beziehung zwischen Wörtern und Sachen in die Schwebe gebracht, in spielerische Bewegung versetzt – so umschreibt Harald Weinrich poetische Alterität.[29] Im poetischen Sprachspiel werden die referentielle und die kommunikative Funktion der Sprach paradox suspendiert oder gebrochen durch evokative Impulse – Evokation verstanden als Aktualisierung der Fähigkeit, durch Sprache Bedeutungen hervorzurufen, ohne diese sogleich kommunikativ umzusetzen.[30]

Dieses befreiende und zugleich welterschließende *Spiel* mit den Zeichen, Codes, Mustern und Rollen betont auch die *Rezeptionsästhetik*: Sie bestimmt poetische Alterität als »Eröffnung einer anderen Welt jenseits der Alltagswirklichkeit«.[31] Die Unterbrochenheit der literarischen Kommunikation macht aus *jeder* Lektüre, nicht nur solcher über große räumliche oder zeitliche Distanz zwischen Autor und Leser, eine imaginäre Reise ins Unbekannte, Fremde. Fiktionale Texte enthalten, als spezifischen Aspekt von kognitiver Fremdheit, ein hohes Maß an Unbestimmtheit und eröffnen damit einen Deutungsspielraum, innerhalb dessen der Rezipient das Fremde des Textes mit Eigenem in Beziehung setzen muß.

573

In der *poststrukturalistischen* Literaturtheorie wird das Konzept der Alterität aufs äußerste radikalisiert, um sich am Ende selbst aufzuheben. Wo Alterität, im Ausgang von der Alterität der Schrift gegenüber der gesprochenen Sprache, als unabschließbares differentielles Spiel der Signifikanten verstanden wird, muß poetische Differenz in Indifferenz umschlagen. So akzeptiert die unter dem Namen *deconstruktion* verbreitete literaturkritische Schule keinen Unterschied mehr zwischen poetischen und anderen Texten. Interessant, wenn auch für mich schwer zugänglich, erscheinen mir poststrukturalistische Versuche, psychoanalytische, ethnologische und religionsgeschichtliche Aspekte von Alterität in die Literaturtheorie einzubeziehen. Der Alteritätsbegriff in der *feministischen Literaturtheorie* wäre dabei besonderer Aufmerksamkeit wert.[32]

Eine mehr orthodoxe Fortbildung der strukturalistischen Literaturtheorie liegt in der Tartuer Schule um Jurij Lotman vor. Hier wird poetische Alterität auf die kultursemiotische Bestimmung von Literatur als »sekundäres modellbildendes System« bezogen und als Transformation verstanden. Das autonome dichterische Werk ist nicht autark, sondern weist auf die kulturellen Zusammenhänge, indem es sie einer sekundären ‚Bearbeitung' unterzieht, zurück. Die poetische Konfiguration eines in sich stimmigen Sinngebildes ist immer zugleich Transfiguration, verfremdende »Umcodierung« vielfältiger und heterogener Weltbezüge.[33]

Die *phänomenologisch-hermeneutische* Literaturtheorie[34] hält bei aller Kritik an der formalistisch-strukturalistischen die von dieser ermittelten Grundaspekte poetischer Alterität fest und fügt weitere hinzu. Ihre Kritik richtet sich, teilweise unter Verkennung einer möglichen Komplementarität von strukturaler und hermeneutischer Methode, gegen jede kunst-, bewußtseins- oder sprachtheoretische Ableitung der Poetologie, unterstellt den Strukturalisten ein positivistisch verkürztes, instrumentalistisches Sprachverständnis und stellt als Grundwiderspruch formalistischer Literaturtheorie heraus, daß diese die Dichtung als nicht-bezeichnendes Zeichen und die poetische Funktion als funktionsnegierende Funktion bestimme. Die strukturalistische Verknüpfung von Poetik und Semiotik, ästhetischen Texten und kulturellen Kontexten wird generell als reduktiv verdächtigt. Aber auch Phänomenologie und Hermeneutik selbst verfallen der Kritik, sofern sie der poetischen Alterität nicht Rechnung tragen.

Worin wird diese nun gesehen? Zunächst einfach in einer *»phänomenalen Differenz«*, durch welche sich poetische Rede als »überdauernde Sinneinheit eigener Art« von alltäglicher und wissenschaftlicher Rede unterscheide.[35] Diese Differenz läßt sich näher bestimmen durch Begriff der Fiktion, d.h. Suspension eines logischen Wahrheitsmodus, und durch ein Ineinandergreifen von Subjektivität, Welterschließung und Sprache. Dichtung führt den ontologischen Charakter der Sprache vor: das Entwerfen des Horizonts, in welchem Seiendes erscheint. »Die Differenz poetischer Rede ist, ontologisch gesehen, weder empirisch aufweisbarer abweichender Sprachgebrauch noch in der Imagination begründete Fiktionalität, sondern der Moment, in dem Sprache sich als das zeigt, was sie an ihr selbst ist, um mit Heidegger zu sprechen: *Dichtung*. Poesie bezeugt das poetische Wesen von Sprache überhaupt.«[36] Ähnlich bestimmt Arntzen die »Andersheit des literarischen Werkes als Aktualisierung der Intention von Sprache«,[37] d.h. ihres welterschließenden Vermögens. Diese *ontologische Differenz* von Dichtung sei nicht weiter theoretisch bestimmbar, sondern nur indirekt in Auslegung poetischer Texte. Dichtung aber bleibe ein unaufhebbar Anderes wie gegenüber literaturtheoretischen Bestimmungs- so auch gegenüber hermeneutischen Vermittlungsversuchen.

Diese These nähert sich dem genannten *textlinguistischen* Ansatz, poetische Alterität auf eine evokative Funktion zurückzuführen. Sie nähert sich auch der *dialektischen* Bestimmung von Kunst als paradoxes Zugleich von Evidenz und Rätselhaftigkeit (Adorno), von Nähe und Distanz, von Vertrautheit und Unbekanntheit. Problematisch bleibt an der phänomenologisch-hermeneutischen Bestimmung poetischer Alterität die Behauptung eines ontologischen Vorranges, einer ‚höheren Wahrheit' von Dichtung, eine Behauptung, die letztlich auf Prämissen romantischer Sprachphilosophie zurückgeht. Einer abstrakten Leerheit des formalistischen Bestimmungsversuchs wird die ebenso abstrakte Tiefe des ontologischen entgegengesetzt. Die Alterität der Dichtung wird, wie in der klassischen Kunstmetaphysik, zur Eigentlichkeit umstilisiert: Die »Macht des Gesanges« (Schiller) reißt den Menschen aus seinem entfremdeten irdischen Leben in seine wahre Existenz wie den aus dem »fernen Ausland fremder Sitten« heimkehrenden Flüchtling. Hier steht kulturelle Alterität als paradoxe Metapher für die gewohnte eigene Alltagswelt, die von der Poesie transzendiert werde.

Eine *dialektische* Literaturtheorie, wie sie von Adornos Ästhetik und Literaturkritik her entworfen werden kann, steht solchen Überlegungen nicht so fern, wie deren scharfe Kritik an phänomenologischer Kunsttheorie vermuten läßt. In manchen Formulierungen Adornos klingt Georg Simmels lebensphilosophische Bestimmung ästhetischer Alterität nach, daß die Kunst »das Andere des Lebens ist, die Erlösung aus seiner Praxis, seiner Zufälligkeit, seinem zeitlichen Verfließen, seiner endlosen

Verkettung von Zwecken und Mitteln«.[38] Auch die Denunziation der kommunikativen Funktion von Literatur als instrumentell teilt der dialektische mit dem phänomenologischen Ansatz. Worin er sich von diesem unterscheidet, ist die Bestimmung der ästhetischen Differenz als ein *gesellschaftliches* Verhältnis. Kunst bildet in der modernen Gesellschaft eine relativ autonome Sphäre, aber sie hat, als Teilbereich, auch teil an deren Widersprüchen, und das heißt für Adorno eben auch: an der Entfremdung, deren Negation gelungene Kunst zugleich sein soll. Ästhetische Alterität, als poetische Autonomie und mimetischer Weltbezug, als Absonderung und als Verfallenheit gegenüber der Gesellschaft, erhält dadurch einen dialektischen Doppelcharakter, der auch das einzelne Werk bis in seine immanenten Spannungen hinein bestimmt. Dichtung ist ein »in sich selber höchst Vermitteltes«[39] – darauf läuft eine dialektisch-kritische Bestimmung poetischer Alterität hinaus.

Einen literarischen Text als Spannungsgefüge aus widerstreitenden Kräften betrachten heißt, nicht nur aufzuspüren, welche verschiedenen außerästhetischen Gestalten von Alterität in ihm poetisch transformiert erscheinen, sondern auch seine poetische Gestalt, statt als reine Stimmigkeit als Synthesis heterogener Elemente, als ‚innere Alterität', zu untersuchen. Hierin konvergiert dialektische mit fortgebildeter strukturalistisch Literaturtheorie, welche gleichfalls die Struktur des literarischen Werkes als immanente Dialektik von Ordnungsaufbau und Ordnungsdurchbrechung, Automatisierung und Entautomatisierung, Codierung und Umcodierung versteht. – Ein zentraler Aspekt poetischer Vermittlungsleistung und eine besonders wichtige Erscheinungsform ‚innerer Alterität' ist das, was in der Literaturtheorie unter den Begriffen *Dialogizität* und *Intertextualität* behandelt wird. Dialogizität als »Alterität der Sprache« (Coseriu)[40] ist ein Leitbegriff Michail Bachtins, dessen literaturwissenschaftliche Arbeiten beachtenswerte Gesichtspunkte zur Frage des Verhältnisses von kultureller und poetischer Alterität bieten.[41] Dialogizität von literarischen Werken besteht nach Bachtin in der textuellen ‚Engführung' sprachlicher ‚Polyphonie' und gesellschaftlicher ‚Redevielfalt', von der das, was heute gern als ‚Intertextualität' erörtert wird, nur ein Aspekt ist. Dabei geht es nicht nur um poetische, stilistische Reflexe von Sprachmischung, Interferenz, Mehrsprachigkeit, sondern auch um eine sprachliche ‚Binnenfremdheit', die Heterogenität einer Sprache als ‚Polysystem'[42] und ‚Polylog' vieler gruppen-, region-, schichtenspezifischen Subsprachen, als Feld der Diskurse, die den verschiedenen Bereichen gesellschaftlicher Praxis zugehören, und um die Formen poetischer Transformation dieses sprachlichen Pluralismus. Dialogizität bedeutet, daß die Wörter immer schon durch fremde Stimmen ‚besiedelt' sind, wie Bachtin sagt, daß die eigene Rede immer auch ‚Echo' auf *fremde Rede* ist – bis zum Extremfall enteigneter, entfremdeter, verdinglichter Rede, der aber in der Alltags- und Medienkommunikation eher als der Normalfall angesehen werden könnte. Die besondere Leistung des *Romans* besteht nach Bachtin in Unterschied zur Lyrik, die eine autonome, tendenziell absolute Sprache anstrebt, darin, daß er sich der ‚Redevielfalt' der geschichtlich-gesellschaftlichen Wirklichkeit in breitem Umfang zu öffnen vermag und sie verfremdend bearbeitet. Der Roman entwirft also kein Abbild der Gesellschaft, sondern die spezifische Dialogizität des Romans ist Mimesis der gesellschaftlichen Dialogizität.[43]

Ich selbst neige dazu, die verschiedenen Aspekte des literarischen Textes als eines komplexen, in sich differenzierten Spannungsfeldes unter eine Grundspannung zu bringen, die ich hier abkürzend als Polarität von *Mimesis* und *Poiesis* bezeichnen möchte, von teilnehmend darstellender Hingabe an ein Anderes und spielerischer Umgestaltung zur neuen Fremdheit des dichterischen Gebildes. Poiesis und Mimesis, das heißt auch: nicht-begriffliche Allgemeinheit der poetischen Form und Treue gegenüber dem Besonderen, dem Individuellen, dem Nicht-Identischen, dem Anderen. Daraus läßt sich ein Wertmaßstab gewinnen: Die poetische Energie, die Verfremdungskraft eines Werkes, das über regionale, sprachliche, kulturelle Grenzen hinweg Aufnahme und Anerkennung findet, ist desto höher einzuschätzen, je mehr dieses Werk sich mimetisch auf seine regionale, sprachliche, kulturelle Herkunftswelt eingelassen hat.

Walter Schulz hat diese innere Gegenstrebigkeit von Poiesis und Mimesis, Autonomie und Wirklichkeitsbezug treffend als eine »*schwebende Vermittlung*« bezeichnet.[44] In der Metapher des Schwebens ist die spielerisch-verfremdende Lockerung der Beziehung von Wort und Sache mitgedacht, überhaupt die – vorübergehende – Freistellung im »ästhetischen Zustand« (Schiller) von der »Macht der Natur«, aber ebenso auch von der Macht der Kultur als einer zweiten Natur. Die kulturellen Codes, Muster, Dichotomien können durch die Art, wie der literarische Text mit ihnen umgeht, versuchsweise in Frage gestellt und verändert werden.

An dieser Stelle, nach der Musterung verschiedener Bestimmungsversuche für poetische Alterität, ist es angebracht, die Beziehung zu kultureller Alterität zu thematisieren und nach dem *spezifischen interkulturellen Potential von Dichtung* zu fragen. Dabei wäre es zu einfach, in der Poiesis-Seite des Werkes die Möglichkeit für eine kulturübergreifende Rezeption und in seiner Mimesis-Seite die Schranken für eine solche Rezeption zu sehen. Die auf derselben Linie sich bewegende Unterscheidung von *ästhetischem* und *funktionalem Wert*, die sich z.b. im Hinblick auf Texte aus Regional und Minderheitenliteraturen in der Tat aufdrängt, ist nicht unproblematisch, denn ihr liegt eine ungute Verbindung von Kulturrelativismus und ästhetischem Formalismus zugrunde, die dem transkulturellen bzw. interkulturellen Potential von Literatur als einer spezifischen Gestalt von Vermittlung nicht gerecht werden kann. Kulturalität ist kein Erdengeist, den Dichtung abstreifen könnte, um sich in den Äther der reinen Formen und Ideen zu erheben. Schwebt sie, so entschwebt sie doch nicht. Poiesis löscht Mimesis nicht aus. Auch in der dichterischen Verfremdung nehmen wir den von ihr bearbeiteten kulturellen Kontext wahr. Ist dieser ein anderer als unser eigener, so sind wir mit einer *doppelten Alterität* konfrontiert.

Aufgrund welcher Eigenschaften vermögen literarische Werke dennoch kulturübergreifende Rezeptionen auszulösen, ohne daß dabei immer ein großer Aufwand an zusätzlichen Informationen nötig wäre? (Mit Recht haben bei der Frankfurter Buchmesse 1986 indische Autoren gegen den Vorbehalt Einspruch erhoben, man müsse erst so und soviel über Indien wissen, ehe man einen indischen Roman liest.) Diese Eigenschaften zu erkennen, ist für eine interkulturelle Germanistik wichtig, denn sie sind es, ohne deren Vorhandensein hermeneutische Arbeit, so viele weitere Probleme sie zu bewältigen hat, von vornherein zum Scheitern verurteilt wäre. Es sind die Eigenschaften, ohne die es keine Weltliteratur gäbe.

Literatur enthält und vermittelt (1) kulturelle Muster, d.h. sie baut die kulturelle Fremdheit, die sie enthält, gleichzeitig selbst ab. Darüber hinaus vermittelt Literatur aber (2) Sensibilität für kulturelle Differenz überhaupt. (Das kann, mittelbar, gleichfalls Fremdheit abbauen, indem etwa scheinbar interkulturelle Differenzen als intrakulturelle durchschaut werden.) Schließlich (3) sensibilisiert Literatur, als verfremdender Umgang mit Zeichen, für Differenzwahrnehmung überhaupt, und das kann, wiederum mittelbar, dazu beitragen, Fremdheits- und Vertrautheitselemente auch in interkultureller Kommunikation besser zu unterscheiden.

Die »besondere *Vermittlungsleistung* der fiktionalen Literatur über kulturelle Distanzen hinweg« ist ein kulturgeschichtliches Faktum.[45] So wurde in Europa die Anerkennung außereuropäischer Kultur wesentlich eingeleitet über die Anerkennung ihrer Kunst, zumal der Literatur. Welche Eigenschaften der Dichtung aber – nochmals gefragt – ermöglichen diese spezifische Vermittlungsleistung? Für Oskar Maria Graf z.B. war das klar: »Denn wer ist mehr Mittler zwischen den Völkern, wer erfühlt denn mehr im ‚Fremden' die Seele, mit der wir uns alle gleichen, als der Dichter?«[46] Einfühlung in die Fremden als Aufdecken eines Allgemein-Menschlichen – ist das eine brauchbare Formel? Sie bezöge sich offenbar nur auf Literatur, die fremde Kultur oder interkulturelle Begegnung *darstellt*. Gewiß ist das Erzählkonzept des ‚fremden Blicks', der vertauschten Perspektive ein bewährtes Mittel, Eigenkulturelles fremd und Fremdkulturelles verständlicher zu machen. Die literarische Darstellung fremder Kultur kann die Chance bieten, Antinomien von kultureller Kollektiv-Identität und ‚universalistisch' orientierter Ich-Identität horizonterweiternd zu überschreiten.[47] Interkulturalität als einkomponierte Intertextualität, z.B. in lateinamerikanischen Romanen oder bei dem indischen Autor Raja Rao,[48] kann subtile Wahrnehmungen kultureller Ähnlichkeiten, Unterschiede und Verflechtungen ermöglichen. Auf der anderen Seite sind auch poetische Strategien keineswegs dagegen gefeit, Vorurteile zu verbreiten. Zwischen Ethnopoesie (Hubert Fichte)[49] und Exotismus (Idealisierung und Ästhetisierung des kulturell Fremden) gibt es ein vermutlich großes Spektrum literarischer Darstellungsformen, deren Leistung und Grenzen kritisch zu prüfen wären.

Eine spezifische trans- bzw. interkulturelle Vermittlungsfähigkeit muß sich jedoch auch an Literatur aufweisen lassen, die nicht Fremdkulturelles zum Thema hat. Rezeptionsästhetische Aspekte wären zu beachten: Wie stellt sich die ‚Appellstruktur', der Unbestimmtheitsgrad poetischer Texte bei fremdkulturellem Lesen dar? Inwiefern ermöglicht die Lektüre eines fremdsprachigen Textes durch Verlangsamung und Störungen eine Entautomatisierung, die – analog zu oder identisch mit der poetischen Funktion? – die Aufmerksamkeit vom Sinn auf die Zeichen selbst lenkt?[50] Ernst Jandls Lautgedicht »Schtzngrmm!« evoziert bei fremdsprachlichen Lesern einerseits die Vorstellung eines ‚typisch deutschen' Sprachklangs, aber gleichzeitig vermittelt die elementare Lautmalerei, wie sie jeder Sprache zur Verfügung steht, auch interlingual und interkulturell das Assoziationsfeld ‚Krieg'.[51]

Damit bewegen wir uns im Bereich der Universalien, und es käme darauf an, die Leistung der verschiedenartigen Universalien für eine transkulturelle Verstehbarkeit von Dichtung herauszuarbeiten. Sicher gibt es, nach dem Beispiel des Lautmalerischen, weitere *poetische Universalien* zu registrieren. Genres wie Naturlyrik sind universell, einzelne lyrische Formen wie das japanische Haiku-Kurzgedicht sind interkulturell vermittlungsfähig[52] – eine interkulturelle Poetologie hätte ein reiches Arbeitsfeld. Sicher spielen die so skeptisch betrachteten anthropologischen und existentiellen Konstanten, mit Gombrichs ‚altem Adam' angefangen, eine wichtige Rolle, denn ohne sie kommt kein Roman aus. Zu den poetischen *und* anthropologischen Universalien scheint zu gehören, daß wir uns immer in ‚*Geschichten*' bewegen.[53] Das Du, der oder die Andere, die Fremden werden uns erschlossen in Form von Geschichten, gelebten und erzählten, so erfahren wir unser verschiedenes und gemeinsames Verstricktsein. Die Erzähl*formen* können dagegen kulturspezifisch variieren. So wiederholt sich die Varianz zwischen ‚geschichtenförmigem' und ‚geschichtendestruierendem' Erzählen, die auf der diachronischen Ebene den modernen vom traditionellen Roman scheidet, auf der synchronischen Ebene heute zwischen dem literarischen Erzählen in der Dritten Welt und in Europa.[54]

Ebenso spielen ‚*Kulturthemen*' von größerer oder universaler Geltungsweite eine Rolle. Selbst Werke aus regionalen Kleinliteraturen können in dem Maße überregionale und überkulturelle Geltung gewinnen, wie sie z.B. das Problem von Heimat und Identität nicht ethnozentrisch-provinziell behandeln, sondern als ein solches universales Kulturthema sichtbar machen. Brechts Stücke in Lateinamerika, F.X. Kroetz' Stücke in Indien[55] – die Möglichkeit der Rezeption beruht in beiden Fällen auf den kulturübergreifenden sozialen Grundproblemen Unterdrückung, Ausbeutung und Erniedrigung. In der ästhetisch vermittelten Alterität muß immer auch etwas Nicht-Fremdes erkennbar sein, sonst bricht die Kommunikation zusammen. Dazu tragen die von der Literatur aufgenommenen Kultur- und Universalthemen bei. Sie sollten von einer interkulturellen Literaturwissenschaft sorgfältig aufgearbeitet werden.[56]

Bei alledem ist freilich daran festzuhalten, daß poetische Alterität nicht restlos interkulturell ‚verrechnet' werden kann. Das Gebiet der Dichtung ist in gewisser Hinsicht *exterritorial*, sie bewegt sich immer auf einer dritten, der Ebene des Imaginären, die ‚querstehen' kann zu den Ebenen der Sender- und Empfängerkultur. Sie ermöglicht dadurch eine andere Art von interkultureller Kommunikation als nicht-poetische Literatur. Dichtung als ‚Simulationsspiel' (Wellershoff) simuliert diese dritte Ebene immer mit. Die Fähigkeit aber zu vorübergehender Positionsaufnahme auf solch einer *imaginären ‚dritten Ebene'*, d.h. jenseits festgelegter kultureller, gesellschaftlicher, mentaler Territorien, gehört sicher auch zu einer ‚interkulturellen Kompetenz'.[57]

Wenn Begegnung zwischen den Kulturen über das Medium von Dichtung aber gelingt, so mag man darin auch ein *utopisches Moment* sehen. Denn in poetischer Synthese, der gewaltlosen Vereinigung von

Verschiedenem, erscheint gesellschaftlich-kulturelle Versöhnung gewissermaßen vorgebildet: Der versöhnte Zustand aber »annektierte nicht [...] das Fremde, sondern hätte sein Glück daran, daß es in der gewährten Nähe das Ferne und Verschiedene bleibt, jenseits des Heterogenen wie des Eigenen«.[58] Die poetische Verfahrensweise zielt – so Hölderlin – auf das »Unendlich-einige«, d.h. auf diejenige Form der Synthesis, welche die einzelnen Elemente nicht verschwinden, vielmehr aneinander wechselseitig sich steigern läßt. Nicht anders wäre eine interkulturelle Utopie zu bestimmen.

Doch lösen wir, in einer letzten Reflexionswendung, diese spekulative Berührung von poetischer und kultureller Alterität wieder ein wenig! Zielt poetisches Bewußtsein, mit Rilke gedacht, auf Einssein mit allem Dasein, so treten kulturelle Vermittlungsaufgaben zurück. Ist der Kunst ein transzendierender »Gestus des Heraustretens« eigen,[59] so gehört zu poetischer Alterität ein *negatorisches Moment* auch gegenüber Kultur als solcher. Im Gestus der Loslösung, mit dem ästhetische Erfahrung am gelungenen dichterischen Werk teilhat, ist, dialektisch betrachtet, ein Glücksmoment und gleichzeitig ein kritisches Moment enthalten. Dadurch erscheint es, als würde große Dichtung nicht nur die Kultur negieren, aus der sie hervorgeht, sondern jede bestehende. Das Andere, auf das ihre gebrechliche Schönheit hindeuten mag, wäre eine Welt, in der Kultur alle Barbarei, die sie als ihr Schatten begleitet,[60] abgestreift hätte.

Anmerkungen

[1] *Das Fremde und das Eigene. Prolegomena zu einer interkulturellen Germanistik*, hrsg. v. A. Wierlacher. München 1985.
[2] Raymond Williams: *Culture*. Glasgow 1981.
[3] Karlheinz Ohle: *Das Ich und das Andere. Grundzüge einer Soziologie des Fremden*. Stuttgart 1978.
[4] Michel Foucault: *Les mots et les choses*. Paris 1966, S. 8.
[5] Harald Weinrich: *Wege der Sprachkultur*. Stuttgart 1985, S. 197.
[6] Karl Peter Kisker: *Phänomenologie der Intersubjektivität*. In: *Handbuch der Psychologie*. Bd. 7.1: *Sozialpsychologie/Theorien und Methoden*. hrsg. v. C.F. Graumann. Göttingen 1969, S. 81–107.
[7] Manfred Frank: *Das individuelle Allgemeine*. Frankfurt am Main 1977, S. 33; Friedrich Schleiermacher: *Der christliche Glaube*. hrsg. v. M. Redeker, 7. Aufl., Bd. 1. Berlin 1960, S. 24. Vgl. die Einleitung

[8] von M. Frank zu F.D.E. Schleiermacher: *Hermeneutik und Kritik.* Frankfurt am Main 1977, S. 28.
[8] Rudolf Otto: *Das Heilige.* 16. Aufl. Breslau 1927.
[9] Vgl. Jürgen Habermas: *Der philosophische Diskurs der Moderne.* Frankfurt am Main 1985, S. 249.
[10] Ders.: *Theorie des kommunikativen Handelns.* Frankfurt am Main 1981, Bd. 2, S. 588.
[11] Antje Linkenbach: *Opake Gestalten des Denkens. Jürgen Habermas und die Rationalität fremder Lebensformen.* München 1986.
[12] Ernst H. Gombrich: *»Sind eben alles Menschen gewesen«. Zum Kulturrelativismus in den Geisteswissenschaften.* In: Kontroversen, alte und neue, hrsg. v. A. Schöne, Bd. 1. Tübingen 1986, S. 17–28; hier S. 23.
[13] Elmar Holenstein: *Interkulturelle Verständigung.* in: E.H.: *Menschliches Selbstverständnis.* Frankfurt am Main 1985, S. 104–180; hier S. 128.
[14] Ebd., S. 140–149.
[15] Hans-Georg Gadamer: *Kleine Schriften I*, 2. Aufl. Tübingen 1976, S. 104; vgl. Alois Wierlacher: *Mit fremden Augen. Vorbereitende Bemerkungen zu einer interkulturellen Hermeneutik deutscher Literatur.* In: Jb. Deutsch als Fremdsprache 9 (1983), S. 1–16; hier S. 6.
[16] Munasu Duala-M'bedy: *Xenologie.* München 1977, S. 9f.
[17] Tzvetan Todorov: *Die Eroberung Amerikas. Das Problem des Anderen.* Frankfurt am Main 1985.
[18] Hans Robert Jauß: *Ästhetische Erfahrung und literarische Hermeneutik.* Frankfurt am Main 1982, S. 671.
[19] Michail Bachtin, zit. n. Hans Günther: *Die Verstaatlichung der Literatur.* Stuttgart 1984, S. 126.
[20] Ken Asoh: *Notwendigkeit der interkulturellen Hermeneutik.* In: Doitsu gogaku bungaku ronbunshu/Beiträge zur Germanistik (Tokio) 28 (1980), No. 1, S. 39–56.
[21] Eberhard Scheiffele: *Affinität und Abhebung. Zum Problem der Voraussetzungen interkulturellen Verstehens.* In: Das Fremde und das Eigene (Anm. 1), S. 29–46; hier S. 38.
[22] 2. Mose 23, 9.
[23] Die materialistische Literaturtheorie, die in ihrer klassischen Form bei Lukács sehr wohl die »Eigenart« des Poetischen herausgearbeitet hat, benutzt die Kategorie der Alterität nicht und bleibt nur deshalb an dieser Stelle unberücksichtigt.
[24] Helmut Arntzen: *Der Literaturbegriff.* Münster 1984, S. 45.

[25] Alois Wierlacher: *Einführung*. In: Jb. Deutsch als Fremdsprache 11 (1985), S. 84.
[26] Norbert Mecklenburg: *Kritisches Interpretieren*. München 1972, S. 98.
[27] Broder Christiansen: *Philosophie der Kunst*. Hanau 1909; Siegfried J. Schmidt: *Alltagssprache und Gedichtsprache*. In: Poetica 2 (1968), S. 285–303; hier S. 288; Günter Waldmann: *Produktive literarische Differenzerfahrung*. In: WW 37 (1987), S. 32–45 (ohne Bezugnahme auf S.J. Schmidt).
[28] Ein Versuch, Brechts Verfremdungskonzept für eine interkulturelle literarische Hermeneutik fruchtbar zu machen: Fawzi Boubia: *Die Verfremdung der »Verfremdung«*. In: Info DaF 14 (1987), H. 1, S. 28–33.
[29] Weinrich: *Wege der Sprachkultur* (Anm. 5), S. 233.
[30] Eugenio Coseriu: *Textlinguistik*. Tübingen 1980, S. 102.
[31] Jauß: *Ästhetische Erfahrung* (Anm. 18), S. 33 f.
[32] Vgl. Toril Moi: *Sexual/Textual Politics. Feminist Literary Theory*. London 1985.
[33] Jurij M. Lotman: *Die Struktur literarischer Texte*. München 1972.
[34] Heinrich Anz: *Die Bedeutung poetischer Rede*. München 1979.
[35] Ebd., S. 8, 20.
[36] Ebd., S. 120 f.
[37] Arntzen: *Der Literaturbegriff* (Anm. 24), S. 46.
[38] Georg Simmel: *Lebensanschauung*. München 1918, S. 83.
[39] Theodor W. Adorno: *Vorlesungen zur Ästhetik* (Wintersemester 1968/69), Typoskript. Frankfurt am Main 1970, S. 47.
[40] Coseriu: *Textlinguistik* (Anm. 30), S. 62.
[41] Michail Bachtin: *Die Ästhetik des Wortes*, hrsg. v. R. Grübel. Frankfurt am Main 1979.
[42] Mario Wandruszka: *Die Mehrsprachigkeit des Menschen*. München 1979.
[43] Zu Bachtins Literaturtheorie vgl. Jürgen Lehmann: *Ambivalenz und Dialogizität. Zur Theorie der Rede bei Michail Bachtin*. In: *Urszenen*, hrsg. v. F.A. Kittler u. H. Turk, Frankfurt am Main 1977, S. 355–380; Günther: *Die Verstaatlichung der Literatur* (Anm. 19), S. 126–143; Tzvetan Todorov: *M. Bakhtine et le prinzipe dialogique*. Paris 1981.
[44] Walter Schulz: *Metaphysik des Schwebens*. Pfullingen 1985.
[45] Dietrich Krusche: *Das Eigene als Fremdes*. In: Neue Sammlung 23 (1983), S. 27–41; hier S. 37.
[46] Oskar Maria Graf: *An manchen Tagen*. Frankfurt am Main 1961, S. 273f.

[47] Pramod Talgeri: *Die Darstellung fremder Kulturen in der Literatur – Die Suche nach einer erweiterten Identität der eigenen Kultur.* In: *Erzählung und Erzählforschung im 20. Jahrhundert*, hrsg. v. R. Kloepfer u. G. Janetzke-Dillner. Stuttgart 1981, S. 123–128.

[48] Raja Rao: *The Serpent and the Rope* (1960); dazu ein Exposé von Ulrich Müller, vorgelegt auf der Regionaltagung der GIG in Salzburg 1986 (Typoskript).

[49] Vgl. die Einleitung von H.-J. Heinrichs zu Michel Leiris: *Die eigene und die fremde Kultur.* Frankfurt am Main 1977, S. 30 ff.

[50] Krusche: *Das Eigene als Fremdes* (Anm. 45), S. 40 f.; Philippe Forget: *Textinterpretation und Denktraditionen.* In: *Das Fremde und das Eigene* (Anm. 1), S. 351–368; hier S. 356f.

[51] Krusche, ebd., S. 33.

[52] Dietrich Krusche: *Literatur und Fremde. Zur Hermeneutik kulturräumlicher Distanz.* München 1985, S. 111.

[53] Wilhelm Schapp: *In Geschichten verstrickt.* Wiesbaden, 2. Aufl. 1976.

[54] János Riesz: *Weltliteratur zwischen »Erster« und »Dritter« Welt.* In: Zs. f. Kulturaustausch 33 (1983), S. 140–148; hier S. 143.

[55] Krusche: *Das Eigene als Fremdes* (Anm. 45), S. 38.

[56] Bernd Thum: *Einleitung.* In: *Gegenwart als kulturelles Erbe*, hrsg. v. B.T. München 1985, S. XXXII–XXXV.

[57] Michael Prosser: *The Cultural Dialogue. An Introduction to Intercultural Communication.* Boston 1978, S. 70.

[58] Theodor W. Adorno: *Negative Dialektik.* Frankfurt am Main 1966, S. 192.

[59] Ders.: *Ästhetische Theorie.* Frankfurt am Main 1970, S. 100 f.

[60] »Es ist niemals ein Dokument der Kultur, ohne zugleich ein solches der Barbarei zu sein.« Walter Benjamin: *Geschichtsphilosophische Thesen*, VII.

Hans-Harald Müller, Hamburg

Lichtvolle Erkennung der Verschiedenheit
Zur Konzeption einer interkulturellen Hermeneutik

1.

»Von einem leichten, angenehmen Rückenwind bewegt, hat sich der Forschungs- und Lehrbereich Deutsch als Fremdsprache im letzten Jahrzehnt in das Gefüge der akademischen Disziplinen hineingeschoben. Nun haben wir ein neues Fach«.[1]
Heute haben wir nicht nur ein Fach, sondern auch einen großen Fachkongreß mit einem weitgespannten Programm, mit Plenumsvorträgen, Studienprogrammen und Arbeitsprojekten sowie parallel tagenden Sektionen. Es wäre gewiß reizvoll und wissenschaftsgeschichtlich lehrreich, sich mit der Geschichte der Institutionalisierung des Fachs Deutsch als Fremdsprache zum einen und der Gesellschaft für Interkulturelle Germanistik zum anderen zu beschäftigen – dringender scheint mir indes die Frage zu beantworten, was eigentlich letztlich die kognitive Identität des Faches und der Gesellschaft ausmacht. Diese Frage ist derzeit weder mit dem Hinweis auf den Gegenstandsbereich zu beantworten noch mit dem Hinweis auf Theorien über den Gegenstandsbereich oder die Didaktik zu seiner Vermittlung. Demgemäß findet sich im umfangreichen Tagungsprogramm kein Beitrag zu dem Thema, welche Stimme die Gesellschaft für Interkulturelle Germanistik – und sei es als »Forschergemeinschaft«[2] – im Chor der zahlreichen philologischen Fachverbände singen soll.

Die gestellte Frage wird besonders dann wichtig, wenn man mit Alois Wierlacher unter Interkultureller Germanistik zwar primär, aber keineswegs ausschließlich das Fach Deutsch als Fremdsprache, sondern grundsätzlich eine Wissenschaft vom Deutschen versteht, die von der Kulturgebundenheit aller germanistischen Arbeit ausgeht und sich als Teil eines interkulturellen Dialogs versteht.

In dieser Situation scheint mir eine gewisse Behutsamkeit und Zurückhaltung bei der Formulierung von Ansprüchen und Zielen für die Gesellschaft für Interkulturelle Germanistik geboten. Der Anspruch, ein *eigenes* »Paradigma«[3] darzustellen, sollte ebenso vermieden werden wie der auf eine theoretische Exklusivität, denn die Interkulturelle Germanistik ist nicht nur von ihren Zielen her auf linguistische, theoretische und kulturelle »Mehrsprachigkeit« verpflichtet, sondern sie bedarf auch dringend der Kooperation mit untereinander konkurrierenden, jeweils mehr oder weniger »exklusiven« Disziplinen oder Forschungsrichtungen wie z.B. der Komparatistik, der Kulturanthropologie oder auch der empirischen oder der feministischen Literaturwissenschaft – um nur einige recht verschiedene Forschungsrichtungen zu nennen. Ebenso deutlich wie die spezifischen, vor allem kulturpolitischen Ziele der Interkulturellen Germanistik sollten wir mithin deren integrative Konzeption darstellen, d.h. die interkulturelle Vermittlungsrolle, die sie zwischen den verschiedenartigen ‚Kulturen' der philologischen Fachorientierungen und Fachverbände zu spielen vermag. Bezogen auf das Problemfeld der »interkulturellen Hermeneutik«, zu dem ich im folgenden sprechen möchte, bedeutet eine entsprechende Selbstverpflichtung, daß deren Konzeption nicht nur in einer Theoriesprache (z.B. der Hermeneutik Gadamers) verständlich sein darf.

2.

Der Begriff »interkulturelle Hermeneutik« ist zunächst einmal nicht mehr als ein »big word«, und wir tun sicher gut daran, von der interkulturellen Hermeneutik nicht anders als von einer langfristig zu erarbeitenden theoretischen Konzeption zu sprechen. Erarbeitet werden sollte diese Konzeption als ein zielorientiertes Unternehmen, das seinen Ausgangspunkt nimmt von den spezifischen Erfahrungen und Bedürfnissen der Kollegen, die Deutsche Literatur als Fremdliteraturwissenschaft lehren. Die interkulturelle Hermeneutik sollte als ein Forschungsprojekt der Gesellschaft für Interkulturelle Germanistik aufgefaßt werden, und es wird sicher ein Test auf die wissenschaftliche Wirksamkeit unserer Gesellschaft sein, ob sie in der Lage ist, Kollegen für die Durchführung dieses Forschungsprojekts zu gewinnen und zusammenzubringen.[4]

Bevor ich nun auf einen möglichen konzeptionellen Umriß einer interkulturellen Hermeneutik eingehe, möchte ich zwei mögliche Einwände gegen die Konzeption einer solchen Hermeneutik knapp diskutieren.

(1) Der erste Einwand ist epistemologischer Art und richtet sich gegen die Möglichkeit der Konzeption einer interkulturellen Hermeneutik.

Wie, so ließe sich dieser Einwand formulieren, kann sinnvollerweise an der Konzeption einer interkulturellen Hermeneutik gearbeitet werden, da es doch schon an einer monokulturellen Hermeneutik fehlt und dieses Fehlen seit langem beklagt wird[5], ohne daß eine Abhilfe erkennbar ist? Diese Frage ist sicher genauso berechtigt wie der auf sie gestützte Einwand. Zweifellos läßt sich das große *eine* Projekt der Hermeneutik, die nach Szondi »einst nur ein System von Regeln war, während sie heute nur Theorie des Verstehens ist«[6], nicht mehr unter das Dach einer einzigen theoretischen Konzeption bringen, von der wir erwarten können, daß sie zum einen Antwort auf alle mit der Textinterpretation zusammenhängenden Fragen bereithält und zugleich eine interkulturelle Orientierung bietet. Eine alle diese Fragen umfassende Konzeption der Hermeneutik ist durch die Komplexität der in ihr enthaltenen Ziele, Aufgaben und Probleme hoffnungslos überfordert. Um diese – seit der romantischen Hermeneutik währende – konzeptionelle Überforderung der *einen* Hermeneutik zu beenden, haben Lutz Danneberg und ich vorgeschlagen, an die Stelle der Entfaltung des einen großen Projekts der Hermeneutik die Entfaltung vieler begrenzter zielgebundener Hermeneutiken treten zu lassen.[7] Unter ihnen könnte die interkulturelle ein besonders reizvoller und komplizierter Fall sein. Ich behandle die interkulturelle Hermeneutik im folgenden nicht als eine alle Fragestellungen und Ziele aus der hermeneutischen Tradition umfassende, sondern als eine auf die spezifischen Ziele und Aufgaben der interkulturellen Germanistik zugeschnittene Hermeneutik.

(2) Der zweite Einwand bestreitet nicht die Möglichkeit, sondern die Wünschbarkeit einer interkulturellen Hermeneutik. Gestützt auf Argumente, die sich auf den »Kunstwerkcharakter«[8] literarischer Werke beziehen, hat Horst Steinmetz eine Opposition zwischen der »kulturhistorischen Identität« des Kunstwerks und dessen »ästhetischer Identität« konstatiert und die These aufgestellt, als Bestandteile eines literarischen Systems seien literarische Werke Mitglieder eines »literarischen Kulturraums«, der »alle geographischen und kulturhistorischen Einzelkulturen überwölbt«[9]. Diktiert ist diese Opposition ganz offensichtlich von der Sorge, eine Betrachtung literarischer Werke vor deren kulturellem Entstehungshintergrund einerseits und der Kultur der Rezipienten andrerseits könne zu einer »planen Verrechnung« mit der »Lebenswelt«[10] des Autors bzw. der Rezipienten geraten und damit eben jene »ästhetische Identität« des literarischen Werks verfehlen, die jenseits jeglicher kulturhistorischen Identität im literarischen System liege. Bei genauerer Betrachtung des Einwandes von Steinmetz[11] erweist

sich, daß er sich nicht gegen die hermeneutische Konzeption einer interkulturellen Hermeneutik, sondern gegen die dieser Hermeneutik unterstellte ästhetische Norm bzw. Auffassung des »Kunstwerkcharakters« literarischer Werke richtet. Eine Hermeneutik, die keine Aussage über die Wünschbarkeit und Angemessenheit ästhetischer Normen oder die wesensmäßige Identität des Kunstwerkcharakters von Literatur zu machen beansprucht, wäre von diesem Einwand also nicht betroffen.

3.

In meinen Überlegungen zur interkulturellen Hermeneutik lasse ich die Situation außer Betracht, in der der einsame Forscher sich um die Interpretation eines Textes bemüht, der aus einem fremden Kulturkreis stammt.[12] Ich vernachlässige diese Bemühungen nicht deshalb, weil ich keinen Respekt vor ihnen und ihren Ergebnissen besäße, sondern weil ich der Meinung bin, daß das interkulturelle Fremde in dieser hermeneutischen Situation nichts prinzipiell Verschiedenes ist gegenüber dem intrakulturell oder historisch Fremden. Aus diesem Grund halte ich es für sinnvoll, den Gegenstandsbereich der interkulturellen Hermeneutik auf methodisch organisierte Lehr/Lernsituationen zu beschränken. Die Aufgaben der »Fremdliteraturwissenschaft« in diesen Lehr/Lernsituationen hat Dietrich Krusche wie folgt charakterisiert:

Fremdsprachen-, hier im engeren Sinne Fremdliteraturwissenschaft hat sich somit in mindestens drei Dimensionen zu entfalten [...]:
(1) der Rekonstruktion und Analyse der »Werk-Welt«, d.h. hier der Welt, worin der jeweilige Text entstanden ist und worauf er reagiert;
(2) der Rekonstruktion und Analyse der »Rezipienten-Welt«, d.h. hier der Welt, in die hinein – über eine beträchtliche kulturhistorische Distanz hinweg – der jeweilige Text realisiert wird, wobei neben den allgemeinen Rezeptionsbedingungen insbesondere die institutionalisierten Interessen an der Literatur fremder Kulturen zu reflektieren sind;
(3) der Analyse der Bedingungen und Möglichkeiten des Vermittlungsprozesses, innerhalb dessen Wissenschaftler (Studenten, Lektoren, Professoren) verschiedener Muttersprachen aus Anlaß der Deutung eines literarischen Textes in einem methodisch organisierten Kommunikationsspiel sich aufeinander zu beziehen haben.[13]

Lichtvolle Erkennung der Verschiedenheit

Ziel solcher Lehr-/Lernprozesse ist es, daß die an ihnen Beteiligten etwas über die »Werk-Welt« bzw. über die »Rezipienten-Welt« lernen, das sie vorher nicht wußten bzw. dessen sie sich vorher nicht bewußt waren. Um ein solches Lernen zu ermöglichen, bedarf es einer Hermeneutik, die über das Textverstehen das Fremde als Fremdes thematisiert und dabei zugleich das Eigene reflexiv bewußt macht.

Bevor ich einen Versuch mache, eine Explikation für diese Anforderungen zu liefern, möchte ich darauf hinweisen, daß die Ziele einer solchen interkulturellen Hermeneutik – nicht aber deren Methodologie – schon von Wilhelm von Humboldt sehr eindringlich charakterisiert worden sind.[14] Humboldts Ideen zu einer Hermeneutik sind für eine interkulturell orientierte Germanistik vor allem aus drei – im folgenden stark verkürzt wiedergegebenen – Gründen von besonderer Bedeutung.

(1) Humboldt ist kein Anhänger eines hermeneutischen Kulturdeterminismus, der es dem Mitglied der einen Kultur unmöglich macht, fremde Kulturen – Humboldt spricht zumeist von »Nationen« – zu verstehen. Alle kulturellen Manifestationen, die eine sprachliche Form gefunden haben, sind dem Verstehen zugänglich, ganz gleich ob sie einer fremden lebenden oder toten Kultur angehören, denn die sprachliche Form »verbindet, indem sie vereinzelt, und in die Hülle des individuellsten Ausdrucks die Möglichkeit allgemeinen Verständnisses einschliesst«[15].

(2) Humboldt betrachtet andere Kulturen (»Nationen«) nach der Analogie von Individuen: Kulturen stehen zueinander wie Menschen. Diese Individualisierung von Kulturen hat wichtige ethische Konsequenzen: Individuen wie Nationen stehen unter dem Gebot der Selbstverwirklichung als Verwirklichung der Humanität und dürfen deshalb einander weder unterwerfen noch sich assimilieren. Zudem ist die Fremdheit oder Verschiedenheit der Nationen nur eine relative, denn »eine Nation in diesem Sinne ist eine durch eine bestimmte Sprache charakterisierte geistige Form der Menschheit, in Bezug auf idealische Totalitaet individualisiert«[16].

(3) Ein Verstehen von fremder Sprache oder Kultur liegt nach Humboldt im emphatischen Sinn erst da vor, wo diese Sprache oder Kultur weder zur eigenen assimiliert noch als fremde unverstanden bleibt. Über den emphatischen Begriff des Verstehens einer »Sprachform« – den wir um den einer Kultur ergänzen können – schreibt Humboldt:

> Sprache kann auch nicht, gleichsam wie etwas Körperliches, fertig erfasst werden; der Empfangende muss sie in die Form giessen, die er, für sie bereitet, hält, und das ist es, was man *verstehen* nennt.

> Nun zwängt er entweder die fremde in die Form der seinigen hinüber, oder versetzt sich, mit recht voller und lebendiger Kenntniss jener ausgerüstet, ganz in die Ansicht dessen, dem sie einheimisch ist. Die lichtvolle Erkennung der Verschiedenheit fordert etwas Drittes, nämlich ungeschwächt gleichzeitiges Bewusstseyn der eignen und fremden Sprachform. Dies aber setzt in seiner Klarheit voraus, dass man zu dem höheren Standpunkt, dem beide untergeordnet sind, gelangt sey, und erwacht auch dunkel erst recht da, wo scheinbar gänzliche Verschiedenheit es auf den ersten Anblick gleich unmöglich macht, das Fremde sich, und sich dem Fremden zu assimiliren.[17]

Überträgt man nun das von Humboldt formulierte Ziel einer ‚lichtvollen Erkennung der Verschiedenheit' der eigenen und der fremden Sprach- und Kulturform auf die Aufgabenbestimmung der ‚Fremdliteraturwissenschaft' in methodisch kontrollierten Lehr-/Lernsituationen, wie Dietrich Krusche sie charakterisiert hat, so sind an den Lehrenden in dieser Situation idealtypisch die folgenden Anforderungen gestellt:

(i) Der Lehrende muß eine deutliche Vorstellung von der eigenkulturellen Interpretation des Textes besitzen, die er in die Lehrsituation einbringt; Bestandteil dieser Interpretation muß die »Rekonstruktion und Analyse der ‚Werk-Welt'« sein, d.h. der »Welt, worin der jeweilige Text entstanden ist und worauf er reagiert«[18].

(ii) Der Lehrende muß zu einer Rekonstruktion und Analyse der »Rezipienten-Welt« seiner Leser in der Lage sein, d.h. er muß die Interpretationsgewohnheiten rekonstruieren können, die bei den Lernern gegenüber literarischen Texten bestehen, und er muß zumindest potentiell in der Lage sein, aus diesen Interpretationsgewohnheiten »Regeln« zu formulieren, die er auf den zu interpretierenden Text anwenden kann. Diese Suspendierung der eigenen und die zeitweilige Übernahme fremder Interpretationsgewohnheiten ist, wenn ich recht verstehe, das, was Alois Wierlacher mit optischen Metaphern wie »Mit fremden Augen«[19] sieht oder als »Hermeneutik komplementärer Optik«[20] umschreibt.

An die Lerner werden in reziproker Weise die folgenden Anforderungen gestellt:

(i) Sie sollten ihren eigenen Interpretationsgewohnheiten bei der Interpretation des fremdkulturellen Textes folgen und nach Abschluß des Interpretationsprozesses deutliche Vorstellungen von diesen Interpretationsgewohnheiten und der Konzeption ihrer Interpretation entwickeln.

Lichtvolle Erkennung der Verschiedenheit

(ii) Sie sollten mit der für sie fremdkulturellen Interpretation des Lehrers und deren Voraussetzungen vertraut gemacht werden, um ihre eigene Interpretation des fremdkulturellen Textes sorgfältig mit ihr vergleichen zu können.

Werden die genannten Anforderungen nicht erfüllt, so dürfte das Ziel der ‚lichtvollen Erkennung der Verschiedenheit' der eigen- und fremdkulturellen Interpretationsgewohnheiten und des Interpretationsresultats nicht erreicht werden können. Um das angestrebte Ziel zu verwirklichen, sind aber nun auf seiten der Lehrenden und der Lernenden nicht nur »Ambiguitätstoleranz« und »Rollendistanz«[21] erforderlich, sondern eine ganze Reihe von recht komplexen Rekonstruktionsleistungen in bezug auf die eigen- und fremdkulturelle Hermeneutik sowie den kontingenten Interpretationsprozeß. Um solche Rekonstruktionsleistungen zu ermöglichen, scheint es sinnvoll, die Konzeption einer Hermeneutik in verschiedene Bestandteile aufzugliedern und zu differenzieren zwischen

(i) den Zielen der Hermeneutik;
(ii) der Bedeutungskonzeption;
(iii) der Interpretationskonzeption;
(iv) den materialen Vorannahmen zur Interpretation des jeweiligen Textes.[22]

Als Ziele der Hermeneutik (i) können wir diejenigen charakterisieren, denen eine hermeneutische Konzeption insgesamt dienen soll; in den überwiegenden Fällen dürfte es sich um konventionalisierte Ziele von Institutionen und/oder Interpretationsgemeinschaften handeln – in unserem Fall z.B. um das Bündel interkultureller Zielsetzungen, das in den Publikationen der Gesellschaft für Interkulturelle Germanistik immer wieder hervorgehoben wird.

Mit der Bedeutungskonzeption (ii) einer Hermeneutik legen wir fest, in welchem Feld die Bedeutung eines Textes liegen soll, d.h. es wird festgelegt, daß die Bedeutung eines Textes – um nur einige Beispiele anzuführen – durch die Intention des Autors konstituiert wird oder durch die sozialgeschichtlichen Entstehungsbedingungen oder durch das ‚Unbewußte' des Autors etc.

Die Interpretationskonzeption (iii) einer Hermeneutik bezieht sich auf die ‚Wahrheit' oder ‚Richtigkeit' von Interpretationen, sie charakterisiert das Belegmaterial, auf das sich eine Interpretation in der gewählten hermeneutischen Konzeption stützen kann und gibt schließlich Standards zur Gewichtung dieses Belegmaterials an. Die materialen Vorannahmen (iv) schließlich sind kontingente Interpretationshypothesen für den jeweils zu interpretierenden Text.

Eine derartige Differenzierung unterschiedlicher Bestandteile einer hermeneutischen Konzeption erlaubt es festzustellen, in welchen Bereichen der Interpretation eines fremdkulturellen Textes interkulturelle Differenzen bestehen, ob im Bereich der institutionalisierten Ziele der Hermeneutik, ihrer Bedeutungs- oder Interpretationskonzeption oder im Bereich der materialen Annahmen. Eine entsprechende Diagnose ist zumindest in kontrollierten Lehr-/Lernprozessen möglich, in denen ein literarischer Text interpretiert wird, der für einen Teil der Lehrer/ Lerner ein fremdkultureller ist.

Daß es unterschiedliche Kulturkreise mit zumindest teilweise vergleichbaren hermeneutischen Konzeptionen gibt, hat z.B. V.K. Chari in seinem Aufsatz über die klassische indische Textauslegung dargestellt. Chari berichtet, daß in dieser Auslegungstradition die autorintentionale Interpretation umstritten war, daß Texte im allgemeinen auf Grund ihrer linguistischen Struktur allein als verständlich und von einer einheitlichen Bedeutung galten und daß schließlich bei schwer verständlichen Stellen der unmittelbare Kontext oder Parallelstellen herangezogen wurden[23] – Prinzipien also, die zumindest zwischen zwei Kulturen eine interkulturelle Geltung besitzen.

Es wäre zweifellos ein reizvolles Forschungsprojekt, einmal in größeren Zusammenhängen zu untersuchen, welche hermeneutischen Prinzipien oder Regeln in welchen Kulturkreisen eine interkulturelle Anwendung finden. Dieses Projekt ist aber komplexer als die empirische Untersuchung der Prinzipien und Regeln, die in den von Dietrich Krusche beschriebenen Lehr-/Lernsituationen befolgt werden. Eine solche Untersuchung wäre begrenzt und wenig aufwendig und würde doch zur Explikation und Differenzierung der bislang bloß programmatischen interkulturellen Hermeneutik einen nicht zu unterschätzenden Beitrag liefern.

Anmerkungen

[1] Harald Weinrich: *Forschungsaufgaben des Faches Deutsch als Fremdsprache.* In: Alois Wierlacher (Hrsg.): *Fremdsprache Deutsch. Grundlagen und Verfahren der Germanistik als Fremdsprachenphilologie.* Band 1. München 1980, S. 28–45, S. 28.

[2] Vgl. Alois Wierlacher: *Einleitung.* In: *Das Fremde und das Eigene. Prolegomena zu einer interkulturellen Germanistik.* Hrsg. von Alois Wierlacher. München 1985, S. IX.

[3] Vgl. Alois Wierlacher: *Deutsch als Fremdsprache. Zum Paradigmenwechsel internationaler Germanistik.* In: Alois Wierlacher (Hrsg.), *Fremdsprache Deutsch* (s. Anm. 1) S. 9–27, bes. S. 15/16.

[4] Vgl. dazu auch Alois Wierlacher: *Mit fremden Augen oder: Fremdheit als Ferment. Überlegungen zur Begründung einer interkulturellen Hermeneutik deutscher Literatur.* In: *Das Fremde und das Eigene* (s. Anm. 2) S. 3–28, S. 9: »Eine dieser Aufgaben [scil. der Interkulturellen Germanistik] ist die Differenzierung der Verstehenslehre selbst, d.h. die Begründung einer der Mittel- und Mittlerstellung des Faches gemäßen interkulturellen Hermeneutik der deutschen Literatur.«

[5] Vgl. z.B. Peter Szondi: *Einführung in die literarische Hermeneutik.* Hrsg. von Jean Bollack und Helen Stierlin. Frankfurt am Main 1975, S. 25.

[6] Ibd. S. 11.

[7] Vgl. Lutz Danneberg/Hans-Harald Müller: *Wissenschaftstheorie, Hermeneutik, Literaturwissenschaft. Anmerkungen zu einem unterbliebenen und Beiträge zu einem künftigen Dialog über die Methodologie des Verstehens.* In: Deutsche Vierteljahresschrift für Literaturwissenschaft und Geistesgeschichte 58 (1984) S. 177–237 und S. 256–261.

[8] Horst Steinmetz: *Literarische Wirklichkeitsperspektivierung und relative Identitäten. Bemerkungen aus der Sicht der Allgemeinen Literaturwissenschaft.* In: *Das Fremde und das Eigene* (s. Anm. 2) S. 65–80, S. 76.

[9] Ibd. S. 71.

[10] Ibd. S. 77.

[11] Vgl. auch die Rezeption dieses Arguments bei Norbert Mecklenburg: *Literaturräume. Thesen zur regionalen Dimension deutscher Literaturgeschichte.* In: *Das Fremde und das Eigene* (s. Anm. 2) S. 197–211, S. 198.

[12] Ich differenziere im vorliegenden Zusammenhang nicht zwischen verschiedenen Typen von Fremdheit oder kultureller Ferne; vgl. dazu Alois Wierlacher: *Mit anderen Augen oder: Fremdheit als Ferment* (s. Anm. 4) S. 8. – Daß essentialistische Bestimmungen der Begriffe das »Eigene« oder das »Fremde« die interkulturelle Germanistik nicht sehr weit bringen, relationale Bestimmungen im Hinblick auf spezifische Indikatoren indes sehr nützlich sind, hat Michael Böhler sehr genau herausgearbeitet, vgl. Michael Böhler: *Deutsche Literatur im kulturellen Spannungsfeld von Eigenem und Fremdem in der*

Schweiz. In: *Das Fremde und das Eigene* (s. Anm. 2) S. 234–261, bes. S. 235.

[13] Dietrich Krusche: *Die Kategorie der Fremde. Eine Problemskizze.* In: Alois Wierlacher (Hrsg.), *Fremdsprache Deutsch* (s. Anm. 1) S. 28–45, S. 49.

[14] Welche Bedeutung die – in der Geschichte der Hermeneutik vernachlässigte – hermeneutische Konzeption Wilhelm von Humboldts gerade für ein interkulturelles Verstehen besitzt, hat kürzlich Kurt Müller-Vollmer verdeutlicht; vgl. Kurt Müller-Vollmer: *Von der Durchdringbarkeit des wirkungsgeschichtlichen Bewußtseins: Gadamer, Hegel und die Hermeneutik Wilhelm von Humboldts.* In: *Literary Theory and Criticism. Festschrift. Presented to René Wellek in Honor of his Eightieth Birthday.* Part I: Theory. Bern etc. 1984, S. 475–497.

[15] Wilhelm von Humboldt: *Ueber die Verschiedenheit des menschlichen Sprachbaues.* In: Wilhelm von Humboldt: *Schriften zur Sprachphilosophie.* Darmstadt, 5., unveränderte Auflage, 1979 (= W.v.H., Werke in fünf Bänden. Herausgegeben von Andreas Flitner und Klaus Giel. III) S. 160/61.

[16] Ibd. S. 160.

[17] Ibd. S. 156. – Es soll an dieser Stelle nicht verschwiegen, aber auch nicht diskutiert werden, welche Probleme der ‚höhere Standpunkt' für eine interkulturelle Hermeneutik mit sich bringt, der nach Humboldt allein ein »ungeschwächt gleichzeitiges Bewusstseyn der eignen und der fremden Sprachform« ermöglicht.

[18] Dietrich Krusche (siehe Anm. 13).

[19] Vgl. Alois Wierlacher: *Mit fremden Augen oder: Fremdheit als Ferment* (s. Anm. 4).

[20] Ibd. S. 19.

[21] Ibd.

[22] Vgl. dazu Lutz Danneberg/Hans-Harald Müller: *Probleme der Textinterpretation. Analytische Rekonstruktion und Versuch einer konzeptionellen Lösung.* In: Kokikas/Code 3 (1981) S. 138–169, bes. S. 146–150.

[23] Vgl. V.K. Chari: *Validity in Interpretation. Some Indian Views.* In: Journal of Aesthetics and Art Criticism 36 (1977/78) S. 329–340.

Dieter W. Adolphs, Houghton

Zur Neubestimmung des Begriffs der Erzählsituation im Rahmen interkultureller Hermeneutik

1. Der Ausgangspunkt unserer Fragestellung

In den letzten Jahren ist der Ruf nach einer interkulturellen Hermeneutik deutscher Literatur laut geworden. So bezieht sich Alois Wierlacher auf die von Alfred Schütz getroffene Feststellung, daß »unser Fremdverstehen auf Akten des Selbstverstehens«[1] aufbaue, und folgert daraus insbesondere für die Auslandsgermanistik, es sei über die traditionelle Hermeneutik als rein kulturimmanente Selbstreflexion hinauszugehen. Auch Vertreter der Rezeptionsästhetik wie Hans Robert Jauß haben jüngst die Notwendigkeit einer interkulturellen Literaturwissenschaft herausgestellt.[2] Gerade die muttersprachlichen Germanisten im Ausland unterliegen der Gefahr, der sie umgebenden Kultur gegenüber fremd zu bleiben und auch deren Distanz zu ihrem Fachgebiet zu verkennen. Macht man sich dagegen die Kategorie der Fremde zu eigen, so erwächst aus dieser zunächst unreflektierten Distanz zur deutschen Literatur ein Gewinn, sowohl für die Forschung als auch für die Lehre.[3] Auch die eigene Kultur kann dann durch das Medium eines Verfremdungseffektes mit geschärftem Blick wahrgenommen werden.

Wierlachers Forderung ist ernst zu nehmen: Nicht nur die Auslandsgermanisten und die Vertreter des Faches Deutsch als Fremdsprache, sondern auch die vergleichenden Literaturwissenschaftler sollten sich das »Aufsuchen von Anschließbarkeiten des Texts an die hermeneutische Situation des Verstehenden«[4] zur Aufgabe machen, denn für sie gehören zu den Verstehenden ausdrücklich diejenigen, die sich der Literatur als fremdsprachlicher Äußerung zuwenden. Ein solches methodologisches Umdenken erfordert aber auch eine Anpassung des wissenschaftlichen Instrumentariums an die neu gestellte Aufgabe. Vor allem der Begriff der Situation muß hierbei überdacht werden. Wollen wir nämlich die hermeneutische Situation des Verstehenden bei der Literaturanalyse berücksichtigen, so wäre zu fragen, in welchem Zusammenhang die hieraus resultierende Perspektive mit der Haltung steht, die der literarische Text selbst gegenüber dem zu vermittelnden Gegenstand einnimmt. Beschränken wir uns hierbei auf narrative Texte, so können wir bei diesem Vorhaben auf den Begriff der Erzählsituation zurückgreifen, der sich in der Forschung fest etabliert hat. Dabei gilt es zunächst festzustellen, ob der bisherige Gebrauch des Begriffs kulturrelevant ist und damit auch im Rahmen interkultureller Hermeneutik Anwendung finden könnte.

Um einen Überblick zu gewinnen, greifen wir auf die »International Bibliography of Books and Articles«[5] der Modern Language Association of America zurück, die zumindest ein Bild der in Nordamerika erfaßten internationalen Forschung gibt. Für den Zeitraum zwischen 1975 und 1986 werden hier über siebzig wissenschaftliche Veröffentlichungen ausgemacht, die sich mit Fragen der Erzählsituation oder Erzählperspektive befassen. Etwa zwanzig Beiträge sind allgemeine, zumeist literaturgeschichtliche Untersuchungen zum Thema Erzählperspektive. Die Mehrzahl der übrigen Arbeiten benutzt diesen – oder einen verwandten – Terminus zur Analyse des Erzählstils einzelner Schriftsteller und ihrer Werke, vor allem mit historisch-klassifizierender und typologischer Absicht. Nur die wenigsten Beiträge befassen sich dagegen mit einer theoretischen Erörterung oder gar mit der begrifflichen Bestimmung der von ihnen gebrauchten Ausdrücke wie »Erzählperspektive« und »Erzählsituation«. Der Grund hierfür ist offensichtlich: Diese Termini werden von der Literaturwissenschaft als gegeben vorausgesetzt, wobei man sich in der Germanistik ganz auf Franz K. Stanzels Definition der tpyischen Erzählsituation im Roman verläßt.[6]

Auch heute erfreut sich dieser Begriff nach wie vor weltweiter Beliebtheit. Was hier nun besonders ins Auge fällt, ist eine neu erstarkte normative Absicht.[7] Gerade in der amerikanischen Anglistik läßt sich eine ständige Spiegelfechterei der akademisch inaugurierten Kritiker um die scheinbar angebrachteste Erzählform der Gegenwartsliteratur verfolgen. Stanzel, der sich ausdrücklich von der literaturkritischen Anwendung seiner Begriffe distanziert, kämpft insofern gegen Windmühlen, wenn er durch die Revision seiner Methode und eine Ausweitung ihres Begriffsapparates die Gefahr der Abwertung noch nicht eindeutig bestimmbarer Erzählformen einzudämmen versucht. So findet er sich trotz seines unerreichten Erfolgs als Literaturtheoretiker und seines jüngst noch methodologisch fest untermauerten Anspruchs auf systemtheoretische Universalität immer wieder in der Rolle des Zauberlehrlings: Die Geister, die sich von seinen typologischen Wundermitteln herbeigerufen oder zumindest bestärkt fühlen, lassen sich von dem Geschäft der einseitigen Wertschätzung und des literaturkritischen Verurteilens nicht abhalten.

2. Franz K. Stanzels Begriff der Erzählsituation: Entstehungshintergrund und methodisches Prinzip

Wollen wir verstehen, wie es hierzu gekommen ist, und uns zudem fragen, ob Stanzels Methode zur Analyse literarischer Erzählsituationen im Rahmen interkultureller Hermeneutik Verwendung finden könnte, so ist es angebracht, zunächst auf den Entstehungshorizont dieser Theorie zurückzublicken. Stanzel hat das Wort »Erzählsituation« 1955 in seinem Buch »Die typischen Erzählsituationen im Roman«[8] geprägt. Dieses Jahr kann als Ausgangspunkt der neueren deutschen Erzähltheorie betrachtet werden. Das zeigt schon der Umstand, daß gleichzeitig Eberhard Lämmerts »Bauformen des Erzählens«[9] erschienen. Beide Ansätze teilen das emanzipatorische Anliegen, die zu jener Zeit noch einflußreichen normativen Gattungstheorien aus der literaturwissenschaftlichen Praxis zu verbannen und »die *potentielle* Aussagefähigkeit des Werkgefüges«[10] narrativer Texte freizulegen.

Sowohl Lämmert als auch Stanzel griffen bei der Ausarbeitung ihrer Methode auf begriffliche Mittel zurück, die kurz zuvor im englischsprachigen Raum entwickelt worden waren.[11] Es handelt sich dabei um die Differenzierung des Ausdrucks »point of view«, den Stanzel auch heute noch bevorzugt, wenn er konstatiert, die deutschsprachige Literaturwissenschaft habe »keine prägnante Entsprechung, sie verwendet deshalb abwechselnd Standpunkt, Blickpunkt, Perspektive und Erzählwinkel.«[12] Lämmert will durch die wertneutrale Unterscheidung zwischen dem »external view-point«[13] eines außerhalb der Erzählhandlung gedachten Erzählers und dem »internal view-point«[14] eines Ich-Erzählers den normativen »Streit um ‚objektives' und ‚subjektives' Erzählen«[15] beenden. Keiner dieser Erzählweisen ist eine höhere Qualität zuzuschreiben; das zeigt bereits der Umstand, daß die Darstellungsperspektive oft schon im Rahmen ein und derselben Erzählung wechselt. Lämmert demonstriert überzeugend, daß die ‚Er'- und die ‚Ich'-Erzählhaltung ein eigenes Leistungspotential besitzen, wobei sich beide gegebenenfalls ergänzen können. Dabei verzichtet er auf die Bestimmung des Situationsbegriffs.[16]

Stanzel geht einen anderen Weg. Er will zeigen, daß gerade erst durch die Aufhebung der alten Dualität von ‚Ich'- und ‚Er'-Erzählung eine systematische Erfassung der einzelnen Erzählweisen möglich wird. War der poetologische Streit zunächst wegen der sogenannten »Grundformen«[17] des Erzählens, also die neutral berichtende ‚szenische' Darstellungsweise, entbrannt, so legt Stanzel überzeugend dar, daß für eine Typologisierung ein zweites Kriterium vonnöten ist, nämlich das der »Mittelbarkeit«[18]. Eben durch die Neubestimmung auch der traditionellen Erzählformen, vor allem der jetzt als ‚auktorial'[19] bezeichneten Darstellungsweise, hat er sich schon früh einen Platz auf dem literaturtheoretischen Olymp gesichert. Ironischerweise ist es also nicht die jüngere, später ‚personal' genannte, sondern jene traditionelle Erzählform, auf deren Umbenennung er heute stolz sein kann.

Die drei Grundformen des Erzählens ergeben sich nun aber erst aufgrund der Verknüpfung der beiden Kriterien ‚Erzählerrolle' (Ich vs. Er) und ‚Erzählform' (berichtend vs. szenisch). Damit sind sie eben keine bloßen ‚points of view' mehr, sondern Idealtypen der Erzählsituation. Stanzels Typologie des Romans beabsichtigt, »[...] die gesamte Erzählsituation in einem Roman, d.h. beide Gegebenheiten, das Auftreten eines Erzählers in einer bestimmten Rolle und das Vorherrschen einer der beiden Grundformen des Erzählens«[20], zu umfassen. Durch den Begriff der Erzählsituation läßt sich der Unterschied zwischen dem herkömmlichen, also auktorialen, und einem neutralen Erzähler bestimmen[21], wobei der alte Streit um ‚Er'- und ‚Ich'-Erzähler oder um das ‚objektive' oder ‚subjektive' Erzählen als Scheinfrage entlarvt wird. Der traditionelle ‚Er'- und auch der ‚Ich'-Erzähler erweisen sich nämlich beide als berichtende Darstellungsmedien. ‚Szenisch' wird eine Erzählung mithin nicht durch die ‚Rolle' oder den Standort des Erzählers, sondern durch ihre besondere Form der Mittelbarkeit. Gibt sich der Erzähler im ‚auktorialen' Roman durch kommentierende und bisweilen auch selbstkritische Eingriffe als Berichterstatter und Vermittler der Handlung zu erkennen, so tritt er beim ‚personalen' Erzählen gleichsam hinter die Bühne, um beim Leser die Illusion eines unmittelbar miterlebten Geschehens zu ermöglichen; insofern berichtet er nicht mehr, sondern er stellt das Geschehen in Form einer szenischen Vorführung dar. Auktoriale und personale Darstellungsweise stehen sich damit als komplementäre, also begrifflich aufeinander angewiesene Erzählformen gleichberechtigt gegenüber.

Zur Neubestimmung des Begriffs der Erzählsituation

3. Stanzels Rücknahme des Erklärungsanspruchs der Erzählsituation

Schon von Beginn an wollte Stanzel den Streit um die scheinbar bessere Erzählweise dadurch beenden, daß er den theoretischen Anspruch erhob, mit seinem Beschreibungsmodell alle nur möglichen – auch die zukünftigen – literarischen Erzählweisen zu bestimmen und ihnen einen Platz in einem »Typenkreis«[22], mithin in einem konzentrisch und eben nicht hierarchisch angeordneten Schema zuweisen zu können. Es versteht sich von selbst, daß ein solches Modell nicht von sich aus Kriterien zur Bestimmung kulturspezifischer Momente eines Textes anzubieten vermag, besteht doch sein Vorteil gerade darin, daß Fragen der qualitativen Differenz bestimmter Erzählformen grundsätzlich ausgeklammert sind. Nur so war es schließlich möglich geworden, den personalen Erzähler in den Kreis der künstlerischen Darstellungsformen aufzunehmen. Dennoch ist deshalb nicht auszuschließen, daß der mit typologischer Absicht bestimmte Begriff der Erzählsituation im Rahmen interkultureller Hermeneutik zumindest von heuristischem Wert sein könnte.

Was diese Möglichkeit tatsächlich ausschließt, ist dagegen der bereits erwähnte Umstand, daß sich die Literaturkritik nicht davon abhalten läßt, auch die Begriffe der Erzählsituation oder des point of view zur Hierarchisierung einzelner literarischer Darstellungsweisen heranzuziehen. Besonders aufschlußreich ist in diesem Zusammenhang, daß gerade die amerikanische Literaturkritik der sechziger Jahre die zuvor noch suspekte Erzählweise zum Vorbild erhoben hat, um sogleich wieder die Bemühungen jüngerer Autoren um eine neue, etwa reportagehafte Literatur als künstlerisch minderwertig abzutun. Damit scheint sich der Kreis literaturtheoretischer Legitimationsversuche nach erfolgter Aufnahme des personalen Erzählers geschlossen zu haben.

Durch unseren Blick auf den Entstehungshorizont des Stanzelschen Modells sollte deutlich geworden sein, daß die ihm zugrunde liegende Theoriebildung ursprünglich selbst von einem kulturbezogenen Interesse geleitet wurde: Das Bedürfnis, die personale Erzählform von der als minderwertig angesehenen Trivialliteratur unterscheiden zu können, hatte nämlich allererst zu den Bemühungen um eine neue Typologie angespornt.[23] Wenn Stanzel nun zwar das damalige Nahziel, der personalen Erzählsituation Anerkennung zu verschaffen, erreicht hat, muß hingegen sein Versuch, diese Anerkennung theoretisch zu rechtfertigen und argumentativ abzusichern, als gescheitert angesehen werden. Diese poetologische Niederlage wäre nur zu vermeiden gewesen, hätte er den gemeinsam mit Lämmert erhobenen Anspruch einlösen und den Streit um das richtige Erzählen ein für allemal beenden können. Mit der 1979 erschienenen »Theorie des Erzählens« versucht Stanzel, diesem Umstand Rechnung zu tragen und zugleich der heute veränderten Forschungslage zu entsprechen. Er gesteht ein, daß »der ‚Widerspenstigkeit' des einzelnen Erzählwerkes etwas mehr als früher gerecht zu werden«[24] ist. Die Widerspenstigkeit literarischer Texte gegenüber einer Typologie erscheint aber nicht als grundsätzliches Problem, sondern ihr kann demnach mit der »Verfeinerung des Instrumentariums«[25] und durch eine »Dynamisierung und Differenzierung des Begriffs der typischen Erzählsituationen«[26] begegnet werden. Stanzel geht hierbei auf die Einteilung in Grundformen des Erzählens zurück, die er jetzt aber durch ein drittes Element erweitert. Damit sieht er das bereits im Jahre 1964 gesetzte Ziel verwirklicht, Lämmerts dualistischen Ansatz mit der eigenen Theorie zu verbinden[27], und glaubt nun wieder, jeder möglichen Erzählform einen Platz in seinem neu formierten Typenkreis zuschreiben zu können.

Der Anspruch, allein mit den drei Idealtypen der Erzählsituation die Form einer Erzählung bestimmen zu können, fällt dieser literaturtheoretischen Rochade aber zum Opfer. Waren die verschiedenen Erzählformen nach Stanzels Modell von 1964 noch durch das Vorherrschen einer der drei idealtypischen Erzählsituationen zu bestimmen gewesen, so wird jede Erzählsituation in der »Theorie des Erzählens« zu einem von zwei Extremfällen, zu einem Pol auf den jetzt als Achsen aufzufassenden Grundformen. Die ‚dynamisierten' Grundformen kreuzen sich als Achsen im Mittelpunkt des Typenkreises und werden nun »Modus, Person und Perspektive«[28] genannt. Im neu formierten Typenschema markieren die Erzählsituationen mithin nur noch drei von sechs Endpunkten, wobei Stanzel in die Verlegenheit gerät, für die neuen, zu den Erzählsituationen in Opposition stehenden Extrempunkten keine geeigneten Termini finden zu können.[29] Hierdurch verliert die Kategorie der Erzählsituation aber ihre Funktion als Grundinstrument der Beschreibung und als Hauptpfeiler der typologischen Formbestimmung; sie rückt vielmehr hinter die dynamischen Grundformen auf den zweiten Rang. Paradoxerweise ereilt sie also das gleiche Schicksal wie vordem die Grundformen des ‚objektiven' und ‚subjektiven' Erzählens: sie wird zu einem bloßen Element des Beschreibungsmodells, durch das allein keine Erzählform definiert werden kann.

4. Evidenz und Anwendbarkeit der Erzählsituation im Konflikt mit literaturkritischer Normativität

Für uns ist es nun unwichtig, ob die angestrebte Verbindung eines dialektisch-triadischen Systems mit einer qualitativ-dualistischen Beschreibungsweise methodologisch hinreichend gerechtfertigt werden kann oder als Zusammenbruch des theoretischen Grundprinzips aufzufassen wäre. Wir bezweifeln auch nicht den analytischen Wert des Stanzelschen Instrumentariums. Vielmehr können wir hier die Diskussion auf zwei Grundannahmen beschränken, denen Stanzel seit nunmehr dreißig Jahren treu zu bleiben versucht.

Zunächst ist der Anspruch, die personale Erzählweise von den als unkünstlerisch empfundenen Darstellungsformen wie etwa der Reportage qualitativ abzugrenzen, als eine entscheidende Schwachstelle dieses Ansatzes anzusehen. Stanzel unterscheidet in der »Theorie des Erzählens« zwischen einer Dynamisierung und einer Schematisierung des Erzählvorganges vermöge von Formen und Abfolgen von Mittelbarkeit, die das Lesen entweder durch Abwechslungsreichtum interessant machen oder sich eher durch Monotonie auszeichnen.[30] Danach heißt es:

Von dieser Überlegung bieten sich gedankliche Anschlüsse zur Frage des Verhältnisses zwischen dem Roman der hohen Literatur und dem Trivialroman an. Sind zwischen ihnen Unterschiede nicht nur in der quantitativen Relation dynamisierter und schematisierter Teile, sondern auch in der Art ihrer Zurodnung zueinander zu erkennen?[31]

Statt dieser Frage nun näher nachzugehen, zählt Stanzel weitere Anwendungsmöglichkeiten der vorgenommenen begrifflichen Unterscheidung auf und läßt dem lediglich ein vages Fazit folgen: »Hier breitet sich also vor der Erzählforschung noch ein weites Feld aus, das erst an seinen Rändern erkundet worden ist, dessen genaue Erforschung aber dringend zu wünschen wäre.«[32] Mit einer solchen Einstellung, die sich an Fontanes ‚alten Briest' anzulehnen scheint, wird indirekt zugegeben, daß man dem vor dreißig Jahren gesteckten Ziel nicht viel näher gekommen ist.

Stanzel hat diese Schwierigkeiten schon früh erkannt. Daher versucht er, sein Modell durch einen zweiten Anspruch zu rechtfertigen, nämlich den auf Evidenz und unmittelbare Anwendbarkeit seiner erzähltypologischen Kategorien. So schreibt er 1965:

Typenschemata, denen sich das individuelle Werke einordnen oder von welchem es sich absetzen läßt, helfen dem Leser, den ganzen Umfang überschaubar zu machen und das Mannigfache seines Ge-

haltes zu gliedern und zu ordnen. So hat der Vorgang der typologischen Bestimmung eines Romans bereits Anteil an der geistigen Inbesitznahme des Werkes durch den Leser.[33]
In der »Theorie des Erzählens« entkräftet er diesen Anspruch aber selbst, um den allgemeinen Erklärungsanspruch seines Modells zu verteidigen. So wird das folgende Argument benutzt, um zu zeigen, daß »die Deviationstheorie, die Lehre, daß jedes Werk eine Abweichung von einer bestimmten literarischen Norm sei bzw. auf die Brechung solcher Normen ziele«[34], seine eigene Theorie nicht gefährdet:

Die Deviation vom Idealtypus einer Erzählsituation wird im allgemeinen unbewußt erfolgen, da dem Autor in der Regel das System der typischen Erzählsituation nicht bekannt sein wird, die Deviation vom Prototyp ist dagegen als bewußte Reaktion des Autors auf das in der Massenliteratur geläufigste Erzählmodell aufzufassen.[35]

Stanzel kann nun wohl kaum noch behaupten, seine modifizierte Theorie assistiere dem Leser bei der geistigen Besitznahme eines Werkes. Wie sollte dies auch gelingen, wenn nicht einmal den formbewußten Autoren das System der typischen Erzählsituationen unmittelbar gegenwärtig ist und einleuchtet? Im Hinblick auf unsere Fragestellung führt die Differenzierung der typischen Erzählsituationen damit zur Erschöpfung des ursprünglichen Erklärungsanspruchs.

5. Ein Leseexperiment: Ansatz zur lebensweltlichen Bestimmung der Erzählsituation

Suchen wir nach anderen Ansätzen, die uns bei der Neubestimmung des Situationsbegriffs behilflich sein könnten, so müssen wir feststellen, daß außer dem vom Post-Strukturalismus beeinflußten Ross Chambers[36] nur die Textlinguistik[37] einen klar definierten Gebrauch von diesem Begriff macht. Beide können aber nicht den Anspruch erheben, dem Leser bei der Besitznahme eines literarischen Werkes direkt zu assistieren, so daß wir mit Stanzels Bemühungen – zumindest von ihrem ursprünglichen Anliegen her – dem Ziel einer Einführung operativer Begriffe durch den konstruktivistischen Rückbezug auf Grundformen lebensweltlicher Erfahrung immerhin noch näher bleiben.

Erst durch die Kategorie der Fremde gelingt es, unreflektiert vorausgesetzte Wertvorstellungen einer Kultur in ihrer Eigentümlichkeit gewahrzuwerden und sie als etwas gesellschaftlich und historisch Vermitteltes zu erfassen. In diesem Sinne ist »die Anerkennung der Alterität

Zur Neubestimmung des Begriffs der Erzählsituation

[...] Voraussetzung der Konturierung von Identität«[38], wie Wierlacher feststellt. Daß dieses Prinzip über eine theoretische Streitfrage hinausgeht, hat Dietrich Krusche gezeigt. Er sieht in ihm ein notwendiges »Korrigens«[39] der Literaturwissenschaft schlechthin. Anstatt wie Stanzel und Ingarden, auf dessen Begriff der paratgehaltenen Ansicht sich noch die »Theorie des Erzählens« stützt[40], von Hypothesen auszugehen, die die hermeneutische Grundlegung literaturtheoretischer Fragen prinzipiell ausklammern, gilt es demnach, die praktischen Voraussetzungen des Faches Deutsch als Fremdsprache zu reflektieren und zum Prüfstein literaturwissenschaftlicher Verfahrensweise zu machen. In der »Beobachtung von Literatur unter Extrembedingungen ihrer möglichen Wirkung«[41] ist nämlich die Bedingung des praktischen Alltags der Germanistik als Fremdsprachenphilologie zu sehen.

Wie dieses Prinzip zur Modifikation des Stanzelschen Modells heranzuziehen wäre, soll zunächst anhand eines Experiments gezeigt werden. Die Möglichkeit hierzu bot eine Lehrveranstaltung, die regelmäßig an der Technischen Universität in Michigan angeboten wird. Den Teilnehmern an dem Grundseminar »Intercultural Communication« wurde eine Aufgabe gestellt, die die Voraussetzungen des Stanzelschen Modells genau umkehrt und somit die Möglichkeit zur Fremderfahrung von Literatur eröffnet. Textgrundlage war Thomas Manns Erzählung »Herr und Hund«, und zwar unter den folgenden Hauptbedingungen:
- Niemand unter den Studenten beherrscht die deutsche Sprache. Die Texterschließung erfolgt daher mit Hilfe der englischen Übersetzung von Helen D. Lowe-Porter, die von den Studenten als ‚britisch', gestelzt und stark antiquiert empfunden wird.
- Der Text wird in mehreren Etappen gelesen. Jeder Teil wird von den Studenten in kleinen Gruppen wie auch im Plenum besprochen.
- Die individuellen wie kollektiven Leseerfahrungen werden in Form von Logbucheintragungen festgehalten.

Folgten wir Ingarden, so sollte sichergestellt sein, daß die von ihm und Stanzel vorausgesetzte Einheit zwischen werkimmanentem und rezeptionsbedingtem Erfahrungshorizont vollkommen zerbrochen ist.[42] Hierdurch ergibt sich die von Krusche geforderte Chance zur »Einleitung eines dialektischen Prozesses«[42]. Wir gehen nicht wie Stanzel von dem Konstrukt ‚erfahrener Leser'[43] aus, sondern konstituieren den Begriff der Erzählsituation von seiner lebensweltlichen Grundlage her: er bestimmt sich allererst unter den Extrembedingungen der Textwirkung.

Dabei zeigt sich, daß es den Studenten durchaus gelingt, die durch die Erzählung vermittelte Ausgangssituation ohne Eingriff des Dozenten oder weitere Hilfsmittel zureichend zu bestimmen. Sie gehen nach der ersten privaten Lektüre der Anfangszeilen der Übersetzung davon aus, daß eine enge emotionale Beziehung zwischen Bauschan (Englisch »Bashan«) und dem Ich-Erzähler dargestellt wird. Dagegen können sie von sich aus keinen Unterschied zwischen dem Autor, dem Ich-Erzähler und dem Hundebesitzer ausmachen, und sie betrachten es als sinnlos, die Perspektive des Erzählers zu bestimmen und ihr eine Relevanz für die dargestellte Situation zuschreiben zu müssen. Dieses Ergebnis wird hier keinesfalls mit Genugtuung konstatiert, da es sich schließlich um das Indiz eines Erfahrungsdefizits handelt. Das Experiment hat nämlich deutlich werden lassen, daß im Rahmen interkulturellen Verstehens, zumindest bei bestimmten Texten wie ‚Ich'-Erzählungen, Fragen der Erzähler*perspektive* zunächst zurückzuhalten sind, um einen Zugang zum Text nicht vorweg abzuschneiden. Wollen die Auslandsgermanisten ihren Forschungsgegenstand nicht nur einem kleinen Kreis fortgeschrittener Hauptfachstudenten – dazu noch ohne Bezug auf zukünftige berufliche Anwendungsgebiete – nahebringen, so beschreibt das zunächst hypothetisch anmutende Experiment die Grundvoraussetzungen ihres Lehralltags und bietet auch erste Ansätze zur Erweiterung des germanistischen Forschungshorizonts.

6. *Vorläufige Ergebnisse des Experiments*

Das Experiment gibt auch schon einen Hinweis darauf, wie Lesern ihre Illusion eines unmittelbaren Zugangs zum literarischen Gegenstand einsichtig gemacht werden kann. Das Urteil der Studenten war nämlich keineswegs undifferenziert, sondern enstprach einem Muster, das von dem in Amerika entwickelten Ansatz der interkulturellen Kommunikationslehre als Grundform des Fremdverstehens betrachtet wird.[44] Diese der Kulturanthropologie entstammende Methdodik wurde entwickelt, um Kommunikationsschwierigkeiten, die häufig beim Zusammenkommen fremder Kulturen entstehen, beschreiben und möglichst praktisch beheben zu können. Unser besonderes Augenmerk möchten wir hier auf Gudykunst und Kim richten, die auf dem Gebiet der pädagogisch angewandten interkulturellen Kommunikationslehre zu den führenden Buchautoren gehören. Was bei näherem Blick auf ihren Ansatz besonders besticht, ist die methodische Nähe zu Stanzels ursprünglich triadischem Ansatz. Statt aber nur verschiedene formalsprachliche Mittel der Darstellung herauszuarbeiten, unterscheidet dieses Modell zwischen personalen, gesellschaftlichen und kulturellen Aspekten der Verständigung.[45] Wenn dieser Ansatz später auch behavioristisch verengt wird, entspricht die Grundkonzeption jedoch den Bemühungen von Kommunikationstheoretikern wie Jürgen Habermas, die auf ein lebensweltliches Verfahren zurückgreifen.[46]

Im Zusammenhang unserer Überlegungen ist nun der Umstand von Bedeutung, daß jedem dieser drei Aspekte sozialer Ordnung ein Moment der Fremde zugesprochen werden kann. Die Kategorie der Fremde muß also nicht erst auf einer nachträglich konstruierten interkulturellen Ebene eingeführt werden, sondern sie ist von Beginn an ein integraler Bestandteil des – noch auszuarbeitenden – hermeneutisch-kommunikationstheoretischen Modells. Auf Stanzels Terminologie übertragen heißt dies, daß Mittelbarkeit einer erzählten Situation allererst durch das dynamische Zusammenspiel der Kategorien ‚Nähe' und ‚Fremde' bestimmbar wird. Nur durch eine solche begriffliche Dynamik wird es möglich, Anschließbarkeiten an die hermeneutische Situation des Verstehenden aufzufinden.

Die am Experiment teilnehmenden Studenten wandten schon vor der Beschäftigung mit jeglicher Kommunikationstheorie genau die Verstehenshilfen bei der Texterschließung implizit an, die als Grundkategorien der lebensweltlichen Beschreibung interkultureller Kommunikationsformen anzusehen sind. Wenn ihnen zunächst auch eine Unterscheidung zwischen Autor und verschiedenen Erzählertypen fremd war, so versuchten sie doch sofort, die personalen, gesellschaftlichen und kulturellen Aspekte der dargestellten Situation zu erfassen; freilich ohne sich dessen bewußt zu sein. Erkannten sie nach einer eingehenden Analyse in der Unterscheidung dieser Erfahrungsbereiche auch die Grundlage ihrer alltäglichen Einstellung zum Phänomen des Fremden, so schwand auch die Distanz zu literarischen Texten.

Die Ergebnisse des Experiments stimmen im wesentlichen überein mit Krusches Beschreibung des interkulturellen Leseprozesses:[47] Erst durch das Bewußtwerden des Fremden öffnet sich der Weg zum Verständnis der Vorurteilsstruktur des eigenen Lesens und Verstehens. Durch die Unterscheidung der drei Sphären interkultureller Erfahrung kann der Ablauf dieses Verstehensprozesses aber noch näher beschrieben und in seiner strukturellen Dynamik erfaßt werden. So zeigte das Experiment, daß das Verhältnis von personaler, gesellschaftlicher und kultureller Situationsbestimmung zwar konzentrisch, aber nicht durch einen Typenkreis dargestellt werden kann. Alle drei Sphären haben nämlich einen gemeinsamen Mittelpunkt: ein thematisches Zentrum, das mit Recht als »Erzählsituation« zu bezeichnen wäre. Die personale Sphäre ist diesem Zentrum am nächsten, während der Umkreis der gesellschaftlichen Erfahrung den mittleren, derjenige der kulturellen Erfahrung den äußeren Bereich des kommunikationsrelevanten Horizonts eingrenzt. Zunächst versucht der fremdkulturelle Leser offenbar, Aspekte der Nähe und Fremde zur dargestellten Situation im personalen Bereich auszumachen. Je weiter er bei seiner Lektüre durch konkrete Textangaben hiervon, mithin vom Zentrum des eigenen Erfahrungshorizontes, entfernt wird, desto stärker wird das Bewußtsein der Fremderfahrung.

Die Studenten waren im personalen Rahmen spontan zu einem Urteil bereit, während sie sich bei Annahmen über den gesellschaftlichen oder gar kulturellen Umkreis der in »Herr und Hund« dargestellten Situation viel stärker zurückhielten. Auch bei einem zweiten Text, der diese Bereiche viel stärker konkretisierte, nämlich den ersten Kapiteln von Thomas Manns »Betrachtungen eines Unpolitischen« (in englischer Übersetzung), verfuhren sie gleichermaßen. Das gesellschaftlich, kulturell und historisch Fremde wurde stark auf die persönliche Ebene reduziert. Da den Studenten die Identität des Autors beider Texte nicht bekannt war, gelangten sie somit zu der festen Überzeugung, daß es sich um zwei Personen von grundverschiedener intellektueller, sozialer und kultureller Disposition handeln müsse. Auch der konkrete Nachweis der Urheberschaft der Texte konnte sie zunächst nicht von ihrem Zweifel an der Richtigkeit dieses Umstandes abhalten. Jetzt regte sich in ihnen aber das Bedürfnis, sich aus diesem Dilemma durch die Unterscheidung der verschiedenen Sphären interkulturellen Verstehens zu befreien, und nun wurde es auch erstmals möglich, die Bedeutung unterschiedlicher Textsorten und Erzählperspektiven bewußt zu machen. Das Experiment bestätigt mithin unseren Verdacht, daß die Heranziehung der Stanzelschen Begriffe erst im Kontext der Erfahrung kultureller Unterschiede sinnvoll wird, während die Unterscheidung der verschiedenen kommunikativen Sphären spontan erfolgt.

7. Ausblick auf ein Modell vom interkulturellen Verstehen literarisch vermittelter Situationen

Ferner wurde auch die Annahme bestätigt, daß gerade dann, wenn eine negative Beurteilung einer literarischen Gestalt erfolgt und offensichtlich auf die Ablehnung der dargestellten oder implizierten gesellschaftlichen

Zur Neubestimmung des Begriffs der Erzählsituation

und kulturellen Handlungsmotive zurückzuführen ist, der Leser seinen Eindruck des Fremdartigen in der Sphäre des Persönlichen festzumachen versucht. Vor allem nach der Ablehnung des Fremden setzt eine typische Dynamik der Vorurteilsbildung ein. Wenn die explizit dargestellten gesellschaftlichen und kulturellen Umstände einer Situation zu fremd sind, begibt sich der Verstehende in eine Abwehrhaltung, die er dann durch die Verallgemeinerung persönlicher Charakteristika zu begründen sucht. So wird Thomas Mann als Autor der »Betrachtungen« – im Gegensatz zum ‚Hundebesitzer' – als ein nicht gerade umgänglicher Zeitgenosse betrachtet, wobei die Gefahr besteht, daß diese Eigenschaft als kulturspezifischer Unterschied gedeutet wird.

Anstatt nun ein solches Textverständnis als inadäquat zu verwerfen, kann die interkulturelle Hermeneutik an der Vorurteilsstruktur kommunikativer Erfahrung nicht vorbeigehen. Um den Lesern einen Zugang zur fremdkulturellen Literatur zu ermöglichen, muß vielmehr sichergestellt sein, daß die Dynamik des Fremdverstehens nicht nur akzeptiert, sondern auch voll entfaltet wird. Der Eindruck des Fremdartigen wird hierdurch zum Ausgangspunkt eines Verstehensprozesses, ohne sich zum Klischee verhärten zu müssen. Gerade hierbei gewinnt der Begriff der literarischen Situation eine neue Funktion. Im Rahmen interkultureller Hermeneutik scheint es angebracht zu sein, konzentrische und triadische Verstehensmodelle wie die von Gudykunst und Kim oder Habermas heranzuziehen. Anstatt sich aber bei deren Grundlegung wie Stanzel auf die Beziehung von Erzähler und literarischem Gegenstand zu beschränken, muß das Prinzip der Mittelbarkeit auch auf den Leser bezogen werden. Das Zusammenspiel narrativ vermittelter Situationen mit der Verstehenssituation des Lesers wird damit zur Grundlage der Beschreibung.

Angesichts eines derart modifizierten Begriffs kann die Aufgabe der interkulturellen Hermeneutik darin gesehen werden, beim Lesen die Dynamik zwischen den personalen, gesellschaftlichen und kulturellen Sphären der Erzählsituation bewußt werden zu lassen und in Gang zu halten. So wird die Bildung von Vorurteilen nicht apodiktisch ausgeschlossen, sondern zum Impuls kommunikativen Verstehens. Der lebensweltlich konstituierte Begriff der Erzählsituation sollte uns und den fremdsprachlichen Lernenden tatsächlich bei dem Versuch assistieren, Einsicht in die historische und kulturelle Vermittlung unseres alltäglichen wie auch literarischen Situationsverstehens zu gewinnen.

Dieter W. Adolphs

Anmerkungen

1. Alois Wierlacher: *Mit fremden Augen: Fremdheit als Ferment.* Überlegungen zur Begründung einer interkulturellen Hermeneutik. In: ders. (Hrsg.): *Das Fremde und das Eigene. Prolegomena zu einer interkulturellen Germanistik.* München 1985. S. 3–28. – Hier: S. 3.
2. Hans Robert Jauß hat hierauf gerade auch während seines letztjährigen Aufenthalts in den USA hingewiesen.
3. Vgl. hierzu Dietrich Krusche: *Die Kategorie der Fremde. Eine Problemskizze.* In: Alois Wierlacher (Hrsg.): *Fremdsprache Deutsch. Grundlagen und Verfahren der Germanistik als Fremdsprachenphilologie.* München 1980. Band 1, S. 47–57.
4. Wierlacher (Anm. 1), S. 7.
5. Diese Datenbank erfaßt die in der *MLA International Bibliography of Books and Articles on the Modern Languages and Literatures* (New York 1976ff.) seit dem Jahr 1975 aufgeführten Beiträge.
6. Franz K. Stanzel: *Die typischen Erzählsituationen im Roman. Dargestellt an Tom Jones, Moby Dick, The Ambassador, Ulysses.* Wien u. Stuttgart 1955. – Siehe auch:
   ders.: *Typische Formen des Romans.* Göttingen 1964. 2. Aufl. 1965;
   ders.: *A Theory of Narrative.* Übers. ins Englische von Charlotte Goedsche. Cambridge 1984.
7. Vgl. hierzu die folgende Bibliographie: Walter Bernart u. Wolfgang Zach: *Franz K. Stanzel zum 60. Geburtstag: Verzeichnis der wissenschaftlichen Veröffentlichungen und ‚Citation Index' (1977–1982).* In: Arbeiten aus Anglistik und Amerikanistik 9, 1984, S. 3–21.
8. Stanzel 1955 (Anm. 6).
9. Eberhard Lämmert: *Bauformen des Erzählens.* 4. Aufl., Stuttgart 1970.
10. Ebd., S. 249.
11. Vgl. Percy Lubbock: *The Craft of Fiction.* New York 1947; dazu Henry James: *The Art of the Novel. Critical Prefaces.* New York 1950. Vgl. ferner Norman Friedman: *Point of View in Fiction.* In: PMLA 70, 1955, S. 1160–1184.
12. Stanzel 1982 (Anm. 6), S. 21.
13. Lämmert (Anm. 9), S. 70.
14. Ebd., S. 72.
15. Ebd., S. 68.

[16] Zu Lämmerts Theorie siehe auch Dieter W. Adolphs: *Literarischer Erfahrungshorizont. Aufbau und Entwicklung der Erzählperspektive im Werk Thomas Manns.* Heidelberg 1985. S. 40–44.
[17] Stanzel 1965 (Anm. 6), S. 11.
[18] Ebd., S. 15.
[19] Vgl. ebd., S. 18.
[20] Ebd., S. 15f.
[21] Vgl. ebd, S. 16f.
[22] Ebd., S. 53.
[23] Vgl. Stanzel 1955 (Anm. 6), S. 1.
[24] Stanzel 1982 (Anm. 6), S. 14.
[25] Ebd.
[26] Ebd., S. 14.
[27] Vgl. hierzu oben, Anm. 16.
[28] Stanzel 1982 (Anm. 6), S. 75. – Zu Stanzels Begriff der Perspektive siehe Adolphs (Anm. 16), S. 45f.
[29] Vgl. hierzu Dorrit Cohn: *The Encirclement of Narrative. On Franz Stanzel's »Theorie des Erzählens«.* In: Poetics Today 2, 1981, H. 2, S. 157–182. – Hier: S. 163.
[30] Vgl. Stanzel 1982 (Anm. 6), S. 107.
[31] Ebd.
[32] Ebd., S. 108.
[33] Stanzel 1965 (Anm. 6), S. 70.
[34] Stanzel 1982 (Anm. 6), S. 20.
[35] Ebd.
[36] Ross Chambers: *Story and Situation: Narrative Seduction and the Power of Fiction.* Minneapolis 1984.
[37] Vgl. zum Situationsbegriff etwa Friedemann Lux: *Text, Situation, Textsorte.* Tübingen 1981.
[38] Alois Wierlacher: *Einleitung* zu ders. (Hrsg.): *Das Fremde und das Eigene* (Anm. 1), S. XI.
[39] Dietrich Krusche (Anm. 3), S. 55.
[40] Vgl. Stanzel 1982 (Anm. 6), S. 70.
[41] Ebd.
[42] Krusche, (Anm. 3), S. 48.
[43] Vgl. Stanzel 1982 (Anm. 6), S. 70.
[44] Vgl. v.a. William B. Gudykunst u. Young Yun Kim: *Communication with Strangers: An Approach to Intercultural Communication.* New York 1984.

[45] Vgl. ebd., S. 10. Gudykunst und Kim beziehen sich hierbei auf M. Olsen: *The Process of Social Organization*. 2. Aufl., New York 1978.
[46] Vgl. v.a. Jürgen Habermas: *Theorie des kommunikativen Handelns*. Band 2. Frankfurt 1981. S. 214f. – Zur Frage des Bezugs zur Literaturanalyse vgl. Adolphs (Anm. 16), S. 129–160 u. S. 208–211.
[47] Vgl. v.a. Krusche (Anm. 3), S. 50–52.

Fritz Hermanns, Lausanne

Begriffe partiellen Verstehens

Zugleich der Versuch einer Antwort auf die Frage nach der Relevanz einer linguistischen Hermeneutik für die interkulturelle Germanistik

1. Partielle Verstehensbegriffe

Auf die Frage nach der potentiellen Relevanz einer linguistischen Hermeneutik für eine interkulturelle Germanistik[1] gibt der folgende Beitrag eine vorläufige Antwort, indem er *erstens* behauptet und skizzenhaft ausführt: eine linguistische Hermeneutik könnte eine *Systematik der Mißverständnisse* entwickeln, mit denen wir rechnen müssen, wenn wir interkulturell kommunizieren und, a fortiori, wenn wir interkulturell Germanistik treiben. Einen (wenn er denn möglich wäre) systematischen Überblick über den ganzen Reichtum und die ganze Vielfalt solcher Mißverständnisse zu gewinnen – das dürfte für eine interkulturelle Germanistik in der Tat ein doppelt lohnendes Ziel sein. Nämlich erstens und trivialerweise, insofern es der interkulturellen Germanistik Geschäft ist, interkulturelle Mißverständnisse, soweit ihnen andere, etwa Studierende, erliegen, aufzuklären; denn Mißverständnisse sind die raison d'être der interkulturellen Germanistik, die sich daher über jedes interkulturelle Mißverstehen freuen muß, das sie entdeckt, beweist es ihr doch, daß sie gebraucht wird. Aber auch und zweitens, insofern die interkulturelle Germanistik selber immer wieder unausweichlich solchen Mißverständnissen zum Opfer fällt und weiterhin zum Opfer fallen wird; denn Mißverständnisse sind, insofern die interkulturelle Germanistik ihnen selbst erliegt und soweit sie sich dessen dann bewußt wird, der Stachel, der sie zu weiterer Entwicklung treibt. Eine Systematik möglicher Mißverständnisse kann ihr vielleicht dabei helfen, speziell solche Mißverständnisse aufzuspüren.

Wie läßt sich eine solche Systematik gewinnen? Der Leitgedanke, der hier verfolgt wird, heißt: Wenn man wissen will, was man alles mißverstehen kann, muß man wissen, was man alles versteht, wenn man versteht. Es wird hier also nach den möglichen Mißverständnissen, denen die Kommunikation erliegen kann, in der Weise gefragt, daß gefragt wird, aus welchen Teilverständnissen sich ein ganzes Verstehen zusammensetzt. Oder anders gesagt: Es wird gefragt, welche verschiedenen partiellen Verstehensbegriffe uns für eine Theorie der interkulturellen Kommunikation und Germanistik zu Gebote stehen. Insbesondere wird gefragt, welche partiellen Verstehensbegriffe aus der Linguistik zu übernehmen oder zu entwickeln sind, welche partiellen Verstehensbegriffe eine linguistische Hermeneutik anzubieten hat oder hätte. So wird also mit diesem Beitrag auf die Frage nach der möglichen Relevanz einer linguistischen Hermeneutik für die interkulturelle Germanistik *zweitens* geantwortet: eine solche linguistische Hermeneutik könnte eine *Systematik partieller Verstehensbegriffe* entwickeln.

Begriffe partiellen Verstehens sind, so darf man vielleicht behaupten, in der Germanistik nicht gebräuchlich. Der Begriff des Verstehens wird typischerweise global verwendet, er bezeichnet dann den Inbegriff all dessen, was verstanden wird, ja dessen, was überhaupt verstanden werden kann oder soll, wenn verstanden wird. Verstehen tout court, auch Fremdverstehen tout court, ist, wie das Wort gemeinhin oder oft gebraucht wird, totales Verstehen. Dies wird damit zusammenhängen, daß Verstehen im allgemeinen als etwas Ganzheitliches begriffen wird, so daß schon die eben gebrauchte Formulierung Anstoß erregen könnte, wonach Verstehen sich aus Teilverständnissen »zusammensetzt«.

Und gewiß ist ganzheitliches Verstehen mehr als eine Addition von Teilverständnissen, das Ganze ist auch hier mehr als die Summe seiner Teile. Doch so richtig es ist, daß man das Ganze nicht erkennt, wenn man nur seine Teile erkennt, und daß man nicht einmal die Teile richtig – nämlich als Teile – erkennt, wenn man das Ganze nicht erkennt, so richtig ist es auch, daß man das Ganze nicht erkennt, wenn man die Teile nicht erkennt, aus denen es besteht. Für ein ganzheitliches Verstehen genügen Teilverständnisse nicht, doch ist auch umgekehrt ein Gesamtverständnis ohne Teilverständnisse nicht möglich. Gerade dann, wenn man mit einer Verstehenstheorie am Ende auf eine Klärung dessen hinauswill, was ganzheitliches Verstehen ist, stellt sich die Frage nach den Komponenten oder Elementen des Verstehens.

Sie stellt sich insbesondere dann, wenn wir, wie es hier geschehen soll, das Verstehen – und zwar jedes Verstehen – *als Erkennen* begreifen. Es liegt nämlich dann die Frage ganz nahe, was alles, einzeln, erkannt werden muß, damit ein globales Verstehen zustande kommen kann; welche einzelnen Erkenntnisse als vollzogen vorauszusetzen sind, damit man kurz und global von einem Verstehen reden kann. Jeder einzelnen relevanten Erkenntnis entspricht dann, so wird im folgenden vielleicht plausibel werden, ein partielles Verstehen. Vielerlei partielles Verstehen ist nötig, damit ein globales Verstehen zustande kommen kann, wie wir es meinen, wenn wir kurz und bündig sagen, daß wir etwas verstehen.

Ein globaler, ganzheitlicher Verstehensbegriff, das soll hier nicht bestritten werden, hat seinen guten Sinn und also seine Berechtigung. Wir brauchen einen solchen totalisierenden Begriff, um das Insgesamt des Ziels unserer Bemühungen um Verständnis zu bezeichnen. Ein solcher globaler Begriff des Verstehens ist aber, besonders auch im Unterricht, kaum praktikabel, wenn er allein bleibt und ihm keine Unterbegriffe beigesellt sind, die sagen, was alles zum Verstehen nötig ist. Als Suchbegriff, der das Erkennen der für das Verstehen relevanten Momente und Elemente des zu Verstehenden lenken könnte, ist er zu allgemein, zu unspezifisch, zu umfassend und damit zu ambitiös. Linguistischer Bescheidenheit steht es an, kleinere, sektorielle, komponentielle Verstehensbegriffe zu entwickeln, die dann als Suchbegriffe dienen können auch für Arten und Orte möglicher Mißverständnisse überhaupt, möglicher interkultureller Mißverständnisse speziell. Da jeder einzelne komponentielle, partielle Verstehensbegriff eine mögliche Stelle auch des Mißverstehens bezeichnet, bringt uns jeder neu gewonnene partielle Verstehensbegriff dem Ziel näher: daß wir wissen, was wir alles mißverstehen können.

2. Die verschwundenen Kinder

Ich gehe in Lausanne den Boulevard de Grancy entlang und erblicke auf der anderen Seite der Straße zwei Kinder, die ich vom Sehen schon kenne, sie fallen nämlich auf: ein wunderschönes kleines Mädchen von etwa fünf und einen kleinen Jungen von etwa drei Jahren, beide sind schwarz, oder vielmehr braun. Neben ihnen steht in weißer Schürze, groß und hager, der italienische Wirt des Café de l'Avenir, blickt über seine halbmondförmige Brille zu ihnen hinab, beugt sich zu ihnen hinunter und redet auf sie ein; dann nimmt er sie bei der Hand und führt sie in den Garten seines Restaurants, ich sehe sie nun nicht mehr. Doch habe ich mir schon einen Vers auf die Szene gemacht: der Wirt muß als Italiener ein Kinderfreund sein, er hat die Kinder eingeladen zum Eis oder Dessert. Und tatsächlich, als ich fünf Minuten später, diesmal an der Straßenseite des Cafés, dort wieder vorbeikomme, da sehe ich die Kinder an einem Tisch sitzen; andächtig löffeln sie etwas aus einem Pokal.

Wieder ein paar Schritte – ich bin jetzt da, wo vorher die Kinder waren – und ein Mann stürzt aus der Haustür, bleibt abrupt stehen und sucht mit den Augen die Straße ab. Auch er ist schwarz, und in seiner Körperhaltung, seinen Bewegungen und seinem Gesichtsausdruck lese ich Angst. Ich brauche einen Moment, bis ich verstanden habe, und bin schon weitergegangen, so daß ich mich umdrehen muß, um sagen zu können: »Vous cherchez vos enfants, Monsieur?« Er guckt mich an, ist verblüfft, hat immer noch die Angst im Gesicht, zögert, und stößt dann, mit etwas spitzer, hoher Stimme, heraus: »Oui«; es klingt wie eine Frage. »Ils sont là, dans le restaurant«, sage ich, und er rennt sofort los, hält aber noch einmal an und sagt: »Merci!«. Es war etwas gewagt, »vos enfants« zu vermuten, es hätte ja auch der Onkel sein können, denke ich noch.

Was ich mit dieser Szene verdeutlichen will, das ist, wie einerseits das Verstehen – etwa einer Alltagsszene – in der Tat etwas Ganzheitliches ist, in dem die einzelnen Verstehensmomente interdependent sind und sich gegenseitig stützen; wie aber andererseits die einzelnen Verstehensmomente und -komponenten doch auch eine Eigen- und Selbständigkeit haben, so daß man sie wirklich sinnvoll unterscheiden kann. Was ich in beiden beschriebenen Situationen erkannt und verstanden habe, das war, ganzheitlich gesehen, eine *Handlung*. Und zwar eine sprachliche Handlung im ersten Fall, eine Einladung nämlich (die ich als solche verstanden habe, ohne auch nur ein Wort von ihr zu hören!); und eine nicht-sprachliche Handlung, ein Suchen, im zweiten Fall. Dieses globale Handlungsverstehen war mir aber nur insofern möglich, als ich zugleich und eo ipso diverse Teilverständnisse (zunächst nur: Verstehenshypothesen) hatte, die sich zusammenfügten und die zueinander paßten.

So habe ich bei der ersten Szene ein *Illokutionsverständnis* gehabt, ich habe das Redeziel des Gastwirts verstanden. Dies war jedoch nicht möglich, ohne daß ich die Situation verstanden hätte, in der die Einladung des Wirts überhaupt nur denkbar oder wahrscheinlich war: die Kinder spielten allein, ohne Eltern, auf der Straße vor der Haustür. Ich wäre aber bloß aufgrund des *Situationsverstehens* und des *Zielverstehens* meiner Sache noch nicht sicher gewesen, ich brauchte weiter ein *Personverstehen*, das mir von einer zwar klischeehaften, hier sich aber bewährenden generellen Vermutung geliefert wurde: italienische Gastwirte sind so geartet, daß sie es nicht mitansehen können, wenn kleine Kinder allein auf der Straße spielen, sie müssen ihnen dann gleich etwas Süßes offerieren. Und schließlich wären all meine partiellen Verständnisse doch unvollständig und ungewiß geblieben, wäre nicht ein *Erfolgsverste-*

hen bestätigend hinzugekommen, ein Erkennen des Erfolgs der Handlung des Wirts. Ich sah die Kinder zuerst ihm folgen, was ich interpretierte als Annehmen seiner Einladung, und ich sah sie dann etwas essen, was mir die Sicherheit gab, daß sie wirklich dazu eingeladen worden waren.

Ähnlich bei der zweiten Szene. Ich erkannte hier *(Affektverstehen)* die Angst des Mannes, aber doch wohl nur, weil mir ein *Personverstehen* zu Hilfe kam, das einfach darin bestand, daß der Afrikaner mittleren Alters, der dieser Mann war, als Vater der Kinder in Frage kam, und mir ein *Situationsverstehen* zu Gebote stand. Vom Fenster seiner Wohnung aus konnte der Mann seine Kinder nicht mehr, wie gewohnt, sehen, und auch von der Haustür aus nicht, sie waren ja nebenan; so daß für ihn die Situation sein mußte: die Kinder sind weg. Dies erklärte dann seine Angst, wie umgekehrt seine sichtbare Angst auf die Situation verwies und die Situation für mich erst eigentlich definierte, in der er war. Aus beiderlei partiellem Verstehen, dem Affektverstehen und dem Situationsverstehen, ergab sich dann, was ich sonst wohl nicht so leicht gehabt hätte, das *Intentionsverstehen*, das Erkennen nämlich, daß der Mann seine Kinder suchte, also finden wollte, was ich nur bei sehr scharfer Beobachtung aus seinem Suchverhalten allein (Stehenbleiben und suchender Blick) hätte entnehmen können. Und wieder war es das *Erfolgsverstehen*, daß nämlich der Mann dann wirklich zu den Kindern ging, als er hörte, wo sie waren, und sie also fand, was mir die Sicherheit gab, daß ich ihn richtig verstanden hatte; und übrigens auch, daß er mich richtig verstanden hatte.

3. Handlungstheoretische Verstehensbegriffe

Woher gewinnt man Begriffe partiellen Verstehens, wie sie hier eben schon verwendet wurden, in systematischer Weise? Aus den – so lautet die Antwort, die aus linguistischer Perspektive naheliegt – Handlungstheorien und Sprechhandlungstheorien, die in der Linguistik seit längerem diskutiert und im Gebrauch sind. Solche Begriffe sind dort zwar nicht schon fertig vorgeprägt, so daß man sich nur zu bedienen brauchte, die Handlungs- und Sprechhandlungstheorien sind ja, wie ihr Name es sagt, Theorien nur des Handelns, und nicht auch des Verstehens von Handeln. Oder besser: Sie sind Theorien des Verstehens – von Handlungen – nur implizit und sind daher als Verstehenstheorien erst fruchtbar und explizit zu machen, indem man die Verstehensbegriffe aus ihnen

Fritz Hermanns

herausholt und durch Namen kenntlich macht, die in ihnen schon angelegt sind.

Damit soll im folgenden begonnen werden, und zwar so, daß zuerst, in diesem Abschnitt des Beitrags, zwei bekannte Handlungstheorien bzw. -modelle der allgemeinen Handlungstheorie bezüglich der aus ihnen ableitbaren partiellen Verstehensbegriffe betrachtet werden; im folgenden Abschnitt sollen dann die partiellen Verstehensbegriffe genannt werden, die aus zwei Sprechhandlungstheorien bzw. -modellen zu gewinnen sind, mehr ist in diesem Sammelband wegen fehlenden Platzes nicht möglich.

3.1. Webersche Verstehensbegriffe

Bei Max Weber[2] ist Handeln definiert als sinnvolles Verhalten, und sinnvoll kann ein Verhalten nach Weber auf viererlei Weise sein, insofern es nämlich entweder traditional ist; oder affektuell ist; oder wertrational ist – ich sage im folgenden: werthaft; oder zweckrational ist – ich sage im folgenden: zweckhaft; oder mehreres von diesen oder alles zugleich. Aus den vier Weberschen Begriffen des sinnvollen Handelns sind unmittelbar ableitbar die partiellen Verstehensbegriffe des *Traditionsverstehens*; des *Affektverstehens*; des *Wertverstehens*; und des *Zweckverstehens*.

3.1.1. Das Traditionsverstehen

Eine Handlung ist nach Weber schon dann subjektiv sinnvoll – und um den subjektiv gemeinten Sinn geht es bei Weber immer –, wenn sie bloß traditional ist, wenn sie etwas ist, was man »immer schon so gemacht hat« oder »immer so macht«. Erläuternd kann man sagen, daß die Erfahrung der Übereinstimmung des eigenen Handelns mit dem der Anderen und die damit verbundene Entlastung vom Rechtfertigungszwang im Grenzfall für den Handelnden ausreicht, um ihm ein Sinnerlebnis zu vermitteln, selbst wenn sein Handeln nicht auch affektuell, werthaft und zweckhaft ist, was es jedoch in der Regel sein wird; außerdem ist Handeln oft in traditioneller Weise mit den Affekten, Werten und Zwecken verbunden, denen es dient, so daß man diese Affekte, Werte und Zwecke aus ihm ablesen kann, wenn man die Tradition kennt, in der es steht.

Es leuchtet, so hoffe ich, ein, daß viele insbesondere interkulturelle Mißverständnisse daher rühren, daß die Traditionen nicht bekannt sind, denen eine Handlung, etwa auch eine Sprechhandlung, zuzuordnen ist, und daß man mit diesen anderen Traditionen nicht rechnet. Daß Sprache überhaupt wesentlich traditional (»konventionell«) ist, das ist allerdings bekannt, und so ist man in den Bereichen der Phonologie, Grammatik und Lexik auf Nicht- und Falschverstehen gefaßt. Von der Lexik weiß man aber oft nicht, daß eine andere Sprache und Kultur nicht bloß über andere lautliche Formen verfügt, sondern vor allem auch über andere Begriffe (vgl. auch unten, 3.2.2.). Erst recht die intonatorischen, mimischen, gestischen und pragmatischen Traditionen des Sprechens, oft wenig erforscht und beschrieben, sind reiche Minen interkulturellen Mißverstehens.

3.1.2. Das Affektverstehen
Auch allein dadurch schon, daß ein Handeln affektuell ist, kann es nach Weber sinnvoll sein. Psychologisch gesprochen ist die affektuelle Handlung ein Ausleben, eine »Abfuhr« des Affekts, ein »Ausdruck« etwa im Sinne von Bühler, der als solcher befreiend und lustvoll sein kann und bei dem jedenfalls der Handelnde in Übereinstimmung mit seinem Affekt, und insofern eben sinnvoll, sich verhält.

Es leuchtet, so hoffe ich wiederum, ein, daß interkulturelle Mißverständnisse auch auf dem Mißverstehen, dem Nicht- oder Falschverstehen des Affekts beruhen können und oft beruhen, dem sie entspringen und der sie begleitet. So wird wieder die Gestik, Mimik und Intonation affektuell oft fehlverstanden nach dem Muster einer Normalität, die in der eigenen Kultur des Interpretierenden gilt, z.B. ist das übliche Maß expressiver Lebendigkeit – schon in Europa und schon innerhalb einer Sprachkultur wie der deutschen – höchst variabel, so daß die einen, aus der einen Kultur, den anderen, aus der andern Kultur, als dauernd viel zu aufgeregt, als exaltiert, als übertrieben freundlich usw. erscheinen können, und die andern den einen als kalt, als unfreundlich, als barsch, als dauernd schlecht gelaunt usw. Auch wenn man in mehr als einer affektuellen Kultur ein bißchen zu Hause ist, braucht man beim Wechsel von der einen in die andere etwas Zeit, bis man sich in seinen Erwartungen und seinem Verhalten den Standards der jeweils anderen Kultur wieder angepaßt hat.

3.1.3. Das Wertverstehen
Zu unterscheiden vom nur traditionalen Verhalten, das bloß einfach so verfährt, wie es verfährt, weil etwa alle immer schon so verfahren, ist das werthafte Verhalten, bei dem der Handelnde sich *bewußt* an Werten, an moralischen, ethischen Normen und Geboten orientiert, weshalb dieses

Fritz Hermanns

Verhalten von Weber auch als wert*rational* bezeichnet wird. Werthaftes Handeln kann gerade auch in Widerspruch zum traditionellen Handeln (in der Gewissensentscheidung des Einzelnen gegen das Übliche) und zum affektuellen Handeln (im Konflikt dann zwischen »Pflicht« und »Neigung«) treten.

Auch das Nichtverstehen eines Wertsystems oder einzelnen Wertes, auf den sich ein Handeln gründet, ist, wie abermals ersichtlich sein dürfte, eine häufige Quelle interkultureller Fehldeutungen des Handelns des jeweils anderen. Es erscheint dann als individuelle Eigenart, ja oft sogar als individuelle Bosheit und als Amoralität, was in Wirklichkeit durchaus einer Moral entspringt, bloß einer anderen als der, die man kennt.

3.1.4. Das Zweckverstehen

Das sinnvolle Verhalten par excellence – wenn auch nur aus Gründen der soziologischen Methode – ist für Weber das von ihm so genannte zweckrationale Handeln, das so verfährt, wie es verfährt, weil in ihm der Handelnde einen Zweck mit den ihm rational am besten dazu geeignet scheinenden Mitteln zu erreichen sucht. In Erweiterung des Weberschen Begriffs ist hier von zweckhaftem Handeln die Rede, das als solches immer dann gegeben ist, wenn ein Handelnder mit seinem Handeln einen Zweck oder Zwecke verfolgt, egal, ob nun, wie im idealtypischen Fall, sein Handeln als Mittel zur Erlangung des Zwecks oder der Zwecke diesen rational angepaßt wurde oder nicht.

In inner- wie interkultureller Kommunikation verstehen wir die Zwecke Anderer oft falsch. Dies ist wiederum besonders deutlich bei sprachlichen Zwecken, bei den Intentionen nämlich, mit denen etwas gesagt wird und die konventionell mit bestimmten Weisen des Sagens verknüpft sind. »Indirekte Sprechakte«, bei denen etwas anderes gemeint (d.h. hier: gewollt) wird, als – wörtlich – gesagt wird, sind zwar der Linguistik als Phänomen interessant geworden, doch von einer systematischen Beschreibung und Darstellung der in einer, etwa der unseren, Kultur üblichen indirekten Intentionskundgaben sind wir noch entfernt.

3.1.5. Handlungsverstehen insgesamt

Wie am Beispiel oben (Abschnitt 2) gezeigt, verbinden sich die nach Weber unterscheidbaren Verstehenskomponenten im konkreten Verstehensvorgang derart, daß ein Teilverstehen das andere unterstützt. Das Affektverstehen (oben: der Angst des Vaters) gelingt eher, wenn ein Wertverstehen (daß ein Vater für seine Kinder verantwortlich ist und sie nicht aus den Augen lassen darf) und ein Zweckverstehen (daß der Mann auf die Straße läuft, um die Kinder zu finden) hinzukommt, und umgekehrt. Auf der Ebene des Verstehens sind also die Teilverständnisse interdependent, jedes einzelne muß sich am anderen und am Gesamtverstehen bewähren, ganz genauso, wie auf der Ebene des Verstandenen, auf der Ebene der betrachteten Realität, die Handlungsmomente interdependent sind, die insgesamt in ihrem Zusammenhang ein Handeln ausmachen (die Angst des Vaters entspringt u.a. seinen Wertgesetzen, die er verletzt zu haben fürchtet; seinem Affekt und seinen Wertvorstellungen entspringt seine Handlung mit ihrem Zweck, die Kinder zu finden; usw.). Im Gesamtverstehen einer Handlung erkennen wir nicht nur, was die einzelnen partiellen Verstehensbegriffe bezeichnen, sondern vor allem auch den Zusammenhang des jeweils durch sie bezeichneten einzelnen Verstandenen. Jeder der partiellen Verstehensbegriffe abstrahiert, für sich genommen, von anderen, von ihm nicht bezeichneten, aber ebenso wichtigen Verstehenskomponenten und von deren Zusammenhang im Gesamtverstehen, auf das es am Ende ankommt. Mittels jedes einzelnen partiellen Verstehensbegriffes sehen wir nur je einen Aspekt der im Verstehen zu erkennenden Wirklichkeit, diesen jedoch etwas deutlicher, als wir es ohne ihn könnten.

3.2. Aristotelische Verstehensbegriffe

Entsprechendes gilt auch für vier andere partielle Verstehensbegriffe, die aus einem Handlungsmodell aristotelischer Provenienz[3] herleitbar sind, wonach zur Beschreibung einer Handlung nötig ist eine Angabe oder Charakterisierung erstens des oder der Handelnden; zweitens der Situation, in der und aus der heraus das Handeln geschieht; drittens der Art und Weise des Handelns; und viertens des Ziels der Handlung. Es kommt hier dann noch eine fünfte globale Kennzeichnung hinzu, mit der die Handlung als ganze, pauschal, charakterisiert wird, so daß man insgesamt eine Pentade von Handlungsmomenten bekommt, der eine Pentade von möglichen Verstehensbegriffen entspricht. Der allgemeinste dieser Begriffe, der des Handlungsverstehens insgesamt, ist dann wieder nicht partiell, wohl aber die vier anderen, nämlich der des *Personverstehens*; der des *Situationsverstehens*; der des *Aktionalitätsverstehens*; und der des *Zielverstehens*; diesen vier partiellen Verstehensbegriffen ist als ein fünfter noch der des *Erfolgsverstehens* hinzuzufügen.

3.2.1. Das Zielverstehen

Den Begriff des Zielverstehens nehme ich hier zuerst, weil er offensichtlich mit dem von Weber hergeleiteten Begriff des Zweckverstehens identisch ist, so daß er nicht mehr erläutert zu werden braucht. Nur tritt der Begriff im Zusammenhang der Aristotelischen Begriffspentade in ein anderes dialektisches Verhältnis zu seinen darin ja anderen Gegenbegriffen. So ist festzustellen, daß das Ziel oder der Zweck einer Handlung immer in Abhängigkeit steht von der Situation des Handelnden (der sich in einer anderen Situation andere Zwecke setzen würde), von dem Handelnden selbst (ein anderer würde andere Zwecke setzen) und von den verfügbaren Handlungsmöglichkeiten, etwa auch den materiellen Mitteln, über die verfügt wird (man wird i.a. einer Handlung keine Ziele setzen, von denen man weiß, daß man die Mittel nicht hat, sie zu erreichen). In der Art eines Wahrscheinlichkeitsschlusses kann man deshalb oft von der Situation, vom Handelnden und besonders von der Art und Weise des Handelns auf den Zweck dieses Handelns schließen, so daß also ein bestimmtes Ziel- bzw. Zweckverstehen durch ein ihm entsprechendes Situations-, Person- und Aktionalitätsverstehen nahegelegt und erleichtert wird.

3.2.2. Das Situationsverstehen

Der Begriff des Situationsverstehens hat unter den aus Webers Handlungstheorie hergeleiteten Verstehensbegriffen kein Pendant, erweist sich aber unmittelbar als nützlich. So wurde er oben (Abschnitt 2) schon beigezogen zur Klärung des Gesamtverstehens einer Handlung eines Handelnden (dieser befand sich in der Situation »die Kinder sind weg«, hatte in dieser Situation den Affekt »Angst« und handelte aus dieser Situation und aus diesem Affekt heraus in der Art und Weise des »Suchens« mit dem Ziel des »Findens«), das hier auf ein spezielles Teilverstehen, das Situationsverstehen eben, aufbauen konnte.

Erneut ist festzustellen, daß ein adäquates Situationsverstehen in interkultureller Situation oft nicht gelingt, und zwar insbesondere deshalb nicht, weil es sich bei der Situation, die dabei jeweils zu verstehen ist, nicht um eine einfach objektiv bestehende handelt, um eine Situation »an sich«, sondern um eine jeweils kulturell (mit-)definierte, die also in ihren relevanten Merkmalen nur von dem erkannt werden kann, der über die kulturspezifischen Begriffe verfügt, die diese Situation als eben diese definieren.[4] Ausnahmen, wie die vermutlich anthropologisch universelle Situation »Die Kinder sind weg«, bestätigen die Regel.

Begriffe partiellen Verstehens

3.2.3. Das Personverstehen
Den Terminus des Personverstehens bilde ich faute de mieux, da der Terminus »Handelndenverstehen« ein Zungenbrecher wäre und »Täterverstehen« zu kriminalistisch klingt; er bringt leider nicht zum Ausdruck, daß die Person, die im Personverstehen verstanden wird, dabei nur insofern verstanden wird und interessiert, als ihr Verständnis für das Verständnis der Handlung relevant ist, das ist im folgenden zu beachten. Der Begriff des Personverstehens hat zwei – wenn auch nur teilhafte – Entsprechungen in den nach Weber gebildeten Begriffen des Affektverstehens und des Wertverstehens, denn wenn man den Handelnden verstehen will, d.h. das in ihm erkennen will, was ihn bei seinem Handeln leitet, dann muß man auch seinen Affekt und die Werte erkennen, an denen er sein Handeln orientiert. Doch ist der Begriff des Personverstehens umfassender als die logische Summe jener zwei Begriffe und umfaßt etwa auch das Erkennen von Persönlichkeitsmerkmalen – soweit sie jeweils handlungsrelevant sind – die weder nur Es-haft (»Affekt«) noch nur Über-Ich-haft (»Werte«) sind. Dazu gehört z.B. das Erkennen der sozialen Rolle und des Status des Handelnden, seiner Schicht, seines Berufs, wie auch seines Charakters.

Wir haben in der jeweils eigenen Kultur eine hochentwickelte Fähigkeit, Menschen einzuschätzen. Auch wenn wir uns dabei oft irren, wissen wir i.a., wie wir, in unserer kleinen Welt, ein Gegenüber zu behandeln haben, wie es behandelt sein will, auch wenn es uns persönlich noch unbekannt ist. Schon beim Wechsel in eine andere regionale oder sonst andere soziale Subkultur verläßt uns diese Sicherheit, wir werden hilflos und wir ziehen so hahnebüchen falsche Schlüsse aus etwa einer Physiognomie, aus einer Kleidung, aus einem Habitus oder einem Verhalten, wie sie uns in unserer eigenen Kultur schlechterdings nicht unterlaufen könnten. Erst recht bei größeren kulturellen Distanzen ist mit einem weitgehenden Versagen unserer Alltagssoziologie und -psychologie zu rechnen.[5] Das uns dort dann in der Regel bald bewußte Unvermögen in der elementar wichtigen Fähigkeit der einigermaßen adäquaten Einschätzung von Menschen, die wir noch nicht kennen, kann dazu führen, daß wir im Umgang mit den Angehörigen der anderen Kultur überhaupt verunsichert sind.

3.2.4. Das Aktionalitätsverstehen
Der Begriff des Aktionalitätsverstehens – auch dieser Terminus ist hier faute de mieux gewählt als Name für das Erkennen der Art und Weise einer Handlung – hat eine teilweise Entsprechung im Begriff des Tradi-

621

tionsverstehens nach Weber, denn in der Tat ist es für das Erkennen der Art und Weise einer Handlung wesentlich, daß man auch erkennt, ob und wie dieses Handeln in seiner Art und Weise traditionsgebunden ist. So ist alles Sprechen auch (wenn auch: nicht nur) traditionsgebunden, und eine Sprache zu »verstehen« (das Wort »verstehen« hat hier eine andere Bedeutung als sonst in diesem Beitrag) heißt eben, die Traditionen zu kennen, denen das Sprechen in dieser Sprache folgt.

Das Aktionalitätsverstehen geht aber über das Erkennen der Traditionalität oder Nicht-Traditionalität einer Handlung hinaus, und wir können eine Handlung in ihrer Art und Weise erkennen und insoweit auch verstehen, auch wenn wir nicht wissen, ob und wie weit sie traditionell ist. Man könnte hier Zweifel haben, ob man beim bloßen Erkennen der Art und Weise einer Handlung – ohne daß ihre Motivation im Handelnden, in seiner Situation, und seinen Zwecksetzungen miterkannt wird und ohne daß seine Traditionalität erkannt wird – überhaupt noch von einem »Verstehen« reden darf. Doch tun wir dies auch im Alltag, in Bezug nämlich auf Sprache, wenn wir etwa sagen, daß wir etwas »akustisch« *nicht verstanden* haben. Denn damit sagen wir nichts anderes, als daß wir eine Art und Weise des Sprechens nicht *erkannt haben* (und daß deshalb ein Gesamtverstehen des Gemeinten nicht zustande kommen kann), so daß in diesem Sprachgebrauch tatsächlich ein Beispiel dafür vorliegt, wie wir ein bloßes Erkennen als ein Verstehen bezeichnen.

Eine zunächst nur in ihrer Aktionalität, in ihrer Art und Weise, erkannte Handlung wird allerdings immer ein Rätsel aufgeben, das Rätsel nämlich, was der Sinn dieser Handlung ist, was ihr Zweck, was die Situation, in der sie sinnvoll ist, und was für ein Handelnder es ist, für den sie, weil er der ist, der er ist, sinnvoll ist. Ein partieller Verstehensbegriff ruft, wie auch hier sich wieder zeigt, den anderen auf und verweist auf ihn.

3.2.5. Das Erfolgsverstehen

Hinzuzufügen ist den vier bzw. fünf nach Aristoteles gebildeten Verstehensbegriffen der des Erfolgsverstehens, denn man muß vom gewollten Ziel, vom gewollten Zweck einer Handlung und dessen Verstehen das tatsächlich erreichte Ergebnis oder Resultat dieser Handlung und dessen Verstehen unterscheiden. Oft können wir den Zweck einer Handlung erst aus ihrem Resultat erschließen und aus der Reaktion des Handelnden auf dieses sein Resultat, mit dem er zufrieden oder unzufrieden ist. Speziell in der Kommunikation ersehen wir die Intention des sprachlich Handelnden mit Sicherheit oft erst aus seiner Reaktion auf unsere

Reaktion auf seine sprachliche Handlung. Ist seine Reaktion positiv, dann hat er offenbar seinen Redezweck erreicht und wir hatten ihn also richtig verstanden, was er daran erkannt hat, daß wir auf sein Reden oder Schreiben so reagiert haben, wie er wollte, daß wir reagieren sollten.

4. Sprechhandlungstheoretische Verstehensbegriffe

Nur aufgezählt werden können hier, wie schon gesagt, die Begriffe partiellen Verstehens, die sich aus dem Modell des sprachlichen Zeichens von Bühler einerseits, aus der Theorie der Sprechakte von Austin andererseits unmittelbar ergeben.

Aus dem Bühlerschen Zeichenmodell[6] sind herzuleiten der Begriff des *Ausdrucksverstehens* (der, je nach Interpretation des Terminus »Ausdruck«, teilweise oder ganz dem Begriff des Affektverstehens nach Weber entspricht, nur daß er natürlich nach Bühler auf das Verstehen sprachlicher Zeichen, d.h. sprachlichen Handelns, eingeschränkt ist); der Begriff des *Appellverstehens* (der also das Erkennen des Appells, der Aufforderung bezeichnet, die mit einer sprachlichen Handlung gemacht wird); und der Begriff des *Darstellungsverstehens* (der auf das Erkennen des im sprachlichen Zeichen, mit der sprachlichen Handlung, Dargestellten geht).

Aus der Austinschen Sprechakttheorie[7] sind ableitbar der Begriff des *Elokutionsverstehens* (das ein *phonetisches Verstehen*, ein *phatisches Verstehen* und ein *rhetisches Verstehen* einschließt); der Begriff des *Illokutionsverstehens* (wobei das Illokutionsverstehen das Elokutionsverstehen voraussetzt und miteinbegreift, zusätzlich aber ein Intentionsverstehen umfaßt, das dem Zweck- bzw. Zielverstehen der allgemeinen Handlungstheorie entspricht); und der Begriff des *Perlokutionsverstehens* (der sich sowohl auf das Erkennen des Eintretens oder Nichteintretens der gewollten Folgen des sprachlichen Handelns *als auch* auf das Erkennen des Eintretens etwa nicht gewollter solcher Folgen bezieht; ein in der interkulturellen Kommunikation besonders wichtiger und häufiger Fall: daß man mit einer sprachlichen Handlung einen Effekt erzielt, den man gerade nicht hat erzielen wollen).

Hinzuzufügen ist diesen Begriffen der Begriff des *Präsuppositionsverstehens*.[8] Es wird einleuchten, daß gerade in interkultureller Kommunikation oft nicht erkannt wird, was in einer sprachlichen Äußerung vorausgesetzt, also nicht ausgesprochen, war, weil es in einer der beiden kommunizierenden Kulturen, aber eben nur in dieser, zu den Selbstverständlichkeiten gehört, die deshalb nicht gesagt zu werden brauchen.

5. Linguistische Hermeneutik als Hermeneutik des Handelns

Eine Linguistik ohne Hermeneutik ist, nach der Meinung des Verfassers dieses Beitrags, ein Unding. Doch ist sie auch die Realität. Es ist deshalb ein Vorgriff, wenn im Titel dieses Beitrags und in seiner Einleitung schon von der möglichen Relevanz einer solchen Hermeneutik für eine interkulturelle Germanistik die Rede war. Eine linguistische Hermeneutik, die diesen Namen verdiente, gibt es heute nicht.

Wohl aber gibt es – in der Germanistik – eine linguistische Hermeneutik in statu nascendi oder renascendi, darauf soll hier zum Schluß doch mit Nennung einiger Titel hingewiesen werden. So hat schon Glinz (1977, 1978) eine »Verstehenstheorie« entworfen. So hat von Polenz (1985) ein inzwischen vielbeachtetes Buch geschrieben, das den Untertitel trägt: »Grundbegriffe des Zwischen-den-Zeilen-Lesens«. Keller (1976, 1977) und Harras (1980) haben Antworten gegeben auf die Frage, was wir meinen, wenn wir sagen, daß wir etwas verstehen; in den damit von ihnen begonnenen Diskurs reiht sich auch dieser Beitrag ein. Jäger (1976, 1986) hat, in Rückgriff auf einen Saussure, den er dazu vom Schutt einer ihn verfälschenden Schultradition erst hat befreien müssen, zu einer hermeneutischen Begründung der Linguistik einen Anfang gemacht. Das sind Zeichen, an die sich die Erwartung knüpfen läßt, daß die Frage, worin das Verstehen besteht und was wir verstehen, wenn wir verstehen, von der Linguistik nicht länger aus dem Bereich des sie Interessierenden ausgeklammert bleiben wird.

Wenn, so wurde hier vermutet und antizipiert, eine linguistische Hermeneutik tatsächlich sich entwickelt, so wird sie eine Hermeneutik des Handelns sein, wie sie von Dilthey konzipiert und von Max Weber auf den Begriff gebracht worden ist.[9] Nicht nur hat eine der einschlägigen linguistischen Arbeiten (Keller 1977) den Begriff einer Hermeneutik des Handelns programmatisch im Titel; sondern es steht vor allem auch die germanistische Linguistik insgesamt im Signum der Pragmatik, sie begreift heute sprachliches Kommunizieren allgemein, wie schon Bühler, als sprachliches Handeln, und sie diskutiert daher auch seit geraumer Zeit, und mit immer noch wachsendem Interesse, nicht nur Theorien und Begriffe speziell des sprachlichen Handelns, sondern auch Theorien und Begriffe des Handelns überhaupt, so den Handlungsbegriff Max

Webers und den Aristotelischen Handlungsbegriff, auf die oben Bezug genommen worden ist und Bezug genommen werden konnte, weil eben diese Theorien und Begriffe von der germanistischen Linguistik als für sie wichtig erkannt worden sind. Daß solche Theorien und Begriffe für eine künftige linguistische Hermeneutik und für die Hermeneutik überhaupt fruchtbar sein könnten, das hoffe ich mit diesem Beitrag gezeigt zu haben. Vorerst noch offen bleibt dabei, ob sie es in der Tat auch werden.

Anmerkungen

[1] Ich danke dem Herausgeber dieses Bandes sowohl für diese Frage als auch für die Gelegenheit, meine Gedanken zur Entwicklung einer linguistischen Hermeneutik hier schon einmal skizzenhaft darstellen zu können; eine ausführlichere Fassung dieses Beitrags soll 1988 im Jahrbuch Deutsch als Fremdsprache erscheinen. Dort wird auch die hier noch fehlende Situierung meiner Überlegungen im Diskurs des Faches Deutsch als Fremdsprache geschehen.

[2] Das Folgende nach Weber 1921, Kap. 1. Der Webersche Handlungsbegriff ist von Henne (1975) und Heeschen (1976) in die Diskussion der germanistischen Linguistik gebracht worden. Kritisch – bezüglich der Zwecke einer germanistischen und allgemeinen Sprachwissenschaft – diskutiert wird er in einem anderen Beitrag des Verfassers (Hermanns 1987).

[3] Wie es in elaborierter Form etwa vorliegt bei Rescher (1967).

[4] Das wird klar herausgearbeitet und mit guten Beispielen illustriert von Müller (1981).

[5] Ein vorzügliches Beispiel auch dafür gibt Müller (1981, S. 117 f.).

[6] Das Folgende nach Bühler (1934).

[7] Das Folgende nach Austin (1962).

[8] Den Begriff der Präsupposition verdanken die sprachanalytische Philosophie und die Linguistik Strawson (1950). Von der Relevanz des Begriffs gibt eine Vorstellung Keller (1974).

[9] Vgl. hierzu Buck (1981).

Literatur

Austin, John L.: *How to Do Things with Words. The William James Lectures delivered at Harvard University in 1955.* Oxford. Clarendon Press, 1962.
Buck, Günther: *Von der Texthermeneutik zur Handlungshermeneutik.* In: M. Fuhrmann, H. R. Jauß, W. Pannenberg (Hrsg.): *Text und Applikation.* München. Fink, 1981, S. 525–535.
Bühler, Karl: *Sprachtheorie. Die Darstellungsfunktion der Sprache.* Jena. G. Fischer, 1934. Zit. nach der Ausgabe Stuttgart/New York. G. Fischer, 1982.
Glinz, Hans: *Textanalyse und Verstehenstheorie.* 2 Bde. Wiesbaden. Athenaion, 1977, 1978.
Harras, Gisela: *Verstehen und Verständigung. Ein Essay.* In: W. Kühlwein, A. Raasch (Hrsg.): *Sprache und Verstehen.* Tübingen. Narr, 1980, S. 106–118.
Heeschen, Volker: *Überlegungen zum Begriff »Sprachliches Handeln«.* In: Zeitschrift für germanistische Linguistik 4, 1976, S. 273–301.
Henne, Helmut: *Sprachpragmatik. Nachschrift einer Vorlesung.* Tübingen. Niemeyer, 1975.
Hermanns, Fritz: *Handeln ohne Zweck. Zur Definition linguistischer Handlungsbegriffe.* Erscheint in: R. Keller, F. Liedtke (Hrsg.): *Kommunikation und Kooperation.* Tübingen. Niemeyer, 1987.
Jäger, Ludwig: *F. de Saussures historisch-hermeneutische Idee der Sprache.* In: Linguistik und Didaktik 27, 1976, S. 210–244.
Jäger, Ludwig: *Der saussuresche Begriff des Aposème als Grundlagenbegriff einer hermeneutischen Semiologie.* In: J. Jäger, C. Stetter (Hrsg.): *Zeichen und Verstehen.* Aachen. Rader, 1986, S. 7–33.
Keller, Rudi: *Wahrheit und kollektives Wissen. Zum Begriff der Präsupposition.* Düsseldorf. Schwann, 1974.
Keller, Rudi: *Handlungen verstehen.* In: Zeitschrift für germanistische Linguistik 4, 1974, S. 1–16.
Keller, Rudi: *Verstehen wir, was ein Sprecher meint, oder was ein Ausdruck bedeutet? Zu einer Hermeneutik des Handelns.* In: K. Baumgärtner (Hrsg.): *Sprachliches Handeln.* Heidelberg. Quelle & Meyer, 1977, S. 1–27.
Müller, Bernd-Dietrich: *Bedeutungserwerb – ein Lernprozeß in Etappen.* In: B.-D. Müller (Hrsg.): *Konfrontative Semantik.* Weil der Stadt. Lexika, 1981, S. 113–154.

Polenz, Peter von: *Deutsche Satzsemantik. Grundbegriffe des Zwischen-den-Zeilen-Lesens*. Berlin/New York. de Gruyter, 1985.
Rescher, Nicholas: *Aspects of Action*. In: N. Rescher (Hrsg.): *The Logic of Decision and Action*. Pittsburgh. University Press, 1967, S. 215–219.
Strawson, Peter F.: *On Referring*. In: Mind 59, 1950, S. 320–344.
Weber, Max: *Wirtschaft und Gesellschaft. Grundriß der Verstehenden Soziologie*. 1921. Zit. nach der 5. Aufl., hrsg. von J. Winckelmann. Tübingen. Mohr, 1972.

Horst Turk, Göttingen

Intertextualität als Form der Aneignung des Fremden

Drei Problemkreise sollen im folgenden zusammenhängend erörtert werden: die Erfahrung des Fremden in der literarischen Übersetzung, die Verfremdung des Verstehens in der intertextuellen Poetik, die methodischen Vorannahmen der interkulturellen Philologie. Über das Forschungsprogramm des Sonderforschungsbereichs zur literarischen Übersetzung an der Universität Göttingen wird in der Sektion »Übersetzen und Übersetzungsforschung« detaillierter berichtet.[1] Im Kontext der Methodendebatte geht es lediglich darum zu prüfen, ob der Ansatz der Übersetzungsforschung für die interkulturelle Fragestellung fruchtbar gemacht werden kann.

1. Zur Methode

Bei der Analyse literarischer Übersetzungen hat es sich bewährt, drei Ebenen der sprachlichen, literarischen und kulturellen Darbietung zu unterscheiden: die Ebene der Artikulation, der Interpretation und der Referenz. Übersetzungen können im Wortlaut abweichen, um den Gedanken oder den Gegenstand zu bewahren, im Gedanken abweichen, um den Gegenstand oder den Wortlaut zu erhalten, im Gegenstand abweichen, um den Wortlaut oder den Gedanken unverändert wiederzugeben. Wortlaut, Gedanke und Sache übernehmen die Aufgabe der Vermittlung, je nachdem, ob die Identität und Verschiedenheit durch Gedanke und Sache, Sache und Wortlaut, Wortlaut und Gedanke hergestellt wird. Insofern die Aneignung des Fremden stets eine Frage der Übersetzung ist, läßt sich das Modell auch auf die Hermeneutik des Fremdverstehens anwenden. Daß »der Geist selbst keinen Geist habe« läßt sich im Englischen mit »mind had no mind« oder »the mind had no spirit« wiedergeben,[2] d.h. aber: unter Beibehaltung entweder der homonymen Artikulation oder der differenten Interpretation. Denn daß »Geist« auch bei Musil erst mehr im Sinn von »mind«, dann mehr im

Sinn von »spirit« zu verstehen ist, macht den Witz dieses »Geist«-kritischen Aperçus aus, indem für das Deutsche gilt, daß es nur einen Ausdruck, nämlich: »Geist«, für beide Herangehensweisen besitzt. Dies gilt auch dann, wenn, wie im vorliegenden Fall, der Sache nach weder von »mind« noch von »spirit«, sondern von Intellekt die Rede ist. Mit Bezug auf den Geist im Zeitalter der technischen Intelligenz als homonym oder different präsentierte Sache hat der Leser – im Englischen wie im Deutschen – eine contradictio in adjecto zu vollziehen und es ist eine Frage der Einstellung oder der Perspektive, ob er im Fall der Kenntnis beider Versionen den Verlust an Doppeldeutigkeit oder den Gewinn an Präzision vorzieht. Man könnte die Übersetzung mit »the mind had no spirit« in der Beziehung zum Original als komplementär bezeichnen, insofern sie die Möglichkeiten des Englischen besser nutzt, die Übersetzung mit »the mind had no mind« hingegen als symmetrisch, insofern sie das Original besser nachbildet.[3] Beide Übersetzungsabweichungen verbleiben jedoch auf der verbalen Ebene.

Um das Instrumentarium zur Analyse literarischer Übersetzungen kohärent zu halten, ist es erforderlich, dieselben Kategorien auf sprachliche, kulturelle und literarische Sachverhalte anzuwenden. Der Bezugsrahmen, in dem sie ihre Explikation finden, mag im übrigen aus welchem Bereich auch immer gewählt sein. Er muß nur so gewählt werden, daß die Kategorien und Verwendungsregeln übertragbar sind. Von einer Ebene der Äußerung oder Artikulation läßt sich nicht nur im Bereich der Sprache reden, sondern auch im Bereich der kulturellen und der literarischen Regelungen. Graphemik, Phonetik, Morphologie und Lexik, Idiomatik und Syntax regeln im Bereich der Sprache die Artikulation. Zu jeder von ihnen lassen sich Entsprechungen im Bereich der kulturellen und der literarischen Formung angeben. So entspricht z.B. der Graphemik die Anordnung des Szenariums bei jeder öffentlich-rechtlichen, politischen, sozialen, privaten oder auch kultisch-religiösen Veranstaltung, gleichgültig, ob sie real, fiktional oder imaginär (bloß vorgestellt) ist. Der Phonetik entspricht das Reglement der Verlautbarung, ob der Akt mit Musik, mit Gesang, mit Rede, in gewissen Partien stumm, mit welchen Arten der Rede, durch Ansprache, Debatte, Diskussion, Einsetzungsworte, Proklamation, Plädoyer etc. durchgeführt wird bzw. in der Literatur das Reglement der Redearten, ob der Text im Feld der Verlautbarung die Figuren selbst redend auftreten läßt, die Form der Erzählung oder des Gesangs mit ihren Unterarten wählt. Als Morphologie läßt sich die Gestalten- und Bildungslehre, als Lexik das Inventar der kleinsten Bedeutungseinheiten auch in der literarischen und kulturellen

Formung beschreiben. Es sind dies in der Literatur wie in der kulturellen Interaktion die Grundformen der Darstellung: Person, Motiv und Handlung mit ihrer Entsprechung in theomorphen Kulturen, die alle ihren wohldefinierten Bestand von Elementen, Gestaltungs- und Bildungsregeln haben. Schließlich gibt es auch eine Entsprechung zur Idiomatik, die als Lehre von den Äußerungsmodi, Stillagen und Stilen in der Literatur wie in den kulturellen Veranstaltungen etwa in Gestalt der aptum-Lehre, eine Rolle spielt. Der Syntax obliegt die Organisation der zusammengesetzten Großformen. Protokoll, Liturgie, Verfahrens-, Geschäfts- und Gattungsordnungen garantieren, daß nicht nur in der Auswahl, sondern auch in der Komposition und Abfolge der Paradigmen regelhaft verfahren wird. Man sieht, auch bei der Übertragung auf kulturelle und literarische Formen gilt, daß die Ebene der Artikulation ein vielschichtiges System von Elementen und Regeln darstellt, ohne daß Realien oder Ideen notwendig die ‚Rede' lenken. Es liegt auf der Hand, daß, die Ebene der Artikulation betreffend, im Zusammenhang der kulturell geregelten sozialen Interaktion, der grammatisch geregelten sprachlichen Verlautbarung und der poetisch geregelten literarischen Darstellung der Extremfall eines externen Beobachters imaginiert werden kann, der nichts versteht und doch in der Lage ist, sich allein aufgrund von Beobachtungen konform und bis zu einem bestimmten Punkt erfolgreich zu verhalten.[4]

Nun verfügt aber die kulturell geregelte soziale Interaktion ebenso wie die poetisch geregelte literarische Darstellung und die grammatisch geregelte sprachliche Mitteilung über zwei weitere Instanzen, die den Gebrauch unter dem Aspekt des damit verbindbaren Sinns auf der Ebene der Interpretation und damit verbindbaren Bedeutung auf der Ebene der Referenz steuern. Der Aspekt einer damit verbindbaren Handlung bringt keine neue Instanz ins Spiel.[5] Denn man braucht nur die Ebene der Referenz über den Sprechakt des Behauptens hinaus zur Welt der Gegenstände, Situationen *und* Zustände zu erweitern[6] sowie für die Ebene der Interpretation neben ideologischen und logischen auch Handlungsorientierungen zuzulassen, um zu sehen, daß auch für die Pragmatik das Gleiche wie für die Grammatik gilt: nach Gesetzen der Artikulation, Interpretation und Referenz gebildet zu sein. Daß die Welt der Artikulation durch die Einführung der Semantik in ihren Möglichkeiten beschränkt wird, ist literarisch für die experimentelle Poesie,[7] kulturell für die Diskursanalyse[8] zum Ansatzpunkt einer Befreiung von der Semantik geworden. Die Semantik läßt sich indessen auch als eine Erweiterung des Äußerungssystems auffassen. So sind z.B. rituelle Regelungen nicht frei von referentiellen und interpretativen Bezugsrahmen, doch ohne ihnen Gelegenheit zur gestaltenden Einflußnahme zu geben. Auch in diesem Punkt ist es sinnvoll, vom Paradigma der natürlichen Sprachen auszugehen. Ob man mit der generativen Grammatik zugrundelegt, daß die Syntax primär und die Semantik interpretativ ist,[9] mit der ordinary-language-philosophy die Bedeutung des Wortes durch den Gebrauch festlegt,[10] nach dem Ansatz Freges Bedeutungen von Eigennamen nur im Sinn identifizierbarer Gegenstände zuläßt[11] oder der strukturalen Semantik insoweit folgt, als man den Sinn für den Aufbau der Bedeutung heranzieht:[12] das Spektrum der Beschreibungsansätze läßt erkennen, daß mit dem semantischen Zusammenschluß zum Zeichen im Satz und im Text stets mehr als bloß die Interpretation einer syntaktischen Vorgabe, eines pragmatischen Verwendungsrahmens, die Bezugnahme auf Gegenstände der Außenwelt, die Exposition eines Sinn- und Deutungsrahmens gegeben ist. Es ist für die Zwecke der Übersetzungsanalyse nicht erforderlich, eine Entscheidung zwischen den Semantiken zu treffen, sondern sie lassen sich als Beschreibungs- und Regelungsansätze verschiedener Richtung und Reichweite nutzen. Interpretativ im grammatischen Sinn sind die Gedanken, Ideen und Intentionen, was nicht ausschließt, daß sie bei Bedarf auch in der Position des Referenzobjektes auftreten (wenn von ihnen die Rede ist) oder als Bestandteil der Artikulation (im Fall der lexikalischen Durchinstrumentierung eines Textes).

Wie bei der Artikulation so ist auch bei der Interpretation und bei der Referenz abschließend zu zeigen, daß der Beschreibungsansatz über die Grenzen der Verbalität hinaus für die kulturelle oder symbolische Interaktion von Bedeutung ist. Ein Staatsbesuch z.B. ist keine Reise wie jede andere Reise, sondern ein symbolischer Akt, der in der Regel mehr und anderes besagt als er sagt. Obwohl das Denotat vielleicht ein lang vorbereitetes Vertragswerk oder Geschäft ist, dominiert mit geradezu aufdringlicher Eigengesetzlichkeit die Ebene der Interpretation. Die Beendigung eines vertragslosen Zustands oder die Übereignung von Gütern ließe sich auch weniger pompös durchführen. Sie wird aber als Staats- und als Freundschaftsbesuch mit allen gegenseitigen Ehren und unter Nutzung aller semantischen Register inszeniert. Warum? Um dem Ereignis die dafür vorgesehene Bedeutung zu geben, unter Umständen aber auch, um es als solches nicht in Erscheinung treten zu lassen. Man kann nicht sagen, daß die Interpretation samt der ihr zugrundeliegenden Semantik unwesentlich wäre. Denn sie definiert das Ereignis im System der Interaktion ebenso wie die Referenz das Ereignis im System Aktion definiert. Es ist der Versuch, etwas, das nicht von sich aus in Erscheinung tritt (z.b. das öffentliche Interesse), in Erscheinung treten zu lassen und dies aus dem Grund, weil Ereignisse dieser Art der Kontrolle und Legitimation durch eine gewählte Darstellungsform bedürfen (z.B. gegenüber der Presse). Das Verhältnis von Referenz und Interpretation kann indessen auch historisch in dem Sinn sein, daß nicht eine aktuelle Referenz semantisch, sondern eine aktuelle Semantik referentiell befestigt wird. Dies ist der Fall bei allen profanen und sakralen Begehungen, gleichgültig, ob nationale Gedenktage oder rituelle Einsetzungen begangen werden. Es bedarf kaum noch des Hinweises, daß die Literatur wie das System der sozialen Inszenierungen über eine Semantik der Darstellungsformen verfügt. Charaktere, Milieus und Handlungen, Vorsehung und Schicksal sind Interpretamente, für die Objekte (Situationen, Zustände oder Dinge) als Vorwand ihres In-Erscheinung-Tretens dienen oder die ihre Aufgabe darin erfüllen, daß sie Objekte, die als Vorwand dienen, neu und anders qualifizieren. Die Funktion der Literatur kann darin bestehen, die Denotate im Horizont der Interpretamente (symbolistische Stilisierung) oder die Interpretamente im Horizont der Denotate auszulegen (realistische Stilisierung), Unangemessenheit (surrealistische) oder Angemessenheit (klassizistische Stilisierung) beider für einander zu dokumentieren. In der Skizze sollte es jedoch nicht um die angedeuteten literatur- und kulturtheoretischen Implikationen, sondern darum gehen, das Modell der Übersetzungsanalyse zu skizzieren in der Annahme, daß es für die Frage der Aneignung des Fremden in einer interkulturellen Perspektive fruchtbar zu machen ist.

2. Intertextualität als Form der Aneignung des Fremden

Vor allem erlaubt dieser Ansatz, ein Phänomen in die Überlegung einzubeziehen, das zweifellos zu den Grenzfällen in der Aneignung des Fremden gehört: die Poetik der Intertextualität.[13] Zwar wird der Begriff der Intertextualität keineswegs mehr in der anfänglichen, radikalen Bedeutung gebraucht.[14] Der heuristische Wert des Konzepts besteht jedoch darin, daß es die Erfahrung des Fremden auf einem Stand der Sache erörtert,der eine Neuorientierung im Methodischen wie im Theoretischen nötig macht.

Dies zeigt sich bereits an der Ausweitung des Textbegriffs, die aus philologischer und hermeneutischer Sicht problematisch erscheint, die Hermeneutik des Fremdverstehens jedoch auf eine neue Grundlage stellt. Die Hermeneutik des Fremdverstehens ist als Texthermeneutik auf die Verstehbarkeit des objektiv ausgedrückten Sinns,[15] als Gesprächshermeneutik auf die Verstehbarkeit des subjektiv intendierten Sinns,[16] als strukturale Hermeneutik auf die Verstehbarkeit des intersubjektiv intendierbaren Sinns hin angelegt.[17] Wenn der Text diese dreifache Sinnerwartung dreifach enttäuscht und stattdessen die Sprache, Literatur und Kultur in ihrer materialen Subsistenz zur Geltung bringt, dann versagen die traditionellen Methoden, die Aneignung des Fremden zu beschreiben. Der Text verliert seine wohlabgegrenzte Kontur. Er kommt als physisches Phänomen mit anderen physischen Phänomenen auf die gleiche Ebene zu stehen, unterschieden von ihnen nur durch die weitgehende Fähigkeit, Klassifikationsaufgaben in der Welt der Phänomene wahrzunehmen. Dabei spielt zwar die strategische Ausgestaltung der Dimension des Sinns eine Rolle, jedoch nicht so, daß die Ordnung der Dinge, Situationen und Zustände dadurch hinreichend bestimmt und festgelegt wäre. Vielmehr ist sie – auf dem Stand der Schriftkultur – in einer nicht nur metaphorischen Weise festgeschrieben und eben dadurch sowohl intersubjektiv verstehbar als auch historisch übertragbar, vorausgesetzt, daß sie von den Dingen, Situationen und Zuständen nicht widerlegt wird. Wenn Kristeva, wie zuvor schon Bachtin, eine metaphorische Übertragung vornimmt, vom ‚Text' des scholastischen Denkens, der Stadt, des Hofes, des Selbst und des Karnevals ebenso wie von Texten im engeren Sinn spricht, dann trägt diese Redeweise dem Umstand Rechnung, daß tatsächlich das scholastische Denken, die Stadt, der Hof, das Selbst, der Karneval nicht nur Texte generieren und tradieren, sondern selbst auch durch Texte, theologische, ökonomische, juristische, philosophische, ästhetische, generiert und tradiert sind. Der Text, nicht die Sprache fungiert als Umschlagplatz der je so beschaffenen Wirklichkeit, die sich nie unabhängig von der Beziehung zwischen Texten aus der Sprache, dem Erkennen oder Handeln herleiten läßt. Nun ist zwar die Bezugnahme von Texten auf Texte als Zitat, Kontrafaktur oder Anspielung schon immer Gegenstand der Literaturgeschichte gewesen und erhob die Literatur schon immer den Anspruch, ein Text über den anderen Texten, nach Bachtin: eine Manifestation »aller sozioideologischer Stimmen der Epoche«,[18] zu sein. Nicht zugelassen war jedoch die vergleichsweise metaphorische Rede von Text in Fällen, wo nicht bestimmte Texte als Referenz vorliegen, sondern deren – meist in sich kontroverse und diffuse – materielle Manifestation in Situationen, Zuständen und Dingen. Bei dem Schnitt eines Hauses, der Position von Mann und Frau zueinander, dem Verhältnis des Fühlens

Intertextualität als Form der Aneignung des Fremden

und Denkens von Text zu reden, verletzt die Regeln der Zitierkunst ebenso wie es auf den Umstand aufmerksam macht, daß eben dies die Realität der Texte trifft. Wenn es eine sinnvolle und richtige Beobachtung ist, daß nicht nur Texte in ihrer Aktualisierung an Situationen, Konzepte und Wörter gebunden sind, sondern auch Situationen, Konzepte und Wörter in ihren Aktualisierungen an Texte, dann ist, will man die Wirklichkeit der Texte erfassen, der Pansemiotismus[19] unvermeidbar. Die Frage, ob der Text oder das Subjekt die zentrale Instanz der Wirklichkeitserfahrung ist, bewegt sich auf der Ebene der kulturellen Selbstinterpretation. Die Poetik der Intertextualität optiert für eine Dezentrierung des Subjekts, womit sie abermals eine Grenzüberschreitung begeht.

Betraf die Ausweitung des Textbegriffs die philologische Methode, so ist die Dezentrierung des Subjekts eine damit verknüpfte erkenntnistheoretische Konsequenz, wobei schon die Rede von der Dialogizität der Texte[20] eine Grenzüberschreitung gewesen ist, nur eben eine sozio- und anthropomorphe in der Nachfolge der Subjektmetapher.[21] Die Rede von der Produktivität der Texte und ihrem intertextuellen Spiel stellt diese Metaphern richtig, jedoch ohne den Kreis des Metaphorischen zu verlassen. Sie kann weder vor den Dingen, noch vor den Subjekten, noch vor den Strukturen haltmachen, wenn es darum geht, die Abkünftigkeit dessen, was ist, der menschlichen Situationen, Satzungen und Verfassungen, gerade auch für die Neuzeit aus diskursiven Strategien nach dem Reglement von Texten nachzuzeichnen. Anstößig ist die Rede von der Dezentrierung des Subjekts, weil sie an ein zentrales Interpretament der neuzeitlichen Literatur- und Wirklichkeitsauffassung rührt. Man braucht den Aspekt der Intertextualität jedoch nur auf sogenannte ‚vormoderne' Schreib- und Lesepraktiken rsp. deren Fortleben anzuwenden, um diesen Sinn des Begriffs festzuhalten und daran zugleich ein Unterscheidungskriterium zu anderen Formen der Bezugnahme von Texten auf Texte, etwa die copia verborum oder die imitatio veterum, zu finden, womit das Konzept allerdings auch zugleich in einem anderen Licht erscheint. Vom Symbolismus über die Romantik zur mittelalterlichen Poetik läßt sich der Ansatz einer subjektivitäts- und objektivitätslosen mediaten Literatur zurückverfolgen: anfänglich gestützt auf das Universum der Texte in *einem* Text, dann modifiziert zu einer wiederhervorzubringenden »Neuen Mythologie«[22], schließlich realisiert in einer sich selbst bezeichnenden poetischen Sprache als ‚Textmodell' für die soziale und persönliche Realität. In der Romantik war das nominalistische Sprach- und Literaturkonzept noch ein integraler Bestandteil des Humanismus,

Horst Turk

in welcher Funktion es bei den Vertretern der Avantgarde z.T. wiederkehrt. Aber auch der Antihumanismus läßt sich auf das 19. Jahrhundert – etwa bei Nietzsche – zurückdatieren, wobei der Faktor der fortschreitenden Empirisierung und Positivierung des Wissens den externen Grund einer Dezentrierung des Subjekts vor Augen rückt.[23] Es hat den Anschein, daß die Rede von der Dezentrierung des Subjekts nicht nur eine wiederholt auftretende Option gegen die Selbstinterpretation der Schriftkultur darstellt, sondern auch eine Anpassung der Schriftkultur an avancierte szientifische und technische Standards unter Ausschaltung des Subjekts.

Ich komme damit zu meinem dritten, die Paradigmatik des Fremdverstehens betreffenden Punkt. Als poetologischer Ansatz in der Tradition der Romantik richtet die Intertextualität den Blick auf Phänomene, die einer Grenzverwischung von Übersetzen und Dichten unter dem Aspekt der Fremderfahrung gleichkommen. Das Übersetzen wird nicht mehr als ein Fall von Verstehen, sondern das Verstehen als ein Fall von Übersetzen wahrgenommen. Die Dichotomie von einbürgernder und originalgetreuer, sinngemäßer und wörtlicher Übersetzung muß neu überdacht werden, sobald nicht nur zwischen Wort und Sache, Subjekt und Rede, Sinn und Bedeutung, sondern auch zwischen Text und Kontext tiefere Gräben aufgerissen sind als zwischen den integralen Sprachen, Literaturen und Kulturen. Das Verfahren, sich eine fremde Kultur als integrale Einheit über Originalwerke anzueignen, wird suspekt, wenn die Kultur nicht mehr in der Form integraler Originalwerke repräsentiert ist. Auf Originalwerke im Sinn integraler Repräsentation bezieht sich die Übersetzung, seit zwischen einbürgernder oder originalgetreuer, bedeutungsgleicher, form- oder funktionsgerechter, sinnbewahrender oder wörtlicher Übersetzung unterschieden wird, eine Unterscheidung, die bis in die Anfänge der Schriftkultur zurückreicht, ihre spezifische Bedeutung jedoch erst im Rahmen des neuzeitlichen Individualismus, der Genieästhetik, Geschichtsphilosophie der Kunst und spekulativen Verstehenslehre gewinnt,[24] um schließlich unter dem Aspekt der nicht mehr integrierten Subsysteme für einen Kontext durchlässig zu werden, der selbst keinen Sinn besitzt.[25] Was geschieht, wenn das Original nicht mehr der ursprüngliche Gegenstand des Verstehens ist, sondern der Text in seinem Kontext, das Original in seiner Nichtursprünglichkeit, der Sinn in seiner Buchstäblichkeit, das Werk in seinen Vermittlungen? Die Lektüre muß wie die Übersetzung zu einer Analyse des Verstehens in der Sprache, Literatur und Kultur übergehen. Das Original ist nicht mehr, wie im Konzept der immediaten Sprache, Literatur und Kultur, wohlabge-

Intertextualität als Form der Aneignung des Fremden

grenzter Ort des Verstehens und der Übersetzung, es ist auch nicht, wie im Konzept der mediaten Sprache, Literatur und Kultur, auf einen solchen wohlabgegrenzten Ort bezogen. Vielmehr stellt es in sich einen Grenzfall des Verstehens wie der Übersetzung dar, durch den die Disposition zur Aneignung des Fremden auf ungeahnte Weise ins Offene gestellt wird.

In diesem Sinn läßt sich die Poetik der Intertextualität für eine Hermeneutik des Fremdverstehens im interkulturellen Rahmen fruchtbar machen. Die Literatur ist sowenig eine Ansammlung von immediaten Originalen wie sie mediat in Bezug auf einen, sie verständlich und wahr machenden Intertext ist. Dies unterscheidet die sogenannte ‚Postmoderne' gerade von dem Zeitalter der garantierten Monotextualität: daß der mediatisierende Intertext kein bestimmter, sondern eine nach allen Seiten offene, hergestellte, nicht gegebene Pluralität von Texten und Beziehungen ist. Insofern Systeme und Strukturen nur in ihrer Aktualisierung greifbar sind, ist für das System der Intertextualität charakteristisch, daß es in »Metaphern der semiotischen Differenz selber«[26] erscheint, in Texten, deren Problem es ist, »den Kreis des Bedeutenden nicht zu verlassen.«[27] D.h. aber, auf die Hermeneutik des Fremdverstehens angewendet, daß die Intertextualität als Paradigma der interkulturellen Beziehungen auf einen Grenzfall der Übersetzung führt, der Übersetzung nicht zwischen zwei natürlichen Sprachen, ihrer Geschichte, Literatur und Kultur, sondern der Übersetzung in einer natürlichen Sprache, Literatur und Kultur, ihrer Sub- und Teilsysteme ineinander. Nur wenn die gewachsenen Sprachen, Literaturen und Kulturen als desintegral erfahrbar sind, sind sie offen für eine Erfahrung des Fremden an der Grenze der eigenen Sprache, die zugleich eine Grenze der Sprachen ist. Es gibt eine Übersetzung an der Grenze der Sprachen: die Übersetzung natürlicher in kulturelle sowie kultureller in natürliche Tatsachen. Phänomene wie die Automatisierung der Subsysteme bei gleichzeitiger Dezentrierung der Instanzen, der Einheit natürlicher Sprachen, der Werk- oder der Autorindividualität, lassen einen Grad der Binnendifferenzierung in den Kulturen erkennen, der sie auf eine noch nie dagewesene Weise für eine Aneignung des Fremden öffnet und zu einer offenen Mediatisierung tendieren läßt. Hier ging es zunächst einmal nur darum, das Paradigma einer solchen Öffnung am Beispiel der Intertextualität zu skizzieren.

Horst Turk

Anmerkungen

[1] F. Lönker / H. Turk: *Das Fremde in und zwischen den Literaturen.* S. 527 in diesem Band.

[2] Das Beispiel entnehme ich dem Beitrag von P. Payne: *Probleme für den englischen Übersetzer bei spezifischen von Musil oft verwendeten Begriffen wie »Seele«, »Geist«, »Moral«, »Ethik« usw.* In: Internationales Kolloquium »Die Übersetzung literarischer Texte am Beispiel Robert Musils«, 8–9–10 Juni 1987, Europäisches Übersetzer-Kolloquium Straelen. Der Beitrag erscheint demnächst. R. Musil: *Der Mann ohne Eigenschaften.* Hrsg. von A. Frisé. Hamburg 1978, S. 155; englische Übersetzung: R. Musil: *The Man without Qualities.* Translated by E. Wilkins and E. Kaiser. London 1954^3.

[3] Die Begriffe »komplementär« und »symmetrisch« werden im Sinn der Kommunikationspsychologie verwendet. Vgl. hierzu P. Watzlawick/J.H. Beavin/D.D. Jackson: *Menschliche Kommunikation. Formen, Störungen, Paradoxien.* Bern/Stuttgart/Wien 1972^3.

[4] Unmittelbar einsichtig wird dies in der behaviouristischen Sprachtheorie etwa Quines. Aus einer Quineschen Perspektive erschiene die Ebene der Artikulation als primär, für die Ebene der Interpretation wäre eine prinzipielle Intentionalitätsskepsis in Anschlag zu bringen, für die Ebene der Referenz eine prinzipielle Unerforschlichkeit des Referenzbezuges zu behaupten. Zum Ausdruck kommt dies in Quines bekannter These von der Unbestimmtheit der Übersetzung. Vgl. W.V.O. Quine: *Word and Object.* New York – London 1960, S. 27: »The infinite totality of sentences of any given speaker's language can be so permuted or mapped onto itself, that (a) the totality of the speaker's dispositions to verbal behaviour remais invariant, and yet (b) the mapping is no more correlation of sentences with equivalent sentences, in any plausible sense however loose.«

[5] Dies in Übereinstimmung mit Ch. S. Peirce, der das ‚habit-taking' als den letzten »interpretant« bestimmt: »The habit alone, which though it may be a sign in some other way, is not a sign in that way in which that sign of which it is the logical interpretant is the sign. The habit conjoined with the motive and the conditions has the actions for its energetic interpretant.« In: *Collected Papers of Charles Sanders Peirce,* Vol. V. *Pragmatism and Pragmaticism,* ed. by C. Hartshorne and P. Weiss. Cambridge Massachussetts 1960, S. 341.

[6] Vgl. hierzu in Übereinstimmung Searle, der den Begriff der Referenz an die Möglichkeit identifizierender Bezugnahme mit Hilfe hinwei-

Intertextualität als Form der Aneignung des Fremden

sender Ausdrücke bindet: »Any expression which serves to identify any thing, process, event, action or any other kind of ‚individual' or ‚particular' I shall call a referring expression.« (*Speech Acts. An Essay in the Philosophy of Language.* Cambridge University Press 1969, S. 26/7).

[7] So z.B. bei F. Ponge: *Le Grand Recueil.* Paris 1961; theoretisch aufgearbeitet bei J.-P. Sartre, *L'homme et les Choses.* In: ders.: *Situations.* Gallimard, Paris 1947.

[8] Vgl. neben Foucault: *L'ordre du discours.* Gallimard, Paris 1972, auch R. Barthes: *Leçon/Lektion.* Französisch und Deutsch. Antrittsvorlesung im College de France. Gehalten am 7. Januar 1977. Frankfurt a.M. 1980, S. 56: »Autrement dit, la Sémiologie n'est pas une grille, elle ne permet pas d'apprendre directement le réel, en lui imposant un transparent général qui le rendrait intelligible; le réel elle cherche plutôt à le soulever, par endroits et par moments, et elle dit, que ces effets de soulevements du réel sont possibles sans grille: c'est même précisément lorsque la sémiologie veut être une grille qu'elle ne soulève rien du tout.«

[9] Vgl. N. Chomsky: *Aspects of the Theory of Syntax.* MIT, 1965, S. 75: »I am assuming throughout, that the semantic component of a generative grammar, like the phonological component, is purely interpretative.« Zum Konzept einer interpretativen Semantik siehe auch: Jerry A. Fodor/Jerrold J. Katz: *The Structure of a Semantic Theory.* In: dies.: *The Structure of Language.* Englewood Cliffs. Prentice Hall 1965.

[10] Vgl. hierzu den § 43 der »Philosophischen Untersuchungen« von L. Wittgenstein: »Man kann für eine große Klasse von Fällen der Benützung des Worts »Bedeutung« – wenn auch nicht für alle Fälle seiner Benützung – dieses Wort so erklären: Die Bedeutung eines Wortes ist sein Gebrauch in der Sprache!« (L.W.: Werkausgabe Band 1. Frankfurt a.M. 1984, S. 262.)

[11] So G. Frege: *Über Sinn und Bedeutung.* In: ders.: *Funktion, Begriff, Bedeutung. Fünf logische Studien.* Hrsg. und eingel. von G. Patzig, 1980^5, S. 44: »Die Bedeutung eines Eigennamens ist der Gegenstand selbst, den wir damit bezeichnen.«

[12] Vgl. J. Greimas: *Eléments d'une grammaire narrative.* In: ders.: *Du Sens. Essays sémiotique.* Du Seuil, Paris 1970, S. 156–183.

[13] Zum Stand der Intertextualitätsdebatte siehe die Sammelbände von R. Lachmann (Hrsg.): *Dialogizität. Theorie und Geschichte der Literatur und der schönen Künste.* Reihe A, Bd. 1. München 1982; W.

Schmid/W.-D. Stempel (Hrsg.): *Dialog der Texte*. Hamburger Kolloquium zur Intertextualität. Wiener Slawistischer Almanach, Sonderband 11. Wien 1983; sowie U. Broich/M. Pfister: *Intertextualität. Formen, Funktionen, anglistische Fallstudien*. Tübingen 1985. Vgl. ferner H. Bloom: *Poetry and Repression*. New Haven 1976; L. Jenny: *La stratégie de la forme*. In: Poetique 27 (1976), S. 257–281; K. Maurer: *Die Übersetzung als Form fremdbestimmter Textkonstitution*. In: Poetica 8 (1976), S. 233–257; G. Genettes: *Palimpsestes: La littérature au second degré*. Paris 1982; R. Lachmann: *Intertextualität als Sinnkonstitution*. In: Poectica 15 (1983), S. 66–107.

[14] Zur radikalen Fassung der Begriffe vgl. J. Kristeva: *Sémiotiké: Pour une sémanalyse*. Paris 1969, S. 146.

[15] Nach der Art der Textlinguistik betont H.-G. Gadamer, daß zu verstehen sei, was der Text sagt. Vgl. H.-G. Gadamer: *Wahrheit und Methode. Grundzüge einer philosophischen Hermeneutik*. Tübingen 1960, S. 278: »Auch hier bewährt sich, daß Verstehen primär heißt: sich in der Sache verstehen, und erst sekundär: die Meinung des anderen als solche abheben und verstehen.«; siehe dazu auch H. Turk: *Wahrheit oder Methode? H.-G. Gadamers Grundzüge einer philosophischen Hermeneutik*. In: H. Birus (Hrsg.): *Hermeneutische Positionen. Schleiermacher – Dilthey – Heidegger – Gadamer*. Göttingen 1982, S. 120–150 (bes. S. 122–129).

[16] Nach Art der Gesprächshermeneutik hält E.D. Hirsch an der Kategorie der Autorintention fest. Vgl. E.D. Hirsch: *Prinzipien der Interpretation*. Übers. von A.A. Späth. München 1972, S. 20: »Den ursprünglichen Autor als sinnbestimmendes Element zu eliminieren, bedeutete die Verneinung des einzigen zwingenden normativen Prinzips, das einer Interpretation Gültigkeit verleiht.«

[17] Einen Ansatz zur strukturalen Hermeneutik vertritt M. Frank: *Das individuelle Allgemeine. Textstrukturierung und -interpretation nach Schleiermacher*. Frankfurt a.M. 1977. Doch vgl. zur Ausgangsthese auch J. Habermas: *Vorbereitende Bemerkungen zu einer Theorie der kommunikativen Kompetenz*. In: J. Habermas/N. Luhmann: *Theorie der Gesellschaft oder Sozialtechnologie – Was leistet die Systemforschung?* Frankfurt a.M. 1971, S. 101–141.

[18] M. Bachtin: *Ästhetik des Wortes*. Hrsg. von R. Grübel. Frankfurt/M. 1979, S. 290.

[19] Vgl. dazu H. Turk: *Ästhetische Reflexionen*. In: *Literaturwissenschaft und Geschichtsphilosophie. Festschrift für W. Emrich*. Hrsg. von H.

Arntzen, B. Balzer u.a. Berlin – New York 1975, S. 40–58; hier insbesondere S. 57f.

[20] Bachtin, a.a.O. (Anm. 18). Doch vgl. auch H.R. Jauß: *Literaturgeschichte als Provokation der Literaturwissenschaft.* In: ders.: *Literaturgeschichte als Provokation.* (= SV 418). Frankfurt a.M. 1973, S. 144–207.

[21] Auch wenn man die modische Gleichsetzung von Egozentrismus, Logozentrismus und Ethnozentrismus nicht teilt, wie sie z.B. von J. Derrida in *De la grammatologie.* Paris 1967 (hier insbesondere S. 11–95), vertreten wird, ist einzuräumen, daß die transzendentale Stellung des Subjekts erkenntnistheoretisch und metaphysisch ein Schlüssel zum Verständnis der Moderne ist.

[22] F. Schlegel im Kapitel »Rede über die Mythologie« in *Gespräch über die Poesie.* Kritische Ausgabe, Bd. 2: *Charakteristiken und Kritiken I, 1796–1801.* Hrsg. von H. Eichner. München 1967, S. 311–328.

[23] Vgl. dazu Foucault: *Les mots et les choses. Une archéologie des sciences humaines.* o.O. (Gallimard) 1966, S.339–346 (das Kapitel »Le recul et le retour de l'origine«).

[24] Während die Autorindividualität von Herder und die Werkindividualität von Schleiermacher paradigmatisch vertreten wird, ist die Definition des Werks über die Individualität des Lesers erst von der Rezeptionsästhetik des 20. Jahrhunderts systematisch ausgearbeitet worden. Vgl. H.R. Jauß: *Racines und Goethes Iphigenie.* Mit einem Nachwort über die Partialität der rezeptionsästhetischen Methode. In: neue hefte für philosophie 4 (1973), S. 1–46.
Zum Zusammenspiel aller drei genannten Ansätze in der Theorie des 18. Jahrhunderts vgl. A. Poltermann: *Die Erfindung des Originals. Zur Geschichte der Übersetzungskonzeption in Deutschland im 18. Jahrhundert.* Zum hermeneutischen Originalbegriff in der literarischen Übersetzung vgl. K. Nikau: *Die Frage nach dem Original.* Beide Aufsätze enthalten in: *Göttinger Beiträge zur internationalen Übersetzungsforschung* I. Berlin 1987.

[25] Vgl. dazu R. Barthes: a.a.O. (vgl. Anm. 8); hier insbesondere S. 24–31.

[26] R. Warning: *Imitatio und Intertextualität: Zur Geschichte lyrischer Dekonstruktion der Amortheologie: Dante, Petrarca, Baudelaire.* In: K.W. Hempfer/G. Regn (Hrsg.): *Interpretation. Das Paradigma der europäischen Renaissance-Literatur.* Festschrift für A. Noyer-Weidner zum 60. Geburtstag. Wiesbaden 1983, S. 288–317, S. 300.

[27] R. Musil: a.a.O. (Anm. 2), S. 1426.

Sektion 6
Interdisziplinäre Anschlüsse

Kenichi Mishima, Tokyo

Lernen Sie Deutsch mit Marx, Nietzsche oder Freud!
Möglichkeiten eines philosophischen Beitrags zur interkulturellen Germanistik

In einer seiner Rektoratsreden im Jahre 1952, die den Titel »Begriff der Bildung«[1] trägt, warnt Max Horkheimer die neu immatrikulierten Studenten der Frankfurter Universität davor, den Bildungsgedanken rein innerlich ästhetisch zu fassen. Die bloße Persönlichkeitsverfeinerung kann das Gegenteil des Intendierten heraufbeschwören: »Die sogenannte Bildung der Persönlichkeit, die Rückwendung des gestaltenden Willens auf sich selbst, ... trugen doch zweifellos zur Verhärtung der einzelnen Menschen, zum Hochmut, zum Privilegbewußtsein und der Verdüsterung der Welt bei.« Die Dialektik der Aufklärung hat den Begriff der Bildung in den der bloßen Naturverarbeitung umschlagen lassen. Und wenn ein Mensch in dieser Zeit sich gewissermaßen wie ein Kunstwerk zu gestalten sucht, »statt seine Kraft an die Formung der Welt zu wenden«, würde das im Endeffekt der Barbarisierung der Welt gleichkommen. Beispiel dieser kultursnobistischen Haltung ist nach Horkheimer die George-Schule.

Gleichwohl wohnt nach Horkheimer der deutschen Bildungstradition zugleich das Potential inne, über die Vergötzung der Innerlichkeit hinauszugehen. »Wenn Herder, Schiller, Humboldt und Schleiermacher auf der ihrer Periode angemessenen Innerlichkeit insistieren, hat das realistische Ingenium von Hegel und Goethe tiefer gesehen als die individualistischen Denker, deren Kult des Individuums auf das Ende substantieller Bildung und eben damit auf die Abschaffung des Individuums hinausläuft. Jene beiden haben gewußt, daß der Weg der Bildung einer der Entäußerung ist; man könnte auch schlicht sagen: einer der Erfahrung.«

Horkheimer plädiert hier für ein Sich-Abarbeiten an der Sache. Die gesellschaftliche Differenzierung in der Moderne läßt sich weder im Sinne eines romantisch-ästhetischen Rückzuges ignorieren noch mit einem scheinrevolutionären Aktionismus sprengen. Nur durch Einarbeitung in ein bestimmtes Fach kann sich in den Partikularitäten unserer Alltagsbeschäftigung das Allgemeine durchsetzen, und zwar in doppeltem Sinne: die Wissenschaft hat in ihrer Eigenlogik die Fähigkeit, auf ihren eigenen Inhalt, ihre Prämissen und Verfahren kritisch zu reflektieren. Und diese Reflexion würde zweitens, wenn sie auf dem Forum der Öffentlichkeit stattfinden würde, die negativen Folgewirkungen der Arbeitsteilung, wenn auch nicht aufheben, so doch auffangen können – so lautet meines Erachtens seine Botschaft.

Dabei ist es äußerst schwierig, wenn nicht gar unmöglich, den japanischen Studenten sowohl in den allgemeinbildenden propädeutischen Deutschkursen als auch in den germanistischen Seminaren die Konnotationen dieser hier stark resümiert wiedergegebenen Message aus dem Munde eines Doyens der sogenannten Frankfurter Schule zu vermitteln. Es lernen etwa 800 000 Studenten Deutsch als allgemeinbildende zweite Fremdsprache; es sind schätzungsweise 1200 bis 1500 Studenten an germanistischen Seminaren des Landes eingeschrieben. Aber Bildung in diesem von Horkheimer neu definierten kritischen Sinne kommt kaum heraus.

Was sagt ihnen eine literarische Etikettierung wie z.B. »die George-Schule«? Was sagt ihnen eine Aufzählung, die auf der einen Seite Herder, Schiller, Humboldt und Schleiermacher, auf der anderen Seite Goethe und Hegel situiert? Diese Zweiteilung wurde vorgenommen aufgrund der auch in der zentralen Bildungsidee vollzogenen Dialektik der Aufklärung, deren Konsequenz aus der Sicht von Horkheimer und Adorno das Umschlagen der bürgerlichen Bildung in die Nazi-Barbarei war. Dies alles ist für japanische Deutschlernende ein Buch mit sieben Siegeln, eine Reflexion, die irgendwo in einer fernen, fernsten Ecke der Welt, ja gerade im fernen Westen mit unverständlicher Nomenklatur geführt wird. Allen Kollegen, die anhand solcher Texte ihre Deutschstunden auf der Universität zu bestreiten versucht haben, blieb bisher nichts anderes übrig, als Klagelieder davon zu singen. Es fehlt das ganze Kontextwissen, das ganze Bündel von Wissen, das man sich als mitteleuropäischer Intellektueller durch unzählige Gelegenheiten der Auseinandersetzung mit den Texten schon in der Schule aneignen kann, aber auch durch vielfältige Diskussionen, die man als Insider eines Kulturkreises über die eigene Tradition und Situation führt.

Lernen Sie Deutsch mit Marx, Nietzsche oder Freud!

Was heißt das aber: »diese eigene Situation«, um deren Bewältigung willen, und auf deren Veränderung hin Diskussionen stattfinden? Zu ihr gehört sicherlich die Erfahrung mit der Moderne, mit jener Zeitspanne also, die in Deutschland Mitte des 18. Jahrhunderts mit der Aufklärung begonnen hat und, von allen möglichen Unberechenbarkeiten begleitet, bis in unsere Zeit hinein dauert, die uns inzwischen mehr Freiheit, mehr Sicherheit, aber auch mehr Barbarei und mehr Tod beschert hat. Wenn man dies so sieht, so teilt die japanische Geschichte zumindest seit der Öffnung des Landes in der Mitte des vorigen Jahrhunderts doch die gleiche zeitgeschichtliche Erfahrung, und so müßte eigentlich die deutsche Diskussion, die mitteleuropäische Auseinandersetzung mit dem Januskopf-Charakter der bürgerlichen Gesellschaft: auf der einen Seite Fortschritt und Emanzipation, auf der anderen Seite zunehmende Regression und Repression, uns und unsere Studenten in gleichem Maße treffen wie Horkheimer und seine Frankfurter Studenten. Tatsächlich gibt es auch bei uns eine gewisse Tradition der Auseinandersetzung mit dieser modernen Zeit, die mit der im Grunde genommen gleichen kapitalistischen Produktionsform und dem modernen Machtstaat unseren Alltag prägt. Es gab auch einen esoterischen Rückzug in die ästhetische Utopie, es gab auch liberalistische Rechtfertigungsversuche des status quo, aber auch utopisch-militante Versuche der Umwälzung, das heißt, es hat auch bei uns an allen möglichen, in Europa ausprobierten Formen der Reaktionen auf die Moderne nicht gemangelt.

Eigenartigerweise ist dabei diese ganze Auseinandersetzung oft als Konfrontation mit dem Westen und als Aufarbeitung eines von auswärts kommenden Schlags verstanden worden. Die Aufarbeitung geschah und geschieht heute noch oft als Selbstvergewisserung des angeblich Eigenen, des Japantums, der ostasiatischen Geistigkeit bzw. Mentalität in dezidierter Abhebung gegen Fremdes. Es werden z.B. japanische Umgangsformen der Menschen miteinander neu aufgewertet, die dann dem kalten, trockenen, sachlichen, das heißt, »rationalen«, westlichen Geist abstrakt entgegengesetzt werden. Darüberhinaus ist zur Zeit infolge der endlich errungenen Prosperität das Interesse an der europäischen, bzw. deutschen Theorietradition im Schwinden begriffen. Die Borniertheit hat das Wort, Deutschland liegt auf einem anderen Planeten.

So gesehen liegen in der vorher erwähnten Schwierigkeit, die relevanten Konnotationen von Horkheimers Sätzen zu vermitteln, nicht nur pädagogisch-didaktische Probleme einer effektiven Wissensvermittlung, sondern auch Probleme, die mit unterschiedlichen Erfahrungs- und Aufarbeitungsformen von Genese und Struktur der modernen Gesellschaft zusammenhängen.

Es liegt hier der ganze Komplex von Fragen, die sich etwa so auf eine Formel bringen lassen: wie können wir die Entfernung zwischen den kulturellen Besonderheiten überwinden bzw. sie fruchtbar machen, um dann zu den gemeinsamen Problemstufen vorzudringen? Wie lassen sich die eigenen, tief verankerten lebensweltlichen Erfahrungen vermitteln mit denen des anderen, hier des westlich-mitteleuropäischen Kulturkreises? Anders herum gefragt: stellen die für die deutsche Diskussionstradition spezifischen Kategorien, begrifflichen Apparate, aber auch bestimmten Denkstile und Denkfiguren bloße Hindernisse für Angehörige eines anderen Kulturkreises dar, die es beim mühsamen hermeneutischen Verfahren nur abzubauen gilt?

Ohne daß ich auf die schon in der Zeit der Aufklärung geprägte, und oft von tragischen Konsequenzen begleitete Formel Deutschland sei »ein Land der Dichter und Denker« zurückverfallen möchte, würde ich hier gerne die These aufstellen: daß nämlich eine intensive Auseinandersetzung mit der für Japaner sehr fremden, wirklich zunächst nur befremdlich wirkenden deutschen, sehr deutschen Reflexionsgeschichte einer der Eckpfeiler einer interkulturell ausgerichteten Germanistik ist. Streifen wir nun in der gebotenen Kürze ein Stück dieser Geschichte, und zwar unter Bezug auf die in meinem Referatstitel angegebenen Autoren und einige weitere.

Der erste Satz der berühmten Kritik der Hegelschen Rechtsphilosophie von Karl Marx lautet: »Für Deutschland ist die Kritik der Religion im wesentlichen beendigt, und die Kritik der Religion ist Voraussetzung aller Kritik«[2], ein Satz, mit dem Marx den prinzipiellen Sieg der Aufklärung über die Religion als Faktum zu konstatieren versucht. Jedoch liest man sofort seine Klage über den deutschen status quo, in dem noch die mit der Macht fusionierten kirchlichen Kräfte ihre fröhlichen Urstände feierten. Das Volk fügt sich diesen Verhältnissen kleinmütig und unkritisch – eine Realität, die ihn zu dem Ausspruch veranlaßt: »Sie [die Religion] ist das Opium des Volkes«, eine kühne, aber wohl durchdachte sozialphilosophische These. Und Heinrich Heine bemerkte in »Deutschland, ein Wintermärchen« spöttisch: »Sie [gemeint sind die Verfasser von Entsagungsliedern] tranken heimlich Wein und predigten öffentlich Wasser.«[3] Bereits damals war es unverkennbar: Es gab eine schreiende Differenz zwischen der politisch-sozialen Realität einer verspäteten Nation und der erreichten Radikalität der begrifflichen Aufarbeitung der eigenen Zeit. Dazu noch ein weiteres Marx-Zitat aus der genannten

Lernen Sie Deutsch mit Marx, Nietzsche oder Freud!

Schrift: »Wenn ich die deutschen Zustände von 1843 verneine, stehe ich, nach französischer Zeitrechnung kaum im Jahre 1789, noch weniger im Brennpunkt der Gegenwart.«

Es hieß jetzt 1843. Ein Jahr zuvor ist Richard Wagner aus Paris nach Deutschland zurückgekehrt. Der damals noch »arme namenlose Künstler« soll sich dem Bericht von Th. Mann zufolge »in feierlicher Gefühlswallung am Ufer des Rheins hingeworfen« und »seinem deutschen Vaterland ewige Treue geschworen« haben[4]. Und 1843 erfolgte die kurzzeitige Rückkehr Heines nach Deutschland, seine Winterreise. Die Zerspaltung des bürgerlichen Bewußtseins, vor allem des bürgerlichen Kunstverständnisses, zeichnet sich hier an diesem zufälligen Zusammenfall von Lebenswegen ab. Während auf der einen Seite eine unheilvolle Koppelung von Bildung und Besitz, zweifellos eine Reaktion auf die Zeit, zur äußeren gesellschaftlichen Stabilisierung und gleichzeitig zur inneren Aushöhlung das Ihre tat, bildeten sich auf der anderen Seite im Verlauf der nächsten Jahrzehnte zwei Richtungen der Opposition, die sich freilich schwer befreunden konnten: einerseits die bürgerlich-ästhetische Opposition Nietzschescher Prägung und andererseits die gesellschaftliche Opposition in Form der Arbeiterbewegung. – Allmählich wurden »Die Götter Griechenlands« und das »Lied von der Glocke« eine Plage für ganze Generationen von Gymnasiasten. Und Professor Unrat verlangt bei der Klausur, das dritte Gebet Johannas auswendig aufzuschreiben, wobei in Schillers Original nur zwei Gebete vorkommen[5]. Richard Wagner trennte sich von seiner jugendlichen Vision, den schönen Menschen und den freien Menschen in neuer Kunst und in neuer Politik zu vereinigen. Es tritt auf die Bühne: die Kulturnation im Gewand des längst vergangenen, abstrakt verstandenen germanischen Mittelalters. Und Treitschke sprach vom freien Volk unter einem freien König[6].

Hier setzt Nietzsche ein mit seiner Attacke auf den Bildungsphilister. In der Welt der Bildungsphilister sei die Kunst deswegen am Leben erhalten, weil es immer noch die Leute gebe, die »Mußestunden haben«, und »nicht glauben, ohne Musik, Theater- und Galerienbesuch, ohne Roman- und Gedicht-lesen mit ihrer Zeit fertig zu werden«[7]. Sein Fazit: »Durch Wagner redet die Modernität ihre intimste Sprache.«[8] Damit macht Nietzsche die Moderne selbst für die Verfälschung, für die Aufblähung der Kunst mit vergangenen Idealen verantwortlich. Seine Kritik an den Idealen des 18. Jahrhunderts ging so weit, daß er mit seinem Konzept, die früheste Frühe des abendländischen Denkens und Lebens zu wiederholen, den Menschen als das zu Überwindende abtut, wie es in dem berühmten Diktum im »Zarathustra« nachzulesen ist, obwohl er eigentlich auf noch bisher unbekannte und unentdeckte Potentiale des Menschen setzt.

Die tiefe Kluft zwischen der Radikalität Nietzschescher Zeitanalyse mit der These vom Tod Gottes und einer bürgerlich geprägten Realität, die sich dieser Analyse nicht fügen will, macht sich auch bei Nietzsche bemerkbar und zwar in Form eines Haßausbruchs gegen die Deutschen. Seine Modernitätskritik schlägt sich in verzerrter Weise als Haß gegen die Deutschen nieder. »Der deutsche Geist ist meine schlechte Luft« heißt es in »Ecce Homo«. Weiter: »Die Deutschen sind für mich unmöglich. Wenn ich mir eine Art Mensch ausdenke, die allen meinen Instinkten zuwiderläuft, so wird immer ein Deutscher daraus« und »Sie schämen sich nicht einmal, bloß Deutsche zu sein.«[9] Es begann damit eine radikale Selbstzerfleischung, eine Unsicherheit mit sich selbst, jene kleinbürgerliche Unzufriedenheit mit sich selbst. Daß sich die Deutschen oft schwer tun mit ihrer eigenen Geschichte, ist offensichtlich in ihrer Form der Auseinandersetzung mit der Moderne angelegt.

Die Spaltung des kulturellen Bewußtseins im Bürgertum, in Deutschland extrem, aber in allen modernen Gesellschaften mehr oder minder präsent, wie latent auch immer, diese Spaltung hat es nun aber gleichzeitig möglich gemacht, ein ungeheuer interessantes und wichtiges Neuland zu erschließen, nämlich den Terrain des Unbewußten, sowohl individuell als auch kollektiv, eine intellektuelle Bereicherung, die mit dem Namen Sigmund Freud verbunden ist. Niemand würde bestreiten, daß die ganze Leistung von Freud auch eine Form der Aufarbeitung der Probleme, Spannungen und Deformationen sind, die in der Moderne aufgetaucht sind. Sie ist eine Reflexionsleistung.

Was wollte ich mit dieser Andeutung über die spezifisch deutsche Form der Modernitätsbewältigung sagen? Eingangs habe ich Horkheimer zitiert und behauptet, daß es in Japan schwierig ist, Konnotationen zu entschlüsseln, die sich auf die Erfahrung der Dialektik der Aufklärung stützen. Nicht, weil wir, in einem anderen Kulturkreis lebend, mit ähnlichen Problemen nicht konfrontiert wären, sondern weil der Stil der Auseinandersetzung mit einem in wesentlichen Dimensionen vergleichbaren Prozeß anders geartet ist, offensichtlich wegen der andersartigen Traditionsbezüge, die tief in den religiösen Bereich verweisen. Obwohl gemeinsam zur spätgestarteten Senkrechtstarter-Gruppe von Nationen gehörig, kennen wir kaum die deutsche Denk-Praxis, durch ständiges Hineinbohren in sich selbst den Beschleunigungsdruck aufzufangen, eventuell bis zur Selbstaufplatzung.

Lernen Sie Deutsch mit Marx, Nietzsche oder Freud!

Diese Andersartigkeit erschwert uns den Zugang zur deutschen Kultur und Kulturtheorie, erschwert es uns z.b., aus Horkheimes Text das zu lernen, was doch eminent lernenswert ist, nämlich den objektiven Prozeß unserer Zivilisation zu erfassen und doch an den noch nicht realisierten Idealen der Aufklärung festzuhalten, das heißt, an dem Reflexionspotential der gesellschaftlichen Subjekte. Man sollte sich aber auch in die nachaufklärerisch-bürgerliche Tradition der Selbstzerfleischung einarbeiten, zumal sie ja doch – trotz aller lokalen, kontingenten Begebenheiten – wegen ihrer Radikalität ein Stück Weltgeschichte gemacht, und eine Reihe von wissenschaftlich ernstzunehmender Begrifflichkeit hervorgebracht hat, die eine erhebliche analytische Reichweite hat, sei es Entfremdung, sei es Verdinglichung.

In diesem Sinne habe ich in meine Zitatkette gut leuchtende, aber sprachlich leichte Perlen aufgenommen: »Für Deutschland ist die Kritik der Religion im wesentlichen beendigt« ist ein Satz, dessen verbale Bedeutung jeder Zweitsemestler entschlüsseln kann. Damit wollte ich sagen und zeigen, daß es sich durchaus lohnt, ja, für Sozial- und Geisteswissenschaftler in unserem Land sogar fast unentbehrlich ist, mit gut ausgewählten Textstellen aus der deutschen philosophischen Diskussionstradition Deutsch zu lernen. In diesem Sinne: Lernen Sie Deutsch mit Freud, Marx oder Nietzsche! Das würde es erleichtern, zwei von einander denkbar weit entfernte Kulturen auf ein gemeinsames Diskussionsforum zu bringen, um über gemeinsame Probleme zu handeln, eventuell über den Prozeß der Dialektik der Aufklärung und dessen Niederschlag in den literarischen Texten[10]. Dies wäre ein Fernziel, ein zwar außerhalb der Wissenschaft liegendes, aber um so wichtigeres Fernziel einer interkulturell ausgerichteten Germanistik: nämlich im Medium der hier in Mitteleuropa vollzogenen und erlittenen oder auch überspitzten Reflexionen die eigene kulturelle Situation schärfer in den Blick zu bekommen und konturieren.

Aber nicht nur für die Aufarbeitung gemeinsamer Probleme der Moderne, sondern auch für etwas, was ich mangels besseren Ausdrucks als geistige Landeskunde bezeichnen möchte, ist von philosophischer Seite ein Beitrag zu erwarten. Welche intellektuellen Probleme über den engen akademischen Elfenbeinturm hinaus die Gemüter aufregen, welche Positionen es gibt, wer welche Position aus welchen Gründen vertritt – dieses geistige landeskundliche Wissen sollte man haben, um auf deutsch nicht nur am Kiosk Coca-cola kaufen und nach dem ohnehin bekannten Preis fragen zu können, sondern auch mit denjenigen, die diese Sprache sprechen und in ihr leben, über Sachthemen diskutieren oder sogar einen Leitartikel der großen Medien lesen zu können.

Z.B. hat im Vorfeld der Historiker-Debatte Theo Sommer 1985 auf der ersten Seite der »Zeit« einen Artikel geschrieben über das schwierige Verhältnis der Deutschen zu ihrer eigenen Geschichte[11]. Es werden Goethe und Schiller zitiert, an Sprüche von Helmut Kohl und das Schlesier-Treffen erinnert, zitiert wurde aber auch vor allem Nietzsches Plädoyer für »eine richtende und verurteilende Historie« als Hinweis darauf, wie er schon im späten 19. Jahrhundert die deutsche Verklärung der Geschichte mit philosophischer Grundsätzlichkeit kritisiert hat, wie aber seine Mahnung »von der Gesellschaft, für die er schrieb, in den Wind geschlagen« wurde. Man erinnere sich an die vorher zitierten Auslassungen Nietzsches. Durchaus in Nietzsches Denkbahn kritisiert Theo Sommer »den Wind des treudeutschen Irrationalismus«, der wieder zu wehen drohe, »in dem die Raben krächzend um den Kyffhäuser segeln«.

Um diesen Artikel, in dem es um die Unsicherheit mit der eigenen Tradition geht – es gibt ja von solcher Art eine ganze Menge –, zu verstehen, braucht man eine detaillierte geistige Landeskunde. Und zu ihr gehört ebenfalls eine gewisse Vertrautheit mit der deutschen Form der Modernitätsbewältigung. Und die Fähigkeit der »Zeit«-Lektüre würde niemand als unerwünschtes Ziel des Unterrichts in Deutsch als Fremdsprache betrachten. Nebenbei bemerkt: diese Fähigkeit ist um so höher zu veranschlagen, als man feststellen muß, daß bisher in den japanischen Medien kaum von der deutschen Historikerdebatte zu lesen war, während über unsere Schulbuchzensur und über den chinesischen Protest gegen bestimmte Lehrinhalte relativ ausführlich in den großen deutschen Tageszeitungen berichtet wurde. Ein solches Informationsdefizit hat auch Gründe. Uns ist die deutsche Diskussionstradition äußerst fremd.

Ich plädiere damit auch dafür, philosophische Theoreme auf die auch in ihnen nicht zugeheilten oder vernarbten Wunden der Zeit hin zu interpretieren. Erst mit einer solchen sozialgeschichtlichen Zurichtung kann die Philosophie zu einem wichtigen Baustein einer interkulturellen Germanistik werden. Die Philosophie ihrerseits ist auch in dieser Hinsicht auf eine interdisziplinäre Zusammenarbeit mit der Geschichtswissenschaft, aber auch mit den Einzelphilologien angewiesen. Erst damit könnten wir über die Einarbeitung in die Besonderheiten der deutschen Diskussionstradition hinaus zu den Problemen vordringen, die uns alle heute beschäftigen oder jedenfalls beschäftigen müßten.

Lernen Sie Deutsch mit Marx, Nietzsche oder Freud!

Interkulturelle Germanistik bedeutet zwar zunächst: den von der jeweiligen Ausgangskultur bedingten Arten der Fragestellung ihre Eigenberechtigung einzuräumen. Wir können aus unserer japanischen Perspektive an die deutsche Entwicklung ganz andere Fragen stellen als es hierzulande üblich ist: vor dem Hintergrund, daß auch eine andere verspätete Nation, deren Entwicklungstempo inzwischen sehr beschleunigt ist, in ihrer Weise schlecht und recht mit der Modernität fertigzuwerden versucht, muß eine genuin japanische Fragestellung möglich sein.

Interkulturelle Germanistik bedeutet aber auch: diese Fragestellung und die jeweiligen Antworten auf ihre objektive Gültigkeit hin zu überprüfen. Die Genese einer Frage sagt eigentlich nichts über ihre sachliche Angemessenheit, geschweige denn über die Triftigkeit der Antworten. Ich weiß, es ist äußerst schwer, die Genese einer Frage, auch einer These zu trennen von deren objektivem Gehalt, wie die Geschichte einer deutschen, sehr deutschen Reflexion zeigt – sonst wäre Nietzsches Deutschenhaß milder ausgefallen. Ihm ist es nicht gelungen, seine Probleme mit seinen Landsleuten von ihrer Genese her zu durchschauen und auf diese Weise – zumindest partiell – zu relativieren und zu entschärfen. Aber ohne diesen hartnäckigen Trennungsversuch von Genese und Geltung, mit Kuhn gesprochen, also des Kontextes der Entdeckung und des Kontextes der Rechtfertigung, funktioniert Wissenschaft nicht. Und gerade die Geschichte der deutschen, sehr deutschen Diskussion zeigt, daß es möglich ist. In diesem Sinne noch einmal: Lernen Sie deutsch *auch* – dieses *auch* ist wichtig – mit Marx, Nietzsche und Freud!

Ich danke Ihnen.

Anmerkungen

[1] Horkheimer, Max: *Begriff der Bildung, Immatrikulations-Rede.* Wintersemester 1952/53. In: Horkheimer, *Sozialphilosophische Studien.* Frankfurt 1972.
[2] *MEW.* Berlin 1956, Bd. I, S. 378 u. 379.
[3] Heine, Heinrich: *Deutschland ein Wintermärchen,* Caput I.
[4] Mann, Thomas: *Betrachtungen eines Unpolitischen,* Stockholmer Gesamtausgabe. Frankfurt 1956, S. 110.
[5] Mann, Heinrich, *Professor Unrat.* In: Mann, H.: *Im Schlaraffenland, Professor Unrat.* Berlin 1955, S. 407f.
[6] Treitschke, Heinrich: *Politische Schriften.* Berlin 1925, S. 456.

[7] Nietzsche, Friedrich: *Menschliches, Allzumenschliches* II, I, 175.
[8] Nietzsche, Friedrich: *Der Fall Wagner*, Werke in 3 Bänden (Schlechta-Ausgabe). München 1966, Bd. II, S. 904.
[9] Bd. II, S. 1151 u. 1152 *(Ecce Homo)*.
[10] Diese Überlegung verdanke ich dem Vortrag von Herrn Habermeyer über die »Dialektik der Aufklärung in der deutschen Literatur«, den er im Mai 1987 auf dem Frühjahrskongreß des Japanischen Germanisten-Verbandes gehalten hat.
[11] Sommer, Theo: *Der Griff nach der Vergangenheit – Die Deutschen und ihre Geschichte: Vom richtigen Vergessen und falschen Erinnern*. In: Die Zeit, 4. Jan. 1985.

Doris Bachmann-Medick, Göttingen

Kulturelle Texte und interkulturelles (Miß-)Verstehen

Kulturanthropologische Herausforderungen für die interkulturelle Literaturwissenschaft

»Nicht gestern, nicht vorgestern, sondern vor langer Zeit trug sich eine Sache zu. Eines Nachts hielten drei Männer Wache vor der Hütte des großen Häuptlings, als sie plötzlich den früheren Häuptling auf sich zukommen sahen.«[1] So beginnt der Versuch der amerikanischen Ethnologin Laura Bohannan, den Eingeborenen des Tiv-Stammes in Nigeria in einer geselligen Erzählrunde die Geschichte von Shakespeares »Hamlet« zu erzählen. Dabei übersetzt sie diesen Text – wie problematisch das auch sein mag – teilweise in Stammeskategorien. Die Afrikaner wiederum decken durch ihre eigenwillige Interpretation unerkannte kulturelle Bedeutungsmöglichkeiten des Hamlet-Textes auf. An diesem Fallbeispiel wird deutlich, daß interkulturelle Verständigung bei der Interpretation von literarischen, symbolischen Texten überhaupt nur über kulturell aufschlußreiche Mißverständnisse zustandekommen und fruchtbar werden kann: »Warum war er nicht mehr ihr Häuptling?« fragen die Eingeborenen. »Er war tot«, erklärt die Ethnologin. »Darum waren sie auch beunruhigt und ängstlich, als sie ihn sahen.« »Unmöglich«, begann einer der Ältesten und reichte seine Pfeife seinem Nachbarn weiter, der ihn unterbrach: »Natürlich war es nicht der tote Häuptling: es war eine Erscheinung, von einer Hexe gesandt.«[2]

Die Tiv deuten die Geistererscheinung von Hamlets Vater als ein Omen, das von einer Hexe stammt. Sie haben keinen Glauben an irgendein Weiterleben nach dem Tod, dafür aber einen sehr ausgeprägten Hexenglauben. Dieser Hexenglaube ist für sie ein umfassender kultureller Auslegungsschlüssel eigener und fremdkultureller Erfahrung und Texte.

Für die interkulturelle Interpretation bedeutet die Auseinandersetzung mit solchen fremdartigen Auslegungsschlüsseln eine hermeneutische Herausforderung, die im Horizont der philosophischen Hermeneutik nicht mehr zu bewältigen ist. Denn diese schließt das Verstehen zwischen verschiedenen Kulturen aus ihrem Blickfeld aus, solange sie das Verstehen wirkungsgeschichtlich begründet, solange sie die Kontinuität der Überlieferung und die Verschmelzung verschiedener Horizonte als die wesentlichen Bedingungen des Verstehens behauptet. Diese wirkungsgeschichtliche Hermeneutik, wie sie vor allem von Gadamer ausgearbeitet worden ist, kommt an ihre Grenzen, wo Kulturgrenzen überschritten werden. Eine interkulturell konzipierte Hermeneutik dagegen, die erst im Entstehen ist, hat gerade diesen reizvollen Grenz- und Zwischenbereich des Verstehens im Blick.

Die interkulturelle Germanistik nun trägt als eine »Philologie der Fremde«[3] zu einer solchen interkulturellen Hermeneutik bei. Nicht die Verdrängung, sondern die Aufrechterhaltung von Fremdheit als einer neuen Schlüsselkategorie des Verstehens steht hier im Vordergrund. Besonders in diesem Zusammenhang der Fremderfahrung hat die interkulturelle Germanistik in ihren einschlägigen Publikationen auf die Kulturanthropologie hingewiesen,[4] die sich bekanntlich in der ethnographischen Feldforschung unausweichlich mit dem Problem des Fremden auseinanderzusetzen hat. Die Verweise auf »die Kulturanthropologie« sind bisher aber nur in ersten Andeutungen geschehen und noch dazu mit einem – wie ich meine – zu engen Verständnis von Kulturanthropologie.

Zugeschnitten auf die pragmatischen Bedingungen und Zielsetzungen der Fremdsprachenphilologie wurde die Kulturanthropologie im Bereich der interkulturellen Germanistik entweder als eine modifizierte Form von Landeskunde verstanden[5] oder man berief sich auf die ethnographische Praxis der teilnehmenden Beobachtung als eine konkrete Anleitung für die Förderung von »Verständigungsprozessen«, »interkultureller Kommunikationsfähigkeit« bzw. »Kulturmündigkeit«.[6] Die Ansätze der Kulturanthropologie selbst greifen aber durchaus weiter. Sie betonen, daß Fremdverstehen ein komplexer Prozeß der Vermittlung kultureller Bedeutungen ist, der mit dem Gesprächs- und Verständigungsmodell der Hermeneutik gerade nicht hinreichend zu erfassen ist. Die interpretative Kulturanthropologie geht sehr viel eher vom Textmodell der Hermeneutik[7] aus, wie es von Paul Ricoeur angeregt und in der Anthropologie besonders von Clifford Geertz[8] entfaltet worden ist. Wie literarische Texte, so lassen sich auch soziale und kulturelle Handlungen, Ereignisse und Ausdrucksformen überhaupt als Texte betrachten, als »imaginative Werke, die aus sozialem Material gebildet sind.«[9] Als solche bleibt ihre Bedeutung nicht auf den subjektiven

Horizont des gemeinten Sinns oder auf die Kontingenz von Kommunikationssituationen beschränkt. Vielmehr eröffnet sich ein weites Spektrum von Auslegungs- und Bedeutungsmöglichkeiten, da in den symbolischen Handlungen und Darstellungen – wie in einem Text – verschiedenartige soziale Erfahrungen in einem »Brennpunkt« gebündelt sind[10], von dem aus sie überhaupt erst in ihrer kulturellen Bedeutung zugänglich sind. Von diesem Ansatz her versteht sich die interpretative Kulturanthropologie als eine umfassende symbolische und bedeutungsorientierte Kulturwissenschaft, die als solche über eine »interkulturelle Kommunikationswissenschaft« hinausgeht.

Um diesem Anspruch der Kulturanthropologie gerecht zu werden und um aus ihr lernen zu können, reicht es nicht aus, sich nur vereinzelt ihre zentralen Begriffe anzueignen, z.B. Fremdheit, Kultur, Ritual und Symbol, und dabei die Kulturanthropologie als eine bloße Hilfswissenschaft zu benutzen.[11] Die interpretative Kulturanthropologie ist vielmehr als eine Kernwissenschaft zu betrachten, gerade aufgrund ihrer sehr breit angelegten kulturwissenschaftlichen Interpretationsweise. Zugleich ist sie eine methodologische Bereicherung für die Verstehensproblematik einer interkulturellen Hermeneutik. Dies erkennt man aber erst dann, wenn man sich auf die ethnologischen Forschungsansätze wirklich einläßt, statt nur global auf sie zu verweisen. In diesem Sinne wären die bereits andeutungsweise vorhandenen Hinweise auf die Kulturanthropologie im Rahmen der interkulturellen Germanistik weiter auszuarbeiten.

Ich möchte nun einige ethnologische Untersuchungen exemplarisch vorstellen, die eine kulturanthropologische Herausforderung der Literaturwissenschaft anregen könnten. Ein ausgearbeitetes Modell ist hier nicht zu erwarten, eher ein Denkanstoß, den deutlichen Textbezug dieser Untersuchungen für das Problem der interkulturellen Interpretation fruchtbar zu machen und ihren interessanten Argumentationszusammenhang untereinander konstruktiv aufzugreifen.

Es gibt in der Tat eine überraschende Verbindungslinie zwischen der schon erwähnten Verwandlung »Hamlets« auf dem Hintergrund der Erzählkultur und Lebenswelt einer afrikanischen Stammesgesellschaft, der Selbstauslegung philippinischer Kopfjäger durch Kategorien einer sozialen Emotionalität sowie der rituell – kulturellen Metaphorik in Shakespeares Texten. Gemeinsam ist die herausragende Bedeutung der Sphäre der kulturellen Darstellung und Repräsentation, wie sie sich mit dem mittlerweile klassischen Argument von Clifford Geertz erläutern läßt: Literarische Texte sind nur *eine* mögliche Darstellungsform, mit der sich Kulturen über sich selbst verständigen. Auch sie haben – selbst wenn sie individuell hervorgebracht sind – Teil am Prozeß der kulturellen Bedeutungsproduktion. Sie sind als »metasoziale Kommentare«[12] zu verstehen, wie sie jede Gesellschaft über sich selbst ausbildet. So gesehen hat Literatur einen ähnlichen symbolischen Status wie Rituale, Feste, Karneval und andere spektakuläre sozial-ästhetische Ausdrucksformen. Auch als ein Produkt individueller Kreativität ist sie ein Text kultureller Selbstauslegung, eine symbolgeladene und interpretierende »Geschichte, die man einander über sich selbst erzählt.«[13] Clifford Geertz veranschaulicht diese These am Beispiel des balinesischen Hahnenkampfrituals:

»Der Hahnenkampf hat (...) eine Funktion, die der von *König Lear* und *Schuld und Sühne* bei Leuten mit anderem Temperament und anderen Konventionen zu vergleichen ist; er greift deren Themen – Tod, Männlichkeit, Wut, Stolz, Verlust, Gnade und Glück – auf, ordnet sie zu einer umfassenden Struktur und stellt sie in einer Weise dar, die ein bestimmtes Bild von ihrem eigentlichen Wesen hervortreten läßt.«[14]

Was ergibt sich hieraus für die interkulturelle Literaturwissenschaft? Auch für sie jedenfalls gilt die Einsicht, daß Kultur keine bloße Rahmenbedingung von Texten ist, die positivistisch und unter Bezug auf einen sozialen »Hintergrund« zu erschließen wäre. Vielmehr ist zu fragen, wie in literarischen Texten selbst kulturelle Kategorien nicht nur reproduziert, sondern auch herausgebildet, reflektiert und verändert werden. »Niemand ginge in eine Vorstellung von Macbeth, um etwas über die Geschichte Schottlands zu erfahren; man will erfahren, wie sich ein Mann fühlt, der ein Königreich gewonnen, aber seine Seele verloren hat.«[15], so stützt Geertz seine These mit einem Zitat von Northrop Frye. Literarische Texte zeigen solche individuellen und kulturellen Einstellungen in symbolischen Brennpunkten, die es verstärkt in den Blick zu rücken gilt. Aufschlußreich sind hier die symbolischen Gestaltungen sozialer Beziehungen in Literatur, die Auffassungen von der Person, die Vorstellungen von Entwicklung und Handlung, von Raum und Zeit (z.B. im Entwicklungsroman), die kulturspezifische Ausgestaltung von Emotionen oder die literarische Verarbeitung von sozialen Konventionen, Zeremonien und Ritualen (z.B. im Drama). Entscheidend ist nun, daß von solchen Kategorien nicht nur auf bestimmte kulturelle Erfahrungsmuster zu schließen ist, sondern immer auch auf kulturinterne Differenzen, auf Elemente von Fremdheit in der eigenen Kultur.

Eine neuere kulturanthropologische Untersuchung von James Boon: »Other Tribes, Other Scribes«,[16] hat gerade diese These zum Gegenstand. Jede Gesellschaft – so Boon – bildet eine eigene Darstellungsebene aus, auf der sie sich auch sich selbst gegenüber als eine Kultur profiliert. Solche Selbstprofilierung ist kulturelle Selbstübertreibung. Rituale, Mythen, religiöse Praktiken, auch literarische Texte übertreiben kulturelle Bedeutungen. Sie gehen in ihrer sozialen Funktion nicht auf. So etwa übertreiben die Balinesen in ihren Ritualen (z.b. im Hahnenkampf) in öffentlicher Darstellung eine Sexualdämonik, wie sie in ihrem Alltagsleben sonst nur implizit zur Geltung kommt, in Ängsten und Tabus. Im Feld der Literatur ist das Theater ein besonders herausgehobener Bereich kultureller Selbstübertreibung. Ich verweise hier auf eine interessante Shakespeare-Interpretation von Stephen Greenblatt, die solchen sozialen Fiktionalisierungsprozessen nachgeht.[17] Greenblatt zeigt die Transformation eines sozialen Rituals in die Sphäre dramatischer Symbolik. Er macht deutlich, wie das elisabethanische Theater kulturell etablierte Exorzismuspraktiken ablöst, gerade indem es die Exorzismusrituale dramatisch-theatralisch übertreibt. Dies sei nur ein Beispiel für Boons These, daß kulturelle Selbstprofilierung nur durch die Auseinandersetzung mit Differenzen, ja durch Fiktionalisierungen der eigenen sozialen Praxis entstehen kann, die von der Entwicklung kultureller Gegenbilder ausgeht. In jeder Kultur – so lautet Boons These – ist von sich aus schon der Kontrast, das Gegenbild einer anderen Kultur angelegt. Der Komparatismus ist demnach nicht nur ein methodischer Kunstgriff. Er ist der Dialektik der Kultur selbst inhärent. Diese Dialektik wird in exponierten symbolischen Darstellungsformen, in Ritualen, Mythen, Literatur und Theater, besonders anschaulich. Ein Vergleich von Kulturen kann am besten hier ansetzen. Interkulturalität bezieht sich nämlich nicht auf ein Zusammentreffen der Kulturen selbst, sondern auf das Zusammentreffen der jeweiligen Bilder, die man sowohl von der eigenen wie von der fremden Kultur hat. Interkulturalität findet im Bereich der symbolischen Repräsentation von Kulturen statt, wo sie konventionellen Erwartungshaltungen, Idealbildern wenn nicht gar interkulturellen Stereotypen ausgesetzt ist. Die Verständigung zwischen Kulturen ist somit nicht nur durch die Vorurteile geprägt, die man von der jeweils anderen Kultur hat, sondern auch durch die Vorurteile von der eigenen Kultur.

Um diesen auch für die Literaturwissenschaft wichtigen Aspekt der kulturellen Selbstübertreibung zu veranschaulichen, begebe ich mich nun in die Gesellschaft der philippinischen Ilongot-Kopfjäger, die von der Ethnologin Michelle Rosaldo in eine eindringlichen Feldforschungsstudie zu beschreiben versucht wird.[18] Michelle Rosaldo zeigt, wie auf

Doris Bachmann-Medick

der rituellen Darstellungsebene – durch Gesänge, Zeremonien, Reden und Erzählungen – von den Kopfjägern selbst ein symbolischer Auslegungsschlüssel für das Kopfjagdritual gegeben wird. Es handelt sich hier um die zentrale Gefühlsmetaphorik des Herzens (»liget«), die »energy, anger, passion«[19] umfaßt. Mit dieser Herzmetapher wird das Kopfgeldritual als ein Ritual kultureller Identitätsbildung erfahrbar. »Herz« bzw. »liget« ist Antriebskraft und Metapher zugleich. Es ist der Zentralbegriff, mit dem die Motive der Kopfjagd verdichtet erfahren werden, so daß sich für die Kopfjäger ein »sense of themselves«[20] herstellt. Das »Herz« ist hier kein Ort individueller Gefühlsausdrücke – wie im europäisch-amerikanischen Kulturbereich – sondern der Ort einer sozialen Leidenschaft.[21] Über seine Antriebsfunktion hinaus symbolisiert es den Initiations-Übergang zwischen der wilden Tötungsenergie von Jugendlichen zum gemäßigten sozialen Wissen der Erwachsenenwelt. »Ideally, ‚knowledge' and ‚passion' work together in the ‚heart'.«[22]

An diesem Beispiel der Selbstauslegung einer kulturellen Praxis im Medium emotionaler Begrifflichkeit zeigt sich nicht zuletzt das Defizit literatursoziologischer Ansätze. Denn die soziale und kulturelle Praxis selbst erscheint hier keineswegs als die Basis der kulturellen Texte, sondern vielmehr gerade als ein zentraler Aspekt derselben:

> »Headhunting continued to be important as an aspect of Ilongot memory, myth, and song.«[23]

Dieser Zusammenhang ist auch beim interkulturellen Interpretieren zu berücksichtigen. Es kommt nicht allein darauf an, die völlig andersartige Konzeption der Gefühlsausdrücke und die verschiedene Vorstellung vom Selbst in der Tradition der abendländischen Kultur festzustellen (z.B. daß das Herz hier auf das Innenleben, auf Handlungsabsichten und Empfindungen von Individuen bezogen wird, nicht aber als Organ sozialer Leidenschaft gilt). Es kommt vielmehr darauf an, auch die signifikanten Begriffe der eigenen Kultur und Literatur als »initial texts«[24] zu erschließen, die in gleicher Weise teil haben an Formen des Diskurses wie an sozialer Aktivität.[25] Die Grenzen des jeweiligen kulturellen Assoziationsfeldes sind hier zu erweitern und dabei kulturinterne Bedeutungsspannungen, Differenzen und Gegenbilder freizulegen, die von der vorherrschenden Tradition kultureller Symbolisierung überlagert sind (angeregt durch die Ambivalenz von Leidenschaft und kulturellem Wissen, von wilden Affekten und sozialer Form bei den Kopfjägern).

Eine – freilich kontrollierte – methodische Übertreibung könnte hier die Augen öffnen. So kann man etwa die kulturelle Symbolik bei Shakespeare mit der Symbolisierungspraxis der Kopfjäger vergleichen, man

Kulturelle Texte und interkulturelles (Miß-)Verstehen

kann Shakespeare »in den Busch« wie auch den »Busch« zu Shakespeare bringen, wie dies der Ethnologe Philip Bock bereits explizit versucht hat.[26] Bock wagt in der Tat eine Shakespeare-Interpretation auf dem Hintergrund der Kopfjäger-Kultur. Als Kulturanthropologe folgt er verschiedensten ethnologischen Betrachtungsweisen, um auf neue, bisher unbeachtete »topics« der Shakespeare-Kultur zu stoßen. Er versucht, Shakespeares Dramen als kulturelle Ausdrucksformen zu verstehen, von denen sich die elisabethanischen Einstellungen zum Selbst, zum Körper, zur Emotionalität, vor allem auch zum Herzen und zum Schweigen und Reden ethnosemantisch[27] ableiten lassen. Dieser Ansatz erweist sich allerdings als der letztlich problematische Versuch einer kulturübergreifenden Klassifizierung kultureller Codes. Es mangelt ihm gerade an einer interkulturellen Auseinandersetzung, die von den Spannungen und Widersprüchlichkeiten im Bedeutungsspielraum der Texte selbst auszugehen hätte. Die Texte wären hier daraufhin zu untersuchen, auf welche kontrastreiche Weise sie dem sozialen »Material«, aus dem sie doch stammen, zugleich Bedeutung verleihen.

Ein überzeugendes Beispiel für eine solche Untersuchung wäre – um im Feld der Shakespeare-Interpretation zu bleiben – die kulturanthropologisch inspirierte Arbeit von Edward Berry.[28] Ausgehend von Shakespeares Komödien versucht Berry nachzuweisen, daß Shakespeares Texte wesentlich beteiligt sind an der Entwicklung des bis heute anhaltenden Mythos der romantischen Liebesheirat.[29] Er zeigt, wie die Texte das Konzept der romantischen Liebe modellieren, indem sie im Rahmen der Komödienkonventionen Elemente und Strukturen sozialer Liebes- und Heiratsrituale ästhetisch »übertreiben«:

»In responding to tendencies within his culture, and within the comic conventions he inherited, Shakespeare created a pattern distincitively his own, but one in which his age could recognize a displaced and refined image of itself. (...) In considering Shakespeare's relation to his society, it is important to remember that art not only draws upon social patterns but helps to create them; life, as the inverted cliché goes, imitates art.«[30]

Mein Anfangsbeispiel von »Hamlet im Busch« befördert durch sein interkulturelles »setting« diese Einsicht in die kulturelle Bedeutung literarischer Texte als Medien von Erfahrungsmodellierung und kulturellem Metakommentar. Es zeigt, wie ein Text von Shakespeare nicht nur mit der Einstellung des fremden Blicks und mit neuen klassifikatorischen Begriffen neu gesehen werden kann, sondern wie sich dieser Text wirklich in einen fremden Text verwandelt, der über das Erzählte und die

Erzählerabsicht hinaus ganz unerwartete interkulturelle Bedeutungen entfaltet. Angesichts des ent-stellten Texts rückt der komplizierte und spannungsreiche Prozeß des interkulturellen Verstehens selbst in den Vordergrund. Hamlet im Busch läßt erkennen, daß das Mißverstehen ein unverzichtbarer und produktiver Schritt auf dem Weg der interkulturellen Verständigung ist.

»Hamlet« wird von der Ethnologin Laura Bohannan unter dem Vorzeichen eines kulturellen Textes erzählt, d.h. eines Textes, der den Eingeborenen Einsichten in eine ihnen fremde Kultur vermitteln könnte. Das Spiel im Spiel bei »Hamlet«, das den Status eines kulturellen Metakommentars einnimmt, legt dies besonders nahe. Doch »Hamlet« fällt in die Hände der Eingeborenen. Er ist ihren Interpretationen ausgesetzt, die sie auf dem Hintergrund ihrer eigenen Lebenserfahrungen mit ethnozentrischem Impetus vortragen: »So wird es gemacht, und so machen wir es.«[31]

So etwa halten sie Hamlets Wahnsinn darin begründet, daß er von engen Verwandten der männlichen Linie, d.h. von seinem Onkel Claudius, verhext worden sein müsse. Die Afrikaner interpretieren auf dem Hintergrund ihres kulturellen Wissens, ihrer Verwandtschaftsvorstellungen und ihrer sozialen Normen und Tabus. So zerstören sie in gewisser Weise den »plot« der Geschichte, indem sie es nicht für verwerflich, sondern geradezu für eine Pflicht halten, daß der jüngere Bruder (Claudius) die Witwe des verstorbenen älteren Bruders (Hamlets Mutter) heiratet. Außerdem müsse der Häuptling bzw. König mehrere Frauen haben. Bei all dieser kulturspezifischen Unterschiedlichkeit der Konventionen ist aber das Gelingen einer interkulturellen Bedeutungsherstellung nicht grundsätzlich in Frage gestellt. Entscheidend ist die Einsicht (der Eingeborenen), daß eine gemeinsame Interpretationsebene gegenüber Texten und Erfahrungen gefunden werden kann:

»Irgendwann einmal (...) mußt du uns noch mehr Geschichten aus deinem Land erzählen. Wir, die wir die Ältesten sind, werden dich in der wahren Bedeutung unterweisen, damit, wenn du in dein eigenes Land zurückkehrst, eure Ältesten sehen, daß du nicht die ganze Zeit nur im Busch herum gesessen bist, sondern bei denen warst, die Dinge wissen und die dich Weisheit lehren konnten.«[32]

Interkulturelle Verständigung wäre in dieser Sicht – es ist die Sicht der Tiv – auf der Achse einer kulturübergreifenden Interpretations»weisheit« herzustellen. Solche Interpretations»weisheit« – so ließe sich die Einsicht der Tiv weiter entfalten – evoziert aber gerade auch ein spezifisches kulturelles Wissen. Es handelt sich hier – in welcher Kultur auch immer – um ein Wissen auf der Ebene der essentiellen kulturellen Symbolik. Mit ihm können die jeweiligen Bräuche, Konventionen, Ereignisse und Normen in einer Gesellschaft und in deren Texten auf ihre entscheidende kulturelle Tiefenmotivation zurückgeführt werden. Bei den Tiv sind hier die Hexen ausschlaggebend, bei den Ilongot-Kopfjägern das Herz. Beim interkulturellen Verstehen kommt es nun darauf an, angesichts solcher kulturgenerierender Prinzipien, wie etwa der Hexerei oder der Tötungsleidenschaft, die Verstehensspielräume auszunutzen und zu erweitern, die bereits durch die weitreichende und vielschichtige Symbolik der eigenen Kultur eröffnet werden. Gerade die Erfahrung der Differenz präzisiert dabei den Anspruch interkultureller Verstehensbemühungen: Die kulturellen Erfahrungen müssen zwar nicht identisch, aber doch teilbar werden.[33]

In den Termini der traditionellen Hermeneutik gesprochen: Gadamers Modell der Horizontverschiebung kann bei einer interkulturellen Hermeneutik nur dann aufrechterhalten werden, wenn man den – von Gadamer selbst erwähnten – dritten Verstehenshorizont, der nicht der eigene und auch nicht der fremde ist, als Medium für Interkulturalität neu versteht und ausbaut. Gemeint ist ein solcher Horizont aber nicht im Sinne einer »Erhebung zu einer höheren Allgemeinheit«[34], die doch nur eine Horizontverschmelzung anstrebt, den Horizont selbst dabei aber auflöst. Vielmehr geht es hier um die Aufrechterhaltung und Ausgestaltung des »dritten«, interkulturellen Verstehenshorizonts, eines Horizonts kultureller Symbolisierung und Differenz, der einen Austausch des kulturellen Wissens ermöglicht. Bevor man überhaupt von interkulturellem »Verstehen« sprechen kann, ist erst zu verstehen, wie Bedeutungen gemacht werden, wie in einzelnen Kulturen mit ihnen umgegangen wird, welche Symbolisierungsmechanismen und welche Selbstauslegungen dabei zur Geltung kommen. Hierbei wird das interkulturelle Mißverstehen, das Entgegenstehen fremder Bilder, Images und Stereotypen, geradezu konstitutiv. Der kontrollierte Umgang mit solchem Mißverstehen kann dazu verhelfen, auch die Symbolik der eigenen Kultur und der kulturellen Texte unter der Perspektive kultureller Extremmöglichkeiten aufzudecken und zu der Einsicht zu kommen, wie gerade auch in literarischen Texten spezifische Widersprüche, Fiktionalisierungen, Idealisierungen, Übertreibungen und Gegenbilder der eigenen Kultur für die Anschauung zugänglich werden.

Damit auch die interkulturelle Germanistik nicht nur ein Unternehmen bleibt, das – im Sinne Boons – unseren Sinn des Kontrasts befriedigt, muß auch sie versuchen, das interkulturelle Mißverständnis fruchtbar zu machen: Sie sollte es fördern, daß ihr die Texte ihrer eigenen Kultur »aus der Hand genommen« und ihr neue Bedeutungen dafür zurückgegeben werden, so wie es etwa mit Hamlet »im Busch« geschehen ist.

Anmerkungen

[1] Laura Bohannan: *Hamlet im Busch.* In: Transatlantik, Okt. (1982), S. 41–45, hier S. 42, eine Übersetzung von dies.: *Shakespeare in the Bush.* In: J.B. Cole (Hrsg.): *Anthropology for the Eighties. Introductory Readings.* New York 1982, S. 72–81.

[2] Vgl. ebda., S. 42.

[3] Hierzu, im Zusammenhang einer Kritik an der philosophischen Hermeneutik, vgl. Alois Wierlacher: *Mit fremden Augen oder: Fremdheit als Ferment. Überlegungen zur Begründung einer interkulturellen Hermeneutik deutscher Literatur.* In: Ders. (Hrsg.): *Das Fremde und das Eigene. Prolegomena zu einer interkulturellen Germanistik.* München 1985, S. 2–28, hier S. 4.

[4] Zur Erwähnung der Kulturanthropologie als »Fremdheitswissenschaft« vgl. Jahrbuch Deutsch als Fremdsprache 11 (1985) (Thematischer Teil: Literaturforschung als Fremdheitsforschung).

[5] Vgl. Christian Grawe: *Der Lektürekanon der Germanistik als Fremdsprachendisziplin: Grundsätze und praktische Überlegungen.* In: Alois Wierlacher (Hrsg.): *Fremdsprache Deutsch. Grundlagen und Verfahren der Germanistik als Fremdsprachenphilologie.* Bd. 2. München 1980, S. 358–386, hier bes. S. 374 f.

[6] Vgl. Heinz Göhring: *Deutsch als Fremdsprache und interkulturelle Kommunikation.* In: *Fremdsprache Deutsch* Bd. 1, S. 71–90, hier S. 83. Zur Bedeutung der Kulturanthropologie im Hinblick auf interkulturelle Kommunikationsfähigkeit vgl. auch Hans J. Vermeer: *Sprache und Kulturanthropologie. Ein Plädoyer für interdisziplinäre Zusammenarbeit in der Fremdsprachendidaktik.* In: Jahrbuch Deutsch als Fremdsprache 4 (1978), S. 1–21.

[7] Vgl. hierzu den paradigmatischen Aufsatz von Paul Ricoeur: *Der Text als Modell: hermeneutisches Verstehen.* In: Hans-Georg Gadamer/Gottfried Boehm (Hrsg.): *Seminar: Die Hermeneutik und die Wissenschaften.* Frankfurt 1985, S. 83–117.

[8] Vgl. Clifford Geertz: »*Deep Play*«: *Bemerkungen zum balinesischen Hahnenkampf*. In: Ders.: *Beschreibung. Beiträge zum Verstehen kultureller Systeme*. Frankfurt 1983, S. 202–260, hier S. 253 ff.
[9] Ebda.
[10] Vgl. ebda., S. 256.
[11] Zur »Anwendung« anthropologischer Kulturbegriffe auf die interkulturelle Germanistik vgl. Hermann Bausinger: *Zur Problematik des Kulturbegriffs*, und Heinz Göhring: *Deutsch als Fremdsprache und interkulturelle Kommunikation*. Beide in: *Fremdsprache Deutsch* Bd. 1, S. 58–69 bzw. S. 71–90.
[12] Geertz: »*Deep Play*« (vgl. Anm. 8), S. 252.
[13] Ebda., S. 246.
[14] Ebda., S. 246.
[15] Ebda., S. 255.
[16] James A. Boon: *Other Tribes, Other Scribes. Symbolic Anthropology in the Comparative Study of Cultures, Histories, Religions, and Texts*. Cambridge 1982.
[17] Stephen Greenblatt: *Exorcism into Art*. In: Representations 12 (1985), S. 15–32. Vgl. auch Greenblatts kulturanthropologische Sichtweise literarischen Interpretierens mit dem Ziel einer »poetics of culture« am Beispiel der Modellierung der Überlegungen vom Selbst im 16. und 17. Jahrhundert. Greenblatt betont, daß diese Selbstmodellierung ebenfalls weitgehend über die Beziehung zu Fremdem und Entgegenstehendem zustandekommt: vgl. Ders.: *Renaissance Self-Fashioning. From More to Shakespeare*. Chicago 1980, S. 5, S. 9.
[18] Michelle Z. Rosaldo: *Knowledge and Passion: Ilongot Notions of Self and Social Life*. Cambridge, Mass. 1980.
[19] Ebda., S. 22.
[20] Ebda., S. XI.
[21] Vgl. ebda., S. 36 ff.
[22] Ebda., S. 27.
[23] Ebda., S. 14.
[24] Vgl. ebda., S. 24.
[25] Vgl. ebda., S. 24.
[26] Philip K. Bock: *Shakespeare and the Elizabethan Culture. An Anthropological View*. New York 1984.
[27] Vgl. ebda., S. 133.
[28] Edward Berry: *Shakespeare's Comic Rites*. Cambridge 1984.
[29] Ebda., S. 31.
[30] Ebda., S. 31.

[31] Bohannan (vgl. Anm. 1), S. 42.
[32] Ebda., S. 45.
[33] Vgl. Boon (vgl. Anm. 16), S. 121.
[34] Hans-Georg Gadamer: *Wahrheit und Methode. Grundzüge einer philosophischen Hermeneutik.* 2. Aufl. Tübingen 1965, S. 288.

Manfred Beller, Messina/Pavia

Vorurteils- und Stereotypenforschung – Interferenzen zwischen Literaturwissenschaft und Sozialpsychologie

Die Interkulturelle Germanistik befaßt sich in ihrer sprach- und literaturwissenschaftlichen Forschung, sowie bei ihrer didaktischen Vermittlung gleichzeitig mit einer deutsch-zentrierten Innenansicht und mit einer fremdorientierten Außenperspektive. Unsere Arbeit lebt von der dialektischen Spannung zwischen dem Bild und der Kultur Deutschlands, die wir vermitteln, und den Vorstellungen und Erwartungen, die die anderen uns entgegenbringen, zwischen der Präsentation der deutschen Innensicht und dem Verständnis der anderen für das ihnen Fremde. Daraus ergibt sich ein Wechselspiel der Meinungen, bei dem das Urteil über den Fremden und das jeweils Unbekannte, dem anderen, betroffenen, als ein Vorurteil erscheint. Die Deutschen sehen sich, ihre Lebensart und ihre Kultur von den Ausländern ohne genügend Kenntnisse, vorurteilhaft, falsch, bestenfalls halbrichtig beurteilt; im gleichen Maße erscheint das Urteil der Deutschen über die jeweiligen Fremden diesen wiederum spiegelbildlich verkehrt.

Es ist eine unvermeidbare Voraussetzung des Erkenntnisprozesses, daß wir alle ständig Urteile abgeben, ohne uns in der Regel bewußt zu machen, daß wir dabei nicht nur auf vorläufigen Urteilen, sondern vor allem auch auf Vorurteilen aufbauen.[1] Die Aufklärung sah und sieht ihre Hauptaufgabe darin, Vorurteile abzubauen, falsche Urteile durch richtige zu ersetzen, den Horizont unseres Verstehens zu illuminieren. Im Eifer dieses Erhellungsprozesses gelten Vorurteile a priori als von Übel; man muß sie überwinden. Der wissenschaftliche Aufklärer in uns verkündet selbstsicher wie der alte Cato das ‚Ceterum censeo praeiudicium esse delendum'.

Christian Thomasius hat die Historizität der Erkenntnis gelehrt, wonach sich unsere Urteile auf die sichere Selbsterfahrung (= Empirie) und die übernommene, geglaubte Fremderfahrung stützen. »Des Menschen Vernunft« entscheide darüber, was wahr und was falsch sei, und auf diese Vernunftlehre gründete er das Programm der »Ausmerzung von Vorurteilen«.[2] Weil aber auch die Urteile unserer Vernunft jeweils historisch bedingt sind und also »die Vorurteile des einzelnen weit mehr als seine Urteile die geschichtliche Wirklichkeit seines Seins« darstellen, hat schon Hans-Georg Gadamer nach der »Legitimität von Vorurteilen« gefragt, und Gerhard Sauder hat verdeutlicht, »daß bereits in der Diskussion der Spätaufklärer über sich selbst ein dialektisches Moment im Vorurteil erkannt wurde«.[3] Nach Werner Schneiders sind unsere Urteile über andere Länder und Völker, sowie auch über unsere eigene Nation als durch lange Tradition verfestigte Vorurteile oder Voreingenommenheiten im Sinne irrationaler Wertungen anzusehen.[4] Wie negativ wir diese Elemente der Urteilsbildung auch immer bewerten wollen, wir bedürfen ihrer als einer operational einzusetzenden Kategorie, als heuristischer Hilfsmittel zur – zugegebenermaßen – eingeschränkten Verständigung.

In den gleichen Zusammenhang gehört eine ganze Reihe von Begriffen wie Vorurteil, Stereotyp, Klischee, Gemeinplatz, formelhafte Redensarten usw., die wir allesamt abwertend gebrauchen. Es handelt sich um ein mit negativen Konnotationen besetztes Wortfeld. Zu diesem semantischen Cluster gehören jedoch gerade jene Begriffe, die wir zur Beschreibung und zur Bewertung von interkulturellen Beziehungen und Problemen verwenden. Deshalb reklamiere ich diese Begriffe hier als neutrale Kategorien für die wissenschaftliche Indienstnahme, d.h. ich empfehle, gerade auch die negativen Konnotationen als solche für gegeben hinzunehmen. Gäbe es weder positive noch negative Vorurteile mitsamt ihren Unterbegriffen und Nebenwirkungen, könnten wir uns sehr viel umständlicher verständigen und würden uns – fatales Paradoxon des menschlichen Zusammenlebens – sehr bald langweilen.

Als Literaturwissenschaftler muß ich zur Kenntnis nehmen, daß unsere liebgewonnenen und meist sehr undifferenziert gebrauchten Termini, Vorurteil, Stereotyp, Klischee usw., schon längst in der Nachfolge Wilhelm Wundts und Georg Simmels zu einer Domäne der Völker- und Sozialpsychologie geworden sind. Anstelle einer Aufzählung der sozialwissenschaftlichen Definitionsversuche, etwa von Karsten (1953), Allport (1954), Heintz (1957), Blumer (1961), Horkheimer (1963), Klineberg (1968), Secord und Backmann (1974), Levin (1975), wie sie Bernd Schäfer und Bernd Six in ihrer *Sozialpsychologie des Vorurteils*[5] zusammengestellt haben, gebe ich die ausgewogenste Sammelformulierung nach dem *Deutschen Universalwörterbuch* der Dudenredaktion wieder (S. 1406)[6]:

Vorurteil: ohne Prüfung der objektiven Tatsachen voreilig gefaßte od. übernommene, meist von feindseligen Gefühlen gegen jmdn. od. etw. geprägte Meinung; ein altes V.; -e gegen Ausländer; -e haben, hegen, ablegen.
Im Rahmen des umfassenden Denkprozesses der Vorurteile über Personen oder Sachen interessieren bei der interkulturellen Fragestellung vor allem die Nationalstereotype. Dafür bietet unser *Universallexikon* nur die knappe, allgemein gehaltene Erläuterung (S. 1212):
Stereotyp: oft vereinfachtes, stereotypes Urteil eines Menschen (als Angehöriger einer Gruppe).
Bei der Zuordnung von Personenurteilen und Einstellungen zu sozialen und rassischen Kategorien fragen die Sozialpsychologen vor allem nach den nationalen Stereotypen gemäß der Methode des Eigenschaftslistenverfahrens.[7] Gerade diese Anwendung des Stereotypenbegriffs ist inzwischen jedem Fremdsprachenlehrer aus oft sehr vereinfachten landeskundlichen und sprachdidaktischen Spielen und Tabellen vertraut. Die solchermaßen eingeengte Demonstration von Stereotypen ist als eine spezifische Unterart der Vorurteilsforschung zu verstehen. In seinen jüngst erschienenen Ausführungen über *Stereotype und Vorurteile sozialpsychologischer Forschung*[8] faßt Bernd Six seine Bedenken wegen der mangelnden Validität von Stereotypen aufgrund ihrer inkorrekten Generalisierungen und einschränkenden Kategorisierungen zusammen; dabei unterstelle man »einen Prozeß der korrekten Identifikation von Merkmalsverteilungen, der eigentlich niemals stattgefunden hat: die postulierten Abweichungen von den richtigen, sorgfältig abgewogenen Urteilen sind nichts anderes als fiktive Normen« (S. 45).
Die Feststellung des »fiktiven« Charakters der Zuschreibung von Eigenschaften sozialer Gruppen und ganzer Nationen durch die Sozialpsychologen läßt den Literaturwissenschaftler aufhorchen. Ihre Fiktionalität ist also der gemeinsame Nenner der Stereotype, in der Demoskopie nicht weniger als in literarischen Texten. Das bestätigt auch der Soziologe Anton C. Zijderveld in seinem Beitrag *On the Nature and Functions of Clichés*[9] mit folgender Definition (S. 28):
A cliché can be defined as a traditional form of human expression (in words, emotions, gestures, acts) which – due to repetitive use in social life – has lost its original, often ingenious, heuristic power.
Zwar kennzeichnet unser *Universalwörterbuch* sehr genau und differenziert (S. 697):
Klischee: a) unschöpferische Nachbildung; Abklatsch: literarisches -s; b) eingefahrene, überkommene Vorstellung: das K. einer gutbür-

gerlichen Ehe; c) abgegriffene Redensart, Redewendung: in -s reden.
aber im literaturwissenschaftlichen Schrifttum werden *Stereotyp* und *Klischee* in den allermeisten Fällen als synonyme Begriffe verwendet. Der Soziologe Zijderveld stellt seinerseits nuancierend fest, daß Stereotype in formaler Hinsicht immer auch wie Klischees erscheinen, aber zusätzlich wertende »moral and metyphysical dimensions« enthalten, wogegen das *cliché* nur als abstrakte Reduktion und reine Ausdrucksformel zu betrachten ist (S. 28):

> Although it thus fails to contribute meaning to social interactions and to communication, it does function socially, since it manages to stimulate behaviour (i.e. cognition, emotion, volition, action), while it avoids reflection on meanings.

Das wichtigste Charakteristikum der Klischees ist die Verdrängung der Meinung, die Abstraktion von ihrem originalen Sinn und Gehalt, durch ihre Funktion. »Yet, one should also realize that the clichés are indispensable to the fabric and functioning of social life. Without them life were sociologically as unthinkable as it would be without any institutions« (S. 40). Der rein funktionale Charakter der Klischees, die als sprachliche Ausdrucksformeln von Stereotypen in der schönen Literatur und noch mehr in den Gebrauchstexten unserer Schul- und Alltagswelt manifest sind, dient ihrer operationalen Betrachtung und Erklärung durch den Sprach- und Literaturwissenschaftler.

Außer auf die Methoden und Definitionen der anglo-amerikanischen und deutschen Sozialpsychologie, die vor allem bei der Analyse von rassischen Vorurteilen und im Rahmen pädagogischer Aufklärungsprogramme in den Vereinigten Staaten entwickelt worden sind, möchte ich noch auf die benachbarte französische Schule der »Ethnopsychologie« hinweisen. Es handelt sich um ein interdisziplinäres Programm, das vergleichende Völkerkunde, Soziologie, Historik und Mentalitätsforschung zu einer Kulturanthropologie zusammenfügen will und in dessen Rahmen allgemein sprachliche und literarische Zeugnisse als Quellen und Dokumente eine wichtige Rolle spielen. In einer die Anteile der verschiedenen Disziplinen vereinigenden Doppelnummer der Zeitschrift *Ethnopsychologie – Revue de psychologie des peuples* hat Guy Michaud sowohl einen Überblick der Konzepte »race, peuple, population, ethnie, nation, nationalité, état«, die die Oberbegriffe der »culture« und der »civilisation« bestimmen,[10] als auch die französischen Definitionen von *image, stéréotype, mentalité* und *caractère* (nationale ou ethnique), *personnalité* und *ethnotype* gegeben.[11] Die Ergänzung der Terminologie um den *image*-Begriff ergibt einen besonderen Berührungspunkt mit der image- und mirage-Forschung, die seit Jean-Marie Carré und Marius-François Guyard eine Dominante der französischen Littérature comparée bildet.[12] Trotz der vehementen Kritik von René Wellek an dieser außerliterarischen (»extrinsic«) Perspektive[13] hat sich die Pariser komparatistische Schule bis zu Daniel-Henri Pageaux' Forschungsprojekt einer multidisziplinären »imagerie culturelle« fortentwickelt.[14] In Deutschland stimmt die durch das ältere französische Vorbild der Erforschung des »Bildes vom anderen Land« angeregte »komparatistische Imagologie nach dem Aachener Modell« von Hugo Dyserinck und Manfred Fischer zwar der sachlich vorgegebenen Einbeziehung der verschiedensten Disziplinen zu, versucht aber an einem primär literaturwissenschaftlichen Erkenntnisinteresse festzuhalten.[15] Im Grunde geht es darum, ob man sprachliche Klischees und literarische Texte als Dokumentationsmaterial im Dienste der Alteritätsforschung, der Sozialpsychologie und der Kulturanthropologie auswertet, oder ob die kulturgeschichtlichen Kenntnisse und die sozialen Befunde zur Erklärung linguistischer Verständnisprobleme herangezogen und als kontextuelle Elemente literarischer Gestaltung angesehen werden. Diese epistemologische Alternative, die durchaus das Zeug dazu hat, sich von Zeit zu Zeit in polemischen Antithesen zu verbeißen, dürfte auch der Interkulturellen Germanistik, die ja ständig mit wechselseitigen, gruppenspezifischen Vorurteilen und nationalen Stereotypen zu tun hat, noch ins Haus stehen.

Nach so vielen Interferenzen möchte ich auch auf einige wesentliche Differenzen aufmerksam machen. Sie liegen im Bereich der für den Literaturwissenschaftler vorrangigen historischen und ästhetischen Perspektiven.

Bei dem Eigenschaftslistenverfahren der Sozialwissenschaftler ergeben sich trotz der inzwischen auf Validierung bedachten, verfeinerten Methoden immer nur jeweils aktuelle demoskopische Momentaufnahmen. Im Dienste der aufklärerischen Intentionen, Wandlungen von Stereotypen zu beobachten und Änderungen vorurteilsvollen Verhaltens zu stimulieren,[16] kann man allenfalls die älteren Erhebungen aus den dreißiger Jahren mit den Ergebnissen neuester analoger Befragungen vergleichen. Obwohl man natürlich weiß, daß es sich bei Vorurteilen und Stereotypen um dauerhafte, oft viele Generationen lang tradierte, kulturelle Phänomene handelt, interessieren sich die sozialwissenschaftlichen Disziplinen weniger für die geschichtlichen Tiefendimensionen als für gegenwartsbezogene Feststellungen und für Prognosen kulturanthropologischer Prozesse in die Zukunft hinein. Auch die linguistische

Feldforschung, wie z.B. die einen hohen Abstraktionsgrad anstrebenden Theorien von Giuseppe Mininni und Paul-Ludwig Völzing *Lo stereotipo nella comunicazione interculturale: una proposta di ricerca*,[17] und didaktische Analysen im Bereich des Deutschen als Fremdsprache, wie z.B. die von Manfred Bayer über *Weltweite Fremdenfeindlichkeit: Erklärungsansätze und Versuche interkultureller Erziehung*[18] konzentrieren sich in Analogie zu den methodischen Vorbildern in der Soziologie, in der Ethnologie und in der Psycholinguistik auf die deskriptive Bestandsaufnahme der unmittelbaren gegenwärtigen Situation. Auch der historische Horizont der Deutschlandkunde reicht nach dem Ausweis der Sprachlehrwerke und der Materialempfehlungen unserer kulturvermittelnden Institutionen ganz selten weiter als drei Generationen, also höchstens bis zum Beginn dieses Jahrhunderts zurück.

Nimmt man nun aber einen literarischen Text zur Hand, und zwar gerade auch die Neuerscheinungen der jeweils letzten Jahre, so treten neben die situationsgebundenen, zeitgeschichtlichen und sozialen Reflexe die Bedeutungsketten der historischen Konnotationen. Vor dem Auge des Literaturwissenschaftlers enthüllen die rhetorischen Klischees und auch die nationalen Stereotypen ihre in Namen, Wörtern und Redewendungen akkumulierten Sinnbezüge und Ausdrucksqualitäten. Was da etwa in der Formel unseres »geliebten Deutsch« daherkommt, versetzt jeden Germanisten schlagartig in Goethes Arbeitszimmer nach Weimar um 1800 und in die Vorstellungswelt der gotischen Studierstube des Magisters Faust, Luthers Zeitgenossen, zurück. Sollte aber von tüchtigem, leider barbarischem Soldatentum oder von trinkfesten und gefräßigen Deutschen geschrieben stehen, so ist das nicht nur ein Reflex der deutschen Geschichte im 20. Jahrhundert, sondern wir befinden uns auch im Mittelalter der kaiserlichen Heereszüge nach Italien, wo Dante den Reim von den »tedeschi lurchi« (*Inferno* XVII 21) aufgebracht hat, oder gar schon 1900 Jahre früher bei Tacitus. Im Bildbereich der sozialen Gruppenethik scheint beispielsweise aufgrund von Christa Wolfs literarischer Erfindung eine Kassandra – der dreitausend Jahre zurückliegenden Welt Homers und der klassischen griechischen Tragödie entfremdet – zu einer Klischeefigur neuester archaisierender Weiblichkeit umstilisiert zu werden.

Auf die ästhetische Perspektive hat interessanterweise der schon genannte Soziologe Zijderveld bei seiner Definition des Klischeebegriffs Bezug genommen. Ansonsten wird die Erforschung der rhetorischen Funktionen sprachlicher Klischees, Gemeinplätze, stereotyper Formeln und Redewendungen in ästhetisch organisierten Texten sinnvollerweise den Literaturwissenschaftlern und Linguisten überlassen. Hier ist zu berücksichtigen, daß »schematisierte Ansichten« – eine von Roman Ingarden eingeführte wahrnehmungstheoretische Kategorie – als kulturelle Einheiten den Prozeß des Wiedererkennens und der Kommunikation darüber ermöglichen; Schematisierungen der Wirklichkeit werden zu Konventionen im Zeichensystem literarischer Texte und tradieren unsere Seh- und Denkstereotypen.[19] Der Literaturhistoriker orientiert sich an den poetologischen Normbildungen, die einzelnen Epochen oder literarischen Strömungen als charakteristische Schemata zugrundeliegen, wie z.B. das von Wolfgang Zach beschriebene *Stereotyp als literarische Norm – Zum dominanten Denkmodell des Klassizismus*.[20] Kritische Auseinandersetzungen mit solchen stilbildenden Normen, bisweilen auch deren Revolutionierung, kennzeichnen die Abfolge der literarischen sowie der gesamtkulturellen Epochensysteme. Noch dauerhafter als die stilgeschichtlichen Umbrüche sind die nationalen Stereotype, die in einzelnen literarischen Gattungen bestimmte Darstellungsfunktionen übernommen haben, z.B. das stereotype Personenrepertoire im Drama, vor allem in der Komödie, sowie in typologisierenden Erzählgattungen, wie dem pikaresken und dem komischen Roman, dem Reise- und dem Kolonialroman.[21]

Am weitesten fortgeschritten ist die Erforschung von Stereotypen und spezifisch literarischen Klischeebildungen im Bereich der Anglistik, worin man auch die befruchtende wissenschaftsgeographische Nähe der anglo-amerikanischen Dominante in der Sozialpsychologie erkennen kann. Der neueste, schon mehrfach genannte Sammelband *Erstarrtes Denken – Studien zu Klischee, Stereotyp und Vorurteil in englischsprachiger Literatur* dokumentiert die von dem Grazer Anglisten Franz Karl Stanzel angeregte methodische Richtung, die sein Schüler Waldemar Zacharasiewicz in einem Forschungsbericht zusammengefaßt hat.[22] Die Interkulturelle Germanistik könnte sich auch die Erfahrungen der anderen Fremdsprachenphilologien auf dem Gebiete der jeweiligen Landeskunde zunutze machen. So hat z.B. Günther Blaicher *Zum Problem des Vorurteils in der Geschichte der englischen Landesbeschreibungen*[23] die englischen Autostereotypen und ihre Auswirkung auf die Vorurteile bei den rezipierenden späteren Generationen und anderen Völkern untersucht und dabei festgestellt (S. 89 f.): »Durch die Hereinnahme einer historischen Perspektive erhalten die Phänomene der Landesbeschreibung einen historischen Ort, verringert sich die Gefahr der Fehlrezeption, die bei einer ahistorischen Betrachtung immer vorhanden ist.« Abschließend betont Blaicher die aufklärerisch didaktische Funktion seiner Studien (S.

101): »Werden solche Autostereotypen in ihrer historischen Abfolge und in ihrer historischen Funktionalität beschrieben, dann bleiben sie im historischen Kontext verankert, verlieren in dieser Relativierung ihren überzeitlichen Anspruch und werden als Vorurteile untauglich.« Dieses den Literaturwissenschaftler überzeugende Plädoyer für die historische Perspektive erfährt bei den Vertretern der mehr auf Aktualität bedachten Landeskunde eine dementsprechende heuristische Einschränkung, wie z. B. durch Rainer Hess' Beitrag *Landeskunde und Literaturwissenschaft*[24]: »Die Einbeziehung der historischen Perspektive ist nur dort angebracht, dann aber unerläßlich, so zwingend nachgewiesen werden kann, daß eine Erscheinung der Gegenwart in vollem Umfang erst durch ihre geschichtliche Herleitung verständlich wird.«

Die romanistischen Forschungen über *Das französische Deutschlandbild in seiner Entwicklung* hat Klaus Heitmann schon vor zwanzig Jahren zusammengetragen.[25] Einen historischen Überblick über *Das deutschfranzösische Verhältnis im Spiegel von Kultur und Sprache* bietet Bernard Trouillet mit besonderer Berücksichtigung des Unterrichts der Nachbarsprache im jeweiligen Schulwesen und einem sehr ausführlichen Literaturverzeichnis. Die allgemeine Breite der deutsch-französischen Kulturbeziehungen erschließt die Bibliographie der *Ludwigsburger Beiträge zum Problem der deutsch-französischen Beziehungen* für die Jahre 1945–1962 und deren Fortsetzung durch die von Dieter Menyesch und Bérénice Manac'h herausgegebene Bibliographie *France-Allemagne. Relations internationales et interdépendances bilatérales. Une bibliographie 1963–1982.*
Daß selbst im Falle des wohl am weitesten gediehenen Völkerkontaktes, dem zwischen Deutschland und Frankreich, gerade für die literaturwissenschaftliche Erforschung der spannungsreichen und komplexen Vorurteile und Klischees noch viel zu tun bleibt, belegt der Rezensionsartikel von Lothar Matthes *Fremdwahrnehmung und Kulturpolitik in der Fremde – Neue Perspektiven und Materialien im dauerhaft fruchtbaren deutsch-französischen Forschungsfeld.*[26]

Immer rascher vermehrt sich die Zahl der Arbeiten zur wechselseitigen Erhellung der Völkerbilder, insbesondere im Hinblick auf Deutschlands westliche und östliche Nachbarn. Vor kurzem ist auch der erste Band des von Lew Kopelew angeregten »Wuppertaler Projekts« über *Russen und Rußland aus deutscher Sicht (9.–17. Jahrhundert)* erschienen, dem bald die nächsten Bände über *Deutschland und Deutsche aus russischer Sicht* folgen sollen. Die Doppelseitigkeit der Medaille, d.h. das Wechselspiel von Auto- und Heterostereotypen, hat in der literaturwissenschaftlichen Forschung längst seine heuristische Eignung erwiesen, insbesondere auch in der Hand von Germanisten wie Gonthier-Louis Fink, der diese Perspektive in seinen Studien zur deutschen und französischen Aufklärung, über Lessing und Voltaire und über das Echo der französischen Revolution in der zeitgenössischen deutschen Literatur angewandt hat.[27] Die Schlüsselfunktion der Vorurteils- und Stereotypenforschung auf dem neuerdings stark beachteten Gattungssektor der Reiseliteratur liegt auf der Hand. Allerdings ist gerade hierzu noch eine beträchtliche methodologische und begriffliche Präzisierungsarbeit zu leisten, wie ich selbst bei dem DFG-Symposium *Rom – Paris – London. Erfahrungen und Selbsterfahrungen deutscher Schriftsteller und Künstler in fremden Metropolen* (1985), dessen Aktenpublikation noch für dieses Jahr angekündigt ist, an Beispielen aus dem 18. und 19. Jahrhundert für eine *Typologia reciproca – Über die Erhellung des deutschen Nationalcharakters durch Reisen* demonstriert habe.

Schließlich sind auch die immer zahlreicheren Einzelstudien und Sammelbände über das Amerika-Bild in der deutschen Literatur zu nennen. Obwohl Hans Galinsky noch Mitte der siebziger Jahre von einem »neglected field« gesprochen hat,[28] ist diese Blickrichtung seit den von Alexander Ritter[29] und Manfred Durzak[30] veröffentlichten Bänden bis hin zu Paul Michael Lützelers *Vom Wunschtraum zum Alptraum – Zum Bild der USA in der deutschsprachigen Gegenwartsliteratur*[31] inzwischen zu einem wohlbestellten Felde avanciert. Auch hier interessiert natürlich weit mehr noch der das Deutschland-Bild mitberücksichtigende wechselseitige Aspekt, wie etwa bei dem von Wolfgang Paulsen veranstalteten Amherster Kolloquium *Die USA und Deutschland – Wechselseitige Spiegelungen in der Literatur der Gegenwart,*[32] und Peter Boerners Erörterungen nationaltypischer Leitmotive, Stereotype und der Rolle einzelner Autoren bei der Entstehung und Verbreitung von Völkerbildern, die schon 1975 gleichzeitig in englischer und in deutscher Fassung erschienen sind. Eine weiterführende, interdisziplinäre Klärung unserer Begriffe ist von dem ebenfalls von Peter Boerner betreuten Aktenband der Bloomingtoner Tagung *Concepts of National Identity in the Light of European Culture Studies* (1985) zu erwarten. Über diesen eurozentrischen Rahmen hinaus stünde der Interkulturellen Germanistik die interdisziplinäre Erforschung und didaktische Erprobung des Deutschland-Bildes auch in Lateinamerika, in Afrika und in Asien zu. Das wäre die noch offene Gegenperspektive zu der gerade hier am Tagungsort Bayreuth gepflegten Verbindung der afrikanischen Studien mit der komparatistischen Imagologie, die uns beispielsweise die Augen für die

Klischees von den ehemals unter kolonialer Herrschaft lebenden Völkern in der deutschen Literatur geöffnet hat.[33]

Wie die vielen Beispiele und weiterführenden Literaturhinweise belegen, ist der literaturwissenschaftliche Beitrag zur Erforschung der nationalen Vorurteile und Stereotype in einigen philologischen Nachbardisziplinen und in der Auslandsgermanistik bereits sehr viel weiter gediehen als in der binnendeutschen Nationalphilologie. Hier fände die Interkulturelle Germanistik eine notwendige und lohnende Aufgabe, sowohl für ihre literaturwissenschaftliche Forschung als auch im didaktischen Bereich des Deutschen als Fremdsprache.

Zum Erkenntnisgewinn bei der wissenschaftlichen Behandlung der Stereotype möchte ich noch zwei Feststellungen des Soziologen Zijderveld zitieren. Die eine bezieht sich auf die kommunikativen Funktionen von Stereotypen:[34]

> Stereotypes about other nations, for instance, which are often presented as jokes or anecdotes, are a kind of language which enables people to think and speak about their own national identity, by way of a detour, so to say. Such stereotypes and jokes function often as the carriers of folk wisdom.

Noch wichtiger scheint mir aber die erkenntniskritische Funktion:

> Stereotypes speak about an emotively felt, not cognitively reflected upon essence of existence, and the strange thing is that this existential essence ought to be searched for in those who use the stereotypes and *not* in those about whom the stereotypes speak.

Es bedeutet eine wesentliche Erweiterung unserer Erkenntnismöglichkeiten, wenn man sich klarmacht, daß Heterostereotypen mehr über den urteilenden Sprecher selbst aussagen als gar dessen eigene Autostereotypen.

Ich habe vorausgesetzt, daß es unmöglich ist, das Denken in Vorurteilen abzuschaffen. Denn nicht nur die *vorläufigen Urteile*, die durch objektive Erweiterung unserer Kenntnisse in hieb- und stichfeste Urteile überführt werden können, sondern gerade auch die *Vorurteile*, ungeprüft tradierte und von vielerlei subjektiven, gefühlsmäßigen und sozialen Faktoren geprägte Meinungen, stellen eine erkenntnistheoretische Kategorie menschlichen Denkens und Urteilens dar. Trotz der skeptischen Einwände gegen eine zu optimistische aufklärerische Erwartungshaltung dient die Erforschung der nationalen Stereotype in der Literaturwissenschaft wie in der Sozialpsychologie dem Ziele einer interkulturellen Verständigung zwischen Gruppen, Völkern und ihren Kulturen.

Anmerkungen

1. Zu dieser Unterscheidung vgl. Alexander Mitscherlich: *Zur Psychologie des Vorurteils* (1963). In: *Vorurteil*, 1978, S. 270 f., mit Hinweisen auf Gordon W. Allport: *The Nature of Prejudice*. Cambridge, Mass., 1954, S. 9.
2. Wilhelm Schmidt-Biggemann: *Topica Universalis – Eine Modellgeschichte humanistischer und barocker Wissenschaft*. Hamburg 1983, S. 282–286. Für den Hinweis auf diese Arbeit danke ich Herrn Lothar Bornscheuer (Duisburg).
3. *Aufklärung des Vorurteils – Vorurteile der Aufklärung*. In: DVJS 57, 1983, S. 275. Hans-Georg Gadamer: *Wahrheit und Methode*. Tübingen 1960, S. 260 f.
4. *Aufklärung und Vorurteilskritik – Studien zur Geschichte der Vorurteilstheorie*. Stuttgart 1983, S. 15.
5. Stuttgart 1978, S. 14 ff.
6. Mannheim 1983.
7. B. Schäfer/B. Six 1978, S. 18–23, 80 ff. Daniel Katz, Kenneth W. Braly: *Rassische Vorurteile und Rassenstereotypen* (1935). In: *Vorurteil*, 1978, S. 35–59.
8. In: *Erstarrtes Denken*, 1987, S. 41–54.
9. In: *Erstarrtes Denken*, 1987, S. 24–40.
10. *Un concept à définir: L'ethnie*. In: Ethnopsychologie 26, 1971, S. 196.
11. *Architectures*. In: Ethnopsychologie 26, 1971, S. 313–316.
12. Vgl. Hugo Dyserinck: *Komparatistische Imagologie*. In: *Komparatistik*, 1977, S. 125–133. Ulrich Weisstein: *Imagologie*. In: *Vergleichende Literaturwissenschaft*, 1981, S. 136–139, 207.
13. *The Crisis of Comparative Literature*. In: Proceedings of the 2nd Congress of the ICLA. Chapel Hill 1958, Bd. I, S. 149–159.
14. In: Synthesis 8, 1981, S. 169–185, und 10, 1983, S. 79–88.
15. *Literarische Imagologie am Scheideweg – Die Erforschung des »Bildes vom anderen Land« in der Literatur-Komparatistik*. In: *Erstarrtes Denken*, 1987, S. 55–71.
16. B. Schäfer/B. Six, 1978, S. 257 ff.
17. In: Linguistica e antropologia, 1983, S. 353–385.
18. In: Info DaF 12, 1985, S. 294–306.
19. Nach Lothar Fietz: *»Gulliver's Travels«: Die kritische Geschichte von der Vorurteilsbildung und vom stereotypen Sehen und Denken*. In: *Erstarrtes Denken*, 1987, S. 72–83, hier 72 f.
20. In: *Erstarrtes Denken*, 1987, S. 97–113.

[21] Günther Blaicher: *Bedingungen literarischer Stereotypisierung.* Einleitung zu: *Erstarrtes Denken,* 1987, S. 9–25, hier S. 18–20. Vgl. die Hinweise von Franz Karl Stanzel zum »ethnographischen, moralphilosophischen und reiseschildernden Schrifttum«: *Das Nationalitätenschema in der Literatur und seine Entstehung zu Beginn der Neuzeit,* ebd. S.84–96.

[22] *National Stereotypes in Literature in the English Language – A Review of Research.* In: The Yearbook of Research in English and American Literature (REAL) 1, 1982, S. 75–120.

[23] In: anglistik & englischunterricht – Landeskunde 4, 1978, S. 85–101.

[24] In: *Perspektiven der Frankreichkunde,* 1974, S. 131; hier nach Blaicher (s. Anm. 23), S. 88, Anm. 16.

[25] In: Sociologia internationalis 4, 1966, S. 73–100, 165–195.

[26] In: Komparatistische Hefte 14, 1986, S. 125–133.

[27] *Das Frankreichbild in der deutschen Literatur und Publizistik zwischen der Französischen Revolution und den Befreiungskriegen.* In: *Jahrbuch des Wiener Goethe-Vereins* 81/83, 1977/79, Wien 1979, S. 59–87; *Baron de Thunder-ten-tronckh und Riccaut de la Marlinière – Nationale Vorurteile in der deutschen und französischen Aufklärung.* In: *Interferenzen Deutschland und Frankreich,* 1983, S. 24–51; *Nationalcharakter und nationale Vorurteile bei Lessing.* In: *Nation und Gelehrtenrepublik – Lessing im europäischen Zusammenhang,* hg. v. Wilfried Barner, Albert M. Reh. München 1984, S. 91–119.

[28] *America's Image in German Literature – A Neglected Field of American-German Literary Relations in Critical Retrospect.* In: Comparative Literature Studies 13, 1976, S. 165–192.

[29] *Deutschlands literarisches Amerikabild.* Hildesheim, New York 1977.

[30] *Das Amerika-Bild in der deutschen Gegenwartsliteratur – Historische Voraussetzungen und aktuelle Beispiele.* Stuttgart 1979.

[31] In: *Weimar am Pazifik – Literarische Wege zwischen den Kontinenten – FS Werner Vordtriede zum 70. Geburtstag,* hg. v. Dieter Borchmeyer, Till Heimeran. Tübingen 1985, S. 173–189.

[32] Bern, München 1976.

[33] Vgl. Komparatistische Hefte 2, 1980, zum Thema: *Literarische Imagologie – Formen und Funktionen nationaler Stereotype in der Literatur.*

[34] In: *Erstarrtes Denken,* 1987, S. 26 f.

Literatur (Auswahl)

Bayer, Manfred: *Weltweite Fremdenfeindlichkeit – Erklärungsansätze und Versuche interkultureller Erziehung.* In: Informationen Deutsch als Fremdsprache (Info DaF) 12, 1985, S. 294–306.

Bergler, Reinhold/Six, Bernd: *Stereotype und Vorurteile.* In: *Handbuch der Psychologie,* hg. v. C.F. Graumann. Göttingen 1972, Bd. VII 2, S. 1371–1432.

Blaicher, Günther: *Zum Problem des Vorurteils in der Geschichte der englischen Landesbeschreibung.* In: anglistik & englischunterricht – Landeskunde 4, 1978, S. 85–101.

Boerner, Peter: *National Images and their Place in Literary Research – Germany as Seen by Eighteenth-Century French and English Reading Audiences.* In: Monatshefte (Madison) 67, 1975, S. 358–370.

Boerner, Peter: *Das Bild vom anderen Land als Gegenstand literarischer Forschung.* In: Sprache im technischen Zeitalter, Heft 56, 1975, S. 313–321; wiederabgedruckt in: Deutschlands literarisches Amerikabild, 1977, S. 28–36.

Deutschland-Frankreich. Ludwigshafener Beiträge zum Problem der deutsch-französischen Beziehungen, Bd. IV, *Bibliographie 1945–1962,* hg. v. Deutsch-Französischen Institut Ludwigsburg. Stuttgart 1966.

Deutschlands literarisches Amerikabild – Neuere Forschungen zur Amerikarezeption der deutschen Literatur, hg. v. Alexander Ritter. Hildesheim, New York 1977.

Die USA und Deutschland – Wechselseitige Spiegelungen in der Literatur der Gegenwart – Zum 200jährigen Bestehen der Vereinigten Staaten am 4. Juli 1976, hg. v. Wolfgang Paulsen. Bern, München 1976.

Dyserinck, Hugo: *Komparatistik – Eine Einführung.* Bonn 1977.

Erstarrtes Denken – Studien zu Klischee, Stereotyp und Vorurteil in englischsprachiger Literatur, hg. v. Günther Blaicher. Tübingen 1987.

Fischer, Manfred S.: *Nationale Images als Gegenstand vergleichender Literaturwissenschaft.* Bonn 1981.

France-Allemagne. Relations internationales et interdépendances bilatérales – Une bibliographie 1963–1982, hg. v. Dieter Menyesch/Bérénice Manac'h. München, New York, London, Paris 1984.

Galinsky, Hans K.: *America's Image in German Literature – A Neglected Field of American-German Literary Relations in Critical Retrospect.* In: Comparative Literature Studies 13, 1976, S. 165–192.

Heitmann, Klaus: *Das französische Deutschlandbild in seiner Entwicklung.* In: Sociologia internationalis 4, 1966, S. 73–100, 165–195.

Manfred Beller

Interferenzen Deutschland und Frankreich: Literatur – Wissenschaft – Sprache, hg. v. Lothar Jordan/Bernd Kortländer/ Fritz Nies. Düsseldorf 1983.

Literarische Imagologie – Formen und Funktionen nationaler Stereotype in der Literatur = Komparatistische Hefte (Bayreuth) 2, 1980.

Matthes, Lothar: *Fremdwahrnehmung und Kulturpolitik in der Fremde – Neue Perspektiven und Materialien im dauerhaft fruchtbaren deutsch-französischen Forschungsfeld.* In: Komparatistische Hefte 14, 1986, S. 125–133.

Michaud, Guy: *Un concept à définir: L'ethnie.* In: Ethnopsychologie – Revue de psychologie des peuples 26, 1971, 193–204; ders.: *Architectures*, ebd., S. 311–333.

Mininni, Giuseppe/Völzing, Paul-Ludwig: *Lo stereotipo nella comunicazione interculturale – Una proposta di ricerca.* In: Linguistica e antropologia – Atti del XIV Congresso internazionale di studi linguistici, Lecce 23–25 maggio 1980. Roma 1983, S. 353–385.

Pageaux, Daniel-Henri: *Une perspective d'études en littérature comparée: L'imagerie culturelle.* In: Synthesis 8, 1981, S. 169–185.

Pageaux, Daniel-Henri: *L'imagerie culturelle: De la littérature comparée à l'anthropologie culturelle.* In: Synthesis 10, 1983, S. 79–88.

Russen und Rußland aus deutscher Sicht (9.–17. Jahrhundert), hg. v. Mechthild Keller. München 1986.

Sauder, Gerhard: *Aufklärung des Vorurteils – Vorurteile der Aufklärung.* In: DVJS 57, 1983, S. 259–277.

Schäfer, Bernd/Six, Bernd: *Sozialpsychologie des Vorurteils.* Stuttgart, Berlin, Köln, Mainz 1978.

Stanzel, Franz Karl: *Der literarische Aspekt unserer Vorstellungen vom Charakter fremder Völker.* In: Anzeiger der philosophisch-historischen Klasse der Österreichischen Akademie der Wissenschaften 111, 1974, S. 63–82.

Trouillet, Bernard: *Das deutsch-französische Verhältnis im Spiegel von Kultur und Sprache.* Weinheim, Basel 1981.

Vorurteil – Ergebnisse psychologischer und sozialpsychologischer Forschung, hg. v. Anitra Karsten. Darmstadt 1978.

Weisstein, Ulrich: *Vergleichende Literaturwissenschaft – Erster Bericht: 1968–1977* = Jahrbuch für Internationale Germanistik, Reihe C, Forschungsberichte Bd. 2, Bern, Frankfurt 1981.

Zacharasiewicz, Waldemar: *National Stereotypes in Literature in the English Language – A Review of Research.* In: The Yearbook of Research in English and American Literature (Berlin) 1, 1982, S. 75–120.

Paul Michael Lützeler, St. Louis

German Studies in den USA
Zur Theorie und Praxis eines interdisziplinären Studienganges

German Studies als interdisziplinäres wissenschaftliches Fach ist eine auslandsgermanistische Erfindung. Pierre Bertaux richtete im Paris der sechziger Jahre die ersten universitären Deutschlandkunde-Studiengänge ein, und Volkmar Sander von der New York University verbreitete seine Ideen in den USA. 1970 wurde das erste amerikanische German Studies-Institute aus der Taufe gehoben, und zwar an der Indiana University. Sechs Jahre später gründeten Germanisten, Historiker und Politologen die German Studies Association, die von dem Historiker Gerald Kleinfeld aus Arizona geleitet wird. Inzwischen gibt es German Studies-Programme unterschiedlichster Qualität und Quantität an einer Reihe amerikanischer Colleges und Universitäten. Eines der bekanntesten ist das American Institute for German Studies der John Hopkins University; es hat seinen Sitz in Washington D.C. Bertaux' Bemühungen um interdisziplinäre Deutschland-Studien haben international Früchte getragen, vor allem in den USA. Die German Studies Association gibt als wissenschaftliche Berufsorganisation auch eine Zeitschrift heraus: die inzwischen viel beachtete *German Studies Review*. Sie wird ergänzt durch einen regelmäßig erscheinenden Newsletter. Zu den Jahrestagungen der German Studies Association treffen sich jeweils etwa dreihundert Professoren aus den Fächern Germanistik, Geschichte und Politologie. Der Erfolg dieser Vereinigung zeigt sich auch in ihrer wachsenden Mitgliederzahl.

Deutschlandkunde-Studiengänge sind nicht das Resultat theoretisch konzipierter Bildungsreformen; sie entstanden vielmehr in einer Krisensituation des Deutschunterrichts an den amerikanischen Universitäten und wurden vor allem Ende der sechziger bis Ende der siebziger Jahre geschaffen, als das studentische Interesse an Fremdsprachen und an Literatur in den USA merklich nachließ. Im Zuge der Studentenbewegung empfand man die Pflicht, fremde Sprachen zu erlernen als ‚repressiv', und nach der Energiekrise von 1974 ließ die Faszination durch Hermann

Hesse oder Thomas Mann deutlich nach. Mit German Studies suchte man in den German Departments der Krise zu steuern, wollte die in Fächer wie Betriebswirtschaft oder Ingenieurwissenschaft abdriftenden Sprach- und Literaturstudenten wieder zurückgewinnen. Eine Reihe von German Studies-Kursen wurden auf Englisch angeboten, und zudem ging es hier nicht nur um Literatur, sondern auch um jene Realien, um die ‚hard facts', auf die die Studenten im Hinblick auf künftige Karrieren in Wirtschaft und Verwaltung versessen waren. Das geringer werdende Interesse an der deutschen Sprache beobachteten auch die Deutschlandexperten in den Geschichts-, Philosophie- und Politologie-Abteilungen der amerikanischen Universitäten mit Sorge. Für sie hatten die Sprachkurse an den German Departments immer eine Art Dienstleistungsfunktion gehabt. Studenten ohne solide Deutschkenntnisse kamen als Nachwuchs nicht in Frage. In dieser Krisensituation fand man zum interdisziplinären Gespräch und etablierte Deutschlandkunde-Studiengänge, von deren Errichtung man sich höhere Einschreibungszahlen in den beteiligten Fächern versprach. Als Modelle mögen sogenannte Area Studies Programs in anderen Fachbereichen gedient haben, etwa Asian Studies, Jewish Studies oder Latin American Studies.

Eine besondere Anziehungskraft scheint German Studies für Germanisten zu haben. Vielleicht hat dies mit einer weiteren Krise des Fachs zu tun, die nicht losgelöst von ihrem Objekt, also der Gegenwartsliteratur, zu sehen ist. Pierre Bertaux hat kurz vor seinem Tod auf die Funktionsveränderung von Literatur hingewiesen. 1986 schrieb er: »Tatsächlich hat im allgemeinen die Literatur heutzutage viel weniger zu sagen als früher. Früher war sie eine Instanz. Heute ist sie nicht mehr glaubwürdig. Literatur hat ausgespielt. Sie ist wie ein seicht gewordener Arm des Rheins, wie es sie im Elsaß gibt oder ganz früher gab: da quaken nur noch die Frösche. Der Strom, der lebendige Strom, fließt weiter, aber anderswo.«[1] Das ist hart geurteilt. Vor allem wüßte man gerne, wo denn der ‚lebendige Strom' weiterfließt. Im Flußbett der Medien Film, Fernsehen, Presse etwa, die sicher einen Teil der ehemals der Dichtung zugewiesenen Funktionen übernommen haben. Oder in Politik, Wirtschaft, Wissenschaft? Bertaux hatte German Studies aus der Überzeugung heraus gegründet, daß die ausschließliche Beschäftigung mit zeitgenössischer Literatur die Reduktion auf etwas gesellschaftlich Marginales bedeutet. Bewußt oder unbewußt scheinen ihm viele seiner Kollegen in den USA darin zu folgen. Der Wunsch nach interdisziplinärer Erweiterung des Blickwinkels hat sicher auch mit der Funktionskrise der Literatur zu tun.

Schaut man sich die existierenden German Studies-Programme an, so sind drei Modelle interdisziplinärer Zusammenarbeit zu erkennen. Das erste ist das schlichteste, und mit ihm befindet man sich – genau besehen – noch im multidisziplinären Vorhof interdisziplinärer Kommunikation. Hier geht es nur darum, daß sich die Deutschlandexperten in Fächern wie Literaturwissenschaft, Geschichte, Politologie, Philosophie und Kunstgeschichte über ihre geplanten Seminare und laufenden Forschungsarbeiten informieren. Unter dem Titel ‚German Studies' werden dann vor Beginn des Semesters in einer kleinen Broschüre die Veranstaltungen aufgelistet und beschrieben, die mit Geschichte, Struktur, Kultur und allgemeiner Entwicklung der deutschsprachigen Länder im 20. Jahrhundert zu tun haben. In vielen Fällen bleibt es bei diesem ersten Schritt, aber öfters ergibt sich durch die einmal in Gang gesetzte Kommunikation eine engere Zusammenarbeit, die man als zweites Modell bezeichnen könnte. Hier geht es darum, daß Vertreter verschiedener Fächer gemeinsam akademische Veranstaltungen (Kurse, Seminare) leiten. Ein besonders beliebtes Thema bei solchem team work ist ‚Weimarer Republik'. Aus solchen interdisziplinären Seminaren sind auch gemeinsame Symposien und Publikationen hervorgegangen. Nach einem dritten Modell arbeitet der einzelne Wissenschaftler selbst interdisziplinär, d.h. der Politologe, der z.B. ein Buch über die Adenauer-Ära schreibt, macht sich auch mit der Literatur und Kulturgeschichte dieser Jahre vertraut; und der Germanist, der über Exilliteratur forscht, studiert die historischen Vorgänge und politischen Veränderungen der betreffenden Epoche. Diese drei Modelle entstanden nebeneinander, und in der Praxis kommen sie in Mischformen und Kombinationen vor. Man erkennt diese Modelle auch in der Struktur der Jahrestagungen der German Studies Association wieder. Wie bei den Studiengängen dominiert hier vorläufig das erste und schlichteste Modell des multidisziplinären Nebeneinanders. Aber in den letzten Jahren zeichnet sich ab, daß das zweite Modell immer mehr Anhänger findet: In einer Reihe von Sitzungen der Jahrestagungen werden Vorträge zu einem Thema – etwa über das ‚Dritte Reich' – von Vertretern unterschiedlicher Fächer gehalten. Je selbstverständlicher und häufiger die Modelle eins und zwei praktiziert werden, umso mehr wird auch der einzelne Wissenschaftler zur eigenen interdisziplinären Arbeit ermutigt. Keines der drei Modelle ist an sich völlig neu. Kollegen unterschiedlicher Fächer haben sich (wenn auch nur sporadisch) schon immer über ihre Arbeitsergebnisse auf dem laufenden gehalten und in Forschung und Lehre zusammengearbeitet. Und daß ein einzelner Gelehrter über die Grenzen seines Fachs hinausschaut, ist ebenfalls kein Novum. Neu ist nur die systematische Organisation verschiedener Fächer unter dem Dach ‚German Studies', neu ist die Etablierung eines eigenen Studiengangs mit akademischen Abschlüssen, und neu ist schließlich die Schaffung eines geordneten Berufsverbandes.

Wir haben bisher den Begriff ‚interdisziplinär'[2] so gebraucht, wie er zur Kennzeichnung der hier gemeinten wissenschaftlichen Arbeit üblicherweise verwendet wird. Streng genommen handelt es sich aber bei German Studies (wie bei den meisten als interdisziplinär bezeichneten Unternehmungen) um keine inter*disziplinäre*, sondern um inter*fachliche*, also um *intra*disziplinäre Studien. Die Wissenschaftler, die sich bei German Studies zur Kooperation finden, entstammen eigentlich sämtlich der geisteswissenschaftlichen Disziplin (in Amerika würde man von den Humanities sprechen), doch gehören sie verschiedenen Fächern wie Germanistik, Geschichte und Philosophie an. Die Politologen (seltener die Historiker) zählen sich zwar häufig zu den Sozialwissenschaftlern, aber es sind meistens die eher geisteswissenschaftlich interessierten und argumentierenden Politologen, die sich im interfachlichen Gespräch anschließen. So gut wie nie gestaltet sich – jedenfalls bisher – die German Studies-Kommunikation interdisziplinär, indem etwa Juristen, Naturwissenschaftler, Ökonomen oder Mediziner zu Dialogpartnern würden. Echte Interdisziplinarität ist äußerst selten. Auch in den übrigen Disziplinen (etwa den Naturwissenschaften) verläuft das als interdisziplinär bezeichnete Gespräch durchweg interfachlich. Wenn wir in der Folge beim Gebrauch des Wortes ‚interdisziplinär' bleiben, geschieht dies zum einen aus Gründen des Sprachgebrauchs und zum anderen, weil echte interdisziplinäre Weiterungen mitgemeint sind und nicht ausgeschlossen werden sollen. Zudem gibt es keine eindeutigen Definitionen, mit denen sich die Fächer von den Fachgebieten und die Fachgebiete von den Disziplinen unterscheiden ließen. Wenn ich es richtig sehe, ist nach allgemeinem Sprachgebrauch z.B. Germanistik ein Fach, Literaturwissenschaft ein Fachgebiet und Geisteswissenschaft eine Disziplin. Die ungefähre organistorische Entsprechung eines Fachs ist ein Institut, die eines Fachgebiets ein Fachbereich und die einer Disziplin die Fakultät bzw. in den USA eine ‚School'. Die Differenzen der Disziplinen untereinander sind beträchtlich, ja sie sind kategorialer Art, was ihre Geschichte, ihre Methode, ihren Gegenstand und ihr Erkenntnisinteresse betrifft. Im Hinblick auf das Auseinanderdriften von Geistes- und Naturwissenschaften spricht man bekanntlich von zwei verschiedenen Kulturen. Vertreter unterschiedlicher Disziplinen kommen mir vor wie ganz entfernte Verwandte, die kaum noch Kontakt miteinander haben und sich höchstens noch von ferne grüßen. Dagegen sind die Verwandtschaftsbeziehungen zwischen den Fachgebieten einer Disziplin – etwa Literaturwissenschaft und Philosophie – unverhältnismäßig größer. Sie verkehren miteinander wie Vettern, bei denen die Kommunikation noch nicht abgerissen ist und zwischen denen es sogar zu Höflichkeitsbesuchen kommt. Bei solchen Fachgebieten gibt es einen gemeinsamen historischen und hermeneutischen Ansatz, wenn sie im Hinblick auf Erkenntnisinteresse und Gegenstand auch klar voneinander zu unterscheiden sind. Fächer des gleichen Fachbereichs wie Germanistik und Romanistik sind in Haßliebe einander zugetane Geschwister, die sich nur allzu gut kennen, deren Geschichte, wissenschaftliches Selbstverständnis und Arbeitsziele sich ähneln, und die gerade deshalb ihre tendenziellen Unterschiede gerne herausstellen und überbetonen. Fächer des gleichen Fachgebiets haben ihre eigenen Kommunikationsformen entwickelt. Entweder man meidet sich aus irgendwelchen Inzestängsten heraus oder man schafft sich gesonderte Arbeits-Zirkel bzw. gar -Abteilungen, wobei man dann von Allgemeiner oder Vergleichender Literaturwissenschaft, von Comparative Politics etc. spricht.

Wie legitimiert sich Interdisziplinarität? Grundsätzlich steht die Erfahrung eines einzelfachlichen Defizits am Anfang interdisziplinärer Arbeit. Dieser Mangel wird meistens dann empfunden, wenn Wissenschaftler an die Grenzen ihres Faches stoßen und sie die Entwicklung ihrer Forschung zu Weiterungen, zu Grenzüberschreitungen führt, d.h. wenn sich Themen und Probleme stellen, die sich dem einzelfachlichen Zugriff entziehen. Dieses Defizit kann aber auch in der Krisensituation eines Einzelfaches deutlich werden (siehe German Studies in Amerika), wenn z.B. die Interessen von Studenten sich ändern und neue Lehrangebote erforderlich machen. Weder die Fragen einer dynamischen Hochschulforschung noch die Probleme, die sich von der Gesellschaft her der Wissenschaft stellen, haben Respekt vor Fachgrenzen. Was immer im einzelnen die Gründe für die Konstatierung einer Inkongruenz zwischen Fachstruktur und Sachbezug ist, was immer die Unzufriedenheit mit den fachspezifischen Aus- und Abblendungen in der Forschung sein mögen, Tatsache ist, daß die Notwendigkeit interdisziplinärer Weiterung, das Verlassen fachlicher Partikularität und die Bedeutung interfachlicher Komplementarität nicht mehr bestritten wird. Bei der Frage nach der Legitimation interdisziplinärer Arbeit kommt man nicht an der Erörterung des Themas der wachsenden Spezialisierung disziplinär verfaßter moderner Wissenschaft herum. Steht überfachliches Arbeiten nicht quer zu dem unaufhaltsamen Prozeß zunehmender Ausdifferenzierung des wissenschaftlichen Systems? Läßt sich interdisziplinäre Forschung dagegen nicht vom Ideal der Integration, des geistigen Neu-Zusammenschlusses der Wissenschaft leiten, von der Utopie der Einheit der Wissenschaft, wie sie die Geister von Leibniz bis Humboldt noch in den Bann schlug? Wie sollte diese Unifikation heute bewerkstelligt werden? Eine integrierende Philosophie moderner Wissenschaft gibt es nicht. Die Metaphysik des Aristoteles, die Scholastik eines Thomas von Aquin, die Enzyklopädie Diderots oder die Phänomenologie des Geistes von Hegel – all das sind durch die Geschichte längst diskreditierte Versuche, das philosophische Einheitsband der Wissenschaft zu flechten. Schelsky[3] war wohl der letzte Universitätsreformer, der am Ideal der Einheit der Wissenschaft festhielt und deswegen Interdisziplinarität als probates Integrationsmittel gegen Überspezialisierung anbot. Dem Telos der Einheit der Wissenschaft ist interdisziplinäres Forschen kein Schritt nähergekommen. In der Praxis war es auch nie ihr Ziel Das interdisziplinäre Studium ist kein heroisches Sich-Stemmen gegen die notwendige Spezialisierung in Forschung und Lehre, kein Versuch der Aufhebung des Pluralismus in der Wissenschaft, kein Ausdruck der Sehnsucht nach der großen akademischen Synthese, sondern letztlich selbst Produkt der Ausdifferenzierung des Systems der Wissenschaft. Nicht die Idee der Einheit der Wissenschaft brachte den interdisziplinären Dialog in Gang, sondern die Praxis der immer größeren Spezialisierung in den Einzelfächern. Bei der intensiven Beschäftigung mit Einzelproblemen war man immer wieder gezwungen, sich Fragestellungen, Methoden und Ergebnisse anderer Fächer anzueignen. Wenn es eine Einheit der Wissenschaft gibt, dann höchstens eine formale, nämlich in theoretischer Hinsicht eine bestimmte wissenschaftliche Einstellung und in der Praxis eine relativ homogene Organisationsform. D.h. es gibt einerseits die vom Grundsatz der Falsifizierbarkeit ausgehende kritische Rationalität der Wissenschaft und andererseits ihre korporative Verfaßtheit in (inner- und außeruniversitären) Forschungszentren. Die Atomisierung der Fächer wird durch interdisziplinäres Arbeiten nicht aufgehalten. Im Gegenteil ergeben sich durch sie neue Unter- und Zwischenfächer – wie etwa German Studies –, die die bestehenden Fachgruppierungen nicht auflösen, sondern ergänzen. Interdisziplinäres Arbeiten hat an den zwanzig bis dreißig existierenden Disziplinen wenig verändert, wohl aber wird es die etwa viertausend bereits bestehenden Einzelfächer weiterhin vermehren. Interdisziplinäre Arbeit ersetzt also disziplinäre Forschung nicht, sondern erweitert sie. Daher bleibt auch die intensive Befaßtheit mit dem Einzelfach nach wie vor die Grundlage und der Ausgangspunkt wissenschaftlicher Arbeit überhaupt – interdisziplinäre Kompetenz läßt sich ohne gediegene Fachkompetenz nicht erreichen. Das kann im Augenblick auch schon deshalb nicht anders sein, weil interdisziplinäres Arbeiten an den Universitäten nur schwach verankert und institutionell kaum abgesichert ist. Es organisiert sich inneruniversitär in den USA meistens in sog. ‚Programs', die keinen Abteilungs-, also Department-Status (und daher auch kein reguläres Budget) besitzen, und in Deutschland in den – meistens von der Deutschen Forschungsgemeinschaft finanzierten – Sonderforschungsbereichen. Der Vorteil dieser Organisationsform ist ihre Flexibilität, ihr Nachteil ist die relative Kurzlebigkeit. Interdisziplinäre Zentren wie das Institute for Advanced Study in Princeton oder das Wissenschaftskolleg zu Berlin etablierten sich außerhalb von Universitäten oder sind nur locker mit ihnen verbunden. Ganz wenige interdisziplinäre Forschungsstätten existieren als universitäre Zugeständnisse an neuere wissenschaftliche Entwicklungen, etwa das Zentrum für interdisziplinäre Forschung an der Universität Bielefeld und vergleichbare Institutionen an wenigen amerikanischen Universitäten (z.B. an der Stanford University). Ob diese Zentren als Modelle für universitäres Arbeiten fungieren werden, ob von ihnen aus eine Rückwirkung auf die Universitätsstrukturen erfolgen wird, ist sehr die Frage. Aber Revolutionen machen sich oft an der Peripherie eines Systems bemerkbar, und es ist immerhin denkbar (wenn im Moment auch noch utopisch), daß interdisziplinär organisierte wissenschaftliche Arbeit einmal gleichberechtigt neben der disziplinären steht bzw. dieser sogar den Rang abläuft. Im Augenblick aber kommt den interdisziplinären Programmen mehr eine Brückenfunktion zwischen den Fächern der Disziplinen zu. Auf diesen schmalen, nicht selten baufälligen Brücken herrscht an den Universitäten meist kein sonderlich reger Verkehr.

German Studies als Fach ist noch zu jung, um bereits als eigenständig und etabliert respektiert zu werden. Ob es künftige Krisen überstehen wird, ist schwer zu sagen. Ignorieren läßt sich German Studies nicht mehr, und für seine Verfechter wird es Zeit, sich zu fragen, was die Methode wissenschaftlicher Arbeit, die German Studies zugrundeliegt, hergibt, was die Legitimation des Fachs ausmacht, was die Schwächen struktureller Art sind, die ihm eignen, und was es mit der geographischen und zeitlichen Begrenzung des Forschungsgegenstandes auf sich hat. Eine Theorie von German Studies gibt es nicht, und den bisherigen Anmerkungen zu ihrer Methode mangelt es an Kohärenz, Stringenz und Systematik. Diesem Manko wurde nur zu einem geringen Grade abgeholfen durch eine Denkschrift zum Thema German Studies, die kürzlich den Mitgliedern der German Studies Association ins Haus geschickt worden ist.[4] Verfaßt wurde sie von einer Gruppe amerikanischer Wissenschaftler, die Erfahrung mit German Studies-Programmen haben. Bei dem Memorandum handelt es sich um pragmatische – und als solche auch brauchbare – Leitlinien zu verschiedenen Deutschlandkunde-Studiengängen (vor allem mit Bachelor- und Magisterabschlüssen). Es werden Minimalforderungen, Sollensvorschriften und Empfehlungen ausgesprochen. Am Anfang der Denkschrift wird der wissenschaftliche Gegenstand umrißhaft skizziert: »Bei German Studies geht es um das interdisziplinäre Studium des zeitgeschichtlichen, kulturellen, sozialen, wirtschaftlichen und politischen Lebens in den deutschsprachigen Ländern, wobei der historische Hintergrund und die Beziehung zu anderen Ländern berücksichtigt wird.« Bei der Schrift handelt es sich nicht um eine kritische Bestandsaufnahme der nunmehr seit gut fünfzehn Jahren existierenden universitären Deutschlandstudien-Initiativen in den USA. Vor allem fehlen Hinweise auf Berufsprofile der Absolventen von German Studies-Programmen sowie Statistiken zu den Berufschancen bzw. -erfolgen von Studenten mit Abschlüssen in diesem Fach. Was die beruflichen Aussichten betrifft, bewegt man sich bisher weitgehend im luftigen Raum schöner Hoffnungen. Dem stolzen Hinweis auf hundert bestehende Programme gegenüber ist Skepsis angemeldet. Ich vermute, daß es mehr als die Hälfte davon nur auf dem Papier gibt; höchstens eine Handvoll von ihnen steht auf solider Basis mit angemessener verwaltungsmäßiger Organisation. Die Dekane sind selten für eine großzügige Ausstattung dieser Programme zu gewinnen. Ob der Grund dafür in der legendären konservativen Tätigkeit von Institutionen liegt oder in der Angst vor Dilettantismus, ist nicht immer eindeutig ausfindig zu machen. Mit dem Erlöschen bestimmter einzelner Initiativen fallen German Studies-Programme rasch wieder in sich zusammen. An vielen Universitäten werden Lehrtätigkeiten in interdisziplinären Seminaren nicht einmal als Teil des regulären Lehrdeputats anerkannt. Interdisziplinäre Tätigkeit wird oft als eine Art Hobby betrachtet und entsprechend von der Verwaltungsseite wenig ernst genommen. Auffallend ist der qualitative Unterschied zwischen der aktiven und gut organisierten German Studies Association und den einzelnen universitären German Studies-Programmen, die meistens mehr schlecht als recht funktionieren. Der Grund dafür mag u.a. darin liegen, daß es offenbar einfacher ist, Jahrestagungen zu veranstalten und Zeitschriften zu edieren, als an den Universitäten überlieferte Abteilungsstrukturen zu verändern.

German Studies in den USA

Wenn man die überfachliche Ausrichtung der German Studies-Programme gutheißt, besagt das noch nicht, daß man mit der Definition des wissenschaftlichen Objekts einverstanden ist. Warum bedeutet German Studies nach dem Willen der Verfasser der Denkschrift die Beschäftigung mit der Bundesrepublik Deutschland, der DDR, Österreich und der Schweiz? So richtig froh wird eigentlich niemand dieses Viererbundes. Die Bundesrepublik wird von ihren offiziellen Vertretern für wichtig genug gehalten, allein Gegenstand von German Studies zu sein, und die Sprecher der DDR, Österreichs und der Schweiz empfinden ihre Länder als unterpriviligierte Mitglieder, als Staaten, die man lediglich aus Gründen der Deutschsprachigkeit in diesen Kontext stellt. In der Praxis ist German Studies ein Studiengang, in dem man sich in erster Linie mit der Bundesrepublik Deutschland, etwas mit der DDR, am Rande mit Österreich und kaum mit der Schweiz beschäftigt. Am wenigsten sind die Schweizer von dieser Art unfreiwilliger Genossenschaft angetan. Denn die französischen und italienischen Teile der Schweiz werden ignoriert, wenn es um German Studies geht, und als amputierter Partner mitgeschleift zu werden, ist kein Vergnügen. Nicht minder heikel ist ‚German' Studies von österreichischer Warte aus betrachtet. Dort empfindet man die Subsumierung von Österreich-Studien unter German Studies als eine Art verspäteten kulturellen ‚Anschluß'. Und den Leuten aus Berlin (Ost) und Leipzig schließlich wäre es lieber, wenn es um ‚German Democratic Republic Studies' ginge. In der erwähnten Denkschrift wird argumentiert, daß man durch die Beschäftigung mit den vier deutschsprachigen Ländern an die grundlegenden Probleme Europas herankäme. Sicher ist richtig, daß man in einer europäischen Region, in der ein westlich orientiertes, ein östlich ausgerichtetes Land und zwei neutrale Staaten aneinandergrenzen, die Tendenzen und Erschütterungen des Kontinents besonders gut studieren kann. Aber etwas Vergleichbares gibt es z.B. auch im Ostseegebiet mit seinen Anrainer-Staaten Sowjetunion, Finnland, Schweden, Dänemark, Bundesrepublik, DDR und Polen. Der Vorteil jener zentraleuropäischen Region, die Objekt von German Studies ist, besteht allerdings in der Tat – im Gegensatz zu den Staaten des Ostseegebietes – in der gemeinsamen Sprache. Zur Stützung der Forderung nach der Einbeziehung der vier deutschsprachigen Länder in die Studiengänge von German Studies will ich nicht von einer (dubiosen) Gemeinsamkeit dieser Staaten qua Sprache ausgehen, sondern möchte vom ausländischen Studenten her argumentieren, der die deutsche Sprache erlernt hat. Mit dem – hart erworbenen – Sprachschlüssel sollte dieser Student sich so viel wie möglich an kulturell Anderem erschließen können, sollten sich ihm möglichst viele Tore zur europäischen Gegenwart öffnen. Es wäre schade, wenn man sich in German Studies auf eines der Länder beschränken wollte, in denen Deutsch gesprochen wird. Allerdings sollte dabei eine größere Gleichgewichtigkeit angestrebt werden, als sie bisher gegeben ist. Daß das Hauptaugenmerk auf die Bundesrepublik gerichtet bleibt, hat nicht nur mit dem quantitativ gewichtigsten Potential dieses Staates, sondern auch mit seiner spezifischen Rolle in Europa zu tun. Europa und Deutschland stehen nach wie vor in einer unauflösbaren Dialektik. Das deutsche Problem ist ein europäisches, und die europäische Frage ist immer auch eine deutsche.[5]

Die German Studies Association ist nur eine von vielen wissenschaftlichen Berufsorganisationen, an denen sich der Trend modernen Forschens ablesen läßt: nämlich die Tendenz, die vertikale Struktur eines Faches zu ergänzen durch eine horizontal gerichtete Interdisziplinarität. Das sei kurz am Beispiel der Germanistik erläutert. Der Student lernt dieses Einzelfach kennen, indem er sich mit der deutschsprachigen Literatur von den Anfängen bis zur Gegenwart vertraut macht. Die geschichtliche Dimension, in der er das Fach kennenlernt, ist eine vertikale. Im Lauf der Zeit, etwa bei der Dissertation, beginnt die Spezialisierung, und der angehende Wissenschaftler wählt normalerweise einen Ausschnitt aus einer Epoche, mit der er sich im Lauf seiner Berufskarriere besonders intensiv beschäftigen wird. Der germanistische Spezialist z.B. für mittelalterliche Literatur, für die Dichtung der Reformationszeit, für das 18. oder 20. Jahrhundert wird bald einsehen, daß die Literatur sich nicht von den Vorgängen in den übrigen Künsten, der Geistes- und Sozialgeschichte der betreffenden Epoche isolieren läßt. Hier setzt die interdisziplinäre Arbeit ein, die sich dann ihre organisatorische Entsprechung in wissenschaftlichen professionellen Vereinigungen zur Erforschung des Mittelalters, der Reformationsepoche, des 18. Jahrhunderts bzw. der Gegenwart schafft. Diese immer aktiver werdenden wissenschaftlichen Assoziationen existieren mit ihren Publikationsorganen nicht nur auf nationaler, sondern auch auf internationaler Ebene. Die German Studies Association stellt also für die Zeitgeschichte und die Gegenwartsliteratur das dar, was es für die interdisziplinäre Erforschung anderer Jahrhunderte bereits gegeben hat.

Beim Übergang von einzelfachlicher zu interdisziplinärer Forschung ist der neben der zeitlichen Dimension auch die geographische zu berücksichtigen. Die erwähnten Vereinigungen, die sich mit dem Mittelalter oder dem 18. Jahrhundert beschäftigen, überschreiten sämtlich die geographischen, meist national ausgerichteten Grenzen ihrer Fächer. In diesen Verbänden treffen sich z.b. die Mittelalterspezialisten aus der Romanistik, der Anglistik und Germanistik sowie aus der Geschichte, Theologie, Philosophie usw. Das ist bei Gesellschaften zur Erforschung des 18. Jahrhunderts, wie sie in Europa und den USA existieren, nicht anders. Die German Studies Association hat die geographischen Grenzen enger gezogen, und es ist die Frage, wie sinnvoll das ist. Wäre es – auch angesichts der engen Verflechtung der deutschen mit den europäischen Fragen – nicht angemessener, gegenwartsbezogene European Studies zu betreiben? German Studies ist ja eigentlich nur ein aufschlußreicher Sonderfall von European Studies. Die deutschsprachigen Länder sind jeweils mit anderen Nachbarländern oft stärker verbunden als untereinander. Die deutsch-französische Kooperation auf wirtschaftlichem, technologischem und militärischem Gebiet ist bekanntlich unverhältnismäßig größer als die mit der DDR. Die Beziehungen, die Österreich zu Italien und zu östlichen Nachbarn wie Ungarn unterhält, sind zum Teil vielgestaltiger als etwa diejenigen zur Schweiz. Die DDR ist eingebunden in das politische und ökonomische System des Ostblocks, und die Schweiz ist an sich bereits mit ihren deutschen, französischen und italienischen Komponenten multikulturell strukturiert. Bei German Studies – richtig beschrieben – wird deutlich, daß heutzutage in den Gebieten der Wirtschaft, der Kultur, der Raumfahrt, des Umweltschutzes, der Verteidigung oder des Verkehrs nicht mehr national, sondern bi-, multi- oder international, vor allem aber europäisch organisiert und analysiert wird. Wäre es also nicht angemessener, man plante gleich European Studies Programs mit Komponenten wie German Studies, French Studies, Russian Studies, Central European Studies etc.? Eine eindeutige Antwort läßt sich darauf nicht geben. Die Praxis, die konkrete universitäre Gegebenheit spricht bei solchen Entscheidungen ein gewichtiges Wort mit. Je nach Größe der Universität könnte European oder auch German Studies die angemessene Lösung sein. Bei den großen Staatsuniversitäten mit dreißig- bis fünfzigtausend Studenten kann es vorkommen, daß ein European Studies-Dach zu groß ausfiele, daß es hier sinnvoller wäre, einzelne interdisziplinäre Studiengänge vom Umfang eines German Studies Programs einzurichten. Solche Universitäten haben meistens auch genügend Spezialisten für Deutschstudien in den verschiedenen Fächern. In vielen Fällen erweist es sich aber als besser, interdisziplinäre European Studies-Studiengänge einzurichten. Denn eine ganze Reihe mittelgroßer Universitäten haben nicht ausreichend viele Deutschland-Experten in den Einzelfächern, um das Funktionieren eines German Studies Program zu gewährleisten. Die meisten Colleges und Universitäten stellen in Fächern wie Geschichte und Politologie West- oder Osteuropa-Fachleute ein, die über mehr als nur ein Land Seminare geben sollen. Dieser Trend ist anhaltend, wie die Neubesetzung entsprechender Professuren zeigt. Die Rekrutierung von Spezialisten für European Studies ist meistens leichter als die für German Studies. Aus eigener Erfahrung weiß ich, daß Kurse wie ‚Western Europe Today' viel stärker von Studenten frequentiert werden als Seminare wie ‚Contemporary Germany' oder ‚Modern France'.

Die methodischen Unsicherheiten und strukturellen Probleme, die sich bei German Studies ergeben, sind im Fall von European Studies nicht minder groß. Die Gefahr des potentiellen Dilettantismus ist bei European Studies noch eher gegeben als bei German Studies, da hier eine weitaus größere Sprachkompetenz und Geschichtskenntnis vorausgesetzt wird. Auch im Fall von European Studies gibt es in den USA nur ganz wenige finanziell abgesicherte, gut ausgestattete und bewährt produktive Institute. Auch sie sind mit den Universitäten Harvard, Columbia, Indiana und Minnesota an einer Hand abzuzählen. Der Berufsorganisation German Studies Association entspricht das Council for European Studies mit seinem Sitz an der Columbia University in New York. Die Geschichte der European Studies-Institute verlief anders als die der German Studies Programs.[6] Sie sind nicht ein Produkt der späten, sondern der frühen sechziger Jahre. Während der internationalistischen Kennedy-Jahre schossen sie – unterstützt mit Geldern großer US-Stiftungen – wie Pilze aus dem Boden. Als Ende der sechziger Jahre das Geld knapp wurde, gingen die meisten European Studies Programs wieder ein. Die verstärkte pazifische Orientierung der USA während der achtziger Jahre hat nicht zu ihrer Wiederbelebung beigetragen. Während die aktivsten Europa-Institute noch heute durch öffentliche Mittel aus Washington oder durch amerikanische Stiftungen finanziert werden, erhalten die German Studies-Programme – falls überhaupt – ihre Unterstützung vornehmlich durch deutsche Institutionen wie die Volkswagen-Stiftung und den Deutschen Akademischen Austauschdienst. Auch die Goethe-Institute stehen – mehr indirekt als direkt – assistierend bei. Die Förderung von German Studies ist also ein Teil bundesrepublikanischer Kulturpolitik. Hie und da hilft auch die Max Kade Stiftung in New York, die sich die Verbesserung der deutsch-amerikanischen wissenschaftlichen Beziehungen zum Ziel hat. Angeregt durch die German Studies-Programme im Ausland ist kürzlich das Tübinger Modell einer integrativen Deutschlandkunde an der Universität Tübingen begründet worden.

German Studies in den USA

Unterstützt wird es von der Robert Bosch Stiftung in Stuttgart; die Leitung hat der Tübinger Germanist Paul Mog übernommen. Die German Studies Association ist dabei, sich zu einem international orientierten Forum umzubilden, so daß Gespräche mit German Studies-Experten in Deutschland und in anderen – nicht nur europäischen – Ländern erleichtert werden. Noch steht German Studies als Universitäts-Studiengang auf tönernen Füßen, und es wäre töricht, Erfolgsbilanzen zu ziehen bei Unternehmen, die ihre Gründungskrisen kaum gemeistert haben. Sollen interdisziplinäre Fächer wie German Studies auf Dauer sich bewähren, müssen ihre methodischen Voraussetzungen besser geklärt, ihre Ziele genauer formuliert, ihre Berufsprofile stärker konturiert und ihre institutionellen Strukturen verbessert werden. Es ist an der Zeit, nach vieljährigem Experimentieren in der Praxis eine Theorie von German Studies zu erarbeiten. Reflexionen zur Interdisziplinarität und zur Interkulturalität[7] des jungen Fachs werden in dieser Theorie eine wichtige Rolle spielen.

Anmerkungen

[1] Pierre Bertaux: *Literarische Wechselspiele zwischen Frankreich und Deutschland im 18. und 19. Jahrhundert.* Frankfurt a.M. 1986, S. 16.
[2] Vgl. Jürgen Kocka (Hrsg.): *Interdisziplinarität.* Frankfurt a.M. 1987.
[3] Helmut Schelsky: *Einsamkeit und Freiheit.* Reinbek bei Hamburg 1963.
[4] Federführend war Valters Nollendorfs. Während der GSA-Jahrestagung von 1987 wurde das Memorandum offiziell verabschiedet.
[5] Vgl. dazu Werner Weidenfeld (Hrsg.): *Die Identität Europas.* München 1986. Ferner: Paul Michael Lützeler (Hrsg.): *Plädoyers für Europa.* Frankfurt a.M. 1987.
[6] Informationen über die European Studies Programs in den USA erhält man über das European Council an der Columbia University in New York City.
[7] Vgl. Alois Wierlacher (Hrsg.), *Das Fremde und das Eigene. Prolegomena zu einer interkulturellen Germanistik.* München 1985.

S. Simo, Jaunde

Germanistik und Selbstfindung. Zur Dialektik Fremdverstehen – Selbstverstehen

Vor ungefähr zehn Jahren nahm ich an einer Diskussionsrunde im Saarländischen Rundfunk über das Thema »Funktion des Germanistikstudiums für Ausländer« teil. Ich versuchte damals zaghaft zu erklären, daß eine im Ausland betriebene Germanistik anders als die Inlandsgermanistik sein müsse, weil die Fragestellungen aufgrund der unterschiedlichen Interessen und Voraussetzungen nicht die gleichen sein könnten. Mein Professor (ich war Doktorand), der an der Diskussion teilnahm, erklärte mir geduldig, aber eindringlich, daß ich mich mit solchen Gedanken auf dem falschen Weg befände, weil die Wissenschaft, ob Physik oder Germanistik, universal sei und daher überall notwendigerweise zu den gleichen Ergebnissen kommen müsse.

Die seit einigen Jahren in der Bundesrepublik geführte Diskussion um die Problematik »Das Fremde und das Eigene – Interkulturelle Germanistik« wird, wenn nicht eine Überwindung, so doch eine Lockerung des »Autoritätsdrucks« der Inlandsgermanistik über die Auslandsgermanistik (D. Krusche)[1] ermöglichen. Dies ist die Voraussetzung für eine fruchtbare Diskussion um die Besonderheit der »hermeneutischen Distanz«[2] einer wissenschaftlichen Beschäftigung mit der deutschen Literatur außerhalb Europas.

I.

Gewiß, Gadamer hat recht, wenn er schreibt:
> »Die Hermeneutik muß davon ausgehen, daß, wer verstehen will, mit der Sache, die mit der Überlieferung zur Sprache kommt, verbunden ist und an die Tradition Anschluß hat oder Anschluß gewinnt, aus der die Überlieferung spricht.«[3]

Wenn Gadamer von »Anschluß gewinnen« spricht, denkt er nur an den durch den Zeitabstand fremd Gewordenen in der Tradition. Es muß aber in der Aufklärung der Bedingungen, unter denen Verstehen geschieht, nicht nur der Zeitabstand berücksichtigt werden, sondern auch der Raumabstand und dadurch auch der Kulturabstand des verstehenden Subjekts gegenüber dem Objekt, das zu verstehen ist.

Es ist zweierlei, ob man von außen Anschluß gewinnt, oder ob man von Vorurteilen ausgeht, die bestimmt sind durch die Gemeinsamkeit, die einen mit der Überlieferung verbindet.

In »Wilhelm Meisters Lehrjahre« läßt Goethe den Abbé sagen: »Wer sein Vaterland nicht kennt, hat keinen Maßstab für fremde Länder.« Dies drückt gewiß einen Ethnozentrismus aus, aber der Ethnozentrismus scheint, heuristisch gesehen, unabdingbar zu sein. Die Beschäftigung mit dem »Fremden« ist ein dialogischer Vorgang, ein kontrastiver Versuch, bei dem der Wissenschaftler als Dialogpartner von der eigenen Kultur ausgeht, um die fremde zu verstehen. Seine Kultur liefert ihm sowohl die methodischen Ansatzpunkte als auch die Klassifikation, die Ordnungsprinzipien. Die Ethnologie und die Kulturanthropologie, die traditionell europäische Wissenschaften sind, die sich mit außereuropäischen Völkern befassen, belegen dies eindeutig. Der umgekehrte Vorgang müßte nicht nur legitim, sondern in vieler Hinsicht fruchtbar sein.

Die Ethnologen beobachten Bräuche und Riten, die nach ihrem Symbolcharakter befragt werden. So werden Einzelerscheinungen als Bedeutungseinheiten aufgefaßt, die in einem Gesamtsystem eingebettet sind. Die Aufgabe des Ethnologen besteht darin, durch die Einzelerscheinungen zur Struktur des gesamten sozio-kulturellen Systems eines Volkes zu gelangen und von diesem System auszugehen, um den Sinn der Einzelerscheinungen zu erschließen. Die Bedeutungen und die Relationen, die identifiziert werden, werden in die Begriffe und Kategorien der Sprache des beobachtenden Subjektes übersetzt. Dadurch wird die innere Logik des Beobachteten für das Subjekt verständlich, ohne daß seine Fremdheit verschwindet.

Bei der Beschäftigung mit der europäischen Kultur müßte genau nach demselben Verfahren vorgegangen werden, auch wenn hier die Situation dadurch komplexer ist, daß neben den Bedeutungseinheiten wie Texten, ein Metadiskurs existiert, der aus der Innenperspektive versucht, den Sinn der Einzelerscheinungen und des gesamten kulturellen Systems anzugeben.

Die Anthropologen betrachten im Allgemeinen mit Vorsicht die Selbstdarstellung von Kulturen. So schreibt der französische Orientalist Louis Bazin:

»Mai l'image que perçoit le groupe de sa propre identité culturelle collective, tout en étant fondée sur une expérience intime, a beau-

coup de mal à s'expliciter, à se dégager d'une subjectivité floue. Non plus que l'individu courant, le groupe ne s'analyse pas lui-même. Le vécu lui confère certainement une conscience profonde de son identité, mais c'est une conscience globale, non discursive, qui peut difficilement s'exprimer par des mots, donc se transmettre.«[4]
Durch die Zugehörigkeit zu einer Kultur versteht man sie intuitiv besser, dies heißt aber nicht, daß man sie besser interpretieren und erklären kann. Die Innenperspektive läuft also Gefahr, subjektiv und unwissenschaftlich zu sein. Deshalb, so Louis Bazin, sollen Innen- und Außenperspektive kombiniert werden, um zu einem genauen Verständnis der Besonderheit der jeweiligen Kulturen zu gelangen. Dies bedeutet, daß die einheimischen und die ausländischen Wissenschaftler zusammen arbeiten sollen, um die Kulturen zu interpretieren. Diese Notwendigkeiten will man aber nur für außereuropäische Völker gelten lassen. Der europäische Diskurs über Europa leidet keineswegs unter Legitimationsproblemen. Im Gegenteil, er präsentiert sich dem Außenstehenden als der Allgemeingültige. Die Vormacht der Innenperspektive in der Analyse der europäischen Kultur[5] kommt von der vorherrschenden Stellung der europäischen Kultur in der Welt. Wie eine Gruppe von UNESCO Experten 1977 feststellte:

Les forces économiques et politiques modernes ont en effet concentré la capacité d'émission de messages entre les mains d'une petite minorité de la population mondiale. Cette petite minorité a, par conséquent, acquis un pouvoir démésuré de détermination quantitative et qualitative des messages émis vers les récepteurs.[6]

Diese Feststellung gilt für die Medien, sie gilt auch für die wissenschaftliche und theoretische Produktion. So hat Europa im Laufe seiner Geschichte einen imponierenden Apparat von Erkenntnismodellen, Methoden, Verfahrenstechniken, Termini erarbeitet und eine Fülle von Analysen der eigenen Kulturprodukte hervorgebracht, die eine Außenperspektive unheimlich erschwert. Der ausländische Wissenschaftler muß sich von der institutionellen Abhängigkeit befreien können und das Schwindelgefühl überwinden, das die Selbstsicherheit, die Fülle und die Raffiniertheit des europäischen Diskurses und Metadiskurses hervorruft, um die kritische Distanz zu bewahren, die ermöglichen kann, die Europäer bei ihrer Selbstbeobachtung zu beobachten.

Eine von dem Autoritätsdruck der Inlandsgermanistik befreite Auslandsgermanistik muß diese Distanz bewahren.

II.

In den Ländern, in denen eine relativ ungebrochene Beziehung zur eigenen Tradition besteht, in denen die Intelligenz ihr Vorverständnis der Welt aus der Überlieferung der eigenen Kultur bezieht, müßte und darf eine Interpretation von deutschen literarischen Texten eine andere sein als in Deutschland. Dort aber, wo aufgrund der europäischen Kolonialherrschaft die einheimische Tradition verschüttet wurde oder in ein Fossil verwandelt wurde, wird die Beschäftigung mit einer europäischen Kultur wie der deutschen Literatur zwangsläufig zum Problem. Weil kein Anschluß an eine eigene lebendige Kultur gefunden wird, kann eine Beschäftigung mit fremder Kultur zum Initiationsritus ausarten, der in eine Selbstaufgabe mündet. Man nennt diesen Vorgang Entfremdung, Akkulturation.

Diese Entfremdung führte bei der afrikanischen Intelligenz zu einem Unbehagen und gar zu einer Krise. Verschiedene Versuche wurden dann unternommen, um aus dieser Krise herauszukommen. Viele brachten die Parole heraus: »Zurück zur Quelle, Rückbesinnung auf die eigene Kultur.« Die Négritude-Bewegung war einer der Ausdrücke dieses Versuches. Was die Wissenschaft betrifft, so wurde der Wunsch geäußert, die Afrikaner sollten jetzt ihre eigene Wirklichkeit und Vergangenheit erforschen und sich nicht mehr mit der europäischen Kultur befassen. In beiden Bereichen, literarischen und wissenschaftlichen, wurde auch viel Interessantes geleistet. Trotzdem wurde die Abhängigkeit von Europa, ob wirtschaftlich, wissenschaftlich, kulturell oder politisch, keineswegs geringer. Gerade in beiden Bemühungen zeigen sich die Schwäche und die Widersprüche der Suche nach der eigenen Identität in Afrika.

Die Négritude-Bewegung übernimmt unkritisch manche »positiven« Klischees über Afrika, die in Europa erarbeitet wurden, und schafft daraus ein Bild Afrikas, das in vieler Hinsicht eine europäische Konstruktion bleibt. Die wissenschaftlichen Erforschungen Afrikas durch Afrikaner brachten, abgesehen von einigen Ausnahmen, keine entscheidenden neuen Einsichten, sondern erwiesen sich nur als Fortführung oder gar Anhang der europäischen Afrikawissenschaften. Die Forschung wurde noch weitgehend in europäischen Institutionen mit europäischen Methoden und europäischer Axiomatik und Taxonomie betrieben. Es kam nur selten zu einem erkenntnistheoretischen Bruch zur Entwicklung neuer erkenntnisleitender Grundsätze.

Hier zeigt sich klar, daß es nicht ausreicht, nichts von Europa hören zu wollen, um Europa los zu werden. Die Aporien, die wir in den Bemühungen der Selbstfindung in Afrika beobachten, können durch eine intensive wissenschaftliche Beschäftigung mit der europäischen Kultur oder Literatur überwunden werden. Ein Paradox. Dies kann nicht dadurch erreicht werden, daß man verschiedene methodische Ansätze und Ergebnisse, die die europäische Afrikawissenschaft hervorgebracht hat, analysiert, um die besten herauszusuchen und sie den afrikanischen Afrikawissenschaftlern als Beispiele zu zeigen, denn dadurch würde man nur eine europäische Wissenschaftstradition durch eine andere ersetzen, was nicht die Entstehung einer eigenen afrikanischen Wissenschaftstradition förderte.

Das Unbehagen, das in Afrika bei der Beschäftigung mit der europäischen Literatur entsteht, rührt daher, daß diese Beschäftigung in europäischen Institutionen vollzogen wird und sich meistens in der Aneignung von europäischer Tradition und europäischen Denkmustern erschöpft, die dann als universal konsumiert werden. Das Fremde wird als Fremdes liquidiert und zum Archetyp erhoben. Dabei wird das Eigene negiert. Wenn aber das Fremde das Fremde bleibt, auch wenn es nicht mehr fremd ist, braucht das Eigene nicht gefährdet zu sein. Im Gegenteil, in dem dialogischen Prozeß zwischen der fremden Kultur und sich selbst wird man praktisch gezwungen, sich selbst genau zu reflektieren, seinen eigenen Standort zu klären.

Wenn ich beim Lesen deutscher Literatur auf Haltungen, Handlungen und Meinungen stoße, die mir fremd oder sogar merkwürdig vorkommen, weiß ich, daß sie in der deutschen Tradition einen Sinn haben; aber daß sie mir so fremd erscheinen, läßt mich ahnen, daß in meiner Kultur ganz andere Vorstellungen herrschen. Dasselbe gilt für poetologische Regeln und literarische Konstruktionen. Das Fremde ist also auch ein Anlaß oder gar eine Herausforderung, das Eigene besser zu begreifen.[7]

Der afrikanische Germanist kann sicherlich nicht zugleich Spezialist oder Theoretiker der afrikanischen Kultur sein, aber er kann Fragen formulieren, die er an afrikanische Spezialisten der afrikanischen Kultur richten kann. Wenn er die Beschäftigung mit der deutschen Kultur als dialogischen Vorgang auffaßt, wird er zwangsläufig auf Fragen stoßen, die zur Identifikation und Analyse von Aspekten der afrikanischen Wirklichkeit führen, die vielleicht sonst nicht hätten wahrgenommen werden können. Das Erleben der eigenen Kultur ist ja zunächst atheoretisch, d.h. diffus, nicht reflektiert. Natürlich kann man, wenn es erforderlich ist, Begriffe oder einen verstandesmässigen Apparat schaffen, die ihr wissenschaftliches Erfassen ermöglichen. Aber der Kontrast zu einer anderen Wirklichkeit macht dieses Erfassen noch dringlicher. Die Beschäftigung mit der deutschen Literatur muß also den afrikanischen Germanisten zu ihm selbst führen. Um sich selbst zu verstehen braucht er afrikanische Kollegen, die auf die Erforschung der afrikanischen Wirklichkeit spezialisiert sind. Dabei kann er sie mit total neuen Fragestellungen konfrontieren.

Der afrikanische Germanist kann auch seinen auf Afrika spezialisierten Kollegen in anderen Bereichen zu Hilfe kommen. Das Phänomen der selffulfilling prophecy ist in den Sozialwissenschaften bekannt. Es besteht darin, daß das, was recherchiert wird, durch die Fragestellung präjudiziert und daher auch gefunden wird. Es besteht auch darin, daß sich das Forschungsobjekt aufgrund der Erfahrung mit anderen Forschern oder aufgrund der durch die Frage vermuteten Erwartungen des Forschungssubjektes transformiert, um der Erwartung zu entsprechen. Es liefert also dem Forscher das Bild seiner Vorurteile. Ein ähnliches Phänomen haben wir bei der Négritude-Bewegung beobachtet, aber in der afrikanischen Afrikawissenschaft, die durch die Übernahme der europäischen Verfahrensweise die europäische Afrikawissenschaft bestätigt. Alle Völker haben Vorurteile gegenüber fremden Völkern, aber wegen des starken missionarischen Zugs in der europäischen Kultur gebührt den europäischen Vorurteilen gegenüber anderen Völkern eine besondere Aufmerksamkeit.

Es muß die Aufgabe der afrikanischen Germanistik, aber auch jeder afrikanischen Europawissenschaft sein, die Bilder, die über Afrika in Europa entstehen, einer genauen Ideologiekritik zu unterziehen, weil diese Bilder sehr oft eine Rückwirkung auf Afrikaner haben oder gehabt haben. Eine solche Kritik könnte den afrikanischen Afrikawissenschaftlern die Geschichte und Ideologiebedingtheit mancher Forschungstrends, Forschungsweisen und Forschungsergebnisse bewußt machen. Nur eine genetische Untersuchung europäischer Standpunkte kann ihre kritische Aneignung ermöglichen.

Eine kritische Haltung gegenüber Europa kann nicht bedeuten, daß man sich gegen Europa abschirmt. Allein deshalb, weil die heutige Welt eine europäisch bestimmte Welt ist, wäre eine solche Haltung gefährlich.[7] Der afrikanische Kontinent hat vielleicht mehr als andere Kontinente Interesse daran, sich mit der europäischen Kultur wissenschaftlich auseinanderzusetzen. Eine solche Auseinandersetzung kann nur effektiv sein, wenn sich der afrikanische Wissenschaftler in den Stand versetzt, einen verfremdeten Blick auf die europäische Kultur zu werfen. Um die

Fähigkeit zu erlangen, einen verfremdeten Blick auf die europäische Kultur zu werfen, d.h. die europäische Kultur mit einem ethnologischen Auge zu betrachten, ist es nötig, afrikanische Standpunkte, eine afrikanische Perspektive zu entwickeln. Und diese Perspektive kann man in dem dialogischen Prozeß, den die Beschäftigung mit Europa impliziert, entwickeln.

Anmerkungen

[1] Der Ausdruck stammt von Dietrich Krusche. Vgl.: D. Krusche: *Die Transportierbarkeit von Literatur über kulturelle Grenzen. Zu einer fremdkulturellen literarischen Hermeneutik.* In: Jahrbuch Deutsch als Fremdsprache 10, 1984, S. 205.
[2] Jauß gebraucht diesen Ausdruck in einem anderen Zusammenhang. Vgl.: Hans Robert Jauß: *Literaturgeschichte als Provokation der Literaturwissenschaft.* Frankfurt/M. 1970, S. 201.
[3] Hans Georg Gadamer: *Wahrheit und Methode.* Tübingen 1965, S. 279.
[4] Louis Bazin: *Les conditions d'objectivité dans l'approche interculturelle: le cas des études orientales et asiatiques.* In: Introduction aux études interculturelles. Unesco Paris 1980, S. 75.
[5] Wir gebrauchen in diesem Text sehr oft die Begriffe Europa, europäisch; dadurch wollen wir klarstellen, daß wir die Germanistik als ein Teil der Europawissenschaften betrachten. Die deutsche Kultur ist für uns ein Paradigma der europäischen Kultur. Und die europäische Kultur bedeutet die Kultur des europäischen Kontinents aber auch die Kultur Nordamerikas. Wir gebrauchen lieber den Begriff Europa statt »westliche Welt«, weil dieser letztere Begriff inzwischen rein politisch gebraucht wird und nicht mehr kulturell. Ein Land wie die DDR zum Beispiel gehört nicht mehr zur »westlichen Welt«. Daß wir von der europäischen Kultur sprechen, bedeutet keineswegs, daß wir uns nicht den nationalen, regionalen, systemaren, sozialen Unterschieden und Ungleichzeitigkeiten in dieser Kultur bewußt sind. Wir meinen jedoch, daß eine Makro-Kultur existiert, die man in unserem Sinne »europäische Kultur« nennen kann.
[6] Zitiert nach Babacar Sine: *La création intellectuelle en Afrique.* In: Mohamed Aziza (Hrsg.): *Patrimoine culturel et création contemporaine en Afrique et dans le monde arabe.* NEA 1977, S. 213.

[7] Vgl. Rüdiger Bubner: *Ethnologie und Hermeneutik*. In: *Ethnologie im Dialog*. Hg. von Gerhard Baer und Pierre Cutlivres. Fribourg 1983. Zitiert nach: Alois Wierlacher: *Mit fremden Augen oder: Fremdheit als Ferment*. In: *Das Fremde und das Eigene. Prolegomena zu einer interkulturellen Germanistik*. Hg. von A. Wierlacher, S. 10. München 1985. Wierlacher kritisiert mit Recht, daß Bubner das Fremde auf diese Funktion reduziert.

Verzeichnis der Mitarbeiter dieses Bandes

Herausgeber:

Wierlacher, Alois Prof. Dr. Universität Bayreuth
Fachgebiet Deutsch als
Fremdsprache
(Interkulturelle Germanistik)
Postfach 101 251
D–8580 Bayreuth

Autoren:

Adolphs, Dieter W. Prof. Dr. Michigan Technological
University
Dept. of Humanities
Houghton, MI 49931
U.S.A.

Bachmann-Medick, Doris Dr. Bühlstraße 8
D–3400 Göttingen

Batts, Michael S. Prof. Dr. University of British Columbia
Germanic Studies
Vancouver B.C. V6T IWS
Canada

Bechtold, Gerhard Dr. Goethe-Institut Frankfurt
Barckhausstraße 1–3
D–6000 Frankfurt

Verzeichnis der Mitarbeiter dieses Bandes

Beller, Manfred Prof. Dr.	Università di Pavia Dipartimento di Lingue e Letterature straniere moderne, sezione di Germanistica strada nuova 65 I–27100 Pavia Italien
Böhler, Michael Prof. Dr.	Deutsches Seminar der Universität Zürich Rämistraße 74/76 CH–8001 Zürich Schweiz
Bohnen, Klaus Prof. Dr.	Aalborg Universitetscenter Tysk–fransk overbygningen Langagervej 6 Postbox 159 DK–9100 Aalborg Dänemark
Denkler, Horst Prof. Dr.	Freie Universität Berlin Fachbereich Germanistik Habelschwerdter Allee 45 D–1000 Berlin 33
Forget, Philippe Prof. Dr.	Louis-le-Grand 123, rue Saint-Jacques F–75005 Paris Frankreich
Frühwald, Wolfgang Prof. Dr.	Universität München Institut für Deutsche Philologie Schellingstraße 3 D–8000 München 40
Gardt, Andreas	Universität Heidelberg Germanistisches Seminar Karlstraße 6 D–6900 Heidelberg

Verzeichnis der Mitarbeiter dieses Bandes

Grawe, Christian Dr.	University of Melbourne Dept. of Germanic Studies Parkville, 3052 Australien
Großklaus, Götz Prof. Dr.	Universität Karlsruhe Institut für Literaturwissenschaft Kollegium am Schloß Bau II Postfach 6980 D–7500 Karlsruhe 1
Gutzen, Dieter Prof. Dr.	Fernuniversität Hagen Fachbereich Erziehungs- und Sozialwissenschaften D–5800 Hagen
Hebel, Franz Prof. Dr.	Technische Hochschule Darmstadt Institut für Sprach- und Literaturwissenschaft D–6100 Darmstadt
Hermanns, Fritz Dr.	Lenel-Weg 23 D–6903 Neckargemünd
Hexelschneider, Erhard Prof. Dr.	Universität Leipzig Herder-Institut Lumumbastraße 4 DDR–7022 Leipzig
Holschuh, Albrecht Prof. Dr.	Indiana University Dept. of Germanic Studies Ballantine Hall 644 Bloomington, IN 47405 U.S.A.

Verzeichnis der Mitarbeiter dieses Bandes

Honsza, Norbert Prof. Dr. Universität Wroclaw
Germanistisches Institut
Pl. Nankiera 15
PL–50-140 Wroclaw
Polen

Horn, Peter R.G. Prof. Dr. University of Cape Town
Dept. of German Languages
and Literatures
Rondebosch 7700
Rep. Südafrika

Ihekweazu, Edith Prof. Dr. University of Nigeria
Department of Languages
Nsukka Anambra State
Nigeria

Krause, Burkhardt Dr. Universität Mannheim
Institut für Deutsche
Philologie
Schloß
D–6800 Mannheim

Krumm, Hans-Jürgen Prof. Dr. Universität Hamburg
Zentrales Fremdsprachen-
institut
Von-Melle-Park 5
D–2000 Hamburg 13

Krusche, Dietrich Prof. Dr. Universität München
Institut für Deutsch als Fremd-
sprache
Ludwigstraße 27/I
D–8000 München 22

Kußler, Rainer Prof. Dr. Stellenbosch University
German Department
7600 Stellenbosch
Südafrika

Verzeichnis der Mitarbeiter dieses Bandes

Lönker, Fred Dr.	Universität Göttingen SFB 309: Die literar. Übersetzung Nikolausberger Weg 7b D–3400 Göttingen
Lützeler, Paul Michael Prof. Dr.	Washington University German Department Western European Studies Box 1104 St. Louis, Mo. 63130 U.S.A.
Mattheier, Klaus J. Prof. Dr.	Universität Heidelberg Germanistisches Seminar Karlstraße 2 D–6900 Heidelberg
Mecklenburg, Norbert Priv. Doz. Dr.	Universität Köln Institut für Deutsche Sprache und Literatur Albertus-Magnus-Platz D–5000 Köln 41
Mishima, Kenichi Prof.	Meguro-ku Komaba 3-8-1 Tokyo Fakultät für Allg. Bildung der Universität Tokyo, Deutsches Seminar Japan
Müller, Hans-Harald Prof. Dr.	Universität Hamburg Literaturwissenschaftliches Seminar Von-Melle-Park 6 D–2000 Hamburg 13

Verzeichnis der Mitarbeiter dieses Bandes

Müller, Ulrich Prof. Dr.	Universität Salzburg Institut für Germanistik Akademiestraße 20 A–5020 Salzburg Österreich
Orłowski, Hubert Prof. Dr.	Uniwersytet Adama Mickiewicza Instytut Filologii Germanskiej ul. Marchlewskiego 124 61–874 Poznań
Picht, Robert Dr.	Deutsch-Französisches Institut Asperger Straße 34/38 D–7140 Ludwigsburg
Reeves, Nigel B. R. Prof. Dr.	University of Surrey Department of Linguistic and International Studies Guildford Gu 2 5XH Surrey England
Reichmann, Oskar Prof. Dr.	Universität Heidelberg Germanistisches Seminar Hauptstraße 207–209 D–6900 Heidelberg
Sagmo, Ivar Prof. Dr.	Universität Oslo Germanistisches Institut Abt. A Postfach 1004 Blindern N–0315 Oslo 3 Norwegen
Scherer, Bernd-Michael Dr.	Goethe-Institut Düsseldorf Kasernenstraße 51 D–4000 Düsseldorf 1

Verzeichnis der Mitarbeiter dieses Bandes

Segeberg, Harro Prof. Dr.	Universität Hamburg Literaturwissenschaftliches Seminar Von-Melle-Park 6, IV D–2000 Hamburg 13
Simo, S. Dr.	Université de Camerun Department de langue allemande Jaunde / Camerun
Talgeri, Pramod Prof. Dr.	Nehru University Dean, School of Languages New Delhi – 110 067 Indien
Thum, Bernd Prof. Dr.	Universität Karlsruhe Institut für Literaturwissenschaft – Interkulturelle Germanistik – Postfach 6980 Neues Sportgebäude D–7500 Karlsruhe 1
Tsuji, Hikaru Prof.	Hoso-Universität 260 Wakaba 2–11, Chiba-shi Chiba-ken Japan
Turk, Horst Prof. Dr.	Universität Göttingen Seminar für Deutsche Philologie Humboldtallee 13 D–3400 Göttingen
Vermeer, Hans Prof. Dr.	Universität Heidelberg Institut für Übersetzen und Dolmetschen Plöck 57a D–6900 Heidelberg

Verzeichnis der Mitarbeiter dieses Bandes

Wild, Inge Dr.　　　　　　　　　Universität des Saarlandes
　　　　　　　　　　　　　　　FB 8.1 Germanistik
　　　　　　　　　　　　　　　Französische Abteilung/
　　　　　　　　　　　　　　　Afrikaprogramm
　　　　　　　　　　　　　　　D–6600 Saarbrücken

Wimmer, Rainer Prof. Dr.　　　　Institut für deutsche Sprache
　　　　　　　　　　　　　　　Friedrich Karl-Straße 12
　　　　　　　　　　　　　　　D–6800 Mannheim